Vögel der Wegränder

30,-

DIE VÖGEL EUROPAS

DIE VÖGEL EUROPAS

Ein Taschenbuch für Ornithologen und Naturfreunde
über alle in Europa lebenden Vögel

Von

ROGER PETERSON
D. Sc., M. B. O. U., F. A. O. U.

GUY MOUNTFORT
M. B. O. U., A. A. O. U.

P. A. D. HOLLOM
M. B. O. U., A. A. O. U.

Mit einem Vorwort von JULIAN HUXLEY

Übersetzt und bearbeitet von

Prof. Dr. GÜNTHER NIETHAMMER
Zoologisches Forschungsinstitut und Museum Alexander Koenig, Bonn

10., völlig neu bearbeitete und erweiterte Auflage

Mit 1780 Abbildungen, davon 830 farbig
einschl. 8 farbiger Eiertafeln

VERLAG PAUL PAREY
HAMBURG UND BERLIN

Titel der Originalausgabe:

A FIELD GUIDE TO THE BIRDS OF BRITAIN AND EUROPE

Collins Publishers, 14. St. James's Place,
London S.W. 1

© 1966, Roger Peterson, Guy Mountfort,
P. A. D. Hollom, and Wm. Collins Sons & Co. Ltd.

Erste Auflage: März 1954

Zweite Auflage: November 1956

Dritte Auflage: Januar 1959

Vierte Auflage: Dezember 1961

Fünfte Auflage: Oktober 1963

Sechste Auflage: März 1965

Siebente Auflage: Dezember 1965

Achte Auflage: Oktober 1968

Neunte Auflage: Juli 1970

Zehnte Auflage: April 1973

ISBN 3 490 05718 X

Zur Einführung

Von Julian Huxley

Wie jeder Ornithologe und Vogelfreund hatte auch ich oft den Wunsch nach einem guten, handlichen Buch über die Vögel Europas. Wie sollte ich in meiner Heimat oder in den einzelnen Ländern Europas sonst mit Sicherheit die Vögel ansprechen und mich über ihre Lebensweise, ihr Vorkommen usw. orientieren, ihre Arten unterscheiden oder feststellen, was für Vögel ich hier oder dort zu erwarten hatte. Die einzigen handlichen Bücher über dieses Thema sind ein halbes Jahrhundert alt und zudem unbebildert. Systematische Sammelwerke aber kann man unmöglich mit sich schleppen, und selbst sie würden dem Feldornithologen wenig nützen.

Was kennzeichnet ein gutes Buch über europäische Vögel, das den Anforderungen des Feldbiologen entspricht? In erster Linie muß es in *einem* Bande gebunden und nicht zu umfangreich oder unhandlich sein, um es bei sich führen und tatsächlich für Freilandbeobachtungen benutzen zu können. Zweitens muß es völlig ausreichend illustriert sein und vor allem darauf zielen, dem Reisenden bei der Bestimmung der neuen Arten zu helfen, die ihm unterwegs begegnen. Drittens sollte es dem Biologen die Verbreitung der beobachteten Vögel überschauen und verstehen helfen. Schließlich sollte es wissenschaftlich einwandfrei sein und sich auf die neuesten Tatsachen und die besten theoretischen Deutungen gründen.

Das neue Taschenbuch der Vögel Europas scheint mir diesen Anforderungen in bewundernswerter Weise gerecht zu werden. Alle drei Verfasser bringen eine besondere Befähigung für ihre Aufgabe mit. Guy Mountfort hat schon lange die Herausgabe eines Handbuches über die Vögel des europäischen Kontinentes geplant. Er ist Sekretär der Britischen Ornithologen-Vereinigung (British Ornithologists' Union) und als Ornithologe in mehr als 50 verschiedenen Ländern gereist. Zehn Jahre lang lebte er auf dem Kontinent, wo er sich eingehenden Studien an westeuropäischen Vögeln widmete.

Roger Peterson ist begeisterter Vogelfreund und -kenner. Er kann sich rühmen, ein Vogelbuch geschaffen zu haben, dessen Auflage und Absatz alle anderen übertrifft. Sein Erfolg wurzelt in der Verbindung einer starken künstlerischen Begabung mit eigenen feldornithologischen Kenntnissen. Dies befähigte ihn, eine besondere, zum Bestimmen des Vogels geeignete Methode bildlicher Darstellung zu schaffen: auf den Bildern sind Striche angebracht, die den Blick des Beschauers sofort auf die charakteristischen Färbungs- und Zeichnungsmerkmale des Vogels lenken. Der systematische Ausbau dieser Methode, zunächst für Vögel, dann für Säugetiere und schließlich für andere Tiere, hat in Amerika eine überwältigende Zustimmung von seiten der Liebhaber und Tierfreunde ausgelöst. Obwohl Amerikaner, kennt Peterson Europa gut und hat einen Großteil der letzten drei Jahre auf Reisen zugebracht, um europäische Vögel gründlich kennenzulernen.

P. A. D. Hollom schließlich, weit gereist und den britischen Ornithologen als Herausgeber des „Popular Handbooks of British Birds" und

Mitherausgeber der Zeitschrift „British Birds" bekannt, hat sich durch seine eingehenden Studien zur geographischen Verbreitung der Vögel der Alten Welt empfohlen.

GUY MOUNTFORT traf ROGER PETERSON 1949 auf dem „Hawk Mountain" in Pennsylvanien, wo sich alljährlich die Ornithologen versammeln, um den großartigen Zug der Raubvögel – Adler, Bussarde, Falken – zu beobachten, die dort in thermischen Aufwinden über die Kette des Kittatinny-Gebirges segeln. Schon nach wenigen Minuten ihres Beisammenseins faßten sie begeistert den Entschluß, gemeinsam einen „Field Guide to the Birds of Europe" herauszugeben, und zwar auf derselben allgemeinen Grundlage wie PETERSONS „Field Guides" für amerikanische Vögel, die in der Neuen Welt solchen Erfolg gehabt hatten und ihren Einfluß bereits auf das europäische ornithologische Schrifttum geltend machten. Und als sich später herausstellte, daß auch HOLLOM ein Buch über europäische Vögel geplant hatte, beschlossen sie, zusammenzuarbeiten.

Während der nächsten drei Jahre bereisten die Autoren ganz Europa vom arktischen Lappland bis zum südlichen Spanien, von Großbritannien bis zur Türkei, um die letzte Hand an ihre Feldbeobachtungen und Verbindungen mit auswärtigen Ornithologen zu legen und die umfassende einschlägige Literatur durchzumustern. Gemeinschaftlich haben sie alle 568 in diesem Buche abgehandelten Arten mit Ausnahme eines unbedeutenden Bruchteiles in natürlicher Umwelt beobachtet. PETERSON ist in erster Linie für die Abbildungen und zugehörigen Überschriften verantwortlich, MOUNTFORT für die Textbeschreibungen und HOLLOM für die Verbreitungskarten und Bemerkungen zur Verbreitung; dennoch ist das Buch nicht nur die Summe dreier gesonderter Beiträge, sondern in jeder Hinsicht das Ergebnis enger und kritischer Zusammenarbeit.

Das Resultat scheint mir äußerst befriedigend. Obgleich 568 verschiedene Arten behandelt werden, ist das Buch von handlichem Format und gibt an Ort und Stelle Auskunft. Von den 568 Arten bringt es mehr als 1200 Abbildungen, in der Mehrzahl farbige, und nach PETERSONS System angefertigt, was eine rasche und bis auf Geschlecht und Alter genaue Bestimmung der Vögel ermöglicht. HOLLOM hat Karten der Brut- und Winterverbreitung aller europäischen Arten entworfen. Es ist erstaunlich, daß wir so lange auf dieses visuelle Hilfsmittel ornithologischer Forschung warten mußten, und ganz gewiß wird gerade diese Besonderheit des Buches von größtem Wert für alle ernsthaften Forscher sein. MOUNTFORTS Text schließlich umfaßt ein Höchstmaß notwendigen Tatsachenmaterials auf geringstmöglichem Raum. Die Trivialnamen der Vögel werden in den ornithologisch wichtigsten europäischen Sprachen angeführt, und hieran schließen sich Angaben über Stimme, Gewohnheiten, Aufenthalt und Nistplatz, die bei der Bestimmung helfen und den Weg zu weiterer Forschung bahnen können, obwohl natürlich von einem Taschenbuch nicht erwartet werden darf, daß es allen ornithologischen Ansprüchen gerecht wird.

Die Vögel sind nach der neuesten wissenschaftlichen Klassifikation angeordnet; auf diese Weise wird auf ihre wahre Verwandtschaft hingewiesen. Und obwohl den Tatsachen subspezifischer Differenzierung die gebotene Anerkennung zuteil wird, ist aller Nachdruck durchaus auf die Spezies als primäre Einheit der Forschung gelegt; Subspezies, die im Freien zu erkennen sind, werden kurz aufgeführt und am Schluß des Textes über die jeweilige Art beschrieben.

Das Erscheinen des „Field Guide" scheint mir ein Ereignis von beträchtlicher Bedeutung für Wissenschaft wie auch für Naturgeschichte zu sein. Es wird sicherlich den Einfluß der Ornithologen in *jedem* Land erweitern; es wird das internationale Einvernehmen unter den Naturwissenschaftlern Westeuropas fördern; es wird helfen, sie zu überzeugen, daß Naturforschung einzelner Länder für sich nicht genügt und daß europäische Ornithologie in ihrer Gesamtheit betrieben zu werden verdient. Es wird hoffentlich den Weg für ein umfassendes Handbuch der Vögel Europas bahnen, das der europäischen Vogelkunde den gleichen Dienst erweisen wird, wie es das „Handbook of British Birds" der Vogelkunde auf den Britischen Inseln getan hat. Ich beglückwünsche Autoren und Verleger in gleicher Weise zu ihrem Unternehmen.

Vorwort der Verfasser

„Obwohl nicht gesagt ist, daß jede Vogelart eine ihr eigene Gewohnheit besitzt, so gibt es bei den meisten doch mindestens etwas, was sie auf den ersten Blick unterscheidet und einen einsichtsvollen Beobachter befähigt, sie mit einer gewissen Sicherheit anzusprechen.“   Gilbert White, 1778

Kein Zweig der Naturgeschichte ist mit einem reicheren Schrifttum versehen als die Ornithologie. Neue Vogelbücher, gute, schlechte und mittelmäßige, ergießen sich auf ein anscheinend unersättliches Publikum, in Großbritannien allein im Durchschnitt aller 14 Tage eines. Dennoch ein weiteres herauszugeben, bedarf eines Wortes der Erklärung.

Leute, deren Beruf es ist, Bücher zu verkaufen, versichern, daß ein Großteil der heutigen Nachfrage nach Vogelbüchern zweierlei Bedürfnissen entspringt. Kenntnisreiche Ornithologen, die bereits eines oder mehrere der großen Sammelwerke besitzen, wie WITHERBYS fünfbändiges „Handbook of British Birds", verlangen ein ähnlich maßgebliches und umfassendes Nachschlagebuch, „klein genug, um es in die Tasche zu stecken". Eine weit ungestümere Nachfrage zielt auf ein „wirklich einfaches" Buch, das die große Masse instand setzt, Vögel „mit einem Blick" und ohne Fachwissen zu bestimmen. Beide, ganz verschieden begründete Anforderungen sind „cris du coeur". Der erfahrene Ornithologe nimmt verständlicherweise ungern schwere und kostbare Bände mit auf Reisen, und die vorhandenen einbändigen Bücher lassen gerade die Seltenheiten, die er sucht, aus Raumersparnis weg. Anfänger und die große Menge aller derer, deren Interesse oft mehr sentimental als wissenschaftlich ist, verlangen nach einem Buch, mit dem sie Vögel rund um ihren Garten bestimmen können, ohne daß sie den Knäuel von Einzelheiten und technischem Beiwerk entwirren müssen, der sie meist im vorhandenem Schrifttum verwirrt.

Drittens besteht nun, wie uns berichtet wird, auch eine Nachfrage bei der ständig wachsenden Zahl jener Vogelbeobachter, die jedes Jahr in ornithologisch für sie neue Gebiete reisen, wo unbekannte Vögel auftreten. Aus Währungsgründen oder sprachlichen Schwierigkeiten bleiben ihnen die in einigen Ländern verfügbaren Handbücher oft unzugänglich. Daher ihr Ruf nach einem Buch mit Abbildungen *aller* Vogelarten Europas. In dieser Art ist seit DRESSERS neunbändigem monumentalem Meisterwerk aus den Jahren 1871–80, das heute rund 100 £ kostet, nichts mehr erschienen.

Der „Field Guide to the Birds of Britain and Europe" versucht allen dreien dieser anscheinend widerstreitenden Anforderungen gerecht zu werden. Unbedingte Schlichtheit ist sein Grundton. Er ist nichtfachlich. Er umfaßt alle Vögel Europas einschließlich der Seltlinge von der Tundra Nordfinnlands bis zu den Mittelmeerinseln, westwärts bis Island und ostwärts bis zum Schwarzen Meer.

Die Vögel sind nach der Klassifikation von WETMORE, die jetzt international akzeptiert wird, angeordnet. Die in der neuesten britischen Vogelliste benutzten wissenschaftlichen Namen sind berücksichtigt worden. Trivialnamen werden englisch, holländisch, französisch, deutsch und schwedisch gebracht, und da viele europäische Arten in den Vereinigten Staaten und in Kanada vorkommen, werden auch die nordamerikanischen Namen angegeben, soweit sie sich von den in England gebräuchlichen unterscheiden. Als landessprachliche Namen wurden die im allgemeinen Gebrauch befindlichen gewählt, was nach der Ansicht von DAVID LACK immer der entscheidende Prüfstein für ihre Anwendung sein muß.

Bei den Abbildungen ist der Wert in erster Linie auf getreue Wiedergabe von Färbung und Zeichnungsmuster gelegt, weniger darauf, „Gemälde" zu schaffen. Alle sind maßstabgerecht gemalt. Ähnliche Arten werden beieinander und in der gleichen Stellung gezeigt, gelegentlich ohne Rücksicht auf ihre Verwandtschaft, wenn dies dem Vergleich dienlich ist. Striche weisen deutlich auf die bezeichnenden feldornithologischen Kennzeichen hin, die den verwandten Arten fehlen. Weitere Vergleiche werden im Text mitgeteilt. Einzelheiten von nur allgemeinem (d. h. für die Art belanglosem) Interesse sind aus der Beschreibung erbarmungslos ausgetilgt worden; Angaben über Verhalten sind nur dann gemacht, wenn sie zur Bestimmung nützlich sind. Die Karten zeigen die Brut- und Winterverbreitung der Arten mit Ausnahme der nur gelegentlich erscheinenden oder derer, bei denen der Text eine klare Auskunft erteilen kann. Schließlich erfüllt die Größe des „Field Guide" die Forderung, daß er sich buchstäblich „in die Tasche stecken läßt". Wer mehr erzählende oder gar vermenschlichende Vogelbücher vorzieht, wird in jeder Buchhandlung eine große Auswahl finden: in dieser Hinsicht ist der „Field Guide" nicht konkurrenzfähig und keine Ergänzung des schon vorhandenen Schrifttums.

Die Angaben, auf denen sich dies Buch aufbaut, sind aus verschiedenen Quellen zusammengestellt worden. Erstens aus den eigenen Freilandaufzeichnungen der Autoren, die in vielen Reise- und Studienjahren gemacht wurden. Zweitens aus inniger Zusammenarbeit mit führenden Ornithologen ganz Europas, die großzügig ihre eigenen Aufzeichnungen, wie etwa über lokale Verbreitung der Arten, zur Verfügung stellten. Drittens aus ständigem Studium aller verfügbaren ornithologischen Literatur und Zeitschriften – auch der russischen. Viertens aus der kritischen Prüfung von Bälgen und lebenden Vögeln in verschiedenen Museen und Sammlungen, besonders denen des British Museum of Natural History, der Zoological Society of London, des Severn Wildfowl Trust, der Smithsonian Institution in Washington, D. C. und des American Museum, New York. Dem unverdrossenen Stab dieser Institute gebührt der wärmste Dank der Autoren. Vor allem müssen der unschätzbare Rat von PETER SCOTT erwähnt werden und die von ihm gebotenen günstigen Gelegenheiten bei der entscheidenden Vorbereitung des Textes und der Abbildungen für die Enten, Gänse und Schwäne; für alle diese Arten wurde uns eine sachkundige Unterstützung zuteil.

Sir LANDSBOROUGH THOMSON und Dr. DAVID LACK schulden wir Dank für ihre Führung auf dem verwickelten Gebiet der einheimischen Namenkunde und Dr. FRANÇOIS BOURLIÈRE für seine Hilfe bei der Abfassung der kritischen, im Anhang aufgeführten Liste über die Literatur.

Der Raum erlaubt es den Verfassern leider nicht, hier die so freimütig geleistete Hilfe der Ornithologen vieler Länder im einzelnen anzuführen.

Wenn der „Field Guide" von Wert ist, dann ist es darauf zurückzuführen, daß er die Zusammenarbeit eines so umfassenden, so vorzüglichen und so internationalen Gremiums von Ratgebern widerspiegelt. Der Dank der Verfasser muß jedoch zum Ausdruck kommen für besondere Unterstützung, die sie von den folgenden Fachgenossen erfahren haben:

Belgien:	C. DUPONT, J. SPAEPEN.
Bulgarien:	Dr. J. M. HARRISON.
Dänemark:	Frl. H. I. JÖRGENSEN, Dr. P. JESPERSEN, Dr. FINN SALOMONSEN.
Deutschland:	Prof. G. NIETHAMMER, Prof. E. STRESEMANN.
Estland:	J. LEPIKSAAR.
Finnland:	Dr. O. KALELA.
Frankreich:	P. BARRUEL, G. BERTHET, R. D. ETCHÉCOPAR, Dr. C. FERRY, F. HÜE, H. LOMONT, N. MAYAUD, G. OLIVIER, A. RIVOIRE, G. TALLON.
Griechenland:	Dr. W. MAKATSCH, P. ZERVAS, M. J. TEKKE.
Großbritannien:	W. B. ALEXANDER, Frau MARY BANNERMAN, Frl. P. BARCLAY-SMITH, C. J. BLACKBURNE, H. H. DAVIS, A. E. DOERR, JAMES FISHER, D. GOODWIN, Dr. J. M. HARRISON, Capt. COLLINGWOOD INGRAM, J. D. MACDONALD, Col. R. MEINERTZHAGEN, E. M. NICHOLSON, G. POLLARD, A. C. TOWNSEND, W. R. TREVELYAN, N. J. P. WADLEY, K. WILLIAMSON.
Holland:	Dr. G. C. A. JUNGE, J. KIST, J. E. SLUITERS.
Irland:	G. R. HUMPHREYS.
Island:	Dr. FINNUR GUDMUNDSSON.
Italien:	Prof. F. CATERINI, Prof. A. GHIGI, Prof. E. MOLTONI.
Jugoslawien:	R. CSORNAI, Prof. R. KRONEISL.
Lettland und Litauen:	B. BERZINS.
Norwegen:	Dr. H. M. S. BLAIR, Dr. Y. HAGEN, Prof. H. L. LÖVENSKIOLD.
Österreich:	Dr. G. ROKITANSKY.
Polen:	Z. GODYN.
Portugal:	H. W. COVERLEY.
Rumänien:	Prof. D. LINTIA.
Schweden:	C. F. LUNDEVALL, Dr. G. SVÄRDSON.
Schweiz:	P. GEROUDET.
Spanien:	D. MAURICIO GONZÁLES DIEZ, Capt. P. W. MUNN.
Tschechoslowakei:	Dr. W. CERNY, F. J. TURCEK.
Türkei:	Dr. S. ERGENE.
Ungarn:	Dr. A. KEVE.
USA:	H. DEIGNAN, L. S. PEARL, R. H. POUGH.

Vorwort des Übersetzers

Ein Buch, das *jeden* Vogel Europas in treffenden Bildern (wenn nötig, in verschiedenen Kleidern) zeigt, die wichtigsten Merkmale der Färbung und Lebensweise klar hervorhebt und Brut- und Wintergebiete auf zuverlässigen Verbreitungskarten vorführt, kurz, ein modernes Taschenbuch über die Vögel Europas wurde von allen Vogelkennern und Vogelfreunden unseres Erdteils seit langem ersehnt. Auch für uns gilt Satz für Satz, was Dr. Julian Huxley und was die Verfasser vom Verlangen nach einem solchen Taschenbuch geschrieben haben – ja für uns gilt es ganz besonders, denn wir haben kein neueres Bestimmungsbuch von handlichem Format in deutscher Sprache, in dem alle unsere Vögel in ihren verschiedenen Kleidern abgebildet sind, so wie es die Engländer im „Handbook of British Birds" besitzen. Das „Handbuch der deutschen Vogelkunde" krankt nämlich am Mangel farbiger Abbildungen, die, ganz besonders dem Anfänger, die Kenntnis der Vogelkleider weit besser vermitteln als langatmige Beschreibungen. Vor allem wird dieses Taschenbuch demjenigen nützlich werden, den als Freund der Vogelwelt eine Reise weit über die Grenzen unserer Heimat bis ans Mittelmeer oder bis über den Polarkreis führt, wo er sich zunächst von lauter Rätseln umgeben sieht. Ein Blick in unser „pan-europäisches" Büchlein, das von Engländern geschrieben, von einem Amerikaner bebildert, von einem Deutschen übersetzt wurde, wird sie lösen helfen.

Die Übersetzung hält sich sinngetreu an das englische Vorbild, nur wurde gegebenenfalls der Schwerpunkt von den britischen auf die deutschen Verhältnisse verlagert, so z. B. im Abschnitt „Für den Leser", bei der Kennzeichnung von Lebensstätten, im Kapitel „Stimme", bei Anführen der Verbreitung seltener Vogelarten sowie bei den Symbolen auf den Tafelerklärungen.

Als deutsche Vogelnamen wurden im allgemeinen diejenigen benutzt, die (aus einer oft beträchtlichen Zahl) 1936 von Oskar Heinroth und dem Übersetzer mit Zustimmung und im Auftrag der Deutschen Ornithologischen Gesellschaft festgelegt und im „Handbuch der deutschen Vogelkunde" verwendet wurden. Dadurch wird angestrebt, die Verständigung unter allen Vogelfreunden in jedem Einzelfalle, auch bei Fortlassung des wissenschaftlichen Namens, zu sichern. Zur Bezeichnung derjenigen Arten, die in Deutschland noch niemals vorgekommen sind, standen deutsche Namen nicht immer zur Verfügung. Daher habe ich manche Benennung erst ersinnen müssen.

In der Wahl der wissenschaftlichen Namen habe ich als Übersetzer nicht in allen Fällen den Bearbeitern der englischen Ausgabe folgen können, vor allem dort nicht, wo diese die nomenklatorischen Verbesserungen unberücksichtigt ließen, welche Hartert-Steinbacher im Ergänzungsband des Werkes „Die Vögel der palaearktischen Fauna" (1932–1938) vorgenommen hatten. Ferner ist der Folgerichtigkeit und Deutlichkeit halber der Artbegriff in einigen Fällen anders als im englischen „Field Guide" gefaßt worden, so beim Korsenkleiber.

Den Verfassern und dem englischen Verlag Collins danke ich für die Genehmigung zur Übertragung ins Deutsche, ebenso dem Verlag Paul

PAREY, weil er keine Mühe scheute, das „Taschenbuch" in guter Ausstattung herauszubringen. Mein besonderer Dank gilt Herrn Prof. Dr. E. STRESEMANN, der mir wie früher so auch diesmal wieder mit Rat und Tat zur Seite stand, sowie den Herren Dr. W. PRZYGODDA und H. E. WOLTERS, die mir bei der kritischen Durchsicht des Manuskriptes halfen. Herrn WOLTERS bin ich ferner dafür dankbar, daß er während meiner Abwesenheit die Korrekturarbeiten überwacht hat.

Zur 10. Auflage

Die vorliegende zehnte Auflage des „Peterson" ist mit großer Sorgfalt ergänzt, erweitert und gründlich überarbeitet worden. Damit befindet sich dieser bewährte Feldführer, der in neun Auflagen über 150 000 Exemplare erreichte, wiederum auf dem neuesten Stand unserer Kenntnisse der Vogelkunde. Naturfreunde und Ornithologen werden auch in Zukunft im „Peterson" die Hilfe finden, die er ihnen nun schon seit vielen Jahren bietet.

Seit dem Erscheinen der ersten Auflage im Jahre 1954 unterstützt mich Herr Dr. H. E. WOLTERS bei der Bearbeitung dieses Buches. Für diese unschätzbare Mitarbeit danke ich ihm sehr herzlich.

Im einzelnen seien folgende Ergänzungen hervorgehoben.

In den Hauptteil wurden neben einer *neuen* Brutvogelart (Kaffernsegler) nun auch die aus anderen Ländern in Europa eingebürgerten Vogelarten aufgenommen. Abbildungen dieser Arten zeichneten freundlicherweise die Herren HERMANN HEINZEL (S. 69, 86, 119, 199) und WOLFGANG HARTWIG (S. 305). Diese Zeichnungen wurden unmittelbar den Beschreibungen der betreffenden Arten hinzugefügt. Dreizehn Vogelarten, die inzwischen zum ersten Male in Europa nachgewiesen worden sind, wurden in das Kapitel „Irrgäste" aufgenommen. Die Kennzeichen der Arten wurden überarbeitet und kurze Steckbriefe auch für jene Vogelfamilien gegeben, bei denen sie bisher im Text fehlten. Schließlich wurden bei mehr als sechzig Verbreitungskarten die neuesten Erkenntnisse avifaunistischer Forschung berücksichtigt.

Ich danke allen Vogelforschern und Naturfreunden, die in den letzten zwei Jahrzehnten die Arbeit an diesem Buch gefördert haben. Ihre Anregungen spiegeln sich in dieser Neubearbeitung des „Peterson" wider. Das läßt mich hoffen, daß auch die zehnte Auflage des beliebten Taschenbuches das große Vertrauen rechtfertigen wird, das ihm bisher aus allen natur- und vogelkundlich interessierten Kreisen entgegengebracht wurde.

Bonn, im Januar 1973   G. NIETHAMMER

Inhalt

14 *Inhalt*

Verzeichnis der Tafeln

Vögel

Eier

ÜBERSICHTSKARTE

Das vorliegende Buch bespricht alle im weiß ge-
lassenen Teil der Karte vorkommenden Vogelarten, d. h. die Vögel Europas ostwärts bis zum
30° östl. Länge und einschl. der Inseln des Mittelmeeres, jedoch ohne Nordafrika und Kleinasien.

Zur Benutzung des Buches

1. Zeichen und Abkürzungen

Dieses Taschenbuch behandelt alle deutschen und mit Ausnahme der russischen auch alle übrigen europäischen Vögel. Um es dem Leser, der zuerst die Farbtafeln zu Rate zieht, wenn er einen neuen Vogel sieht, so bequem wie möglich zu machen, finden folgende Symbole vor den Vogelnamen (gegenüber den Tafeln) Verwendung:

- ● Brutvogel in Deutschland
- ○ Regelmäßig auf dem Zuge oder als Wintergast in Deutschland.
- △ Nur selten oder ausnahmsweise (Irrgast) in Deutschland erscheinend.
- ♟ Unregelmäßiger oder ehemaliger deutscher Brutvogel, aber regelmäßig auf dem Zuge oder als Wintergast.
- ♟ Unregelmäßiger oder ehemaliger deutscher Brutvogel, nur selten oder überhaupt nicht mehr erscheinend.

Ohne Symbol bedeutet, daß der Vogel noch nicht in Deutschland nachgewiesen wurde.

Im Text und gegenüber den Tafeln:

- ✳ In der Bundesrepublik Deutschland als Brutvogel hochgradig gefährdete Art (nach einer 1971 veröffentlichten, von der Deutschen Sektion des Internationalen Rates für Vogelschutz und dem Dachverband der deutschen Avifaunisten aufgestellten Liste).

Auf den Tafeln und im Text werden verwandt:

- ♂ = Männchen
- ♀ = Weibchen
- Juv. = juvenilis = jugendlich, *Jugendkleid*
- Immat. = immaturus = unreif, *unausgefärbt*
- Ad. = adultus = erwachsen, geschlechtsreif, *Alterskleid*

Die Abkürzungen vor dem Trivialnamen bedeuten

E = Englisch, F = Französisch, H = Holländisch, I = Italienisch, N.A. = Nordamerikanisch, S = Schwedisch, Sp = Spanisch.

Hinweise auf Text und Tafeln (auch im Index):

Zahlen im Normaldruck bedeuten Seiten des Textes, im Fettdruck Nummern der Tafeln, mit angehängtem E Nummern der Eiertafeln.

2. Verbreitungskarten

Schwarz bedeutet *Brutgebiet* (kleine isolierte Areale durch Pfeil angezeigt). Das durch eine gestrichelte Linie nach unten abgegrenzte oder umschlossene Gebiet ist das *Winterquartier*. Das bedeutet nicht, daß der Vogel überall innerhalb dieser Grenzen erscheint, sondern nur, daß er dort in geeigneten Biotopen beobachtet werden kann. Zusätzliche kurze Verbreitungsangaben finden sich im Text zwischen den Karten, zum Beispiel dann, wenn das Winterquartier mit dem Brutgebiet zusammenfällt oder wenn der Vogel zum Winter völlig aus dem auf der Karte dargestellten Gebiet verschwindet (in diesem Falle fehlt die gestrichelte Linie). Es bedeuten ferner:

Schwarz – Sommer
Strichellinie – Winter

Jahresvogel	Das ganze Jahr über im Brutgebiet.
Teilzieher	Viele, aber nicht alle Individuen verlassen im Winter die nördlicheren Teile des Brutgebietes.
Sommervogel	Nur im Sommer im (europäischen) Brutgebiet; alle überwintern außerhalb Europas.

In den wenigen Fällen, die sich nicht zur Kartierung eignen, unterrichtet der Text über die Verbreitung. Das Taschenbuch bringt zum ersten Male Verbreitungskarten der meisten Arten. Ergänzende Nachrichten werden von den Autoren und vom Übersetzer dankbar entgegengenommen.

3. Wie bestimmt man einen Vogel?

Viele, die sich schon ein wenig für Vögel interessieren, schrecken davor zurück, sich näher mit ihnen zu befassen, weil sie, wie sie manchmal sagen, „ein Rotkehlchen nicht von einem Sperling unterscheiden können". Andere sind vielleicht auf einen äußerst fachlichen Aufsatz gestoßen, den einer der oft sehr spezialisierten wissenschaftlichen Ornithologen geschrieben hat, und scheuen die ihnen unvertraute Ausdrucksweise. Solche Menschen verschließen sich ohne Grund einer Quelle reinen Genusses. Die Freude an den Vögeln, welche der Mensch in Jahrhunderten gefühlsbestimmten Interesses entwickelt hat, ob sie nun flüchtige oder ständig empfundene ist, ist weder von eingehendem Studium noch von akademischen Befähigungen abhängig. Wer behauptet, ein Rotkehlchen nicht von einem Sperling unterscheiden zu können, wird sicherlich einen Adler, eine Möwe, eine Ente, eine Eule und viele andere Vertreter der verschiedenen Familien erkennen. Er ist tatsächlich schon ein Stück auf dem Wege des „Vogelkennens" fortgeschritten.

Aber die Ausdrücke „Adler", „Möwe" oder „Ente" sind sehr weit gefaßt. Es gibt etwa 50 verschiedene Adlerarten in den verschiedenen Teilen der Erde und noch mehr Möwen- und Entenarten. Der Zweck dieses Buches ist, ohne erschwerende Symbole zu zeigen, wie man auf vernünftige Entfernung alle Großbritannien und das europäische Festland bewohnenden oder besuchenden Vogelarten unterscheiden kann, auch wenn man noch keine Fachkenntnisse besitzt.

Es gibt ungefähr 8800 Vogelarten auf der Erde. Wir haben es in Europa mit 481 regelmäßig vorkommenden Arten zu tun, wobei die fest eingebürgerten eingeschlossen sind. Sie alle werden vollzählig in diesem Buch behandelt. Zusätzlich sind 139 Arten in Europa weniger als 20mal nachgewiesen; diese werden kurz in dem Anhang „Irrgäste" beschrieben (S. 316). Das verwickelte Thema der Rassen (Unterarten, Subspezies) wird auf S. 28 erörtert. Die wenigen im Freien kenntlichen Rassen werden ebenfalls kurz beschrieben.

Was muß man beachten?

Um einen Vogel bestimmen zu können, muß man vor allem wissen, worauf zu achten ist – die „feldornithologischen Kennzeichen". Die genaue Diagnose stützt sich dann auf ein Verfahren der Aussonderung, indem man den fraglichen Vogel mit anderen ihm ähnlichen vergleicht. Die Hinweisstriche auf den Abbildungen erleichtern dies. Aber das Aussehen allein liefert keineswegs die einzigen Anhaltspunkte. Lockrufe, Gesang, Körperhaltung, Verhalten, Lebensstätte, Vorkommen sind gleich wichtig.

Welche Größe hat der Vogel?

Zuerst gewöhne man sich an, seltene Vögel mit wirklich gemeinen und bekannten zu vergleichen – mit einem Haussperling, einer Amsel, einer Taube usw., so daß man sagen kann „kleiner als eine Amsel, etwas größer als ein Sperling" usw. Die Maße zu Beginn des Abschnittes „Kennzeichen" bedeuten *Durchschnitts*-Längenmaße des Vogels (von der Schnabelspitze bis zur Schwanzspitze).

Welche Gestalt hat er?

Ist er rundlich wie ein Rotkehlchen (links) oder schlank wie eine Bachstelze (rechts)?

Welche Gestalt haben seine Schwingen im Fluge? Sind sie stark zugespitzt wie die einer Schwalbe (links) oder kurz und gerundet wie bei einer Grasmücke (rechts)?

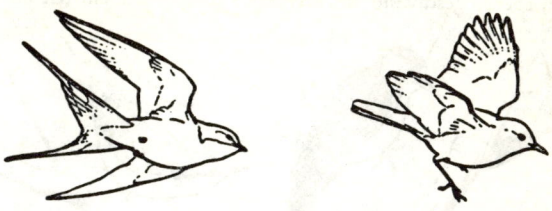

Welche Form hat sein Schnabel? Ist er zierlich wie bei einer Grasmücke (1), dick und kurz wie bei einem Finken oder einem Sperling (2), dolchförmig wie bei einer Seeschwalbe (3) oder gekrümmt wie bei einem Turmfalken (4)?

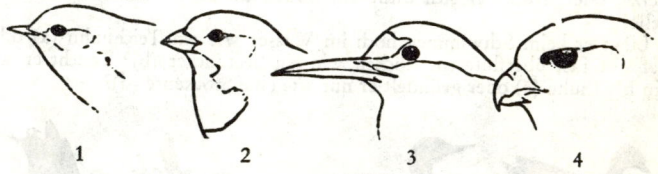

Ist sein Schwanz tief gegabelt wie bei einer Schwalbe (a), kurz und abgestutzt wie bei einem Star (b), tief eingekerbt wie bei einem Hänfling (c), breit und gerundet wie bei einem Kuckuck (d) oder keilförmig wie bei einem Kolkraben (e)?

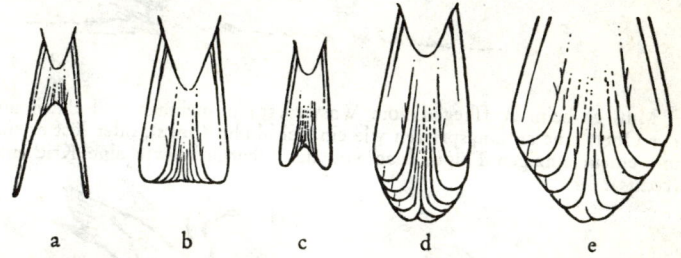

Wie verhält er sich?

Einige Vögel haben sehr kennzeichnende Gewohnheiten. Wippt er beständig mit dem Schwanz wie eine Bachstelze, zittert er mit dem Schwanz wie ein Rotschwanz, stellt er den Schwanz senkrecht wie ein Zaunkönig, oder sitzt er kerzengerade mit abwärts gerichtetem Schwanz wie ein Grauschnäpper?

Klettert er an Bäumen? Wenn ja, klettert er in Spiralen aufwärts wie ein Baumläufer (1), klettert er ruckweise, gestützt auf den steifen Schwanz, wie ein Specht (2), oder klettert er, ohne seinen Schwanz als Stütze zu benutzen, ebenso geschwind abwärts wie aufwärts wie ein Kleiber (3)?

Wenn er zur Nahrungssuche auf den Boden kommt, läuft er dann wie eine Lerche, hüpft er wie ein Sperling, rennt er stoßweise wie eine Bachstelze, oder drückt er sich dicht am Boden dahin wie eine Heckenbraunelle?

Liegt er beim Schwimmen hoch im Wasser wie ein Teichhuhn (a) oder tief mit fast überflutetem Rücken wie ein Seetaucher (b)? Taucht er wie ein Bläßhuhn (c) oder gründelt er nur wie eine Stockente (d)?

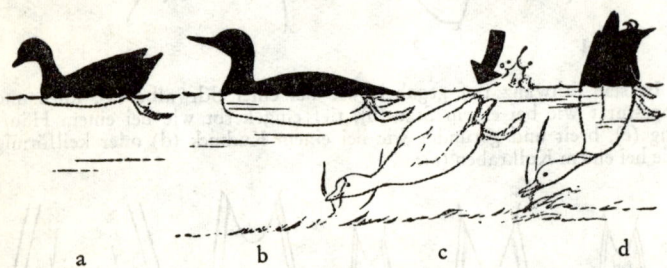

a   b   c   d

Muß er beim Auffliegen vom Wasser Anlauf nehmen und dabei auf der Oberfläche entlangspritzen wie ein Teichhuhn (links), oder löst er sich mit einem einzigen Flügelschlag von der Oberfläche wie eine Krickente (rechts)?

Fliegt er über das Wasser und taucht kopfüber wie eine Seeschwalbe oder ein Eisvogel, oder stürzt er sich nach Fischen mit den Füßen voran ins Wasser wie ein Fischadler, oder läuft er unter Wasser wie eine Wasseramsel?

Watet er? Wenn ja, steht er lange regungslos im seichten Wasser wie ein Reiher, oder rennt er hurtig am Ufer entlang wie ein Wasserläufer, oder folgt er den zurückweichenden Wellen wie ein Sanderling?

Welche Eigenarten hat der Flug?

Ist die Flugbahn ausgeprägt wellenförmig wie bei einem Specht (1), oder ist der Flug gerade und schnell wie bei einem Star (2)?

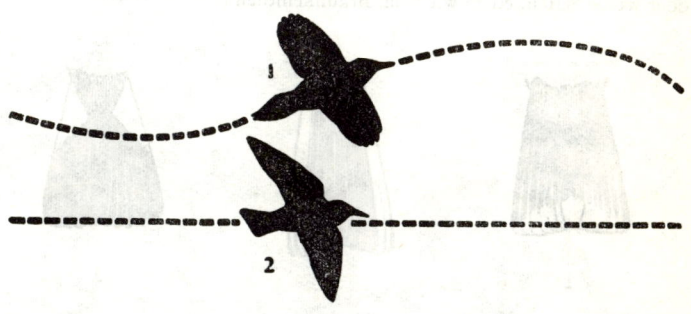

Schlägt er langsam mit den Flügeln wie ein Reiher oder schnell wie eine Stockente, oder wechseln Flügelschlag und Gleitfliegen ab wie bei einer Wacholderdrossel, oder segelt er ohne Flügelschlag wie ein Bussard?

Welche feldornithologischen Kennzeichen besitzt er?

Ein paar Vögel können sofort an der Färbung allein erkannt werden. Ein Irrtum ist z.B. beim männlichen Pirol mit seinem satten Gelb und Schwarz ausgeschlossen.

Dennoch brauchen wir zur Unterscheidung der Vögel oft weniger ins Auge springende feldornithologische Kennzeichen verschiedener Art. Sie werden durch Hinweisstriche auf den Abbildungen des Taschenbuches hervorgehoben und entsprechen den kursiv gedruckten Stellen des Begleittextes unter „Kennzeichen". Nicht eindeutige feldornithologische Kennzeichen werden nur dort erwähnt, wo die Bestimmung schwierig ist und Vollständigkeit der angeführten Merkmale verlangt.

Viele Vögel sind unten mehr oder weniger gefleckt oder gestreift. Erstreckt sich diese Zeichnung fast über die ganze Unterseite wie bei der Singdrossel (a), nur auf die Vorderbrust wie bei der Feldlerche (b) oder nur auf die Flanken wie beim Birkenzeisig (c)?

Hat der Schwanz ein auffallendes Muster? Hat er eine weiße Spitze wie beim Kernbeißer (1), weiße Außenkanten wie beim Buchfinken (2) oder weiße Seitenflecken wie beim Braunkehlchen (3)?

1   2   3

Eine Anzahl von Vögeln zeigt im Fluge einen auffallenden weißen Bürzel – der Eichelhäher, die Mehlschwalbe, der Gimpel, die Steinschmätzer, viele Wasserläufer und die Kornweihe, um nur eine Auswahl zu nennen. Wenn so vielen Arten ein solch hervorstechendes Merkmal gemeinsam ist, muß man nach zusätzlichen feldornithologischen Kennzeichen Ausschau halten.

Steinschmätzer   Mehlschwalbe

Flügelbinden oder ihr Fehlen sind sehr wichtig bei solchen Vögeln wie den Laubsängern; manche sind auffallend, manche undeutlich, manche einzeln, manche doppelt.

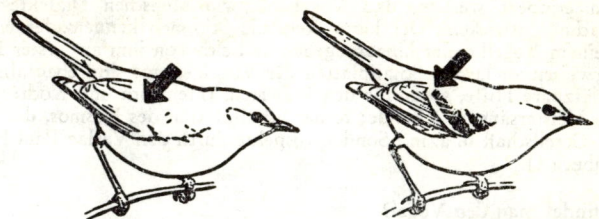

Augenstreifen sind gleichfalls wichtig bei manchen kleinen Singvögeln. Hat der Vogel einen Streif über oder unter dem Auge oder durch das Auge – oder eine Kombination von zwei oder drei solchen Streifen? Manche Grasmücken haben kennzeichnend gefärbte Augen, Augenränder oder „Bart"streifen. Solche Einzelheiten sind natürlich nur dann nützlich, wenn der Vogel sich aus der Nähe betrachten läßt.

Auf Flügelabzeichen sollte immer geachtet werden, besonders bei Enten und Watvögeln. Die Flügel können ganz dunkel oder ganz hell oder teils dunkel, teils hell sein oder auffallende weiße oder andersfarbige Flecken aufweisen. Die genaue Lage solcher Abzeichen auf den Flügeln, von oben oder von unten gesehen, ist wichtig.

Ungezeich-   Flügelstreif   Flügelfeld
neter   oder
Flügel   Flügelfleck

Rufe und Gesang

Erfahrene Ornithologen verlassen sich oft beim Ansprechen der Vögel genauso auf ihr Gehör wie auf ihr Auge. Es ist schwierig, Vogelstimmen zu Papier zu bringen, weil die Vögel selten „menschliche" Laute von sich geben und unsere Auslegung dieser Laute verschieden ist: der eine hört einen Lockruf wie „tiu", der andere wie „dju" oder „sjuh". Es muß auch daran erinnert werden, daß Vögel oft wie Menschen Dialekte ihrer „Sprache" entwickeln. Der beste Weg, die Stimmen kennenzulernen, ist, mit einem Vogelkenner hinauszugehen und sich von ihm aus erster Hand unterweisen zu lassen. Schallplatten der Vogelgesänge sind ebenfalls eine unschätzbare Hilfe, sogar für den Experten. (Heinroth und Koch: Gefiederte Meistersänger, 2 Bände; ferner Schallplatten des Kosmos, der Electrola-Gesellschaft u. a. m.; Sonderprospekte durch den Verlag Paul Parey, Hamburg 1).

Wo findet man den Vogel?

Vögel, welche der Anfänger nur schwer nach ihrem Aussehen allein zu bestimmen vermag, können oft richtig angesprochen werden, wenn man ihre typische Lebensstätte kennt. Die Eisente trifft man mit Wahrscheinlichkeit nur auf Salzwasser an, die Spießente dagegen, die ebenfalls einen langen spitzen Schwanz hat, bewohnt Süßwasser. Waldlaubsänger sind Vögel der geschlossenen Buchen- und Eichenwälder und erscheinen nicht außerhalb derselben im niedrigen Gestrüpp, wo man den Feldschwirl suchen würde. Vögel halten ganz feste Grenzen in bezug auf ihre geographische Verbreitung, auf Lebensstätte und Vegetation ein. Außerhalb dieser Grenzen findet man sie selten, ausgenommen auf dem Zuge. Die Verbreitungskarten des Taschenbuches und seine Angaben über Aufenthalt und Verbreitung sollten stets berücksichtigt werden, wenn die Bestimmung zweifelhaft ist.

Wann findet man ihn?

Es ist nützlich und immer interessant zu ermitteln, in welchen Jahreszeiten verschiedene Zugvogelarten in einem bestimmten Bezirk erscheinen können. Die meisten guten Feldornithologen führen sorgfältig Tagebuch über Ankunfts- und Abzugszeiten. In ein paar Jahren wird es dann möglich, vorauszusagen, wann der erste Zilpzalp, der Mauersegler oder die Rotdrossel erscheinen sollten. Diese Daten kann man mit Bleistift auf den Seitenrändern dieses Taschenbuches vermerken – denn es ist ja nicht als Schmuckstück des Bücherschrankes, sondern in erster Linie als Begleiter bei der Arbeit gedacht.

Vorsicht!

Wo es sich um Seltenheiten handelt, sollte man stets mit größter Vorsicht verfahren. Seltene Wanderer können fast überall auftreten, besonders an Küsten und auf abgelegenen Inseln. Detaillierte Angaben und Skizzen sollte man bei jeder vermuteten Seltenheit *an Ort und Stelle* niederschreiben. Wenn möglich, sollte man ein erfahrenes Mitglied der örtlichen Ornithologen-Vereinigung telephonisch einladen, die Entdeckung zu bestätigen. Ehe ungewöhnliche Beobachtungsangaben als richtig anerkannt werden können, sind für gewöhnlich mindestens zwei voneinander unabhängige Aussagen über die feldornithologischen Kennzeichen zur kritischen Prüfung durch ornithologische Sachkenner erforderlich.

Topographie des Vogels

(Mit Angabe der im Taschenbuch verwandten Fachausdrücke)

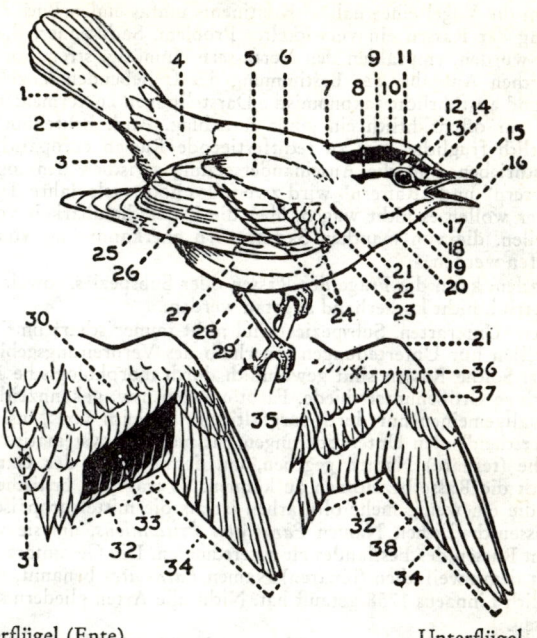

Oberflügel (Ente)   Unterflügel

1	Äußere Steuer- federn (äußere Schwanzfedern, Schwanzkante)	12 Überaugenstreif (Augenbraue)
2	Oberschwanz- decken	13 Augenring 14 Zügel 15 Oberschnabel
3	Unterschwanz- decken	16 Unterschnabel 17 Kinn
4	Bürzel	18 Bartstreif
5	Schulterfedern (Schultern)	19 Ohrdecken (Wangen)
6	Rücken	20 Kehle
7	Nacken	21 Flügelbug
8	Augenstreif	22 Oberflügeldecken
9	Scheitel	23 Brust
10	Kopfstreif	24 Flügelbinden
11	Scheitelstreif	25 Handschwingen 26 Armschwingen

27 Flanken (Körperseiten)
28 Bauch
29 Lauf (Bein)
30 Oberflügeldecken
31 Schulterfedern
   (Schultern)
32 Armschwingen
33 Flügelspiegel
   (Spiegel bei Enten)
34 Handschwingen
35 Achselfedern
   (Achseln)
36 Flughaut (Flügel-
   spannhaut) und
   Unterflügeldecken
37 Flügelvorderrand
38 Flügelhinterrand

Das Problem der Rassen

In einem die Vögel eines halben Kontinents umfassenden Buch ist die Behandlung der Rassen ein verwickeltes Problem. Sachkenner, die darüber befragt wurden, empfahlen den Verfassern einmütig, streng an ihrer ursprünglichen Aufgabe, der Bestimmung des freilebenden Vogels, festzuhalten und ausführliche taxonomische Darstellungen zu vermeiden.

Dies war offensichtlich ein guter Ratschlag. Auch heute noch werden gelegentlich fragliche, erst zu rechtfertigende Rassen europäischer Vögel neu beschrieben, und die Auseinandersetzung zwischen den sogenannten „Splitterern" und „Raffern" wird zweifellos noch viele Jahre dauern. Die Verfasser wollen es nicht wagen, über die Unterscheidbarkeit von Rassen zu urteilen, die von manchen Sachkennern anerkannt und von anderen verworfen werden.

Trotzdem kann die Frage der Rassen oder Subspezies, soweit sie dieses Buch betrifft, nicht kurzerhand abgetan werden.

Rassen (Unterarten, Subspezies) sind nicht immer scharf umrissen, sondern stellen nur Unterteilungen innerhalb des Verbreitungsgebietes einer Art dar. Solche Rassen sind gewöhnlich durch morphologische Merkmale wie geringe Größenunterschiede, Farbtönungen usw. gekennzeichnet. Diesen im allgemeinen nur durch sorgfältigen Vergleich von Museumsserien zu unterscheidenden Unterabteilungen hat man für systematische Zwecke dreifache (ternäre) Namen gegeben, um damit neben der Gattung und Art auch die Rasse bezeichnen zu können. So trägt die britische Tannenmeise, die ein wenig mehr olivfarben ist als die mitteleuropäische Rasse, den wissenschaftlichen Namen *Parus ater britannicus*, um sie von dieser und den Rassen des Festlandes zu unterscheiden. Die Gesamtart aber wird nur mit dem zweifachen (binären) Namen *Parus ater* benannt, wie sie ursprünglich Linnaeus 1758 getauft hat. Nicht alle Arten gliedern sich jedoch in Rassen.

Arten sind fortpflanzungsmäßig voneinander isoliert, d. h. sie vermischen sich unter normalen Umständen nicht miteinander. Eine Tannenmeise paart sich nicht mit einer Blaumeise, aber alle 23 Rassen der Tannenmeise sind untereinander dazu bereit. Die Rassen gehen oft so allmählich ineinander über, daß man an keiner bestimmten Stelle ohne Willkür erklären kann, hier ende z. B. die ost- und zentralspanische Rasse der Tannenmeise, *P. a. cabrerae*, und mache der nordwestspanischen und portugiesischen Rasse *P. a. vieirae* Platz. Wissenschaftler ziehen notwendigerweise willkürlich angenommene Grenzlinien zwischen ihnen. Wenn man die im ganzen Verbreitungsgebiet am weitesten voneinander entfernten Rassen miteinander vergleicht, werden gewöhnlich ganz deutliche Unterschiede sichtbar. Der Übergang von einem Extrem zum anderen vollzieht sich jedoch in vielen Fällen gleitend und ganz allmählich, entsprechend der allmählichen Änderung der Umwelt und des Klimas von einem Gebiet zum andern. Ein allmähliches Merkmalsgefälle, wie man es bei der Tannenmeise und vielen anderen Arten beobachten kann, wird von den Taxonomen als „cline" (zu deutsch: Klin) bezeichnet. Für den Feldornithologen sind alle Rassen von *Parus ater* jederzeit klar als „Tannenmeisen" erkennbar. Für praktische Zwecke ist daher der Gebrauch von Rassennamen bei der *Freiland*bestimmung überflüssig, ja unerwünscht, da eine sichere Bestimmung der Rasse im Freiland nur selten möglich ist. In den verhältnismäßig wenigen Fällen, in denen wie etwa bei der Aaskrähe die Verbreitungsgebiete deutlich verschiedener Rassen aneinander stoßen, zeigt das Vorhandensein einer schmäleren oder breiteren Bastardierungszone, daß es sich hier trotz augenfälliger Unterschiede um das Zusammentreffen von Vögeln der gleichen Art handelt. Für so deutlich verschiedene Rassen, die in der Entwicklung zu selbständigen Arten schon weit fortgeschritten sind, werden aus Rücksicht auf den alteingebürgerten Brauch manchmal auch deutsche Namen verwendet (z. B. Rabenkrähe und Nebelkrähe für zwei Rassen der Aaskrähe, Rotkehldrossel und Schwarzkehldrossel für zwei Rassen der Bechsteindrossel usw.); sonst aber werden Rassen niemals mit Trivialnamen belegt, sondern nur mit ihrer wissenschaftlichen Bezeichnung aufgeführt.

Jeder ernsthafte Ornithologe sollte die ausgezeichnete Erörterung dieses Themas von B. W. TUCKER („Subspecies and Field Ornithology", Brit. Birds 42, S. 200) lesen, worin er feststellte:

„Rassen sind meist viel weniger objektiv und klar umgrenzt in ihren Kennzeichen als Arten ... Diese Tatsache wurde für die Mehrzahl der Liebhaberornithologen dadurch verdunkelt, daß man den Rassen englische Namen gab, wie Britische Blaumeise, Festlandblaumeise usw. Diese Handhabung war gerechtfertigt zu einer Zeit, als die ternäre Nomenklatur noch nicht allgemeine Anerkennung gefunden hatte ..., aber letzten Endes sind die Folgen doch bedauerlich gewesen, und der Verfasser zweifelt nicht daran, daß man nun damit aufhören sollte." Obwohl von einem britischen Ornithologen in bezug auf Großbritannien geschrieben, könnte die gleiche Kritik auf alle europäischen Länder angewandt werden.

Gelegentlich stoßen die Verbreitungsgebiete ähnlicher und offenbar sehr nahe verwandter Vögel nicht aneinander, so daß sich keine die artliche Zusammengehörigkeit beweisende Bastardierungszone bilden kann; hier muß die Frage offen bleiben, ob wir es mit Rassen der gleichen Art oder selbständigen Arten zu tun haben, und die Taxonomen werden sich dann oft verschieden entscheiden, wie z. B. bei Saatgans und Kurzschnabelgans.

Liste der Vögel Europas

(Diese Liste der europäischen Vögel ist zur Registrierung der beobach-teten Arten gedacht; Irrgäste können am Schluß eingetragen werden.)

1 . . . . . Prachttaucher	34 . . . . Weißstorch
2 . . . . . Eistaucher	35 . . . . Schwarzstorch
3 . . . . Gelbschnabel-Eis-	36 . . . . Sichler
taucher	37 . . . . Löffler
4 . . . . Sterntaucher	38 . . . . Flamingo
5 . . . . Haubentaucher	39 . . . . Höckerschwan
6 . . . . Rothalstaucher	40 . . . . Singschwan
7 . . . . Ohrentaucher	41 . . . . Zwergschwan
8 . . . . Schwarzhalstaucher	42 . . . . Saatgans
9 . . . . Zwergtaucher	43 . . . . Kurzschnabelgans
10 . . . . Buntfußsturm-	44 . . . . Bläßgans
schwalbe	45 . . . . Zwerggans
11 . . . . Wellenläufer	46 . . . . Graugans
12 . . . . Sturmschwalbe	47 . . . . Schneegans
13 . . . . Schwarzschnabel-	48 . . . . Kanadagans
sturmtaucher	49 . . . . Nonnengans
14 . . . . Großer Sturmtaucher	50 . . . . Ringelgans
15 . . . . Gelbschnabel-	51 . . . . Rothalsgans
sturmtaucher	52 . . . . Nilgans
16 . . . . Dunkler Sturmtaucher	53 . . . . Rostgans
17 . . . . Eissturmvogel	54 . . . . Brandgans
18 . . . . Baßtölpel	55 . . . . Mandarinente
19 . . . . Kormoran	56 . . . . Pfeifente
20 . . . . Krähenscharbe	57 . . . . Nordamerikanische
21 . . . . Zwergscharbe	Pfeifente
22 . . . . Rosapelikan	58 . . . . Schnatterente
23 . . . . Krauskopfpelikan	59 . . . . Gluckente
24 . . . . Fischreiher	60 . . . . Krickente
25 . . . . Purpurreiher	61 . . . . Stockente
26 . . . . Silberreiher	62 . . . . Spießente
27 . . . . Seidenreiher	63 . . . . Knäkente
28 . . . . Rallenreiher	64 . . . . Blauflügelente
29 . . . . Kuhreiher	65 . . . . Löffelente
30 . . . . Nachtreiher	66 . . . . Marmelente
31 . . . . Zwergdommel	67 . . . . Kolbenente
32 . . . . Rohrdommel	68 . . . . Tafelente
33 . . . . Amerikanische Rohr-	69 . . . . Moorente
dommel	70 . . . . Reiherente

71	. . . .	Bergente	115	Baumfalke
72	. . . .	Eiderente	116	Eleonorenfalke
73	. . . .	Prachteiderente	117	Wanderfalke
74	. . . .	Scheckente	118	Lanner
75	. . . .	Kragenente	119	Würgfalke
76	. . . .	Eisente	120	Gerfalke
77	. . . .	Trauerente	121	Merlin
78	. . . .	Samtente	122	Rotfußfalke
79	. . . .	Brillenente	123	Rötelfalke
80	. . . .	Spatelente	124	Turmfalke
81	. . . .	Schellente	125	Moorschneehuhn
82	. . . .	Zwergsäger	126	Alpenschneehuhn
83	. . . .	Mittelsäger	127	Birkhuhn
84	. . . .	Gänsesäger	128	Auerhuhn
85	. . . .	Weißkopf-Ruderente	129	Haselhuhn
86	. . . .	Schwarzkopf-Ruderente	130	Baumwachtel
			131	Halsbandfrankolin
87	. . . .	Schmutzgeier	132	Erckelfrankolin
88	. . . .	Gänsegeier	133	Steinhuhn, Chukarhuhn
89	. . . .	Mönchsgeier	134	Felsenhuhn
90	. . . .	Bartgeier	135	Rothuhn
91	. . . .	Steinadler	136	Rebhuhn
92	. . . .	Kaiseradler	137	Wachtel
93	. . . .	Steppenadler	138	Königsfasan
94	. . . .	Schelladler	139	Fasan
95	. . . .	Schreiadler	140	Goldfasan
96	. . . .	Zwergadler	141	Diamantfasan
97	. . . .	Habichtsadler	142	Helmperlhuhn
98	. . . .	Mäusebussard	143	Truthuhn
99	. . . .	Rauhfußbussard	144	Laufhühnchen
100	. . . .	Adlerbussard	145	Kranich
101	. . . .	Sperber	146	Jungfernkranich
102	. . . .	Kurzfangsperber	147	Wasserralle
103	. . . .	Habicht	148	Tüpfelsumpfhuhn
104	. . . .	Rotmilan	149	Zwergsumpfhuhn
105	. . . .	Schwarzmilan	150	Kleines Sumpfhuhn
106	. . . .	Seeadler	151	Wachtelkönig
107	. . . .	Gleitaar	152	Purpurhuhn
108	. . . .	Wespenbussard	153	Teichhuhn
109	. . . .	Rohrweihe	154	Bläßhuhn
110	. . . .	Kornweihe	155	Kammbläßhuhn
111	. . . .	Steppenweihe	156	Großtrappe
112	. . . .	Wiesenweihe	157	Zwergtrappe
113	. . . .	Schlangenadler	158	Kragentrappe
114	. . . .	Fischadler		

159 . . . . Austernfischer
160 . . . . Spornkiebitz
161 . . . . Steppenkiebitz
162 . . . . Kiebitz
163 . . . . Keilschwanz-
　　　　　regenpfeifer
164 . . . . Sandregenpfeifer
165 . . . . Flußregenpfeifer
166 . . . . Seeregenpfeifer
167 . . . . Wüstenregenpfeifer
168 . . . . Mornellregenpfeifer
169 . . . . Kiebitzregenpfeifer
170 . . . . Goldregenpfeifer
171 . . . . Kleiner Gold-
　　　　　regenpfeifer
172 . . . . Steinwälzer
173 . . . . Bekassine
174 . . . . Doppelschnepfe
175 . . . . Zwergschnepfe
176 . . . . Großer Schlammläufer
177 . . . . Waldschnepfe
178 . . . . Prärieläufer
179 . . . . Großer Brachvogel
180 . . . . Dünnschnabel-
　　　　　Brachvogel
181 . . . . Regenbrachvogel
182 . . . . Uferschnepfe
183 . . . . Pfuhlschnepfe
184 . . . . Dunkler Wasserläufer
185 . . . . Rotschenkel
186 . . . . Grünschenkel
187 . . . . Großer Gelbschenkel
188 . . . . Waldwasserläufer
189 . . . . Bruchwasserläufer
190 . . . . Gelbschenkel
191 . . . . Teichwasserläufer
192 . . . . Flußuferläufer
193 . . . . Terekwasserläufer
194 . . . . Knutt
195 . . . . Zwergstrandläufer
196 . . . . Temminckstrandläufer
197 . . . . Weißbürzelstrandläufer
198 . . . . Graubruststrandläufer
199 . . . . Meerstrandläufer

200 . . . . Alpenstrandläufer
201 . . . . Sichelstrandläufer
202 . . . . Sanderling
203 . . . . Grasläufer
204 . . . . Sumpfläufer
205 . . . . Kampfläufer
206 . . . . Thorshühnchen
207 . . . . Odinshühnchen
208 . . . . Amerikanisches
　　　　　Odinshühnchen
209 . . . . Säbelschnäbler
210 . . . . Stelzenläufer
211 . . . . Triel
212 . . . . Brachschwalbe
213 . . . . Schwarzflügel-
　　　　　Brachschwalbe
214 . . . . Rennvogel
215 . . . . Skua
216 . . . . Spatelraubmöwe
217 . . . . Schmarotzerraubmöwe
218 . . . . Falkenraubmöwe
219 . . . . Elfenbeinmöwe
220 . . . . Mantelmöwe
221 . . . . Heringsmöwe
222 . . . . Silbermöwe
223 . . . . Polarmöwe
224 . . . . Eismöwe
225 . . . . Sturmmöwe
226 . . . . Korallenmöwe
227 . . . . Schwarzkopfmöwe
228 . . . . Bonaparte-Möwe
229 . . . . Lachmöwe
230 . . . . Dünnschnabelmöwe
231 . . . . Zwergmöwe
232 . . . . Schwalbenmöwe
233 . . . . Dreizehenmöwe
234 . . . . Rosenmöwe
235 . . . . Trauerseeschwalbe
236 . . . . Weißflügelseeschwalbe
237 . . . . Weißbartseeschwalbe
238 . . . . Lachseeschwalbe
239 . . . . Raubseeschwalbe
240 . . . . Flußseeschwalbe
241 . . . . Küstenseeschwalbe

330 . . . . Wasseramsel
331 . . . . Zaunkönig
332 . . . . Alpenbraunelle
333 . . . . Heckenbraunelle
334 . . . . Cistensänger
335 . . . . Seidensänger
336 . . . . Rohrschwirl
337 . . . . Schlagschwirl
338 . . . . Feldschwirl
339 . . . . Strichelschwirl
340 . . . . Streifenschwirl
341 . . . . Mariskensänger
342 . . . . Schilfrohrsänger
343 . . . . Seggenrohrsänger
344 . . . . Buschrohrsänger
345 . . . . Sumpfrohrsänger
346 . . . . Teichrohrsänger
347 . . . . Drosselrohrsänger
348 . . . . Gelbspötter
349 . . . . Orpheusspötter
350 . . . . Olivenspötter
351 . . . . Blaßspötter
352 . . . . Gartengrasmücke
353 . . . . Mönchsgrasmücke
354 . . . . Klappergrasmücke
355 . . . . Dorngrasmücke
356 . . . . Brillengrasmücke
357 . . . . Provencegrasmücke
358 . . . . Sardengrasmücke
359 . . . . Weißbartgrasmücke
360 . . . . Maskengrasmücke
361 . . . . Samtkopfgrasmücke
362 . . . . Orpheusgrasmücke
363 . . . . Sperbergrasmücke
364 . . . . Zilpzalp
365 . . . . Fitis
366 . . . . Berglaubsänger
367 . . . . Waldlaubsänger
368 . . . . Wanderlaubsänger
369 . . . . Grünlaubsänger
370 . . . . Gelbbrauenlaubsänger
371 . . . . Goldhähnchen-
          laubsänger
372 . . . . Wintergoldhähnchen

373 . . . . Sommergoldhähnchen
374 . . . . Grauschnäpper
375 . . . . Trauerschnäpper
376 . . . . Halbringschnäpper
377 . . . . Halsbandschnäpper
378 . . . . Zwergschnäpper
379 . . . . Blauschwanz
380 . . . . Nachtigall
381 . . . . Sprosser
382 . . . . Blaukehlchen
383 . . . . Rotkehlchen
384 . . . . Gartenrotschwanz
385 . . . . Hausrotschwanz
386 . . . . Schwarzkehlchen
387 . . . . Braunkehlchen
388 . . . . Isabellsteinschmätzer
389 . . . . Steinschmätzer
390 . . . . Nonnensteinschmätzer
391 . . . . Mittelmeer-
          steinschmätzer
392 . . . . Wüstensteinschmätzer
393 . . . . Trauersteinschmätzer
394 . . . . Heckensänger
395 . . . . Steinrötel
396 . . . . Blaumerle
397 . . . . Sibirische Drossel
398 . . . . Erddrossel
399 . . . . Misteldrossel
400 . . . . Wacholderdrossel
401 . . . . Naumanndrossel
402 . . . . Bechsteindrossel
403 . . . . Ringdrossel
404 . . . . Amsel
405 . . . . Wanderdrossel
406 . . . . Weißbrauendrossel
407 . . . . Rotdrossel
408 . . . . Singdrossel
409 . . . . Zwergdrossel
410 . . . . Bartmeise
411 . . . . Schwanzmeise
412 . . . . Beutelmeise
413 . . . . Haubenmeise
414 . . . . Sumpfmeise
415 . . . . Weidenmeise

Ornithologische Gesellschaften in Europa

Belgien
Aves, Société d'Études Ornithologiques; avenue de Broqueville, 250, Bruxelles/Brüssel.

Dänemark
Dansk Ornithologisk Förening; Universitetsbiblioteket, Afd. 2, Nörre Alle 49, Köbenhavn N.

Deutschland
Deutsche Ornithologen-Gesellschaft; Möggingen bei Radolfzell (Bodensee)

Finnland
Ornitologiska Föreningen i Finland; Museum Zoologicum Universitatis, Helsinki

Frankreich
Société Ornithologique de France; 55, rue de Buffon, Paris (Ve)

Großbritannien
British Ornithologists' Union; c/o Sub-dept. of Ornithology, British Museum (Natural History), Tring, Hertfordshire

Luxemburg
Luxemburger Landesverband für Vogelkunde und Vogelschutz; 32, rue de la Forêt Luxembourg-Cessange.

Niederlande
Nederlandse Ornithologische Unie; Heidepark 53, Wageningen.

Norwegen
Norsk Ornitologisk Forening; Stavanger Museum, Stavanger

Österreich
Österreichische Gesellschaft für Vogelkunde; c/o Naturhistorisches Museum, A-1014 Wien, Burgring 7

Portugal
Sociedade Portuguesa de Ornitologia; Faculdade de Ciências do Porto, Porto

Schweden
Sveriges Ornitologiska Förening; Östermalmsgata 65, Stockholm Ö.

Schweiz
ALA, Schweizerische Gesellschaft für Vogelkunde und Vogelschutz; Kernstr. 27, Winterthur
Société Romande pour l'Étude et la Protection des Oiseaux; Av. de Champel 13a, Genève

Spanien
Sociedad Española de Ornitología; Museo Nacional de Ciencias Naturales, Castellana, 84, Madrid

Seetaucher: *Gaviidae*

Große Schwimmvögel offener Gewässer, mit scharf zugespitzten Schnäbeln. Körper länger und Hals dicker als bei den nicht verwandten Lappentauchern. Sie tauchen und schwimmen ausgezeichnet unter Wasser. Bei Gefahr tauchen sie rasch oder liegen so tief im Wasser, daß nur der Kopf zu sehen ist. Umriß im Fluge bucklig, mit leicht abwärts gekehrtem bis gestrecktem Hals. Flügel ziemlich schmal und zugespitzt. Im Fluge ragen die Füße über den kurzen Schwanz. Stimme klagend. ♂ und ♀ gleich gefärbt. Nester auf festem Boden.

Prachttaucher *Gavia arctica*   1

E - Black-throated Diver   F - Plongeon arctique   I - Strolaga mezzana
H - Parelduiker   S - Storlom   Sp - Colimbo ártico
                   N.A. - Pacific Loon

KENNZEICHEN: 58–69 cm. Kleiner als Eistaucher, fast dieselbe Größe wie Sterntaucher. Im Brutkleid kenntlich am grauen Kopf und Oberhals und am *geraden,* schlanken, schwarzen Schnabel; Kehle *schwarz,* schmale weiße Streifen an Hals- und Brustseiten, weiße Fensterung der Oberseite in *zwei getrennten Feldern auf jeder Seite* angeordnet. Im Winter ähnlich Eistaucher, aber Stirn schwärzer als Scheitel und Hinterhals, die ihrerseits oft fahler als der schwärzliche Rücken; Eistaucher wirkt oben undeutlich gebändert, Prachttaucher dagegen einfarbig schwärzlich und immat. „schuppig"; geringere Größe, *schwächerer Schnabel* und weniger eckige Kopfkonturen unterscheiden ihn am besten vom Eistaucher; junge sind sonst von jungen Eistauchern nicht zu unterscheiden. Gegenüber Sterntaucher im Winter dunkler und mit schwarzer Stirn statt weißem Gesicht. Schnabel oft genauso schlank, aber *gerade,* nicht aufgebogen, und bläulich mit weißer Spitze.

STIMME: Ein tiefes, bellendes „wauª"; ein schrilles, ansteigendes Klagen.

VORKOMMEN: Im Winter hauptsächlich an Meeresküsten. Zur Brutzeit auf Seen mit unbewaldeten oder bewaldeten Ufern, zwischen Hügeln im Binnenland oder im Küstentiefland. Nest auf Inselchen oder im Uferstreifen tieferer und gewöhnlich größerer Seen als sie der Sterntaucher bewohnt. Verbreitungskarte S. 37.

← *Prachttaucher*
Vorwiegend Zugvogel, bis Färöer streifend

Eistaucher →
Vorwiegend Zugvogel. Winterraum gestrichelt. Umherstreifend bis Italien. Nichtbrüter südwärts bis Hebriden

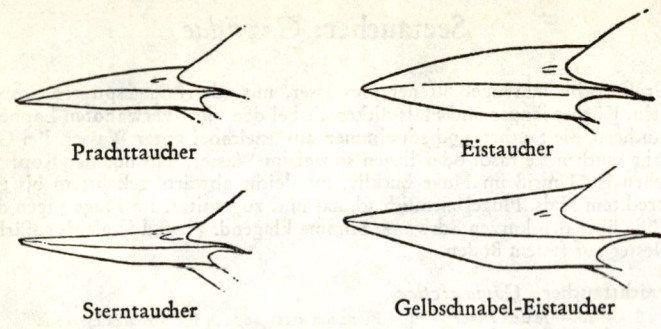

Prachttaucher   Eistaucher

Sterntaucher   Gelbschnabel-Eistaucher

Schnäbel der Seetaucher

Eistaucher   *Gavia immer*   **1**

E - Great Northern Diver   F - Plongeon imbrin   I - Strolaga maggiore
H - IJsduiker   S - Islom   Sp - Colimbo grande
                             N.A. - Common Loon

KENNZEICHEN: 69–81 cm. Größe einer Gans. Im Brutkleid *oberseits mit schwarz-weißem Schachbrettmuster;* glänzend schwarzer Kopf und Hals; *schwarz-weiß gestreiftes Halsband* und stark dolchförmiger Schnabel. Im Winter oberseits dunkel graubraun; Kopfplatte schwärzer; Wangen, Kehle und Unterseite weiß mit Andeutung eines dunklen Bandes an der Halswurzel; das Brutkleid-Muster wird oft bis in die ersten Wintermonate beibehalten. Flug mit leicht gesenktem Hals, Füße das Körperende überragend. Durchflügt im Anlauf zum Abflug die Wasserfläche; wassert hoch aufspritzend mit der Brust voran. Selten an Land. Vom Kormoran im Schwimmen durch *waagerecht,* nicht aufwärts gehaltenen Schnabel unterschieden, im Flug durch viel kürzeren Hals und Schwanz und mehr Weiß an der Unterseite. Siehe auch die anderen Seetaucher.

STIMME: Flugruf ein kurzes, bellendes „kwök"; am Brutplatz ein langgezogenes klagendes Geschrei und unheimlich trillerndes „Gelächter".

VORKOMMEN: Die Seen des Nordens; nistet auf Inselchen und grasigen Landrücken. Im Winter auf Küstengewässern, gelegentlich im Binnenland. Verbreitungskarte S. 37.

Gelbschnabel-Eistaucher   *Gavia adamsii*

E - White-billed Diver   F - Plongeon à bec blanc   I - Strolaga beccogiallo
H - Geelsnavelduiker   S - Vitnäbbad islom   Sp - Colimbo de Adams
                            N.A. - Yellow-billed Loon

KENNZEICHEN: In Größe und Aussehen ähnlich Eistaucher, aber Schnabel *gelblich oder elfenbeinfarben,* nicht schwarz, jedoch ist der Schnabel vieler Eistaucher im Winter bläulich-weiß, besonders nach der Wurzel zu. Der Eistaucher-Schnabel erscheint aber ganz gerade, wogegen er beim seltenen Gelbschnabel-Eistaucher oben gerade und unten gewinkelt ist, was einen kennzeichnenden „aufgeworfenen" Eindruck vermittelt (s.

Diagramm). Verhalten, Stimme, Vorkommen und Nistplatz wie beim Eistaucher. Brutvogel am Nordrand von Asien und im nordwestlichen Nordamerika. Erscheint im Winter in Nordskandinavien. Gelegentlich südwärts bis Großbritannien, Österreich und Italien.

Sterntaucher *Gavia stellata*   **1**

E - Red-throated Diver   F - Plongeon catmarin   I - Strolaga minore
H - Roodkeelduiker   S - Smålom   Sp - Colimbo chico
                           N.A. - Red-throated Loon

KENNZEICHEN: 53–61 cm. Kleiner als Eistaucher; etwa so groß wie Pracht-taucher, aber mit kleinerem Kopf. Der schlanke, *aufgeworfene* Schnabel ermöglicht schnelle Bestimmung selbst aus der Entfernung. Im Brut-kleid mit grauem Kopf, *rotem Kehlfleck* (der von weitem schwarz wirkt) und graubrauner, *ungemusterter* Oberseite. Im Winter heller als Prachttaucher, mit weißen Punktflecken besät; Unterseite weiß. Von Kopfseiten bis Stirn ausgedehnt weiß und dadurch weißgesichtig wir-kend. Schnabel bei Pracht- und Eistaucher *gerade,* nicht aufgeworfen; bei letzterem auch viel stärker. (Aber siehe auch den seltenen Gelb-schnabel-Eistaucher). Im Winter gelegentlich in Trupps auf den Küsten-gewässern.

STIMME: Wiederholtes guttural quäkendes „kwak", nicht so tief wie der ähnliche Ruf des Prachttauchers; auch ein dünnes, hohes Klagen.

VORKOMMEN: Im Winter hauptsächlich Küstengewässer. Nistet am Rande ganz kleiner, aber tiefer Teiche und nordischer Küstenlagunen. Ver-breitungskarte S. 39.

Lappentaucher: *Podicipedidae*

Die Lappentaucher leben ausschließlich auf dem Wasser; sie fliegen selten, sind aber gute Taucher. Von Enten durch zugespitzten Schnabel und „schwanzloses" Aussehen unterschieden. Die Füße sind im Gegensatz zu den nicht näher verwandten Seetauchern nicht mit Schwimmhäuten, son-

← *Sterntaucher*
Teilzieher. Umher-
streifend südwärts
bis Mittelmeerinseln

Haubentaucher →
Teilzieher

dern mit Schwimmlappen (längs der Zehen) versehen. Die größeren Arten
halten den dünnen Hals oft ganz senkrecht; Seetaucher und Enten tun dies
gewöhnlich nur, wenn sie mißtrauisch sind. Schwimmnester. ♂ und ♀
gleich gefärbt.

Haubentaucher   *Podiceps cristatus*   1

E - Great Crested Grebe	F - Grèbe huppé	I - Svasso maggiore
H - Fuut	S - Skäggdopping	Sp - Somormujo lavanco

KENNZEICHEN: 48 cm. Größter Lappentaucher. Leicht kenntlich an den
schwärzlichen Ohrbüscheln und zur Brutzeit an der *auffallenden rost-
braun-schwarzen Krause* an den Kopfseiten. Erscheint „schwanzlos" mit
schlankem Hals, graubrauner Oberseite und leuchtend atlasweißer Unterseite. Im Winter fehlt die Krause, und der Vogel wirkt weißköpfig
mit dunklem Scheitel und weißem Überaugenstreif; vom Rothalstaucher durch bedeutendere Größe, dünneren Hals, weißen Überaugenstreif
und rosa (nicht gelb-und-schwarzen) Schnabel unterschieden. Juv. mit
schwarzweiß gestreiftem Kopf und Hals, ohne Büschel und Krause.
Flug niedrig, dabei auffallendes Weiß auf den Flügeln sichtbar, Kopf-
und Hals nach unten durchhängend. Zeigt sehr ausgeprägte Schaubalz.
STIMME: Ein bellendes „kärr-arr", ein schrilles „ör-huick" und verschiedenartige trompetende, stöhnende und gäckernde Laute.
VORKOMMEN: Seen, überflutete Kiesgruben, Staubecken; im Winter an
Meeresküsten. Nistet im Randgebiet der Gewässer, wo das Schwimm-
nest an Wasserpflanzen Halt findet. Verbreitungskarte S. 39.

Rothalstaucher   *Podiceps grisegena*   1

E - Red-necked Grebe	F - Grèbe à joues grises	I - Svasso dal collo rosso
H - Roodhalsfuut	S - Gråhakedopping	Sp - Somormujo cuellirrojo
	N.A. - Holboell's Grebe	

KENNZEICHEN: 43 cm. Etwas kleiner als Haubentaucher, Schnabel und
Kopf gedrungener, Hals dicker. Im Sommer heben sich die *hellgrauen
Wangen* gut von dem schwarzen Scheitel (mit kleinen schwarzen Federhörnchen), dem lebhaft *rostroten Hals* und leuchtend *gelbem* Schnabelgrund ab. Oben graubraun, unten seidenweiß. Im Winter grau und
weiß, etwas an das Winterkleid des Haubentauchers erinnernd, aber

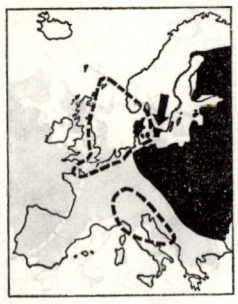

← *Rothalstaucher*
Teilzieher. Hat in
Frankreich und
Holland gebrütet.
Umherstreifend
westwärts bis Ir-
land, Spanien

Ohrentaucher →
Teilzieher. Umher-
streifend südwärts
bis Mittelmeerinseln

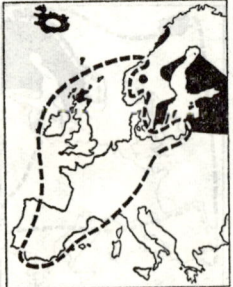

von diesem unterschieden durch geringere Größe, dickeren und graueren Hals, durch das *Fehlen eines weißen Überaugenstreifens,* durch *Gelb* (nicht Rosa) am dunkelspitzigen Schnabel und dadurch, daß sich das Schwarz am Scheitel *bis auf Augenhöhe ausdehnt.* Siehe auch Sterntaucher im Winter.

STIMME: Ein hohes „keck"; auch ein langgezogener wiehernder „Gesang".

VORKOMMEN: Im Winter hauptsächlich an den Küsten; nistet im Röhricht und Pflanzendickicht stiller Gewässer. Verbreitungskarte S. 40.

Ohrentaucher *Podiceps auritus*   **1**

E - Slavonian Grebe	F - Grèbe esclavon	I - Svasso cornuto
H - Kuifduiker	S - Svarthakedopping	Sp - Zampullin cuellirrojo
	N.A. - Horned Grebe	

KENNZEICHEN: 33 cm. Größer als Zwergtaucher; kleiner als Haubentaucher. Im Brutkleid mit buschigem, glänzend schwarzem Kopf, mit einem *breiten goldgelben Streifen durchs Auge,* der kurze „Hörner" bildet, dunkel rostrotem Hals und ebensolchen Flanken. Oben dunkel, unten glänzend weiß. Im Fluge fällt der breite weiße Flügelspiegel auf. Im Winter oben dunkel, unten weiß wie Schwarzhalstaucher, aber das Schwarz des Scheitels ist auf Augenhöhe scharf vom Weiß der Kopfseiten abgegrenzt, das Weiß an Kopf und Hals ist ausgedehnter und der Schnabel *gerade,* nicht aufgeworfen. Kopf und Hals schlangenartig.

STIMME: Zur Brutzeit sehr wechselreich; Hauptruf ein langer, tiefer Triller.

VORKOMMEN: Teiche, Seen, Flüsse, Staubecken. Nistet auf seichten Binnengewässern. Im Winter hauptsächlich in geschützten Meeresbuchten und -armen, aber auch auf Süßwasser. Verbreitungskarte S. 40.

Schwarzhalstaucher *Podiceps nigricollis*   **1**

E - Black-necked Grebe	F - Grèbe à cou noir	I - Svasso piccolo
H - Geoorde fuut	S - Svarthalsad dopping	Sp - Zampullin cuellinegro
	N.A. - Eared Grebe	

KENNZEICHEN: 30 cm. Vom Ohrentaucher zur Brutzeit durch *schwarzen Hals* unterschieden. Mit fächerförmigem, *goldgelbem* Federbüschel an jeder Kopfseite. Ohrentaucher flachstirnig, Schwarzhalstaucher *hochstirnig.* Im Winter wie der Ohrentaucher oben dunkel, unten weiß, aber von diesem unterschieden durch weniger scharf begrenzten Scheitel,

← *Schwarzhalstaucher*
Teilzieher. Umherstreifend in Norwegen, Finnland

Zwergtaucher →
Teilzieher. Umherstreifend bis Finnland (wo er gebrütet hat), Norwegen, Färöer

dessen Schwarz sich *bis unter die Augen und zu den Ohrdecken* erstreckt; auch ist der Schnabel schlanker und sanft aufgeworfen; an Halsseiten weniger Weiß. Juv. hat oft weniger aufgeworfenen Schnabel und
ist kaum vom jungen Ohrentaucher zu unterscheiden.

STIMME: Balzruf ein weiches „huit", manchmal gereiht, auch ein lautes,
schnelles Bibbern, für gewöhnlich in viersilbigen Abschnitten, u. ä.

VORKOMMEN: Wie Ohrentaucher. Brütet in kleinen zerstreuten Kolonien
auf vegetationsreichen, flachen Teichen, Seen und Lagunen. Im Winter
an offenen Seen und an der Küste. Verbreitungskarte S. 41.

Zwergtaucher *Tachybaptus ruficollis* 1

E - Little Grebe	F - Grèbe castagneux	I - Tuffetto
H - Dodaars	S - Smådopping	Sp - Zampullin chico común

KENNZEICHEN: 27 cm. Kleinster Lappentaucher. Rundlich und kurzhalsig,
mit kurzem, verhältnismäßig dickerem Schnabel als bei anderen Lappentauchern. Im Brutkleid oben dunkelbraun, unten heller, mit *kastanienbraunen Wangen und Kehle*. Der gelblichgrüne Schnabelwinkel erzeugt
einen *bezeichnenden hellen Fleck* am dunklen Kopf. Im Winter viel
heller, mit weißer Kehle und braungelblichem Hals. Juv. mit auffallenden weißen Streifen an den Kopfseiten. Flug niedrig und rasch; sehr
wenig Weiß an den Armschwingen. Verhält sich heimlicher als andere
Lappentaucher, ist aber eher zum Fliegen geneigt.

STIMME: Balzruf ein lautes, helles Trillern, oft lang hingezogen, manchmal
steigend und fallend; auch ein kurzes „bi, bi".

VORKOMMEN: Zur Brutzeit häufig auf Teichen, Seen, Staubecken usw. Im
Winter auf Flüssen und in Flußmündungen. Verbreitungskarte S. 41.

Sturmschwalben: *Hydrobatidae*

Hochseevögel, die das Land nur zur Brutzeit aufsuchen; gekennzeichnet
durch röhrenförmige äußere Nasenlöcher. Sturmschwalben sind kleine,
schwärzliche Vögel mit weißem Bürzel, die unstet über den Wellen flattern.
♂ und ♀ gleich gefärbt. Höhlenbrüter.

Buntfuß-Sturmschwalbe *Oceanites oceanicus* 2

E - Wilson's Petrel	F - Pétrel océanite	I - Uccello delle tem-
H - Wilsons stormvogeltje	S - Havslöpare	peste di Wilson
		Sp - Paíño de Wilson

KENNZEICHEN: 18 cm. Sehr ähnlich der Sturmschwalbe, aber die Füße haben
gelbe Schwimmhäute und werden über den kurzen, rechteckigen
Schwanz hinaus gestreckt. Mit weniger Grau auf den Flügeldecken als
Wellenläufer, aber mit mehr als Sturmschwalbe. Folgt Schiffen. Flug
auffallend, wechselt zwischen Gleiten und fledermausartigem Flattern.
Wandert von den antarktischen und sub-antarktischen Brutplätzen im
Sommer bis in die Meere südwestlich Irlands und bis zur Biskaya.
Weiterstreifende erreichen die Britischen Inseln. Ausnahmsweise im
Mittelmeer.

Wellenläufer *Oceanodroma leucorhoa* 2

E - Leach's Petrel   F - Pétrel cul-blanc   I - Procellaria a coda
H - Vaal stormvogeltje   S - Klykstjärtad storm-   forcuta
                               svala   Sp - Paíño de Leach

KENNZEICHEN: 20 cm. Von der Sturmschwalbe durch längere Schwingen und durch auffallend *hüpfenden Flug,* der ständig Geschwindigkeit und Richtung wechselt, unterschieden. Im Gegensatz zur Sturmschwalbe *folgt* der Wellenläufer den Schiffen *nicht.* Auf kurze Entfernung am brauneren Gefieder, an der grauen Mitte des weißen Bürzels, am fahlen Band längs der Flügeldecken und, wenn auch schwer zu sehen, am *gegabelten Schwanz* zu erkennen. Am Brutplatz nachts tätig. Siehe auch Buntfuß-Sturmschwalbe.

STIMME: In der Regel schweigsam, aber bei Nacht am Brutplatz eine rhythmische Folge von schnurrenden „wirre-wirre"-Lauten, unterbrochen durch betonte „wicke-wicke", was auch im Flug zu hören ist. Anhaltende wimmernde Laute wurden aus Nisthöhlen gehört.

VORKOMMEN: Wie Sturmschwalbe, gräbt aber in der Regel Nisthöhlen in torfigen Boden. Verbreitungskarte S. 43.

Sturmschwalbe *Hydrobates pelagicus* 2

E - Storm Petrel   F - Pétrel tempête   I - Uccello delle tempeste
H - Stormvogeltje   S - Stormsvala   Sp - Paíño común

KENNZEICHEN: 15 cm. Kleinster europäischer Seevogel. Langflügelig, schwärzlich, mit bezeichnendem *weißen Feld auf den Unterflügeldekken, weißem Bürzel* und *gerade abgeschnittenem Schwanzende.* Mit kurzer, nur angedeuteter Flügelbinde. Gewöhnlich zu beobachten, wenn sie Schiffen ein gutes Stück vom Lande entfernt *folgt,* in kraftlos erscheinendem Flatterflug dicht über den Wellen, manchmal auch kurze Strekken mit herabhängenden schwarzen Füßen auf die Oberfläche platschend. Am Brutplatz nachts tätig. Vom Wellenläufer durch schwärzere Färbung, geringere Größe, gerade abgeschnittenen Schwanz und kraftlosen Flug unterschieden. Die seltene Buntfuß-Sturmschwalbe (die auch Schiffe zu begleiten pflegt) hat längere Beine und gelbe Füße, die über das Schwanzende ragen.

STIMME: Am Nistplatz ein ansteigendes und abfallendes Schnurren, das

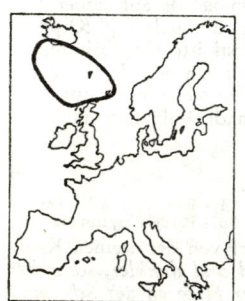

← *Wellenläufer*
Sommerv. innerh. d. schwarzen Linie. Umherstr. bis Sizilien, Finnl., Österr. Hat in Irland u. auf Lofoten gebrütet

Sturmschwalbe →
Brutplätze innerh. d. schwarzen Linien, auch Lofoten. Teilz. Umherstr. im Binnenl. u. östl. Mittelmeer

mit einem charakteristischen „hikav" abschließt; hat auch einige knarrende und summende Rufe.

VORKOMMEN: Rein pelagisch, ausgenommen zur Brutzeit. Nistet kolonieweise unter Felsen, Gemäuer, in Erdhöhlen usw. auf Meeresinseln. Verbreitungskarte S. 43.

Sturmvögel: *Procellariidae*

Sturmtaucher haben schlanke Schnäbel und sind größer als die kleinen Sturmschwalben; sie kurven und segeln auf langen und schmalen Schwingen. Eissturmvögel sind noch größer und ähneln mehr den Möwen, fliegen aber auch mit steifen Schwingen. Geschlechter gleich. Höhlen- und Felsenbrüter.

Schwarzschnabelsturmtaucher *Puffinus puffinus* 2

E - Manx Shearwater   F - Puffin des Anglais   I - Berta minore
H - Noordse pijlstormvogel   S - Mindere lira   Sp - Pardela pichoneta

KENNZEICHEN: 35,5 cm. Von anderen Sturmtauchern durch scharf *voneinander abstechende schwarze Ober- und reinweiße Unterseite* unterschieden. Schnabel schlank. Gewöhnlich in zerstreuten Gruppen segelnd, nur gelegentlich flügelschlagend zu beobachten. Dreht sich von einer Seite auf die andere, um den Wellenkonturen zu folgen, und zeigt dabei abwechselnd das Schwarz und Weiß von Ober- und Unterseite. Folgt Schiffen nicht. Schwimmt häufig, wobei sich die Schwärme am Abend in der Nähe der Brutplätze versammeln. Die obige Beschreibung bezieht sich auf den westlichen Schwarzschnabelsturmtaucher, *P. p. puffinus* (Atlantik); der ostmediterrane *P. p. yelkouan* hat ein weniger kontrastreiches Kleid; die auf den Balearen brütende Rasse *P. p. mauretanicus* ist brauner und noch weniger kontrastreich; Stücke mit dunkler Unterseite können mit Dunklen Sturmtauchern (*P. griseus*), hellere Stücke mit Gelbschnabelsturmtauchern (*P. diomedea*) verwechselt werden, aber *P. puffinus* ist viel kleiner und schlanker als diese beiden.

STIMME: Verschiedene wild krähende und wimmernde Laute am Brutplatz.

VORKOMMEN und VERBREITUNG: Mehr in Landnähe als auf hoher See. Brütet lokal in starken Kolonien in Erdhöhlen auf Inseln und Klippen: Island, Färöer, Shetland-, Orkney-Inseln, Westküste Großbritanniens und Irlands sowie Bretagne; auch Mittelmeer-Inseln von den Balearen bis zum Ägäischen Meer. Teilzieher. Ausnahmsweise oder auf dem Zuge Nordseeküsten und Portugal. Auch nach Bulgarien und der Schweiz verflogen. Verbreitungskarte S. 45.

Großer Sturmtaucher *Puffinus gravis* 2

E - Great Shearwater   F - Puffin majeur   I - Berta dell' Atlantico
H - Grote pijlstormvogel   S - Större lira   Sp - Pardela capirotada

KENNZEICHEN: 46 cm. *Dunkle Kopfplatte*, scharf von der weißen Kehle abgesetzt, fast vollständiges *weißes Halsband und dunkler, schlanker Schnabel.* Kopf wirkt schmal. *Schmaler weißer Fleck an der Schwanz-

wurzel. Oben dunkelbraun, unten weiß, mit undeutlich gefleckten Flanken und dunklem Fleck am Bauch. Weißliche Unterflügel mit dunkleren Rändern als beim Gelbschnabelsturmtaucher. In der Mauser mit unregelmäßiger weißer Linie längs der Mitte der Flügeloberseite. Verhalten und Flug wie bei *P. puffinus,* der viel kleiner und oben schwärzer ist und dem der weiße Fleck fehlt. Siehe auch *Calonectris diomedea.*

STIMME: Bei der Nahrungssuche rauh und möwenartig.

VORKOMMEN und VERBREITUNG: Die Hochsee, gelegentlich näher am Lande. Brütet in Höhlen auf Tristan da Cunha im Südatlantik und besucht den östlichen Nordatlantik (Island bis Portugal) im Sommer und Herbst. Umherstreifende auch auf der Nordsee und im Mittelmeer ostwärts bis Sardinien, einmal Schweden.

Dunkler Sturmtaucher   *Puffinus griseus*   2

E - Sooty Shearwater   F - Puffin fuligineux   I - Berta grigia
H - Grauwe pijlstormvogel   S - Grå lira   Sp - Pardela sombría

KENNZEICHEN: 40,6 cm. Gedrungen und schmalflügelig. Wirkt von weitem ganz schwarz, gleitet in der den Sturmtauchern eigenen Weise über die Wellen. Oft mit Großem Sturmtaucher vergesellschaftet, dem er sich ähnlich verhält. Von allen anderen Sturmtauchern (ausgenommen dunkle Stücke des westmediterranen *P. puffinus mauretanicus)* durch *einfarbig rußschwarzes Gefieder* unterschieden. Auf der Flügel-Unterseite helle Felder, gewöhnlich in Form von undeutlichen weißen Streifen längs der Flügelmitte. Siehe auch die dunkle Phase des Eissturmvogels und des westmediterranen *P. puffinus mauretanicus,* auch immat. Baßtölpel und dunkle Skua. Auf See schweigsam.

VORKOMMEN UND VERBREITUNG: Im Sommer die Hochsee und landnahe Meere. Brütet in Höhlen auf Inseln der Südhemisphäre. Besucht im Sommer und Herbst den Atlantik bis Island und Norwegen; ausnahmsweise die südliche Nordsee und den Kanal, selten das Mittelmeer.

Gelbschnabelsturmtaucher   *Calonectris diomedea*   2

E - Cory's Shearwater   F - Puffin cendré   I - Berta maggiore
H - Kuhls pijlstormvogel   S - Gulnäbbad lira   Sp - Pardela cenicienta

KENNZEICHEN: 46 cm. Ein großer graubrauner Sturmtaucher, kräftiger und breitflügeliger wirkend als *P. gravis,* von diesem ferner durch *grau-*

← *Schwarz-schnabel-sturmtaucher*
Teilz. Umherstr. an der Festlandsküste. Portug., Bulgarien, Schweiz, Schweden
Gelbschnabel → *sturmtaucher*
Schwarze Linie bezeichnet Nordgrenze des Brutgebietes

braune (nicht schwarze) *Kopfkappe* unterschieden, deren Farbton *all-mählich* in das Weiß der Kehle übergeht. Dicker Schnabel *gelb.* Manch-mal wie *P. gravis* mit *schmalem weißen „V" an der Schwanzwurzel, aber öfter ist die Zeichnung undeutlich oder fehlt ganz. Niemals mit weißem Halsband.* Unten rein weiß, nicht wie bei *P. gravis* mit dunk-len, schmutzig erscheinenden Flecken an Flanken und Bauch, aber mit grauem Anflug an den Brustseiten. Flug ähnelt mehr dem des Eissturm-vogels als dem des Großen Sturmtauchers, typisch nach 5–8 Schlägen ein langes Gleiten mit leicht gesenkten Flügeln. Am Brutplatz nachts tätig. Siehe auch Schwarzschnabelsturmtaucher.

STIMME: Am Brutplatz ein langgezogener Ruf und ein möwenartiges „ia-gaua-gou".

VORKOMMEN: Die Hochsee, gelegentlich mehr in Landnähe. Brütet gesellig in Felsspalten auf Inseln. Erscheint im Herbst vor der südostenglischen und irischen Küste. Umherstreifende in der Nordsee und bis zu den Färöern, im Binnenland in der Schweiz, Tschechoslowakei und Öster-reich. Verbreitungskarte S. 46.

Eissturmvogel *Fulmarus glacialis*   2

E - Fulmar	F - Pétrel glacial	I - Procellaria cenerina
H - Noordse stormvogel	S - Stormfägel	Sp - Fulmar

KENNZEICHEN: 47 cm. Möwenartiges Aussehen, aber dicker, mit typischem Sturmtaucherflug, der segelnd und kurvend mit Flügelschlag dicht über den Wellen dahinführt. Von den Möwen durch *dicken Stiernacken* und das *Fehlen der schwarzen Spitzen an den schmalen Schwingen* unter-schieden. Schnabel gelb, dick und kurz, mit röhrenförmigen Nasen-löchern. Beine bläulich. Bei der hellen Phase sind Kopf und Unterseite weiß, Rücken, Flügel *und Schwanz* grau, die Flügel mit hellem Fleck am Grunde der Handschwingen. Bei der dunklen nördlichen Phase (so-genannte „blaue Eissturmvögel") ist das Gefieder rauchgrau mit dunk-leren Flügelspitzen; doch sind diese Vögel viel zu hell und zu dick-schnäblig, um als dünnschnäblige Dunkle Sturmtaucher angesprochen zu werden. Folgt Schiffen. Schwimmt leicht, erhebt sich aber schwerfällig vom Wasser. Bewegt sich auf dem Lande unbeholfen auf den Fersen, manchmal mit Unterstützung der Flügel; kann sich aber auch auf die

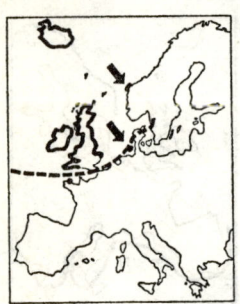

← *Eissturmvogel*
Seit 1970 Brutv. Helgol. Im Win-ter auf d. Meere v. d. Arktis b. z. Stri-chellinie. Umherstr. Finnland, ČSSR, Schweiz, Portugal
Baßtölpel →
Teilz. Schwarze Li-nie umschließt Brut-kolonien. Umherstr. östl. Mittelmeer, Ostsee

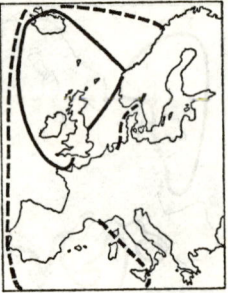

Füße aufrichten. Gemein an allen nördlichen Gewässern, oft in riesiger Zahl. Besucht das Land nur zur Brutzeit.

STIMME: Gewöhnlich ein heiseres Gackern oder Grunzen „äg-äg-äg-orr".

VORKOMMEN: Streng pelagisch. Brütet kolonieweise auf ozeanischen Klippen und Inseln; lokal auch auf Binnenland-Klippen und grasigen Abhängen. Verbreitungskarte S. 46.

Tölpel: *Sulidae*

Seevögel mit starkem geraden und spitzen Schnabel und keilförmigem Schwanz; wie bei den anderen Ruderfüßern (Pelikane, Kormorane und Schlangenhalsvögel, Fregattvögel, Tropikvögel) sind alle Zehen der kurzen Füße durch Schwimmhäute verbunden. Nisten auf dem Boden, auf Felsen oder auch auf Bäumen. Stoßtaucher.

Baßtölpel   *Sula bassana*   2

E - Gannet	F - Fou de Bassan	I - Sula
H - Jan van Gent	S - Havssula	Sp - Alcatraz (común)

KENNZEICHEN: 91,4 cm. Gänsegroßer, weißer Seevogel, kenntlich an den *ausgedehnt schwarzen Spitzen der langen, schmalen Flügel.* Doppelt so groß wie Silbermöwe, mit *viel längerem Hals* und *größerem, spitzem Schnabel,* der oft abwärts weist, und mit *spitzem* (nicht fächerförmigem) *Schwanz.* Unausgefärbte sind dunkel und mit weißen Tropfenflecken übersät oder stark scheckig schwarzbraun und weiß, je nach dem Alter, aber leicht am bezeichnenden Verhalten und am „zigarrenförmigen" Körper kenntlich. Fliegt gewöhnlich tief und schaltet kurze Gleitstrecken ein, aber bei der Nahrungssuche vollführt er majestätische Flugmanöver. Stürzt sich nach Fischen kopfüber ins Wasser, manchmal aus 30 m Höhe und mehr. (Möwen lassen sich mitunter nach Nahrung ins Wasser fallen, aber das Stoßtauchen der Tölpel fällt sofort auf.)

STIMME: Gewöhnlich ein kläffendes „ärrah".

VORKOMMEN: Streng ans Meer gebunden, oft weit draußen auf See. Brütet in starken Kolonien auf Felseninseln in Nischen und auf Simsen der Steilwände. Verbreitungskarte S. 46.

Kormorane: *Phalacrocoracidae*

Große, langschnäbelige, dunkle Wasservögel, größer (mit Ausnahme der Zwergscharbe) als jede Ente. Manchmal mit Seetauchern zu verwechseln, aber Schwanz länger und Schnabel mit hakig nach unten gebogener Spitze. Im Flug wird der Hals ausgestreckt und etwas über die Waagerechte gehalten (die Seetaucher richten den Hals etwas abwärts). Schwärme fliegen gewöhnlich in Linie oder „V"-Formation wie Gänse. Oft sitzen sie auf einzelnen Felsen mit halb ausgebreiteten Schwingen. Beim Schwimmen erinnern sie an Seetaucher, aber der Hals ist mehr aufgerichtet; Schnabel schwach *aufwärts* gerichtet. Fels- oder Baumbrüter.

Kormoran   *Phalacrocorax carbo* ✳   49

| E - Cormorant | F - Grand cormoran | I - Marangone |
| H - Aalscholver | S - Storskarv | Sp - Cormorán grande |

KENNZEICHEN: 91,4 cm. Großer schwärzlicher Wasservogel, leicht mit der Krähenscharbe zu verwechseln, aber größer als diese, *mit weißem Kinn und weißen Wangen* und im Brutkleid mit *weißem Fleck an den Schenkeln*, ohne Haube. Juv. oben bräunlich, unten weißlich, von jungen Krähenscharben durch stärkeren Schnabel unterschieden. Sitzt aufgerichtet auf Felsen, oft mit halbausgespannten Flügeln. Schwimmt mit tief im Wasser liegendem Körper wie Seetaucher, aber mit steiler aufgerichtetem Hals; Schnabel wird dabei etwas angehoben. Der Flug führt sehr schnell geradeaus, der Hals wird ausgestreckt und etwas über die Waagerechte gehoben; Trupps fliegen gewöhnlich in Linie oder „V"-Formation. Gesellig. Zur Brutzeit haben die meisten Kormorane des Festlands und der Britischen Inseln fast völlig weißen Kopf und Hals.
STIMME: Meist ein tiefes, rauhes „krah".
VORKOMMEN: Küsten, Flußmündungen, Küstenseen, gelegentlich Binnengewässer. Brütet kolonieweise, manchmal neben Tölpeln auf Felsvorsprüngen, im Binnenland auf Bäumen vor allem der Inseln von Seen. Verbreitungskarte S. 48.

Krähenscharbe   *Phalacrocorax aristotelis*   49

| E - Shag | F - Cormoran huppé | I - Marangone col ciuffo |
| H - Gekuifde aalscholver | S - Toppskarv | Sp - Cormorán moñudo |

KENNZEICHEN: 76 cm. Kleiner als Kormoran, mit etwas dünnerem, kürzerem Hals, kleinerem Kopf und Schnabel. Gekennzeichnet durch das *Fehlen von Weiß am Gesicht;* auch fehlt der weiße Schenkelfleck, den der Kormoran im Brutkleid hat; auf kurze Entfernung ist das *grünschwarze* Gefieder vom bronzeschwarzen des Kormorans zu unter-

← *Kormoran*
Vorw. Jahresvogel. Im Winter an allen Küsten, ausgen. östl. Ostsee. Zug durch Mitteleuropa. Brütet in SO-Schweden
Krähenscharbe →
Vorw. Jahresvogel. Umherstr. im Binnenland, in Schweden, Dänem., Holland, Belgien, Bulgarien

Kormoran
ad. Brutkleid

Kormoran
atlantische
Rasse

ad.

Kormoran
Festlandrasse

ad.

Kormoran
immat.

Krähen-
scharbe
ad.

Krähenscharbe
ad.

Krähenscharbe
immat.

ad.

Zwergscharbe

Kormoran

Krähenscharbe

Krähenscharbe

Die Kormorane

Kormorane und Krähenscharbe stehen aufrecht und nehmen oft eine „Flügelspreizpose" ein. Kormorane schwimmen mit schwach aufwärts gerichtetem Schnabel.

scheiden; im Brutkleid mit kurzer, *aufrichtbarer Kopfhaube.* Augen
hell blaugrün. Unausgefärbte wie junge Kormorane; von diesen durch
schwächeren Schnabel unterschieden.

STIMME: Meist ein lautes, schnarrendes Krächzen.

VORKOMMEN: Ans Meer gebunden, häufig Felsküsten und Inseln mit Steil-
abfällen und von der See ausgewaschenen Höhlen. Brütet kolonieweise
(manchmal einzeln) auf Felsabsätzen und zwischen Felsblöcken. Verbreitungskarte S. 48.

Zwergscharbe *Phalacrocorax pygmeus*   **49**

  E - Pygmy Cormorant   F - Cormoran pygmée   I - Marangone nano
  H - Dwergaalscholver   S - Dvärgskarv   Sp - Cormorán pigmeo

KENNZEICHEN: 48 cm. Sehr viel kleiner und behender als der Kormoran,
erinnert im Flug an Bläßhuhn, aber mit langem Schwanz und ziemlich
kleinem runden Kopf. Im Sommer haben beide Geschlechter *dunkel rotbraunen Kopf,* glänzend grünlichschwarzes Gefieder, das *weiß gefleckt*
ist mit Ausnahme eines dunkelgrauen „Sattels" über die Mitte von
Rücken und Flügeldecken. Außerhalb der Brutzeit ohne weiße Flecken,
mit weißer Kehle und rotbrauner Brust. Juv. mit weißem Kinn, brauner
Kehle und Brust, bräunlichweißer Unterseite und gelblichem Schnabel.
Siehe auch Krähenscharbe.

VORKOMMEN: Zieht Binnengewässer vor; Flüsse und Sumpflandschaften
bis zur Meeresküste. Brütet kolonieweise, baut unordentliche Nester
auf Büschen im Sumpfgebiet. Verbreitungskarte S. 50.

Pelikane: *Pelecanidae*

Große, infolge hohen Luftgehaltes ihrer Knochen verhältnismäßig leichte
Wasservögel, die auf langen und breiten Flügeln ausgezeichnet segeln,
aber nicht tauchen können. Sie schwimmen beim Fischfang in Reihen gegen
das Ufer, um die dorthin gescheuchten Fische mit dem großen Schnabel,

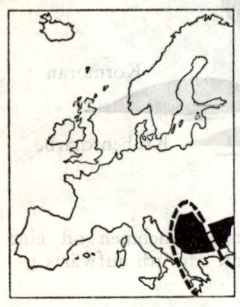

← *Zwergscharbe*
Teilzieher. Umher-
streifend nord- und
westw. bis Schwe-
den, Dänemark,
Frankreich, Italien

Krauskopf- →
pelikan
Teilz. Umherstr.
bis Mitteleuropa,
Mittelmeer west-
wärts bis Spanien

zwischen dessen Unterkieferästen ein dehnbarer Hautsack hängt, aus dem seichten Wasser schöpfen zu können.

Rosapelikan *Pelecanus onocrotalus* 51

E - White Pelican F - Pélican blanc I - Pellicano
H - Gewone pelikaan S - Pelikan Sp - Pelícano vulgar

KENNZEICHEN: 140–178 cm. Gewaltige Flügelspanne. *Weiß, mit schwärzlichen Handschwingen,* langem, gelblichem Schnabel und Kehlsack sowie fleischfarbigen Füßen. Im Brutkleid beide Geschlechter mit kurzem struppigen Schopf am Hinterkopf und rosa Anflug im Gefieder. Von nahem sind der gelbliche Fleck am Grunde des Halses und das rote Auge zu erkennen. Juv. braun, später schmutzig-weiß mit unregelmäßiger brauner Fleckung. Fliegt gemächlich, mit kurzen Segelstrecken, und hält den Kopf auf die Schulter zurückgelegt. Trupps fliegen in regelmäßigen Linien, oft in großer Höhe. Flügel, von oben gesehen, weiß mit schwarzer

Links: Rosapelikan von oben und von unten. – Rechts: Krauskopfpelikan von oben und von unten

Spitze; von unten gesehen, ganzer Hinterrand des Flügels schwarz. Weißstörche und Baßtölpel sind im Fluge auch weiß mit schwarzen Schwingenspitzen, aber beide fliegen mit ausgestrecktem Hals und haben anders gestalteten Schnabel. Baßtölpel hat schmalere, gewinkelte, spitze Flügel und längeren, spitzen Schwanz. Krauskopfpelikane, von unten gesehen, ohne Schwarz am Flügel.

VORKOMMEN UND VERBREITUNG: Große Binnengewässer, ausgedehnte Sümpfe und seichte Lagunen an der Küste. Nester kolonieweise im Röhricht. Brütet in Rumänien. Ausnahmsweise in den meisten europäischen Ländern bis Schweden, Deutschland und Spanien.

Krauskopfpelikan *Pelecanus crispus* 51

E - Dalmatian Pelican F - Pélican frisé I - Pellicano riccio
H - Kroeskoppelikaan S - Krushuvad pelikan Sp - Pelícano ceñudo

KENNZEICHEN: Schwer vom Rosapelikan zu unterscheiden, ausgenommen im Fluge; die Verbreitungsgebiete überschneiden sich. Im Flug von oben Armschwingen dunkel und Flügelspitze schwarz, *von unten alle Schwingen schmutzig weiß.* Gewöhnlich ein wenig größer. Auf kurze Entfernung erscheint er oben *silbrigweiß* (anstatt blaß-rosa-weiß); unten *trüb graulichweiß* mit großem gelblichem Fleck an der hinteren Kehle; Kehlsack mehr orangefarben; Handschwingen dunkelbraun; Beine *bleigrau* (nicht fleischfarben); Federn am Hinterkopf nur schwach verlängert, aber gekräuselt (nicht einen struppigen Schopf bildend); Auge hell gelblich (nicht rot). Juv. ähnelt jungem Rosapelikan, von diesem nur von nahem an den Stirnfedern zu unterscheiden, die fast in einer geraden Linie anstatt in einer Spitze auf dem Oberschnabel enden (bei ad. sind die Unterschiede ähnlich). Verhalten, Flug und Vorkommen: s. Rosapelikan. Verbreitungskarte S. 50.

Reiher: *Ardeidae*

Vögel mit langem Hals, mit langen Beinen und mittellangem, spitzem Schnabel. Bei längerem Flug wird der Kopf auf die Schultern zurückgenommen, die Beine werden nach hinten gestreckt. Schmuckfedern auf Kopf, Schultern und am Hals. Unbefiederte Körperteile ändern zur Brutzeit die Farbe. Geschlechter außer bei der Zwergdommel gleich. Baum- oder Schilfbrüter.

Fischreiher *Ardea cinerea*   3

E - Heron	F - Héron cendré	I - Airone cenerino
H - Blauwe reiger	S - Grå häger	Sp - Garza real

KENNZEICHEN: 91 cm. Von anderen Reihern durch *bedeutendere Größe, graue Oberseite, weißen Kopf und Hals mit breitem schwarzem Streif vom Auge bis zur Spitze einer langen, anmutigen Haube.* Langer, dolchförmiger Schnabel gelblich, Beine bräunlich, beide im zeitigen Frühjahr rötlich werdend. Steht lange Zeit bewegungslos im oder am Wasser, mit lang aufgerichtetem Hals oder zwischen die Schultern eingezogenem Kopf; setzt sich auch auf Bäume. Kräftiger Flug mit langsamen, weit ausholenden Flügelschlägen; Flugbild kenntlich an dem auf *Schultern ruhenden Kopf* und den ausgestreckten Beinen.

STIMME: Ein tiefes rauhes „kräiik". Zur Brutzeit zahlreiche krächzende und würgende Rufe in Verbindung mit Schnappbewegungen.

VORKOMMEN: Feuchte Wiesen, Flüsse, Seen, Meeresufer. Nistet kolonieweise, in der Regel auf hohen Bäumen. Verbreitungskarte S. 52.

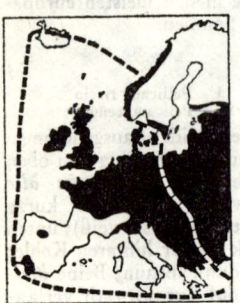

← *Fischreiher*
Teilzieher

Purpurreiher →
Sommervogel am Oberrhein. Hat auch sonst in Deutschland und der Schweiz gebrütet. Umherstreifend nordwärts b. Großbritannien, Skandinavien

Purpurreiher *Ardea purpurea* ✳ **3**

E - Purple Heron F - Héron pourpré I - Airone rosso
H - Purperreiger S - Purpurhäger Sp - Garza imperial

KENNZEICHEN: 79 cm. Vom Fischreiher durch geringere Größe, viel dunklere Färbung und im Sitzen durch viel schlangenartigere Haltung unterschieden. Oberseite und Flügel dunkelgrau, mit verlängerten, kastanienbraunen, vom Mantel herabhängenden Federn; Scheitel und Haube schwarz; der *sehr lange, dünne, kastanienbraune Hals kräftig schwarz gestreift;* Brustmitte kastanienbraun, die übrige Unterseite schwarz. Juv. heller, mit kastanienbraunem Scheitel und Hals und mit gelbbrauner Unterseite. Im Fluge *hängt die Halsschlinge tiefer herab und ist mehr gewinkelt,* und die Füße erscheinen größer als beim Fischreiher; dieser hat eine kontrastreichere Flügelzeichnung (s. Flugbild Tafel 3). Selten auf Bäumen.
VORKOMMEN: Sümpfe, überwachsene Gräben, dichtes Röhricht usw. Brütet kolonieweise, manchmal mit anderen Arten zusammen, im Röhricht, gelegentlich auf Büschen. Verbreitungskarte S. 52.

Silberreiher *Casmerodius albus* **4**

E - Great White Egret F - Grande aigrette I - Airone bianco maggiore
H - Grote zilverreiger S - Ägretthäger Sp - Garceta grande

KENNZEICHEN: 89 cm. Viel größer als Seidenreiher, der ebenso blendend weißes Gefieder hat, aber von diesem unterschieden durch schlankere Gestalt und das *Fehlen einer richtigen Haube.* Hals sehr lang, dünn und eckig. Schnabel kann ganz gelb oder an der Spitze teilweise schwarz sein. Beine und Füße grünlichschwarz (leztere beim Seidenreiher gelb); zur Brutzeit sind die Beine im oberen Bereich rötlich-orange. Rallen- und Kuhreiher, die von weitem im Flug weiß erscheinen, sind viel kleiner und *untersetzter.*
STIMME: Gelegentlich ein krächzender Ruf.
VORKOMMEN: See- und Flußufer, offene Sümpfe, Lagunen. Nistet im dichten Röhricht, gewöhnlich kolonieweise, selten auf Büschen oder Bäumen. Verbreitungskarte S. 53.

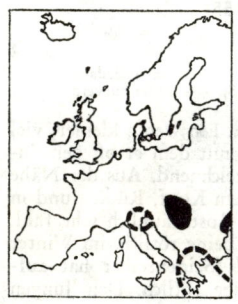

← *Silberreiher*
Teilzieher. Hat in Deutschland und der ČSR gebrütet. Umherstreifend bis Schweden, Großbrit., Balearen

Seidenreiher →
Teilz. Umherstreifend nordwärts bis Brit. Inseln, Holl., Baltische Staaten

Seidenreiher   *Egretta garzetta*   4

E - Little Egret	F - Aigrette garzette	I - Garzetta
H - Kleine zilverreiger	S - Silkeshäger	Sp - Garceta común

KENNZEICHEN: 56 cm. Ein kleiner schneeweißer Reiher mit langem, schlankem, schwarzem Schnabel, schwarzen Beinen und *gelben Füßen*, letztere im Fluge auffallend. Füße werden im Frühling rötlich. (Der Silberreiher ist viel größer, im Winter mit gelbem Schnabel und schwarzen Füßen. Kuh- und Rallenreiher wirken im Flug beide aus der Entfernung weiß, sie sind aber viel massigere, dickhalsigere Vögel.) Im Sommer ad. mit sehr *lang herabhängender* Haube und stark verlängerten Schulterfedern („Reiherfedern"), die einen duftig niederhängenden „Mantel" bilden. Im Flug ähnlich Silberreiher, aber die Flügel wirken kürzer und mehr gerundet. Auf der Nahrungssuche im seichten Wasser, *nicht zwischen grasendem Vieh* wie der Kuhreiher. Ausnahmsweise eine schieferschwarze Mutante.

STIMME: Zur Brutzeit ein krächzendes „kårk" und ein sprudelndes „ualla-ualla-ualla".

VORKOMMEN: Sümpfe, Lagunen, Moräste. Nistet kolonieweise, oft mit anderen Reihern, auf Büschen oder Bäumen in morastigem und versumpftem oder auch offenem, trockenem Gelände und in Wäldern. Verbreitungskarte S. 53.

Rallenreiher   *Ardeola ralloides*   4

E - Squacco Heron	F - Héron crabier	I - Sgarza ciufetto
H - Ralreiger	S - Rallhäger	Sp - Garcilla cangrejera

KENNZEICHEN: 46 cm. Untersetzt und dickhalsig, mit *fahl semmelbraunem Gefieder, weißen Flügeln* und sehr lang herabhängender Haube. Schnabel zur Brutzeit schwarz und blau, im Winter grünlich mit dunkler Spitze; Beine hell grünlich (rötlich zur Brutzeit). Wirkt auf dem Boden untersetzt, dickhalsig und schmutzig gelblichbraun; im Flug entfaltet er plötzlich auffallende weiße Flügel und zeigt weißen Bürzel und Schwanz; kann dann mit Seiden- und Kuhreiher verwechselt werden, aber dunklerer Rücken und Kopf kennzeichnen ihn.

STIMME: Zur Brutzeit ein heiseres, krähenähnliches „karr", meist bei Einbruch der Dämmerung.

VORKOMMEN: Wie Seidenreiher, doch versteckter lebend. Nistet einzeln oder in zerstreuten Gruppen zwischen verwandten Arten im Röhricht, auf Büschen und Bäumen. Verbreitungskarte S. 55.

Kuhreiher   *Bubulcus ibis*   4

E - Cattle Egret oder	F - Héron garde-bœufs	I - Airone guarda-buoi
Buff-backed Heron	S - Kohäger	Sp - Garcilla bueyera
H - Koereiger		

KENNZEICHEN: 51 cm. Erscheint von weitem weiß. Ein wenig kleiner, viel *untersetzter und dickhalsiger* als Seidenreiher, mit dem er oft gemeinschaftlich nistet. Kräftige Kehlwamme sehr bezeichnend. Aus der Nähe an langen rostbräunlichen Federbüscheln auf dem Kopf, Rücken und in der Kropfgegend kenntlich; im Winter ist das Rostbräunlich sehr fahl. Zur Brutzeit Schnabel gelb mit roter Wurzel, Beine rötlich, im Winter Schnabel gelblich, Beine gelblich oder dunkel (Seidenreiher hat auffallend schwarze Beine und gelbe Füße). Auge rötlich. Den Jungen fehlen die rostbräunlichen Federbüschel, sie haben gelben Schnabel und grünlichbraune Beine. Flug und Verhalten wie Seidenreiher. Im Gegensatz zum Seidenreiher bei der *Nahrungssuche gewöhnlich zwischen grasendem Vieh.* Im Fluge leicht mit Rallenreiher zu verwechseln, der aber längeren, an der Spitze dunklen Schnabel und dunklere Oberseite hat. Siehe auch Silberreiher.

STIMME: Verschiedene krächzende Rufe zur Brutzeit.

VORKOMMEN UND VERBREITUNG: Weniger ans Wasser gebunden als die meisten Reiher. Gewöhnlich zwischen weidendem Vieh auf Wiesen, in Sumpfgebieten oder im trockenen offenen Gelände. Nistet kolonieweise, oft gemeinsam mit verwandten Arten, im Röhricht, auf Büschen oder Bäumen über Wasser oder auf dem trockenen Land. Jahresvogel in Südspanien und Südportugal. Umherstreifende im übrigen Mittelmeergebiet (hat in Frankreich gebrütet), in Großbritannien, Holland, Dänemark, Ungarn und auf der Balkanhalbinsel.

Nachtreiher *Nycticorax nycticorax* ✳ 3

E - Night Heron	F - Héron bihoreau	I - Nitticora
H - Kwak	S - Natthäger	Sp - Martinete

KENNZEICHEN: 61 cm. Untersetzt und ziemlich kurzbeinig. Ad. mit *schwarzem Rücken* und unten hell, mit *schwarzer Kopfkappe,* lang herabhängenden weißen Genickfedern, roten Augen und starkem Schnabel. Beine gelblich (zur Brutzeit trübrot). Unausgefärbte oben dunkelbraun, grob bräunlichgelb gefleckt, ohne Haube; bei schlechtem Licht mit der viel größeren Rohrdommel zu verwechseln, doch hat diese goldbraun marmoriertes Gefieder. Flugbild wirkt untersetzt. Dämmerungsvogel, ausgenommen zur Brutzeit. Bei Tage gewöhnlich versteckt und untätig; oft auf Bäumen, fliegt in der Dämmerung zur Nahrungssuche.

STIMME: Heiser „quak" oder „quok", meist in der Dämmerung zu hören.

VORKOMMEN: Dichte morastige Wildnis, verwachsene Flußufer, Sümpfe mit Bäumen; zur Nahrungssuche in der Dämmerung an Entwässerungsgräben, Teichrändern oder im offenen Sumpfgelände. Nistet kolonieweise, oft gemeinschaftlich mit verwandten Arten, im Dickicht, auf Bäumen, lokal auch im Röhricht. Verbreitungskarte S. 55.

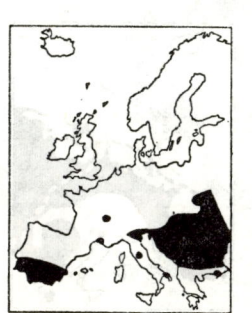

← *Rallenreiher*
Sommerv. Alljährl. in d. Schweiz. Umherstr. nordw. bis Brit. Inseln, Dänemark, Schweden
Nachtreiher →
Sommerv. Hat in Deutschland u. d. ČSR gebrütet. Umherstr. nordwärts bis Brit. Ins., Färöer, Skandinavien, Finnland

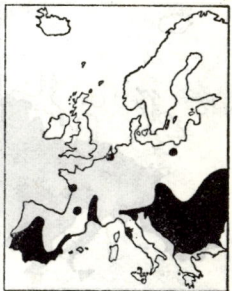

Zwergdommel   *Ixobrychus minutus*   **3**

E - Little Bittern   F - Butor blongios   I - Tarabusino
H - Woudaapje   S - Dvärgrördrom   Sp - Avetorillo común

KENNZEICHEN: 36 cm. Von anderen kleinen Reihern durch ganz geringe
Größe, dunklen Scheitel und dunkle Oberseite, sehr auffallende gelblichweiße Flügeldecken und Unterseite unterschieden. Beim ♂ Scheitel und
Rücken grünlichschwarz. ♀ oben streifig dunkelbraun, unten braungelb
gestreift, mit weniger auffallenden braungelblichen Flügeldecken. Schnabel gelblich (zur Brutzeit an der Wurzel rot). Beine grün. Juv. oben
und unten stark streifig. Fliegt gewöhnlich sehr niedrig mit schnellen
Flügelschlägen und längeren Gleitstrecken. Im Flug heben sich die
hellen Deckfedern auffallend von dunklen Schwingen und Rücken ab.
Versteckt lebend und hauptsächlich Dämmerungsvogel, ausgenommen
in der Brutzeit. Bei Gefahr Pfahlstellung.
STIMME: Eine Anzahl kurzer quakender Rufe. Gesang (bei Tage oder
Nacht) ein tiefes Quaken, im Abstand von etwa 2 Sekunden, manchmal
stundenlang.
VORKOMMEN: Überwucherte Flußufer, Stauwässer, Teiche, Seen, Brüche,
Röhricht. Nistet nahe am Wasser, gelegentlich in kleinen lockeren Grup-
pen. Verbreitungskarte S. 56.

Rohrdommel   *Botaurus stellaris*   ✳   **3**

E - Bittern   F - Butor étoilé   I - Tarabuso
H - Roerdomp   S - Rördrom   Sp - Avetoro común

KENNZEICHEN: 76 cm. Ein großer brauner, reiherähnlicher Schilfvogel, mit
reich marmoriertem und gebändertem Gefieder, langen grünen Beinen
und Füßen und *auffallender Stimme.* Bei Gefahr wird der Schnabel
senkrecht hochgerichtet zur charakteristischen „Pfahlstellung"; läuft geduckt, mit eingezogenem Kopf. Fliegt widerwillig und langsam, zieht,
wenn einmal unterwegs, den Hals ein; die breiten runden Flügel *auffallend schwarz und braun gebändert.* Versteckt und einzeln lebend, in
der Regel Dämmerungsvogel, der sich bei Tage im Röhricht verborgen
hält. Kann mit unausgefärbten Nachtreihern verwechselt werden, die
aber viel kleiner und gefleckt sind. Siehe auch Amerikanische Rohrdommel.

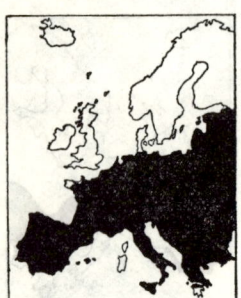

← *Zwergdommel*
Sommervogel, gele-
gentl. im Winter.
Umherstr. nordw.
bis Britische Inseln,
Island, Finnland

Rohrdommel →
Umherstr. in Irland,
Island, Norwegen

STIMME: Ein rauhes „aark". Gesang: 2–3 leise Grunzlaute, ein hörbares Einatmen, dem ein tiefes, dumpfes „prump" folgt, das über einen Kilometer weit zu hören ist und wie ein fernes Nebelhorn klingt.

VORKOMMEN: Dichtes Röhricht im Moor, in Sümpfen und an Seeufern. Nistet im Röhricht. Verbreitungskarte S. 56.

Nordamerikanische Rohrdommel   *Botaurus lentiginosus*   **3**

E - American Bittern	F - Butor d'Amérique	I - Tarabuso americano
H - Amerikaanse roerdomp	S - Amerikansk rördrom	Sp - Avetoro lentiginoso

KENNZEICHEN: 66 cm. Von der europäischen Rohrdommel durch *geringere Größe*, fein gesprenkelte (nicht auffällig marmorierte und gestreifte) Oberseite, *schwarze Flügelspitzen* (Flügel nicht schwarz und braun gebändert), durch *kastanienbraunen* (nicht schwarzen) Scheitel und durch einen *langen schwarzen Streifen an jeder Halsseite* unterschieden. Verhalten und Flug wie bei der europäischen Rohrdommel. Junge Nachtreiher haben etwa die gleiche Größe, sind aber grauer, und ihre Flügel haben keine schwarzen Spitzen.

STIMME: In der Erregung ein rasches heiseres „kok-kok-kok".

VORKOMMEN UND VERBREITUNG: Häufiger auf offenen Wiesen als europäische Art. Brutvogel Nordamerikas (Kanada, Vereinigte Staaten). Ausnahmsweise auf Kanalinseln, in Großbritannien, Dänemark, auf den Färöer und Island und in Spanien.

Störche: *Ciconiidae*

Große, langbeinige und langhalsige Vögel mit langem, geradem Schnabel. Flug langsam und bedächtig, mit *ausgestrecktem*, aber leicht abwärts geneigtem Hals. Gemessener Gang. Geschlechter gleich. Baum- oder Dachbrüter.

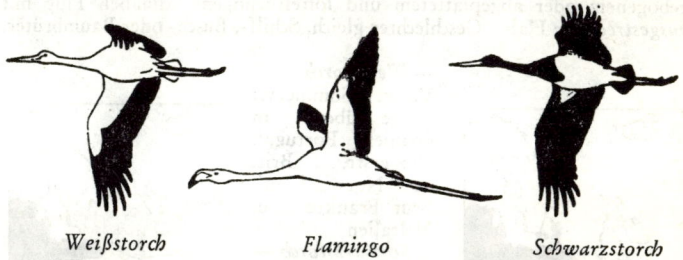

Weißstorch   *Flamingo*   *Schwarzstorch*

Weißstorch   *Ciconia ciconia*   ✳   **4**

E - White Stork	F - Cigogne blanche	I - Cicogna bianca
H - Ooievaar	S - Vit stork	Sp - Cigüeña común

KENNZEICHEN: 102 cm. Leicht kenntlich an der *Größe*, am weißen Gefieder mit pechschwarzen Schwingen und an dem langen, glänzend *roten Schnabel und den roten Füßen.* Schnabel bei juv. schwärzlich, allmählich über Bräunlich in Blaßrot übergehend. Sitzt gern auf Bäumen und Häusern, oft auf einem Bein. Schreitet gemessen. Segelt oder fliegt oft in großer Höhe. Langsame Flügelschläge. Flugbild von dem der Reiher, Pelikane und Schmutzgeier durch *langen, gestreckten Hals* unterschieden. Auf dem Zuge ohne bestimmte Flugordnung. Siehe auch junge Löffler.

STIMME: Zur Brutzeit gelegentlich zischend; lautes rhythmisches Schnabelklappern vor allem bei der Balz.

VORKOMMEN: Sümpfe, feuchte Wiesen und Auen; zur Brutzeit meist bei Gebäuden. Nistet auf Wohnhäusern und Scheunen (Wagenrad als Nestunterlage), auch auf Bäumen. Verbreitungskarte S. 58.

Schwarzstorch   *Ciconia nigra*   ✳   **4**

   E - Black Stork   F - Cigogne noire   I - Cicogna nera
   H - Zwarte ooievaar   S - Svart stork   Sp - Cigüeña negra

KENNZEICHEN: 97 cm. Vom Weißstorch durch *glänzend schwarzes Gefieder* unterschieden; *weiße Unterseite.* Fast immer scheu und vereinzelt. Siehe auch Brauner Sichler.

STIMME: Ein ansehnliches Repertoire vom heiseren Keuchen bis zu einem Geräusch, das wie das Wetzen einer Säge klingt, und einzelne ganz wohlklingende Laute. Klappert weniger häufig als der Weißstorch.

VORKOMMEN: Urwüchsige sumpfige, von Nadel- oder Mischwäldern eingeschlossene Auen. Nistet auf Waldbäumen in beträchtlicher Höhe. Verbreitungskarte S. 58.

Ibisse: *Threskiornithidae*

Ähnlich kleinen Störchen oder Reihern in der Gestalt, aber mit langem gebogenem oder abgeplattetem und löffelförmigem Schnabel. Flug mit *ausgestrecktem* Halse. Geschlechter gleich. Schilf-, Busch- oder Baumbrüter.

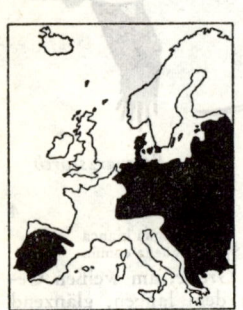
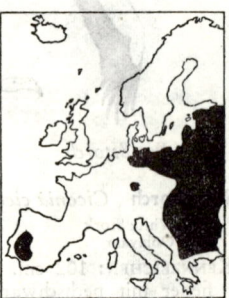

← *Weißstorch*
Vorw. Sommerv.; einige überw. in Spanien, Portugal. Umherstr. Brit. Ins., Norw., Finnl. Brut Frankreich u. N-Italien
Schwarzstorch →
Sommervogel. Brütete in Dänemark, Schweden, Bayern, Österr. Umherstr. nordw. bis Engl. Norweg., Finnland

Sichler *Plegadis falcinellus* **4**

E - Glossy Ibis   F - Ibis falcinelle   I - Mignattaio
H - Zwarte ibis   S - Svart ibis   Sp - Morito

KENNZEICHEN: 56 cm. Bogenschnabel; mit *einfarbigem, fast schwarzem Gefieder.* In der Nähe läßt das Gefieder einen purpur-, bronzefarbenen und grünen Glanz erkennen. Juv. *matt* dunkelbraun. Im Flug sind der schmale Körper, die *runden Flügel,* der *ausgestreckte* Hals und die ausgestreckten Beine charakteristisch. Flache, schnelle Flügelschläge mit gelegentlichem Gleiten können zu Verwechslung mit Zwergscharbe führen. Setzt sich gern auf Bäume.

STIMME: Ein selten zu hörendes anhaltendes Krächzen.

VORKOMMEN: Sümpfe, Schlammflächen. Nistet kolonieweise, häufig in Gemeinschaft mit Reihern, in ausgedehntem Röhricht über Flachwasser, gelegentlich auf Büschen oder Bäumen. Verbreitungskarte S. 59.

Löffler *Platalea leucorodia* **4**

E - Spoonbill   F - Spatule blanche   I - Spatola
H - Lepelaar   S - Skedstork   Sp - Espátula

KENNZEICHEN: 86 cm. Leicht an dem *schneeweißen Gefieder* und am *langen, spatelförmigen Schnabel* kenntlich. Ad. mit ockergelber Tönung an der Halswurzel und im Sommer mit „Pferdeschwanz"-*Haube.* Beine und Schnabel schwarz, letzterer mit gelber Spitze. Juv. mit schwarzen Schwingenspitzen, ohne Ockergelb am Hals, mit graurötlichem Schnabel und gelblichen bis gräulichen Beinen. Verhalten reiherartig. Flug regelmäßig und langsam, gleitet und segelt auf weitgebreiteten Schwingen; Trupps gewöhnlich zu Reihen geordnet. Im Flug von allen weißen Reihern durch *ausgestreckten,* leicht geneigten Hals und Löffelschnabel unterschieden.

STIMME: Am Brutplatz gelegentlich grunzend. Bei Erregung schnabelklappernd.

VORKOMMEN: Seichte offene Gewässer, verschilfte Sümpfe, Flußmündungen. Nistet kolonieweise in ausgedehntem Röhricht, auf kleinen nackten Inseln, lokal auf Bäumen oder Büschen. Verbreitungskarte S. 59.

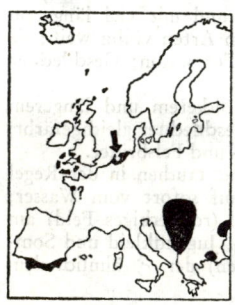

← *Löffler*
Sommerv. Hat in Dänem., ČSR gebrütet. Brutversuch in Deutschland. Umherstr. nordw. b. Färöer, Finnland, Irland

Sichler →
Sommerv. Hat in Portug. überw. u. gebr. Umherstr. b. Brit.Ins.,Isl.,Skand.

Flamingos: *Phoenicopteridae*

Flamingos sind auffallend langbeinige Vögel mit langem Hals und merkwürdig abgeknicktem Schnabel, den Entenvögeln, aber auch den Störchen
und Ibissen verwandt. Vorderzehen durch Schwimmhäute verbunden.

Flamingo *Phoenicopterus ruber*   **4**

    E - Flamingo   F - Flamant rose   I - Fenicottero
    H - Flamingo   S - Flamingo   Sp - Flamenco

KENNZEICHEN: 127 cm. Unverkennbar. Ein ungemein schlanker, weißlich
rosafarbener Stelzvogel mit *abnorm langen rosafarbenen Beinen, langem Hals und mit grotesk abwärts geknicktem Schnabel, der blaßrosa,
im Spitzendrittel schwarz ist.* Im Flug sind *Hals und Beine ausgestreckt*
und leicht geneigt, die Flügel offenbaren eine herrliche Kombination von
Scharlachrot und Schwarz. Juv. schmutzig graubraun; Beine bleigrau.
Watet gemessenen Schrittes und steckt Kopf oder Schnabel zur Futtersuche ins seichte Wasser. Sehr gesellig.
STIMME: Ein gänseartiges Schnarren und viele trompetende Rufe, „år-
honk" usw., besonders im Fluge.
VORKOMMEN UND VERBREITUNG: Seichte Küstenlagunen, Überschwem-
mungsgebiete, Seen, Schlammsümpfe usw. Nistet kolonieweise auf
Schlammbänken oder im Flachwasser, wo er das Wasser wenig überragende Schlammnester anhäuft. Brütet in Südfrankreich; das ganze
Jahr in Südspanien anzutreffen, aber dort selten brütend. Ausnahmsweise in den meisten europäischen Ländern nordwärts bis Großbritannien, Norwegen und Finnland erscheinend, aber hauptsächlich im Mittelmeergebiet.

Entenvögel
(Schwäne, Gänse, Enten, Säger): *Anatidae*

Schwäne sind gewaltige Schwimmvögel, größer und mit viel längerem
und schlankerem Hals als Gänse, die europäischen Arten völlig weiß; sie
wandern wie manche Gänse in Linien oder V-Formation; Geschlechter
gleichgefärbt; Bodenbrüter.
Gänse sind große, lärmende Wasservögel, mit dickerem und längerem
Hals als Enten; im Gegensatz zu diesen sind die Geschlechter gleichgefärbt;
zur Nahrungssuche hauptsächlich an Land; Boden- und Felsbrüter.
Schwimmenten „gründeln" bei der Nahrungssuche, tauchen in der Regel
nicht; beim Auffliegen lösen sie sich ohne Anlauf sofort vom Wasser;
meist haben sie einen prächtig gefärbten Spiegel (rechteckiges Feld) am
Hinterrand des Flügels; Geschlechter verschieden; Jugendkleid und Som-
merkleid (Ruhekleid, im späten Sommer getragen) der ♂ ähnlich dem
Gefieder der ♀. Boden- und Höhlenbrüter.

Tauchenten (die Gattungen *Netta* bis *Bucephala*) tauchen nach Nahrung und rennen beim Abflug über die Wasserfläche. Höhlen- und Bodenbrüter. *Säger* haben einen schlanken, an den Rändern mit Hornzähnen besetzten Schnabel, der sich zum Fischfang eignet; die meisten Arten tragen Hauben und haben schlanke Körper, so daß sie mehr den Seetauchern als den Enten ähneln; im Flug wirken sie langgezogen: Schnabel, Kopf, Hals und Körper bilden eine Waagerechte. Boden- und Höhlenbrüter.

Höckerschwan *Cygnus olor* 5, 7

| E - Mute Swan | F - Cygne tuberculé | I - Cigno reale |
| H - Knobbelzwaan | S - Knölsvan | Sp - Cisne vulgar |

KENNZEICHEN: 152 cm. So groß wie Singschwan, größer als Zwergschwan. Von beiden orangefarbenen Schnabelgrund *und Schnabelhöcker* (bei ♂ ad. im Frühjahr am größten) unterschieden, ferner beim Schwimmen durch *anmutig gebogenen Hals mit abwärts weisendem Schnabel.* Gewöhnlich schweigsam. Juv. graubraun (halbzahme zuweilen weiß), ohne den Schnabelhöcker, mit graurötlichem Schnabel und grauen Beinen. *Nimmt sofort Drohstellung ein,* mit gebogenem Hals und segelartig über dem Rücken aufgestellten Flügeln. Oft halbdomestiziert; verbreiteter Parkvogel und auf vielen Seen angesiedelt. Flug kraftvoll und wenig wendig, mit ausgestrecktem Hals. *Flügelschläge verursachen ein lautes singendes Fluggeräusch.* Gesellig (manchmal in sehr großen Versammlungen), ausgenommen zur Brutzeit. VORKOMMEN: In wirklich wildem Zustand auf entlegenen Seen, z. B. Ostpreußens; im Winter an geschützten Meeresküsten, aber viele erscheinen auch anderswo. Verbreitungskarte S. 61.

Singschwan *Cygnus cygnus* 5, 7

| E - Whooper Swan | F - Cygne sauvage | I - Cigno selvatico |
| H - Wilde zwaan | S - Sångsvan | Sp - Cisne cantor |

KENNZEICHEN: 152 cm. Die *zitronengelbe Wurzel* des schwarzen Schnabels unterscheidet den Sing- vom Höckerschwan, der orangeroten Schnabel mit schwarzem Höcker am Grunde hat. Weiter durch den *steil aufgerichteten Hals* und häufige *Trompetenrufe* unterschieden. Gegenüber Zwergschwan größer, Kopf erscheint im Profil länger und flacher, das

← *Höckerschwan*
Teilzieher. Umherstreifend Finnland, Norwegen und südwärts bis Spanien

Singschwan →
Vorw. Zugv. Hat in Schottl. gebr. Umherstreif. südw. bis Mittelmeer. Selten Nordwestfrankr., Balkanländer

Gelb am Schnabel *läuft nach vorn spitz zu,* Stimme andersartig. Immat. mit Aschbraun gezeichnet, grauer als junge Höckerschwäne; Schnabel hell fleischfarben mit dunkler Spitze. Verhalten und Flug wie Höckerschwan, läuft aber besser, nimmt mit den Flügeln keine Drohstellung ein und hat kein so kennzeichnendes singendes Fluggeräusch. Gewöhnlich in lärmenden Trupps, ausgenommen zur Brutzeit, dann einzeln. Fliegt in veränderlicher schräger Reihe oder im Winkel.

STIMME: Der Singschwan ist der ruflustigste von allen Schwänen. Flugruf ein lautes trompetendes „anghö".

VORKOMMEN: Von der Flut beeinflußte Küstengewässer, Seen, große Flüsse. Nistet auf Inselchen von Sümpfen oder Seen, im Moor und auf der arktischen Tundra. Verbreitungskarte S. 61.

Zwergschwan *Cygnus bewickii*   5

E - Bewick's Swan	F - Cygne de Bewick	I - Cigno minore
H - Kleine zwaan	S - Mindre sångsvan	Sp - Cisne chico oder Cisne de Bewick

KENNZEICHEN: 122 cm. *Kleiner* und mit kürzerem Hals als Höcker- und Singschwan; ähnelt vor allem dem Singschwan, aber der *gelbe Bezirk am Schnabel ist weniger ausgedehnt und mehr abgerundet;* nicht so ruflustig. Immat. ähnlich jungen Singschwänen, ausgenommen in der Größe. Verhalten, Flug und Vorkommen wie Singschwan, aber selten in einer regelmäßigen Formation fliegend. Oft in großen Versammlungen. Nimmt keine Flügel-Drohstellung ein; im Fliegen ohne das für den Höckerschwan bezeichnende Fluggeräusch. Stimme tiefer als die des Singschwans; von Nahrung suchenden Gesellschaften hört man ein halblautes, musikalisches Getön. Verbreitungskarte S. 62.

Saatgans *Anser fabalis*   6, 8

E - Bean Goose	F - Oie des moissons	I - Oca granaiola
H - Rietgans	S - Sädgås	Sp - Ansar campestre

KENNZEICHEN: 71–89 cm. Brauner und *allgemein dunkler* als andere „graue Gänse", die weißlichen Federränder erscheinen heller. Von weitem wirken der *Kopf und ziemlich lange Hals schwarz.* Unterseits kleine Flecken. *Schnabel lang und schwarz mit orangegelber Binde,* gelegentlich

← *Zwergschwan*
Wintergast aus Nordrußl. Umherstr. südw. bis Jugoslaw., Ital., Frankr.

Saatgans →
Zugvogel. Umherstreifend südwestwärts bis Spanien

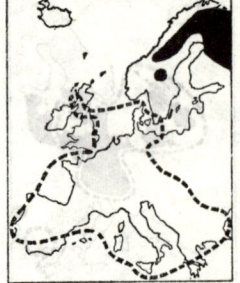

mit etwas Weiß am Grunde. Beine bei ad. *orangegelb,* bei juv. hell gelblich. Verhalten und Flug wie bei der Graugans, Vorderflügel aber dunkel. Die Graugans ist etwas größer und heller, besonders an Kopf und Hals, hat hellgraue Vorderflügel, weißspitzigen, orangefarbenen Schnabel und *rötliche Beine.* Die alte Kurzschnabelgans ist etwas kleiner und hat einen kleineren, *rötlich und schwarz* gefärbten Schnabel, *rötliche Füße,* und die blaugraue Oberseite hebt sich mehr vom dunklen Kopf und Hals ab. (Die Kurzschnabelgans wird häufig als Rasse der Saatgans betrachtet.) Alte Bläß- und Zwerggänse sind kleiner, am Schnabelgrunde hervorstechend weiß und auf dem Bauche breit dunkel gezeichnet.

STIMME: Die Saatgans ist weniger ruflustig als andere „graue Gänse". Ein tönendes „ang-ank", tiefer und rauher als bei der ähnlich rufenden Kurzschnabelgans. Häufig „kajak" und „kaiaiak".

VORKOMMEN: Überwintert im Binnenland auf Wiesenflächen in der Nähe von Süßwasser, selten auf bebauten Feldern. Nistet in der Arktis unter Bäumen an Flüssen und Seen. Verbreitungskarte S. 62.

Kurzschnabelgans   *Anser brachyrhynchus*   6, 8

E - Pink-footed Goose   F - Oie à bec court   I - Oca dalle zampe rosse
H - Kleine rietgans   S - Spetsbergsgås   Sp - Ánsar Piquicorto

KENNZEICHEN: 61–76 cm. Ähnlich wie eine kleine Saatgans, aber von dieser und anderen „grauen Gänsen" durch *hell blaugraue Oberseite* unterschieden, die sich scharf von dem *sehr dunklen Kopf und Hals* abhebt, ferner durch *kleinen, rötlich und schwarz gefärbten Schnabel und durch rötliche Beine.* Beim Gefiederwechsel im Sommer schwankt die Färbung stark zwischen Blaugrau und Braungrau. Im Fluge fällt der blaugraue Vorderflügel auf, obwohl nicht so sehr wie bei der größeren, helleren Graugans, der aber die blaue Tönung fehlt. Juv. hat manchmal hellere Beine, wirkt im Winter brauner und am Hals oft heller als ad. Verhalten und Flug wie bei der Bläßgans. Von der alten Bläß- und Zwerggans durch das Fehlen von Weiß am Schnabelgrunde (obwohl gelegentlich etwas Weiß erscheint) und von Schwarz am Bauche unterschieden; juv. äußerst schwierig von jungen Bläßgänsen zu unterschei-

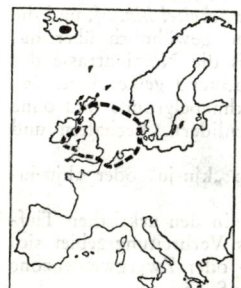
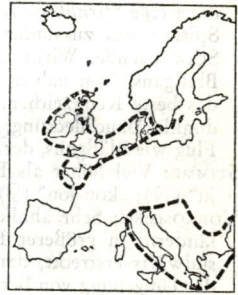

← *Kurzschnabelgans*
Zugvogel. Umherstreifend bis Italien, Jugoslawien und Baltische Staaten

Bläßgans →
Wintergast aus Nordrußl., Grönl. Einig. übersommern in Ungarn (hat hier u. auch in Holland gebrütet). Umherstr. Färöer, Span.

den, höchstens an der Beinfarbe und dem rundlicheren Kopf, da Schnabel sehr ähnlich. Die Kurzschnabelgans wird häufig als Rasse der Saatgans betrachtet.

STIMME: Zwei- und dreisilbige Trompetenrufe ähnlich Saatgans, aber in höherer Tonlage. Ein tönendes „ang-ank", „uink-uink-uink" oder „king-uink".

VORKOMMEN: Wie Graugans, aber häufiger auf bebauten Feldern. Nistet kolonieweise an felsigen Abhängen und Schluchten der Flüsse, auch in der offenen Tundra. Verbreitungskarte S. 63.

Bläßgans *Anser albifrons*	**6, 8**

| E - White-fronted Goose | F - Oie rieuse | I - Oca lombardella |
| H - Kolgans | S - Bläsgås | Sp - Ánsar careto grande |

KENNZEICHEN: 66–76 cm. Ad. von Grau-, Saat- und Kurzschnabelgans durch *auffallenden weißen Fleck am Grunde des rötlichen Schnabels, orangefarbene Beine und breite, unregelmäßige schwarze Querflecken am Bauche* unterschieden. Juv. ohne dunkle Bauchflecken und weiße Stirn, aber die orangefarbenen Beine und das Fehlen von Schwarz am Schnabel sind dennoch kennzeichnend. Verhalten und Flug wie Graugans, jedoch Flügelschlag schneller; auch durch bräunlichen Vorderflügel unterschieden. Die grönländische Rasse, *A. a. flavirostris,* die hauptsächlich in Irland und Westschottland überwintert, ist im Felde von der Nominatform, *A. a. albifrons,* durch dunklere Färbung, besonders an Kopf und Hals, und *gelben* Schnabel zu unterscheiden. Siehe auch Zwerggans.

STIMME: Das Schnattern ähnlich dem anderer grauer Gänse, aber in höherer Tonlage und rascher. Gewöhnlich „kou-ljou" oder „ljo-ljok", zwei- und dreisilbig.

VORKOMMEN: Wie Graugans, aber selten auf Stoppel- oder Kartoffelfeldern. Nistet gewöhnlich in der baumlosen Tundra, in offenem Sumpfgelände, auf Flußinselchen usw. Verbreitungskarte S. 63.

Zwerggans *Anser erythropus*	**6**

| E - Lesser White-fronted Goose | F - Oie naine | I - Oca lombardella minore |
| H - Dwerggans | S - Fjällgås | Sp - Ánsar careto chico |

KENNZEICHEN: 53–56 cm. Ähnelt im allgemeinen einer kleinen Bläßgans, ist aber von ihr unterschieden durch *viel kleineren, rötlicheren Schnabel; die weiße Stirnblässe reicht meist höher auf den Scheitel hinauf,* und die Spitzen des zusammengefalteten Flügels ragen gewöhnlich über das Schwanzende. Wirkt in der Regel dunkler als die Nominatrasse der Bläßgans. Von nahem ist der geschwollene leuchtend *gelbe Augenring* das beste Kennzeichen. Juv. ohne Weiß am Schnabelgrunde und ohne dunkle Bauchfleckung, aber mit gelben Augenlidern. Verhalten und Flug wie Bläßgans, der Flügelschlag schneller.

STIMME: Viel höher als Bläßgans. Am häufigsten „kju-ju" oder „kju-ju-ju" (♂); „kou-jou" (♀).

VORKOMMEN: Sehr ähnlich Bläßgans, nistet aber in den arktischen Tiefländern; in größerer Höhe nur dort, wo das Verbreitungsgebiet sich südwärts erstreckt, dann in der Zwergbirken- oder Zwergweidenzone der Umgebung von Bergseen. Verbreitungskarte S. 65.

Graugans *Anser anser* ✳ **6, 8**

E - Grey-lag Goose   F - Oie cendrée   I - Oca selvatica
H - Grauwe gans   S - Grågås   Sp - Ánsar común

KENNZEICHEN: 76–89 cm. Zwei europäische Rassen können im Felde unterschieden werden: Der westeuropäische *A. anser* hat dicken *orangefarbenen Schnabel;* der osteuropäische *A. a. rubrirostris* hat einen dicken *fleischfarbenen* Schnabel und wirkt *heller* infolge seiner lichten Federenden. Beide sind ferner unterschieden von anderen „grauen Gänsen" durch den *Mangel von schwarzen Abzeichen am Schnabel,* durch fleischfarbene Beine und Füße, *sehr hellen Vorderflügel,* ungebänderte Unterseite (doch ad. oft mit einigen schwarzen Flecken an der Brust) und dadurch, daß Kopf und Hals nicht dunkler sind als der Körper. Juv. mit gräulich fleischfarbenen Beinen. Von weitem sehen alle „grauen Gänse" im Fluge ganz ähnlich aus, sie fliegen gewöhnlich im Winkel oder in Linie; alle sind außerhalb der Brutzeit gesellig und in der Regel bei Tage aktiv: in der Morgendämmerung fliegen sie zu ihren Nahrungsgründen. Graugänse sind im Fluge am besten an der Stimme zu erkennen. Die Graugans unterscheidet sich von der alten Bläß- und Zwerggans durch bedeutendere Größe, helleren Kopf und Hals, durch das Fehlen eines weißen Fleckes am Schnabelgrunde und dunklere Flecken auf der Unterseite und, in jedem Alter, durch fleisch- (nicht orange-)farbene Beine; gegenüber Saat- und Kurzschnabelgans sind Kopf und Hals nicht dunkler als Körper, der große orangefarbene Schnabel hat keine schwarzen Abzeichen, und insgesamt wirkt die Graugans heller.

STIMME: Das gleiche nasale Schnattern wie Hausgans (die von der Graugans abstammt) „gágagag" usw. Von weitem hören sich Gänsetrupps wie blökende Schafe an.

VORKOMMEN: Im Winter Wiesen, bebaute Felder an der Küste, Sumpfniederungen, Flußmündungen. Nistet gesellig in Mooren, Sümpfen, an Seen im versumpften Dickicht, auf Inselchen. Verbreitungskarte S. 65.

Schneegans *Anser caerulescens* **5, 7**

E - Snow goose   F - Oie des neiges   I - Oca iperborea
H - Sneeuwgans   S - Snögås   Sp - Ánsar nival

KENNZEICHEN: 64–76 cm. Ad. leicht an dem *reinweißen* Gefieder und

← *Zwerggans*
Zugv. Umherstreif. südwestw. bis Ital., Spanien, Großbritannien

Graugans →
Teilzieher. Am Dümmer u. a. Seen eingebürgert. Hat in Holland gebrütet

den *schwarzen Flügelspitzen* zu erkennen. Starker Schnabel und Füße dunkel rötlich. Kopf oft orangefarben verschmutzt. Juv. oben bräunlich-grau, unterseits gräulich-weiß, Schnabel und Füße dunkelgrau. Verhalten und Flug wie bei den „grauen Gänsen". Auf Nahrungssuche gern mit anderen Arten. Der kleinere *A. c. caerulescens* ist im Felde nicht sicher von dem größeren *A. c. atlanticus* zu unterscheiden, der gewöhnlich noch kurzbeiniger ist. Die nordamerikanische „Blue Goose", die schon auf den Britischen Inseln vorgekommen ist, wird als Farbmutante von *A. c. caerulescens* betrachtet; sie ist düster blaugrau mit weißem Kopf und Hals (manchmal auch Brust und Bauch weiß); juv. ganz schwärzlich mit weißem Kinnfleck. Die Schneegans ist leicht von allen Schwänen am *kürzeren Hals und an den schwarzen Handschwingen* zu unterscheiden, vom Baßtölpel im Flug durch viel kleineren Kopf und Schnabel bei längerem Hals, kurzen runden Schwanz und breite Flügel.

STIMME: Ein kurz abgebrochenes rauhes „kaahk"; auch ein tiefes schwatzendes Schnattern „sang-ang-ang".

VORKOMMEN UND VERBREITUNG: Wie bei den „grauen Gänsen". Nistet kolonieweise in der offenen Tundra und auf Seeinseln. Brutvogel im nördlichsten Nordamerika und Nordostsibirien *(caerulescens)* sowie in Nordgrönland *(atlanticus)*. Umherstreifende bis Island, Großbritannien, Irland und in vielen europäischen Ländern von Norwegen bis Griechenland (?). Wie bei den in Deutschland gelegentlich beobachteten Stücken handelt es sich dabei vermutlich zum Teil um entflohene oder von ziehenden Saatgänsen mitgerissene halbwilde Parkvögel.

Kanadagans *Branta canadensis*   **5, 7**

E - Canada goose	F - Bernache du Canada	I - Oca del Canada
H - Canadese gans	S - Kanadagås	Sp - Barnacla canadiense

KENNZEICHEN: 91–102 cm. Größte in Europa erscheinende Gans. Graubraun, mit schwarzem Kopf und *langem, schwarzem Hals, der sich scharf von der weißlichen Brust abhebt.* Von anderen „schwarzen Gänsen" durch bedeutendere Größe und *breiten weißen Fleck von der Kehle bis zu den Wangen* unterschieden. Schnabel und Füße schwarz. Gegenüber Weißwangengans: viel größer, *Körper braun* (nicht grau), weißer Wangenfleck (Stirn nicht einbezogen), das Schwarz erstreckt sich nur vom Kopf bis zum Halsansatz (nicht bis zur Brust). Die Ringelgans ist noch kleiner und ohne Weiß am Kopf. Außerhalb der Brutzeit gesellig. Meist bei Tage aktiv, auf den Feldern wie „graue Gänse" grasend, aber manchmal auch im Wasser gründelnd. Hauptsächlich am Süßwasser. Fliegt im regelmäßigen Winkel oder in Linie.

STIMME: Flugruf ein hallendes „ä-honk", die zweite Silbe ansteigend.

VORKOMMEN UND VERBREITUNG: Felder und offenes Sumpfgebiet am Süßwasser; auch unter Bäumen und an Seeufern. Brutvogel in Nordamerika, in Europa eingeführt und häufig als Parkvogel. Nistet einzeln oder in kleinen Gruppen auf buschbestandenen Seeinseln. In England und Skandinavien verwildert und auf dem Zuge und im Winter an den Küsten von Nord- und Ostsee, selten im mitteleuropäischen Binnenland erscheinend.

Nonnengans (Weißwangengans) *Branta leucopsis* 5, 7

E - Barnacle Goose   F - Bernache nonnette   I - Oca a faccia bianca
H - Brandgans   S - Vitkindad gås   Sp - Barnacla cariblanca

KENNZEICHEN: 58–69 cm. Sofort kenntlich an dem *schwarz-weißen Gefieder, auffallend weißen Gesicht samt Stirn;* das Schwarz des Kopfes erstreckt sich bis zur Brust hinab; lavendelgraue Oberseite mit breit weiß gesäumten schwarzen Bändern, gräuliche Unterseite, weißer Bürzel und schwarzer Schwanz. Füße und der kleine Schnabel schwarz. Gewöhnlich nicht in geordneter Formation fliegend. Von vorwiegend nächtlicher Lebensweise. Sehr gesellig. Gegenüber Ringelgans: größer, weißes Gesicht, weniger ans Wasser gebunden; gegenüber Kanadagans: kleiner, weiße Stirn, schwarze Brust und graue (nicht braune) Oberseite. STIMME: Klingt von weitem wie von einer Rotte kläffender Schoßhunde. Gewöhnlich ein schnell wiederholtes bellendes „gnak".
VORKMMEN: Selten weit im Binnenland, zieht Salzsümpfe, Wiesen an Flußmündungen, das Watt und kleine grasbewachsene Inseln vor. Nistet kolonieweise, gewöhnlich auf den Simsen steiler Felsriffe der Arktis, an felsigen Flußschluchten und Abhängen, manchmal in der offenen Tundra. Verbreitungskarte S. 67.

Ringelgans *Branta bernicla* 5, 7

E - Brent Goose   F - Bernache cravant   I - Oca colombaccio
H - Rotgans   S - Prutgås   Sp - Barnacla carinegra

KENNZEICHEN: 56–61 cm. Die *kleinste und dunkelste* der „schwarzen Gänse" (etwa von der Größe der Stockente), mit *rußschwarzem Kopf, Hals und Kropf,* leuchtend weißem „Heck" und *kleinem, weißem Fleck an den Halsseiten* (wirkt manchmal fast wie ein schmales Halsband, fehlt aber den juv.). Die dunkelbäuchige Rasse *B. b. bernicla* hat dunkelgraubraunen Bauch; die hellbäuchige *B. b. hrota* mit viel hellerer Unterseite, die scharf von der Oberseite absticht (Vertreter beider Rassen können im gleichen Trupp beieinander sein). Mehr ans Meer gebunden als andere Gänse. Sehr gesellig, zur Nahrungssuche am Strand der Küste bei Tag und Nacht; ruht während der Flut auf dem Wasser; oft auch schwimmentenartig gründelnd. Flug sehr rasch, selten in Formation, gewöhnlich in unregelmäßig wechselnden Schwärmen. Von der

← Nonnengans Wintergast aus der Arktis. Zugv. im Ostseegebiet. Umherstr. südwärts bis Spanien, Italien

Ringelgans → Wintergast aus der Arktis. Umherstr. südw. bis Italien, Rumänien

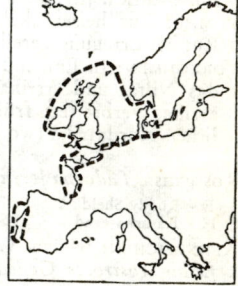

Nonnen- und viel größeren Kanadagans durch *ganz schwarzen Kopf* unterschieden.

STIMME: Ein kehliges „rronk" oder „rott" („Rottgans"), auch verschiedene weniger laute Stimmfühlungsrufe.

VORKOMMEN: Außerhalb der Brutzeit am Meer, oft an Küsten und Flußmündungen mit Seegraswiesen *(Zostera)*. Nistet gesellig in der hohen felsigen Tundra und auf Inselchen vor den arktischen Küsten. Verbreitungskarte S. 67.

Rothalsgans *Branta ruficollis* 5, 8

E - Red-breasted Goose   F - Bernache à cou roux   I - Oca collo rosso
H - Roodhalsgans   S - Rödhalsad gås   Sp - Barnacla cuellirroja

KENNZEICHEN: 53–56 cm. Leicht kenntlich am konstrastreich *schwarz-weiß-kastanienbraunen Gefieder*. Von weitem ist der *weiße Flankenstreifen* am auffallendsten. Füße und sehr kleiner Schnabel schwärzlich. Immat. heller, matter und brauner, mit undeutlich weißem Fleck zwischen Schnabel und Auge. Verhalten und Flug ähnlich den „grauen Gänsen", aber die Rothalsgans ist äußerst flink und behende bei der Nahrungssuche und fliegt selten im regelmäßigen Winkel oder in Linie. Oft mit Bläß- oder Zwerggans vergesellschaftet.

STIMME: Ein schrilles (staccato) „kik-uik" oder „kih-kua" und verschiedene ziemlich knarrende Unterhaltungsrufe.

VORKOMMEN UND VERBREITUNG: Im Winter in der Regel auf Grassteppen, an der Meeresküste rastend. Nistet gesellig in der küstennahen Tundra auf der Halbinsel Yalmal und in Westsibirien. Einige überwintern in Ungarn. Ausnahmsweise westwärts über Europa bis Großbritannien, Frankreich, Schweden, Island. Etwa ein Dutzend Male in Deutschland.

Nilgans *Alopochen aegyptiacus*

E - Egyptian Goose   F - Oie d'Égypte   I - Oca egiziana
H - Nijlgans   Sp - Oca egipcia

KENNZEICHEN: 70 cm. Eine große Ente von gänseähnlicher Gestalt, etwas langbeiniger als die ähnliche Rostgans. Grundfarbe des Gefieders dunkler oder heller bräunlichgelb, fein dunkel gewellt und *mit großem dunkelbraunem Fleck rings um das Auge* und dunkelbraunem Fleck auf der Brustmitte; Oberflügeldecken weiß. Schnabel rot mit dunklem Rand; Füße rötlich. Juv. ohne dunklen Brustfleck.

STIMME: Ruf heiser „kek kek" und trompetend „teng, teng", letzterer Ruf bei Erregung gereiht.

VORKOMMEN: In England (Norfolk) eingebürgert; sonst von Syrien durch das Niltal und Afrika südlich der Sahara bis zur Kapprovinz Südafrikas verbreitet; früher auch an der unteren Donau und im westlichen Nordafrika (wo jetzt gelegentlicher Gast).

Rostgans *Tadorna ferruginea* 12, 13, 15

E - Ruddy Shelduck   F - Tadorne casarca   I - Casarca
H - Kasarka-eend   S - Rostand   Sp - Tarro canelo

KENNZEICHEN: 64 cm. Gekennzeichnet durch gänseähnliche Gestalt, *einfarbig rostrotes Gefieder mit hellem Kopf*, schwarzen Schnabel und

Schwanz, schwarze Füße und Schwingen mit grünem Spiegel. Im Fluge *sehr auffallend weiße Flügeldecken.* ♂ mit schmalem schwarzem Halsband. ♀ mit fast weißem Kopf. Im Flug der Brandgans ähnlich. Gewöhnlich paarweise. Die Nilgans hat ebenfalls auffallende weiße Flügeldecken, ist aber grauer, mit rotbrauner Augengegend.

STIMME: Ein weittragendes nasales „ah-ong" und einige gänseartige Rufe.

VORKOMMEN: Viel mehr ans Land gebunden als die Brandgans. Im Winter häufig auf sandigen See- und Flußufern, auf Feldern und sogar trockenen Steppen. Nistet in Höhlen von Dünen, Felsen, alten Bäumen und Gemäuer. Verbreitungskarte S. 69.

juv.   juv.   ad.

Brandgans   *Nilgans*

Brandgans (Brandente)   *Tadorna tadorna*   **12, 13, 15**

E - Shelduck	F - Tadorne de Belon	I - Volpoca
H - Bergeend	S - Gravand	Sp - Tarro blanco

KENNZEICHEN: 61 cm. Eine große, eher *gänseartige,* von weitem weiß und schwarz wirkende Ente. Gekennzeichnet durch kontrastreiches Ge-

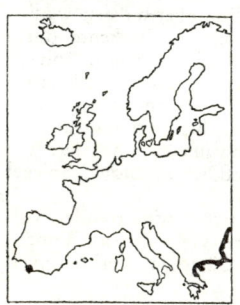

← *Rostgans*
Teilzieher. Umherstreifend bis Island, Finnland, Sizilien. Hat in Dtschld. gebr. Überwintert in Südspanien, Griechenland

Brandgans →
Teilzieher. Hat in Finnland gebrütet. Umherstr. Island, Färöer, Ungarn

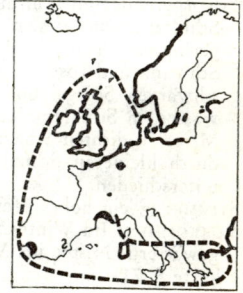

fieder: Kopf und Hals grünlichschwarz, Körper *weiß mit breiter fuchs-roter Binde um den Vorderkörper* und dunklem Mittelstreif der Unterseite. Schultern und Handschwingen schwarz, grüner Flügelspiegel. Füße fleischfarben; *Schnabel rot*, beim ♂ mit Höcker. Juv. oben aschbraun, ohne rostrote Brustbinde, Gesicht und Kehle weißlich, Schnabel fleischfarben, Füße grau. Flug gänseartig mit langsameren Flügelschlägen als die meisten Enten. Schwimmende können mit männlichen Löffelenten verwechselt werden, die auch weiße Vorderbrust und dunklen Kopf haben, aber die Löffelente ist kleiner, liegt tief im Wasser und hat dunklen, löffelartigen Schnabel.

STIMME: Ein schnelles nasales „ak-ak-ak" und ein tieferes, lauteres „åk, åk". Auch „rárré". ♀ mit juv. näselt sanft.

VORKOMMEN: Sand- und Schlammküsten, bei uns nur hier und da (am Niederrhein) im Binnenland. Nistet in Kaninchenhöhlen usw. Verbreitungskarte S. 69.

Mandarinente *Aix galericulata* 9

| E - Mandarin | F - Canard mandarin | I - Anitra mandarina |
| H - Mandarijneend | S - Mandarinand | Sp - Pato mandarín |

KENNZEICHEN: 43 cm. Das bunte ♂ leicht an den *aufgestellten orangefarbenen „Segeln"* auf den Flügeln, an den kastanienbraunen „Koteletten" und der bunten Kopfhaube zu erkennen. ♀ graubraun mit langen weißlichen Flecken an der Brust und hervortretenden *weißen Abzeichen* am Auge und Schnabel. ♂ im Schlichtkleid und ♂ juv. ähnlich ♀, aber mit dunkelrotem statt schwärzlichem Schnabel.

VORKOMMEN: Gewöhnlich an waldgesäumten Binnengewässern und Zierteichen. Als Wildvogel in Ostasien brütend. In Europa eingeführt und jetzt in halbwildem Zustand (in Bäumen) in einigen Gegenden, vor allem Englands, brütend.

Pfeifente *Anas penelope* 9, 13, 15

| E - Wigeon | F - Canard siffleur | I - Fischione |
| H - Smient | S - Bläsand | Sp - Ánade silbón |

KENNZEICHEN: 46 cm. ♂ durch *rotbraunen Kopf mit hellgelblichem Scheitel*, grauen Körper und rosenholzfarbene Brust gekennzeichnet. Im Flug großer weißer Flügelfleck in Körpernähe, weißer Bauch, schwarzes Körperende; im Schlichtkleid dunklem ♀ ähnlich, aber an den weißen Schultern von diesem zu unterscheiden. ♀ von der Stockente durch geringere Größe, viel kleineren Schnabel, runderen Kopf, spitzen Schwanz und rostbrauneres Gefieder unterschieden, ferner durch grünschwarzen Spiegel und kürzeren Hals. Zur Nahrungssuche im Flachwasser, in Schlammniederungen und an Teichen, bei Tage oft auf dem Meere in dichten Scharen rastend. Junge ♂ von jungen Schnatterenten durch kleineren Schnabel, dunkleren Kopf und schwärzlichen Spiegel unterschieden.

STIMME: ♂ ein hohes pfeifendes „huihu". ♀ ein tiefer, schnurrender Ruf.

VORKOMMEN: Im Winter zahlreich auf dem Meere, viele auch an Binnengewässern. Nistet im Moor, auf Seeinseln, in Sümpfen. Verbreitungskarte S. 71.

Nordamerikanische Pfeifente   *Anas americana*   **65**

E - American Wigeon (Baldpate)   F - Canard siffleur d'Amérique
H - Amerikaanse smient   S - Amerikansk Bläsand

KENNZEICHEN: Etwa 50 cm. ♂ im Gegensatz zur hauptsächlich grauen Pfeifente vorwiegend *rötlichbraun mit breiterem cremeweißem Scheitel,* einem breiten glänzend grünen Band vom Auge zum Nacken, grauen Wangen und grauem Vorderhals. ♀ sehr ähnlich Pfeifenten-♀, aber Kopf und Hals *grauer,* von der rötlich-braunen Brust abstechend. ♂ im Flug mit ebenso großen weißen Flügelflecken wie Pfeifente, aber Achseln in beiden Geschlechtern *weiß,* bei der Pfeifente dagegen dunkel.
STIMME: ♂ ein pfeifendes „wi, wii-uh".
VORKOMMEN UND VERBREITUNG: Biotop wie Pfeifente. Brutvogel Nordamerikas, umherstreifend bis Irland, Großbritannien, Island, Holland und Frankreich.

Schnatterente   *Anas strepera*   **9, 13, 15**

E - Gadwall   F - Canard chipeau   I - Canapiglia
H - Krakeend   S - Snatterand   Sp - Ánade friso

KENNZEICHEN: 51 cm. Kleiner und schlanker und mit steilerer Stirn als Stockente, zu der sie sich oft gesellt. Beide Geschlechter mit *weißem Spiegel* (hauptsächlich im Fluge auffallend). ♂ gräulich mit kastanienbraunen Flügeldecken, die vor allem im Fluge sichtbar sind, wenn der *weiße Bauch von den schwarzen Schwanzfedern absticht;* das beste Kennzeichen auf dem Wasser ist von weitem das *schwarze „Heck",* das sich gegen die graue Gefieder abhebt; grauer Schnabel, orangegelbe Füße; im Schlichtkleid ähnlich ♀, aber beachte die kastanienbraunen Flügeldecken! ♀ ähnelt weiblichen Stock- und Spießenten, von letzteren durch kürzeren Schwanz und gelblichen Schnabel, von beiden durch orangegelbes Feld an den Schnabelseiten und *weißen Spiegel* unterschieden. Flug wie Stockente, aber Flügel sind spitzer.
STIMME: ♀ quakt laut ein abfallendes und an Tonstärke abnehmendes „rääck-rääck-räck-räck-räck". ♂, ein tiefer einzelner Ruf.
VORKOMMEN: Wie Stockente, aber weniger allgemein verbreitet und selten an den Meeresküsten erscheinend. Verbreitungskarte S. 71.

← *Pfeifente*
Teilzieher. Hat in Holland, Irland, ČSR gebrütet. Einige überwintern in der ČSR

Schnatterente →
Teilzieher. Hat in Spanien, Lothringen und Dänemark gebrütet. Umherstr. Norwegen, Finnland, Färöer

Gluckente *Anas formosa* **65**

E - Baikal Teal   F - Sarcelle élégante   I - Alzavola asiatica
H - Siberische taling   S - Gulkindad kricka   Sp - Cerceta del Baikal

KENNZEICHEN: Reichlich 40 cm. Größer als Krickente. ♂ unverwechselbar mit *cremeweißen Kopfseiten und senkrechtem Streif vom Auge zum Kinn;* Scheitel, Oberhals und Kinn schwarz; ein auffälliger grüner, weiß eingefaßter Halbmond erstreckt sich vom Auge zum Nacken und zu den Halsseiten; verlängerte, herabhängende Schulterfedern rotbraun, cremefarben und schwarz gezeichnet; Brust rötlich, Flanken grau, Unterschwanz schwarz, diese drei Farbbezirke durch zwei *senkrechte weiße Streifen* getrennt. ♀ ähnlich Krickenten-♀, aber durch *auffallenden weißen Fleck an der Schnabelwurzel* und unterbrochenen Überaugenstreif und dunklen Augenstreif unterschieden. Schnabel und ziemlich lange Beine grau. Verhalten ähnlich Krickente, aber Flug weniger reißend und regellos.

STIMME: Ruffreudiger als Krickente. ♂ läßt seltsames tiefes Glucken „wot-wot" oder „prup" hören, ♀ quakt wie Krickente.

VORKOMMEN UND VERBREITUNG: Vorwiegend am Süßwasser, obwohl gelegentlich auch an der See beobachtet. Brutvogel in Ostsibirien, umherstreifend westwärts bis Finnland, Schweden, Großbritannien, Holland, Belgien, Frankreich, Schweiz und Italien.

Krickente *Anas crecca* **9, 13, 15**

E - Teal   F - Sarcelle d'hiver   I - Alzavola
H - Wintertaling   S - Kricka   Sp - Cerceta común

KENNZEICHEN: 36 cm. Kleinste europäische Ente. Beide Geschlechter haben *glänzend grünem Flügelspiegel.* ♂ mit *waagerechtem weißem Streif* auf den Schultern, tief *kastanienbraunem Kopf mit bogenförmigem grünem Augenfleck* und mit gelblichen Flecken an jeder Seite des schwarzen „Heckes". Von weitem wirkt das ♂ wie eine kleine graue Ente mit *dunklem* Kopf. Beide Geschlechter haben glänzend grünen (nach außen schwarzen) Flügelspiegel. ♀ braun und gelblich gefleckt mit hellen Wangen und heller Unterseite; von der sehr ähnlichen weiblichen Knäkente durch das Fehlen einer deutlichen Kopfzeichnung und *ausgedehnteren, leuchtenderen grünen Spiegel* unterschieden. Flug reißend; in sehr

← *Krickente*
Teilzieher. Hat in Apulien, Spanien u. Portugal gebrütet

Stockente →
Teilzieher

dichten Trupps, meist niedrig, oft regellos. Das ♂ der manchmal in Europa erscheinenden nordamerikanischen Krickente, *A. crecca caroli-nensis*, hat einen senkrechten weißen Streif vor dem Flügelbug anstatt eines waagerechten über dem Flügel wie bei unserer Krickente.

STIMME: Sehr stimmbegabt. ♂: ein kurzes, lautes, wohltönendes „krrit"; ♀: ein hohes, rauhes Quaken; nahrungsuchende Trupps: ein schwätzendes Gackern.

VORKOMMEN: Verschilfte Teiche. Im Winter häufig in Sümpfen, gelegentlich an Flußmündungen und Meeresküsten. Nistet in Mooren, Sümpfen, zwischen Farnkraut in Wäldern, oft weit vom offenen Wasser entfernt. Verbreitungskarte S. 72.

Stockente *Anas platyrhynchos* 9, 13, 15

E - Mallard	F - Canard col-vert	I - Germano reale
H - Wilde eend	S - Gräsand	Sp - Ánade real

KENNZEICHEN: 58 cm. ♂ mit *glänzend grünem Kopf, schmalem weißem Halsband, tiefbrauner Brust,* hellgrauem Unterkörper, weißem Schwanz mit 4 zurückgekrümmten schwarzen mittleren Schwanzfedern und gelblichem Schnabel. ♀ braun gefleckt mit grünlichem Schnabel. ♂ und ♀ mit blauem, beiderseits weiß gesäumtem Spiegel und orangeroten Füßen. ♂ im Schlichtkleid wie dunkles ♀. Flug sehr rasch. ♀ von der Schnatterente durch bedeutendere Größe, braunere Färbung, purpurblauen (nicht weißen) Spiegel und nicht so spitze Flügel unterschieden, liegt überdies tiefer im Wasser; von der weiblichen Spießente durch kräftigeren Schnabel und Kopf, dickeren Hals, Weiß *an beiden Seiten* des Spiegels und kürzeren, weiblichen Schwanz unterschieden; von der weiblichen Löffelente durch bedeutendere Größe, viel kleineren Schnabel und längeren Hals. Siehe auch Mittelsäger.

STIMME: ♂ gedämpftes „räb" und „fihb"; ♀ quakt schallend.

VORKOMMEN: Fast jedes Gewässer; im Winter auch an Meeresküsten. Nistet im Unterwuchs am Wasser, gelegentlich in Höhlungen. Verbreitungskarte S. 72.

Spießente *Anas acuta* 9, 13, 15

E - Pintail	F - Canard pilet	I - Codone
H - Pijlstaart	S - Stjärtand	Sp - Ánade rabudo

KENNZEICHEN: 56 cm. Eine schlanke, langhalsige Schwimmente mit spitzem Schwanz. ♂ mit schokoladenbraunem Kopf und Hals, *auffallendem weißem Streif* von der weißen Brust jederseits längs des Halses und mit *langem, nadelscharf zugespitztem Schwanz.* Oberseite und Flanken grau. ♂ im Schlichtkleid und ♂ juv. ähnlich ♀, aber oben dunkler. ♀ schwer von sehr ähnlichen Stockenten-, Schnatterenten- und Pfeifenten-♀ zu unterscheiden, und zwar durch schlanke Gestalt, dünnen Hals, spitzeren Schwanz, dunklen Spiegel und grauen Schnabel; im Flug ist die helle hintere Begrenzung am Flügel ein nützliches Kennzeichen. Die einzige andere Ente mit so langem Schwanz ist die Eisente, die viel kleiner ist, überwiegend weißen Kopf hat und eine Meerestauchente ist.

STIMME: Selten zu hören. ♂: ein tiefes Pfeifen. ♀: ein Knurren und ein tiefes Quaken.

Vorkommen: Im Winter hauptsächlich an den Küsten. Zur Brutzeit wie
Pfeifente, nistet aber auch an Sanddünen. Verbreitungskarte S. 74.

Knäkente   *Anas querquedula*   9, 13, 15

E - Garganey	F - Sarcelle d'été	I - Marzaiola
H - Zomertaling	S - Årta	Sp - Cerceta carretona

Kennzeichen: 38 cm. Kaum größer als Krickente, aber mit dünnerem
Hals, flacherem Scheitel und geraderem Schnabel. ♂ im Flug durch
hell blaugrauen Vorderflügel und scharf gegen den weißen Bauch abstechende braune Brust unterschieden; im Sitzen leicht kenntlich an
dem *auffallenden weißen, vom Auge zum Nacken führenden Bogenstreif*, auch an den lang herabhängenden schwarzweißen Schulterfedern;
im Schlichtkleid ähnelt es dem ♀ (und der Krickente), ist aber immer
an den blaugrauen Schultern zu unterscheiden. ♀ sehr ähnlich hellen
Krickenten-♀, aber kenntlich an der deutlicher streifigen Zeichnung des
Kopfes (insbesondere weißlicher Augenbrauenstreif und helle Wangen),
helleren Schultern und an dem sehr undeutlichen Flügelspiegel *ohne
Schwarz*. Verhalten und Ernährung eher der Löffel- als Krickente
ähnelnd. Flug sehr schnell und wendig.
Stimme: ♂ erzeugt ein eigentümlich mißtönendes Knarren oder Schnarren.
Das Quaken des ♀ ähnelt dem der weiblichen Krickente, ist aber kürzer.
Vorkommen: Ganz wie Krickente, aber selten auf Salzwasser. Nistet im
hohen Gras- und Rankengewirr am Wasser. Verbreitungskarte S. 74.

Blauflügelente   *Anas discors*   65

E - Blue-winged Teal	F - Sarcelle soucrourou	I - Marzaiola americana
H - Blauwvleugeltaling	S - Amerikansk Årta	Sp - Cerceta aliazul

Kennzeichen: 38 cm. So groß wie Knäkente. Kopf beim ♂ dunkel graubraun *mit breitem, halbmondförmigem weißem Fleck vorm Auge;* Unterschwanzdecken schwarz, nach vorn durch *auffallenden weißen Fleck*
begrenzt; der *hellblaue Vorderflügel* leuchtender, weniger grau als bei
der Knäkente, ähnlich der Löffelente, die aber leicht am Schnabel zu
unterscheiden ist. ♀ ähnlich Knäkenten-♀, aber dunkler mit leuchten-
dem blauem Vorderflügel und längerem, ziemlich geradem Schnabel (von
entwichenen Zimtenten, *A. cyanoptera,* nicht zu unterscheiden). Flügel-

← *Spießente*
Teilzieher . Hat in
Südspanien, Frank-
reich, Belgien und
Bayern gebrütet

Knäkente →
Vorw. Sommervo-
gel. Hat in Apulien
und Spanien gebrü-
tet. Umherstr. Nor-
wegen, Färöer, Ir-
land

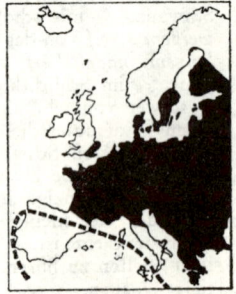

spiegel des ♂ grün, vorn mit Weiß; der des ♀ matter. Schnabel beim ♂ schwarz, beim ♀ dunkel mit hellerer Wurzel und helleren Rändern. STIMME: ♂ ein hohes Knarren, ♀ quakt leise.
VORKOMMEN UND VERBREITUNG: Im Winter an großen Sümpfen, Reisfeldern, kleinen Teichen. Brütet an Süßwasser-Teichen in Nordamerika. Umherstreifende bis Irland, Großbritannien, Dänemark, Holland, Frankreich und Italien.

Löffelente *Anas clypeata* 9, 13, 15

| E - Shoveler | F - Canard souchet | I - Mestolone |
| H - Slobeend | S - Skedand | Sp - Pato cudiara |

KENNZEICHEN: 51 cm. Von allen anderen Enten durch den *breiten Löffelschnabel* unterschieden. ♂ oben schwarz und weiß, mit glänzend grünem Kopf, *rostfarbenem Bauch und rostbraunen Flanken*, weißer Brust und hellblauem Fleck am Vorderflügel. Ruhende oder überhinfliegende ♂ haben das einzigartige Muster dunkel-weiß-dunkel-weiß-dunkel. ♀ braun gefleckt wie Stockente, aber mit *blauen Schultern* (wie Knäkente). Sinkt im Wasser vorn tief ein und hält den Schnabel abwärts. Flug ziemlich schwerfällig; *Flügel erscheinen weit zurückgesetzt.*
STIMME: Flugruf ein „tak-tak". Beim ♂ tiefes, doppelt gebrachtes Quaken; ♀ quakt ähnlich Stockenten-♀, doch nicht so laut.
VORKOMMEN: Weniger das Meer besuchend als andere Schwimmenten. Gewöhnlich in Sümpfen und auf verwachsenen Teichen. Nistet in nassen Wiesen, Sümpfen usw. Verbreitungskarte S. 75.

Marmelente *Marmaronetta angustirostris* 9

| E - Marbled Duck | F - Sarcelle marbrée | I - Carganella marmorizzatta |
| H - Marmereend | S - Marmorand | Sp - Cerceta pardilla |

KENNZEICHEN: 38 cm. Etwas größer als Krickente mit längerem Hals und dickerem Kopf. Von dieser durch hell und dunkel marmoriertes oder getüpfeltes Gefieder mit *dunklem* oder schmutzig wirkendem *Fleck* durchs Auge unterschieden. Von weitem einfarbig hell graubraun mit dunklem Augenfleck. Im Flug ohne Muster, ausgenommen die hellen Armschwingen und der weißspitzige Schwanz. ♂ mit kleinem Schopf im Nacken. Juv. unten gelblicher, mit dunklem Streif durchs Auge und

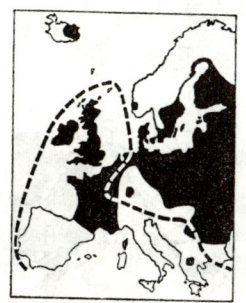
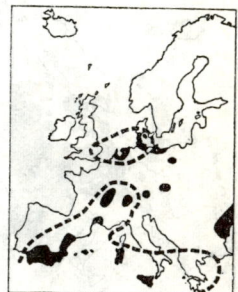

← *Löffelente*
Teilzieher. Hat in Spanien gebrütet

Kolbenente →
Teilzieher. Hat in Belgien gebrütet. Umherstreifend Brit. Inseln, Schweden, Finnland

zwei weißlichen Flecken auf den Flügeln. Träge und scheu. Flug wie
Knäkente, aber weniger kräftig.
STIMME: ♂ ein tiefes, keuchendes Quaken; ♀ quakt leise.
VORKOMMEN UND VERBREITUNG: Ans Süßwasser gebunden, zieht reich
bewachsene offene Gewässer vor. Nistet am Wasser, an Flußufern usw.
Sommervogel in Südspanien, brütet selten in Südfrankreich. Gelegent-
lich Portugal. Ausnahmsweise im übrigen Südeuropa und nordwärts bis
Deutschland, ČSR, Ungarn und Rumänien.

Kolbenente   *Netta rufina*   10, 14, 16

E - Red-crested Pochard F - Nette rousse   I - Fitione turco
H - Krooneend   S - Rödhuvad dykand   Sp - Pato colorado

KENNZEICHEN: 56 cm. Eine plumpe, dickköpfige Tauchente, die hoch im
Wasser liegt. ♂ mit *rotem Schnabel, tief kastanienbraunem Kopf* mit
hellem, aufrichtbarem Scheitelgefieder, dunkelbrauner Oberseite, schwarzem Hals, schwarzer Brust und schwarzem Bauchstreifen sowie leuchtend weißen Flanken. Im Flug ein breites weißes Band *fast über die
ganzen Flügel.* Im Schlichtkleid ähnlich ♀ mit Ausnahme von Schopf
und rotem Schnabel, die es auch von der kleineren Tafelente unterscheiden. ♀ graubraun mit *hellgrauen Wangen, die sich lebhaft von der
dunklen Kopfplatte abheben;* Flügelband schmutzig weiß. Das Trauer-
enten-♀ ist die einzige andere braune Ente mit hellen Wangen, sie hat
aber einen kräftigeren Schnabel und kein Weiß am Flügel.
STIMME: ♂ ruft „bät", ♀ „wu-wu-wu" (im Fluge) und „körr".
VORKOMMEN: Große schilfreiche Binnenseen oder Brackwasser-Lagunen,
selbst im Winter selten auf dem Meere. Nistet im Pflanzenbewuchs von
Inseln. Verbreitungskarte S. 75.

Tafelente   *Aythya ferina*   10, 14, 16

E - Pochard   F - Fuligule milouin   I - Moriglione
H - Tafeleend   S - Brunand   Sp - Porrón común

KENNZEICHEN: 46 cm. Langer Kopf mit flacher Stirn und hohem Scheitel.
♂ leicht kenntlich am *einfarbig dunkel kastanienbraunen Kopf und
Hals,* der sich auffällig von der schwarzen Brust und dem hellgrauen
Körper abhebt. Der schwarze Schnabel mit hellblauem Band, das graue

← *Tafelente*
Teilz. Hat in Spa-
nien und Belgien
gebr. Übersommert
in Österr. u. d.
Schweiz. Umherstr.
Färöer

Moorente →
Teilz. Hat in Hol-
land, Belgien gebr.
Umherstr. Brit. In-
seln,   Dänemark,
Schwed., Finnl.

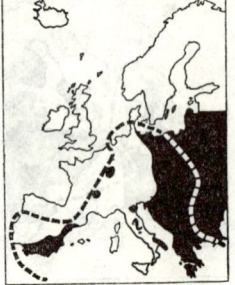

Flügelband und das Fehlen von Weiß am Flügel unterscheiden das ♂ von der Kolbenente (diese mit rotem Schnabel und Weiß im Flügel). Im Schlichtkleid ähnlich ♀, aber oberseits grauer. ♀ mit braunem Kopf und Vorderkörper; von der weiblichen Berg- und Reiherente durch undeutlichen hellen Fleck am Schnabelgrund und am Kinn, bläulichen Schnabelring und graues (nicht weißes) Flügelband unterschieden. Selten an Land, ruht bei Tage auf dem Wasser und frißt in der Morgen- und Abenddämmerung. Taucht gern. Siehe auch Pfeifente.
STIMME: Selten zu hören. ♂: heisere Pfeiflaute. ♀: rauh schnarrend. Aus Flügen sind oft schwache Pfeiflaute zu vernehmen.
VORKOMMEN: Selten auf dem Meere. Häufig große und kleine Seen, Staubecken usw. Nistet in dichtem Röhricht. Verbreitungskarte S. 76.

Moorente *Aythya nyroca* ✳   **10, 14, 16**

E - Ferruginous Duck	F - Fuligule nyroca	I - Moretta tabaccata
(White-eyed Pochard)	S - Vitögd dykand	Sp - Porrón pardo
H - Witoogeend		

KENNZEICHEN: 41 cm. Kleiner und zierlicher als Reiherente. In beiden Geschlechtern *Kopf, Hals und Brust tief dunkel kastanienbraun*. Die leuchtend weiße Unterseite und der weiße Flügelfleck sind oft bei der sitzenden Moorente nicht zu sehen. Von weitem kann sie (besonders das ♀) mit Reiherenten-♀ verwechselt werden, aber gewöhnlich ist sie durch die *weißen Unterschwanzdecken* und im Flug durch das *große, gebogene weiße* Flügelfeld zu unterscheiden; niemals am Schnabelgrund weiß. (Gelegentlich zeigt auch die Reiherente Weiß unterm Schwanz, aber wenn man beide Arten beieinander sieht, kann man erkennen, daß die Moorente oft höher im Wasser liegt.) ♂ mit *weißen Augen;* ♀ matter, mit braunen Augen. Juv. wie ♀, aber unten gefleckt; vom etwas ähnlichen Tafelenten-♀ durch dunkleres, viel rötlicheres Aussehen, braune Flecken und weißes Flügelband unterschieden. Lebhafter als Tafelente, Stimme und Aufenthalt ähnlich. Verbreitungskarte S. 76.

Reiherente *Aythya fuligula*   **10, 14, 16**

E - Tufted Duck	F - Fuligule morillon	I - Moretta
H - Kuifeend	S - Vigg	Sp - Porrón moñudo

KENNZEICHEN: 43 cm. Das schwarz-weiße ♂ kann mit der etwas größeren Bergente verwechselt werden, aber es ist von dieser durch *einfarbig schwarze Oberseite und herabhängenden Federbusch am Hinterkopf* unterschieden. Im Schlichtkleid ähnlich dem dunklen ♀. ♀ ist brauner mit rückgebildetem Federbusch am Hinterkopf und manchmal mit einem hellen Fleck am Schnabelgrunde (kein großer weißer Fleck wie bei der Bergente; Bergente sieht ähnlich aus, hat aber im Gesicht mehr Weiß als die Reiherente, ist oben heller und hat größeren Schnabel). Im Flug zeigen sowohl die alte Reiher- wie auch die alte Bergente ein fast die ganze Länge des Flügels einnehmendes weißes Band. S. a. Moorente.
STIMME: ♂ pfeift bei der Balz sehr zart. ♀ knarrt wie weibliche Tafelente.
VORKOMMEN: Selten auf dem Meer. Häufig auf großen und kleinen Seen, gesellt sich oft zu zahmen Parkenten. Nistet, oft gesellig, an Seen und Teichen. Verbreitungskarte S. 78.

Bergente   *Aythya marila*   10, 14, 16

E - Scaup   F - Fuligule milouinan   I - Moretta grigia
H - Toppereend   S - Bergand   Sp - Porrón bastardo

KENNZEICHEN: 48 cm. Von weitem wirkt das ♂ an *beiden Enden schwarz und in der Mitte weiß*. Kopf, Vorderteil des Vogels und das „Heck" schwarz, Rücken *hellgrau*, Flanken und Unterseite weiß. Schnabel blaugrau. Von der etwas kleineren Reiherente durch Fehlen des Schopfes und *grauen* Rücken unterschieden. Im Schlichtkleid ähnlich ♀, aber mit graulichem Rücken und wenig oder ohne Weiß im Gesicht, das ♀ von der weiblichen Reiherente durch einen *auffallenden weißen Ring um den Schnabelgrund* unterschieden (Reiherenten-♀ und juv. haben oft einen hellen Fleck, der aber nie so groß ist). Junge ♀ beider Arten sind sehr schwer auseinanderzuhalten. ♂ juv. der Bergente ist durch graulichen Rücken gekennzeichnet. Im Flug zeigen beide Geschlechter wie auch die Reiherente ein deutliches weißes Flügelband. Fliegt in dichten, unregelmäßigen Schwärmen oder Linien. Taucht ausgezeichnet, oft bei rauher See.
STIMME: Selten zu hören. ♂: sanft schwätzende und gurrende Balzrufe. ♀: tiefes, rauhes „karr-karr".
VORKOMMEN: Außerhalb der Brutzeit ans Meer gebunden, meist in Meeresbuchten und Flußmündungen. Nistet gesellig auf Inseln von Binnenseen. Verbreitungskarte S. 78.

Eiderente   *Somateria mollissima*   11, 14, 16

E - Eider   F - Eider à duvet   I - Edredone
H - Eidereend   S - Ejder   Sp - Eider

KENNZEICHEN: 58 cm. Von allen anderen Enten durch ihre Größe, den langen schweren Körper und langen Kopf und durch auffallenden Flug unterschieden. Das ♂ ist die einzige Ente mit *schwarzem Bauch und weißem Rücken;* Brust rahmfarben, ganzer Vorderflügel weiß, Kopf weiß mit schwarzem Scheitel und hell moosgrünem Nacken; vom Prachteiderenten-♂ leicht am weißen Rücken und langen Kopfprofil zu unterscheiden. Im Schlichtkleid ♂ sehr variabel, stellenweise schwärzlich, mit hellerer Brust und weißen Vorderflügeln. ♀ braun, *dicht schwarz gebändert* (für Eiderente bezeichnend); von weiblichen Trauerenten, mit

← *Reiherente*
Teilz. Hat in der Schweiz (regelm. im Sommer), in Jugosl., Alban., Bulgar., Rumän. gebr.

Bergente →
Vorw. Zugv. Hat in Schottl., Holland, Dänemark gebrütet. Umherstr. Portugal, Albanien

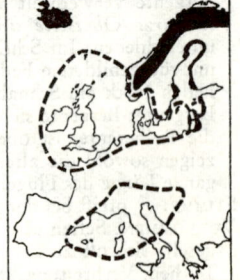

denen sie oft vergesellschaftet ist, durch wärmer braunes und *gebän-dertes* Gefieder unterschieden; vom Prachteiderenten-♀ durch flacheres Kopfprofil (s. Diagramm S. 352). ♂ juv. ähnelt zunächst ♀, später entwickeln sich der schokoladenfarbene Kopf und unregelmäßige weiße Abzeichen. Keine andere Ente fliegt ähnlich wie die Eiderente *abwech-selnd flügelschlagend und gleitend,* wobei der Kopf ziemlich tief gehalten wird. Fliegt gewöhnlich niedrig, in einzelnen Reihen.

STIMME: ♂: weit schallend „kuh-ruh-å" (die zweite Silbe ansteigend und betont). ♀: knarrendes „korr-r".

VORKOMMEN: Streng ans Meer gebunden, auch an Felsküsten. Nistet an der Küste; lokal im Binnenland an Seen oder auf Flußinseln. Verbreitungskarte S. 81.

Prachteiderente *Somateria spectabilis* **11, 14, 16**

E - King Eider   F - Eider à tête grise   I - Re degli Edredoni
H - Koningseidereend   S - Praktejder   Sp - Eider real

KENNZEICHEN: 56 cm. Von weitem wirkt das ♂ *vorn weiß, hinten schwarz* (wie keine andere Ente). Von der Eiderente durch *schwarzen Rücken* und ganz andere Kopfform und -farbe unterschieden. Scheitel und Nacken perlgrau, Gesicht grün getönt; *kurzer Schnabel mit großem orangefarbenem Schild;* auf dem Flügel ein weißes Feld. ♀ von der Eiderente durch *weniger flaches Kopfprofil* (dick aufgetriebener Schnabel! S. Diagramm S. 352) und erheblich rotbrauneres Gefieder unterschieden; ♀ im Brutkleid mit gräulichem Kopf und Hinterhals, wodurch die Kehle dunkel erscheint; Schulterfedern rostbraun mit dunkler Mitte, kontrastreicher gezeichnet als Eiderenten-♀. ♂ juv. mit heller Brust und dunkelbraunem Kopf, im Verlauf der Umfärbung ins Alterskleid mit schwankender Ausdehnung und Musterung der weißen Gefiederteile. (Das Schellenten-♀ mit gleichfalls dunkelbraunem Kopf ist grauer und hat rechteckige weiße Flügelfelder.)

STIMME: Wie Eiderente, aber gewöhnlich die letzte Silbe betont.

VORKOMMEN UND VERBREITUNG: Wie Eiderente, aber gewöhnlich ziemlich gesellig an Süßwassertümpeln in der Tundra brütend. Brutvogel der arktischen Küsten und Inseln Eurasiens und Nordamerikas. Im Sommer als Nichtbrüter in Nordnorwegen und auf Island. Im Winter an der norwegischen Küste südwärts bis zum Polarkreis, Färöer, Island. Ausnahmsweise Küste der Ostsee, Finnland, Dänemark, Großbritannien, Irland, Frankreich, Italien und Ungarn. 11mal in Deutschland.

Scheckente *Polysticta stelleri* **11**

E - Steller's Eider   F - Eider de Steller   I - Edredone di Steller
H - Stellers eidereend   S - Alförrädare   Sp - Eider de Steller

KENNZEICHEN: 46 cm. ♂ nicht zu verwechseln: ein schwarz-weißer Vogel mit *rostgelber Unterseite,* weißem Kopf, schwarzem Augenfleck, schwarzer Kehle und smaragdgrünem Nackenfleck. *Runder schwarzer Fleck* an den rostbraunen Brustseiten! *Im Flug weißer Vorderflügel auffällig.* Im Schlichtkleid bis auf die Flügel wie ♀. ♀ entenähnlicher, düster braungelblich, braun gefleckt; Kopfseiten rostbräunlich; von nahem weißes Flügelfeld und purpurblauer Spiegel sichtbar. Juv. und ♀ leicht von anderen Eiderenten durch geringere Größe und ganz verschiedene

Form des kleinen Kopfes und Schnabels zu unterscheiden (s. Diagramm S. 352).

STIMME: Klagende Rufe des ♂ ähnlich wie bei der Eiderente, aber leiser. ♀ knarrt wie Pfeifente.

VORKOMMEN UND VERBREITUNG: Im Winter an den felsigen Küsten des Nordens, Nistet in der Tundra Ostsibiriens und an den Küsten Alaskas. Regelmäßig in Nordnorwegen überwinternd und übersommernd. Auf dem Zuge Südfinnland. Ausnahmsweise Westeuropa, südwärts bis England, Frankreich und Deutschland (2 Dutzend Male).

Kragenente   *Histrionicus histrionicus*   **11, 14, 16**

E - Harlequin	F - Garrot arlequin	I - Moretta arlecchino
H - Harlekijn-eend	S - Strömand	Sp - Pato arlequín

KENNZEICHEN: 43 cm. Klein, sehr dunkel und kurzschnäbelig. ♂: Dunkel blaugraues Gefieder (wirkt von weitem schwarz) mit *kastanienbraunen Flanken und bizarrem Muster von weißen Flecken und Streifen an Kopf, Hals und Brust*. Flugbild wie Schellente, aber *unten einfarbig dunkel*. Im Schlichtkleid ♂ vom ♀ durch dunkel schiefergraue Oberseite und Fehlen von Weiß an der Brust unterschieden. ♀ einfarbig dunkelbraun mit trüb weißlicher Brust, *zwei undeutlichen weißen Flecken vorm Auge und einem leuchtend weißen Fleck hinter dem Auge;* von der weiblichen Samt- und Brillenente durch geringe Größe und kleinen Schnabel unterschieden; leicht zu verwechseln mit jungen Eisenten, die aber am Bauch viel weißer sind. Bezeichnendes Verhalten: fressende Kragenenten *scharen sich sehr dicht zusammen und bewegen sich ganz einheitlich.* Schwimmt gut, nickt beständig mit dem Kopf und richtet oft den Schwanz auf. Taucht gern in der rauhen Brandung.

STIMME: Die Kragenente ist gewöhnlich schweigsam, aber ♂ pfeift sanft. ♀ quakt rauh.

VORKOMMEN UND VERBREITUNG: Im Winter an Steilküsten mit vielen überfluteten Felsen. Nistet gesellig auf Inseln in reißenden Flüssen, in der Regel am wild bewegten Wasser oder an Wasserfällen. Jahresvogel auf Island. Ausnahmsweise Großbritannien, Skandinavien, Deutschland (etwa ein dutzendmal), Ungarn und Italien.

Eisente   *Clangula hyemalis*   **11, 14, 16**

E - Long-tailed Duck	F - Harelde de Miquelon	I - Moretta codona
H - IJseend	S - Alfågel	Sp - Havelda
	N.A. - Old Squaw	

KENNZEICHEN: ♂ 53 cm einschließlich der *langen, spitzen Schwanzfedern;* ♀ 41 cm. Die einzige Meerente, die *Weiß am Körper mit einfarbig dunklen Flügeln verbindet;* auch am kleinen, runden Kopf und kurzen Schnabel zu erkennen. ♂ im Winter kräftig dunkelbraun und weiß gemustert: Kopf, Hals, Bauch und Schultern weiß; Brust, Rücken und Flügel schwärzlichbraun; großer dunkler Fleck auf Halsseite; Schnabel rötlich und schwarz gebändert. ♂ im Sommer meist dunkelbraun, mit weißem Bauch und weißem Fleck ums Auge. ♀ im Winter oben dunkel, unten weiß mit braunem Brustband; Kopf weiß mit dunklem Scheitel, *Wangenfleck* und Schnabel; Schwanz von normaler Länge; im Sommer dunkler, mit ♂-ähnlicher Kopfzeichnung. Juv. ähnlich ♀, aber grauer, mit bräunlicher Kehle. Schwimmt leicht, taucht behende auf rauher See. Die einzige andere langschwänzige Ente ist die größere, *dunkelköpfige* Spießente, die aber eine an der Küste und im Binnenlande vorkommende *Schwimmente* ist.

STIMME: Oft zu hören. ♂: ein lebhafter Ruf von etwa 4 hohen nasalen Lauten (etwa „au..."), die sich bei einem Schoof aus der Ferne klangvoll gänseartig anhören. ♀: tief kläffend.

VORKOMMEN: Ans Meer gebunden, ausgenommen zur Brutzeit. Nistet auf Seeinseln in der Tundra. Auf dem Zuge nur gelegentlich im Binnenlande. Verbreitungskarte S. 81.

Trauerente *Melanitta nigra* 11, 14, 16

E - Common Scoter	F - Macreuse noire	I - Orchetto marino
H - Zwarte zeeëend	S - Sjörre	Sp - Negrón común

KENNZEICHEN: 48 cm. ♂ die *einzige ganz schwarze Ente;* schwarzer Schnabel mit leuchtend orangefarbenem Firstfleck und großem Höcker am Grunde. ♀ und juv. dunkelbraun, *weißliche Wange und Kehle, deutlich abgesetzt vom dunklen Scheitel,* und bräunlichweiß gesprenkelte Unterseite; von Kolbenenten-♀ (das auch helle Wangen hat, aber keine Meerente ist) durch dunkleres Aussehen, gedrungenere Gestalt und *Fehlen eines Flügelfeldes* unterschieden; vom ♀ der Brillen- und Samtente durch verschiedenes Gesichtsmuster und durch schwärzliche (nicht rötliche) Füße (Samtenten-♀ überdies im Flug mit weißem Flügelspiegel). Schwimmt gut, fliegt gewöhnlich in schwankenden Linien oder unregelmäßigen Gruppen.

STIMME: ♂: viele klangvolle, gurrende Rufe und ein lebhaftes Kichern. ♀ knarrt rauh.

VORKOMMEN: Außerhalb der Brutzeit auf dem Meere, aber in stillerem Wasser als die Samtente. Nistet an Seen, auf Hochmooren oder in der Tundra. Verbreitungskarte S. 82.

Samtente *Melanitta fusca* 11, 14, 16

E - Velvet Scoter	F - Macreuse brune	I - Orco marino
H - Grote zeeëend	S - Svärta	Sp - Negrón especulado
	N.A. - White-winged Scoter	

← *Eiderente*
Vorwieg. Jahresv. Brut am Schwarzen Meer. Im Winter bis z. Engl. Kanal. Fast alljährl. Schweiz, Südfrankr. Umherstr. südw. b. Spanien, Italien

Eisente →
Vorw. Zugv. Umherstr. südw. bis Port., Sard., Mitteleur., Jug., Griech.

KENNZEICHEN: 56 cm. Von stämmiger Gestalt, mit geschwollen erscheinendem Schnabel. Beide Geschlechter unterscheiden sich von den kleineren Brillen- und Trauerenten durch *weißen Flügelspiegel*, der in
Ruhestellung oft verborgen, aber deutlich zu sehen ist, wenn die Flügel
entfaltet werden. Beim Tauchen sind die rötlichen Füße bemerkenswert
(Brillenente hat auch rote, Trauerente schwarze). ♂ mit *kleinem weißem Fleck unter dem Auge* und gelben Seiten des schwarzen Schnabels.
♀ von der Trauerente gewöhnlich an 2 weißlichen Flecken am Kopf
unterschieden (die bei juv. noch ausgeprägter sind); wenn diese fehlen,
ermöglicht das Weiß am Flügel die Bestimmung. In der Regel in kleinen
Gesellschaften oder einzeln, oft mit Eiderenten am Ufer.
STIMME: Viel seltener zu hören als Trauerente. ♂: ein gepfiffenes „huör-
ör“. ♀ knurrt rauh.
VORKOMMEN: Wie Trauerente, aber oft auf rauherer See. Brutplätze von
der offenen Tundra bis in die unterwuchsreichen nördlichen Wälder.
Verbreitungskarte S. 82.

Brillenente　*Melanitta perspicillata*　　　　　　　　　**11, 14, 16**

E - Surf Scoter　　　　　F - Macreuse à lunettes　　　I - Anitra del becco largo
H - Gebrilde zeeëend　　　S - Vitnackad svärta　　　　Sp - Negrón careto

KENNZEICHEN: 53 cm. ♂ von den anderen *Melanitta*-Arten durch mas-
sigeren, rot-weiß-gelben Schnabel und *weißen Stirn- und Nackenfleck*
unterschieden. Beide Geschlechter haben wie die Samtente rötliche Beine.
♀ und juv. gewöhnlich mit zwei weißlichen Flecken an den Kopfseiten
(wie ♀ und juv. der Samtente), aber sowohl ad. wie juv. von der Samtente durch *Fehlen von Weiß am Flügel* unterschieden; ♀ kann weißlichen Nackenfleck haben (♀ und juv. der Trauerente mit kontrastreich hellen Wangen und dunklem Scheitel). Selten zu hören.
VORKOMMEN UND VERBREITUNG: Außerhalb der Brutzeit auf dem Meer.
Brutvogel in Nordamerika. Umherstreifende bis Färöer und Großbritannien, verirrte in Westeuropa von Finnland bis Frankreich, einmal
Helgoland.

Spatelente　*Bucephala islandica*　　　　　　　　　　　**10**

E - Barrow's Goldeneye　　F - Garrot islandais　　　I - Quattrocchi islandico
H - IJslandse brilduiker　　S - Islandsknipa　　　　Sp - Porrón islándico

← *Trauerente*
Vorwieg. Zugv. Im
Sommer Küsten v.
Deutschland, Engl.,
Holl., Färöer. Um-
herstr. östl. Mittel-
meer, oft Schweiz

Samtente →
Vorwieg. Zugv. Im
Sommer britische u.
deutsche Küsten.
Umherstr. Island u.
südw. b. Mittelm.

KENNZEICHEN: 53 cm. Ein Vogel Islands. Leicht mit der Schellente zu verwechseln, doch etwas größer und stämmiger. Beachte den *halbmondförmigen* weißen *Fleck* vor dem gelben Auge (Schellente mit *rundem* Fleck). ♂ mit mehr Schwarz an den Körperseiten, aber Schellente kann im Schlichtkleid ähnlich aussehen, obwohl niemals so pechschwarz an Kopf und Schwingen. Der Kopf der Spatelente ist *glänzend purpurn* anstatt grün und hat eine ganz andere Form, mit steilerer Stirn, niedrigerem, runderem Scheitel und mit verlängerten Hinterkopffedern, die eine Haube bilden, der einer aufrecht stehenden Mähne ähnlich ist. Schultern kräftig schwarz und weiß gebändert. ♀ sehr ähnlich Schellenten-♀, aber größer, Schnabel kürzer und höher, Stirn steiler, Hinterkopfbefiederung etwas zottig erscheinend. ♀ sind am besten an den sie begleitenden ♂ zu erkennen. Verhalten, Stimme und Vorkommen wie bei der Schellente. Jahresvogel in Island. Ausnahmsweise Deutschland, Spanien, Skandinavien, Färöer.

Schellente *Bucephala clangula*

10, 14, 16

E - Goldeneye   F - Garrot à œil d'or   I - Quattrocchi
H - Brilduiker   S - Knipa   Sp - Porrón osculado

KENNZEICHEN: 46 cm. ♂ auffällig schwarz-weiß: Hals und Unterseite weiß, Rücken und Schwanz schwarz, breite weiße Schulterstreifen; schwarzer „dreieckiger Kopf mit kurzem, schwarzem Schnabel. Ausgezeichnet durch *großen, runden weißen Fleck vor dem gelb gefärbten Auge*. Beine orangefarben. Wirkt im Flug dickköpfig und kurzhalsig, mit deutlichem *viereckigem* weißem Flügelfeld, das sich fast bis zum Vorderrand des Flügels erstreckt. Im Schlichtkleid ähnlich ♀, behält aber einige schwarze Abzeichen am Kopf. ♀ mit grau marmorierter Oberseite, *schokoladebraunem Kopf, mit einem weißen Halsband und großem viereckigen weißen Flügelfeld* (das im Gegensatz zu Reiher- und Bergente auch am geschlossenen Flügel zu sehen ist). Juv. brauner, ohne Halsband. Fliegt rascher auf als andere Tauchenten. Die Flügel erzeugen im Fluge ein charakteristisches Pfeifen. Siehe auch Berg- und Spatelente.

STIMME: Für gewöhnlich ist die Schellente schweigsam. ♂: ein rauher, nasaler Doppelruf. ♀: heisere Rufe ähnlich Bergenten-♀.

VORKOMMEN: Küstengewässer, oft auch Binnenseen. Nistet in Baumhöhlen, Kaninchenbauen usw. an Flußufern und waldumsäumten Seen. Verbreitungskarte S. 84.

Zwergsäger *Mergus albellus*

12, 13, 15

E - Smew   F - Harle piette   I - Pesciaiola
H - Nonnetje   S - Salskrake   Sp - Serreta chica

KENNZEICHEN: 41 cm. Viel kleiner, entenartiger und kurzschnäbeliger als die anderen Säger. ♂ wirkt *einheitlich weiß mit auffallendem schwarzen* Augenfleck; von nahem ist die kleine herabhängende schwarz-weiße Haube sichtbar, ebenso wie die schmalen schwarzen Linien vorn und auf den Schultern; Flanken hellgrau, Rücken schwarz; wirkt im Flug dunkler mit auffallenden schwarz-weißen Flügeln; im Schlichtkleid sind die weißen Flügelflecke größer als beim ♀. ♀ kleiner und grauer, mit *rotbrauner Kappe, weißen Wangen und weißer Kehle*. Juv. mit bräunlichweißem Flügelfleck. Siehe auch Mittelsäger und Trauerente, die ebenfalls braunweißen Kopf haben, ferner Ohren- und Schwarzhalstaucher. Erhebt sich leicht vom Wasser; fliegt in Linie oder „V"-Formation. Auch als *Mergellus albellus* von anderen Sägern getrennt.

STIMME: Selten zu hören. ♂: ein leises Pfeifen. ♀: wie Gänsesäger-♀.

VORKOMMEN: Seen, Staubecken und Flüsse, gelegentlich in Flußmündungen und an der Küste. Nistet in Baumhöhlen am Wasser. Verbreitungskarte S. 84.

Mittelsäger *Mergus serrator*   **12, 13, 15**

E - Red-breasted Merganser	F - Harle huppé	I - Smergo minore
H - Middelste zaagbek	S - Småskrake	Sp - Serreta mediana

KENNZEICHEN: 58 cm. Kleiner als Stockente, schnittige Form, sehr schmaler, roter Schnabel und rote Füße wie beim größeren Gänsesäger. Von diesem durch auffallendere schmalfedrige *Doppelhaube* unterschieden. Der grünlichschwarze Kopf ist vom dunkel *rostbraunen Brustband durch ein breites weißes Halsband getrennt;* Flanken grau; Flügelmuster ähnlich Gänsesäger, aber mit zwei schwarzen Strichen über das weiße Flügelfeld. ♀ vom sehr ähnlichen Gänsesäger-♀ unterschieden durch *bräunlichgraue* Oberseite, diffusen weißen Kinnfleck, deutlichere Haube, matteren Kopf, dessen Tönung *allmählich* in das Weißlich des Halses übergeht. Mehr an den Küsten, als Gänsesäger; beide können am gleichen See oder Fluß erscheinen.

STIMME: Gewöhnlich schweigsam; ♂: ein kratzender zweisilbiger Balzruf. ♀: wie Gänsesäger-♀.

VORKOMMEN: Außerhalb der Brutzeit hauptsächlich auf dem Meere. Nistet im Heidekraut und sonstiger Vegetation, zwischen Felsen usw. bei waldumsäumten Seen oder Flüssen, auf Inseln, in Meeresbuchten und in der Tundra. Verbreitungskarte S. 85.

Gänsesäger *Mergus merganser* ✳   **12, 13, 15**

E - Goosander	F - Harle bièvre	I - Smergo maggiore
H - Grote zaagbek	S - Storskrake	Sp - Serreta grande

KENNZEICHEN: 66 cm. Langer Körper, schnittige Gestalt. Größer und schlanker als Stockente, mit sehr schmalem, rotem Schnabel und roten

← *Schellente*
Vorwieg. Zugvogel. Hat in England gebrütet. Umherstr. Spanien, Portugal, Färöer

Zwergsäger →
Zugvogel. Hat in Rumänien gebr. Umherstreifend Irland

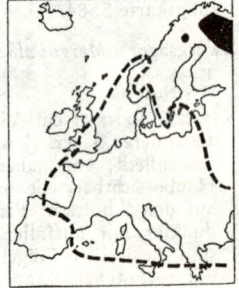

Füßen. ♂: Unterseite und Brust weiß, prachtvoll lachsrot überhaucht, Rücken schwarz, Kopf glänzend grünschwarz; im Fluge leicht kenntlich an *weißem Körper und weißen Flügeln mit schwarzen Handschwingen und Kopf;* vom kleineren und dunkleren Mittelsäger durch Fehlen der zerschlissenen Haube und durch einfarbig weißliche Brust, Flanken und Unterseite unterschieden. ♀ mit *tiefbraunem Kopf und gleichfarbiger* Haube, blaugrauer Oberseite, grauen Flanken, weißer Unterseite und mit einem im Fluge auffallenden rechteckigen weißen Flügelfeld; vom sehr ähnlichen Mittelsäger-♀ durch *scharfe Begrenzung* zwischen brauner Kehle und weißem Hals und durch blaugraue Oberseite unterschieden. Flugbild auffallend „langgezogen".

STIMME: Selten zu hören. ♂: ein tiefes Krächzen, ♀: ein gutturales „karr".

VORKOMMEN: Im Winter auf großen Flüssen, Seen und Staubecken. Nistet in Baumhöhlen, Erdwänden usw., gewöhnlich unter Bäumen am Wasser, auch jenseits der nördlichen Baumgrenze. Verbreitungskarte S. 85.

Weißkopf-Ruderente *Oxyura leucocephala* 12

E - White-headed Duck   F - Érismature à tête blanche   I - Gobbo rugginoso
H - Stekelstaarteend   S - Kopparand   Sp - Malvasia

KENNZEICHEN: 46 cm. Außer der in England eingebürgerten Schwarzkopf-Ruderente einzige „Steifschwanzente" Europas. Gekennzeichnet durch großen Kopf, plumpen Körper und langen, steifen, spitzen Schwanz, der oft *senkrecht* aufgestellt wird, um die weißen Unterschwanzdecken zu zeigen. Der am Grunde aufgetriebene Schnabel des ♂ zur Balzzeit *leuchtend hellblau.* ♂ mit auffallend *weißem Kopf* („Weißkopfente") und schmalem, schwarzem Scheitel, mit schwarzem Hals und bräunlichem Körper. ♀ dunkler, mit dunkler Kopfkappe und hellen *von einer dunklen Linie gekreuzten Wangen.* Lebt versteckt und taucherartig. Fliegt schwirrend, meist niedrig über dem Wasser; im Fluge bezeichnend der dicke Kopf, der untersetzte Rumpf, die kleinen, einfarbig dunklen Flügel und der lange, spitze Schwanz. Spieß- und Eisente haben langen, aber biegsamen Schwanz, kleineren Kopf und dünneren Hals.

VORKOMMEN: Verschilfte Binnenlandgewässer und brackige Lagunen. Nistet in Schilf und sonstiger Wasservegetation. Verbreitungskarte S. 87.

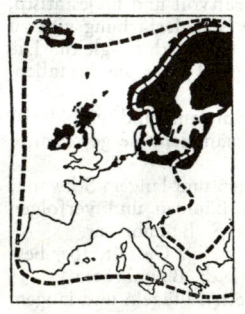

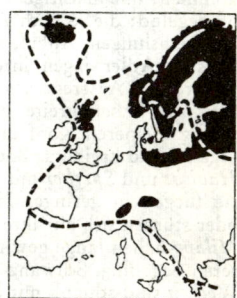

← *Mittelsäger*
Teilzieher. Hat in Holland gebrütet

Gänsesäger →
Teilzieher. Hat in Rumänien u. Mazedonien gebrütet. Umherstreifend bis Mittelmeer

Schwarzkopf-Ruderente   *Oxyura jamaicensis*
   H - Zwartkopeend   E - Ruddy Duck   F - Erismature à tête noire

KENNZEICHEN: 41 cm. Der Weißkopf-Ruderente sehr ähnlich, etwas kleiner und ♂ *mit ganz schwarzem Oberkopf.* ♀ nur durch geringere Größe
und schlankeren Schnabel vom ♀ der Weißkopf-Ruderente zu unterscheiden.
STIMME: ♂ ruft bei der Balz „tschack-tschack-tschrrr".

Schwarzkopf-Ruderente   *Weißkopf-Ruderente*

VORKOMMEN: An Gewässern, deren Ufer dicht mit Schilf, Binsen und
dergleichen bestanden sind. In England, vor allem im Südwesten, eingebürgert. Eine ursprünglich amerikanische Art, die vom westlichen Kanada bis Guatemala, auf den Antillen und in stärker abweichenden
Rassen im Andengebiet bis Feuerland verbreitet ist.

Greife: *Accipitridae*

Die Geier, Bartgeier, Habichtartigen (Adler, Bussarde, Habichte), Milane,
Seeadler, Gleitaare, Wespenbussarde, Weihen, Schlangenadler und Fischadler.
Geier sind riesige adlerartige Vögel, aber mit sehr viel längeren Flügeln,
kürzerem Schwanz und kleinem, nacktem Kopf; sie segeln stundenlang
meist in großen Höhen ohne Flügelschlag; Geschlechter gleich. Aasfresser.
Felsen- oder Baumbrüter.
Adler sind große Raubvögel, die in der Größe den Geiern am nächsten
kommen; mit mächtigem Hakenschnabel; Flug kraftvoll und majestätisch,
oft segelnd; die je nach Alter recht schwankende Gefiederfärbung gibt zu
Verwechslungen Anlaß, besonders bei immat.; Geschlechter gleich. Die
meisten Adler jagen ihre Beute, indem sie fliegend über sie herfallen,
andere sind Aasfresser. Baum- oder Felsbrüter.
Bussarde haben breite Flügel, breiten runden Schwanz und verhältnismäßig kleineren Kopf und Schnabel als Adler; man sieht sie gewöhnlich
segelnd und kreisend; Baum- und Felsbrüter.
Habicht und *Sperber* mit kurzen, runden Schwingen und langem Schwanz;
sie fliegen in geringer Höhe gewandt zwischen Bäumen und verfolgen
oder stürzen sich auf ihre Beute. ♀ viel größer als ♂. Baumbrüter.
Milane haben lange gewinkelte Flügel und weihenartige Gestalt, aber bes-
seren Segelflug. Schwanz gegabelt. Geschlechter gleich. Baumbrüter.
Weihen sind schlank mit langen, schwach gewinkelten Flügeln und langem

Schwanz; Flug gewöhnlich niedrig und gaukelnd, wobei die Flügel in flachem „V" gehalten werden. Boden- und Schilfbrüter.

Schmutzgeier *Neophron percnopterus*

E - Egyptian Vulture   F - Percnoptère d'Égypte   I - Capovaccaio
H - Aasgier   S - Smutsgam   Sp - Alimoche (común)

KENNZEICHEN: 58–66 cm. Viel kleiner als andere Geier. Auffallendes Flugbild: *lange, geradrandige, aber zugespitzte schwarzweiße Flügel und keilförmiger weißer Schwanz.* Bei ad. Kopf- und Kehlhaut *nackt und gelb* über einer struppigen, weißlichen Halskrause. Gefieder schmutzig weiß mit scharf abstechenden schwarzen Handschwingen. Schnabel dünner als bei anderen Geiern. Unausgefärbte variieren entsprechend dem Alter von dunkelbraun bis schmutzig weiß; Kopf und Halskrause bräunlich. Schließen sich gelegentlich am Aas Gänsegeiern an, um das zu fressen, was die viel größeren Vögel übriglassen. Setzt sich gern auf Gebäude und Bäume. Im Flug ähnlich Weißstorch, dieser aber mit langem Hals.
VORKOMMEN: Wie Gänsegeier, aber auch in Städten, nistet auf Felsen und Bäumen. Verbreitungskarte S. 87.

Gänsegeier *Gyps fulvus*

E - Griffon Vulture   F - Vautour fauve   I - Grifone
H - Vale gier   S - Gåsgam   Sp - Alimoche (común)

KENNZEICHEN: 97–104 cm. Von anderen Geiern am Flugbild zu unterscheiden: sehr lange, breite Flügel mit weit gespreizten Handschwingen, die den Flügel am Ende *abrunden, und sehr kurzer, dunkler, rechteckig abgeschnittener Schwanz;* Unterflügel mit hellen, von den Achseln zum Handgelenk verlaufenden Binden; der kleine Kopf wird in die Halskrause zurückgezogen. Das sandfarbene Gefieder sticht von den dunklen Flügeln und Schwanzfedern ab. Kopf und Hals mit weißen Dunen bedeckt. Halskrause bei ad. weißlich, bei juv. braun. Gesellig bei der Rast und am Aas.
STIMME: Krächzende und pfeifende Rufe nur zur Brutzeit.
VORKOMMEN: Überall möglich, aber ursprünglich Gebirgsvogel. Nistet gesellig in Höhlen oder Felsnischen. Verbreitungskarte S. 88.

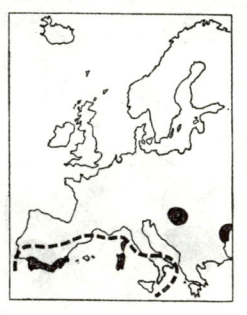

← *Weißkopf-Ruderente*
Teilzieher. Umherstreif. nordw. b. Deutschl., Frankr., ČSR

Schmutzgeier →
Teilzieher. Umherstreifend nordwärts bis Großbritannien, Dänemark, Ostpreußen

Mönchsgeier   *Aegypius monachus*

| E - Black Vulture | F - Vautour moine | I - Avvoltoio nero |
| H - Monniksgier | S - Grågam | Sp - Buitre negro |

KENNZEICHEN: 99–107 cm. Größe und Flugbild sehr ähnlich wie Gänsegeier, aber von diesem unterschieden durch größeren Kopf, kräftigeren
Schnabel und *längeren, schwach keilförmigen Schwanz* (der jedoch oft
verschlissen ist und dann dem Schwanz des Gänsegeiers ähnelt); ferner
durch *einfarbig* rußbraunes Gefieder (wirkt von weitem schwarz). Von
oben wirken die *Flügeldecken dunkler* als die Schwingen; von unten
ohne die für den Gänsegeier typischen Binden. Über der *braunen* Halskrause der nackte, bläulich fleischfarbene Hals. Verhalten und Stimme
wie Gänsegeier. Siehe auch Bartgeier. Gewöhnlich einzeln.
VORKOMMEN: Entlegene Berge und Ebenen. Nistet auf Bäumen, gelegentlich in Felsnischen. Verbreitungskarte S. 88.

Bartgeier   *Gypaetus barbatus*

E - Bearded Vulture	F - Gyptaéte barbu	I - Avvoltoio barbato
oder Lammergeyer	S - Lammgam	Sp - Quebrantahuesos
H - Lammergier		

KENNZEICHEN: 102–114 cm. Von den anderen Geiern durch sein auffallendes Flugbild unterschieden, das mehr einem großen Falken als
einem Geier ähnelt, mit langen, ziemlich schmalen, gewinkelten Flügeln und *langem, keilförmigem, dunklem Schwanz.* Ad.: Gräulich-
schwarze Oberseite, Flügel und Schwanz, vorwiegend *rahmfarbener*
Kopf mit *langem, schwarzem Bocksbart.* Unterseite hell rostgelblich,
an der Brust rostfarben, gegen die dunklen Flügel abstechend. Immat.
mit dunklem Kopf und Hals. Nicht so schwerfällig wie die anderen
Geier. In der Regel Einzelgänger.
STIMME: Ein krächzendes Pfeifen nur zur Brutzeit.
VORKOMMEN: Entlegene Bergketten. Nistet in Höhlen an Abgründen.
Verbreitungskarte S. 90.

Steinadler   *Aquila chrysaetos*   ✳   **21**

| E - Golden Eagle | F - Aigle royal | I - Aquila reale |
| H - Steenarend | S - Kungsörn | Sp - Águila real |

KENNZEICHEN: 76–89 cm. Sehr groß, majestätisch gleitender und segelnder

← *Gänsegeier*
Vorwieg. Jahresv.
Oft Österreich, um-
herstr. nordw. bis
Brit. Inseln, Däne-
mark, Finnland

Mönchsgeier →
Vorw. Jahresv. Um-
herstr. Mitteleuropa
nordw. b. Dänem.,
Baltische Staaten

Gänsegeier

Mönchsgeier

Bartgeier

Schmutzgeier

Schmutzgeier

Bartgeier

Gänsegeier

Mönchsgeier

Geier

Flug mit gelegentlichen Flügelschlägen, breit aufgebogenen Handschwingen und großem, kaum abgerundetem Schwanz. Ad. einfarbig dunkel mit *goldgelber Tönung* an Kopf und Nacken. Immat.: An der Wurzel der Handschwingen *auffallend* weiß, *Schwanz weiß mit breiter dunkler Endbinde*, das Weiß mit zunehmendem Alter abnehmend. Jagt an zerklüfteten Gebirgshängen und stürzt sich aus geringer Höhe auf Schneehühner, Hasen usw. Hält beim Segeln die Flügel nach vorn und in einem flachen „V". Im Flug vom jungen Seeadler durch größeren, abgestutzten Schwanz und das Fehlen von Weißlich an den Unterflügeldecken unterschieden; wirkt im Sitzen weniger dick; von nahem sind der gegenüber Seeadler kleinere Schnabel und die befiederten Läufe zu sehen. Die verschiedenen Kleider Unausgefärbter können Anlaß zu Verwechslungen mit Kaiser-, Schell-, Schrei- und Steppenadler geben. Abgesehen von der Größe sind der mehr vorgebeugte Kopf und der breitere Schwanz Merkmale, die vor Verwechslungen mit segelnden Bussarden schützen können.

STIMME: Selten zu hörende kläffende „kjä" und ein paar pfeifende Rufe.

VORKOMMEN: Einsame felsige Gebirgswände, lokal auch Gebirgswälder, Meeresklippen und Ebenen. Baut große Nester auf Felsvorsprüngen, gelegentlich auf Bäumen. Verbreitungskarte S. 90.

Kaiseradler   *Aquila heliaca*

E - Imperial Eagle	F - Aigle impérial	I - Aquila imperiale
H - Keizerarend	S - Kejsarörn	Sp - Águila imperial

KENNZEICHEN: 79–84 cm. Groß, ziemlich plump wirkend mit schwärzlichbraunem Gefieder und hell gelblichem Scheitel und Nacken (bei alten Vögeln fast weiß). Meist ein *paar weiße Federn auf den Schultern*. Schwanz ziemlich abgestutzt mit 5–7 grauen Binden. Hält beim Segeln die Flügel gerade, nicht nach vorn oder in flachem „V" (anders als alter Steinadler). Immat. ohne Weiß und je nach Alter von Semmelgelb bis fleckig Schwarzbraun; in der Regel mit dunklen Streifen und ockerfarbigem oder hell rostfarbigem Scheitel. Ad. der spanischen Rasse *A. h. adalberti* mit auffallend *rein weißen „Schultern"*, die im Flug als

← *Bartgeier*
Vorwieg. Jahresv. Neuerd. übersomm. einige i. d. Ostalp. Umherstr. Slowakei, Frankr., Italien. Sard. u. Siz. verschwunden

Steinadler →
Vorw. Jahresv., im Winter über Osteuropa verbr. Umherstr. Holland, Belgien. Hat neuerdings in Irland gebr.

kurzes weißes Band am Flügelbug wirken; immat. hell gelblichbraun
mit dunklerem Schwanz und Flügel; ziemlich deutlicher heller Fleck
auf Flügelmitte und Hinterrücken; vom ähnlichen Steppenadler jedoch
durch grobe Streifung der Unterseite zu unterscheiden. Verhalten
schwerfällig, mehr einem Bussard als einem Adler ähnlich. Siehe auch
Steppen- und Steinadler.

STIMME: Ein schnelles bellendes „krock-krock-krock".

VORKOMMEN: Ebenen, Steppen und Sumpfgebiete. Baut umfangreiche,
auffallende Nester auf freistehenden hohen Bäumen. Verbreitungskarte S. 91.

Steppenadler   *Aquila rapax*

E - Tawny Eagle   F - Aigle ravisseur   I - Aquila rapace
H - Steppenarend   S - Stäppörn   Sp - Águila rapaz

KENNZEICHEN: 66–79 cm. Ad. fast einfarbig dunkelbraun mit undeutlich
grauen Bändern am kurzen runden Schwanz. Sehr leicht mit alten
Schelladlern zu verwechseln, aber der Steppenadler hat oft einen rost-
gelben Fleck im Nacken und *niemals* Weiß auf den Oberschwanzdecken
wie manche (nicht alle) Schelladler. Juv. wie Milchkaffee gefärbt mit
schwärzlichen Handschwingen und im Fluge mit zwei hellen Flügelbinden. Verhalten sehr träge, sitzt oft lange auf dem Boden; segelt
selten und fliegt gewöhnlich dicht über dem Grund. Frißt Aas, Frösche
usw. Ad. vom Steinadler durch geringere Größe, kleineren Kopf und
Schnabel und weniger breiten, nur schwach gebänderten Schwanz ohne
breite dunkle Endbinde unterschieden, vom Kaiseradler durch *dunklen
Scheitel.*

STIMME: Gewöhnlich ein hohes „kau-kau-kau".

VORKOMMEN UND VERBREITUNG: Ganz offene buschige Ebenen oder baum-
lose Steppen. Baut sehr große Nester auf dem Boden, meist auf kleinen
Erdhügeln. Brutvogel in Rumänien (Rasse *Aquila rapax orientalis;*
früher mit der asiatischen Rasse *A. r. nipalensis* als eigene Art, *A. nipalensis,* angesehen). Streift bis in alle Mittelmeerländer. In Deutschland
nur zweimal erlegt.

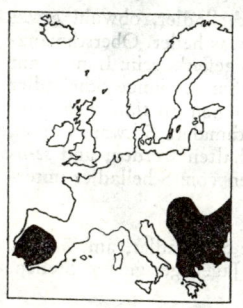

← *Kaiseradler*
Teilzieher. Hat in
Österreich gebrütet.
Umherstr. bis Pol.,
Schwed., Deutschl.,
Holland, Frank-
reich, Italien

Schelladler →
Vorwieg. Sommerv.
Umherstr. westw. b.
Großbrit., Schwed.;
überwint. manchm.
in Südfrankreich

Schelladler   *Aquila clanga*

E - Spotted Eagle	F - Aigle criard	I - Aquila anatraia maggiore
H - Bastaardarend	S - Storre skrikörn	Sp - Águila moteada

KENNZEICHEN: 66–74 cm. Ad. sehr dunkel purpurbraun, unten etwas heller. Auf den Oberschwanzdecken ein *wenig* Weiß, das oft sichtbar ist. Im Flug mit *geraden,* nicht nach vorn gehaltenen *Flügeln, die beim Gleiten im Handgelenk ein wenig gesenkt werden;* sieben gespreizte Handschwingen sind gerade erkennbar. Ziemlich kurzer, schwach gerundeter Schwanz, kleiner Kopf und Schnabel *ragen auffallend über den schlanken Hals.* Flügel relativ breiter als beim Steinadler. Siehe auch Schreiadler. Immat. mit *reichlichen großen weißlichen Flecken* auf der Oberseite und merklich weiß, oft in „V"-Form, an der Schwanzwurzel; im Fluge zwei helle Flügelbinden. Im Fliegen und Sitzen wie Steinadler, aber träge.

STIMME: Wie das schrille Kläffen eines Hundes: „Kjäk, kjäk, kjäk".

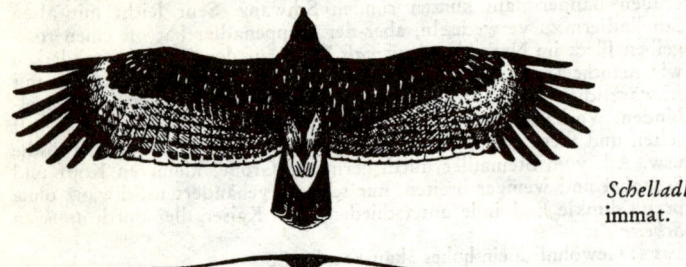

Schelladler
immat.

VORKOMMEN: Liebt Bäume; gewöhnlich in der Nähe von Binnenseen, Flüssen und Sümpfen. Nistet in Wäldern auf Bäumen, in Steppen auf Büschen. Verbreitungskarte S. 91.

Schreiadler   *Aquila pomarina*

E - Lesser Spotted Eagle	F - Aigle pomarin	I - Aquila anatraia minore
H - Schreeuwarend	S - Mindre skrikörn	Sp - Águila pomerana

KENNZEICHEN: 61–66 cm. Sehr ähnlich dem Schelladler, obwohl etwas zierlicher; oft auf Scheitel und Flügeldecken etwas heller. Oberschwanzdecken niemals reinweiß; sie können aber weiß gefleckt sein. Immat. mit viel weniger und kleineren Flecken und Streifen als junge Schelladler und ferner von nahem unterschieden durch einen *rostfarbenen oder gelblichen Nackenfleck.* Kann im Flug durch schmalere Schwanzwurzel, schmalere Flügel, die *ein wenig nach vorn* gehalten werden, und *sechs* gerade noch sichtbare gespreizte Handschwingen vom Schelladler unterschieden werden.

STIMME: Nicht so vibrierend wie beim Schelladler.

VORKOMMEN: Oft, doch nicht so regelmäßig wie Schelladler, am Wasser. Häufig einsames Waldland mit offenen, zum Jagen geeigneten Stellen. Nistet auf Bäumen. Verbreitungskarte S. 94.

Steppenadler
ad.

ad.

Steinadler

Schelladler

immat.

immat.

Schreiadler

ad.
Spanische Rasse

ad.

Östliche Rasse

ad.

Kaiseradler

Adler

Zwergadler *Hieraaetus pennatus* **22**

E - Booted Eagle   F - Aigle botté   I - Aquila minore
H - Dwergarend   S - Dvärgörn   Sp - Águila calzada

KENNZEICHEN: 46–53 cm. Ein bussardgroßer, langschwänziger Adler. Zwei
Farbmutanten, die helle Phase viel häufiger: Unten weiß, mit dunklen
Flügeln und einfarbig hell zimtrötlichem Schwanz, der länglich und
rechteckig abgeschnitten ist. Von oben Körper und Flügeldecken rahmgelblich, Flügel dunkler. *Weiße Schulterflecken sehr auffällig*, besonders
von oben und vorn. Die dunkle Phase ist schwerer zu erkennen, sie ist
bis auf *den hellen Schwanz* einfarbig dunkelbraun. Segelt mit ein wenig
nach vorn gehaltenen Flügeln; Flügelschläge rascher als beim Bussard.
Fliegt viel schneller und anmutiger als dieser, oft gewandt zwischen
Bäumen. Frißt kleine Vögel und andere Wirbeltiere.
STIMME: Gewöhnlich ein dünnes hohes abfallendes „kiih" und verschiedene schnatternde Rufe.
VORKOMMEN: Laub- u. Nadelwälder mit Blößen zum Jagen. Selten weit
von Bäumen entfernt. Nistet auf hohen Bäumen. Verbreitungskarte
S. 94.

Habichtsadler *Hieraaetus fasciatus* **22**

E - Bonelli's Eagle   F - Aigle de Bonelli   I - Aquila del Bonelli
H - Havikarend   S - Hökörn   Sp - Águila perdicera

KENNZEICHEN: 66–74 cm. Oben dunkelbraun, fast schwarze Flügelspitzen, heller am Nacken, gewöhnlich mit weißlichem Rückenfleck. Länglicher Schwanz mit einem halben Dutzend matter Binden und einer
breiten dunklen Endbinde. Von unten gesehen hebt sich die schmal
gestreifte, *seidenweiße oder rahmfarbene Unterseite* von den *langen,
schmalen, dunklen Flügeln* gut ab, was die Alten von allen anderen
Adlern unterscheidet. Juv. mit rostfarbenem Kopf, dicht röstlichbraun
gestreifter Unterseite und eng gebändertem Schwanz. Im zweiten Jahre
sind die fast einfarbig braunen Vögel leicht zu verwechseln; unten verlieren sie den rostfarbenen Ton, sind aber noch nicht weiß. Sehr an-

← *Schreiadler*
Sommerv. Viell. i.
Österr. brüt. Um-
herstr. Finnl.; west-
wärts bis Schwed.,
Dänemark

Zwergadler →
Vorw.   Sommerv.
Brut in Kärnten.
Umherstr. Italien,
Schweiz, Belgien,
Deutschland, ČSR,
Schweden

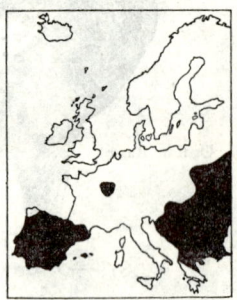

griffslustig. Jagt Kaninchen, Vögel usw. Flug schnell, an Habicht erinnernd; stößt auf Beute wie ein Falke. Rüttelt.

STIMME: Erinnert an Habicht: ein schnatterndes „kai, kai, kikiki".

VORKOMMEN: Felsige Gebirge, aber selten in großen Höhen; geht im Winter in die Ebenen und Wüsten hinab. Nistet an jähen Felswänden, gelegentlich auf Bäumen. Verbreitungskarte S. 95.

Mäusebussard *Buteo buteo*
18, 22

E - Buzzard   F - Buse variable   I - Poiana
H - Buizerd   S - Ormvråk   Sp - Ratonero común

KENNZEICHEN: 51–56 cm. Am Flugbild zu erkennen *(breite Flügel, breiter, gerundeter Schwanz und sehr kurzer Hals).* Ad. sehr variabel, im allgemeinen dunkelbraun, unten weiß gefleckt. Die Ausdehnung des Weiß von Unterseite und Unterflügel schwankt sehr, dennoch ist das Weiß selten so vorherrschend wie beim Rauhfußbussard. Von diesem unterschieden durch *eng* braun und grau *gebänderten* Schwanz mit breiter dunkler Endbinde und durch unbefiederten gelben Lauf. Kreist im Segelflug stundenlang mit aufgebogenen Schwingenspitzen und weit gespreiztem Schwanz; der kurze Hals verleiht dem Bussard ein *plumpes* Aussehen im Gegensatz zu den Adlern, deren Kopf weiter vorragt. Flug ziemlich schwerfällig. Rüttelt gelegentlich. Macht Beute, indem er sich aus geringer Höhe auf kleine Säugetiere, Käfer usw., selten auf kleine Vögel stürzt; auch am Aas. Oft in kleinen Gesellschaften. Siehe auch Wespenbussard. (Die osteuropäische Rasse des Mäusebussards, der Falkenbussard, *Buteo buteo vulpinus,* ist gelegentlich in Deutschland und anderen europäischen Ländern auf dem Zuge festgestellt worden. Er ist durch die spitzeren Flügel und die dadurch etwas falkenähnlich wirkende, schlankere Gestalt von unserem Mäusebussard unterschieden; mehr rostrot und kleiner als die meisten westlichen Mäusebussarde.)

STIMME: Ein hohes, klagend miauendes „wjieä", oft langgezogen; auch ein kurzer krächzender Ruf.

VORKOMMEN: Einsame Felsküsten, Moore, Ebenen, Gebirgshänge, Kultur- und Waldland. Nistet auf Felsvorsprüngen (England), Bäumen (Deutschland) und gelegentlich auf dem Boden. Verbreitungskarte S. 96.

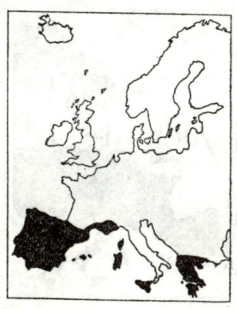

← *Habichtsadler*
Vorwieg. Jahresv. Umherstr. Rumänien, Bulgarien, Ungarn, Deutschl., Belgien, Holland u. Schweden

Mäusebussard →
Teilzieher. In Nordirland wieder eingewandert

Rauhfußbussard   *Buteo lagopus*   **18, 22**

E - Rough-legged Buzzard   F - Buse pattue   I - Poiana calzata
H - Ruigpootbuizerd   S - Fjällvråk   Sp - Ratonero calzado
                     N.A. - Rough-legged Hawk

KENNZEICHEN: 51–61 cm. In der Regel vom Mäusebussard durch *längere, schmalere Flügel und weißen Schwanz mit breiter dunkler Endbinde* unterschieden; gewöhnlich viel weißer an Unterflügeln und Unterseite, mit dunklem Bauch; Kopf wirkt hell. Am hellen Unterflügel fallen der schwarze Fleck in der Nähe des Buges und die dunklen Spitzen der Handschwingen oft mehr auf als beim Mäusebussard. Beine bis zum Grunde der Zehen weißlich befiedert (Mäusebussard mit unbefiederten, gelben Beinen). Immat. ähnlich jungen Mäusebussarden; etwas Weiß im Schwanz. Verhalten, Stimme und Flug ähnlich Mäusebussard, *rüttelt jedoch häufig*, mit langsamen Flügelschlägen. Siehe auch Wespenbussard und Zwergadler.

VORKOMMEN: Offenes Ödland, Felder, Berghänge, Sümpfe, Dünen. Nistet hauptsächlich auf Felsklippen oder auf dem Boden der Tundra. Verbreitungskarte S. 96.

Adlerbussard   *Buteo rufinus*   **18, 22**

E - Long-legged Buzzard   F - Buse féroce   I - Poiana codabianca
H - Arendbuizerd   S - Örnvråk   Sp - Ratonero moro

KENNZEICHEN: 61–66 cm. Etwas größer als Mäusebussard. Sehr schwer von manchmal ganz ähnlichen Mäusebussarden zu unterscheiden. Gefieder ähnlich variabel; von Rostbraun (mit breit rahmfarben gestreifter Unterseite) bis zur seltenen melanistischen Mutante (mit sehr dunkelbrauner Unterseite). Beim ad. ist der Kopf gewöhnlich *hell* und der Schwanz *ungebändert, oft zimtfarben*, wogegen der Schwanz beim Mäusebussard fast stets gebändert ist (alle Kleider); allerdings haben Falkenbussarde (*B. b. vulpinus*) oft ganz ähnlichen, kaum gebänderten Schwanz. Im Fluge wirkt er bis auf die dunklen Flügelspitzen, Flügelbugflecken und Schenkel *unten auffallend weißlich*. Immat. im Felde nicht von jungen Mäusebussarden zu unterscheiden.

VORKOMMEN UND VERBREITUNG: Trockene offene Ebenen und Steppen; lokal im Gebirge. Nistet am Boden, gelegentlich auf einzeln stehenden

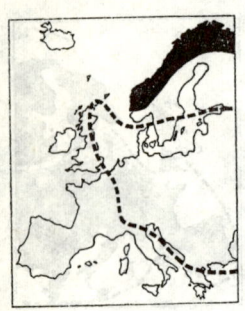

← *Rauhfußbussard* Zugvogel. Hat auf Gotland gebrütet. Umherstreifend Irland und südwärts bis Mittelmeer

Sperber → Teilzieher. Umherstreifend Island, Färöer

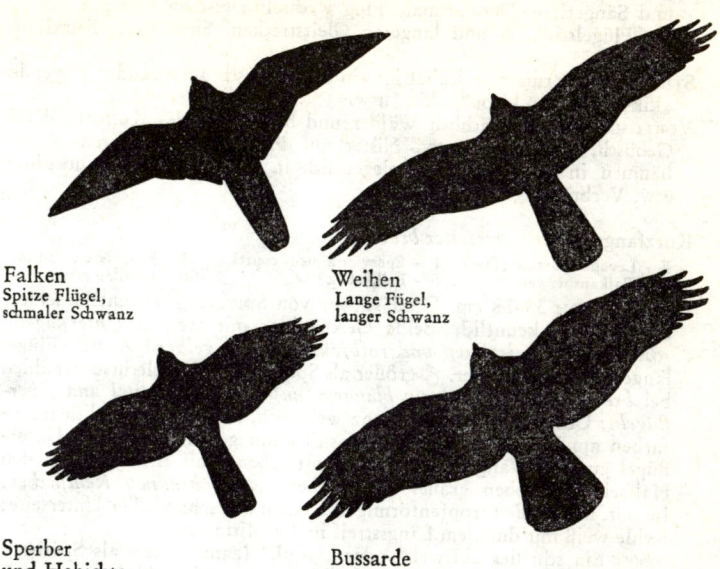

Falken
Spitze Flügel,
schmaler Schwanz

Weihen
Lange Fügel,
langer Schwanz

**Sperber
und Habichte**
Kurze runde Flügel, langer Schwanz

Bussarde
Breite Flügel,
breiter runder Schwanz

Flugbilder

Bäumen. Brutvogel in Griechenland. Ausnahmsweise in Westeuropa nordwärts bis Holland, Dänemark, regelmäßiger in Südosteuropa. Ein halbes Dutzend Male in Deutschland nachgewiesen.

Sperber *Accipiter nisus*   **18, 24**

E - Sparrow Hawk   F - Épervier d'Europe   I - Sparviere
H - Sperwer   S - Sparvhök   Sp - Gavilán

KENNZEICHEN: 28–38 cm. ♀ viel größer als ♂. Von anderen kleinen Raubvögeln durch *kurze, runde Flügel und langen Schwanz* unterschieden. Ad. mit eng gebänderter („gesperberter") Unterseite und langen gelben Beinen. ♂ oben dunkel schiefergrau mit rostfarbenen Wangen und weißlichem Fleck im Nacken, unten eng mit Rostbraun quergebändert, Schwanz kräftig grau und dunkel gebändert. ♀ oben schwärzlichbraun, mit weißem Streif über und hinter dem Auge, und unten eng mit Dunkelbraun quergebändert. ♀ ähnelt einem Habicht, aber dieser ist viel größer, verhältnismäßig kurzschwänziger und hat weiße Unterschwanzdecken. Immat. wie braunes ♀, aber unten kräftiger und unregelmäßiger gebändert. Jagt in gewandtem, dicht über Hecken oder durch den Wald führenden Flug und stürzt sich auf kleine Vögel und Säugetiere. Der normale Flug wechselt zwischen wenigen, schnellen Flügelschlägen und längeren Gleitstrecken. Siehe auch Kurzfangsperber.

STIMME: Zur Brutzeit reichhaltig: ein lautes, rasch aufeinander folgendes „kik-kik-kik", „ki-ou", „kiu" usw.

VORKOMMEN: Hauptsächlich Wälder und baumbestandes Kulturland mit Gebüsch, Schonungen usw. Nistet auf Fichten oder anderen Nadelbäumen in Mischwäldern, gelegentlich in hohen Büschen, Dickichten usw. Verbreitungskarte S. 96.

Kurzfangsperber *Accipiter brevipes*

E - Levant Sparrow Hawk   F - Épervier à pieds courts   I - Sparviere levantino
H - Balkansperwer   S - Balkanhök   Sp - Gavilán griego

KENNZEICHEN: 33–38 cm. ♀ oft schwer von Sperber-♀ zu unterscheiden, aber ♂ gut kenntlich. Beide Geschlechter mit *weißen Unterflügeln, schwarzen Flügelspitzen und rotbraunen (nicht gelben) Augen;* Flügel länger als beim Sperber. ♂ größer als Sperber-♂ (Geschlechtsunterschied bei *brevipes* geringer!), *rein blaugrau auf Nacken, Mantel und Oberflügeln;* Unterseite kann fast ganz weiß sein, ist aber gewöhnlich rahmfarben am Flügelgrunde und hebt sich dann gegen die weißen Unterflügel gut ab; Wangen grau (nicht rostfarben), mit Braungelb an den Halsseiten. ♀ oben grauer als Sperber-♀, mit *braunen Kehlflecken.* Immat. mit *großen* tropfenförmigen Flecken auf sehr weißer Unterseite; Kehle weiß mit dunklem Längsstreif in der Mitte.

STIMME: Ein schrilles „ki-wek" oder „gi-gik" (ganz anders als Sperber).

VORKOMMEN UND VERBREITUNG: Ähnlich Sperber, aber öfters im offenen Gelände und in Laubwaldungen; siehe Verbreitungskarte S. 98.

Habicht *Accipiter gentilis*   **18, 24**

E - Goshawk   F - Autour des palombes   I - Astore
H - Havik   S - Duvhök   Sp - Azor

KENNZEICHEN: 47–61 cm. ♀ viel größer als ♂. *Sehr großen Sperber-♀* ähnlich (kurze, runde Flügel, langer, gebänderter Schwanz). Oben dunkel mit *weißlichem* Streif über und hinter dem Auge; unten weißlich, eng dunkel quergebändert und mit *auffallenden weißen Unterschwanz-*

← *Kurzfangsperber*
Vorwiegend Sommervogel. Brut in Ungarn. Umherstreifend Italien u. ČSR

Habicht →
Hauptsächlich Jahresvogel. Hat in England gebrütet. Nicht mehr Sardinien. Umherstr. Irland, Schottland

decken. Juv. oben heller, Unterseite gelblich mit kräftigen dunkelbraunen Streifen (nicht gebändert). Schlägt Vögel, indem er urplötzlich aus dem Hinterhalt und unter Bäumen hervorstößt. Jagdflug zwischen Bäumen schnell und niedrig, ein paar schnelle Flügelschläge wechseln mit Gleiten.

STIMME: Ein kurzer, mäusebussardähnlicher Schrei und ein schnatterndes „gig-gig-gig".

VORKOMMEN: Wälder (besonders Nadelforsten), oft in der Nähe von offenem Gelände. Baut selbst ein großes Nest oder nimmt ein altes Nest anderer Vögel einsamer Wälder in Beschlag. Verbreitungskarte S. 98.

Rotmilan   *Milvus milvus*   19, 23

E - Kite   F - Milan royal   I - Nibbio reale
H - Rode wouw   S - Glada   Sp - Milano real

KENNZEICHEN: 61 cm. Leicht kenntlich an dem langen, *tief gegabelten, rotbraunen Schwanz,* an den schmalen, stark gewinkelten Flügeln mit *großen weißlichen Flecken* auf der Unterseite der schwarzen Handschwingen, an der rotbraunen Oberseite mit hellen Federsäumen, an der dunkel gestreiften Unterseite und dem *gestreiften weißlichen Kopf.* Immat. heller, mit bräunlichem Kopf. Müheloser Segelflug wie beim Mäusebussard, aber Flugbild unverkennbar; normaler Flug viel kräftiger. Teilweise Aasfresser, erbeutet aber auch Säugetiere bis zur Größe eines Kaninchens und kleine Vögel. Vom Schwarzmilan durch tiefer gegabelten Schwanz, rostfarbenes Gefieder und schlankere Gestalt unterschieden.

STIMME: Bussardähnlich „hiä" und ein klägliches Trillern.

VORKOMMEN: Gewöhnlich bewaldete Hügel, lokal auch im Tiefland und offenen Gelände mit vereinzelten Bäumen. Nistet auf Bäumen, gelegentlich in alten Krähennestern. Verbreitungskarte S. 99.

Schwarzmilan   *Milvus migrans*   19, 23

E - Black Kite   F - Milan noir   I - Nibbio bruno
H - Zwarte wouw   S - Brun glada   Sp - Milano negro

KENNZEICHEN: 56 cm. Ähnlich Rotmilan, aber von diesem leicht zu unterscheiden durch den *viel weniger tief gegabelten Schwanz,* etwas gerin-

← *Rotmilan*
Teilz. Jahresvogel Wales. Hat i. Norw. und Dänem. gebr. Umherstr. Schottl., Irland, Finnland

Schwarzmilan →
Vorwieg. Sommerv. Hat in Schweden gebr. Umherstreif. Großbrit., Dänem., Norwegen, Holland, Belgien

gere Größe und *viel dunkleres Gefieder* mit helleren Oberflügeldecken; geselliger; häufig über Binnengewässern. Schwach weißliche Flecken an Flügelunterseite der immat. ähneln Rotmilan, fehlen aber den alten Schwarzmilanen. Flug und Nahrung wie Rotmilan, frißt aber auch tote Fische. Wo Schwarzmilane zahlreich sind, sammeln sich die Trupps schnell am Aas. Im Gleitflug werden die Flügel nicht wie bei der Rohrweihe in flachem „V" angehoben.

STIMME: Zur Brutzeit sehr lärmend. Ein dünnes, wieherndes Trillern, in tieferer Tonlage als beim Rotmilan.

VORKOMMEN: Im Westen des Verbreitungsgebietes gewöhnlich in Nachbarschaft von Seen oder Flüssen, in bewaldetem oder mit einzelnen Bäumen bestandenem Gelände. Im Süden und Osten des Verbreitungsgebietes häufiger an trockenen Stellen und in Ortschaften. Nistet oft gesellig auf Bäumen, gelegentlich in alten Krähennestern. Verbreitungskarte S. 99.

Seeadler *Haliaeetus albicilla* ✳   21

E - White-tailed Eagle	F - Pygargue à queue blanche I - Aquila di mare
H - Zeearend	S - Havsörn Sp - Pigargo
	N.A. - Gray Sea Eagle

KENNZEICHEN: 69–91 cm. Ein sehr großer Adler mit gewaltigen breiten und breit endenden Flügeln sowie massigem, vorragendem Kopf. Ad. durch den *kurzen, keilförmigen, weißen Schwanz,* hell bräunlichen Kopf und mächtigen gelben Schnabel gekennzeichnet. Immat. mit schwarzbraunem Kopf, Schwanz und Schnabel, aber sofort vom Steinadler am viel kürzeren und keilförmigen Schwanz zu unterscheiden. Lauf unbefiedert. Segelt mit geraden, nicht gewinkelten Flügeln; Flugbild geierartig. Fängt Fische an der Oberfläche, aus niedrig kreuzendem Flug, und taucht gelegentlich nach ihnen; greift Säugetiere bis zur Größe von schwachen Rehen und Vögeln von Entengröße; frißt auch Aas.

STIMME: Ein knarrendes „kji, kji, kli" und ein tieferes, bellendes „kra".

VORKOMMEN: Felsküsten oder entlegene Binnengewässer. Nistet auf Felsklippen, großen Bäumen (Deutschland), gelegentlich auf dem Boden. Verbreitungskarte S. 101.

Gleitaar *Elanus caeruleus*   19

E - Black-winged Kite	F - Élanion blanc I - Nibbio bianco
H - Grijze wouw	S - Svartvingad glada Sp - Elanio azul

KENNZEICHEN: 33 cm. Ein kleiner, untersetzter Greif mit langen Flügeln und ziemlich kurzem, leicht gegabeltem Schwanz. Kopf weißlich, Oberseite hell graublau mit *weißlichem Schwanz und schwarzen „Schultern".* Handschwingen oben grau, aber unten schwarz in scharfem Kontrast zur rein weißen Unterseite. Augen dunkelrot. Immat. oben graubraun, unten weiß mit rostfarbener Tönung und schwacher brauner Streifung. Verhalten nicht im mindesten milanartig; rüttelt gemächlich auf langen, spitzen Flügeln wie Turmfalke, fliegt langsam schwimmend wie eine kleine Weihe oder auch schneller mit scharf gewinkelten Flügeln. Frißt Mäuse, große Insekten usw. Oft in der Dämmerung.

STIMME: Ein sanftes pfeifendes „kri-äh".

VORKOMMEN UND VERBREITUNG: Kulturland mit einzelnen Bäumen oder

Waldlichtungen, Waldränder usw. Nistet ziemlich niedrig auf Bäumen. Jahresvogel in Portugal. Umherstreifende in Westeuropa nordwärts bis Holland und Deutschland (2mal) und in den Mittelmeerländern.

Wespenbussard *Pernis apivorus*   **18, 22**

E - Honey Buzzard	F - Bondrée apivore	I - Falco pechiaiolo
H - Wespendief	S - Bivråk	Sp - Halcón abejero

KENNZEICHEN: 51–58 cm. Im Fluge vom Mäuse- und Rauhfußbussard durch *schmalere* Flügel, *längeren* Schwanz und *kleineren Kopf* am *längeren Hals* unterschieden; Schwanz mit *dunkler Endbinde und zwei schmaleren Binden näher an der Wurzel;* Zeichnung auf Unterseite und dunkel umrandetem Unterflügel deutlicher. (Rauhfußbussard hat weißen Schwanz mit einer *einzelnen* breiten Endbinde.) Gefieder sehr variabel. Oberseite dunkelbraun, oft leicht weiß gefleckt, Kopf gräulich; Unterseite kräftig dunkelbraun gefleckt, manchmal völlig braun. Immat. oft rahmfarbener Zeichnung am Kopf; Unterseite gestreift. Flug wie Mäusebussard, segelt und rüttelt aber weniger. Frißt die Larven von Wespen und Bienen, gelegentlich Mäuse, kleine Vögel und Eier.
STIMME: Ein helles, quiekendes „ki-ä", ganz unähnlich dem Miauen des Mäusebussards; auch „kikiki" in schneller Folge.
VORKOMMEN: Lichtungen oder der Saum von Wäldern. Baut gewöhnlich auf alten Krähennestern. Verbreitungskarte S. 101.

Rohrweihe *Circus aeruginosus* ✳   **19, 23**

E - Marsh Harrier	F - Busard harpaye	I - Falco di palude
H - Bruine kiekendief	S - Brun kärrhök	Sp - Aguilucho lagunero

KENNZEICHEN: 48–56 cm. Gegenüber anderen Weihen größer, kräftiger, mit *breiteren Schwingen und ohne Weiß am Bürzel. Gaukelnder Flug* mit gelegentlich eingeschalteten Flügelschlägen und langem schwankendem Gleiten. Gefieder variabel. ♂ ad. von anderen Weihen durch *dunklen Mantel und dunkle Flügeldecken,* die sich gut gegen das Grau von Schwanz und Armschwingen abheben, unterschieden; ferner mit streifig gelblichem Kopf, Nacken und ebensolcher Brust und mit warm

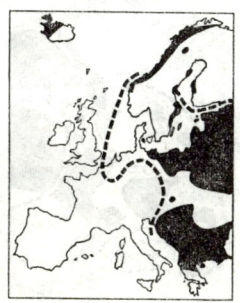

← *Seeadler*
Im Winter westw. b. z. Strichell. Nistet unregelm. ČSR, Österr. In Dänem. wieder angesiedelt. Umherstr. Westeuropa

Wespenbussard →
Sommerv. Brütet unregelm. in Engl. Umherstreifend Färöer, Irland

brauner Unterseite. ♀ und ♂ immat. gewöhnlich ohne Grau und ziemlich einfarbig dunkelbraun mit *rahmfarbenem Kopf und rahmfarbenen Schultern* (manche ♀ sind ganz dunkel und ähneln dem Schwarzmilan). Junge im 1. Winter dunkel schokoladenbraun, Scheitel und Kehle leuchtend dottergelb. Stürzt sich auf der Jagd aus niedrigem Fluge ins Röhricht.

STIMME: Ein hohes kiebitzartiges „qui-ä" und Varianten.

VORKOMMEN: Hauptsächlich Moore, Sümpfe und Moräste mit großen Flächen dichten Röhrichts. Baut große vom Wasser umgebene Nester im Röhricht. Verbreitungskarte S. 102.

Kornweihe   *Circus cyaneus*   ✳   19, 23

E - Hen Harrier	F - Busard Saint-Martin	I - Albanella reale
H - Blauwe kiekendief	S - Blå kärrhök	Sp - Aguilucho pálido
N.A. - Marsh Hawk		

KENNZEICHEN: 43–51 cm. Schlank, mit langen, schwach gewinkelten Flügeln und langem Schwanz. Beide Geschlechter sehr ähnlich Wiesenweihe, aber durch *auffallenderes Weiß am Bürzel* unterschieden, ferner, wenn man beide Arten beisammen sieht, durch etwas kräftigeren Bau und ein wenig kürzeren Flügel und Schwanz. Das aschgraue ♂ ist durch das Fehlen einer schwarzen Flügelbinde und durch ungestreiften Bauch und Schenkel gekennzeichnet. ♀ und immat. oben dunkelbraun und unten breit gelblich gestreift, im Feld ununterscheidbar von der weiblichen Wiesenweihe, obwohl der weiße Bürzelfleck bei der Kornweihe gewöhnlich auffallender ist. Juv. von jungen Wiesenweihen durch *gestreifte Unterseite* unterschieden. Flug bezeichnend, gewöhnlich sehr niedrig gleitend und schwimmend mit flach „V"-förmig über die Waagerechte gehaltenen Schwingen. Siehe auch Steppenweihe.

STIMME: Ein hohes, gäckerndes „gägägä"; auch ein langgezogenes, klagendes „pi-ä".

VORKOMMEN: Wie Wiesenweihe, aber häufiger im offenen Gelände, in Mooren und an Sandküsten als in Sümpfen. Nistet auf dem Boden in Mooren, Sümpfen, Pflanzendickichten oder in Feldern. Verbreitungskarte S. 102.

← Rohrweihe
Teilzieher. Hat in Wales u. Irland gebrütet. Umherstr. Faröer, Norwegen

Kornweihe →
Teilzieher. Hat in England, Irland u. Dänem. gebrütet. In Deutschl. u. Schweiz selten. Umherstreifend Island

Steppenweihe *Circus macrourus* 19

  E - Pallid Harrier   F - Busard pâle   I - Albanella pallida
  H - Steppenkiekendief   S - Stäpphök   Sp - Aguilucho papialbo

KENNZEICHEN: 43–48 cm. ♂ mit auffallend weißem Kopf und weißer Unterseite; Schwanz und Flügel blaugrau mit scharf abstechenden schwarzen Handschwingen, die einen kleinen *schwarzen Keilfleck an der Flügelspitze bilden.* Vom hellen Kornweihen-♂ durch *grauen* statt reinweißen Bürzel, *weiße* statt graue Brust und Kopfseiten und durch *weniger Schwarz an den Flügelspitzen unterschieden;* vom hellen Wiesenweihen-♂ durch heller graue Oberseite, durch das Fehlen *einer schwarzen Flügelbinde* sowie durch *ungestreifte weiße Unterseite und Schenkel* unterschieden. ♀ und immat. im Felde nicht von denen der Wiesenweihe, aber juv. von Kornweihen-juv. durch *ungestreifte rostfarbene Unterseite* zu unterscheiden. Verhalten und Stimme wie Wiesenweihe. Für das ♀ ist ein „prih-pri-pri-pri" kennzeichnend.

VORKOMMEN: Wie Kornweihe, aber auch in trockenen Steppen, offenen Ebenen und Hügelland mit spärlichem Baumwuchs. Verbreitungskarte S. 103.

Wiesenweihe *Circus pygargus* ✳ 19, 23

  E - Montagu's Harrier   F - Busard cendré   I - Albanella minore
  H - Grauwe kiekendief   S - Ängshök   Sp - Aguilucho cenizo

KENNZEICHEN: 41–46 cm. Etwas kleiner und schlanker als Kornweihe, *mit schmaleren, spitzeren Flügeln und gewandterem Flug.* ♀ ähnlich Kornweihe, obwohl gewöhnlich mit weniger Weiß am Bürzel. ♂ von der Kornweihe durch *gräulichen* statt reinweißen Bürzel, *schmale, schwarze Binde im Zentrum des Flügels und braune Streifung* an Bauch und Schenkeln unterschieden. Immat. wie ♀, aber mit ungestreifter, warm rostfarbener Unterseite. Verhalten wie Rohrweihe. Siehe auch Steppenweihe.

STIMME: Klägliches „kek-kek-kek", schriller als das Gäckern der Kornweihe.

VORKOMMEN: Sümpfe, Moor oder Heide mit Baumgruppen oder Ackerland. Wo sie häufig ist, nistet sie gesellig in der feuchten Vegetation oder in der trockenen Heide, gelegentlich in Kornfeldern. Verbreitungskarte S. 103.

← *Steppenweihe*
Teilz. Hat in Schweden, Deutschland gebrütet. Umherstr. Westeuropa, Großbrit., nordw. bis Finnland

Wiesenweihe →
Vorwiegend Sommerv. Unregelm. ČSR, Finnland. Umherstr. Norw., Irland

Schlangenadler   *Ciraetus gallicus*   **22**

E - Short-toed Eagle   F - Circaète Jean-le-Blanc   I - Biancone
H - Slangenarend   S - Ormörn   Sp - Águila culebrera

KENNZEICHEN: 63–69 cm. Größer als Fischadler. Unterseite und Unterflügel *bis auf die dunkle Vorderbrust und Kehle fast einfarbig weiß*.
Aus der Nähe erkennt man auf den Unterflügeln Linien kleiner dunkler Fleckchen. Mit *rundem, eulenartigem Kopf*, kleinem Schnabel und
großen orangegelben Augen. Oben graubraun mit schwärzlichen Handschwingen. Ziemlich langer Schwanz mit 3–4 undeutlichen dunklen
Binden. Juv. unten brauner mit dunklen Flecken. Flug majestätisch,
segelt mit waagerechten Flügeln (nicht in „V"-Haltung wie beim Mäusebussard); *rüttelt häufig*, mit hängenden Beinen. Frißt Schlangen, Eidechsen, Frösche usw. Siehe auch Wespenbussard.
STIMME: Ziemlich ruflustig. Ein rauhes, klagendes „dji", ein ziemlich
kraftloses „ok, ok, ok" oder „mju-ok".
VORKOMMEN: Gebirgshänge und Schluchten; einsame Wälder, sumpfige
Ebenen, Dünen der Küste. Nistet auf Bäumen. Verbreitungskarte S. 104.

Fischadler   *Pandion haliaetus*   **21**

E - Osprey   F - Balbuzard fluviatile   I - Falco pescatore
H - Visarend   S - Fiskgjuse   Sp - Águila pescadora

KENNZEICHEN: 51–58 cm. Von allen anderen adlerartigen Raubvögeln
durch den Kontrast der *schwärzlichen Oberseite mit der schneeweißen
Unterseite* (diese mit dunklem Brustband) unterschieden. Der mit einer
schwachen Haube ausgestattete *weiße Kopf mit breitem schwarzem Fleck
durchs Auge*. Flügel lang, schmal und *deutlich gewinkelt*, auf der weißen Flügelunterseite mit *schwarzer Fleckung am Bug* und Reihen kleiner
dunkler Fleckchen. Schwanz gebändert. Rüttelt gern über dem Wasser
und *taucht nach Fischen mit den Füßen voran*. Sitzt gewöhnlich auf
dürren Bäumen oder Felsen in Wassernähe.
STIMME: Ein kurzes piependes Pfeifen, manchmal schwach absteigend.
VORKOMMEN: Beständig in Wassernähe: an Seen, großen Flüssen oder
Meeresküsten. Nistet auf kleinen entlegenen Inseln, Felsklippen, Bäumen, Ruinen, gelegentlich auf dem sandigen oder felsigen Boden. Brütet
an manchen Orten in lockeren Gruppen. Verbreitungskarte S. 104.

← *Schlangenadler*
Teilzieher. Hat in
Deutschl. gebr. Um-
herstr. nordw. bis
Finnl., Schweden

Fischadler →
Vorw.   Sommerv.
Überw. Mittelmeer.
Hat in der Schweiz,
Nordgriechenl. u.
Apulien gebr. Um-
herstr. Isl., Färöer,
Irland

Falken: *Falconidae*

Falken haben lange spitze Flügel; schnelle Flügelschläge; Flug oft äußerst rasch. Die großen Falken überwältigen ihre Beute, indem sie mit rasender Geschwindigkeit auf sie stoßen. Geschlechter gleich. Baum-, Fels- und Bodenbrüter; bauen wie die Eulen, mit denen sie eine Reihe weiterer Verhaltenseigentümlichkeiten teilen, selbst kein Nest, sondern benutzen verlassene Horste anderer Vögel oder legen die Eier auf den Boden oder auf Felsen.

Baumfalke *Falco subbuteo*   20, 24

E - Hobby	F - Faucon hobereau	I - Lodolaio
H - Boomvalk	S - Lärkfalk	Sp - Alcotán

KENNZEICHEN: 30–36 cm. Am meisten unter allen Falken auf das Leben in der Luft eingestellt, schlägt fliegende Beute wie Wanderfalke, aber Flügel wirken länger und Schwanz kürzer als bei diesem (einem großen Mauersegler ähnlich). Jagt Schwalben, Lerchen usw. und, besonders in der Dämmerung, fliegende Insekten. Aufgeblockt wirkt er schlank und gedrungen, mit *rostbraunen „Hosen"* und *Unterschwanzdecken;* spitze Bartstreifen schmaler als beim Wanderfalken und *Unterseite kräftiger gestreift (nicht gebändert).* Juv. oben schwärzlichbraun, unten kräftig gestreift und ohne Rostrot an „Hosen" und Unterschwanz. Vom Turmfalken durch längere, schmalere und mehr zurückgewinkelte Schwingen, durch Backenstreif und Rostrot an Schenkeln und Unterschwanz unterschieden. Siehe auch Rotfußfalke.
STIMME: Ein reines, wiederholtes „kju" oder „ket" und ein „kikiki" in rascher Folge, oft in wechselnder Tonhöhe.
VORKOMMEN: Lichte Wälder, kahles Ödland und Kulturland mit zerstreutem Baumwuchs. Nistet auf Bäumen in alten Nestern, besonders von Krähenvögeln. Verbreitungskarte S. 106.

Eleonorenfalke *Falco eleonorae*   20

E - Eleonora's Falcon	F - Faucon d'Éléonore	I - Falco della regina
H - Eleonoras valk	S - Eleonorafalk	Sp - Halcón de Eleonor

KENNZEICHEN: 38 cm. In der Silhouette ähnlich Baumfalke, doch etwas größer, Flügel und Schwanz länger. Tritt in einer hellen und einer dunklen Phase auf. Die dunkle ist *einfarbig braunschwarz;* die helle hat eine braune Oberseite, die Unterseite ist baumfalkenartig gefärbt. Beim ♂ Wachshaut und Augenring *gelb,* Füße *goldgelb,* beim ♀ Wachshaut und Augenring *hellblau,* Füße *grüngelb.* Immat. ähneln der hellen Phase, aber Unterflügel *„gesperbert"* und Schwanz rostbraun gebändert. Flug ähnlich Baumfalke. Jagt von Mai bis Juli Insekten, von August an kleine Zugvögel bis Taubengröße. Siehe auch Rotfußfalke.
STIMME: Am Brutfelsen sehr wechselreiche Rufe, im Fluge oft ein helles „hej-kjerk-kjirk".
VORKOMMEN UND VERBREITUNG: Lebt in Kolonien an felsigen Mittelmeerinseln und Klippen. Sommervogel vor allem auf den griechischen

Inseln, den Tremiti- und Liparischen Inseln, Sardinien und den Balearen. Umherstreifend bis Südfrankreich und Sizilien.

Wanderfalke *Falco peregrinus* ✱   **20, 24**

E - Peregrine Falcon   F - Faucon pèlerin   I - Falcone pellegrino
H - Slechtvalk   S - Pilgrimsfalk   Sp - Halcón común
                             N.A. - Duck Hawk

KENNZEICHEN: 38–48 cm. Als Falke durch seine *langen, spitzen Flügel,
den langen, sich am Ende schwach verjüngenden Schwanz* und den
schnellen taubenartigen Flug (aber mit flacheren Flügelschlägen), der
gelegentlich durch längeres Gleiten unterbrochen ist, gekennzeichnet; als
Wanderfalke an der *Größe (wie eine Krähe)* und im Sitzen an dem
kräftigen schwarzen, lappenförmigen Bartstreif zu bestimmen. ♂:
Scheitel schwärzlich, Oberseite schiefergrau, Unterseite röstlich weiß,
eng schwarz gebändert. ♀ beträchtlich größer und oft dunkler. Juv.
oben dunkelbraun, mit gestreifter (nicht gebänderter) heller Unterseite.
Jagt, indem er sich rasend schnell, mit ziemlich geschlossenen Flügeln,
fast senkrecht auf seine Beute stürzt. Frißt hauptsächlich Vögel bis zur
Größe von Tauben, Rebhühnern usw. Siehe auch Ger- und Baumfalke.
STIMME: Zur Brutzeit recht verschiedenartig: ein wiederholtes „wi-dju",
ein hohes, gäckerndes „kek-kek-kek", ein kurzes „kiak", ein dünnes
Fiepen usw.
VORKOMMEN: Offenes Gelände der Ebene und Gebirge (gern an Felsen),
Wälder (sofern sie nicht geschlossen sind, sondern größere Lichtungen
haben); im Winter auch Sümpfe, Turmspitzen von Kirchen u. a. in
Städten. Nistet an Steilfelsen, auf Felsspitzen, Bäumen (N- und NO-
Deutschland usw.), manchmal an Gebäuden. In West- und Mitteleuropa
als Brutvogel selten geworden. Verbreitungskarte S. 106.

Lanner (Feldeggsfalke) *Falco biarmicus*   **20**

E - Lanner Falcon   F - Faucon lanier   I - Falcone lanario
H - Lannervalk   S - Slagfalk   Sp - Halcón borní

KENNZEICHEN: 43 cm. Ähnlich einem hellen Wanderfalken; von nahem
durch *gelblichen oder sandfarbenen Scheitel*, schmalen schwarzen Bak-
kenstreifen (nicht breiten schwarzen wie beim Wanderfalken), weiß

← *Baumfalke*
Sommervogel. Brü-
tet auch auf Si-
zilien. Gelegentlich
Norwegen, Finnld.
Umherstreifend Ir-
land

Wanderfalke →
Teilzieher.   In
Deutschld.   selten.
Umherstreifend Fä-
röer

liche Ohrdecken und *sehr hell gefleckte* (nicht gebänderte) weißliche Unterseite unterschieden. Immat. oben dunkler als ad. und unten viel kräftiger gezeichnet. Weniger kühn als Wanderfalke, jagt nur kleinere Vögel. Wirkt im weniger reißenden Flug schlanker. Siehe auch Würgfalke.

STIMME: Ein schrilles „kri, kri, kri" zur Brutzeit.

VORKOMMEN: Klippen, Ruinen, felsige Gebirgshänge bis zu steinigen Ebenen und bis zur Halbwüste. Nistet an Felsen, gelegentlich auf Bäumen. Verbreitungskarte S. 107.

Würgfalke *Falco cherrug*   20

E - Saker Falcon   F - Faucon sacre   I - Falcone sacro
H - Sakervalk   S - Tartarfalk   Sp - Halcón sacre

KENNZEICHEN: 46 cm. Vom Wanderfalken durch *dunkel rötlichbraune* (nicht schiefergraue) Oberseite und Flügel mit gelblichen Federrändern, durch *weißlichen, dunkelbraun gestreiften Scheitel und Nacken,* undeutlichen, schmalen Bartstreifen und durch weiße, braun gefleckte oder gestreifte (nicht gebänderte) Unterseite unterschieden. Flügel breiter als beim Wanderfalken. Schwanz dunkelbraun mit weißlicher Bänderung. Immat. gegenüber ad. mit engeren Streifen an Scheitel und Unterseite, besonders an den Flanken. Sehr kräftig und wild, greift Tiere an, die weit größer sind als er selbst ist. In Osteuropa häufig zur Beizjagd abgerichtet. Siehe auch Lanner.

VORKOMMEN: Offene Ebenen, Halbwüsten und Wüsten. Nistet gewöhnlich auf großen Bäumen, gelegentlich an Felsen. Verbreitungskarte S. 107.

Gerfalke (Jagdfalke) *Falco rusticolus*   24

E - Gyr Falcon   F - Faucon gerfaut   I - Girfalco
H - Giervalk   S - Jaktfalk   Sp - Halcón gerifalte

KENNZEICHEN: 51–56 cm. Im Fluge vom Wanderfalken durch bedeutendere Größe, etwas längeren Schwanz, die *breitere Flügelwurzel,* die etwas stumpferen Flügelspitzen und langsameren Flügelschläge unterschieden, im Sitzen durch bedeutend helleres, *einfarbigeres Gefieder und Fehlen des Bartstreifens.* Manche Stücke sehen bis auf die dunklen

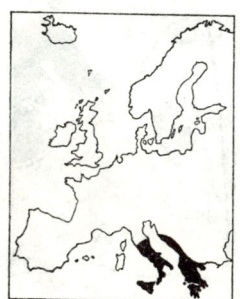

← *Lanner*
Vorw. Jahresv. (?) Hat in S-Span. gebr. Umherstr. Portugal, Südfrankreich, Rumänien

Würgfalke →
Vorwiegend Zugvogel. Umherstreifend westwärts bis Ostpreußen, Mittelschweden, Frankreich, Italien

Handschwingen fast ganz weiß aus. (Die Schnee-Eule hat einen dickeren Kopf und runde Schwingen.)

STIMME: Selten zu hören. Gelegentlich Balzrufe und ein hohes, kläffendes Geschnatter in etwas tieferer Tonlage als die ähnlichen Rufe des Wanderfalken.

VORKOMMEN: Wilde, offene Felsgebiete, Meeresküsten und Inseln. Lokal auch an den Rändern von Nadelwaldungen. Nistet auf Felsklippen. Verbreitungskarte S. 108.

Merlin   *Falco columbarius*   20, 24

E - Merlin	F - Faucon émerillon	I - Smeriglio
H - Smelleken	S - Stenfalk	Sp - Esmerejón
	N.A. - Pigeon Hawk	

KENNZEICHEN: 27–33 cm. Ein sehr kleiner Falke, der aus geringer Höhe im offenen Gelände auf Beute stößt. Flug leicht und unregelmäßig mit gelegentlichen kurzen Gleitstrecken. ♂ oben schieferblau, mit *stark gestreifter Unterseite und Schwanz mit breiter schwarzer Endbinde.* ♀ größer, mit dunkelbrauner Oberseite und braun und rahmfarben gebändertem Schwanz. Kein Bartstreif. Der Sperber hat kurze, runde (nicht spitze) Flügel, der Turmfalke rostrote Oberseite und schlankeren Schwanz.

STIMME: ♂: ein schnelles, hohes Gickern „kikikiki". ♀: ein tieferes Gickern und ein langsames, klagendes „ip-ip".

VORKOMMEN: Offene, hügelige und sumpfige Moorlandschaften, Meeresklippen und Sanddünen, im Winter auch im Kulturland. Nistet auf dem Boden zwischen Heide, Gras oder auf dem Sand oder auf Bäumen in alten Krähennestern. Verbreitungskarte S. 108.

Rotfußfalke   *Falco vespertinus*   20, 24

E - Red-footed Falcon	F - Faucon kobez	I - Falco cuculo
H - Roodpootvalk	S - Aftonfalk	Sp - Cernícalo patirrojo

KENNZEICHEN: 30 cm. Ein kleiner, geselliger Falke, dessen Flügel fast bis zur Spitze des kurzen Schwanzes reichen; *Schnabelwachshaut, Augenrand und Beine leuchtend rötlich orangefarben.* ♂ (an Zahl die ♀ gewöhnlich übertreffend) einfarbig schwärzlich grau mit kastanienbraunen

← *Gerfalke*
Vorwiegend Jahresvogel. Im Winter südwärts bis Brit. Inseln, Portugal, Schweiz und Österreich streifend; ziemlich regelmäßig Färöer

Merlin →
Teilzieher

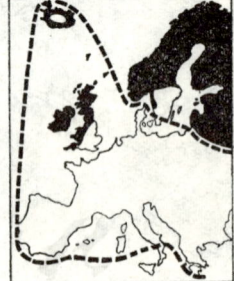

Unterschwanzdecken. ♀ mit zimtbraunem Scheitel, sandfarbener Unterseite, kurzem dunklen Bartstreif; Oberseite und Schwanz grau gebändert. Juv. ähnelt dem bräunlichen jungen Baumfalken, hat aber Oberseite und Schwanz enger gebändert, die *Stirn heller* und die Unterseite weniger kräftig ge-

streift. Rüttelt wie Turmfalke, aber mit steilerer Körperachse. Jagt fliegende Insekten bis in die späte Dämmerung; nimmt Heuschrecken, kleine Nagetiere usw. vom Boden auf. Siehe auch Baum-, Turm- und Rötelfalke.

STIMME: Ein schrilles „kikikiki", höher als der Ruf des Turmfalken.

Rotfußfalke →
Sommervogel. Hat in Österreich (oft), Deutschland, Baltischen Staaten, Finnland, Schweden gebrütet. Auf dem Zug westwärts bis Südfrankreich. Umherstreifend westwärts bis Spanien, Irland, Norwegen

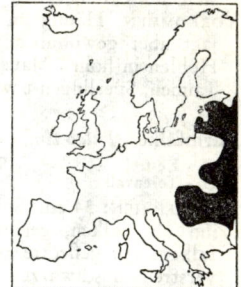

VORKOMMEN: Offene, mit Gebüsch und Dickichten ausgestattete Ebenen, an Waldrändern und bei Gehöften. Nistet kolonieweise in alten Saatkrähen- und Elsternnestern usw. Verbreitungskarte S. 109.

Rötelfalke *Falco naumanni* 20

E - Lesser Kestrel F - Faucon crécerellette I - Falco grillaio
H - Kleine torenvalk S - Rödfalk Sp - Cernícalo primilla

KENNZEICHEN: 30 cm. Wirkt wie ein kleiner, leuchtend gefärbter Turmfalke; von diesem durch *vertrauteres, lauteres und geselligeres Verhalten* unterschieden. Fliegt geschmeidiger als Turmfalke, Schwanz besonders an der Wurzel schmaler. ♂ mit *ungefleckter*, leuchtend rotbrauner Oberseite und blauerem Kopf und Schwanz als Turmfalke; ♀ und juv. dem Turmfalken ähnlicher. Im Fluge von unten gesehen wirken Flügel und Schwanz sehr hell mit schwarzen Säumen; von oben

← *Rötelfalke*
Sommerv. Umherstr. Deutschl., Belgien, Dänemark, Schweiz. Neuerdings in Österreich und der Camargue brütend

Turmfalke →
Teilzieher. Umherstreifend Island, Färöer

gesehen zeigen die Armschwingen einen großen schieferblauen Fleck; aus großer Nähe sind die weißen Krallen ein sehr bezeichnendes Merkmal (Turmfalke hat schwarze). Fängt hauptsächlich fliegende Insekten.

STIMME: Viel öfter zu hören und vielgestaltiger als beim Turmfalken. Gewöhnlich ein schnatterndes „tchet, tche-tche" und ein klagendes ansteigendes „huii".

VORKOMMEN: Häufig an alten Gebäuden, Felsschluchten, Klippen usw., jagt aber gewöhnlich über offenem Gelände. Nistet kolonieweise in Höhlen in hohen Mauern, unter Dächern, auf Felsnischen, oft zwischen Tauben, Sperlingen usw. Verbreitungskarte S. 109.

Turmfalke   *Falco tinnunculus*   **20, 24**

E - Kestrel	F - Faucon crécerelle	I - Gheppio
H - Torenvalk	S - Tornfalk	Sp - Cernícalo vulgar

KENNZEICHEN: 34 cm. Spitze Flügel und schlanker Schwanz kennzeichnen ihn als Falken, geringe Größe und häufiger *Rüttelflug* als Turmfalken. ♂: gefleckte *rotbraune* Oberseite, Unterseite rahmfarben mit verstreuten schwarzen Flecken. Kopf, Bürzel und Schwanz grau, der letztere mit breiter schwarzer Binde vor der weißen Spitze. ♀: oben rostbraun und gebändert statt gefleckt, Schwanz rostfarben, gebändert. Sitzt auf Bäumen, Telephonmasten, Felsen usw. Fliegt mit schnellen Flügelschlägen, gelegentlichem kurzem Gleiten und häufigem Rütteln, wobei er sich gegen den Wind stellt; stößt in steilem Winkel auf Mäuse, Käfer usw. Siehe Merlin, Rötelfalke und Sperber.

STIMME: Ein schrilles, wiederholtes „kli, kli, kli" und ein wohltönender Doppelruf „kili". Am Brutplatz vibrierend „wrrii... wrirr". Außerhalb der Brutzeit gewöhnlich schweigsam.

VORKOMMEN: Moore, Küsten, Felder, lichte Wälder, lokal Städte. Nistet in alten Krähen- und Elsternnestern usw. und auf Felsen, Gebäuden, gelegentlich in gespaltenen Bäumen. Verbreitungskarte S. 109.

Hühnervögel (Rauhfußhühner, Feldhühner, Fasanen): *Phasianidae*

Die *Rauhfußhühner* (Schnee-, Birk-, Auer-, Haselhuhn) haben den Lauf und oft auch die Zehen befiedert. Sie sind hauptsächlich Bodenvögel, ohne den für die Fasanen bezeichnenden langen Schwanz. Geschlechter im allgemeinen verschieden. Bodenbrüter.

Die *Feldhühner* (Steinhühner, Rebhühner und Wachteln) sind Bodenvögel, relativ klein, kurzschwänzig und von runder Gestalt. Lauf unbefiedert. Geschlechter ähnlich. Bodenbrüter.

Die *Fasanen* sind durch langen Schwanz (besonders beim ♂) gekennzeich-

net. Lauf unbefiedert, ♂ mit Sporen. Geschlechter verschieden gefärbt.
Bodenbrüter.

Moorschneehuhn *Lagopus lagopus* 42

E - Willow Grouse   F - Lagopède des saules   I - Pernice bianca nordica
H - Moerassneeuwhoen   S - Dalripa   Sp - Lagópodo escandinavo
N.A. - Willow Ptarmigan

KENNZEICHEN: 40 cm. Ein gedrungener, kurzflügeliger und schwarzschwänziger Vogel mit rotbraunem Gefieder. Wie alle Hühner fliegt es schnell und wechselt dabei zwischen purrendem Flügelschlag und Gleitflug mit abwärts gebogenen Flügelspitzen; aufgescheucht hebt es im Flug den Kopf und schaut zurück. Das skandinavische Moorschneehuhn *(L. l. lagopus)* und das Schottische M. (= Grouse, *L. l. scoticus*) werden heute als konspezifisch betrachtet. Moor- und Alpenschneehuhn haben beide weiße Flügel und sind oft nur an der Stimme und am Vorkommen zu unterscheiden. Beide sind äußerst variabel, aber das Moorschneehuhn ist im Brutkleid gewöhnlich dunkler rotbraun. Von nahem ist der *kräftige Schnabel* bezeichnend. Im Herbst wird das Moorschneehuhn fleckig dunkelbraun und weiß; das Alpenschneehuhn wird oberseits grau. Im Winter ist dort, wo beide Arten gemeinsam vorkommen, ein rein weißes Schneehuhn mit schwarzem Schwanz und einfarbig weißem Kopf entweder ein ♂ oder ♀ des Moorschneehuhnes oder ein ♀ des Alpenschneehuhnes; hat es aber einen *schwarzen* Zügel- und Augenstrich, so ist es ein Alpenschneehuhn-♂.
Das *Schottische* Moorschneehuhn ist dunkel rotbraun mit *dunklen, braunen Schwingen*. Im Sommer heller als im Winter, ♀ heller und kleiner als ♂. Die jetzt durch die Einfuhr britischer Vögel sehr uneinheitlich gewordene irische Rasse *(L. l. hibernicus)* war ursprünglich gelblicher als die britische. Von Birkhenne durch geringere Größe, rostbraunere Färbung und ungegabelten Schwanz unterschieden, vom Alpenschneehuhn im Sommerkleid durch dunklere Flügel und dunkleren Bauch.
STIMME: Laut und schnell krächzend „kouk, ok-ok-ok", dem oft ein leiseres „ou ... ou" vorausgeht. Das Schottische M. (♂) bringt während der Balz ein gutturales „go-bäck, bäk-bäk-bäk".
VORKOMMEN: Das nordische Moorschneehuhn bewohnt Moore und Heidegebiete mit Weiden, Birken und Wacholdergestrüpp, in tieferen Lagen als das Alpenschneehuhn und in höheren als das Haselhuhn. Nistet im Gestrüpp. Das Schottische M. bevorzugt Moore und Torfmoore mit Rausch- und Moosbeere; es sucht im Herbst niedere Lagen und Stoppelfelder auf. Nistet vorzugsweise in Heide. Auf dem Hohen Venn seit 1866 wiederholt eingeführt und noch heute auf dem freien Moor in sehr geringer Zahl brütend. Verbreitungskarte S. 112.

Alpenschneehuhn *Lagopus mutus* 42

E - Ptarmigan   F - Lagopède des Alpes   I - Pernice bianca
H - Sneeuwhoen   S - Fjällripa   Sp - Perdiz nival
N.A. - Rock Ptarmigan

KENNZEICHEN: 36 cm. Ein Bewohner der hohen Gebirge, in allen Jahreszeiten durch *weiße Flügel* und weißen Bauch gekennzeichnet, Füße weiß befiedert; kleine rote Lappen (Rosen) über den Augen. Im Brutkleid hat das ♂ stark gefleckte und marmorierte schwarzbraune Oberseite, Brust und Flanken; das ♀ ist gelbbrauner. Im Herbst ♂ oben grau mit schwarzer und weißer Marmorierung, Bauch hauptsächlich weiß; ♀ gelblichgrau und etwas dunkler als ♂ wirkend. Im Winter sind beide Geschlechter *rein weiß mit Ausnahme des schwarzen Schwanzes* (der beim ruhenden Vogel großenteils unter den weißen Schwanzdecken verborgen ist), aber ♂ hat *schwarzen Streif vom Schnabel durchs Auge* – ein sicheres Kennzeichen gegenüber Moorschneehuhn. Von nahem auch Schnabelunterschied (Schnabel beim Alpenschneehuhn schlanker als beim Moorschneehuhn)

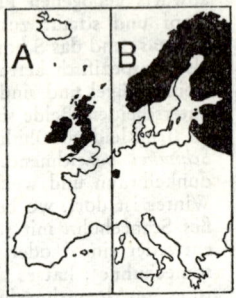

gut zu sehen; beide Arten sind sehr variabel, mit dreimaligem, deutlichem Gefiederwechsel.

*Schottisches →
Moor-
schneehuhn (A)*
Jahresvogel Großbritannien, Irland (eingeführt Belgien)

*Moor- →
schneehuhn (B)*
Jahresv. eur. Festl.

STIMME: Ein tiefes, rauhes Krächzen; bei Alarm ein wiederholter knarrender, knatternder Laut; bei der Balz des ♂ ein kurzes krächzendes „Lied".

VORKOMMEN: Hochgelegene, wilde, steinige Berghänge (höher als Moorschneehuhn), in den Alpen über der Baumgrenze; schlechtes Wetter treibt sie talwärts. Brütet im hohen Norden in tieferen Lagen. Nistet im Schutz von Felsen oder Pflanzengewirr. Verbreitungskarte S. 112.

Birkhuhn *Lyrurus tetrix* ✳   **43**

E - Black Grouse	F - Tétras lyre	I - Fagiano di monte
H - Korhoen	S - Orre	Sp - Gallo lira

KENNZEICHEN: ♂ 53, ♀ 41 cm. Der Birkhahn ist leicht am glänzend *blauschwarzen* Gefieder mit *leierförmigem Schwanz*, an den auffallenden *weißen Unterschwanzdecken* und der weißen Flügelbinde zu erkennen.

←Alpenschneehuhn
Jahresvogel

Birkhuhn →
Jahresvogel; in Mitteleuropa in Abnahme begriffen

Die Henne ist vom Schottischen Moorschneehuhn durch bedeutendere Größe und *weniger rotbraunes Gefieder* unterschieden; von der Auerhenne durch geringere Größe und *weniger kräftig gebändertes* Gefieder; von beiden durch weiße Flügelbinde und Gabelschwanz (doch keines der beiden Kennzeichen leicht zu sehen). Beide Geschlechter haben scharlachrote „Rosen" über dem Auge. ♂ wirkt im Herbst schmutzig bräunlich, oben fleckig und mit weißlicher Kehle; dem Schwanz fehlt die auffallende Gestalt, bis er voll herangewachsen ist. Fliegt gewöhnlich höher als das Schottische Moorschneehuhn und gleitet länger; der längere Hals und Schwanz geben eine bezeichnende Silhouette. Sitzt gern auf Bäumen. Die Bestimmung erschweren gelegentlich vorkommende Bastarde mit Auerhuhn („Rackelwild"), mit Schottischem Moorschneehuhn und Fasan.

STIMME: ♂: ein zischendes, niesendes „tschu-schwi". Der Gesang am Balzplatz ist ein weithin hörbares schnelles, hohltönendes Kollern, das von bestimmten Balzstellungen begleitet ist.

VORKOMMEN: Heide, auch Moorränder und Gelände mit Binsen und einzelnen Bäumen, Torfmoore, felsige, heidebewachsene Hügel usw. Im Gebirge an und über der oberen Waldgrenze. Verbreitungskarte S. 112.

Auerhahn *Tetrao urogallus* ✳ **43**

E - Capercaillie F - Grand tétras I - Gallo cedrone
H - Auerhoen S - Tjäder Sp - Urogallo

KENNZEICHEN: ♂ 86, ♀ 61 cm. Ein riesiger birkhuhnähnlicher Vogel. ♂ von allen anderen jagdbaren Vögeln durch seine *Größe, dunkle Färbung und durch den runden Schwanz* unterschieden. Von nahem Brust glänzend blaugrün; Kopf mit scharlachroter Haut über dem Auge und grünlichschwarzem Bocksbart; Unterseite und Schwanz mit kräftiger weißer Zeichnung. Während der Balz ist ein weißer Fleck am Bug des Armflügels sehr auffallend. ♀ kann mit Birkhenne verwechselt werden, ist aber größer und hat *gerundeten* Schwanz und rostfarbenen Fleck an der Brust, der von der helleren Unterseite absticht. Im Sommer gewöhnlich am Boden von Nadelwäldern zu beobachten, im Winter dagegen auf Bäumen. Flug in der Regel kurz, abwechselnd zwischen schnellem Flügelschlagen und längerem Gleiten; poltert geräuschvoll aus der Deckung. Bastarde zwischen Auerhennen und Birkhahn („Rackelwild") nicht allzu selten.

STIMME: ♂: am Balzplatz ein gutturales, würgendes Rufen; ♀: ein fasanähnliches „kok-kok". Der Gesang des ♂ beginnt mit einem rhythmischen hölzernen Knappen „telac-telac", das immer rascher gereiht wird und plötzlich mit dem „Hauptschlag" „titock" endet (klingt wie das Herausziehen eines Korkens), dem unmittelbar die kurze eigentliche Strophe, ein nicht weit hörbares kratzendes Schleifen folgt (klingt ähnlich wie das Wetzen einer Sense). Der Gesang wird von Balzstellungen (hoch gereckter Kopf usw.) begleitet.

VORKOMMEN: Nadelwälder des Hügellandes und der Gebirge; im Winter mehr auf Bäumen als im Sommer. Nistet am Boden zwischen Unterwuchs am Fuße eines Nadelbaumes, auch ziemlich offen zwischen Heidekraut und Wacholder. Verbreitungskarte S. 114.

Haselhuhn　*Tetrastes bonasia*　✳ 　　　　　　　　　　43

E - Hazel Hen　　　　F - Gélinotte des bois　　　I - Francolino di monte
H - Hazelhoen　　　　S - Järpe　　　　　　　　Sp - Grévol

KENNZEICHEN: 36 cm. Waldbewohner. Typische Rauhfußhuhn-Gestalt, aber mit *länglichem Schwanz und kleiner Kopfhaube*. Im Flug zeigen beide Geschlechter eine *auffallende schwarze Binde im grauen Schwanz*. Oben gräulich bis rostbraun (am grauesten im Norden des Verbreitungsgebietes, im Süden rostfarbener), reich schwarz und braun gefleckt und gebändert. Breite weiße Binden jederseits der Kehle und über die Schultern. Unten weißlich mit enger brauner Zeichnung, kräftiger an den Flanken. ♂ mit *auffallender schwarzer Kehle, die breit weiß begrenzt* ist. ♀ mit weißlicher Kehle. Sitzt gern auf Bäumen und geht der Nahrungssuche an sonnigen, grasigen Wegen nach.
STIMME: Ein hohes, meisenartig pfeifendes „tsissi-tseri-tsi, tsi, tsui".
VORKOMMEN: Misch- und Niederwälder des Hügellandes, besonders in Espen- und Birkenbeständen. Auch im Mittel- und Hochgebirge und lokal in Wäldern der Ebene. Nistet in Mulden, gut versteckt unter dichter Vegetation. Verbreitungskarte S. 114.

Baumwachtel　*Colinus virginianus*

E - Bobwhite　　　　F - Colin de Virginie　　　I - Quaglia di Virginia
H - Boomkwartel

KENNZEICHEN: 25 cm. Ein kleiner brauner, schwarz gefleckter Hühnervogel von wachtelartiger Gestalt, ♂ kenntlich an auffallendem weißem Überaugenstreif und weißer, schwarz eingefaßter Kehle; beim ♀ sind Überaugenstreif und Kehle bräunlichweiß. Gewöhnlich am Erdboden, setzt sich aber auch auf Pfähle, niedrige Äste usw.
STIMME: Kennzeichnender Ruf lautes „bob-weit".
VORKOMMEN: Bewohnt busch- und baumreiches Acker- und Wiesenland. Eingebürgert in England (Suffolk); viele Einbürgerungsversuche auch in anderen Teilen Europas, besonders in Italien. Ursprüngliches Verbreitungsgebiet vom östlichen Nordamerika bis Guatemala, auf Kuba und den Bahamas; jetzt u. a. im westlichen Nordamerika und in Neuseeland eingebürgert.

← *Auerhuhn*
Jahresvogel; in Mitteleuropa selten geworden

Haselhuhn →
Jahresvogel; in Mitteleuropa selten geworden

Halsbandfrankolin   *Francolinus francolinus*

E - Black Francolin   F - Francolin noir   I - Francolino
H - Frankolijn   S - Halsbandsfrankolin   Sp - Francolín de collar

KENNZEICHEN: 34 cm. Von der Gestalt eines großen Rebhuhns, Haltung jedoch aufrechter. ♂ mit keinem anderen Hühnervogel zu verwechseln: *Kopf und Kehle bis auf* einen auffallenden großen *weißen Ohrfleck* und den hell gestreiften Scheitel *schwarz;* ein *rotbraunes Halsband;* Rücken und Oberflügeldecken schwärzlich mit breiten gelbbraunen Federsäumen, daher gestreift erscheinend; Bürzel und Oberschwanzdecken schwarzbraun und gelblichbraun quergebändert; *Brust schwarz,* Bauch rotbraun, Brust- und Körperseiten weiß gefleckt. Füße orange, mit stumpfem Sporn. ♀ braun, gelblich gestreift und gebändert, mit gelblichweißer Kehle und *rotbraunem Fleck am Hinterhals;* ohne Sporn, nur mit stumpfem Höcker am Lauf.
STIMME: Laut „tschick-tschirrih" oder ähnlich.
VORKOMMEN: Bewohnt gebüschreiches, offenes Gelände, Waldränder usw. Von Kleinasien bis Indien verbreitet, ehemals auch in Ostspanien (bis ins dritte Jahrzehnt des 19. Jahrhunderts), auf Sizilien (bis 1869) und in Calabrien (bis 1857) vorkommend und dort überall wohl vom Menschen eingebürgert; jetzt erneut als Jagdvogel in Italien (vor allem in der Toscana) eingeführt.

Erckelfrankolin   *Francolinus erckelii*

E - Erckel's Francolin   F - Francolin d'Erckel   I - Francolino di Erckel
H - Erckels frankolijn

KENNZEICHEN: 40 cm. Größer als Rebhuhn, dem in der Gestalt ähnlich. *Stirn und Überaugenstreif schwarz, Scheitel rotbraun,* Kehle weiß, Hinterhals und Halsseiten rotbraun mit weißen Federsäumen; Vorderrücken grau mit rotbraunen Federsäumen, Bürzel braun; Unterseite grau, braun längsgestreift, am Bauch weißlich. Schnabel schwarz; Füße gelblichgrau, beim ♂ doppelt gespornt, beim ♀ ohne Sporn.
STIMME: Ruf des ♂ laut „kre-kre-kre-uah-uah-uah".
VORKOMMEN: Im Ostsudan und in Nord- und Ostäthiopien beheimatet; in der Macchia Italiens als Jagdvogel eingeführt.

Steinhuhn   *Alectoris graeca*   42

E - Rock Partridge   F - Perdrix bartavelle   I - Coturnice
H - Steenhoen   S - Stenhöna   Sp - Perdiz griega

KENNZEICHEN: Von weitem ununterscheidbar vom Rothuhn. Am besten durch die *bezeichnende Stimme* charakterisiert. Weißer Kehlfleck ein wenig größer, die schwarze hintere Begrenzung *scharf abgeschnitten* anstatt allmählich auf der Vorderbrust auslaufend; Stirn aschgrau; Oberseite *graubraun* statt rotbraun. Die Steinhühner Thraziens und der Ägäischen Inselwelt wurden 1962 von Watson als eigene, bis Inner-Asien und Nord-China verbreitete Art, *Alectoris chukar,* das Chukarhuhn, abgetrennt. Diese Art ist *A. graeca* sehr ähnlich, aber schwarzer Kopfstreif schmaler, besonders an der Schnabelwurzel, hinter dem Auge unterbrochen; Flanken breiter gebändert; Kehle mehr rahmfarben; Zügel weiß statt schwarz. Stimme gackernd oder gluckend. In Thrazien und auf den Ägäischen Inseln die Rasse *A. ch. cypriotes.*

STIMME: Kleiberähnlich „witt-witt-witt"; bei Alarm pfeifend, platzend „pitschi-i"; Gesang (Frühling und Herbst) im Staccato „tschertsiritt-tschi" mit vielen Varianten.

VORKOMMEN: Felsige Halden, zuweilen licht bewaldete Berghänge zwischen Baum- und Schneegrenze, im Winter oft in tiefere Lagen herabsteigend. Nistet am Boden zwischen Felsen. Verbreitungskarte S. 116.

Felsenhuhn *Alectoris barbara*   42

    E - Barbary Partridge   S - Klipphöna   I - Pernice sarda
    H - Barbarijse patrijs   F - Perdrix gambra   Sp - Perdiz moruna

KENNZEICHEN: 33 cm. Von weitem schwer vom Rothuhn zu unterscheiden (es wirkt etwas heller und rötlicher als dieses), aber von nahem gut durch ein breites, *kastanienbraunes* Halsband (weißlich gesprenkelt) und durch *blaugraue* Wangen, Augenstreifen, Kehle und Vorderbrust gekennzeichnet. Scheitel und breiter Augenstrich rötlich kastanienbraun; Oberseite rostbraun mit schieferblauen Schultern, die breite, rostrote Säume haben. Unterseite ähnlich Rothuhn, Flanken kräftig schwarzweiß gebändert. Beine rötlich.

STIMME: Viel in der Morgen- und Abenddämmerung zu hören. Ein schnelles „käkelik" und ein langsameres „tschuk, tschuk, tschuk, tschu-kor".

VORKOMMEN UND VERBREITUNG: Gestrüppbewachsene, hügelige Hänge, Wadis, Halbwüsten, soweit etwas Wasser und Deckung vorhanden. Jahresvogel auf Sardinien und in Gibraltar.

Rothuhn *Alectoris rufa*   42

    E - Red-legged Partridge   F - Perdrix rouge   I - Pernice rossa
    H - Rode partrijs   S - Rödhöna   Sp - Perdiz común

KENNZEICHEN: 34 cm. Von weitem leicht mit dem Rebhuhn zu verwechseln, aber von nahem ad. deutlich unterschieden durch *roten Schnabel und rote Füße*, schwarz begrenzte weiße Kehle, grauen Scheitel mit *langem weißem Streifen über dem Auge*, lavendelgraue, *kräftig rostbraun-schwarz-weiß gebänderte Flanken*. Stimme sehr verschieden. Juv. ganz ähnlich jungen Rebhühnern. Läuft schneller als Rebhuhn; fliegt in weniger dichten Ketten. Siehe auch Stein- und Felsenhuhn.

← *Steinhuhn* (und *Chukarhuhn*) Jahresvogel

Rothuhn → Jahresvogel

STIMME: Gewöhnlicher Ruf des ♂ „tschuk tschuk-ör" oder ein langsames rauhes „schäk ... schäk ..."; aufgejagte rufen „kak-kak".
VORKOMMEN: Ganz ähnlich wie Rebhuhn. Obwohl oft auf sumpfigem Boden, zieht das Rothuhn in der Regel trockene Plätze, Sandboden, Karst, Steinwüsten usw. vor. Verbreitungskarte S. 116.

Rebhuhn   *Perdix perdix*   42

E - Partridge	F - Perdrix grise	I - Starna
H - Patrijs	S - Rapphöna	Sp - Perdiz pardilla
	N.A. - Hungarian Partridge	

KENNZEICHEN: 30 cm. Ein rundlicher Hühnervogel mit kurzen, gerundeten Flügeln und kurzem, rotbraunem Schwanz; fliegt niedrig und schnell, zwischen schwirrenden Flügelschlägen und Gleiten auf tief gebogenen Schwingen abwechselnd. Leicht mit dem Rothuhn zu verwechseln, aber von diesem durch hell *rostfarbenes Gesicht,* grauen Hals und graue Unterseite unterschieden. ♂ mit *auffallendem dunkel kastanienbraunem, hufeisenförmigem Schild auf der Hinterbrust* (♀ mit, juv. ohne Spuren eines solchen Schildes); Oberseite gelblich gestreift, Flanken rotbraun gebändert. Läuft geduckt, drückt sich bei Gefahr und rennt schnell mit hoch aufgerichtetem Kopf, ehe es auffliegt. Viel kurzschwänziger als junge Fasanen. Viel größer und weniger sandfarben als Wachtel. Siehe auch Rothuhn.
STIMME: Ein durchdringendes, schnärrendes „kirreck", in Erregung rasch wiederholt.
VORKOMMEN: Felder, Weiden, Ödland, Moore, Sanddünen usw. Nistet wohlverborgen unter Hecken, im wachsenden Getreide, Klee usw. Verbreitungskarte S. 117.

Wachtel   *Coturnix coturnix*   42

E - Quail	F - Caille des blés	I - Quaglia
H - Kwartel	S - Vaktel	Sp - Coderniz

KENNZEICHEN: 17,8 cm. Ähnlich einem kleinen Rebhuhn. Gewöhnlich erst am *bezeichnenden Ruf des ♂* kenntlich. Allgemeinfärbung sandbräunlich, oben *stark weißlichgelblich und schwarz gestreift,* unten heller, mit lichten und dunklen Flankenstreifen (nicht Bändern). Scheitel dunkel-

← *Rebhuhn*
Jahresvogel

Wachtel →
Teilzieher.   Hat früher in Finnland gebrütet. Gelegentlich nordwärts bis Brit. Inseln überwinternd

braun mit rahmgelbem Mittelstreif und einem langen, rahmgelben Überaugenstreif. ♂ mit schwärzlicher Zeichnung an der Kehle. ♀ mit ungezeichneter, gelblicher Kehle und eng gefleckter Brust. Flug langsamer
und gewöhnlich kürzer als beim Rebhuhn. Sehr schwer aufzujagen. Lebt
einzeln, ausgenommen auf dem Zuge.

STIMME: Bauchrednerisch. Die charakteristische dreisilbige Ruf des ♂ hat
die Betonung auf der ersten Silbe: ein wiederholtes „quik, quik-ik".
♀: ein keuchender Doppelruf „quip ... quip". Bei Tag und Nacht zu
hören.

VORKOMMEN: Selten zu sehen. Häufig auf ungepflegten Weiden, Feldern,
Wiesen, auf Brachgelände und offenem, mit Grasbüscheln bewachsenem
Boden. Verbreitungskarte S. 117.

Königsfasan   *Syrmaticus reevesii*

E - Reeves' Pheasant   F - Faisan vénéré   H - Koningsfazant

KENNZEICHEN: ♂ etwa 210 cm (davon 100–160 cm auf den Schwanz
entfallend), ♀ 75 cm. Langschwänziger als der gewöhnliche Fasan.
♂ an *Kopf und Vorderhals mit viel Weiß;* breiter *schwarzer Augenstreif*
bis zum Hinterkopf; Rücken und Brust gelbbraun mit schwarzen Federsäumen, Mitte der Brust schwarz, Bauchseiten weiß mit kastanienbraunen Federsäumen; Flügeldecken weiß, schwarz gesäumt. ♀ einfacher gemustert als ♂, rötlich gelbbraun mit hellem Überaugenstreif, Körper-
federn mit schwarzen Endflecken, die besonders auf dem Rücken deutlich sind, Unterkörper mit weißen Flecken. Aufgescheucht steil auf-
steigend und schnell und weit abstreichend.

STIMME: Ein lauter Angstruf und ein leises, singvogelartiges Zwitschern.

VORKOMMEN: Waldbewohner. In Schottland und im Donaugebiet Nie-
derbayerns, zeitweilig auch am Oberrhein, in Österreich und andernorts
in Europa eingebürgert. Heimat: Gebirgswaldungen Nord- und Mittel-
Chinas.

Fasan   *Phasianus colchicus*   43

E - Pheasant   F - Faisan de chasse   I - Fagiano
H - Fazant   S - Fasan   Sp - Faisán vulgar

KENNZEICHEN: ♂ 76–89 cm, ♀ 53–64 cm. Ein allgemein bekannter jagd-
barer Vogel mit *langem, spitzem Schwanz.* ♂ sehr bunt mit glänzend
dunkelgrünem Kopf, scharlachroten Hautlappen („Rosen") über dem
Auge und kurzen „Federohren". Gefieder infolge künstlicher Einkreu-
zung verschiedener Rassen sehr variabel, aber in der Regel ist ein *weißer
Halsring* vorhanden. Vielerorts kommt auch eine von weitem fast
schwarz erscheinende melanistische Mutante, der sog. Tenebrosus-Fasan,
vor, die der auch in unseren Fasanenbestand eingekreuzten japanischen
Rasse *Phasianus colchicus versicolor* ähnlich, aber im Gegensatz zu dieser auch am Bürzel dunkel gefärbt ist. ♀ schlicht gelblichbraun und
schwärzlich gefleckt, mit kürzerem Schwanz. Läuft lieber schnell in Dek-
kung, als daß er auffliegt. Flug kräftig (geräuschvolles Auffliegen), aber
selten weit führend oder hoch.

STIMME: Der krähende Hahn hat grellen Doppelruf „körrk-kok", dem

♀

♂

Goldfasan

♂

Diamant-
fasan

♀

♂

Königs-
fasan

♂

Baumwachtel

Perlhuhn

♂

Truthuhn

Eingebürgerte Hühnervögel

gewöhnlich ein schwirrender Flügelschlag folgt. ♂: beim Auffliegen „gock gock ...", ♀: ein dünnes Pfeifen.
VORKOMMEN: Waldränder, Parklandschaft, Felder, Gebüsche, Weidicht. Nistet am Boden unter niedriger Vegetation, Farnkraut usw. Verbreitungskarte S. 122.

Goldfasan *Chrysolophus pictus*

E - Golden Pheasant   F - Faisan doré   H - Goudfazant

KENNZEICHEN: ♂ 100–110 cm, ♀ 65 cm. ♂ unverkennbar durch *goldgelbe Kopfhaube*, bräunlichgelben, blauschwarz gebänderten Halskragen, dunkelgrünen Vorderrücken, gelben Bürzel und *scharlachrote Unterseite;* Schwanz braun, dunkel marmoriert. ♀ oberseits braun, schwärzlich gefleckt, Ohrgegend grau, schwarz gestreift; unterseits gelblichbraun, Seiten dunkel gebändert; vom ähnlichen ♀ des Diamantfasans durch *gelbe Beine* und nicht so rotbräunliche Vorderbrust unterschieden. Fliegt erschreckt nicht auf, sondern drückt sich im Buschwerk davon.
STIMME: Ein lautes, weithin hörbares „tschatschack".
VORKOMMEN: Gebüschbewohner. In Großbritannien eingebürgert; hier und auf dem europäischen Festland auch oft frei in Parkanlagen gehalten. Oft *Mischlinge mit dem Diamantfasan.* Heimat: Mittel-China.

Diamantfasan *Chrysolophus amherstiae*

E - Lady Amherst's Pheasant   F - Faisan de Lady Amherst
H - Lady Amherst-fazant

KENNZEICHEN: ♂ 130–170 cm (davon 80–115 cm auf den Schwanz entfallend), ♀ 67 cm. In der Gestalt dem nahe verwandten Goldfasan ähnlich, aber ganz anders gefärbt: *Kopfhaube rot,* Halskragen und Schwanz weißlich mit schwarzen Federsäumen bzw. Querstreifen, Vorderrücken dunkelgrün, Bürzel gelb, *Unterseite weiß.* ♀ von dem des Goldfasans durch kontrastreichere Zeichnung, rotbräunliche Vorderbrust und *graublaue Beine* unterschieden.
VORKOMMEN: Gebüschbewohner wie der Goldfasan, in seiner ursprünglichen Heimat aber in größeren Höhen der Gebirge. In Großbritannien eingebürgert. Heimat: Südwest-China und Südost-Tibet.

Helmperlhuhn *Numida meleagris*

E - Helmeted Guineafowl   F - Pintade ordinaire   I - Faraona
H - Parelhoen   Sp - Pıntada común

KENNZEICHEN: 53 cm. Gefieder *grau, mit zahllosen weißen Perlflecken* übersät, am Unterhals ein breites lilagraues Halsband, das einigen Rassen fehlt; der nackte, rot und blau gefärbte Kopf mit je einem kurzen, roten oder blauen Hautlappen jederseits der Kehle und einem knöchernen, von bräunlicher (bei einigen Rassen gelber) Haut umgebenen *Helm auf dem Scheitel.* Die in Europa vorkommenden Helmperlhühner sind verwilderte Hausperlhühner, die ihrerseits in erster Linie von der westafrikanischen Rasse *Numida meleagris galeata* abstammen.
STIMME: Ruft „tschick" und „tschirr" und laut und weithin hörbar „tschické-tschické-tschické ...".

VORKOMMEN: In Süd-Frankreich leben mancherorts verwilderte Hausperlhühner; andere in Europa vorgenommene Einbürgerungsversuche
schlugen fehl. Ursprüngliche Verbreitung: West-Marokko und alle offenen Gebiete Afrikas südlich der Sahara mit Ausnahme der südwest-
lichen Kapprovinz, wo aber ebenso wie auf den Antillen, den Maskarenen und anderen warmen Inseln eingebürgert; auch auf Madagaskar.

Truthuhn *Meleagris gallopavo*

E - Turkey	F - Dindon sauvage	I - Tacchino selvatico
H - Kalkoen		Sp - Pavo

KENNZEICHEN: ♂ etwa 122, ♀ 92 cm. Dem allbekannten Haustruthuhn
ähnlich, kleiner und schlanker, Endbinde des Schwanzes bei den in
Europa eingebürgerten Vögeln, die von nördlichen Rassen der Art abstammen, rotbraun, nicht weiß wie bei den Haustruthühnern, die von
südlichen Rassen abstammen. Ein großer, stämmiger, kupferglänzender
Hühnervogel mit *unbefiedertem, rot und blau gefärbtem Kopf,* aufrichtbarem Stirnzapfen und *haarartigem Federbüschel an der Brust.*
STIMME: ♂ kollert wie Haustruthahn; auch Ruf des ♀ wie der des Haus-
truthuhns.
VORKOMMEN: In Deutschland an zwei Stellen im Rheinland (bei Bonn
und bei Xanten) eingebürgert; Einbürgerungsversuche wurden auch an
anderen Stellen in Europa unternommen, ohne dort bisher zu bleiben-
den Erfolgen geführt zu haben. Heimat: Nordamerika und Mexiko.

Laufhühnchen: *Turnicidae*

Kleine wachtelähnliche Vögel ungewisser Verwandtschaft in den wärmeren
Gebieten der Alten Welt, bei denen das oft lebhafter gefärbte ♀ in Vielmännerei lebt und den ♂ das Erbrüten der Eier überläßt.

Laufhühnchen *Turnix sylvatica*   42

E - Andalusian Hemipode	F - Turnix d'Andalousie	I - Quagglia tridattila
H - Vechtkwartel	S - Springhöna	Sp - Torillo

KENNZEICHEN: 17,8 cm. Ein kleiner, wachtelähnlicher Vogel, der beim
Auffliegen leicht mit einer Wachtel verwechselt wird. Scheitel dunkel
mit gelblichem Mittelstreif; Kopfseiten und Kehle hell bräunlichgelb
mit kleinen dunklen Sprenkeln. Hauptunterschied von der Wachtel sind
der *leuchtend orangerostrote Fleck* auf der Brust und die kräftig
schwarz gefleckten Seiten. Geschlechter gleich. Äußerst scheu. Schwer
aufzujagen. Rennt geschwind im Zickzack. Fliegt ungern, niedrig und
schnell, ähnlich Wachtel. Einzeln oder paarweise.
STIMME: Ein sehr bezeichnendes tiefes, gedämpftes „krruu", ähnlich fer-
nem verhaltenem Rohrdommelgebrüll oder dem Muhen einer Kuh; besonders in der Morgen- und Abenddämmerung zu hören; bläst sich
beim Rufen oft auf wie eine Kugel. Auch leise Pfeiftöne.

VORKOMMEN UND VERBREITUNG: Sandige Ebenen mit Zwergpalmen-
gebüsch, gestrüppbedecktes Ödland, ausgedehnte niedrige Dickichte,
Stoppel- und Zuckerrübenfelder. Nistet in dichter Vegetation. Sehr
lokaler Jahresvogel in Südspanien und Südportugal.

Kraniche: *Gruidae*

Große, stattliche Bodenvögel, oberflächlich Reihern und Störchen ähnlich.
Die inneren, stark verlängerten Armschwingen hängen über den Schwanz
herab. Der lange Hals und die langen Beine werden im Fluge ausgestreckt.
In der Regel in V- oder Linienformation wandernd. Stimme trompetend.
Geschlechter gleich. Bodenbrüter.

Kranich *Grus grus* ✳   **3**

E - Crane	F - Grue cendrée	I - Gru
H - Kraanvogel	S - Trana	Sp - Grulla común

KENNZEICHEN: 115 cm. Von Störchen und Reihern durch stark verlängerte,
einen *herabhängenden schwärzlichen „Schwanz"* bildende innere Armschwingen unterschieden. Allgemeinfärbung schiefergrau, mit *bogenförmigen*, von dem schwarzen Gesicht und der schwarzen Kehle abstechenden *weißen Streifen* an Kopfseiten und Hals. Aus der Nähe ist der
rote Scheitel zu sehen. Schnabel kürzer als bei Störchen und Reihern.
Immat.: Kopf und Oberseite braun, ohne weiße Kopfzeichnung von ad.
und mit viel weniger buschigem „Schwanz". Verhält sich äußerst scheu.
Schreitet langsam und anmutig. Argwöhnisch reckt er sich hochauf mit
langem, ausgestrecktem Hals. Setzt sich sehr selten auf Bäume. Flug
langsam, aber kräftig, Hals und Füße ausgestreckt. Wandernde Scharen
nehmen „V"- oder Linienformation an. (Störche fliegen gewöhnlich in
ungeordneten Trupps.)
STIMME: Ein grelles, trompetendes „kruh" und ein weniger lautes gutturales „kr-r-r", verschiedene kreischende und zischende Rufe.

← *Fasan*
Jahresvogel

Kranich →
Zugvogel.   Brütet
selten in Rumänien.
Hat in Dänemark
gebrütet. Umherstr.
Färöer, Brit. Inseln

VORKOMMEN: Meidet im Winter bewaldetes Land, erscheint dann an Flußufern, Lagunen, auf Feldern und Steppen. Nistet am Boden in feuchtem Gelände, in lichten Sumpfwaldungen, im Röhricht usw. Verbreitungskarte S. 122.

Jungfernkranich *Anthropoides virgo* 3

E - Demoiselle Crane	F - Demoiselle de Numidie	I - Damigella di Numidi
H - Jufferkraan	S - Jungfrutrana	Sp - Grulla damisela

KENNZEICHEN: 97 cm. Vom Kranich leicht an der geringeren Größe (aufgerichtet 30 cm kleiner) und an dem *großen haubenartigen Büschel weißer Federn hinter jedem Auge* zu unterscheiden. Gefieder überwiegend aschblaugrau, mit Schwarz an den Zügeln und besonders am Hals, mit schwarzen, verlängerten Brustfedern und grauschwarzen Handschwingen. Die schwarzspitzigen, stark verlängerten inneren Armschwingen hängen über den Schwanz herab, *ohne daß sie so buschig wirken wie beim Kranich.* Flug wie beim Kranich mit ausgestrecktem Hals; in großer Höhe sind die beiden Arten nur zu unterscheiden, wenn sie nebeneinander fliegen: der Jungfernkranich ist kleiner und hat eine schrillere Stimme.

STIMME: Ein lautes schmetterndes Trompeten in merklich höherer Tonlage als beim Kranich.

VORKOMMEN UND VERBREITUNG: Offene Ebenen und Hochplateaus, bei heißem Wetter regelmäßig Süßwasser aufsuchend. Nistet auf trockenem Boden. Mag gelegentlich in Spanien brüten. Umherstreifende bis Südeuropa, nordwärts bis Deutschland (etwa viermal), Dänemark und Schweden.

Rallen: *Rallidae*

Wasserralle und *Sumpfhühner* haben einen seitlich stark zusammengedrückten Körper und sind sehr heimliche Sumpfbewohner, die man öfter hört als sieht; Flügel kurz und rund; der kurze Schwanz wird oft aufgerichtet; Flug gewöhnlich kurz und widerwillig, mit baumelnden Beinen, die lange Zehen haben; Sumpfhühner mit kurzem, die Wasserralle mit langem, schlankem Schnabel. *Teich-* und *Bläßhühner* haben dicken Körper, kleinen Kopf und äußerst lange Zehen zum Laufen auf Wasserpflanzen; beim Schwimmen oft kopfnickend. Geschlechter gewöhnlich einander sehr ähnlich. Nisten im Schilf oder auf dem Erdboden.

Wasserralle *Rallus aquaticus* 17

E - Water Rail	F - Râle d'eau	I - Porciglione
H - Waterral	S - Vattenrall	Sp - Rascón

KENNZEICHEN: 28 cm. Schwer zu beobachten; gewöhnlich an der *bezeichnenden Stimme* zu erkennen. Von allen Sumpfhühnern am *langen, roten Schnabel* zu unterscheiden. Oben olivbraun mit schwärzlicher Mitte der Federn; Gesicht, Kehle und Brust schiefergrau; *Flanken auffallend schwarz und weiß gebändert;* Unterschwanzdecken weißlich; Beine rötlichbraun. Juv. unten gefleckt. Empfindlich und heimlich wie Wachtel-könig, aber gelegentlich auf Büschen im Freien sitzend.

STIMME: Ein hartes beharrliches „gip ... gip ... gip"; eine abnehmende Folge „kruih, kruih, kruih" und eine Vielfalt von stöhnenden, grunzen-den, quiekenden und brummenden Lauten, dazu ein scharfes „kik, kik, kik", das mit Rufen anderer Rallen verwechselt werden kann. Oft nachts zu hören.

VORKOMMEN: Dichte Wasservegetation, Schilf und Weidicht, überwucherte Teiche, Gräben, Flußufer und Seen. Nistet im Schilf oder Rohr über flachem Wasser. Verbreitungskarte S. 124.

Tüpfelsumpfhuhn *Porzana porzana* **17**

| E - Spotted Crake | F - Marouette ponctuée | I - Voltolino |
| H - Porceleinhoen | S - Småfläckig sumphöna | Sp - Polluela pintojo |

KENNZEICHEN: 23 cm. Gestalt ähnlich Wasserralle, aber Schnabel viel kürzer. Sehr schwer zu beobachten, aber Stimme bezeichnend. Ähnlich kleinem Wachtelkönig, mit *dunkel* olivbrauner, *weiß gestreifter und gefleckter* Oberseite und kurzen, *dunkelbraunen* (nicht rostbraunen) Flügeln. Beine grünlich. Schnabel gelblich mit roter Wurzel. Brust grau mit weißen Tüpfeln. Zuckt, wenn es argwöhnisch ist, mit dem Schwanz und entfaltet dabei *auffallende gelbliche Unterschwanzdecken*. Einzel-gänger und ausgesprochen dämmerungsliebend. Zwergsumpfhuhn und Kleines Sumpfhuhn sind viel kleiner und haben gebänderte Unter-schwanzdecken. Die viel größere Wasserralle hat langen, roten Schnabel.

STIMME: Ein hohes scharfes „quitt ... quitt ... quitt ...". Ferner ein monotoner, hart tickender Ruf des ♂, „tschick-tschuck", der an das uhr-werkartige „tüke-tüke" der Bekassine erinnert.

VORKOMMEN: Etwas weniger ans Wasser gebunden als Zwergsumpfhuhn und Kleines Sumpfhuhn. Sümpfe und Moore, überwachsene Gräben, Teichränder, Flußufer usw. Nistet an sumpfigen Stellen. Verbreitungs-karte S. 124.

Zwergsumpfhuhn *Porzana pusilla* ✳ **17**

| E - Baillon's Crake | F - Marouette de Baillon | I - Schiribilla grigiata |
| H - Kleinst waterhoen | S - Dvärgsumphöna | Sp - Polluela chica |

KENNZEICHEN: 17,8 cm. Kleiner als Star. Beide Geschlechter ähnlich dem

← *Wasserralle*
Teilzieher

Tüpfelsumpf-
huhn →
Teilz. Geleg. im
Winter nordw. bis
Großbrit. Umherstr.
Irland (hat gebr.)

Kleinen Sumpfhuhn, aber wenn man es gut sieht (was selten vorkommt), kann man das Zwergsumpfhuhn erkennen an der *geringeren Größe* (kleinstes europäisches Sumpfhuhn), an der *rotbrauneren Oberseite, die kräftig und eng weiß gestreift ist, an den stark schwarz-weiß gebänderten Flanken, den matt fleischfarbenen Beinen* und am grünen Schnabel *ohne* rote Wurzel. (Kleines Sumpfhuhn oberseits blaß olivbraun.) Im Fluge ist der schmale weiße Flügelvorderrand ein weiteres Unterscheidungsmerkmal. Die ♂ beider Arten haben Gesicht, Kehle und Unterseite schieferblaugrau sowie schwarzweiß gebänderte Unterschwanzdecken. Juv. sehr ähnlich (an ♀ vom Kleinen Sumpfhuhn erinnernd), doch Unterseite beim Zwergsumpfhuhn stärker gebändert. Verhalten wie Kleines Sumpfhuhn. Siehe auch Tüpfelsumpfhuhn.

STIMME: Leicht mit dem Trillern des Kleinen Sumpfhuhnes zu verwechseln, aber beim Zwergsumpfhuhn ist es ein schnellerer, mehr schnarrender Triller, der auch rascher abfällt, zuweilen mit 2 bis 4 langsameren einleitenden Noten.

VORKOMMEN: Bevorzugt meist niedrigere, dichtere Vegetation und kleinere Gewässer als das Kleine Sumpfhuhn; in Sümpfen, Mooren und auf überwachsenen Teichen. Verbreitungskarte S. 125.

Kleines Sumpfhuhn *Porzana parva* ✳ 17

E - Little Crake   F - Marouette poussin   I - Schiribilla
H - Klein waterhoen   S - Liten sumphöna   Sp - Polluela bastarda

KENNZEICHEN: 19 cm. Kleines und Zwergsumpfhuhn sind einander sehr ähnlich in Aussehen, Stimme und Aufenthalt und können selten von nahem beobachtet werden. Beide sind *viel kleiner* als Tüpfelsumpfhuhn. *P.-parva-*♂ hat gegenüber *pusilla-*♂ *blaß olivbraune Oberseite, keine weißen Streifen auf den Flügeldecken* (nur undeutliche helle Flecken auf dem Vorderrücken) und auf der einfarbig schiefergrauen Unterseite *keine schwarzen Bänder an den Flanken,* obwohl die Unterschwanzdecken wie bei *pusilla* gebändert sind. ♀ leicht erkennbar: *parva* hat rahmfarbene (nicht graue) Unterseite und eine *weiße Kehle.* Beide Geschlechter besitzen grünen Schnabel *mit roter Wurzel.* Füße grünlich (bei *pusilla* matt fleischfarben). Juv. beider Arten ähnlich

Zwergsumpfhuhn
Sommerv. Umherstr. nordw. b. Irland, Dänemark, Schwed. Hat in Deutschl., Holland u. Großbr. gebr.

Kl. Sumpfhuhn →
Sommerv. Hat in Finnland, Schwed., Holland, Schweiz (?), Spanien gebr. Umherstr. westw. bis Brit. Inseln

parva-♀, aber *pusilla*-juv. unterseits kräftiger gebändert. Verhalten und Flug wie Tüpfelsumpfhuhn. Siehe Zwergsumpfhuhn.

STIMME: Ein scharfes „quek, quek, quek", oft *allmählich* tropfend und zu einem kurzen Triller beschleunigt. S. auch Zwergsumpfhuhn.

VORKOMMEN: Wie Tüpfelsumpfhuhn, aber mit besonderer Vorliebe in hohen Schilfbeständen und auf Teichen mit schwimmender Vegetation. Verbreitungskarte S. 125.

Wachtelkönig　*Crex crex*　　　　　　　　　　　　17

E - Corncrake	F - Râle de genêts	I - Re di quaglie
H - Kwartelkoning	S - Kornknarr	Sp - Guión de codornices

KENNZEICHEN: Knapp 27 cm. Schwer zu beobachten. Die Anwesenheit wird gewöhnlich durch die *auffallende, schnarrende Stimme* des ♂ bekundet. Wirkt *kurzhalsig*. Gefieder gelblich *rahmfarben*, oben mit schwärzlichen Abzeichen; gräulich an Kopf und Brust; Flanken und Unterschwanzdecken rotbraun gebändert. *Im Fluge rotbraune Flügel auffallend.* Einzelgänger, dämmerungsliebend und sehr versteckt im hohen Grase lebend. Von den Sumpfhühnern durch größere Gestalt und gelbbraunere Färbung unterschieden.

STIMME: Zur Brutzeit ruft das ♂ durchdringend und anhaltend ein knarrendes, zweisilbiges „rerrp-rerrp" (oft „crex-crex" geschrieben), gewöhnlich bei Nacht, aber oft auch bei Tage.

VORKOMMEN: Nistet in Wiesen, in üppiger Vegetation, Feldern. Verbreitungskarte S. 126.

Purpurhuhn　*Porphyrio porphyrio*　　　　　　　　　　　17

E - Purple Gallinule	F - Poule sultane	I - Pollo soltano
H - Purperkoet	S - Purpurhöna	Sp - Calamón común

KENNZEICHEN: 48 cm. Viel größer als Bläß- und Teichhuhn, mit *längeren Beinen.* Oberseite reich dunkel *purpurblau* mit Türkisglanz an Kehle und Brust; Unterschwanzdecken *rein weiß.* Sehr hoher Schnabel, Stirnschild, Beine und Augen *leuchtend rot.* Juv. düster bläulich schieferfarben mit grauer Kehle und grauen Kopfseiten. Klettert im Schilf, selten im offenen Gelände; schwimmt nur gelegentlich. Im Fluge leicht an den langen, baumelnden, *roten Beinen* zu erkennen. Bläßhuhn ist

← *Wachtelkönig* Sommervogel. Hat nordw. b. Irland u. Engl. überwintert

Teichhuhn → Teilzieher. Umherstreifend Island, Färöer

einfarbig schwarz mit weißem Stirnbild und grauen Beinen; Teichhuhn viel kleiner mit rotem Stirnschild, grünen Beinen und weißen Streifen an den Seiten. Die Rasse *P. p. aegyptiacus* (Ägypten) ist als Irrgast in Italien, auf Sizilien und Sardinien vorgekommen; sie hat blaugrüne Oberseite.

STIMME: Eine rasche Folge von „krrurr"-Lauten.

VORKOMMEN UND VERBREITUNG: Sümpfe mit ausgedehntem Röhricht, Seeufer mit dichter Vegetation. Nistet im Schilf, Röhricht usw. Brutvogel in Südspanien (Portugal?), Sardinien, früher Sizilien. Als Irrgast bis Frankreich, Tschechoslowakei, Österreich.

Teichhuhn *Gallinula chloropus* 17

E - Moorhen
H - Waterhoen
F - Poule d'eau
S - Rörhöna
N.A. - Florida gallinule
I - Gallinella d'acqua
Sp - Polla de agua

KENNZEICHEN: 33 cm. Ein kräftiger, schwärzlicher Vogel an Teichrändern. Vom Bläßhuhn unterschieden durch geringere Größe, *rotes Stirnschild und roten Schnabel* mit gelber Spitze, *kräftige, unregelmäßige weiße Streifen längs der Flanken und auffallende weiße Unterschwanzdecken* mit schwarzem Mittelstreif. Beine grün mit rotem „Strumpfband" über dem Gelenk. Juv. dunkel graubraun mit weißlicher Unterseite, mit grünlichbraunem Schnabel und Stirnschild. Zuckt in Aufregung mit dem Schwanz. Schwimmt gern unter Kopfnicken. Taucht gelegentlich. Erhebt sich nur schwer vom Wasser in die Luft, indem es flügelschlagend einen längeren Anlauf auf der Wasseroberfläche nimmt. Flug gewöhnlich niedrig mit baumelnden Beinen. Zur Nahrungssuche im Winter oft in Scharen.

STIMME: Ein rauhes durchdringendes „kürrk" oder „kittick" usw.

VORKOMMEN: Teiche, Tümpel, Altwässer, Sümpfe und angrenzende Wiesen, findet sich selbst auf Höfen in feuchtem Gelände ein. Nistet im Röhricht und Gebüsch am Wasser, gelegentlich auf Bäumen in alten Nestern anderer Arten. Verbreitungskarte S. 126.

Bläßhuhn *Fulica atra* 17

E - Coot
H - Meerkoet
F - Foulque macroule
S - Sothöna
I - Folaga
Sp - Focha común

KENNZEICHEN: 38 cm. Ein kräftiger, schieferschwarzer Wasservogel mit glänzend pechschwarzem Kopf. Gegenüber Teichhuhn: größer, stämmiger, *mit auffallendem weißem Scheitel (Blesse) und Schnabel;* ferner fehlt das Weiß an Flanken und Unterschwanzdecken. Im Flug schmale weiße Kante der Armschwingen zu sehen. Beine grün mit breiten Schwimmlappen an den Zehen, die im Fluge weit über den Schwanz ragen. Juv. dunkelgrau mit weißer Kehle und Vorderbrust, manchmal mit jungen Haubentauchern zu verwechseln. Mehr ans Wasser gebunden als Teichhuhn, taucht häufig nach Nahrung. Im Winter gesellig. Schwimmen Bläßhühner mit Enten zusammen auf dem Wasser, so kann man sie schon von weitem an den ruckweisen Bewegungen des kleines Kopfes erkennen.

STIMME: Ein lautes, kurzes „köw"; auch verschiedene zweisilbige Rufe und ein hartes, platzendes „pix".

VORKOMMEN: Wie Teichhuhn, zieht aber gewöhnlich größere, offene Wasserflächen vor. Im Winter erscheinen große Scharen auf Staubecken und auch auf Salzwasser. Nistet im Schilf und in anderer Wasservegetation. Verbreitungskarte S. 128.

Kammbläßhuhn *Fulica cristata* 17

| E - Crested Coot | F - Foulque à crête | I - Folaga cornuta |
| H - Knobbelmeerkoet | S - Kamsothöna | Sp - Focha cornuda |

KENNZEICHEN: 40,5 cm. Sehr ähnlich Bläßhuhn, aber unterschieden durch Fehlen von Weiß an den Armschwingen, durch *hervortretende rote Höcker* über jeder Seite des bläulichweißen Stirnschildes und durch *andersartige Stimme.* Beine bläulichgrau. Von weitem nur daran zu erkennen, daß die schwarze Befiederung zwischen Stirnblesse und Schnabel einen stumpfen und nicht wie beim Bläßhuhn einen spitzen Winkel bildet. Verhalten, Flug und Aufenthalt wie beim Bläßhuhn, aber scheuer und heimlicher.
STIMME: Gewöhnlicher Ruf ein vernehmliches, fast menschliches „hu, hu".
VERBREITUNG: Jahresvogel in Südspanien, im Winter auch in Portugal. Ausnahmsweise Frankreich, Sardinien, Italien, Sizilien.

Trappen: *Otididae*

Bodenvögel, die in Grassteppen und großen Feldern leben. Gang gemessen und würdevoll. Sehr scheu, laufen beim ersten Anzeichen von Gefahr schnell davon. Kräftige Flieger, denen die breiten Flügel und der mächtige Körper ein bezeichnendes Flugbild geben.

Großtrappe *Otis tarda* 26

| E - Great Bustard | F - Outarde barbue | I - Otarda |
| H - Grote trap | S - Stortrapp | Sp - Avutarda |

KENNZEICHEN: 102 cm; ♀ viel kleiner. Leicht an der *gewaltigen Größe,*

← *Bläßhuhn*
Teilzieher. Manchmal auf Island brütend

Großtrappe →
Jahresvogel. Umherstr. nordw. bis Brit. Inseln, Schweden, Finnland

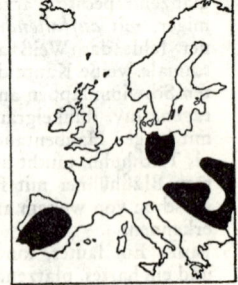

am dicken Körper und Hals und an den dicken Beinen zu erkennen.
Kopf und Hals *hellgrau* (♂ mit langem „Bart" borstenartiger weißlicher
Federn), Oberseite rotbräunlich mit schwarzer Bänderung, Unterseite
weiß mit kastanienbrauner Brust; ♀ weniger kräftig, ohne Brustband.
Wirkt im Flug *hauptsächlich weiß* (mit schwarzen Flügelspitzen); Hals
und Beine ausgestreckt; Flügelschläge langsam, regelmäßig, aber kraftvoll. Läuft gemessen mit erhobenem Kopf. Außergewöhnlich scheu.
Polygam. Gewöhnlich in kleinen Trupps, in denen die ♀ überwiegen;
zur Brutzeit nur junge ♂ truppweise beisammen. Von anderen Trappen durch viel größere Gestalt und das Fehlen von Schwarz am Halse
unterschieden.
STIMME: Zur Brutzeit gelegentlich ein schnarchendes Bellen.
VORKOMMEN: Nistet auf offenen, baumlosen Ebenen, Grassteppen, aus-
gedehnten Raps-, Korn- und Maisfeldern usw. Verbreitungskarte S. 128.

Zwergtrappe *Tetrax tetrax*   **26**

  E - Little Bustard   F - Outarde canepetière   I - Gallina prataiola
  H - Kleine trap   S - Småtrapp   Sp - Sisón

KENNZEICHEN: 43 cm. Knapp halb so groß wie Großtrappe. Außergewöhnliche Scheu erschwert die Beobachtung. ♂ im Brutkleid durch
auffälliges *schwarz-weißes Halsband* gekennzeichnet; Oberseite und
Scheitel fein sandfarben, schwarzbraun gewellt, Gesicht blaugrau; Unterseite weiß. ♀ oben heller, schwarz gestreift und gebändert, unten
weißlich rahmfarben, Brust und Flanken gebändert, ohne auffällige Abzeichen am Hals oder Gesicht. Verhalten wie Großtrappe, läuft aber gewandt und drückt sich bei Gefahr flach auf den Boden (nach Rebhuhn-
art). Fliegt rasch und *gewandt* mit schnellen, pfeifenden Flügelschlägen
ähnlich Moorschneehuhn. *Wirkt im Fluge hauptsächlich weiß*, mit auffallenden schwarzen Flügelspitzen; fliegt viel höher als Großtrappe. Gewöhnlich in kleinen Trupps, aber im Herbst in Scharen. Siehe auch
Kragentrappe.
STIMME: Kurz „dag" und bei der Balz schnaubend „ptrrr" oder „pret".
VORKOMMEN: Grasige Ebenen, ausgedehnte Korn- und Kleefelder u. a.
Verbreitungskarte S. 130.

Kragentrappe *Chlamydotis undulata*   **26**

  E - Houbara Bustard   F - Outarde houbara   I - Oubara
  H - Kraagtrap   S - Kragtrapp   Sp - Hubara

KENNZEICHEN: 63,5 cm. Größe zwischen Groß- und Zwergtrappe, Gestalt
einem (weiblichen) Truthahn ähnlich. Hals und rostbräunlicher Schwanz
verhältnismäßig lang. Beide Geschlechter sind in allen Jahreszeiten gekennzeichnet durch die *kurze, schwarz-weiße Haube und Büschel langer
schwarzer und weißer Federn, die jederseits am Halse herabhängen,*
bald in auffallender Weise zur Schau gestellt werden, bald unauffälliger
und teilweise verborgen sind. Augen groß. Oberseite sandgelblich marmoriert mit spärlichen schwarzen Flecken, Kehle gräulich und Flanken
gebändert. Im Fluge einfarbig sandbraune Färbung von Vorderrücken
und Flügeldecken sowie schwarze Schwingen mit weißem Fleck in der
Nähe der Basis der Handschwingen kennzeichnend, jedoch weniger

Weiß im Flügel zu erkennen als bei Groß- und Zwergtrappe. Flügelschlag langsam; Flügel lang und verhältnismäßig schmal.

VORKOMMEN: Öde Stein- und Sandsteppen oder Halbwüsten. Erscheint
auch in Korn- oder anderen Feldern.

VERBREITUNG: Von den östlichen Kanarischen Inseln durch die Sahara und
Wüstengebiete Asiens ostwärts bis zum Saissan-nor. Als Irrgast in den
meisten europäischen Ländern. In Deutschland etwa ein Dutzend Male
erbeutet.

Austernfischer: *Haematopodidae*

Schwarzweiße oder schwarze, mancherorts auch an Binnengewässern vorkommende Strandvögel mit langem rotem Schnabel. Die Familie ist welt-
weit verbreitet.

Austernfischer *Haematopus ostralegus* **29, 32**

E - Oyster-catcher	F - Huîtrier-pie	I - Beccaccia di mare
H - Scholekster	S - Strandskata	Sp - Ostero

KENNZEICHEN: 43 cm. Ein großer, schwarzweißer Strandvogel mit *langem,
rotem Schnabel*. Kopf, Brust und Oberseite schwarz, davon abgesetzt
die rein weiße Unterseite und starke, rote Beine. Schnabel seitlich zusammengedrückt, oft schwach aufgeworfen. Breite, weiße Flügelbinde,
weißer Bürzel und schwarz-weißer Schwanz im Fluge auffallend. Im
Winter über die Kehle ein weißes Band. Lärmt sehr. Rastet bei Ebbe in
Scharen auf Inselchen und Sandbänken; auf Nahrungssuche zwischen
Felsen und auf Schlammflächen (im Watt). Kräftiger Flug mit flachen
Flügelschlägen.

STIMME: Ein lautes *„pik, pik, pik"*. Warnruf ein schrilles *„kliep, kliep"*.
Gesang ein langer, pfeifender Roller, der langsam beginnt und nach
Umfang und Tempo schwankt.

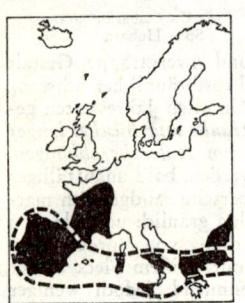

← *Zwergtrappe*
Teilzieher. Hat in
Deutschl. u. Ungarn
gebrütet. Umherstr.
nordw. bis Brit. In-
seln, Skandinavien,
Finnland

Austernfischer →
Teilzieher, südl. d.
Strichellinie über-
winternd. Umher-
streif. Mitteleur.
und Mittelmeerins.

VORKOMMEN: Hauptsächlich Meeresufer, Inseln, Flußmündungen. Lokal im Binnenland. Nistet gewöhnlich an der Küste, stellenweise im Binnenland an Seen und Strömen, gelegentlich weitab vom Wasser. Verbreitungskarte S. 130.

Austernfischer

Regenpfeifer: *Charadriidae*

Watvögel[1], die kräftiger gebaut, dickhalsiger und kontrastreicher gezeichnet sind als Wasser- und Strandläufer; Schnabel kürzer und dicker, Augen größer als bei diesen. Zum Bestimmen sind vor allem die Abzeichen des fliegenden Vogels und seine Rufe wichtig. Viele Arten übersommern an südlich ihres Brutgebietes gelegenen Küsten. Geschlechter gewöhnlich wenig verschieden. Nisten am Erdboden. Die Kiebitze werden von einigen Autoren als besondere Familie (Vanellidae) getrennt.

Spornkiebitz *Hoplopterus spinosus* 65

E - Spur-winged Plover   F - Vanneau éperonné   I - Pavoncella armata
H - Sporenkievit   S - Sporrvipa   Sp - Avefría espolada

KENNZEICHEN: 27 cm. Das schwarz-weiße Gefieder ist sehr bezeichnend: Scheitel und schwach verlängerte Schopffedern pechschwarz, Mitte von Kehle, Brust und Unterseite schwarz, Gesicht, Hals und Unterschwanzdecken weiß. Oberseite sandbraun mit bis auf die Flügel herabhängenden Schulterfedern. Flügel und Schwanz kräftig schwarz und weiß gemustert, am Flügelbug ein kleiner Sporn. Verhalten ähnlich wie Kiebitz.
STIMME: Gewöhnlich ein lärmendes „siksak, siksäh".
VORKOMMEN UND VERBREITUNG: Offenes Gelände und Sümpfe, oft Salzsümpfe. Brutvogel in Afrika (am Nil nordwärts bis zum Mittelmeer), Vorderasien und Nordost-Griechenland, wahrscheinlich auch in Bulgarien; umherstreifend bis Rumänien. Irrgast auf Malta.

[1] S. Fußnote auf S. 368.

Steppenkiebitz *Chettusia gregaria*   **65**

E - Sociable Plover   F - Pluvier sociable   I - Pavoncella gregaria
H - Steppenkievit   S - Stäppvipa   Sp - Chorlito social

KENNZEICHEN: 29 cm. Ziemlich groß und hochbeinig. Von ferne rötlichgrau
erscheinend, aus der Nähe jedoch auffällig der *schwarze Scheitel, der
sich von breiten, weißen Augenbrauenstreifen abhebt, die sich am Hinterkopf V-förmig vereinigen.* Im Fluge sind kennzeichnend *weiße Armschwingen, schwarze Handschwingen und weißer Schwanz mit breiter
schwarzer Binde vor dem Ende.* Im Sommer Wangen und hintere Kehle
warm gelblichbraun, Brust und Rücken rötlichgrau, *Bauch schwarz und
dunkel rostbraun, im Fluge mit den weißen Unterschwanzdecken kon-
trastierend.* Im Winter sind die Zeichnungen an Kopf und Unterkörper
weniger deutlich, die Brust ist dann etwas dunkel gestreift. Juv. ähnlich
Altvögeln im Winter, aber bräunlicher, Unterseite gelbbräunlich und
kräftiger gestreift. Flug erinnert an Kiebitz, aber Flügel schmäler, weniger gerundet.
STIMME: Im Winter ein kurzer, durchdringender Pfiff und ein rauhes
kratzendes „etch-etch-etch", das zuweilen zu einem anhaltenden Schelten
verlängert wird.
VORKOMMEN UND VERBREITUNG: Offene Sand- oder Grasflächen, Ödländereien in der Nähe von hochgelegenem Kulturland; auch in der Nähe
der Meeresküste. Brütet in der Steppe. Irrgast aus Asien, der in Mittel-
und Südeuropa bis Spanien, Großbritannien, Irland, Belgien, Holland,
Dänemark und Finnland erscheint; 5mal in Deutschland festgestellt.

Kiebitz *Vanellus vanellus*   **30, 31**

E - Lapwing   F - Vanneau huppé   I - Pavoncella
H - Kievit   S - Tofsvipa   Sp - Avefría

KENNZEICHEN: 30,5 cm. Typisch für Wiesen und Felder des Tieflandes.
Ein großer schillernder, *grünlich-schwarz-weißer* Regenpfeifer, der durch
einen *langen, strähnigen Kopfstutz* und ein breites, von der rein weißen
Unterseite abstechendes *schwarzes Brustband* ausgezeichnet ist; ferner
sehr kenntliche Stimme; im Fluge auffallend die *breiten und sehr runden Flügel.* Schwanz weiß mit breiter schwarzer Endbinde und kasta-

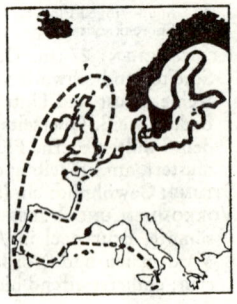

← *Kiebitz*
Teilzieher

Sand- →
regenpfeifer
Teilzieher. Hat i. d.
ČSR gebrütet. Mag
auch in Südfrank-
reich überwintern

nienbraunen Unterschwanzdecken. Wuchtelnder Flug, oft tolle Kaprio-
len. Gesellig, im Winter meist in großen Scharen.
STIMME: Laut und nasal „kie-wit" oder länger „kie-r-wie", beim akro-
batischen Balzflug verschieden abgewandelt.
VORKOMMEN: Sumpfwiesen, Weiden, Felder, Sümpfe, Moore, Schlammflächen. Nistet im Kulturland (Wiesen), in Sümpfen usw. Verbreitungskarte S. 132.

Keilschwanzregenpfeifer *Charadrius vociferus* 65

E - Killdeer   F - Gravelot à double collier   I - Corriere americano
H - Killdeerplevier   S - Skristrandpipare   Sp - Chorlitejo culirrojo

KENNZEICHEN: 25 cm. Oberflächlich ähnlich Sandregenpfeifer, aber erheblich größer und mit *zwei* schwarzen Bändern über die Brust. Der lange
roströtliche Schwanz hat schwarze Binde vor der weißen Spitze. Im
Fluge auffällig *goldig rostfarbener Bürzel, langer, keilförmiger Schwanz*
und deutliche weiße Flügelbinden. Schnabel schlank, schwarz; Beine
blaß fleischfarben.
STIMME: Gewöhnlich ruffreudig; lautes, anhaltendes „kill-dih" oder „kill-
dië"; auch ein melancholisches, ansteigendes „dih-ih".
VORKOMMEN UND VERBREITUNG: Gewöhnlich auf Äckern und Weideland,
wo er (als amerikanisches Gegenstück zu unserem Kiebitz) auch brütet;
besucht im Winter auch die Küste. Irrgast aus Nordamerika in Großbritannien, Irland, Frankreich, auf den Färöern und Island.

Sandregenpfeifer *Charadrius hiaticula* 30, 31

E - Ringed Plover   F - Grand gravelot   I - Corriere grosso
H - Bontbekplevier   S - Skrikstrandpipare   Sp - Chorlitejo grande

KENNZEICHEN: 19 cm. Ein rundlicher, lebhafter kleiner Küstenvogel mit
breitem schwarzen Band über die weiße Brust. Oberseite sandbraun mit
weißem Halsband und schwarzem Fleck durchs Auge, über dem die
weiße Stirn sehr deutlich ist. Schnabel orangegelb mit schwarzer Spitze;
Beine orangegelb (sie können auch schwarz aussehen, wenn sie schlamm-
beschmutzt sind). Weiße Flügelbinde im Fluge auffallend. Diese, die
Beinfarbe und Stimme sind die besten Kennzeichen gegenüber Flußregenpfeifer. Juv. oberseits braun, geschuppt erscheinend, ohne Schwarz
am Kopf, mit bräunlichem, vorn oft unvollständigem Brustband, an
Seeregenpfeifer erinnernd, aber von diesem durch *gelbliche (nicht
schwarze)* Beine und weiße Schwanzspitzen (nicht nur weiße Seiten)
unterschieden. Lebhaft, rollender Gang, von kurzen Pausen zum Auf-
picken von Futter unterbrochen. Schneller Flug mit regelmäßigen Flügelschlägen; Trupps vollführen Massenschwenkungen in geringer Höhe.
STIMME: Melodisch „tüi" oder „küip". Gesang langsam beginnend bis zu
einer trillernden Wiederholung des Motivs „quitu-wiu".
VORKOMMEN: Sandige und schlammige Meeresufer, auf dem Zuge auch an
Binnengewässern. Nistet am Strand, zwischen Dünen, in Salzsümpfen,
lokal im Binnenland, in der Tundra, auch auf sandigem Boden und in
trockenen Flußbetten. Verbreitungskarte S. 132.

Flußregenpfeifer *Charadrius dubius* 30, 31

E - Little Ringed Plover   F - Petit gravelot   I - Corriere piccolo
H - Kleine plevier   S - Mindre strandpipare   Sp - Chorlitejo chico

KENNZEICHEN: 13,5 cm. Ähnlich kleinem Sandregenpfeifer, aber von diesem unterschieden durch das *Fehlen* einer weißen Flügelbinde, durch *blaßgelbliche Beine* (nicht orangegelbe, aber dies Kennzeichen bei schlammbeschmutzten Beinen nicht zuverlässig), andersartige Stimme und gewöhnlich durch verschiedenen Aufenthalt; ferner durch eine weiße Linie *hinter* dem schwarzen Stirnband. Von nahem kann man den *gelben Augenring* sehen. Juv. oft mit unvollständigem braunem Kropfband und dadurch dem Seeregenpfeifer ähnlich, aber von diesem durch *hell fleischfarbene* Beine und fehlende Flügelbinde unterschieden.

STIMME: Ein hohes pfeifendes „tiü". Trillernder Gesang ziemlich ähnlich wie beim Sandregenpfeifer, aber nicht so abwechslungsreich, sondern hauptsächlich eine Wiederholung von „tri-ä, tri-ä, tri-ä".

VORKOMMEN: An Süßwasser gebunden; besonders in überfluteten Kiesgruben und auf Schotterinseln der Flüsse; im Winter an der Küste. Nistet auf Kies- oder Sandufern der Binnengewässer, lokal an der Küste. Verbreitungskarte S. 134.

Seeregenpfeifer *Charadrius alexandrinus* 30, 31

E - Kentish Plover   F - Gravelot à collier interrompu   I - Fratino
H - Strandplevier   S - Svartbent strandpipare   Sp - Chorlitejo patinegro
                     N.A. - Snowy Plover

KENNZEICHEN: 16 cm. Von Sand- und Flußregenpfeifer wie folgt unterschieden: Schlanker, Oberseite fahler. Schnabel und Beine *schwärzlich*, dunkler Augenfleck *schmaler* und ein *kleiner dunkler Fleck* an jeder Seite der Vorderbrust an Stelle eines vollständigen schwarzen Bandes. Die schmale weiße Flügelbinde erinnert an Halsbandregenpfeifer, aber der Seeregenpfeifer ist oben heller und der dunkle Schwanz auffälliger weiß an den Seiten. ♂ mit schmalem weißem Streifen über dem Auge und schwärzlichem Fleck am Vorderrand des *rostroten* Scheitels. ♀ heller mit bräunlichen statt schwarzen Flecken an den Brustseiten und ohne Schwarz am Scheitel. Juv. mit jungen Sand- und Flußregenpfeifern zu verwechseln, die ja ein unvollständiges Brustband haben, deren Beine

← *Flußregenpfeifer*
Sommervogel. Umherstreifend Irland, Schottland

Seeregenpfeifer →
Teilz. Umherstr. Irland, Schottland, Finnland, Mitteleuropa

aber gelblich oder fleischfarben und nicht schwarz sind. Läuft mit schnellerer Bewegung der Beine als Sandregenpfeifer.

STIMME: Sanft „tjip–tjip–tjip", flötend „püit" oder „poit". Bei Alarm „kitap". Gesang ein langes, langsam beginnendes, schneller werdendes Trillern.

VORKOMMEN: Hauptsächlich an der Meeresküste; im Binnenlande an salzigen Gewässern (Neusiedler-See-Lacken). Nistet auf Sandstrand, grobem Kiesstrand (Südengland), trockenen Schlammflächen usw. Verbreitungskarte S. 134.

Wüstenregenpfeifer *Charadrius leschenaultii* 65

E - Greater Sand Plover   F - Gravelot mongol   I - Piviere de Leschenault
H - Woestijnplevier   S - Okenpipare   Sp - Chorlitejo mongol

KENNZEICHEN: 21 cm. Oberseits graubraun, unterseits weiß, *mit kräftigem, seeschwalbenartigem, schwarzem Schnabel* und dunkel olivfarbenen Beinen. ♂ im Brutkleid *mit breitem rostrotem Brustband, schwarzer Ohrgegend und weißer, durch ein schmales schwarzes Band geteilter Stirn;* Vorderscheitel und Nacken blaß zimtfarben; kein weißer Halsring. ♀ mit blasserem, weniger scharf begrenztem Brustband und mit grauer statt schwarzer Zeichnung an Ohrgegend und Stirn. Im Winter Geschlechter einander ähnlich, jedoch ♂ mit geringen Spuren der schwarzen Zeichnungen am Kopf und mit breitem weißem Überaugenstreif. Juv. mit blasseren Federsäumen an der Oberseite, rostfarbenen an der Brust.

STIMME: Ein wohlklingendes, flötendes „pihf". Weniger stimmfreudig als die meisten anderen Regenpfeifer.

VORKOMMEN UND VERBREITUNG: Besucht sandige Küsten und Schlammflächen am Strande. Irrgast aus West- und Mittelasien in Schweden, Deutschland (einmal) und Griechenland.

Mornellregenpfeifer *Eudromias morinellus* 30, 31

E - Dotterel   F - Pluvier guignard   I - Piviere tortolino
H - Morinelplevier   S - Fjällpipare   Sp - Chorlito carambolo

KENNZEICHEN: 21,5 cm. ♂ kleiner. Sehr zutraulich. Gekennzeichnet durch

← *Mornell-
regenpfeifer*
Zugvogel. Früher Nordengl. Brutv. Holland (seit 1961). Hat i. d. Schweiz gebr. Umherstr. Irland, Färöer

*Kiebitz- →
regenpfeifer*
Wintergast aus der Tundra. Nichtbr. übersommern an d. Küsten, auf d. Zuge auch i. Binnenland. Umherstr. Island

ein *weißes Band* zwischen brauner Brust und rostroter Unterseite und durch schwärzlichen Scheitel und breite weiße Augenstreifen, die sich im Nacken zu einem deutlichen „V" vereinigen. Bauch schwarz. Im Winter sind ad. und juv. heller mit undeutlicher Zeichnung und aschbrauner Brust. Das Weiß von Kehle, Brustband und Unterschwanzdecken hebt sich scharf von der dunklen Brust und dem schwarzen Bauch ab und ist beim fliegenden Vogel von unten deutlich zu sehen; im Winter ist diese Musterung viel weniger ausgeprägt, aber weiße Augenstreifen und das Brustband sind immer kennzeichnend, obwohl manchmal schwierig zu sehen. Erscheint im Fluge gedrungen und kurzschwänzig. Beine gelblich.
STIMME: Hauptsächlich wiederholte pfeifende „titi–ri–titi–ri", die in Erregung zu einem schnellen Triller werden.
VORKOMMEN: Öde steinige Bergrücken und die Tundra, auf dem Zuge auch im Tiefland in Heide, Sümpfen und an der Küste. Nistet auf nacktem erhöhtem Boden, in den Alpen auf trockenen Bergmatten. Verbreitungskarte S. 135.

Kiebitzregenpfeifer *Pluvialis squatarola*   **30, 31**

E - Grey Plover	F - Pluvier argenté	I - Pivieressa
H - Zilverplevier	S - Kustpipare	Sp - Chorlito gris
	N.A. - Black-bellied Plover	

KENNZEICHEN: 28 cm. Im Brutkleid *unten schwarz und oben weißlich.* Ähnelt keinem anderen Watvogel, ausgenommen den Goldregenpfeifer, aber von diesem in jedem Gefieder unterschieden durch *auffallende, schwarze Achseln* (nur im Fluge zu sehen), die von der weißlichen Unterseite der Flügel abstechen, und durch *weißliche Flügelbinde, weißlichen Bürzel und Schwanz.* Der Goldregenpfeifer hat *weiße* Achseln, kein deutliches Flügelband und ganz dunklen Schwanz. Ad. im Sommer mit *weißlich* und nicht goldgelb gezeichneter Oberseite; im Winter Oberseite einförmiger bräunlichgrau, Unterseite heller als beim Goldregenpfeifer; immat. gelblich, kann mit Goldregenpfeifer verwechselt werden. Gebeugte, krumme Haltung erinnert an Triel.
STIMME: Ein klagendes, verwischtes *dreisilbiges* „tlïeih" (zweite Silbe tiefer). Öfter zu hören als Goldregenpfeifer.
VORKOMMEN: Hauptsächlich Schlamm- und Sandbänke. Nistet in der arktischen Tundra. Verbreitungskarte S. 135.

Goldregenpfeifer *Pluvialis apricaria* ✳   **30, 31**

| E - Golden Plover | F - Pluvier doré | I - Piviere dorato |
| H - Goudplevier | S - Ljungpipare | Sp - Chorlito dorado común |

KENNZEICHEN: 28 cm. In allen Kleidern durch dunkle, *reich goldgelb gefleckte Oberseite* gekennzeichnet. Die nördliche Rasse, *P. a. altifrons,* hat im Sommer *pechschwarzes Gesicht und Unterseite,* sauber begrenzt durch einen breiten weißen Streifen von der Stirn am Hals entlang (an den Brustseiten sehr ausgedehnt) und an den Körperseiten abwärts bis zu den Flanken. Die südliche Rasse, *P. a. apricaria,* hat nicht diese scharf abgegrenzte Schwarz-Weiß-Zeichnung, sondern ein teilweise verdunkeltes Gesicht, dunkle Unterseite und das Weiß *verschwommen und gelblich.* Im Winter sind die Rassen ununterscheidbar: Gesicht und Unterseite weißlich, an der Brust gelblichbraun gefleckt. Keine weiße Handschwingenbinde, nur heller Saum der Armdeckenspitzen als schmale Flügelbinde zu sehen, Schwanz und Bürzel *dunkel* und *mit der Färbung der übrigen Oberseite übereinstimmend,* Unterflügel in der Mitte und an der Wurzel weiß. Kann in allen Kleidern (besonders im Jugendkleid) mit dem Kiebitzregenpfeifer verwechselt werden, aber dieser hat auffallende schwarze Achselflecke, weißliche Flügelbinde, weißlichen Bürzel und Schwanz und grauere Oberschwanzdecken.

STIMME: Lockruf (gewöhnlich im Fluge) ein angenehm flötendes „tlüh"; bei Alarm schwermütig „tlü–i". Gesang im Balzflug ein mannigfaltig abgewandelter perlender Triller, in dem wiederholt die Motive „turi", „tirr-piu" usw. gebracht werden.

VORKOMMEN: Hochmoore, im Winter auch Felder, Küsten und Flußmündungen; nistet im Heidekraut u. dgl. Verbreitungskarte S. 138.

Kleiner Goldregenpfeifer *Pluvialis dominica*
(Sibirischer und Amerikanischer Goldregenpfeifer)

E - Lesser Golden Plover   F - Pluvier doré asiatique
H - Aziatische Goudplevier   S - Arktisk ljungpipare

KENNZEICHEN: 25,5 cm. Kleiner und zierlicher als Goldregenpfeifer, mit *längeren Beinen,* relativ großem Kopf und schmalen Flügeln, die angelegt die Schwanzspitze gut überragen. In allen Kleidern durch *gelbbräunliche Unterflügel und graue Achseln* unterschieden (Goldregenpfeifer hat weiße Unterflügel). Ad. im Sommer mit mehr Schwarz auf Ober- und Unterseite, an den Flanken fehlen gewöhnlich die weißen Ränder. Immat. ähnelt gleichaltem Mornell; mit hellerem Gesicht und Überaugenstreif und gelbbräunlicherer Unterseite als Goldregenpfeifer.

STIMME: Ein leises wohlklingendes „piu", ein betontes „klih-iht" und andere mehrsilbige, an Goldregenpfeifer erinnernde Rufe.

VORKOMMEN UND VERBREITUNG: Auf dem Zuge wie Goldregenpfeifer. Brütet in der arktischen Tundra Sibiriens und Nordamerikas. Von einigen Autoren werden die sibirische und die nordamerikanische Rasse des Kleinen Goldregenpfeifers als besondere Arten, *Pluvialis fulva* (Sibirien) und *Pluvialis dominica* (Nordamerika), angesehen; beide kommen als Irrgäste in Europa vor und wurden als solche auch dreimal bzw. einmal auf Helgoland gefunden.

Schnepfenvögel (Schnepfen, Brachvögel, Uferschnepfen, Wasser- und Strandläufer): *Scolopacidae*

Eine artenreiche und vielgestaltige Familie von Watvögeln. Aufenthalt gewöhnlich die Küste und Sümpfe, obwohl einige Arten auch trockenes offenes Gelände oder Wälder bewohnen. Beine ziemlich bis sehr lang. Flügel gewöhnlich spitz und gewinkelt. Schnabel schlank, kurz oder lang, gerade oder gebogen. Brut-, Ruhe- und Jugendkleid meist verschieden, so daß Übergangskleider zu Verwechslungen Anlaß geben. Zur Bestimmung sind Flügelbinden, Bürzel- und Schwanzzeichnung wichtig. Stimme sehr mannigfaltig und oft wohltönend. Außerhalb der Brutzeit hauptsächlich gesellig, manche Arten erscheinen dann in riesigen Scharen an den Küsten. Viele Arten übersommern auch südlich des Brutgebietes. Geschlechter ähnlich. Gewöhnlich Bodenbrüter.

Steinwälzer   *Arenaria interpres*   **30, 31**

   E - Turnstone   F - Tourne-pierre interprète   I - Voltapietre
   H - Steenloper   S - Roskarl   Sp - Vuelvepiedras

Kennzeichen: 23 cm. Ein robuster Strandvogel mit „schildpattfarbigem" Gefieder, *kurzen, orangegelben* Beinen und kurzem, spitzem, schwarzem Schnabel. Im Sommer oben lebhaft rotbraun und schwarz, Kopf schwarzweiß, unten weiß mit *breitem dunklem Brustband.* Im Winter wird die Schildpattfärbung durch düsteres Braun (mit weißer Kehle) ersetzt. Musterung im Flug sehr bezeichnend (s. Tafel 30). Dreht Steine und Muscheln um.
Stimme: Gewöhnlich scharf und staccato „tük-e-tük".
Vorkommen: Im Winter an Fels- oder Kiesküsten. Nistet gewöhnlich am freien Felsboden auf Inseln der Küste, aber in der Arktis auch gelegentlich auf Flußinseln. Verbreitungskarte S. 138.

Bekassine   *Gallinago gallinago*   **27, 33**

   E - Snipe   F - Bécassine des marais   I - Beccaccino
   H - Watersnip   S - Enkelbeckasin   Sp - Agachadiza común
                 N.A. - Wilson's Snipe

Kennzeichen: Knapp 27 cm. Ein heimlicher, sich drückender, brauner Sumpfvogel mit langem, geradem Schnabel. Schwer aus der Nähe zu beobachten, aber sofort zu erkennen an dem *charakteristischen Zickzack-flug und heiserem, rätschendem Ruf beim Auffliegen.* Viel größer als die kurzschnäbeligere Zwergschnepfe, fast von der Größe der Doppelschnepfe, kleiner als Waldschnepfe. Der schwarz und rotbraun gezeichnete Rücken mit *kräftigen gelblichen Streifen.* Außenkanten des Schwanzes nur *ganz wenig weiß* (Schwanzkanten bei der Doppel-

← *Gold-regenpfeifer*
Teilz. Früher in Holland, lokal in NW-Deutschl. und SW-Finnland brüt.

Steinwälzer →
Zugv. Nichtbrüter übersommern auch im Überwinterungsgebiet. Zug durch fast ganz Europa. Hat i. N-Deutschl. gebr.

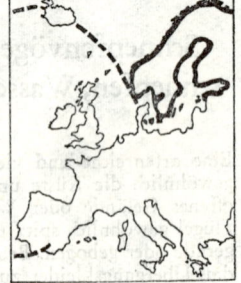

schnepfe *auffallend* weiß, bei der Zwergschnepfe ohne jedes Weiß; die junge Doppelschnepfe hat ebenfalls keine weißen Schwanzkanten und ist daher im Felde schwer von der Bekassine zu unterscheiden, es sei denn am Verhalten). Die hellen Kopfstreifen *längsgerichtet* (bei der Waldschnepfe *quer*). Der sehr lange, schlanke Schnabel ist im Fluge abwärts gerichtet. Nahrungssuche manchmal am Tage und dann auf Zäunen oder gar Bäumen sitzend. Fliegt in der Abenddämmerung in kleinen Gesellschaften zu den Nahrungsgründen.

STIMME: Beim Aufgehen ein trockenes, kratzendes „Rätschen". Gesang uhrwerkartig und monoton „tüke, tüke, tüke ...". Während des Balzfluges (beim schrägen Absturz) ertönt durch Vibration der weit gespreizten äußeren Schwanzfedern ein dumpf brummendes Geräusch, etwa wie „huhuhuhuhu" (ganz schnell gesprochen), das „Meckern".

VORKOMMEN: Sümpfe, feuchte Wiesen, Rieselfelder, nasse Moore usw. Nistet in Seggen oder Binsen, gelegentlich im Heidekraut. Verbreitungskarte S. 139.

Doppelschnepfe *Gallinago media*   **27, 33**

E - Great Snipe   F - Bécassine double   I - Croccolone
H - Poelsnip   S - Dubbelbeckasin   Sp - Agachadiza real

KENNZEICHEN: 28 cm. Auf dem Boden nur schwer von der Bekassine zu unterscheiden, und zwar wirkt sie gegenüber dieser etwas vollbrüstiger, *dunkler, mehr gebändert* und kurzschnäbeliger. Im Fluge leichter zu erkennen, da bei ad. *viel mehr Weiß an den Schwanzkanten.* Juv. nicht zu unterscheiden. Flug langsamer, schwerfälliger und gewöhnlich geradeausführend und nicht im Zickzack; *fliegt meist stumm auf* und hält den Schnabel waagerechter.

STIMME: Sehr selten ein kurzes und gedämpftes „Rätschen". Am Balzplatz veranstalten die ♂ im Frühling einen auffallenden Singchor – ein leises „Schnabelknebbern", Klopfen und Gurren.

VORKOMMEN: Außerhalb der Brutzeit oft an trockeneren Plätzen als die Bekassine – auf Stoppelfeldern, Farnkrautflächen, Heiden usw. Zur Brutzeit gewöhnlich im Sumpfland, an Flußufern usw. Verbreitungskarte S. 139.

← *Bekassine*
Teilzieher

Doppelschnepfe →
Sommervogel. Geleg. im Sommer in Österr. Zug über d. Festland. Umherstr. westw. b. Irland

Zwergschnepfe *Lymnocryptes minimus*   **27, 33**

E - Jack Snipe   F - Bécassine sourde   I - Frullino
H - Bokje   S - Halvenkel beckasin   Sp - Agachadiza chica

KENNZEICHEN: 19 cm. Kleinste Bekassine. Am Boden schwer zu sehen, aber sofort von der Bekassine durch *geringere Größe, relativ viel kürzeren Schnabel und langsameren, mehr geradeaus führenden* (obwohl gelegentlich etwas schwankenden) *Flug* unterschieden. Verläßt erst im letzten Augenblick die Deckung und sucht sie schnell wieder auf, anstatt wie die Bekassine nach wildem Zickzackfluge zu „himmeln". *Beim Auffliegen in der Regel stumm.* Von nahem sind weitere Unterschiede gegenüber der Bekassine: Kein gelblicher Mittelstreif auf dem Scheitel, leuchtende, sich vom Purpurschiller des Rückens abhebende Rückenstreifen, *kein Weiß am Schwanz* und keine Flankenbänderung. Fast immer einzeln.

STIMME: Selten zu hören, aber im Balzflug und am Boden ein seltsames gedämpftes, an ein galoppierendes Pferd erinnerndes Trommeln.

VORKOMMEN: Wie Bekassine. Nistet in feuchten Sümpfen und Mooren. Verbreitungskarte S. 140.

Großer Schlammläufer *Limnodromus scolopaceus*

E - Long-billed Dowitcher   F - Bécasseau à long-bec
                                    S - Långnäbbad beckasinsnäppa

KENNZEICHEN: 29 cm. Ein kräftiger, kurzschwänziger Vogel von bekassinenartiger Gestalt. In jedem Gefieder zu erkennen am langen, *bekassinenähnlichen Schnabel* in Verbindung mit weißer Färbung von Hinterrücken, Bürzel und Schwanz; das *Weiß läuft zum Rücken hin in langer Spitze aus.* Könnte mit Grünschenkel verwechselt werden, aber Beine viel kürzer und Flügel mit weißem Hinterrand. Im Sommerkleid Brust zimtrötlich verwaschen. Stochert bei der Futtersuche mit dem langen Schnabel mit schnellen, „nähmaschinenartigen" Bewegungen im Schlamm. Schwierig zu unterscheiden vom Schlammläufer, *L. griseus* (Irrgäste, S. 322), ist aber größer als dieser, der Schnabel ist länger, die angelegten Flügel erreichen nicht die Schwanzspitze, und die Unterschwanzdecken sind gebändert, nicht gefleckt.

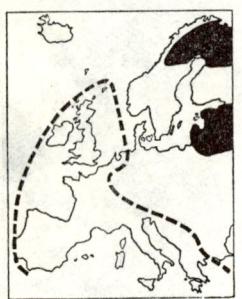

← *Zwergschnepfe* Zugvogel. Brut in S-Schweden, früher Deutschland. Umherstreifend Färöer, Island

Waldschnepfe → Teilzieher. Durchzug Färöer. Wahrsch. alljährl. Island

Stimme: *L. scolopaceus:* Ein langgezogenes, durchdringendes „kiehk", das vom aufgescheuchten Vogel zu einem langen, perlenden Triller gereiht wird. *L. griseus:* Eine schnell vorgetragene Reihe von drei Tönen, „kut-kut-kut", an Gelbschenkel erinnernd.

Vorkommen: *L. scolopaceus* auf dem Zuge gewöhnlich an schlammigen Süßwasserteichen mit Ufervegetation. *L. griseus* auf freien Schlamm-flächen an der Küste. – Brutgebiet *(L. scolopaceus)*: Nordostsibirien, Alaska.

Waldschnepfe *Scolopax rusticola*   **27, 33**

E - Woodcock	F - Bécasse des bois	I - Beccaccia
H - Houtsnip	S - Morkulla	Sp - Chocha perdiz

Kennzeichen: Reichlich 34 cm. Ein ziemlich einsamer Waldvogel. Vollendete Anpassung des Gefieders an die Fallaubfärbung und die heimliche Lebensweise erschweren die Beobachtung. Von der Bekassine durch größere, untersetztere Gestalt, dickeren Schnabel, rundere Flügel, *fein gebänderte* gelbliche Unterseite und *querverlaufende schwarze Bänder* auf Scheitel und Nacken zu unterscheiden. Weit zurückgestellte, große Augen am runden Kopf. Flügel gerundet (bei der Bekassine zugespitzt). Tagsüber in dichter Deckung, fliegt mit eigentümlich klatschendem Geräusch auf (aber ohne zu rufen) und läßt sich schnell wieder in Deckung fallen. Flug gewöhnlich rasch und wankend. Wirkt im Fluge dick, kurzschwänzig und „halslos", mit abwärts gewinkeltem Schnabel. Dämmerungsvogel.

Stimme: Selten zu hören, ausgenommen beim langsamen Balzflug über Bäumen (gewöhnlich in der Morgen- und Abenddämmerung), wenn das ♂ ein weiches, tiefes, quarrendes „orrrt-orrrt" (das „Murksen") und hohe, scharfe „tsiwick"-Laute (das „Puitzen") vernehmen läßt.

Vorkommen: Wälder, besonders solche mit feuchten, verwachsenen Schneisen und überwuchertem Boden. Nistet gewöhnlich am Fuße von Bäumen. Verbreitungskarte S. 140.

Prärieläufer *Bartramia longicauda*

E - Bartram's Sandpiper	F - Bartramie à longue queue	I - Piro-piro codalunga
H - Bartrams ruiter	S - Höglandssnäppa	Sp - Correlimos de Bartram
	N.A. - Upland Plover	

Kennzeichen: 28 cm. Ein an den Seiten gebänderter Watvogel von nahezu Kampfläufergröße und zierlicher Gestalt. Hilfen bei der Bestimmung sind braune Allgemeinfärbung, ziemlich kurzer Schnabel (kürzer als Kopf), verhältnismäßig kleinköpfiges, dünnhalsiges Aussehen, lange Flügel, *ziemlich langer, gelbbrauner Schwanz* und die Gewohnheit, beim Landen die Flügel aufgerichtet zu halten (Unterseite der Flügel kräftig gebändert). Siehe auch *Calidris melanotos.*

Stimme: Im Fluge ein angenehmes Pfeifen „kip-ip-ip-ip".

Vorkommen und Verbreitung: Ausgedehnte Felder, Prärien usw. (nicht Küsten). Irrgast aus Nordamerika. Hauptsächlich auf den Britischen Inseln nachgewiesen; auch Dänemark, Deutschland (einmal), Holland, Italien, Malta.

Großer Brachvogel *Numenius arquata* **29, 32**

E - Curlew F - Courlis cendré I - Chiurlo maggiore
H - Wulp S - Storspov Sp - Zarapito real

KENNZEICHEN: 53–58 cm. Größter europäischer Watvogel. Leicht zu erkennen an dem *sehr langen, abwärts gebogenen Schnabel* und der eigentümlichen Stimme. Gefieder gräulich- oder gelblichbraun, dicht gestreift; das Weißlich des Bürzels erstreckt sich bis auf den Hinterrücken. Flug kräftig und ziemlich möwenartig mit gemessenem Flügelschlag; Trupps fliegen gewöhnlich hoch in Linie oder im Winkel. Der Regenbrachvogel ist kleiner, hat etwas kürzeren Schnabel und kräftig gestreiften Scheitel. Siehe auch Dünnschnabel-Brachvogel.

STIMME: Klangschöne, voll flötende „tlaüh" oder „traüih". Balzstrophe laut, langsam vorgetragen und sehr angenehm, mit einem langen Balzroller. Singt fast das ganze Jahr.

VORKOMMEN: Auf dem Zuge im Binnenland und an der Küste, so vor allem im Winter auf Schlammflächen und an Flußmündungen. Nistet in Mooren, Sümpfen, Wiesen, Sanddünen. Verbreitungskarte S. 142.

Dünnschnabel-Brachvogel *Numenius tenuirostris* **32**

E - Slender-billed Curlew F - Courlis à bec grêle I - Chiurlotello
H - Dunbekwulp S - Smalnäbbad spov Sp - Zarapito fino

KENNZEICHEN: Knapp 41 cm. Kleiner und schlanker als Großer Brachvogel, etwas langschnäbeliger als Regenbrachvogel, so groß wie dieser, aber heller, oben einförmig gewürfelt, ohne Streifen, aber mit *deutlichen Flecken an Brust und Flanken* (Flecke herzförmig, wirken aber von weitem rund). Scheitel *fein* gestreift, wirkt wie eine Mütze über weißen Superziliarstreif. Im Flug durch eine Kombination der Merkmale: *Unterseite und Bürzel schneeweiß,* heller Schwanz und Kontrast zwischen dunklen Handschwingen und hellen, gebänderten Armschwingen, gekennzeichnet. Flug ähnlich Großem Brachvogel, kann aber sehr schnell sein.

STIMME: Ähnlich dem „tlaüh" des Großen Brachvogels, aber kürzer und nicht so tief; Alarmruf ein scharfes „kju-ih".

VORKOMMEN UND VERBREITUNG: Im Winter wie Großer Brachvogel.

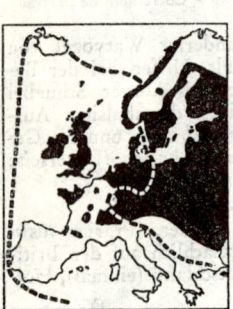

← Großer Brachvogel
Teilzieher. Nichtbrüter im Sommer an den Küsten südwärts bis Mittelmeer

Regenbrachvogel →
Zugv. Nichtbrüt. im Sommer an west- u. südeurop. Küsten. Zug auch d. Binnenland. Geleg. nordw. b. Großbrit. überw.

Nistet in sumpfigen Steppen Westsibiriens und der Wolga-uralischen Steppenregion. Auf dem Zuge in den Balkanländern und Italien. Als Irrgast im westlichen Mittelmeer und nordwärts bis Deutschland (etwa 10mal).

Regenbrachvogel *Numenius phaeopus*   29, 32

E - Whimbrel   F - Courlis corlieu   I - Chiurletto
H - Regenwulp   S - Småspov   Sp - Zarapito trinador

KENNZEICHEN: Knapp 41 cm. Vom Großen Brachvogel durch geringere Größe, „sauberes" Aussehen, dunklere und kontrastreichere Oberseite, relativ kürzeren, etwas weniger gebogenen Schnabel und *kräftig gestreiften Scheitel* unterschieden. Ruft ganz anders. Flügelschläge schneller. Siehe auch Dünnschnabel-Brachvogel. Der nordamerikanischen Rasse *N. ph. hudsonicus* (ausnahmsweise Island, Schottland, Irland, Spanien) fehlt der weiße Bürzel; sie ist auch dunkler.

STIMME: Ein gleichmäßiges Kichern von etwa 7 Pfeiflauten. Die Balzstrophe ähnelt dem flötenden, weichen Roller des Großen Brachvogels.

VORKOMMEN: Wie Großer Brachvogel. Zur Brutzeit auf feuchten Mooren; nistet zwischen Heide und Grasbüscheln auf Mooren und Inseln. Verbreitungskarte S. 142.

Uferschnepfe *Limosa limosa*   29, 32

E - Black-tailed Godwit   F - Barge à queue noire   I - Pittima reale
H - Grutto   S - Rödspov   Sp - Aguja colinegra

KENNZEICHEN: Knapp 41 cm. Von der Pfuhlschnepfe durch längeren, fast *geraden* Schnabel, *viel längere* und den Schwanz im Fluge weit überragende Beine, *schwarzen*, an Wurzel und Seiten weißen Schwanz und *breite weiße Flügelbinde* unterschieden. Im Sommer Kopf und Brust rostbraun, Flanken und Bauch weiß mit schwärzlichen Querflecken. Im Winter mehr wie dunkle Pfuhlschnepfe, doch bleiben Flügel- und Schwanzzeichnung unverändert. Bei juv. Brust und Hals lichter und hell rostfarbig.

STIMME: Flugruf rein und wiederholt „gritta"; häufigste Rufe am Brutplatz ein rasches, kicherndes „tiü-i-tiü" und ein nasales „quih-it".

← *Uferschnepfe*
Zugv. Hat in SW-Finnland, Faröer gebr. Umherstr. Norwegen

Pfuhlschnepfe →
Zugv. Brut in Schweden. Nichtbrüterübersommern an Küsten Westeuropas. Durchz. (auch Binnenland) mit Ausn. Südosteuropas

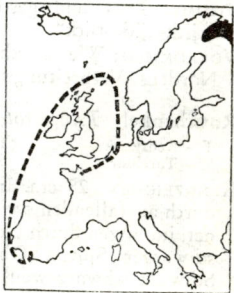

VORKOMMEN: Im Winter Schlammbänke, Flußmündungen, Sümpfe; auf dem Zuge Binnenlandseen, nasse Wiesen. Nistet in feuchten Wiesen und Sümpfen, gelegentlich auf Heiden und Dünen. Verbreitungskarte S. 143.

Pfuhlschnepfe   *Limosa lapponica*   29, 32

E - Bar-tailed-Godwit	F - Barge rousse	I - Pittima minore
H - Rosse grutto	S - Myrspov	Sp - Aguja colipinta

KENNZEICHEN: 38 cm. Etwas kleiner als die Uferschnepfe und von ihr ferner unterschieden durch *schwach aufwärts gebogenen Schnabel*, das Fehlen einer weißen Flügelbinde, *eng gebänderten Schwanz*, matt weißlichen Bürzel und beträchtlich kürzere Beine, die den Schwanz im Fluge kaum übertragen. Im Sommer sieht das ♂ ganz rostrot aus, besonders an Kopf, Hals und Brust; ♀ viel matter. Im Winter beide Geschlechter auffallend hell, mit grau gefleckter Ober- und weißlicher Unterseite; erinnert von weitem in der Färbung an Großen Brachvogel. Juv. mit stärker gestreifter rostgelblicher Brust.
STIMME: Außerhalb der Brutzeit gewöhnlich stumm. Flugruf ein rauhes „gäg, ägägäg"; Alarmruf schrill „krick".
VORKOMMEN: In der Regel Meeresküsten. Im Winter oft in dichten Trupps am Wasserrand. Nistet auf morastigen Torfmooren, in Sümpfen nahe der Baumgrenze. Verbreitungskarte S. 143.

Dunkler Wasserläufer   *Tringa erythropus*   27, 33

E - Spotted Redshank	F - Chevalier arlequin	I - Totano moro
H - Zwarte ruiter	S - Svartsnäppa	Sp - Archebebe oscuro

KENNZEICHEN: 30,5 cm. Im Sommer von allen anderen Wasserläufern unterschieden durch *rußschwarzes Gefieder*, das oben weiß gefleckt ist und von weitem unten dunkler als oben wirkt. Bürzel bis hinauf zum Hinterrücken weiß, Schwanz gebändert. Im Winter dem Rotschenkel ähnlicher, aber von diesem unterschieden durch *Fehlen einer Flügelbinde*, längeren und dünneren Schnabel, längere, den Schwanz im Fluge weit überragende Beine und durch eine aschgraue, kräftig weiß gefleckte Oberseite. Beine im Sommer dunkelrot, im Winter orangerot. Braunes Jugendkleid. Stimme ein gutes Kennzeichen. Wenn man beide Arten beieinander sieht, wirkt der Dunkle Wasserläufer langhalsiger, hat mehr aufgerichtete Haltung und ist bei der Nahrungssuche lebhafter als der Rotschenkel. Siehe auch Grünschenkel.
STIMME: Laut und geschwungen „tjuit" oder „tuiuit" und scheltend „tjick–tjick–tjick".
VORKOMMEN: Wie Rotschenkel. Nistet an offenen Stellen in Wäldern des Nordens. Verbreitungskarte S. 145.

Rotschenkel   *Tringa totanus*   27, 33

E - Redshank	F - Chevalier gambette	I - Pettegola
H - Tureluur	S - Rödbena	Sp - Archebebe común

KENNZEICHEN: 28 cm. Im Fluge durch *weißen Rücken und Bürzel* und durch auffallenden *weißen Hinterrand der dunklen Flügel* gekennzeichnet, im Sitzen durch die langen, *roten Beine*. Langer Schnabel rötlich mit schwarzer Spitze. Oberseite kräftig schwarz und grau gezeichnet. Schwanz schwarz-weiß gebändert. Unterseite dicht gestreift und gefleckt.

Juv. oben mehr rostfarben, mit *gelben* Beinen; kann mit der amerikanischen *Tringa flavipes* verwechselt werden, aber durch Weiß am Flügel unterschieden, das der letzteren fehlt. Mißtrauisch und lärmend; beunruhigt ruckt er mit dem Kopf. Siehe auch Dunkler Wasserläufer.

STIMME: Im Auffliegen eine Reihe heller, hoher Laute. Gewöhnlich ein wohltönendes, absteigendes und verklingendes „djü–dü–dü". Bei Alarm unablässig kläffend „tjik". Die Balzstrophe weist verschiedene wohlklingende Motive auf, unter denen besonders „didlia" oft wiederholt wird.

VORKOMMEN: Sümpfe, Moore, Salzlachen, feuchte Wiesen, Rieselfelder. Im Winter an Flußmündungen und auf Schlammflächen. Nistet in Grasbüscheln. Verbreitungskarte S. 145.

Grünschenkel *Tringa nebularia* 27, 33

E - Greenshank	F - Chevalier aboyeur	I - Pantana
H - Groenpootruiter	S - Gluttsnäppa	Sp - Archebebe claro

KENNZEICHEN: 30,5 cm. Vom Rotschenkel durch helleres Gesicht und hellere Unterseite, durch das *Fehlen einer weißen Flügelbinde* und durch längere, *grüne*, im Flug den Schwanz deutlich überragende Beine unterschieden, ferner durch etwas größere Gestalt, sehr schwach aufgeworfenen, schwärzlichen Schnabel und durch *ausgedehnteren weißen Bezirk an Rücken, Bürzel und Schwanz*. Im Winter oberseits heller und grauer. Siehe auch Dunkler Wasserläufer, Gelbschenkel und Teichwasserläufer.

STIMME: Laut schallend grünspechtartig „kjück–jük–jü", weniger hell, aber härter als beim Rotschenkel; ein wiederholtes scheltendes „tyip" usw. Balztriller angenehm flötend, gereihtes „tju-i".

VORKOMMEN: Wie Rotschenkel. Nistet auf Mooren oder Gras- und Heideflecken im Walde, gewöhnlich nicht weit vom Wasser entfernt. Verbreitungskarte S. 146.

Großer Gelbschenkel *Tringa melanoleuca* 65

E - Greater Yellowlegs	F - Grand chevalier à	I - Albastrello melanoleuco
H - Grote geelpootruiter	pattes jaunes	Sp - Archebebe patigualdo
	S - Stor Gulbena	grande

KENNZEICHEN: 28–33 cm. Etwa um ein Drittel größer als die sehr ähn-

← *Dunkler Wasserläufer*
Zugv. Nichtbr. übersomm. in Österr., Holl., Dschl. Selt. i. Holl. überwint.

Rotschenkel →
Teilzieher

liche *Tringa flavipes.* Bestes Kennzeichen ist der *verhältnismäßig längere, kräftigere Schnabel,* der gewöhnlich wie der des Grünschenkels *schwach aufwärts gebogen* ist; Schnabel länger und kräftiger als der des Rotschenkels. Sehr ähnlich Grünschenkel, aber oberseits mehr gefleckt und das Weiß des Bürzels nicht keilförmig zum Hinterrücken sich erstreckend; der weiße Bürzel ist etwas gefleckt. Ziemlich kräftige, lebhaft gelbe Beine; Schnabel schwarz, am Grunde olivgrünlich. Jungvögel im ersten Winter sind unterseits und am Bürzel reiner weiß.

STIMME: Ein drei- bis viersilbiges „kjü-kjü-kjü-(kjü)", sehr ähnlich Grünschenkel, lauter, höher und schallender als der Ruf von *T. flavipes.*

VORKOMMEN UND VERBREITUNG: Außerhalb der Brutzeit gewöhnlich in grasreichen Sümpfen, an Teichen und Schlamm- und Schlickflächen an der Küste. Irrgast aus Nordamerika in England, Irland und Island.

Waldwasserläufer   *Tringa ochropus*   ✳   **27, 33**

E - Green Sandpiper   F - Chevalier cul-blanc   I - Piro-piro culbianco
H - Witgatje   S - Skogssnäppa   Sp - Andarríos grande

KENNZEICHEN: 23 cm. Größer und kräftiger als Bruchwasserläufer und Flußuferläufer. Im Fluge gut gekennzeichnet durch *schwärzliche Unterflügel* (beim Bruchwasserläufer weißlich) und durch *schwärzliche, scharf von der leuchtend weißen Schwanzwurzel und Unterseite abstechende Oberseite.* Hals und Brust gräulichbraun. Kein Flügelabzeichen. Schwanz im Spitzenteil schwarz gebändert. Im Sommer oben weißlich rahmfarben gefleckt, aber viel weniger stark als Bruchwasserläufer (juv. aber stärker gefleckt); im Winter schwach gefleckt. Die grünlichen Beine ragen im Fluge nicht über das Schwanzende. Scheu und ungesellig. Bewegt Kopf und Schwanz ruckweise. Flug rasch mit stoßartigen, bekassinenähnlichen Flügelschlägen.

STIMME: Im Auffliegen ein flötendes „tlui–titit". Balzstrophe ein Gemisch von hohen flötenden Trillern „titti-lui, titti-lui" usw.

VORKOMMEN: Außerhalb der Brutzeit in Sümpfen, an Seen und Flüssen, selten an der Meeresküste. Nistet in sumpfigen Wäldern, oft in alten Nestern auf Bäumen. Verbreitungskarte S. 146.

← *Grünschenkel*
Zugv. Nichtbr. übersomm. in Österr.,
Holl. u. Deutschl.
Umherstr. Island

Wald: →
wasserläufer
Zugvogel. Hat in
England, Holland
u. 1972 in Schleswig gebrütet.

Bruchwasserläufer *Tringa glareola* ✳ **27, 33**

E - Wood Sandpiper   F - Chevalier sylvain   I - Piro-piro boschereccio
H - Bosruiter   S - Grönbena   Sp - Andarríos bastardo

KENNZEICHEN: Reichlich 20 cm. Ein zierlich gebauter Wasserläufer. Im Sommer gekennzeichnet durch dunkelbraune, *dicht weiß gefleckte* Oberseite; Kopf, Hals und Brust fein gestreift; kräftiger weißer Augenstreif. Im Fluge stechen der *weiße Bürzel und die weißlichen Unterflügel* weniger scharf von der dunklen Oberseite ab als der weiße Bürzel von der dunklen Oberseite beim Waldwasserläufer. Kein Flügelabzeichen. Im Winter weiße Fleckung nur schwach entwickelt und dann dem Waldwasserläufer ähnlich, der aber größer und dunkler ist und viel mehr Weiß am Bürzel *und Schwanz* und überdies *schwärzliche Unterflügel* hat. *Die langen Beine* gelb oder gelblichgrün. Kopf- und Schwanzbewegungen wie Waldwasserläufer.

STIMME: In Gesellschaft oft ein hohes fließendes Trillern. Im Auffliegen schrill „giffgiffgiff“. Auch ein ansteigendes fließendes „tlui“. Die Balzstrophe ist ein wohltönendes „tlie-tlie-tlie“ und wird im hohen Balzflug vorgetragen.

VORKOMMEN: Auf dem Zuge Sümpfe, See- und Flußufer usw. Nistet in leidlich offenem Gelände nahe am Wasser in Wäldern des Nordens und in der Tundra. Verbreitungskarte S. 147.

Gelbschenkel *Tringa flavipes* **33**

E - Lesser Yellowlegs   F - Petit chevalier à   I - Albastrello americano
    (Yellowshank)   pattes jaunes   Sp - Archebebe patigualdo
H - Kleine geelpootruiter   S - Gulbena   chico

KENNZEICHEN: 23,5 cm. Etwas kleiner als Rotschenkel; in der Gestalt an Bruchwasserläufer erinnernd, ist aber größer, mit längerem, schlankerem Schnabel und längeren, *lebhaft gelben Beinen.* Kein Weiß im Flügel. Der weiße Bürzel ist vom dunkleren Rückengefieder gerade abgesetzt; *das Weiß erstreckt sich* im Gegensatz zu Rotschenkel und Grünschenkel *nicht bis zum Rücken.* Weiße Überaugenstreifen vereinigen sich auf der Stirn. Der Große Gelbschenkel ist größer, mit längerem, schwach aufwärts gebogenem Schnabel.

← *Bruchwasserl.*
Zugvogel. Hat in Holland gebrütet. Zug westwärts bis Portugal. Umherstr. Irland, Färöer

Teichwasserl. →
Sommerv. Brut bis 1958 in Ungarn, 1961 N-Jugoslawien. Umherstr. b. Finnl., Schwed., England, Spanien

STIMME: Ein weicher Pfiff, ein-, zwei- oder gelegentlich dreisilbig: „kju"
oder „kju-kju".

VORKOMMEN UND VERBREITUNG: Schlammflächen, Sümpfe. Verschlagen
aus Nordamerika, hauptsächlich auf die Britischen Inseln; nachgewiesen
auch in Holland, Dänemark, Ungarn, Sardinien; ein unsicherer Nachweis in Deutschland.

Teichwasserläufer *Tringa stagnatilis*   33

E - Marsh Sandpiper   F - Chevalier stagnatile   I - Albastrello
H - Poelruiter   S - Dammsnäppa   Sp - Archebebe fino

KENNZEICHEN: Knapp 23 cm. Schlank und langbeinig, ähnelt im Winterkleid Grünschenkel, aber von diesem, abgesehen von der Größe, durch
sehr dünnen geraden Schnabel, weiße Stirn und verhältnismäßig längere
und dünnere grünliche Beine unterschieden. Im Sommer hat das Rückengefieder schwarze Federmitten und rahmbräunliche Ränder und wirkt
dann *kräftig fleckig.* Die Schwarzweiß-Zeichnung im Fluge ähnlich wie
beim Grünschenkel, aber die *Füße ragen weiter über den Schwanz hinaus. Stimme ganz anders.* Bewegungen merklich anmutiger als beim
Grünschenkel. Kann mit Bruchwasserläufer verwechselt werden, der
ziemlich ähnliche Stimme und ähnlichen Flug hat, aber kleiner ist und
dessen Füße im Fluge nicht so weit nach hinten ragen.
STIMME: Nicht sehr laut und gewöhnlich „ti-u", „tju", „tie" usw. und ein
zwitschernder Triller.
VORKOMMEN: Selten an der Meeresküste. Im Winter an Binnengewässern
und in Sümpfen. Nistet (gelegentlich in kleinen Gruppen) auf Gras-
ufern der Seen und in sumpfigen Steppen. Verbreitungskarte S. 147.

Flußuferläufer *Tringa hypoleucos*   28, 34

E - Common Sandpiper   F - Chevalier guignette   I - Piro-piro piccolo
H - Oeverloper   S - Drillsnäppa   Sp - Andaprios chico

KENNZEICHEN: Knapp 20 cm. *Dunkel olivbraune Oberseite* (im Sommer
mit undeutlich schwarzer Fleckung), dunkelbrauner Bürzel und
Schwanz mit weißen Seiten, weiße Unterseite, an Hals und Brust ganz
schwach gestreift. Im charakteristischen Flug dicht über dem Wasser
wechseln schnelle *flache* Flügelschläge mit kurzem Gleiten auf *abwärts*

← *Flußuferläufer*
Vorw.   Sommerv.
Hat in Holl. gebr.

Knutt →
Winterg. aus d. Ark-
tis. Nichtbr. über-
somm. in Westeu-
ropa, Färöer. Zug d.
fast ganz Eur., aus-
gen. den Südosten

gebogenen Schwingen, wobei eine deutliche weiße Flügelbinde auffällt. Ferner gekennzeichnet durch *ständiges Wippen mit Schwanz und Kopf* und durch die schrille Stimme. Läuft hurtig an steinigen Flußufern. Von anderen Wasserläufern durch die drei Merkmale „geringe Größe, Oberseite *und Bürzel* dunkel" unterschieden. Bruch- und Waldwasserläufer, die oft den gleichen Biotop besuchen, haben *weißen* Bürzel. Siehe auch Temminckstrandläufer. Oft als *Actitis hypoleucos* von *Tringa* getrennt.

STIMME: Im Auffliegen schrill pfeifend „hididih". Balzstrophe hoch und gereiht „titi-hidi-tidi-hidi".

VORKOMMEN: Flüsse mit klarem Wasser, Bäche und Seen; auf dem Zuge Flußmündungen, Teiche usw. Nistet an Fluß- und Seeufern, auf Kiesbänken der Flüsse usw. Verbreitungskarte S. 148.

Terekwasserläufer *Tringa terek* 34

E - Terek Sandpiper	F - Barge de Térek	I - Terecchio
H - Terek-ruiter	S - Tereksnäppa	Sp - Andarríos de Terek

KENNZEICHEN: Knapp 23 cm. Gekennzeichnet durch *langen, dünnen,* merklich *aufwärts gebogenen Schnabel und lebhaft orangegelbe Beine.* Im Winter Scheitel und Oberseite *hell* bräunlichgrau, im Sommer brauner, mit zwei breiten unregelmäßigen schwarzen Streifen, die auf dem Rücken ein „V" bilden. Unterseite weiß mit ganz schwacher Streifung an Hals und Brust. Im Fluge fallen heller Bürzel und weiße Binde am Hinterrande der Flügel auf. Ähnelt einem großen, kurzbeinigen Flußuferläufer; wippt wie dieser. Oft als *Xenus cinereus* von *Tringa* getrennt.

STIMME: Ziemlich oft zu hören, flötend „düdüdüdü" oder ein lautes pfeifendes Zwitschern. Zur Brutzeit eine Vielfalt melodischer Rufe, von denen einige an Regenbrachvogel erinnern.

VORKOMMEN UND VERBREITUNG: Erscheint an den Ufern großer Flüsse, Salzbecken und in Küstenniederungen. Nistet in Sümpfen unter Weidengestrüpp. Brutvogel in Nordsibirien und Nordrußland; hat auch oft in Finnland gebrütet. Umherstreifende bis Großbritannien und bis zu den meisten westeuropäischen Ländern; 10mal in Deutschland.

Knutt *Calidris canutus* 28, 34

E - Knot	F - Bécasseau maubèche	I - Piovanello maggiore
H - Kanoetstrandloper	S - Kustsnäppa	Sp - Correlimos gordo

KENNZEICHEN: 25,5 cm. *Auffallend plump, Hals, Schnabel und Füße kurz.* Im Sommer oben kräftig rostbraun und schwarz gefleckt; Kopf und Unterseite *rostrot* (Sichelstrandläufer ähnlich gefärbt, aber viel kleiner, Beine länger und Schnabel länger und gebogen). Im Winter oben eigentümlich „schuppig" aschgrau, unten weiß. Im Flug durch beträchtliche Größe, *hellen Bürzel und Schwanz* und helle Flügelbinde gekennzeichnet. (Bei Alpenstrandläufer und Sanderling ist die Bürzelmitte schwärzlich, und die Flügelbinde hebt sich schärfer ab; außerdem sind sie viel kleiner). *Oft in dichten Schwärmen* und Massenschwenkungen ausführend.

STIMME: Tief „nut"; Flugruf pfeifend „twit-wit".

VORKOMMEN: Sandige und schlammige Meeresufer, gelegentlich an Binnengewässern. Nistet in der arktischen Tundra. Verbreitungskarte S. 148.

Zwergstrandläufer *Calidris minuta*   **28, 34**

E - Little Stint   F - Bécasseau minute   I - Gambecchio
H - Kleine strandloper   S - Småsnäppa   Sp - Correlimos menudo

KENNZEICHEN: 13,5 cm. Kleinster unter den häufigeren Strandläufern.
Wirkt wie kleiner, zierlicher Alpenstrandläufer, aber von diesem, abgesehen von der Größe, durch verhältnismäßig kurzen, geraden Schnabel unterschieden; Altvögel im Sommer mit rostfarbener Oberseite, weißem Bauch; im Winter graue Oberseite, Hals und Brust heller, weißlich.
Juv. ähneln Altvögeln im Sommer, sind aber blasser, mit hellerer Brust
und zwei kennzeichnenden blassen „V"-Zeichnungen auf dem Rücken.
Im Fluge schmale, undeutliche weiße Flügelbinde und weiße Bürzel-
und Schwanz*seiten* wie beim Alpenstrandläufer. Siehe auch Temminckstrandläufer, Sanderling und Sandstrandläufer (s. Irrgäste).
STIMME: Klirrend „tit" oder „tirri-tit-tit". Balzstrophe ein langer auf-
und absteigender Triller.
VORKOMMEN: Auf dem Zuge ähnlich Alpenstrandläufer. Nistet in
Sümpfen an der Küste und in der Tundra zwischen Weidengestrüpp
usw. Verbreitungskarte S. 150.

Temminckstrandläufer *Calidris temminckii*   **28, 34**

E - Temminck's Stint   F - Bécasseau de Temminck   I - Gambecchio nano
H - Temmincks strandloper S - Mosnäppa   Sp - Correlimos de Temminck

KENNZEICHEN: 14 cm. Unterscheidet sich vom sehr ähnlichen Zwergstrandläufer durch ober- und unterseits *grauere Tönung*, andersartige
Stimme und anderes Verhalten. Im Flug eine undeutliche weiße Flügelbinde und etwas Weiß an Schwanzaußenfedern (beim Zwergstrandläufer grau). Im Gegensatz zum Zwergstrandläufer mit deutlich abgesetz-
ter, grauer Kropftönung. Von nahem kann die Beinfarbe (*grünlich oder
olivbräunlich*, beim Zwergstrandläufer schwarz) die Bestimmung er-
möglichen. „Himmelt", wenn aufgejagt, wie eine Bekassine. Siehe auch
Flußuferläufer.
STIMME: Kurz schwirrend „tirr" und ein reines, gedehntes Zwitschern im
Balzflug und vom Boden aus.
VORKOMMEN: Selten an der Meeresküste. Auf dem Zuge nasse Sumpfgebiete, Seen mit bewachsenen Ufern, gelegentlich Flußmündungen.

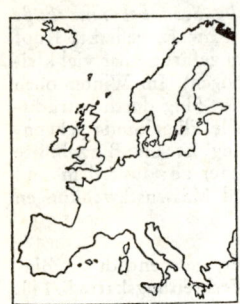

← *Zwerg-
strandläufer*
Zugv. Zug d. fast
ganz Europa. Hat
nordw. b. Brit. Ins.
überw.   Umherstr.
Färöer

Temminck- →
strandläufer
Zugv. Hat in Engl.
u. Schottland gebr.
Zug d. fast ganz
Eur. Umherstr. Irl.

Nistet zwischen niedriger Vegetation in der Tundra, an See- und Flußufern und auf kleinen Inseln. Verbreitungskarte S. 150.

Weißbürzelstrandläufer   *Calidris fuscicollis*   34

E - White-rumped Sandpiper   F - Bécasseau de Bonaparte   I - Gambecchio americano
H - Bonapartes strandloper   S - Piplärksnäppa   Sp - Correlimos de Bonaparte

KENNZEICHEN: Knapp 18 cm. Ein kleiner, gestreifter Strandläufer, etwas
kleiner als Alpenstrandläufer, mit einem halbmondförmigen weißen
Fleck auf den Oberschwanzdecken, der sich deutlich vom dunklen
Schwanz abhebt. Rücken im Frühling röstlich braun mit dunklen Feder-
mitten; im Herbst grauer. Juv. ähnlich ad. im Herbst, aber mit rost-
farbenen und weißlichen Federrändern. Im Fluge schmale, undeutliche
weiße Flügelbinde zu sehen. Vom Sichelstrandläufer durch geringere
Größe, kürzeren, *geraden* Schnabel und weniger ausgedehnte weiße
Bürzelzeichnung unterschieden.
STIMME: Dünn und mäuseartig „djiet".
VORKOMMEN UND VERBREITUNG: Flacher Strand, Schlammflächen. Brut-
vogel des nördlichen Nordamerika, verschlagen bis zu den Britischen
Inseln, Holland, Deutschland (1mal) und Schweiz.

Graubruststrandläufer   *Calidris melanotos*   28, 34

E - Pectoral Sandpiper   F - Bécasseau tacheté   I - Gambecchio melanoto
H - Amerikaanse gestreepte   S - Tuvsnäppa   Sp - Correlimos pectoral
    strandloper

KENNZEICHEN: 19 cm. Etwas größer als Alpenstrandläufer, kleiner als
Knutt. Scheitel, Hals und Oberseite schwarz und rostbraun gestreift,
mit rahmfarbener, bekassinenartiger *Rückenstreifung*. Kräftig braune
Kopfplatte vom langen, hellen Überaugenstreifen und hellen Kinn ab-
stechend. Die enge Hals- und Bruststreifung *grenzt scharf abgesetzt an
die rein weiße Hinterbrust.* In Alarmbereitschaft des Vogels wirkt sein
Hals länger als bei den meisten ähnlichen Strandläufern (nämlich mehr
wie bei einem kleinen Kampfläufer-♀). *Beine ockergelb.* Flug, wenn
aufgejagt, wankend, dann kaum eine Flügelbinde, aber sehr dunkle
Schwanzmitte zu erkennen. Siehe auch *Calidris acuminata* und *bairdii*
(Irrgäste, S. 324).
STIMME: Schnarrend „krrk, krrk" beim Auffliegen.
VORKOMMEN UND VERBREITUNG: Auf dem Zuge auf grasigen Schlammflächen und in Sümpfen, gelegentlich an Meeresküsten. Brutvogel in
Nordamerika und Nordostsibirien, im Herbst selten bis zu den Britischen Inseln und Irland wandernd, ausnahmsweise auch bis Island, Nor-
wegen, Dänemark, Frankreich. Mehrfach in Deutschland.

Meerstrandläufer   *Calidris maritima*   28, 34

E - Purple Sandpiper   F - Bécasseau violet   I - Piovanello violetto
H - Paarse strandloper S - Skärsnäppa   Sp - Correlimos oscuro

KENNZEICHEN: 21 cm. Größe zwischen Alpenstrandläufer und Knutt. An
felsigen Meeresküsten lebend, von gedrungenem Bau; im Winter *Kopf,
Brust und Oberseite sehr dunkel graubraun* im Gegensatz zum weißen
Bauch und zu den gefleckten Flanken; im Sommer oben heller und
durch rostfarbige Federränder gemustert. Seine geringe Scheu erlaubt

gewöhnlich, ihm so nahe zu kommen, daß man die *kurzen gelben Beine und die gelbe Schnabelwurzel* erkennen kann. Deutliche weiße Flügelbinde und weiße Unterflügel. Nahrungssuche zwischen Felsen, oft gemeinsam mit Steinwälzern und Alpenstrandläufern.

STIMME: Im Auffliegen zart pfeifend „wiet-wit" oder kurz „tritt, tritt".

VORKOMMEN: Im Winter an felsigen oder steinigen Teilen der Meeresküsten und auf kleinen Inselchen vor der Küste. Nistet an Berghängen in der Tundra. Verbreitungskarte S. 152.

Alpenstrandläufer *Calidris alpina* ✳   28, 31, 34

E - Dunlin   F - Bécasseau variable   I - Piovanello pancianera
H - Bonte strandloper   S - Kärrsnäppa   Sp - Correlimos común
                     N.A. - Red-backed Sandpiper

KENNZEICHEN: Knapp 18 cm. Der häufigste europäische Strandläufer. Im Sommer durch *großen schwarzen Bauchschild* gekennzeichnet; Vorderbrust weiß, fein gestreift. Schnabel ziemlich lang, an der Spitze schwach abwärts gebogen. Im Winter oben streifig braungrau, unten weiß mit fein gestreifter, gräulicher Brust und ebensolchen Körperseiten. Weiße Flügelbinde und weiße Bürzel- und Schwanz*seiten* im Fluge ziemlich auffallend. Sanderling ist größer, im Winter heller und hat eine leuchtendere Flügelbinde; Sichelstrandläufer im Winterkleid ist, obwohl graziöser und mit längeren Beinen und hellerer Unterseite, am besten durch den *auffallenden weißen Bürzel unterschieden.* Haltung im Stehen etwas bucklig.

STIMME: Kurz, hoch und nasal „trir". Balzstrophe ein schwirrender Triller.

VORKOMMEN: Meeresküsten, Flußmündungen, auch an Binnengewässern. Nistet in der Nähe des Wassers in Mooren, Sümpfen und Marschen. Verbreitungskarte S. 152.

Sichelstrandläufer *Calidris ferruginea*   28, 31, 34

E - Curlew Sandpiper   F - Bécasseau cocorli   I - Piovanello
H - Krombekstrandloper   S - Spovsnäppa   Sp - Correlimos zarapitín

KENNZEICHEN: 19 cm. Im Brutkleid hauptsächlich rostbraun, ähnlich dem viel größeren Knutt; Scheitel und Oberseite reich schwarz und rostbraun

← *Meer-strandläufer*
Teilz. Nichtbr. südwärts b. Großbrit. Umherstr. b. Österreich, Ital., Portug.

Alpen- →
strandläufer
Teilz. Zug ganz Europa. Nichtbr. übersommern a. d. Küst. südl. des Brutgeb. Brut in Holl.

gezeichnet; Kopfseiten, Hals und Unterseite *leuchtend rostrot* mit geringer Fleckung; Bürzel weiß mit schwärzlichen Binden. Im Schlichtkleid sehr ähnlich Alpenstrandläufer, mit dem er sich vergesellschaftet; am besten gekennzeichnet durch den *weißen Bürzel*, der im Fluge sehr auffällig ist (beim Alpenstrandläufer mit dunkler Mitte); ferner durch die längeren Beine, die anmutigere, aufrechtere Haltung, hellere, weniger gefleckte (bei juv. rosabräunlich verwaschene) Brust, durch auffälligeren Überaugenstreif, andere Stimme und *schlankeren, längeren, gleichmäßig abwärts gebogenen Schnabel.* Gestalt des Schnabels nicht immer bezeichnend, da beim Alpenstrandläufer manchmal ähnlich.

STIMME: Ein sehr bezeichnendes helles „djirrip".

VORKOMMEN UND VERBREITUNG: Auf dem Zuge wie Alpenstrandläufer. Brutvogel im arktischen Ostasien. Auf dem Zuge durch ganz Europa; gelegentlich auf den Britischen Inseln überwinternd. An den Küsten von Ost- und Nordsee im Herbst (häufig) und Frühling (seltener). In Italien auch übersommernd.

Sanderling *Calidris alba* 28, 34

E - Sanderling	F - Bécasseau sanderling	I - Calidra
H - Drieteenstrandloper	S - Sandlöpare	Sp - Correlimos tridáctilo

KENNZEICHEN: Reichlich 20 cm. Ein kleiner, gedrungener, äußerst lebhafter, hell gefärbter Vogel, der hinter den zurückweichenden Wellen wie ein aufgezogenes Spielzeug herrennt. Im Fluge hebt sich das *lange weiße Band von den dunklen Flügeln* mehr ab als bei den anderen kleinen Strandläufern. Dunkler Schwanz mit weißen Seiten. Im Brutkleid Oberseite, Kopf und Brust hell rostbraun, schwärzlich gesprenkelt und sich scharf vom weißen Bauch abhebend (siehe auch Zwergstrandläufer und Bairdstrandläufer). Im Schlichtkleid der *hellste aller Strandläufer,* Oberseite hellgrau mit dunklem „Schulterfleck"; Kopf und Unterseite weiß; von den viel schlankeren Wassertretern im Schlichtkleid durch Fehlen eines dunklen Augenfleckes und abweichendes Verhalten unterschieden. Schnabel und Beine ganz schwarz. Im Schlichtkleid vom dunkleren Alpenstrandläufer durch etwas geringere Größe, *viel deutlichere Flügelbinde und kürzeren, geraden Schnabel* unterschieden, im Brutkleid ferner durch *hellere Oberseite und Fehlen eines schwarzen Bauchschildes.* Juv. oberseits schwarz und weiß gefleckt, Kopf und Brust rostgelblich.

STIMME: Kurz „twick" oder „quit".

VORKOMMEN: Im Winter auf flachem Sandstrand; wenige erscheinen auf dem Zuge im Binnenland. Nistet in der steinigen arktischen Tundra und auf Spitzbergen. Verbreitungskarte S. 154.

Grasläufer *Tryngites subruficollis* 34

E - Buff-breasted Sandpiper	F - Bécasseau rousset	I - Piro-piro fulvo
H - Blonde ruiter	S - Prärielöpare	Sp - Correlimos canelo

KENNZEICHEN: Reichlich 20 cm. Ähnlich Kampfläufer im Jugendkleid, aber kleiner. Kennzeichnend der *kleine, rundliche Kopf auf langem Halse, heller Augenring,* verhältnismäßig *kurzer Schnabel* und *chromgelbe Beine.* Oberseite wie Kampfläufer, aber ohne weiße Zeichnung an den Oberschwanzdecken; keine helle Flügelbinde. Gesicht und Unterseite lebhaft hell rötlich lehmfarben, am Bauch oft in Weiß übergehend. Unterseite der Flügel weiß, schwärzlich marmoriert. Sehr zutraulich.

STIMME: Leise und rollend „pr-r-r-riht", ferner ein schmatzendes „tik".

VORKOMMEN UND VERBREITUNG: Zieht trockene, sehr kurzrasige Felder den Meeresküsten vor. Brutvogel des nordwestlichen Nordamerika und vielleicht Ostsibiriens. Nachweise Verflogener hauptsächlich von den Britischen Inseln; auch Finnland, Schweden, Dänemark, Frankreich, Spanien, Holland und einmal Helgoland.

Sumpfläufer   *Limicola falcinellus*   **34**

E - Broad-billed Sandpiper   F - Bécasseau falcinelle   I - Gambecchio frullino
H - Breedbekstrandloper   S - Myrsnäppa   Sp - Correlimos falcinelo

KENNZEICHEN: 16,5 cm. Kleiner als Alpenstrandläufer mit unverhältnismäßig kurzen Beinen und langem, am Grunde wulstigem Schnabel, der gerade bis leicht aufwärts geschwungen, an der Spitze aber etwas winkelig nach unten gekrümmt ist. Im Brutkleid *sehr dunkle Oberseite* mit kräftigen, bekassinenartigen *rahmweißen Rückenstreifen;* schmaler dunkler, weiß eingefaßter Scheitel vom weißlichen Überaugenstreif (außer vor dem Auge) durch eine dunkle Linie getrennt, was dem Kopf ein bezeichnendes, *streifiges Aussehen* (doppelter Überaugenstreif) gibt; im Sitzen können die *kupferfarbenen Säume* der Armschwingen kennzeichnend sein; die streifige Brust hebt sich gut von der weißen Unterseite ab. Wirkt im Flug sehr dunkel, mit angedeuteter heller Flügelbinde. Im Schlichtkleid oben gräulich, Brust gestreift, sehr ähnlich Alpenstrandläufer, aber weißliche Überaugenzeichnung zuweilen undeutlich und mit auffallendem *schwärzlichem Fleck* am Flügelbug, fast wie beim Sanderling. Weniger lebhaft als die meisten kleinen Watvögel.

STIMME: Ein tiefes, klirrendes „tschrr-tik" und ähnliche Laute, an Alpenstrandläufer erinnernd.

VORKOMMEN: Auf dem Zuge gewöhnlich in Sümpfen, auf Schlammflächen und Rieselfeldern, seltener am Meeresufer. Nistet in Grasbüscheln in Sümpfen und Mooren. Verbreitungskarte S. 154.

← *Sanderling* Wintergast a. d. Arktis. Nichtbrüter übers. a. d. Küsten Westeuropas

Sumpfläufer → Sommerv. Zug d. Osteuropa westw. b. Dänem., Dtschl., Ital. Umherstr. b. Irland, Frankreich

Kampfläufer *Philomachus pugnax* 28, 33

E - Ruff (♂), Reeve (♀)   F - Chevalier combattant   I - Combattente
H - Kemphaan   S - Brushane   Sp - Combatiente

KENNZEICHEN: ♂ reichlich 29 cm, ♀ 23 cm. ♂ im Brutkleid nicht zu verwechseln: die *riesige, aufrichtbare Krause* und die *Ohrbüschel* in den
verschiedensten Farbzusammenstellungen von Schwarz, Weiß, Braun,
Rostbraun verleihen dem Vogel im Fluge ein dickhalsiges Aussehen.
♀ im Brutkleid oben kräftig dunkel und sandfarben geschuppt, Brust
gelblichbraun, dunkel quergewellt, keine Krause oder Ohrbüschel. Ad.
im Ruhekleid oben graubraun mit reichlicher dunkler Fleckung, scharf
gegen das helle Kinn abgesetzt; Vorderbrust hell braungrau, Bauch weiß.
Im Ruhekleid ähnlich Rotschenkel, aber von diesem unterschieden durch
kürzeren Schnabel, *dunklen Schwanz mit auffallendem ovalem weißem
Fleck an jeder Seite,* durch das Fehlen von Weiß an den Armschwingen
und aufrechtere Haltung. Färbung von Schnabel und Beinen sehr variabel. Juv. ähnlich ♀ im Brutkleid, aber mit kontrastreicher gezeichneter Oberseite, weißer Vorderkehle und rostgelblicher Brust.
STIMME: Gelegentlich ein tiefes, gutturales Kollern an den Balzplätzen.
VORKOMMEN: Im Winter und auf dem Zuge Sümpfe, Seeufer, gelegentlich
Flußmündungen. Nistet in der nördlichen Tundra, im südlichen Verbreitungsgebiet in feuchten Niederungswiesen und Sümpfen. Beziehungen der Geschlechter anders als bei Verwandten, ♂ polygyn, ♀ poly-
andrisch sich verhaltend. Verbreitungskarte S. 156.

Schwimmender Wassertreter

Wassertreter: *Phalaropodidae*

Vielfach als Unterfamilie der Scolopacidae (s. S. 137) angesehen. Kleine,
meist schwimmend zu sehende Watvögel mit dünnem Schnabel und
Schwimmlappen an den Vorderzehen. ♀ größer und lebhafter gefärbt
als ♂. Nisten am Erdboden.

Thorshühnchen *Phalaropus fulicarius* **28, 31, 34**

E - Grey Phalarope F - Phalarope à bec large I - Falaropo beccolargo
H - Rosse franjepoot S - Brednäbbad simsnäppa Sp - Falaropo picogrueso
N.A. - Red Phalarope

KENNZEICHEN: Reichlich 20 cm. Wassertreter sind zierliche, *auffallend vertraute* strandläuferartige *Vögel, die gern und korkleicht schwimmen,* oft weit draußen auf See. Bei der Nahrungsaufnahme auf dem Flachwasser „wirbeln" sie in charakteristischer Weise (dabei ständig mit dem Schnabel auf und ins Wasser pickend). ♀ größer und leuchtender gefärbt als ♂. Im Brutkleid hat das Thorshühnchen *dunkel rostbraune Unterseite* (von weitem schwärzlich), *weißes Gesicht, dunklen Scheitel und gelben Schnabel.* Oberseite mit kräftigem bekassinenartigem Muster; im Fluge weiße Flügelbinde auffallend. Im Ruhekleid oben hell blaugrau, Kopf und Unterseite weiß, ähnlich Sanderling, aber von diesem durch *dunklen Augenstreif* unterschieden. Sehr ähnlich Odinshühnchen im Ruhekleid, aber etwas größer, heller und oben weniger gestreift; von nahem durch dickeren, kürzeren Schnabel unterschieden; im Fluge hebt sich das Weiß nicht so sehr von den grauen Schwingen ab. Schnabel im Winter schwarz, zuweilen am Grunde gelblich; Beine hornfarben, grau oder schwarz mit kennzeichnenden gelben Schwimmlappen an den Zehen.

STIMME: Schrill „wit" oder „prip", ähnlich Sanderling.

VORKOMMEN: Außerhalb der Brutzeit auf dem Meere, erscheint aber auf dem Zuge an Küsten und auf Binnengewässern. Nistet in der Tundra an Tümpeln oder Lagunen. Verbreitungskarte S. 156.

Odinshühnchen *Phalaropus lobatus* **28, 31, 34**

E - Red-necked Phalarope F - Phalarope à bec étroit Sp - Falaropo picofino
H - Grauwe franjepoot S - Smalnäbbad simsnäppa I - Falaropo beccosottile
N.A. - Northern Phalarope

KENNZEICHEN: Knapp 18 cm. Dem Thorshühnchen in Verhalten und Stimme ähnlich, aber kleiner und im Brutkleid durch *weiße Kehle* und Unterseite sowie *leuchtend rostfarbiges* (beim ♂ *weniger entwickeltes) Band an den Halsseiten* unterschieden. Im Ruhekleid vom Thorshühnchen durch *dunklere,* mehr gestreifte Oberseite, und *leuchtendere, sich*

← *Kampfläufer*
Hat in Engl. und Österr. gebr. Umherstr. Island. Zug Faröer

Thorshühnchen →
Sommervogel. Zug und im Winter an Küsten Westeuropas. Umherstreifend überall (nicht Balkanländer)

deutlicher von den dunkleren Schwingen abhebende weiße Flügelbinde unterschieden; von nahem auch durch den *nadelfeinen Schnabel.* Schnabel, Beine und Zehen schwärzlich, *stets ohne Gelb.* Vom Sanderling im Ruhekleid durch den bezeichnenden dunklen Augenstreif unterscheiden; auch hat das Odinshühnchen einen viel dünneren Schnabel und schwimmt.

STIMME: Ähnlich Thorshühnchen, aber tiefer.

VORKOMMEN: Wie Thorshühnchen. Nistet in kleinen, zerstreuten Gruppen in Sümpfen, an Seeufern und auf Flußinseln. Verbreitungskarte S. 157.

Amerikanisches Odinshühnchen *Phalaropus tricolor* 65

E - Wilson's Phalarope   F - Phalarope de Wilson
H - Grote franjepoot   S - Wilsons Simsnäppa

KENNZEICHEN: 23 cm. Ein großer, dunkelflügeliger Wassertreter, *ohne helle Flügelbinde* und *mit weißem Bürzel.* Beim ♀ im Brutkleid setzt sich ein breiter schwarzer Augenstreif als tief kastanienbrauner Längsstreif an den Halsseiten fort und mündet in einen heller rostbraunen Rückenstreifen; Oberkopf, Hinterhals und Rücken hellgrau; Unterseite weiß mit rötlichem Anflug am Vorderhals. ♂ matter gefärbt, mit dunklem Oberkopf und Rücken. Im Winter Geschlechter gleich gefärbt, oberseits blaß graubraun, Brust und Flanken ungestreift, leuchtend weiß; Kopf- und Halsseiten überwiegend weiß, zuweilen mit dunklem Fleck in der Augengegend. Schnabel schwarz, *länger als bei anderen Wassertretern,* nadelfein; Beine im Sommer schwarz, im Winter oft gelblich. Im Flug durch auffallenden weißen Bürzel und Schwanz ähnlich Gelbschenkel, aber leicht zu unterscheiden durch abweichende Bewegungen, ungeflecktes Gefieder und kürzere Beine. Sehr lebhaft, läuft auf Schlammflächen mit etwas taumelndem Gang, den Schnabel von einer Seite zur anderen wendend.

STIMME: Ein nasales „aang"; im Fluge ein gelbschenkelartiges „kju".

VORKOMMEN UND VERBREITUNG: Nicht so viel auf dem Wasser wie andere Wassertreter, gewöhnlich am schlammigen Strande oder im Flachwasser. Irrgast aus Nordamerika in England, Irland, Schweden und Deutschland (einmal).

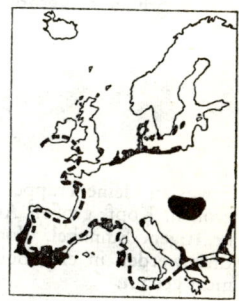

← *Odinshühnchen* Sommerv. Umherstr. oder Zug fast ganz Europa

Säbelschnäbler → Teilz. Hat in Irland gebrütet. Umherstr. östl. Ostsee, Norw., Färöer

Stelzenläufer: *Recurvirostridae*

Verhältnismäßig große, langbeinige und langhalsige, meist schwarzweiß gefärbte Watvögel. Schlanker und langbeiniger als Austernfischer (S. 130), die durch schwarzweißes Gefieder ähnlich sind.

Säbelschnäbler *Recurvirostra avosetta*   29, 32

E - Avocet   F - Avocette   I - Avosetta
H - Kluut   S - Skärfläcka   Sp - Avoceta

KENNZEICHEN: 43 cm. Unverkennbar: Langer, schlanker, *aufwärts gekrümmter* Schnabel, kontrastreiches *schwarz-weißes* Gefieder und lange *blaugraue* Beine. Im Flug ragen die Füße weit über den Schwanz. Gang ein anmutiges, ziemlich schnelles Schreiten; bei der Nahrungssuche im Flachwasser ist das Seitwärts-„Säbeln" mit dem Schnabel bezeichnend; watet aber auch im Tiefen; schwimmt gern.
STIMME: Hoch und flötend „kliep" oder „klu-it".
VORKOMMEN: Freie Schlammflächen, Flußmündungen und Sandbänke. Nistet kolonieweise zwischen Gestrüpp und Grasbüscheln in der Nähe von Flachwasser, auf Sandbänken, flachen Inseln in Fluß-Deltas und in Brackwasser-Lagunen. Verbreitungskarte S. 157.

Stelzenläufer *Himantopus himantopus*   29, 32

E - Black-winged Stilt   F - Échasse blanche   I - Cavalier d'Italia
H - Steltkluut   S - Styltlöpare   Sp - Cigüeñuela

KENNZEICHEN: 38 cm. Unverkennbar. Im Fluge ragen die grotesk *langen roten Beine* nahezu 18 cm über den Schwanz. Schwarze Oberseite von der leuchtend weißen Unterseite abstechend. ♂ im Brutkleid: Rücken und Oberkopf schwarz. Juv. und ad. im Ruhekleid mit trüben Abzeichen auf Kopf und Hals. Im Flug fällt die schwarze Unterseite des schmalen, scharf zugespitzten Flügels auf. Gang ein bedächtig ausschreitendes Laufen. Oft im Tiefen watend. Verhalten ängstlich und sehr laut.
STIMME: Sehr schrill, kläffend „kyip, kyip, kyip."
VORKOMMEN: Feuchte Sümpfe, Lagunen, Überschwemmungsflächen. Brütet kolonieweise, baut das Nest im flachen Wasser oder auf Grasbüscheln oder Schlamm. Verbreitungskarte S. 159.

Triele: *Burhinidae*

Etwas an kleine Trappen (s. S. 128) erinnernde bodenfarbige Watvögel mit großem Kopf, großen Augen, ziemlich langen, kräftigen Beinen und mit kräftigem Schnabel. Von teilweise nächtlicher Lebensweise. Die beiden Eier werden in eine Bodenvertiefung gelegt; ein eigentliches Nest wird nicht gebaut.

Triel *Burhinus oedicnemus* **26, 28**

E - Stone Curlew   F - Œdicnème criard   I - Occhione
H - Griel   S - Tjockfot   Sp - Alcaraván

KENNZEICHEN: Reichlich 40 cm. Ein großer, ziemlich plumper Vogel, der von allen anderen Watvögeln durch den runden Kopf und die *großen, gelben Augen* unterschieden ist. Kurzer, kräftiger, gelb und schwarz gefärbter Schnabel, lange, gelbliche Beine und hellbraun und weiß gestreiftes Gefieder. Im Fluge auffallendes Flügelmuster: zwei *kräftige weißliche Binden* (eine ziemlich auffallend am geschlossenen Flügel). Rennt verstohlen mit tiefgehaltenem Kopf und geducktem Körper. Ruht auf waagerechten Läufen, macht sich ganz flach und hält den Kopf auf den Boden, um sich zu drücken.

STIMME: Ein klagendes, dem Ruf des Großen Brachvogels ähnliches „ku-ri" oder ein hohes, schrilles „ki-rr-iih" (die mittlere Silbe tiefer). Meist in der Abenddämmerung zu hören.

VORKOMMEN: Nistet auf steinigem, sandigem oder kreidigem kahlem Grund, öden Dünen, Heideflächen mit spärlicher Vegetation, gelegentlich in lichten Kiefernbeständen, Sümpfen usw., in zunehmendem Maße auch im Kulturland. Verbreitungskarte S. 159.

Brachschwalben und Rennvögel: *Glareolidae*

Ziemlich kleine, regenpfeiferähnliche Watvögel, mit kürzeren (Brachschwalben) oder längeren (Rennvögel) Beinen. Vielfach in trockenem Gelände; manche auch nachts aktiv. Die Eier werden ohne Nest auf den Boden gelegt.

Brachschwalbe *Glareola pratincola* **27, 32**

E - Pratincole   F - Glaréole à collier   I - Pernice di mare
H - Vorkstaartplevier   S - Vadaresvala   Sp - Canastera

KENNZEICHEN: 23 cm. Im Sitzen und Fliegen eine ungewöhnliche Erscheinung. Lange, spitze, dunkle Flügel und *tief gegabelter, schwarzer*

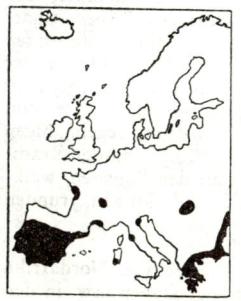

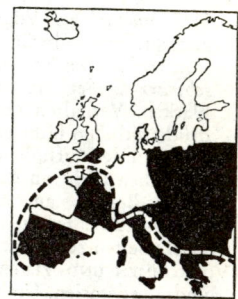

← *Stelzenläufer*
Teilz. Hat in Norddeutschl., Dänem., England, Süditalien gebr. Umherstr. Irland nordw. b. Schweden

Triel →
Teilz. Ab u. zu in England überwint. Umherstr. Irland, Schottland, nordw. bis Schweden

Schwanz mit weißer Wurzel, schwarze Beine und kurzer, schwach gebogener Schnabel. Oberseite olivbraun, Unterseite gelblich-braun mit weißem Bauch und *schwarz begrenztem, rahmgelbem Kehlfleck*. Im Ruhekleid hat der Kehlfleck undeutliche Abgrenzung. Juv. mit breitem Brustband von dunkelbraunen Streifen. Hat raschen, seeschwalbenartigen Flug. Beim Abfliegen oder Landen sind zuweilen die rostroten Achselfedern und kleineren Unterflügeldecken zu sehen, die im Fluge sonst gewöhnlich schwarz erscheinen. Äußere Hälfte der Flügeloberseite dunkler als innere. Siehe auch Schwarzflügel-Brachschwalbe und Rennvogel. Große, lärmende Trupps stoßen auf fliegende Insekten. Gesellig; oft in der Dämmerung zu sehen.

STIMME: Im Flug lärmend. Balzruf ein hartes, ziemlich seeschwalbenartiges „kyik" oder ein schnatterndes „kitti-kirrik-kitik-tik".

VORKOMMEN: Ausgedörrte Schlammflächen mit niedrigem Pflanzenwuchs, Sümpfe, Steppenflächen, Brachfelder, oft nahe am Wasser. Nistet kolonieweise. Verbreitungskarte S. 161.

Schwarzflügel-Brachschwalbe *Glareola nordmanni*   32

E - Black-winged Pratincole	F - Glaréole à ailes noires	I - Pernice di mare orientale
H - Steppenvorkstaartplevier	S - Svartvingad vadaresvala	Sp - Canastera alinegra

KENNZEICHEN: 25,5 cm. Von der Brachschwalbe sehr schwer zu unterscheiden, da die schwarzen Achselfedern und Unterflügeldecken selten zu erkennen sind, meist nur beim Abfliegen oder Landen des Vogels; im Flug erscheinen sie bei beiden Arten schwarz. Schwanz etwas weniger tief gegabelt. Das Gefieder wirkt im allgemeinen etwas dunkler (weniger oliv-)braun. Verhalten, Flug, Stimme und Aufenthalt sehr ähnlich wie bei der Brachschwalbe. Siehe auch Rennvogel. Auf dem Zuge Südosteuropa. Umherstreifende bis Großbritannien, Irland, Norwegen, Schweden, Dänemark, Holland, Frankreich, Italien und Sizilien. Brutversuch in Deutschland.

Rennvogel *Cursorius cursor*   27, 31

E - Cream-couloured Courser	F - Courvite gaulois	I - Corrione biondo
H - Renvogel	S - Ökenlöpare	Sp - Corredor

KENNZEICHEN: 23 cm; im Fluge größer erscheinend. Ein schlanker, *sehr hell sandfarbiger* Vogel mit langen, *hell rahmfarbigen Beinen*, scharf zugespitztem, abwärts gebogenem Schnabel, mit *sehr auffallenden schwarzen Handschwingen und schwarzen Unterflügeln*. Ein breiter *schwarz-weißer Augenstreif* führt in einem Bogen vom Auge zum Nacken. Verhalten regenpfeiferartig, rennt flink, aber rückweise, und drückt sich, um nicht entdeckt zu werden. Flug schnell mit regelmäßigen Schlägen der auffallend *schwarzen*, sehr spitzen Flügel. Von den Brachschwalben leicht an der viel helleren Färbung, an den längeren, weißlichen Beinen, am ausgeprägten Augenstreif und kurzen, runden Schwanz zu unterscheiden.

STIMME: Selten zu hören. Rauh und bellend „häk".

VORKOMMEN UND VERBREITUNG: Brutvogel der Wüsten von Nordafrika und Vorderasien. Umherstreifende auf Sandstrand, Dünen usw. in den meisten europäischen Ländern, nordwärts bis Großbritannien, Skandinavien und Finnland. Etwa zwei Dutzend Male in Deutschland nachgewiesen.

Raubmöwen: *Stercorariidae*

Große, ziemlich raubvogelartig wirkende Seevögel mit dunklem Gefieder und schmalen, gewinkelten Flügeln. Mittlere Schwanzfedern bei Altvögeln gewöhnlich verlängert. Gefieder variabel und sehr verwirrend, da helle und dunkle Phasen und alle Zwischenkleider auftreten; in allen Kleidern sind im Fluge die weißen Kiele der Schwingen auffällig. Juv. ohne Schwanzspieße und bei allen Arten meist ähnlich gebändert und gefleckt, daher im Felde gewöhnlich nicht der Art nach zu bestimmen. Sie sind Räuber, welche andere Vögel verfolgen, bis sie die Nahrung erbrechen.

Skua (Große Raubmöwe) *Stercorarius skua* 35

E - Great Skua F - Grand labbe I - Labbo maggiore
H - Grote jager S - Storlabb Sp - Págalo grande
N.A. - Skua

KENNZEICHEN: 58 cm. Größer und gedrungener als Silbermöwe. Gefieder ziemlich einfarbig dunkel, unten rostfarbener. Im Fluge von allen anderen alten Raubmöwen und von jungen Möwen durch plumperen Bau, *kurzen Schwanz*, kräftigen, hakenförmigen, schwarzen Schnabel und *sehr auffallenden weißen Spiegel über die Wurzel der Handschwingen* unterschieden. Flügel breit und rund, *nicht spitz* wie bei den anderen Raubmöwen. Beine schwärzlich. Juv. mit weniger Weiß am Flügel. Normaler Flug möwenartig, aber bei der Verfolgung anderer Vögel mit raubvogelartigen Sturzmanövern, die diese zwingen, die Nahrung auszubrechen; tötet die Verfolgten gelegentlich. Außerhalb der Brutzeit ungesellig. Läßt sich häufig auf dem Wasser nieder.

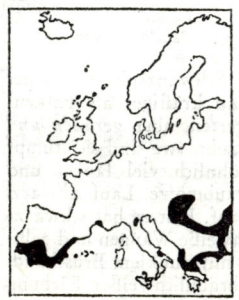

← *Brachschwalbe*
Sommerv. Umherstr. nordw. b. Engl., Schottland, Dänemark u. Schweden

Schmarotzer- →
raubmöwe
Vorw. So.-V. Einige überw. nordw. b. Nordsee. Umherstr. Mitteleur., Mittelmeer

STIMME: Im Angriff guttural „tak-tak"; ferner rauh und nasal „skirr" und tief bellend „ok-ok-ok".

VORKOMMEN UND VERBREITUNG: Das offene Meer und Küstengewässer. Nistet in zerstreuten Kolonien auf hochgelegenen Mooren in Meeresnähe: Island, Färöer, Shetland- und Orkney-Inseln; auch in Nordschottland. In der Hauptsache Zugvogel, wandert im Winter südwärts über den Atlantik und die westliche Nordsee bis Südspanien (und darüber hinaus). Umherstreifende auf Irland, in Skandinavien, Finnland, Mitteleuropa und im Mittelmeergebiet ostwärts bis Jugoslawien.

Spatelraubmöwe (Mittlere Raubmöwe) *Stercorarius pomarinus* 35

E - Pomarine Skua	F - Labbe pomarin	I - Stercorario mezzano
H - Middelste jager	S - Bredstjärtad labb	Sp - Págalo pomarino
	N.A. - Pomarine Jaeger	

KENNZEICHEN: 51 cm, einschließlich der Schwanzspieße. Kleiner als Skua, größer als Falken- und Schmarotzerraubmöwe. Ad. durch die verlängerten, aber *stumpfen und gedrehten* mittleren Steuerfedern gekennzeichnet, die ihr im Fluge ein sehr bezeichnendes Aussehen geben, doch sind diese verlängerten Schwanzfedern oft abgebrochen. Tritt in heller und dunkler Phase auf. Helle Phase: Gesicht und Oberkopf schwärzlich, Wangen und Halsband gelblichweiß, Unterseite weiß, Flanken gebändert und gewöhnlich ein dunkles Brustband. Die weniger häufige dunkle Phase ist ziemlich einfarbig dunkelbraun. Beide Phasen haben weißliche Abzeichen auf Ober- und Unterflügeln, die aber nicht so weiß sind wie bei Skua. Juv. einförmig dunkelbraun und rahmfarben gefleckt, unten kräftig gebändert, ohne Schwanzspieße; im Felde nicht von jungen Schmarotzerraubmöwen und Falkenraubmöwen zu unterscheiden, es sei denn an der bedeutenderen Größe und dem stärkeren Schnabel.

STIMME: Rauh und hastig „witsch-ju".

VORKOMMEN UND VERBREITUNG: Hauptsächlich Küstengewässer, aber auch das offene Meer. Nistet in kleinen, weit zerstreuten Kolonien in der sumpfigen Tundra Nordrußlands, Nordsibiriens, Nordamerikas und Grönlands. Auf dem Zuge an den westeuropäischen Küsten und an der Ostsee. Umherstreifende bis Mitteleuropa und Mittelmeergebiet.

Schmarotzerraubmöwe *Stercorarius parasiticus* 35

E - Arctic Skua	F - Labbe parasite	I - Labbo
H - Kleine jager	S - Labb	Sp - Págalo parásito
	N.A. - Arctic Jaeger	

KENNZEICHEN: Knapp 66 cm, einschließlich der Schwanzspieße. Kleiner und schlanker als Spatelraubmöwe, größer und kräftiger als Falkenraubmöwe. Gekennzeichnet durch die verlängerten, aber *geraden und spitzen* mittleren Steuerfedern; bei der Spatelraubmöwe sind sie stumpf und gedreht, bei der Falkenraubmöwe gewöhnlich viel länger und dünner. Schnabel schlanker als bei der Spatelraubmöwe. Lauf schwarz. Tritt in einer hellen und einer dunklen Phase auf. Erstere hat schwärzlichen Scheitel, dunkelbraune Oberseite, gelblichweiße Wangen und gelblichweißen Hals, weiße Unterseite, gewöhnlich mit dunklem Brustband. Intermediäre Form unterseits blaßbraun, mit bräunlichweißer Färbung von verschiedener Ausdehnung an den Kopfseiten. Die dunkle Phase ist einfarbig schwärzlichbraun. Juv. der hellen Phase oben und unten dicht gebändert und gefleckt. Weiteres siehe bei *St. pomarinus*. Verhalten räuberisch, verfolgt andere Seevögel, bis sie ihre Nahrung von sich geben. Normaler Flug stetig und anmutig, sonst mit raubvogelartigen Sturzmanövern. Altvögel, vor allem aber Jungvögel lassen im Fluge Weiß im Flügel sehen.

STIMME: Höher als bei der Skua; auch ein nasales quiekendes „ih-är".

VORKOMMEN: Küstengewässer und das freie Meer, gelegentlich in großer Zahl auf dem Zuge an den Küsten. Nistet kolonieweise in der Tundra und auf Mooren. Verbreitungskarte S. 161.

Falkenraubmöwe (Kleine Raubmöwe) *Stercorarius longicaudus* **35**

E - Long-tailed Skua	F - Labbe longicaude	I - Labbo coda-lunga
H - Kleinste jager	S - Fjällabb	Sp - Págalo rabero
	N.A. - Long-tailed Jaeger	

KENNZEICHEN: 53 cm, einschließlich der sehr langen Schwanzspieße. Von der hellen Phase der häufigeren Schmarotzerraubmöwe unterschieden durch geringere Größe und gewöhnlich *viel längere, dünnere, sehr biegsame mittlere Steuerfedern* (doch sind die Fahnen oft bei beiden Arten sehr kurz abgebrochen). Die Falkenraubmöwe ist an der Brust viel heller als die Schmarotzerraubmöwe und hat eine *schärfer begrenzte schwarze Kopfplatte,* die von dem *breiten weißen Halsband* und hellen Rücken *absticht;* Wangen reiner gelblich; Schnabel schwarz (nicht braun); Beine *grau* (nicht schwarz); ferner weniger Weiß an den Flügeln. Eine einförmig dunkelbraune Phase scheint in den letzten Jahren nicht mehr aufgetreten zu sein. Juv. gewöhnlich von jungen Schmarotzerraubmöwen nicht zu unterscheiden, nur ist die Falkenraubmöwe grauer und hat, wenn überhaupt, wenig Weiß an den Flügeln. Beim Schwimmen sind der aufgerichtete Hals und der lange, aufgestellte Schwanz bezeichnend. Flug leichter und eleganter als bei anderen Raubmöwen.

STIMME: Selten zu hören. Am Brutplatz schrill „krih".

VORKOMMEN: In höherem Maße Meeresvogel als die Schmarotzerraubmöwe. Nistet in weit zerstreuten Kolonien in hochgelegener Tundra und auf steinigen, kahlen Hügeln. Verbreitungskarte S. 164.

Möwen: *Laridae*

Möwen sind langflügelige Seevögel, einige auch regelmäßig im Binnenland, die meisten weiß mit grauem oder schwarzem Rücken und ebenso gefärbten Flügeln; gedrungener, breitflügeliger und langbeiniger als Seeschwalben; laufen gewandt und gern. Die weißköpfigen Arten haben im Ruhekleid oft dunkle Streifen am Kopf; die dunkelköpfigen Arten verlieren im Winter die dunkle Kopfmaske und haben dann weißen, mehr oder weniger dunkel gefleckten Kopf. Geschlechter einander ähnlich. Nisten am Erdboden oder auf Klippen.

Elfenbeinmöwe   *Pagophila eburnea*   37

E - Ivory Gull   F - Goéland sénateur   I - Gabbiano eburneo
H - Ivoormeeuw   S - Ismås   Sp - Gaviota marfil

KENNZEICHEN: 44,5 cm. Leicht zu erkennen am auffallenden, *ganz weißen Gefieder*, an den kurzen, *schwarzen* Beinen und im Sitzen an der plumpen, gedrungenen, *taubenartigen* Gestalt. Kopf klein und rundlich. Schnabel ziemlich kurz, gelblich mit grauer Wurzel und rötlicher Spitze. Augenring rot, Auge groß und schwarz. Juv. mit unregelmäßigen grauen „Schmutzflecken" am Gesicht und Kinn, mit grauem Schnabel, mit schwarzen Sprenkeln auf der Oberseite (manchmal auch Unterseite), mit kleinen schwarzen Spitzen der Handschwingen und mit schmaler schwarzer Endbinde am Schwanz. Geschlossene Flügel erscheinen auffallend lang; Flug leicht, fast seeschwalbenartig. Geht selten aufs Wasser. Die viel größeren Eis- und Polarmöwen haben auch ungezeichnete weiße Flügel, aber rötliche Beine. Verwechslung mit gelegentlich vorkommenden albinotischen Stücken von Sturm- und Dreizehenmöwe möglich.

STIMME: Rauh und schrill „ki-er" usw., seeschwalbenartig.

VORKOMMEN UND VERBREITUNG: Zirkumpolarer Brutvogel der Arktis, gewöhnlich am Rande des Packeises zu sehen; wandert im Winter gelegentlich südwärts. Nistet kolonieweise an mehr oder weniger von Treibeis umschlossenen Felsufern. Gelegentlich Island, Färöer, Nord-Skandinavien. Umherstreifende südwärts bis Großbritannien, Nordfrankreich, Schweiz (1817).

Mantelmöwe   *Larus marinus*   37, 38

E - Great Black-backed Gull   F - Goéland marin   I - Mugnaiaccio
H - Grote mantelmeeuw   S - Havstrut   Sp - Gavión

KENNZEICHEN: 74 cm. Viel größer als Silber- und Heringsmöwe. Von der alten Heringsmöwe im Brutkleid (abgesehen von der Größe) durch *weißlich-fleischfarbene Beine* und tiefere Stimme unterschieden. Ad. oben *schwarz*, nicht schiefergrau wie die britische Heringsmöwe, doch ist die skandinavische Heringsmöwe auch oben schwärzlich. Schnabel massiver als bei der Heringsmöwe. Juv. mit kräftigerer dunkler Zeich-

← *Falkenraubm.* Großbrit., Island, Sommervogel. Zug Ostsee. Umherstr. Mitteleuropa, Mittelmeer

Mantelmöwe → Teilz. Im Winter u. Nichtbr. an Küsten südw. b. Strichellinie. Brüt. i. Binnenl. i. Finnl., S-Schwed., Großbrit. Umherstr. vielerorts

nung als bei jungen Heringsmöwen, mit hellerem Kopf und hellerer Unterseite, die im 2. und 3. Lebensjahr immer weißer wird, während der Mantel ständig dunkler wird. Wild und räuberisch.
STIMME: Gewöhnlich ein rauhes, tiefes „ouk".
VORKOMMEN: Küstengewässer, Küsten und Flußmündungen. Nistet einzeln oder kolonieweise, manchmal gemeinsam mit der Heringsmöwe, auf felsigen, der Küsten vorgelagerten Inseln, auf Mooren, gelegentlich Klippen und Inseln von Binnenseen. Verbreitungskarte S. 164.

Heringsmöwe *Larus fuscus*   37, 38

E - Lesser Black-backed Gull   F - Goéland brun   I - Gabbiano zafferano
H - Kleine mantelmeeuw   S - Silltrut   Sp - Gaviota sombría

KENNZEICHEN: 53 cm. Etwa silbermöwengroß; viel kleiner als Mantelmöwe, von der sie (abgesehen von der oft schwer zu beurteilenden Größe) im Sommer durch *gelbe* Beine unterschieden ist; doch haben manche ad. im Winter und manche fast adulte Vögel fleischfarbene oder fahle Beine. Die britische Rasse, *L. f. graellsii*, ist oben schiefergrau; die Ostseerasse (Schweden, Finnland), *L. f. fuscus*, ist ebenso schwarz wie die Mantelmöwe; *L. f. intermedius* aus Norwegen und Südwestschweden ist intermediär, meist mattschwarz. Juv. und einjährige sind dunkelbraun gefleckt, mit schwärzlichem Schnabel und bräunlich fleischfarbenen Beinen, gewöhnlich nicht von jungen Silbermöwen zu unterscheiden. Ältere Jungvögel mit fortschreitend dunklerem Rücken, hellerem Kopf, hellerer Unterseite und gelberen Beinen und Schnäbeln.
STIMME: Wie tiefe Rufe der Silbermöwe.
VORKOMMEN: Wie Silbermöwe; auf dem Zuge häufiger im Binnenland und auf hoher See. Nistet kolonieweise auf Mooren im Binnenland, auf grasigen Meeresinseln, Klippenspitzen. Verbreitungskarte S. 165.

Silbermöwe *Larus argentatus*   37, 38

E - Herring Gull   F - Goéland argenté   I - Gabbiano reale
H - Zilvermeeuw   S - Gråtrut   Sp - Gaviota argéntea

KENNZEICHEN: 56 cm. Gemeinste Möwe der Küste. Sieht ziemlich sturmmöwenartig aus mit ähnlichen *schwarz-weißen Flügelspitzen*, ist aber

← *Heringsmöwe*
Vorwiegend Zugvogel. Nichtbrüter in Griechenland

Silbermöwe →
Teilzieher. Brut am Garda- u. Genfer See. Überwintert an der Küste und (seltener) im Binnenland ganz Europas, ausgenommen dort, wo Wasser gefriert

viel größer, oben heller und hat einen kräftigeren gelben Schnabel mit
einem roten Fleck und *fleischfarbene Beine* (ausgenommen die Mittelmeerrasse *L. a. michahellis* und die ostskandinavische Rasse *L. a. omissus*,
die gelbe Beine haben). Von der alten Heringsmöwe durch *hell* graue
Oberseite und – in den typischen Rassen – durch *fleischfarbene* (nicht
gelbe) Beine unterschieden; Eis- und Polarmöwe ohne Schwarz am Flügel. Juv. einfarbig braun mit dunkleren Handschwingen, dunklerem
Schwanz und schwärzlichem Schnabel, nicht von der jungen Heringsmöwe zu unterscheiden. Der zweijährige Vogel ist am Rücken grauer
und zeigt mehr Weiß an der Wurzel des am Ende dunkleren Schwanzes.
Verhalten und Flug wie bei anderen großen Möwen.
STIMME: Ein gereihtes jaulendes „kjau"; Angstruf des brütenden Vogels
ein trockenes „ga-ga-ga"; ferner mannigfaltige miauende, bellende und
lachende Rufe.
VORKOMMEN: Meeresküsten, Flußmündungen, küstennahe Gewässer und
Felder, mancherorts auch tiefer im Binnenland. Nistet gewöhnlich kolonieweise auf Felsklippen, Inseln, am Strand, gelegentlich in Sümpfen.
Verbreitungskarte S. 165.

Polarmöwe   *Larus glaucoides*   **37**

E - Iceland Gull   F - Goéland leucoptère   I - Gabbiano islandico
H - Kleine burgemeester S - Vitvingad trut   Sp - Gaviota polar

KENNZEICHEN: 56–66 cm. Sehr ähnlich der Eismöwe, aber doch in jedem
Alter durch geringere Größe und *weniger kräftigen Schnabel* (kleiner
als bei der Silbermöwe) unterschieden; Habitus erinnert an Sturmmöwe;
ad. zur Brutzeit von nahem auch am *rötlichen* Augenring zu erkennen.
(Bei der brütenden Eismöwe ist der Augenring gelb.) Jugendkleider
wie bei der Eismöwe, aber der Schnabel im ersten Winter mindestens
zur Hälfte schwarz. Wirkt auffallend langflügelig im Fluge, der schneller und leichter ist als bei der Eismöwe. Siehe auch die kleinere Elfenbeinmöwe.
VORKOMMEN, VERBREITUNG: Brutvogel im hohen Norden (arktisches Nordamerika, Grönland, Jan Mayen). Im Winter südwärts bis Nordskandinavien, Island, Färöer, Shetland-, Orkney-Inseln, Hebriden. Ausnahmsweise südwärts bis Italien. In Deutschland über 20mal an den Küsten
nachgewiesen.

Eismöwe   *Larus hyperboreus*   **37, 38**

E - Glaucous Gull   F - Goéland bourgmestre   I - Gabbiano bianco
H - Grote burgemeester S - Vittrut   Sp - Gaviota hiperbórea

KENNZEICHEN: 63–74 cm. Eis- und Polarmöwen sind „weißflügelige",
leicht miteinander zu verwechselnde Möwen. Ad. auffallend weiß mit
sehr hell grauem Mantel, mit *rein weißen Handschwingen*, fleischfarbenen Beinen und gelbem Schnabel mit rotem Fleck. Die Eismöwe ist
gewöhnlich durch *bedeutendere Größe* (oft größer als Mantelmöwe)
und *kräftigeren Schnabel* von der Polar- oder Silbermöwe unterschieden. Von nahem kann man ferner beim brütenden Altvogel den *zitro-
nengelben* Augenring erkennen (der bei der Polarmöwe rötlich ist).
Einjährige hell rahmbraun mit dunkler Schnabelspitze; Flügelspitze

heller als der übrige Flügel; Schwanz ohne dunklen Saum. Zweijährige sehen einfarbig weiß aus, der Mantel wird bis ins 4. Jahr zunehmend grauer.
STIMME: Ähnlich Silbermöwe, aber gewöhnlich schriller.
VORKOMMEN: Wie Mantelmöwe. Nistet kolonieweise auf und unter Meeresklippen, auf Hügeln und Inseln der Arktis. Verbreitungskarte S. 167.

Sturmmöwe   *Larus canus*   37, 38

E - Common Gull	F - Goéland cendré	I - Gavina
H - Stormmeeuw	S - Fiskmås	Sp - Gaviota cana
	N.A. - Short-billed Gull	

KENNZEICHEN: Reichlich 40 cm. Alte Sturm- und Silbermöwen sehen ziemlich gleich aus, mit hellgrauer Oberseite und schwarz-weißen Flügelspitzen, aber die Sturmmöwe ist viel kleiner, und *Schnabel und Beine* sind *zarter grünlichgelb.* Die Beine der Silbermöwe sind hell fleischfarben (gelb bei der Mittelmeerrasse und der ostskandinavischen Rasse), und der kräftigere Schnabel hat einen roten Fleck; auch ist der Rücken heller. Im Winterkleid Kopf stärker gestreift als bei der Silbermöwe. Juv. von der zweijährigen Silbermöwe durch *schmaleres, schwarzes Band auf dem weißen Schwanz (s.* Abb. T. 38) unterschieden. Juv. sonst überwiegend graubraun mit schwärzlichem Schnabel und bräunlich-fleischfarbenen Beinen. Im Flug von der Dreizehenmöwe (die gleichgroß ist) und von der Mantelmöwe (die größer ist) durch auffallende *weiße Flecke* an den *schwarzen Flügelspitzen* unterschieden.
STIMME: Viel höher und schriller als die der Silbermöwe.
VORKOMMEN: Wie Silbermöwe, aber mehr im Binnenland. Nistet kolonieweise auf Mooren, Inseln und an Abhängen. Verbreitungskarte S. 167.

Korallenmöwe   *Larus audouinii*   37

E - Audouin's Gull	F - Goéland d'Audouin	I - Gabbiano corso
H - Audouins meeuw	S - Rödnäbbad trut	Sp - Gaviota de Audouin

KENNZEICHEN: Knapp 50 cm. In der Größe ähnlich Silbermöwe, aber schlanker und mit *schmäleren* Flügeln. Von nahem am kräftigen, *leuchtend korallenroten Schnabel mit schwarzem Band und gelber Spitze* kenntlich; aus der Ferne sieht der Schnabel dunkel aus. Beine *dunkel*

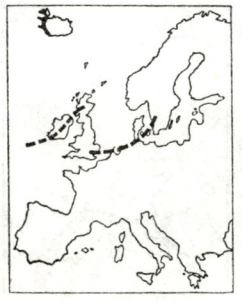 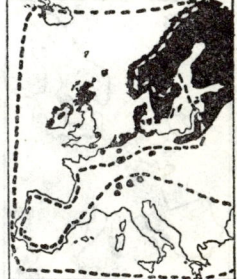

← *Eismöwe*
Teilzieher. Brütet i. der nördl. Ostsee. Umherstreifend an Küsten Europas bis Mittelmeer

Sturmmöwe →
Teilzieher

olivgrün. Auge dunkel mit rotem Lidrand. Flügelspitze (Handschwingen) im Fluge mit gut sichtbarem *allmählichem Übergang von der grauen Basis zu schwarzer Färbung,* mit einem einzelnen kleinen weißen Fleck an der äußeren Handschwinge; von unten betrachtet sind weiße Spitzen an einigen Handschwingen zu sehen. Augenrand rot. Juv. mit hellgrauem Scheitel und Hals, mit kleinem dunklem Abzeichen hinter dem Auge und hellbräunlicher Oberseite. Verhalten wie Silbermöwe.

STIMME: Ein nicht sehr lautes, rauhes „*gi-errk*".

VORKOMMEN: Lokal an und um Inseln, gelegentlich an der Felsküste des Festlandes. Nistet kolonieweise an steinigen Hängen oder zwischen Felsen auf kleinen Mittelmeerinseln. Verbreitungskarte S. 168.

Schwarzkopfmöwe   *Larus melanocephalus*   ✳   37, 38

E - Mediterranean Gull   F - Mouette mélanocéphale   I - Gabbiano corallino
H - Zwartkopmeeuw   S - Svarthuvad mås   Sp - Gaviota cabecinegra

KENNZEICHEN: Gut 39 cm. Leicht mit der Lachmöwe zu verwechseln, aber größer und kräftiger, ad. in jeder Jahreszeit durch *reinweiße Handschwingen ohne schwarze Spitzen und kräftigeren Schnabel* zu unterscheiden. Beine und Schnabel blutrot, letzterer mit dunklem Band. Im Brutkleid ist der Kopf *wirklich schwarz* (nicht dunkelbraun), und diese schwarze Maske erstreckt sich bis weit auf den Nacken (etwa bis zur Hälfte des Halses). Im Ruhekleid Kopf wie bei der Lachmöwe im Ruhekleid. Juv. leicht mit jungen Sturmmöwen zu verwechseln, aber schwarze Endbinde des Schwanzes *viel schmäler,* Flügel mit hellem Fleck, der sich bis zu den inneren Handschwingen erstreckt. Ältere mit Schwarz an den äußeren Handschwingen. Verhalten und Flug wie bei der Lachmöwe.

STIMME: Doppelruf mit langgedehntem nasalem a, etwa „äaa-äaa", tiefer und klagender als Lachmöwe.

VORKOMMEN: Wie Lachmöwe, aber weniger häufig an Binnengewässern zu sehen. Nistet auf Inselchen in Lagunen und Seen. Verbreitungskarte S. 168.

← *Korallenmöwe*
Jahresvogel. Umherstr. im Mittelmeer weitab von Brutplätzen, nordwärts bis Schweiz

Schwarzkopf- →
möwe
Teilz. Hat mehrfach in Deutschl., Holland, Estland gebrüt. Umherstr. bis Großbrit., Dänem.

Bonaparte-Möwe *Larus philadelphia* **65**

E - Bonaparte's Gull F - Mouette de Bonaparte I - Gabbiano del Bonaparte
H - Kleine kokmeeuw S - Bonapartes mås Sp - Gaviota de Bonaparte

KENNZEICHEN: 32 cm. Kleiner als Lachmöwe, der sie durch den weißen Vorderflügelrand und schwarze Spitzen der Handschwingen ähnlich ist; hat aber *dünneren, schwarzen* Schnabel und im Brutkleid schiefer-farbene „Kapuze". Im Ruhekleid Kopfzeichnung wie bei der Lach-möwe. Bestes Kennzeichen in allen Kleidern die *weiße Unterseite der Handschwingen* (bei der Lachmöwe dunkelgrau bei ad., düster bei Vögeln im ersten Winter). Ad. mit *orangefarbenen* (nicht roten) Bei-nen; juv. schwärzliche Beine. Juv. ähneln jungen Lachmöwen, sind je-doch kleiner, aber durch schwarze Zeichnung an den Spitzen der Arm-schwingen und inneren Handschwingen entsteht ein dunkler Saum. *Flug auffallend leicht und seeschwalbenartig.*
STIMME: Ziemlich schweigsam; gelegentlich ein rauher, kratzender Ruf.
VORKOMMEN UND VERBREITUNG: Lebensraum ähnlich Lachmöwe. Nistet in der Nähe von Küsten im Nadelwaldgürtel. Irrgast aus Nordamerika in Großbritannien, Irland, Island, Frankreich; ein unsicherer Nachweis von Helgoland.

Lachmöwe *Larus ridibundus* **37, 38**

E - Black-headed Gull F - Mouette rieuse I - Gabbiano commune
H - Kokmeeuw S - Skrattmås Sp - Gaviota reidora (común)

KENNZEICHEN: 38 cm. Eine kleinere, lebhafte Möwe, die man häufig im Binnenland beobachtet. Im Fluge durch den *rein weißen Vorderrand der spitzen Flügel* gekennzeichnet. Unterseite der Handschwingen dun-kelgrau. Schlanker Schnabel und Beine rot. Im Brutkleid Kopf *schoko-ladenbraun,* im Ruhekleid weiß mit schwärzlicher Zeichnung vor und hinter dem Auge. Immat. mit bräunlichen Zeichnungen an Oberseite und Kopfplatte (Kopfzeichnung sonst wie ad. im Ruhekleid) und mit schwarzem Schwanzende, aber Flügel mit dem bezeichnenden weißen Vorderrand; Schnabel dunkel fleischfarben mit schwarzer Spitze, Beine dunkel fleischfarben. Flug nicht so ruhig wie bei den Großmöwen. Folgt oft dem Pfluge. Die Sturmmöwe ist nur wenig größer, aber in jeder Jah-reszeit durch grünliche Schnabel- und Beinfärbung zu unterscheiden;

← *Lachmöwe*
Teilzieher. Umher-str. bis N-Lappland und Spitzbergen

Dünnschnabel →
möwe
Teilz. Umherstr.
Italien

juv. mit abweichender Flügelzeichnung. Siehe auch Schwarzkopf-, Dünnschnabel-, Zwerg- und Schwalbenmöwe.

STIMME: Zur Brutzeit sehr laut. Gewöhnlicher Ruf ein rauhes „kwerr", „kwäp" usw.

VORKOMMEN UND VERBREITUNG: Häufig im Binnenland und an der Küste; besucht Seen, Flußufer, Rieselfelder, Häfen, Ackerland. Brütet kolonieweise in Sümpfen, Wiesen, auf Kiesstrand und Inselchen der Seen. Verbreitungskarte S. 169.

Dünnschnabelmöwe *Larus genei*   37

E - Slender-billed Gull	F - Goéland railleur	I - Gabbiano roseo
H - Dunbekmeeuw	S - Smalnäbbad mås	Sp - Gaviota picofina

KENNZEICHEN: 43 cm. Durch *ähnliche Flügelzeichnung* mit der Lachmöwe zu verwechseln, hat aber längeren Hals, längeren, keilförmigen Schwanz, und *Kopf und Schnabel werden gewöhnlich deutlich abwärts geneigt* getragen. Schnabel länger, spitzer, aber kräftiger als der der Lachmöwe, dunkelrot, von weitem schwarz erscheinend. Im Brutkleid Kopf und Hals *rein weiß*. Unterseite mit *zart-rosa Tönung*. Juv. weniger von ad. verschieden als bei anderen Möwen, aber der Schwanz mit schwarzer Endbinde; Ohrdecken mit meist erkennbarem grauem Fleck; braune Zeichnungen der Oberseite schwächer entwickelt als bei der jungen Lachmöwe; Beine schmutzig gelblich.

VORKOMMEN: Küstengewässer und Flußmündungen. Nistet in kleinen Gruppen oder Kolonien, manchmal zwischen Seeschwalben, auf trockenen Schlammbänken, Inseln in Lagunen, in Sümpfen, auf Flußbänken. Verbreitungskarte S. 169.

Zwergmöwe *Larus minutus*   37, 38

E - Little Gull	F - Mouette pygmée	I - Gabbianello
H - Dwergmeeuw	S - Dvärgmås	Sp - Gaviota enana

KENNZEICHEN: 28 cm. Kleinste Möwe. Wirkt im Sitzen wie eine kleine Lachmöwe. Von dieser unterschieden, abgesehen von der Größe, durch *pechschwarzen* (nicht dunkelbraunen) Kopf, dessen Maske sich bis weit auf den Nacken erstreckt; ferner durch *Fehlen von Schwarz auf der* Oberseite der ziemlich *runden Flügel*, im Fluge durch abstechenden *schwärzlichen Unterflügel*. Schnabel im Sommer dunkelrot, im Winter schwärzlich. Beine rot. Ad. im Winter mit lachmöwenartiger Kopfzeichnung, aber Unterschiede in der Größe und am Flügel unverkennbar. Immat. mit weißer Flügelunterseite, schwarzem Schwanzende und mit einem dunklen Längsband, das über den Flügel bis zum Bug und weiter in die schwarzen Handschwingen verläuft und im Fluge ein *Zickzack-Muster* bildet (die junge Dreizehenmöwe hat ein ähnliches Zickzackband, aber dunklen Nackenfleck und schwach gegabelten, nicht geraden Schwanz); im Sitzen zeigt der Flügel einen *breiten, waagerechten dunklen Streifen*. Juv. wirkt oben fast *ganz schwärzlich* mit einem breiten weißlichen Flecken über der Mitte des zusammengelegten Flügels. Verhalten wie Lachmöwe, nimmt aber die Nahrung im Fluge von der Wasseroberfläche auf. Siehe auch Schwalbenmöwe.

STIMME: Ein nicht sehr lautes „kek-kek-kek" und gereihte „kei-ih".

VORKOMMEN: Wie Lachmöwe. Nistet in kleinen, zerstreuten Kolonien, oft unter Seeschwalben oder anderen Möwen, gewöhnlich in Sümpfen des Binnenlandes. Verbreitungskarte S. 171.

Schwalbenmöwe *Larus sabini* **37, 38**

E - Sabine's Gull   F - Mouette de Sabine   I - Gabbiano a coda forcuta
H - Vorkstaartmeeuw   S - Tärnmås   Sp - Gaviota de Sabine

KENNZEICHEN: 33 cm. Die einzige europäische Möwe mit stark *gegabeltem Schwanz*. (Die junge Dreizehenmöwe hat nur schwach gegabelten Schwanz). Die *schwarzen äußeren Handschwingen und das breite weiße Dreieck hinter ihnen* ergeben ein unverkennbares Flugmuster. Im Brutkleid Kopf schiefergrau, gegen den weißen Hals durch einen schmalen schwarzen Ring abgesetzt; im Ruhekleid ist der Kopf trübweiß. Schnabel ziemlich kurz, schwarz mit gelber Spitze. Beine grau. Juv. oben graubraun, mit ähnlichem Flugmuster wie ad., aber der weiße Schwanz mit breiten schwarzen Endflecken. Nimmt die Nahrung großenteils im leichten Flug von der Wasseroberfläche. Von unausgefärbten Zwerg- oder Dreizehenmöwen durch tiefer gegabelten Schwanz und das *Fehlen einer dunklen Binde* auf den Flügeldecken unterschieden.
STIMME: Ein kreischendes, seeschwalbenähnliches Schreien.
VORKOMMEN UND VERBREITUNG: Küstengewässer des Nordens und zur Brutzeit auch die arktische Tundra. Nistet auf morastigen Inselchen der Tundra und längs der Flachküste. Brutvogel auf Spitzbergen, im nördlichsten Sibirien, in Nordamerika und Grönland. Besucht alljährlich die Britischen Inseln, gelegentlich Island, die Färöer und die Küsten Westeuropas. Ausnahmsweise Schweiz, Ungarn und Ostsee. In Deutschland 30 bis 40 Funde.

Dreizehenmöwe *Larus tridactylus* **37, 38**

E - Kittiwake   F - Mouette tridactyle   I - Gabbiano tridattilo
H - Drieteenmeeuw   S - Tretåig mås   Sp - Gaviota tridáctila

KENNZEICHEN: Reichlich 40 cm. Ein Vogel der offenen See. Knapp sturmmöwengroß. Gekennzeichnet durch *dreieckige schwarze Flügelspitzen* (ohne weiße Spitzen), durch *schwärzliche Beine* und ungezeichneten gelben Schnabel. Das dunkle Auge ist gleichfalls bezeichnend. Mantel und

← *Zwergmöwe*
Teilzieher. Übersommert in Österreich. Umherstreifend Irland, Island, Färöer, Norwegen

Dreizehenmöwe →
Teilz. Überw. südw. b. Strichellinie. Umherstr. Ostsee, Mitteleur., Mittelmeer

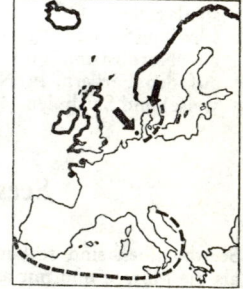

172 *Seeschwalben: Sternidae*

Flügel etwas dunkler als bei der Sturmmöwe, das übrige Gefieder rein-weiß. Juv. von der jungen Sturmmöwe unterschieden durch grauen Mantel, weißen Kopf und weiße Unterseite, durch *schwarzes Nackenband* und *breites schwarzes Band in der Längsrichtung des geschlossenen Flügels;* im Flug zeigen sich ein *auffallendes dunkles Band diagonal über dem Flügel, das zickzackartig wirkt,* und das schwarz gesäumte, schwach gegabelte Schwanzende; die unausgefärbte Zwergmöwe hat ein ähnliches Flügelmuster, ist aber viel kleiner, hat einen abgestutzten Schwanz und kein schwarzes Nackenband; siehe auch Schwalbenmöwe. Pickt gewöhnlich Nahrung von der Wasseroberfläche auf und taucht im Sturzflug wie Seeschwalben.

STIMME: Nur am Brutplatz sehr viel zu hören. Laut „kiti-week" oder „kek-wihk", ansteigend moduliert.

VORKOMMEN: Gewöhnlich weit draußen auf dem Meere, oft an den Fischgründen des Nordens; selten im Binnenland. Nistet in geschlossenen Kolonien an steilen Felswänden und in Höhlen der Felsküste, hier und da auch an Gebäuden. Verbreitungskarte S. 171.

Rosenmöwe *Larus roseus* 65

E - Ross's Gull   F - Mouette de Ross   I - Gabbiano polare di Ross
H - Ross' meeuw   S - Rosenmås   Sp - Gaviota de Ross

KENNZEICHEN: 32 cm. Ad. im Brutkleid unverkennbar, oberseits hellgrau, sonst weiß mit zart-rosa Anflug, *schmalem schwarzem Halsband und schmächtigem schwarzem Schnabel.* Füße rot. Schwanz gestuft. Flügel lang und *ohne Schwarz* (außer an der Außenfahne der äußersten Handschwinge), zusammengelegt über das Schwanzende hinausragend. Im Ruhekleid Kopf grau verwaschen, in der Augengegend etwas gefleckt; rosa Anflug des Gefieders undeutlich. Juv. an Scheitel und Rücken grau; Stirn weiß; Kopfseiten gefleckt; Schwanz mit dunkler Endbinde; undeutliches dunkles Brustband; kontrastreiche Flügelzeichnung (innere Handschwingen am Ende schwarz) erinnert an junge Schwalbenmöwen, die aber ganz weiße innere Handschwingen, helleren Rücken und gabelförmig ausgeschnittenen Schwanz haben.

STIMME: Variabel; höher und angenehmer klingend als bei den meisten anderen Möwen; charakteristische Rufe „a-uo, a-uo" und „klau" oder „kliau".

VORKOMMEN UND VERBREITUNG: Auf dem Zuge an Meeresküsten und Küstenlagunen. Oft auf Eisschollen oder Gletscherrändern sitzend; schwimmt selten. Nistet in der sumpfigen arktischen Tundra. Irrgast aus Nordostsibirien in Großbritannien, Frankreich, Holland, Island, auf den Färöern, in Norwegen, Dänemark, Deutschland (zwei Nachweise) und Sardinien.

Seeschwalben: *Sternidae*

Seeschwalben sind schlanke möwenartige Vögel mit schmaleren Flügeln als die Möwen und mit anmutigerem Flug; Schnabel schlanker, scharf zugespitzt, im Fluge oft abwärts gerichtet; Schwanz gegabelt. Die meisten Seeschwalben sind weißlich mit schwarzer Kappe; im Winter ist die Stirn weiß. Häufig rütteln sie und tauchen aus der Luft nach Fischen. Schlecht zu Fuß. Geschlechter einander ähnlich. Nisten am Erdboden oder auf Klippen.

Trauerseeschwalbe   *Chlidonias niger*   **40, 41**

E - Black Tern   F - Guifette noire   I - Mignattino
H - Zwarte stern   S - Svarttärna   Sp - Fumarel común

KENNZEICHEN: 24 cm. Die *Chlidonias*-Arten sind kleine, sumpfige Binnengewässer bewohnende Seeschwalben mit im allgemeinen dunklem Brutkleid und kennzeichnendem, „weicherem" Flug, als ihn die *Sterna*-Arten bei der Nahrungssuche zeigen. Die Trauerseeschwalbe ist die einzige Seeschwalbe mit *ganz schwärzlich-grauem* Brutkleid, ausgenommen

Trauerseeschwalbe   Weißbartseeschwalbe   Weißflügelseeschwalbe
Köpfe der Chlidonias-Arten im Winter

die auffallenden *weißen Unterschwanzdecken*. Ruhekleid: Stirn, Hals und Unterseite weiß, an den Brustseiten vor dem Flügel ein *unregelmäßiger dunkelgrauer Fleck*. Sieht in der Mauser fleckig aus. Juv. wie ad. im Ruhekleid, aber mit dunklerem Vorderrücken. Schnabel schwarz, schlank, fast so lang wie der Kopf; Füße rotbraun. Siehe bezüglich des Ruhekleides Weißbart- und Weißflügelseeschwalbe. Fliegt über dem Wasser hin und her, stürzt sich auf die Oberfläche, um Insekten aufzupicken, taucht aber sehr selten unter.

STIMME: Selten zu hören. Gewöhnlich kreischend „kitt" oder „krihk".

VORKOMMEN: Binnengewässer, auf dem Zuge auch an der Küste. Nistet in zerstreuten Kolonien, baut Schwimmnester im Flachwasser von Sümpfen und Lagunen. Verbreitungskarte S. 174.

Weißflügelseeschwalbe   *Chlidonias leucopterus*   **40, 41**

E - White-winged Black Tern   F - Guifette leucoptère   I - Mignattino alibianche
H - Witvleugelstern   S - Vitvingad tärna   Sp - Fumarel aliblanco

KENNZEICHEN: Knapp 24 cm. Im Sommer unverkennbar, mit überraschend *schwarzem Gefieder und auffallend weißen Flügeldecken* und weißem (bei der Trauerseeschwalbe grauem) Schwanz; ferner von der Trauerseeschwalbe durch schwarze (nicht graue) Flügelunterseite unterschieden. Schnabel und Beine im Sommer rot, im Winter schwärzlich. Im Winter von der Trauerseeschwalbe durch *Fehlen der dunklen Flecke an den Brustseiten*, weniger Schwarz am Scheitel, kräftigeren Körperbau und ruhigeren Flug zu unterscheiden, von der Weißbartseeschwalbe durch *vollständiges* weißes Halsband, helleren Bürzel und weniger gegabelten Schwanz. Juv. von jungen Trauerseeschwalben durch den mit den blaß-grauen Flügeln kontrastierenden dunkler braunen Rücken, von jungen Weißbartseeschwalben durch den rein weißen, vom dunklen Rücken sich abhebenden Bürzel zu unterscheiden. Schnabel im Sommer rot, im Winter schwärzlich, kürzer und gedrungener als bei Trauer- und Weißbartseeschwalbe. Verhalten, Stimme und Aufenthalt wie bei der Trauerseeschwalbe, mit der sie sich häufig das ganze Jahr über vergesellschaftet. Verbreitungskarte S. 174.

Weißbartseeschwalbe *Chlidonias hybrida*   **40, 41**

E - Whiskered Tern   F - Guifette moustac   I - Mignattino piombato
H - Witwangstern   S - Skäggtärna   Sp - Fumarel cariblanco

KENNZEICHEN: Knapp 25 cm. Im Sommer von der Trauer- und Weißflügelseeschwalbe durch *weiße Wangen und Halsseiten* unterschieden, die vom schwarzen Scheitel und von der *dunkelgrauen Unterseite* abstechen; im Fluge *weiße Unterflügel- und weiße Unterschwanzdecken* ziemlich auffallend. Wirkt viel heller als die anderen „schwarzen" Seeschwalben; der tiefer als bei der Weißflügelseeschwalbe gegabelte Schwanz, Flugweise und Tauchen nach Nahrung im Sturzflug erinnern an Flußseeschwalbe. Ad. im Winter von der Trauerseeschwalbe durch hellere Oberseite, *Fehlen der dunklen Flecke an den Brustseiten und weniger Schwarz am Scheitel* zu unterscheiden, von der Weißflügelseeschwalbe durch grauen (nicht weißen) Nacken, längeren Schnabel und einfarbige Oberseite. Juv. von jungen Trauerseeschwalben durch *fleckigen* Vorderrücken, der sich von den hellen Flügeln abhebt, und das Fehlen der Flecke an den Brustseiten zu unterscheiden, von jungen Weißflügelseeschwalben durch hellgrauen (nicht weißen) Bürzel und längeren Schnabel. Schnabel im Sommer dunkelrot, im Winter schwärzlich, so lang wie der Kopf und höher als bei den anderen *Chlidonias*-Arten. Aufenthalt wie bei der Trauerseeschwalbe.

STIMME: Ein rauhes „ky-ik" und andere zweisilbige Rufe. Verbreitungskarte S. 175.

← *Trauerseeschwalbe*
Sommerv. Hat in Engl., Finnl., Griechenl., Norw. (?) gebr. Umherstr. Irland, Färöer

Weißflügel- →
seeschwalbe
So.-V. Hat in Belg., Frankr., Deutschl., Estland gebr. Zug westw. b. Spanien, umherstr. b. Schwed. und Schottland

Lachseeschwalbe *Gelochelidon nilotica* ✳   **39, 41**

E - Gull-billed Tern   F - Sterne hansel   I - Rondine di mare zampenere
H - Lachstern   S - Sandtärna   Sp - Pagaza piconegra

KENNZEICHEN: 38 cm. Ähnlich Brandseeschwalbe im Brut- und Ruhekleid,
aber durch den *„geschwollenen", viel kürzeren, gänzlich schwarzen
Schnabel* und weniger gegabelten, grauen Schwanz unterschieden; wirkt
im Fluge breitflügeliger und kräftiger. Beine schwarz, merklich länger
als bei anderen Seeschwalben. Die schwarze Kopfkappe fehlt im Ruhekleid, der Kopf wird dann heller als bei der Brandseeschwalbe. Juv. mit
bräunlichem Scheitel und dunkler Augenumgebung. Verhalten wie bei
anderen Seeschwalben, aber die Gewohnheit, sich *über Land auf Insekten zu stürzen,* ist ein sicherer Unterschied gegenüber der Brandseeschwalbe; taucht selten im Stoßflug.
STIMME: Ein lachendes kratzendes „hähähäg" oder „keewek", ganz verschieden von dem höheren Ruf der Brandseeschwalbe.
VORKOMMEN: Salzsümpfe, Sandküsten und Binnengewässer. Nistet kolonieweise auf Sandufern und Inselchen in Salzlagunen. Verbreitungskarte S. 175.

Raubseeschwalbe *Hydroprogne caspia*   **39, 41**

E - Caspian Tern   F - Sterne caspienne   I - Rondine di mare maggiore
H - Reuzenstern   S - Skräntärna   Sp - Pagaza piquirroja

KENNZEICHEN: Gut 53 cm. Fast so groß wie Silbermöwe. Gekennzeichnet
durch große schwarze Kopfkappe, gegabelten Schwanz und *derben,
orangeroten Schnabel.* Die schwarze Kappe dehnt sich gerade bis unter
das Auge aus, wirkt aber im Ruhekleid gräulich und am dunkelsten
in Augenumgebung. Juv. wie ad. im Ruhekleid, aber oben braunfleckig.
Wirkt im Flug möwenartig, da nicht so leichtbeschwingt wie die anderen Seeschwalben; kann rasch an dem gewaltigen Schnabel bestimmt
werden; dunkle Unterseite der Handschwingen auffallend.
STIMME: Laut, tief und krähenartig „krä-i" oder „käh".
VORKOMMEN: Hauptsächlich an Meeresküsten, erscheint aber auch auf Seen
und Strömen. Nistet einzeln oder kolonieweise an den Sandküsten oder
auf Inseln. Verbreitungskarte S. 176.

← *Weißbart-
seeschwalbe*
So.-V. Hat in Holl.,
Schweiz, Deutschl.,
Polen,   Thrazien
gebr.   Umherstr.
Großbr., Belg.

Lachseeschwalbe →
So.-V. Hat i. Nord-
u. Süddeutschland,
Österr., Engl. gebr.
Umherstr.Skandin.,
Finnland

Flußseeschwalbe   *Sterna hirundo*   **39, 41**

E - Common Tern   F - Sterne Pierre-Garin   I - Rondine di mare
H - Visdief   S - Fisktärna   Sp - Charrán comun

KENNZEICHEN: 35,5 cm. Fluß-, Küsten- und Rosenseeschwalbe werden leicht miteinander verwechselt, denn die üblichen Merkmale sind selten unbedingt zuverlässig. Im Sommer ist die Flußseeschwalbe gewöhnlich an der *schwarzen Spitze des orangeroten Schnabels* zu erkennen (Schnabel bei der Küstenseeschwalbe ganz blutrot, bei der Rosenseeschwalbe vorwiegend schwarz). Im Winter ist der Schnabel bei der Flußseeschwalbe schwärzlich mit roter Wurzel (bei Küsten- und Rosenseeschwalbe ganz schwärzlich). Alle drei haben im Sommer rote Beine, aber wenn sie beieinandersitzen, erscheinen die Beine der Küstenseeschwalbe merklich kürzer; im Winter sind die Beine der Flußseeschwalbe noch rötlich (bei der Küstenseeschwalbe schwärzlich, bei der Rosenseeschwalbe orangerot). Die Schwanzspieße der Flußseeschwalbe ragen nicht über die Spitzen der geschlossenen Flügel hinaus (bei der Küstenseeschwalbe überragen sie die Flügelspitzen etwas, bei der Rosenseeschwalbe weit). Im Ruhe- und Jugendkleid haben alle drei unvollständige schwarze Kopfkappe und weiße Stirn, aber die Flußseeschwalbe hat *merklich dunklere Schulterflecken.* Juv. nicht sicher zu unterscheiden. Flug sehr leicht. Bei überhinfliegender Küstenseeschwalbe erscheinen *alle* Handschwingen wie durchsichtig; bei der Flußseeschwalbe ergeben nur die innersten 4 einen hellen Fleck hinter dem Flügelwinkel.

STIMME: Viel zu hören und wechselreich. Lang kreischend und abfallend „krih-ärr", „kirri-kirri" und kekkernd „kikikikik".

VORKOMMEN: Meeresküsten und manche Binnengewässer, Strand und Inseln. Nistet kolonienweise auf dem Strand, auf Sanddünen, Inseln im Salz- und Süßwasser. Verbreitungskarte S. 176.

Küstenseeschwalbe   *Sterna paradisaea*   **39, 41**

E - Arctic Tern   F - Sterne arctique   I - Rondine di mare coda lunga
H - Noordse stern   S - Silvertärna   Sp - Charrán ártico

KENNZEICHEN: 38 cm. Von der Flußseeschwalbe durch *ganz bluroten Schnabel* (dieser ist im Winter ganz schwärzlich, und die Spitze kann

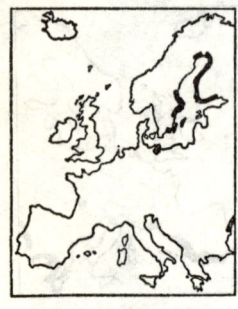

← *Raub-
seeschwalbe*
Zugv. Hat in Dänem., Norddeutschland, Jugosl., Sardinien, Spanien (?) gebrütet. Umherstr. fast ganz Europa

Fluß- →
seeschwalbe
Sommervogel

noch im Frühling schwarz sein) unterschieden, im Sitzen gewöhnlich durch *kürzere Beine.* Unterseite und Hals in der Regel grauer als bei Fluß- und Rosenseeschwalbe, oft hebt sich von diesem grauen Ton ein *weißer Streifen unter der schwarzen Kopfkappe* ab. Die Spitzen der Handschwingen bilden bei ad. und juv., von unten gesehen, einen *schmalen, deutlich* gegen die hellen Schwingen *abgegrenzten dunklen Saum,* der bei der Flußseeschwalbe undeutlich abgegrenzt und breiter ist. Im Sitzen überragen die Schwanzspieße gewöhnlich die Flügelspitzen *ein wenig,* aber niemals so weit wie bei der Rosenseeschwalbe. Genauen Vergleich der drei Arten siehe unter Flußseeschwalbe.

STIMME: Weicher und kürzer als bei der Flußseeschwalbe, „kakka-ria" oder ähnlich.

VORKOMMEN: Wie Flußseeschwalbe, aber mehr an der See und häufiger auf felsigen Inselchen der Küste. Verbreitungskarte S. 177.

Rosenseeschwalbe   *Sterna dougallii*   **39, 41**

E - Roseate Tern   F - Sterne de Dougall   I - Rondine di mare del Dougall
H - Dougalls stern   S - Rosentärna   Sp - Charrán rosado

KENNZEICHEN: 38 cm. Wenn in Gesellschaft von Fluß- und Küstensee-schwalbe, an der sehr verschiedenen Stimme, an der *helleren Färbung* und den kürzeren Flügeln erkennbar. Schnabel im Sommer *schwarz* mit roter Wurzel, im Winter ganz schwarz. Im Frühling ist an der Brust ein rosa Anflug sichtbar, der aber schon bald verschwindet. Die Brand-seeschwalbe hat ebenfalls oft diesen rötlichen Anflug, aber die Rosen-seeschwalbe ist leicht an den *roten Beinen* und langen Schwanzspießen zu unterscheiden. Im Sitzen reichen die Schwanzspieße *weit über* die Flügelspitzen; bei Fluß- und Küstenseeschwalbe tun sie es selten. Juv. von jungen Fluß- und Küstenseeschwalben durch deutlichere Zeichnung auf Scheitel und Oberseite zur Not unterscheidbar. Verhalten wie bei der Flußseeschwalbe, aber der Flug ist leichter, mit flacheren Flügel-schlägen.

STIMME: Ein langgezogenes, kreischendes „aaach", ein weiches sehr bezeich-nendes „tschu-ick" und ein ängstlich keckerndes „kekekekek" wie Fluß- oder Küstenseeschwalbe.

VORKOMMEN UND VERBREITUNG: Wie Flußseeschwalbe, aber ausschließlich

← *Küsten-seeschwalbe*
Sommervogel. Um-herstreifend Mit-tel- und Südeuropa

Zwerg- →
seeschwalbe
Sommerv. Umher-str. Finnland, Nor-wegen

am Meer. Nistet gesellig mit Fluß- oder Küstenseeschwalben, auf Inselchen, gelegentlich am Strand. Als Brutvogel weit über die Erde verbreitet: Küsten des nördlichen Atlantik, der indoaustralischen Region
und Südafrikas. In Europa sehr lokal an den Küsten der Britischen
Inseln; früher auch Südfrankreich und sehr wahrscheinlich Norddeutschland (Nordfriesische Inseln). Umherstreifende an den Küsten Westeuropas nordwärts bis Dänemark und ostwärts bis Italien; auch Schweiz.

Rußseeschwalbe

Rußseeschwalbe *Sterna fuscata*

E - Sooty Tern	F - Sterne fuligineuse	I - Rondine di mare oscura
H - Bonte stern	S - Sottärna	Sp - Charrán sombrío

KENNZEICHEN: 40,5 cm. Keine andere in Europa auftretende Seeschwalbe
ist *oben schwarz und unten weiß* (ad. zu jeder Jahreszeit). Scheitel,
Rücken, Flügel und Schwanz schwarz; Unterseite, Wangen und Stirnfleck weiß; Schnabel lang und schwarz; Füße schwarz. Die viel kleinere
Trauerseeschwalbe ist oben schwarzgrau, niemals völlig schwarz, und
hat einen schwach gegabelten, grauen Schwanz. Die Rußseeschwalbe hat
einen sehr tief gegabelten schwarzen Schwanz mit weißen Außen-
säumen. Juv. oberseits rußbraun, am Rücken weiß gefleckt, unterseits
graubraun. Siehe auch *Sterna anaethetus* (Irrgäste S. 325).
STIMME: Nasal „ker-wäcky-wäck".
VORKOMMEN UND VERBREITUNG: Das Meer; nistet auf Inseln der tropi-
schen Ozeane. Umherstreifende bis England, Wales, Frankreich, Italien,
Deutschland (3mal).

Zwergseeschwalbe *Sterna albifrons* ✳   **40, 41**

E - Little Tern	F - Sterne naine	I - Fraticello
H - Dwergstern	S - Smätärna	Sp - Charrancito
	N.A. - Least Tern	

KENNZEICHEN: 20 cm. Leicht von anderen Seeschwalben zu unterscheiden
an der *geringen Größe*, dem schwarzspitzigen *gelben Schnabel, den
gelben Beinen und der weißen Stirn*, die sich im Sommer scharf von
dem schwarzen Scheitel und dem schwarzen Augenstreif abhebt. Im
Ruhe- und Jugendkleid Scheitel aschgrau, allmählich in das Schwarz
des Hinterkopfes übergehend. Schwanzspieße kurz. Flügel relativ
schmaler, Flügelschläge schneller und das Rütteln vor dem Tauchen
anhaltender als bei anderen Seeschwalben. Kann im Herbst mit der
Trauerseeschwalbe verwechselt werden, ist aber oben *viel heller*, mit
weißem Schwanz.

STIMME: Hoch und kratzend „krih-ik", scharf und gereiht „kitt" und rasch schnatternd „kirri-kirri-kirri".

VORKOMMEN: Sand- und Kiesstrand, auf dem Zuge im Binnenland erscheinend. Nistet in kleinen zerstreuten Kolonien auf dem Strand; auf dem Festland auch an den Ufern von Seen und Flüssen. Verbreitungskarte S. 177.

Brandseeschwalbe *Sterna sandvicensis* ✳ 39, 41

E - Sandwich Tern F - Sterne caugek I - Beccapesci
H - Grote stern S - Kentsk tärna Sp - Charrán patinegro
N.A. - Cabot's Tern

KENNZEICHEN: Reichlich 40 cm. Gekennzeichnet durch ziemlich bedeutende Größe, lange Flügel, kurzen Gabelschwanz und langen, schlanken, schwarzen Schnabel mit gelber Spitze (bei juv. ist das Gelb kaum zu sehen). Beine schwarz. Viel größer und heller als die langschwänzigen Fluß- und Küstenseeschwalben. Die Lachseeschwalbe ist von ähnlicher Größe, hat aber viel kürzeren und gedrungeneren, ganz schwarzen Schnabel und weniger tief gegabelten Schwanz. Die Unterseite kann wie bei der Rosenseeschwalbe einen rötlichen Anflug haben, aber die sehr langen Schwanzspieße und die leuchtend roten Beine der Rosenseeschwalbe machen eine Verwechslung unmöglich. In Erregung werden die *verlängerten schwarzen Hinterkopffedern gesträubt,* was dem Kopf ein zottiges Aussehen verleiht. Im Ruhekleid ist der Scheitel überwiegend weiß mit streifig schwarzem Schopf. Kann bereits ins Ruhekleid mausern, wenn sie noch brütet. Juv. sehr hell aussehend, mit weniger tief gegabeltem Schwanz als ad., zuweilen ohne Gelb an der Schnabelspitze, was zur Verwechslung mit Lachseeschwalbe führen kann. Flug möwenartiger als bei den kleineren Seeschwalben.

STIMME: Die Brandseeschwalbe lärmt mehr als die meisten Seeschwalben. Ruft schneidend, kratzend „kirrik" (höher als der ziemlich ähnliche Ruf der Lachseeschwalbe) oder ansteigend „kirr-kit".

VORKOMMEN: Fast ausschließlich am Meer. Nistet in großen Kolonien dicht beieinander auf Sand- oder Kiesstrand, felsigen oder sandigen Inseln, gelegentlich am Ufer von Binnengewässern. Verbreitungskarte S. 179.

← *Brand-
seeschwalbe*
Vorw. Sommerv., lokal an fett gezeichn. Küsten. Umherstr. Norwegen, ČSR, Schweiz. Einige überw. im Mittelmeer

Tordalk →
Teilz., die nördl. Ostsee verlassend; überw. südw. bis Strichellinie. Umherstr. Mitteleur.

Alken: *Alcidae*

Schwarz-weiße, ans Meer gebundene Tauchvögel mit kurzem Hals, sehr kurzen, schmalen Flügeln und weit zurückgesetzten Beinen. Schnabel spitz oder oft seitlich zusammengedrückt. Flug schwirrend und fierend, selten lange geradeaus, die großen Füße ragen, ehe der Vogel sich niederläßt, seitlich hervor. Halten sich im Stehen gewöhnlich aufrecht. Gesellig.

Tordalk   *Alca torda*   36

E - Razorbill   F - Petit pingouin   I - Gazza marina
H - Alk   S - Tordmulle   Sp - Alca (común)
                    N.A. - Razor-billed Auk

KENNZEICHEN: Gut 40 cm. Oben schwarz, unten weiß. Von der Trottellumme durch ziemlich dicken Kopf, kurzen dicken Hals und *seitlich zusammengedrückten* Schnabel mit auffallender *weißer Querlinie* in der Mitte unterschieden. Wirkt im Schwimmen gedrungener als die Trottellumme und trägt den spitzen Schwanz gewöhnlich *aufgestellt*. Beide Arten haben am geschlossenen Flügel eine weiße Bogenbinde und im Fluge einen auffallenden weißen Saum am Hinterrand der Flügel. Kehle und Kopfseiten bei ad. im Ruhekleid weiß. Juv. mit kleinerem Schnabel ohne weiße Linie; die junge Trottellumme hat längeren, spitzeren Schnabel und einen bezeichnenden schwarzen Streif hinter dem Auge. Gesellig, sitzt aufrecht oder waagerecht auf Felsvorsprüngen mit Trottellummen.

STIMME: Ein leises, schwirrendes Pfeifen und ein langgezogenes, mürrisches Quarren am Brutplatz.

VORKOMMEN: Ausgesprochener Seevogel, der in Küstengewässern und in einiger Entfernung von der Küste lebt. Nistet kolonieweise, gewöhnlich gemeinsam mit Trottellummen, an Meeresfelsen. Verbreitungskarte S. 179.

Krabbentaucher   *Plautus alle*   36

E - Little Auk   F - Mergule nain   I - Gazza marina minore
H - Kleine alk   S - Alkekung   Sp - Mérgulo marino
                    N.A. - Dovekie

KENNZEICHEN: Gut 20 cm. Der kleinste Seevogel im Winter. Nicht viel größer als ein Star. Leicht zu erkennen an dem *„pausbackigen, halslosen" Aussehen und dem sehr kurzen Schnabel*. Brutkleid: Kopf, Vorderbrust und Oberseite schwarz; schmale weiße Flügelbinde; weiße Unterseite: Ruhekleid: Ohrdecken, Kehle und Vorderbrust weiß.

STIMME: Am Brutplatz viel zu hören. Ein hohes schrilles Plärren.

VORKOMMEN UND VERBREITUNG: Ausgesprochener Meeresvogel. Strandet bei schweren Stürmen gelegentlich am Ufer. Nistet in großen Kolonien, in Höhlen unter Felsen, auf hohen Klippen der Arktis, lokal an Bergen. Brutvogel auf den Inseln des nördlichen Atlantiks und des nördlichen Eismeeres, in unserem Gebiet nur in Nordisland. Teilzieher. Im Winter befliegt er den Raum von der Arktis südwärts bis Nordsee und Nordatlantik; unregelmäßig im Kanal; umherstreifend in Finnland und südwärts bis zum Mittelmeergebiet, ostwärts bis Italien.

Trottellumme   *Uria aalge*   **36**

E - Guillemot   F - Guillemot de Troïl   I - Uria
H - Zeekoet   S - Sillgrissla   Sp - Arao común
N.A. - Common Murre

KENNZEICHEN: 42 cm. Vom Tordalken durch den *schlanken, spitzen Schnabel und dünneren Hals* unterschieden. Bei der nördlichen Rasse *U. a. aalge* wirkt die Oberseite gewöhnlich ebenso schwarz wie beim Tordalken, obwohl der Kopf brauner ist, aber die südliche Rasse *U. a. albionis* ist dunkel schokoladenbraun im Sommer, graubraun im Winter. Die ziemlich häufige „Ringellumme" (keine eigene Art) hat einen schmalen weißen Augenring und eine weiße, vom Auge nach hinten streichende Linie. Im Ruhekleid sind Kopfseiten und Kehle weiß wie beim Tordalken im Ruhekleid, aber mit auffallend *schwarzer Linie* vom Auge über die Ohrdecken. Bewegungen wie beim Tordalken; im Flug wirkt der Hals dünner und länger und der Schwanz kürzer. Siehe auch Dickschnabellumme.

STIMME: Zur Brutzeit sehr oft zu hören. Langanhaltend und rauh „arrr" oder „ärra".

VORKOMMEN: Wie Tordalk. Nistet in dichten Kolonien auf den Simsen steiler Felswände und auf flachen Gipfeln, oft mit Tordalken und Dreizehenmöwen gemeinsam. Verbreitungskarte S. 182.

Dickschnabellumme   *Uria lomvia*   **36**

E - Brünnich's Guillemot   F - Guillemot de Brünnich   I - Uria grossa
H - Dikbekzeekoet   S - Spetsbergsgrissla   Sp - Arao de Brünnich
N.A. - Brünnich's Murre

KENNZEICHEN: 42 cm. Sehr ähnlich der Trottellumme, aber von dieser zu jeder Jahreszeit unterschieden durch *merklich kürzeren und dickeren Schnabel* (der aber längst nicht so hoch ist wie beim Tordalken) und von nahem durch *schmale helle Linie an den Schnabelseiten.* Im Ruhekleid erstreckt sich ferner das Schwarz vom Scheitel bis *ziemlich weit unters Auge,* und über die Ohrdecken führt kein dunkler Streifen. Der junge Tordalk kann mit Dickschnabellumme verwechselt werden, aber sein Schnabel ist gedrungener und runder. Flug, Verhalten und Stimme wie Trottellumme.

VORKOMMEN: Wie Trottellumme, streift aber im Winter weiter auf See hinaus. – *Verbreitung:* Wie Trottellumme Küsten der nördlichen Meere. Brutvogel auf Island und in Nordnorwegen; im Winter an der norwegischen Küste südwärts, gelegentlich Färöer. Umherstreifende an den Küsten südwärts bis zu den Britischen Inseln und Nordfrankreich; ausnahmsweise Deutschland und Österreich (einmal).

Gryllteiste   *Cepphus grylle*   **36**

E - Black Guillemot   F - Guillemot á miroir   I - Uria nera
H - Zwarte zeekoet   S - Tobisgrissla   Sp - Arao aliblanco

KENNZEICHEN: Gut 34 cm. Viel kleiner als Trottellumme. Im Sommer leicht zu erkennen an dem *einfarbig schwarzen Gefieder mit großem weißem Flügelschild und leuchtend roten Füßen.* In Winter unten weiß, schwarze Teile der Oberseite dicht weiß gefleckt. Juv. oben

182 *Alken: Alcidae*

dunkler als ad. im Ruhekleid, das Weiß undeutlich mit Braun vermischt. Verhalten wie Trottellumme, aber gewöhnlich nur in sehr geringer Zahl zu sehen. Kann im Sommer von weitem mit der Samtente verwechselt werden, die aber viel größer ist, am geschlossenen Flügel nur ein kleines weißes Band und im Fluge das Weiß am Hinter- (nicht *Vorder-*)rand des Flügels hat. Siehe auch Lappentaucher im Ruhekleid.

STIMME: Sehr bezeichnend – ein leiser, pfeifender Ton, gelegentlich zu einem zwitschernden Triller gereiht, wobei der zinnoberrote Rachen auffällt.

VORKOMMEN: Hält sich dichter an der Küste auf als die anderen Lummen, oft an felsigen, sogar bewaldeten Inseln. Nistet einzeln oder in kleinen zerstreuten Gruppen in Höhlen oder unter Steinblöcken auf Felsufern, Klippenvorsprüngen, Inseln. Verbreitungskarte S. 182.

Papageitaucher *Fratercula arctica* 36

E - Puffin F - Macareux moine I - Polcinella di mare
H - Papegaaiduiker S - Lunnefågel Sp - Frailecillo (común)

KENNZEICHEN: 30,5 cm. Im Brutkleid leicht zu erkennen an dem *drei- eckigen, seitlich abgeflachten rot-blau-gelben Schnabel,* an der gedrun- genen, dickköpfigen Gestalt, am schwarz-weißen Gefieder und an den *leuchtend orangeroten Füßen.* Im Ruhekleid ist der Schnabel etwas kleiner, aber noch immer als Papageitaucherschnabel zu erkennen; Wangen grauer. Juv. mit viel kleinerem, schwärzlichem Schnabel, aber mit typischer Papageitauchergesichtszeichnung (s. Diagramm). Wirkt im Fluge sehr dickköpfig. Sitzt aufrecht, aber ruht waagerecht.

STIMME: Selten zu hören, am Brutplatz tief knurrend „ou" oder „arr".

VORKOMMEN: Küstennahe und -ferne Meeresgewässer. Nistet kolonieweise in Kaninchen-, Sturmtaucher- oder selbstgegrabenen Höhlen im Erd- reich felsiger oder grasiger Inseln. Verbreitungskarte S. 185.

← *Trottellumme* Teilz., verläßt nörd. Ostsee; überw. südw. b. Span. Um- herstr. im Mittel- meer östlich bis Malta

Gryllteiste → Vorwiegend Jah- resvogel. Umher- streifend Holland, Belgien, Frankreich. Brutversuch in Deutschland

Flughühner: *Pteroclidae*

Rundliche, taubenartige Bodenvögel unsicherer Verwandtschaft mit sehr kurzen, befiederten Beinen und Zehen. Flügel und Schwanz lang und spitz. Flug reißend. Gang trippelnd und taubenartig. Geschlechter verschieden. Äußerst scheu. Gesellig. Gewöhnlich in Wüsten und Trockengebieten. Ruffreudig. Bodenbrüter.

Sandflughuhn *Pterocles orientalis* 26

   E - Black-bellied Sand-grouse   F - Ganga unibande   I - Ganga
   H - Zwartbuikzandhoen   S - Ringflyghöna   Sp - Ortega

KENNZEICHEN: Reichlich 35 cm. Größer und gedrungener als Spießflughuhn, etwa von der Größe des Steppenhuhnes. Von beiden, selbst von weitem, durch *viel weniger verlängerten Schwanz und sehr auffallend schwarzen Bauch* unterschieden. ♂: sandgrauer Kopf, Oberseite gräulich mit rostgelber Sprenkelung, Flügeldecken und Armschwingen rostgelb, Kehle kastanienbraun, nach hinten durch ein schwarzes Querband begrenzt, Brust rötlichgrau mit einem schmalen schwarzen Querband. ♀: sandfarben, dicht gefleckt auf Kopf und Oberseite, Kehle hell sandgelb mit schwarzem Fleck, Brust warm ockerfarben, dicht schwarz gefleckt und nach hinten durch ein schwarzes Band begrenzt.
STIMME: Gewöhnlich tief „djürr-rürr-rür".
VORKOMMEN UND VERBREITUNG: Halbwüsten oder hügeliges, steiniges Gelände. Nistet auf dem Boden, auf der Iberischen Halbinsel und von den Kanaren über Nordafrika und Vorderasien bis Turkestan. Verflogene in Italien, Malta, Griechenland und Deutschland (einmal).

Spießflughuhn *Pterocles alchata* 26

   E - Pin-tailed Sandgrouse   F - Ganga cata   I - Grandule
   H - Witbuikzandhoen   S - Långstjärtad flyghöna   Sp - Ganga común

KENNZEICHEN: 32 cm. Am Boden ähnlich einem kleinen, hellen Rebhuhn, aber sogleich durch die *langen, nadelspitzen, mittleren Steuerfedern* zu unterscheiden, im Flug ferner durch die langen, scharf zugespitzten Flügel und die „halslose" Silhouette. Kleiner als Sandflughuhn und Steppenhuhn. Von beiden (besonders im Flug) durch *weißen Bauch* und weiße Flügelunterseite mit schwarzer Flügelspitze unterschieden. ♂ im Brutkleid: Oberseite dunkel graubraun, kräftig zitronengelb gefleckt, Flügeldecken kastanienbraun, Scheitel grau, Gesicht orangegelb, *Kinn und Kehle schwarz, breites Brustband ockerbraun.* ♀: Oberseite gelblich, fein schwarz und zart lila gebändet; Kehle und Unterseite weiß, mit zwei oder drei schmalen schwarzen Bändern über die Brust. ♂ im Ruhekleid ähnlich ♀, aber ohne zart lila Bänderung. Gewöhnlich in viel größeren Schwärmen als Sandflughuhn, die oft gemeinsame Flugmanöver ausführen. Siehe Sandflughuhn und Steppenhuhn.
STIMME: Nasal „ganggang gang ganggang...", gewöhnlich im Flug.
VORKOMMEN UND VERBREITUNG: Trockene, staubige Ebenen, hohe Steinplateaus, sonnengedörrte Schlammflächen und die Ränder von Sümpfen.

Nistet am Boden. Jahresvogel in Südfrankreich (Crau), Südspanien und Portugal. Verflogene in Italien, Sizilien und Malta.

Steppenhuhn *Syrrhaptes paradoxus*   26

E - Pallas' Sandgrouse   F - Syrrhapte paradoxal   I - Sirratte
H - Steppenhoen   S - Stäpphöna   Sp - Ganga de Pallas

KENNZEICHEN: 36–40 cm. Gekennzeichnet durch lange, nadelspitze mittlere Schwanzfedern (länger als beim Spießflughuhn), das Fehlen von Weiß am Flügel und durch auffallenden *schwarzen Fleck* an der Hinterbrust (weniger ausgedehnt als beim Sandflughuhn). ♂: Kopf und Kehle orangegelb mit grauem, vom Auge bis zu den Halsseiten führendem Bogenstreif; Oberseite gebändert sandfarben; Brust und Handschwingen hellgräulich. ♀: der Halsfleck ist von einem schmalen schwarzen Band gesäumt, Scheitel und Nacken schwarz gefleckt und ohne Orangegelb. Siehe Sand- und Spießflughuhn.
STIMME: Wenn zu Scharen vereinigt, rufen die Vögel häufig, gewöhnlich „körki" oder „körkörki".
VORKOMMEN UND VERBREITUNG: Sandige Halbwüsten. Während der periodischen Massenwanderungen nach Europa erscheint es gewöhnlich an den Sandküsten, auf Stoppelfeldern usw. Nistet am Boden. Trat sporadisch in ganz Europa auf, westwärts bis Großbritannien (wo es wie auch in Dänemark gebrütet hat), Irland, Spanien, ja sogar Färöer. Auch in Norddeutschland Brutversuche im Invasionsjahr 1888. Letzte große Invasion 1908.

Tauben: *Columbidae*

Rundliche, schnellfliegende Vögel mit kleinem Kopf und charakteristischer tiefer, gurrender Stimme. Geschlechter einander ähnlich. Teils Baum-, teils Höhlenbrüter.

Hohltaube *Columba oenas*   25

E - Stock Dove   F - Pigeon colombin   I - Colombella
H - Holenduif   S - Skogsduva   Sp - Paloma zurita

KENNZEICHEN: 33 cm. Merklich *kleiner und dunkler* als Ringeltaube, von der sie im Fluge oder im Sitzen leicht durch *Fehlen von Weiß an Flügel und Hals* zu unterscheiden ist. Oberseite blauer grau. Glänzend grüner Fleck an den Halsseiten. Zwei kurze, *unterbrochene schwarze Flügelbinden.* Juv. ohne Grün am Hals. Verhalten wie Ringeltaube, mit der sie im Winter zuweilen vergesellschaftet; weniger gesellig und Flug reißender. Die Felsentaube hat auffallend weißen Bürzel und zwei breite schwarze Flügelbinden, aber verwilderte Haustauben haben zuweilen Bürzelfärbung wie Hohltaube.
STIMME: Von der Stimme der Ringeltaube abweichend, eine Reihe monotoner „hu-ru" oder „hu-ru-u", die oft auf der ersten Silbe betont sind.

VORKOMMEN: Wie Ringeltaube, zieht aber mehr die offene Parklandschaft mit alten Bäumen vor, auch Klippen, Sanddünen usw. Nistet in Höhlen in alten Bäumen, notfalls in Felsnischen, altem Gemäuer, Kaninchen-bauen, Gebäuden usw. Verbreitungskarte S. 185.

Felsentaube *Columba livia* 25

E - Rock Dove   F - Pigeon biset   I - Piccione selvatico
H - Rotsduif   S - Klippduva   Sp - Paloma bravía

KENNZEICHEN: 33 cm. Die Stammform unserer Haustaube. Von der Hohl-taube und der viel größeren Ringeltaube unterschieden durch *weiß-lichen Bürzel, zwei breite schwarze Binden über die Armschwingen und weiße Unterflügel.* Schwanz mit schwarzer Endbinde, gewöhnlich mit etwas Weiß an den äußeren Steuerfedern. Gefieder blaugrau, auf dem Rücken heller, an den Halsseiten glänzend grün und lila. Die Haus-taubenrassen variieren im Gefieder von typischen Felsentauben bis zu weißen, gelblichen und schwärzlichen Formen. Flug schneller als bei der Ringeltaube und gewöhnlich niedriger, Schwanz kürzer.

STIMME: Das Gurren ununterscheidbar von dem unserer Haustaube „u-ru-ku".

VORKOMMEN: Gewöhnlich in geringer Zahl an Klippen felsiger Küsten und im angrenzenden Gelände. In Südeuropa auch an Felshängen und Klippen des Binnenlandes. Nistet in Höhlen, Schächten und an Fels-wänden. Die in Städten und Gehöften überaus häufigen, oft verwilder-ten Haustauben nisten in und an Gebäuden; sie besuchen scharenweise die Felder. Verbreitungskarte S. 186.

Ringeltaube *Columba palumbus* 25

E - Wood Pigeon oder Ring Dove   F - Pigeon ramier   I - Colombaccio
H - Houtduif   S - Ringduva   Sp - Paloma torcaz

KENNZEICHEN: Reichlich 40 cm. Größer als andere Tauben, mit *breitem, weißem Band über den Flügel* (im Fluge auffallend); am Hals glänzend grün und purpurn mit *weißem Fleck an jeder Seite.* Juv. ohne Hals-zeichnung. Streift im Winter oft in gewaltigen Scharen umher. Mischt sich gern unter Haus- und Hohltauben; langschwänziger als diese. Fliegt mit lautem Flügelklatschen ab. Siehe auch Hohl- und Felsentaube.

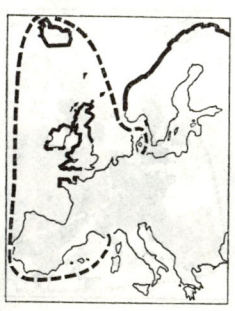

← *Papageitaucher*
Sommervogel. Um-
herstreifend ostw.
bis zur Adria

Hohltaube →
Teilzieher

STIMME: Gedämpftes Gurren, ein oft wiederholter Satz von etwa 5 oder 6 Lauten „ku-ku-rú-ku-ku-ku", meist mit der Betonung auf der zweiten oder dritten Silbe.

VORKOMMEN: Wald- und Parkvogel, lokal auch im Innern der Städte, zur Nahrungssuche auf Feldern. Nistet auf Bäumen, in Hecken, in alten Nestern usw. Verbreitungskarte S. 186.

Turteltaube *Streptopelia turtur* 25

| E - Turtle Dove | F - Tourterelle des bois | I - Tortora |
| H - Tortelduif | S - Turturduva | Sp - Tórtola (común) |

KENNZEICHEN: 28 cm. Kleiner als alle anderen gewöhnlichen Tauben; an der viel schlankeren Gestalt und dem deutlich *gestuften, dunklen Schwanz mit weißem Ende* zu erkennen. Oberkopf und äußere Oberflügeldecken blaugrau, Rücken und innere Oberflügeldecken rostbraun mit schwarzen Federmitten; an den Halsseiten je ein schwarz-weiß gestreifter Fleck; Kehle und Brust zart rötlich. Juv. ohne Halsflecke, Brust ohne rötlichen Anflug. Gewöhnlich paarweise oder in kleinen Trupps. Flug schnell und geradeaus führend. Flügelschlag mehr stoßweise als bei der Ringeltaube. Siehe auch Türkentaube.

STIMME: Zarter und eintöniger als das Gurren anderer Tauben: ein gereihtes, fast schnurrendes „turr turr-turr ..."

VORKOMMEN: Wälder, offenes Gelände mit verwilderten Hecken und Gehölzen, auch Parkanlagen usw., zur Nahrungssuche auf Feldern. Nistet in Bäumen und Büschen. Verbreitungskarte S. 187.

Palmtaube *Streptopelia senegalensis* 66

| E - Palm Dove | F - Tourterelle du Sénégal | I - Tortora senegalese |
| H - Palmtortel | S - Palmduva | Sp - Tórtola senegalesa |

KENNZEICHEN: 26 cm. Eine kleine Taube mit *dunkler Zeichnung über dem Kropf*. Kopf und Hals weinrötlich mit breitem Band aus *schwarzen und kupferfarbigen Flecken am oberen Teil des Kropfes*; Kinn heller, Bauch und Unterschwanzdecken weiß; Vorderrücken dunkel rostbräunlich, Bürzel grau; *im Fluge fallen die blaß blaugrauen Flügeldecken auf*; Schwanz schwärzlich mit breiten weißen Spitzen an den

← *Felsentaube*
Jahresvogel

Ringeltaube →
Teilzieher. Umherstreifend   Island, Färöer

äußeren Federn; Augenring und Füße rot. Geschlechter einander ähnlich. Juv. matter gefärbt.

STIMME: Eine schnelle Folge von wie „kuh" klingenden Rufen, erst ansteigend, dann absinkend.

VORKOMMEN UND VERBREITUNG: Weit verbreitet im Innern und in der Umgebung von Städten und Dörfern im größten Teil Afrikas bis zum Kap und in großen Teilen Südwestasiens bis Indien; nistet in Dornbüschen, kleinen Bäumen und an Gebäuden. Jetzt Brutvogel sowohl im europäischen wie im asiatischen Teil der Türkei. Seltener Gast in Nordost-Griechenland.

Türkentaube *Streptopelia decaocto* 25

E - Collared Turtle Dove   F - Tourterelle turque   I - Tortora dal collare orientale
H - Turkse tortel   S - Turkduva   Sp - Tórtola turca

KENNZEICHEN: 28 cm. Von der Turteltaube durch längeren Schwanz, eintönig hell staubbraune Oberseite mit schmalem *schwarzem Nackenband* und hell blaugrauen äußeren Oberflügeldecken ohne Schwierigkeit zu unterscheiden. Kennzeichnend ist die weiße Endbinde der schwarzen Schwanzunterseite; bei nicht gefächertem Schwanz erscheint dessen Oberseite wie der Rücken gefärbt. Kopf und Unterseite heller und grauer mit weinrötlichem Hauch, besonders an der Brust. Die dunklen Handschwingen heben sich vom Rest des Gefieders ab. Augen rot. Von der sehr ähnlichen Lachtaube (einem in Gefangenschaft gehaltenen Abkömmling von *S. roseogrisea*) durch etwas düsterere (nicht so hell rahmbräunliche) Färbung und dunkle Handschwingen unterschieden.

STIMME: Tief „ku-kuh, ku", gewöhnlich auf der zweiten Silbe betont (bei der Lachtaube ist in der Regel die erste Silbe betont). Flugruf ein nasales „chwi".

VORKOMMEN: Hauptsächlich Städte und Dörfer. Nistet gewöhnlich auf Bäumen, stellenweise an Gebäuden. Verbreitungskarte S. 187.

← *Turteltaube* Sommervogel. Umherstreifend nordwärts bis Island, Finnland

Türkentaube → Jahresvogel, hat sich in den letzten Jahren weit nach Nordwesten ausgebreitet

Kuckucke: *Cuculidae*

Ziemlich schlanke, langschwänzige, schmalflügelige Vögel, bei denen 2 Zehen nach vorn und 2 nach hinten gerichtet sind. Die beiden in Europa sich fortpflanzenden Arten Brutschmarotzer. Geschlechter meist einander ähnlich. Wahrscheinlich ist die Gruppe der Kuckucke in mehrere Familien zu zerlegen.

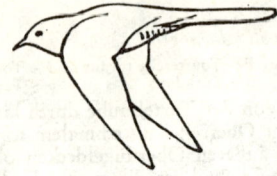

Kuckuck   *Cuculus canorus*   **46**

| E - Cuckoo | F - Coucou gris | I - Cuculo |
| H - Koekoek | S - Gök | Sp - Cuco |

KENNZEICHEN: 33 cm. Langschwänzig, ziemlich spitzflügelig, wird im Flug manchmal mit Sperber verwechselt (der jedoch breite, *gerundete* Flügel hat). *Balzruf unverkennbar*. Oberseite und Kehle blaugrau; Unterkörper weißlich, dunkelgrau gebändert; Schwanz lang und rund, schiefergrau mit weißen Flecken und weißen Spitzen. Beine gelb. Juv. verschieden gefärbt: Oberseite entweder rotbraun und stark gebändert (ein Turmfalken-♀ vortäuschend) oder braungrau mit matten Bändern; beide Formen mit gebänderter, gelblichweißer Unterseite und weißem Nackenfleck. Gelegentlich treten rostbraune ♀, ähnlich rotbraunen juv., auf. Flug gerade, vor dem Einfallen gleitend. Außerhalb der Brutzeit ungesellig.

STIMME: Angenehm und weitschallend „kuckuck", manchmal ein- oder dreisilbig; auch ein fauchendes „hachachach" („Gauch"); ♀ (viel seltener zu hören) ruft laut und melodisch kichernd „kwickwickwick".

VORKOMMEN: Wälder und offenes, buschbestandenes Gelände, auch in baumlosen Gefilden, lokal im offenen Hochland. Die Weibchen leben in Vielmännerei und sind Brutschmarotzer, die ihre Eier einzeln in die Nester anderer Vögel legen, und zwar legt jedes einzelne Weibchen die Nester nur einer bestimmten Wirtsart. Verbreitungskarte S. 190.

Häherkuckuck   *Clamator glandarius*   **46**

| E - Great Spotted Cuckoo | F - Coucou geai | I - Cuculo dal ciuffo |
| H - Kuifkoekoek | S - Skatgök | Sp - Críalo |

KENNZEICHEN: Fast 40 cm. Leicht zu erkennen an der *auffallenden Haube*, am langen, gestuften, dunkelbraunen Schwanz mit *breiten weißen Säumen* und an der braunen, *kräftig weiß gefleckten* Oberseite. Unterseite und Kopfseiten rahmfarben, an der Kehle gelblich. Leuchtend orangefarbener Augenring. Juv. mit schwärzlichem Kopf, ohne Haube, mit *tief kastanienbraunen* Handschwingen. Auffallend und lärmend, oft auf Zäunen sitzend; manchmal in der Haltung elsternartig. Flug ziemlich kräftig und gerade. Gesellig.

STIMME: Ein schepperndes, seeschwalbenartiges „kitterä, kitterä, kitterä", dem gurgelnde Töne folgen; rauh und ansteigend „sri" (an Blauelster erinnernd), bei Alarm krähenartig „kark" usw.

VORKOMMEN UND VERBREITUNG: Waldränder und Lichtungen, Olivenhaine, bebuschte Ebenen mit einzelnen Bäumen. Brutschmarotzer, der die Eier gewöhnlich in die Nester von Krähenvögeln, besonders in Elsternnester, legt; bringt oft mehrere Eier im gleichen Nest unter. Sommervogel in Spanien, Portugal und vielleicht in Bulgarien und Nord-Griechenland, in Jugoslawien sehr vereinzelt und ausnahmsweise auch in Südfrankreich; in zunehmender Häufigkeit an der Westküste Italiens gefunden (Fortpflanzung?), 1964 Fortpflanzung auf Sardinien. Umherstreifende in Südeuropa nordwärts bis Deutschland (5 Nachweise), Dänemark und zu den Britischen Inseln.

Gelbschnabelkuckuck *Coccyzus americanus*

E - Yellow-billed Cuckoo	F - Coulicoo à bec jaune	I - Cuculo americano
H - Geelsnavelkoekoek	S - Gulnäbbad gök	Sp - Cuco piquigualdo

KENNZEICHEN: Reichlich 30 cm. Kleiner, schlanker und taubenähnlicher als der Kuckuck; oben trüb braun und unten weißlich. Deutliche Kennzeichen sind der *gelbe* Unterschnabel, die *großen weißen Flecke* an den Spitzen der Schwanzfedern und das *Rostbraun* im Flügel, das im Fluge auffällt.

STIMME: Schnell und kehlig „kä-kä-kä-kä-kä-kau-kau-kaup-kaup-kaup" (zum Schluß langsamer werdend).

VORKOMMEN UND VERBREITUNG: Gebüsch, Dickichte, Waldungen. Brutvogel in Nordamerika, verfliegt sich gelegentlich bis zu den Britischen Inseln, Island, Frankreich, Belgien, Dänemark und Italien.

Eulen: *Strigidae*

Fleischfresser von überwiegend nächtlicher Lebensweise, mit großem Kopf, nach vorn gerichteten Augen und flachem Gesicht, in dem die kranzförmig angeordneten Federn einen „Schleier" bilden. Halb im Gefieder verborgener, krummer Schnabel und mächtige Krallen. Flug geräuschlos und gewöhnlich „mottenartig". Einige Arten mit auffallenden Feder-„Ohren". Die meisten Eulen haben große Augen und dicht befiederte Füße. Geschlechter gewöhnlich gleich. Brüten in Höhlen, alten Horsten anderer Vögel oder auf dem Boden.

Schleiereule *Tyto alba* 44

E - Barn Owl	F - Chouette effraye	I - Barbagianni
H - Kerkuil	S - Tornuggla	Sp - Lechuza común

KENNZEICHEN: 34 cm. Eine langbeinige, sehr helle Eule mit weißem Gesicht. *Hell goldbraune Oberseite*, die fein gesprenkelt ist, und *unge-*

streifte weiße Unterseite. Augen schwarz. Keine Federohren. Nächtlich, jagt aber gelegentlich bei Tage. Im aufrechten Sitzen sind die „x-beinigen" langen Läufe und der große Kopf bezeichnet. Flug schwankend und in der Abenddämmerung wirklich geisterhaft. Nährt sich hauptsächlich von kleinen Nagern. Die Rasse *T. a. guttata* von Nord-, Ost- und Mitteleuropa ist oben dunkler und unten oft tief rostgelb.

STIMME: Langanhaltendes schnarchendes Gekreisch. Auch zischende und kläffende Laute.

VORKOMMEN: Mit ganz besonderer Vorliebe menschliche Siedlungen, nistet in Gehöften, in Mauern, Kirchtürmen, Ruinen usw. Besucht auch Parks mit alten Bäumen, gelegentlich Klippen. Verbreitungskarte S. 190.

Zwergohreule　*Otus scops*　　　　　　　　　　44

E - Scops Owl	F - Hibou petit-duc	I - Assiolo
H - Dwergooruil	S - Dvärguv	Sp - Autillo

KENNZEICHEN: 19 cm. Eine sehr kleine Eule mit *Federohren* (diese nicht immer auffallend). Gefieder graubraun marmoriert und gesprenkelt. Mit kleinerem, weniger flachem Kopf als der Steinkauz und schlanker als dieser, von mehr konischer Gestalt und mit längerem Schwanz. Der *monotone Ruf* ist sehr bezeichnend. Hauptsächlich nächtlich. Frißt vor allem Insekten.

STIMME: Gewöhnlich ein ständig wiederholter melancholischer Pfiff „kju", der sehr an das Geläute von Unken erinnert.

VORKOMMEN: Bäume in der Nachbarschaft menschlicher Wohnungen, Anpflanzungen, Gärten usw.; auch zwischen alten Gebäuden. Nistet in Höhlen, gelegentlich in alten Nestern anderer Vögel. Verbreitungskarte 191.

Uhu　*Bubo bubo*　✳　　　　　　　　　　44

E - Eagle Owl	F - Hibou grand-duc	I - Gufo reale
H - Oehoe	S - Berguv	Sp - Buho real

KENNZEICHEN 66–71 cm. Größte europäische Eule (zweimal so groß wie Waldohreule), mit *sehr auffälligen Federohren*, breit gestreifter gelbbrauner Brust und *großen, orangeroten Augen.* Oberseite gelbbraun, dunkelbraun gefleckt. Schlägt Beute bis zur Größe von Hasen und Reh-

← *Kuckuck*
Sommervogel. Umherstreifend Island, Färöer

Schleiereule →
Vorwiegend Jahresvogel. Umherstreifend nordwärts bis Finnland und Norwegen

kitzen. Jagt in der Morgen- und Abenddämmerung und rastet in Felsspalten oder hohlen Bäumen oder aufrecht auf einem Ast dicht neben
dem Baumstamm sitzend. Ungesellig.

STIMME: Tief, aber kurz „u-hu", die zweite Silbe etwas abfallend, manchmal gefolgt von einem gedämpften, gutturalen Kichern.

VORKOMMEN: Große Wälder, Klippen, bewaldete oder kahle Berghänge
und offene Steppen. Nistet in Vertiefungen unter Felsen und Gestrüpp,
in hohlen Bäumen oder alten Greifvogelhorsten. Verbreitungskarte
S. 191.

Schneeeule   *Nyctea scandiaca*   44

E - Snowy Owl	F - Chouette harfang	I - Chivetta delle nevi
H - Sneeuwuil	S - Fjälluggla	Sp - Buho nival

KENNZEICHEN: 54–66 cm. Eine *sehr große, weiße, rundköpfige Eule*, trüb
braun gefleckt oder gebändert; manche viel weißer als die übrigen;
♂ weißer als ♀. Hauptsächlich bei Tage und einzeln jagend. Gleitet
langsam oder stürzt sich schnell auf vorbeifliegende Vögel. Schlägt
Beute bis zur Größe von Schneehase und Eiderente. Sitzt im Freien auf
Pfosten, Felsen, Heustadeln, Dünen oder anderen niedrigen Warten.
Wandert aus der Arktis invasionsartig in beträchtlicher Zahl etwa alle
4 Jahre nach Süden. Vom Grönlandfalken durch größeren, runderen
Kopf, abgerundetere Flügel und weniger kräftigen Flug unterschieden,
von unten weißen Schleiereulen durch viel bedeutendere Größe, weiße
Oberseite und gelbe Augen.

STIMME: Selten zu hören. Flugruf zur Brutzeit ein wiederholtes lautes
„krau-au" oder gereiht „rick".

VORKOMMEN: Die arktiche Tundra und ödes Hügelgelände. Während der
Invasionen im offenen Gelände in Dünen, Wiesenniederungen, an der
Küste und an Seeufern usw. Nistet auf Mooshügeln in der Tundra.
Verbreitungskarte S. 192.

Sperbereule   *Surnia ulula*   45

E - Hawk Owl	F - Chouette épervière	I - Ulula
H - Sperweruil	S - Hökuggla	Sp - Lechuza gavilana

KENNZEICHEN: 36–40 cm. Von anderen Eulen unterschieden durch den
langen, runden Schwanz und die ziemlich kurzen, spitzen Flügel, die
dem Vogel ein falkenähnliches Flugbild verleihen, und durch die *eng*

← *Zwergohreule*
Teilzieher. Hat in
Franken gebrütet.
Umherstreif. Brit.
Inseln, Holland,
Dänemark, Schwe-
den, Island

Uhu →
Vorw. Jahresvogel.
Umherstr. Großbr.,
Holland, Dänem.

gebänderte Unterseite. Gesicht weißlich, mit *kräftig schwarzer Einfassung*. Scheitel und Oberseite schwärzlichbraun, weiß gebändert. Jagt hauptsächlich bei Tage. Sitzt auffällig auf Baumspitzen oder Telegraphenmasten, oft in gar nicht eulenartiger *vorgeneigter Haltung*, und zuckt häufig mit dem Schwanze. Flug sperberartig, gewöhnlich niedrig, zum Sitzen aufwärts streichend. Oft kühn und gleichgültig dem Menschen gegenüber.

STIMME: Gellend „kikikiki", mehr falken- als eulenähnlich.

VORKOMMEN: Nadelwälder und offenes Birkengestrüpp. Nistet im Schutze gebrochener Baumwipfel, in hohlen Bäumen, alten Greifvogelnestern usw. Verbreitungskarte S. 192.

Sperlingskauz *Glaucidium passerinum*   **45**

E - Pygmy Owl   F - Chouette chevêchette   I - Civetta nana
H - Dwerguil   S - Sparvuggla   Sp - Mochuelo chico

KENNZEICHEN: 16,5 cm. Die kleinste Eule Europas – kleiner als ein Star. Gekennzeichnet durch *sehr geringe Größe* und verhältnismäßig kleinen Kopf. Oben dunkelbraun, mit weißlich-rahmfarbener Fleckung; unten grauweiß mit schwärzlicher Streifung; Gesicht weißlich mit kleinen gelben Augen unter kurzen weißen „Augenbrauen". Schwanz eng braun und weißlich gebändert; stellt den Schwanz häufig auf oder *wippt mit dem Schwanz* aufwärts. Verhalten keck und lebhaft. Auch bei Tage aktiv. Jagt und schlägt kleine Vögel im Fluge. Steinkauz ist viel größer und heller und hat einen flacheren Scheitel. Siehe auch Rauhfußkauz.

STIMME: Sehr stimmbegabt. Ein pfeifendes „kiu", „kitschik" usw. Balzstrophe ein monoton wiederholtes gimpelähnliches „djühb ... djühb ..." djühb ..."

VORKOMMEN: Alte, einsame Wälder, gewöhnlich Nadelwälder in den Gebirgen. Nistet in hohlen Bäumen und Spechthöhlen. Verbreitungskarte S. 193.

Steinkauz *Athene noctua*   **45**

E - Little Owl   F - Chouette chevêche   I - Civetta
H - Steenuil   S - Minervas uggla   Sp - Mochuelo (común)

KENNZEICHEN: Knapp 22 cm. Gekennzeichnet durch *geringe Größe, ge-*

← *Schneeeule*
Brutgebiet schwankend. Teilz. Fast alljährl. Shetland-Inseln. Umherstr. südw. bis Frankr., Italien, Jugoslaw.

Sperbereule →
Teilzieher. Fast alljährlich Ostpreuß. Umherstr. südw. b. Großbrit., Schweiz, Nordjugoslaw. und Rumänien

duckte Haltung und *flachköpfiges* Aussehen. Oberseite dunkelbraun, dicht weißt gefleckt und gebändert. Unterseite weißlich, breit dunkelbraun gestreift. Die niedrige Stirn und die gelben Augen verleihen ihm ein wildes, finsteres Aussehen. Oft bei Tage zu beobachten. Sitzt aufrecht auf Telegraphenmasten, Zäunen usw. Knickst und verbeugt sich, wenn er argwöhnisch ist. Flug niedrig und schnell, in tiefen Wellenlinien. Frißt hauptsächlich Insekten und kleine Nagetiere, seltener kleine Vögel. Siehe auch Rauhfußkauz.

STIMME: Schrill und durchdringend „kwiu"; ferner ein weiches, klagendes, hochgezogenes „ghuk".

VORKOMMEN: Verschieden, aber gewöhnlich in ziemlich offenem Kulturland oder steinigem Ödland. Nistet in Baumhöhlen, besonders in gekappten Weiden, Felsen, Gebäuden und Erdbauen. Verbreitungskarte S. 193.

Waldkauz *Strix aluco* 45

E - Tawny Owl F - Chouette hulotte I - Alloco
H - Bosuil S - Kattuggla Sp - Cárabo (común)

KENNZEICHEN: 38 cm. *Gefleckter und gestreifter, großer, runder Kopf, dunkle Augen, keine Federohren.* Die Oberseite variiert in der Färbung vom warmen Braun bis Gelbbraun oder Gräulich. Unterseite gelblichbraun mit deutlichen dunklen Streifen. Gesicht graubraun. Streng nächtlich. Frißt hauptsächlich kleine Nager, Vögel, Insekten usw. Von der Waldohreule durch kräftigeren Bau, dunkle Augen und Fehlen der Federohren unterschieden, von der Sumpfohreule durch dunkleres, weniger gelbliches Gefieder und braunschwarze Augen, von der Schleiereule durch bedeutendere Größe und viel dunkleres Gefieder, besonders an Gesicht und Unterseite.

STIMME: Gellend „kju-wik". Balzstrophe tief und wohltönend „hu-hu-hu", dem nach einer Pause ein langanhaltendes tremulierendes „u-u-u-u" folgt.

VORKOMMEN: Alte Wälder, Parkanlagen, große Gärten. Nistet in hohlen Bäumen, in alten Nestern großer Vögel, gelegentlich in Gebäuden und Kaninchenbauen. Verbreitungskarte S. 194.

← *Sperlingskauz*
Vorw. Jahresvogel. Umherstr. Dänem., Holl., Belg., Span.

Steinkauz →
Jahresvogel. Umherstreifend Südschweden (hat hier gebrütet) Schottland, Irland

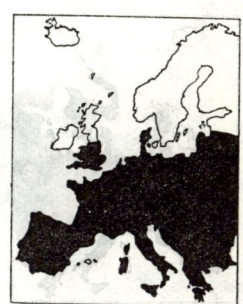

Habichtskauz *Strix uralensis* ✳ **45**

E - Ural Owl   F - Chouette de l'Oural   I - Alloco degli Urali
H - Oeraluil   S - Slaguggla   Sp - Cárabo uralense

KENNZEICHEN: 61 cm. Etwas kleiner als Bartkauz, sieht aus wie ein übergroßer, heller, langschwänziger Waldkauz. Allgemeinfärbung hell gräulich, breit dunkelbraun gestreift; Flügel und der ziemlich lange, wohlgerundete Schwanz kräftig quergebändert. Kopf rund, ohne Federohren. Schleier gräulichweiß *ohne Ringzeichnung*. Augen *schwärzlichbraun*. Verhalten sehr ähnlich Waldkauz. Bartkauz ist größer, mit *gelben* Augen und deutlicher Ringzeichnung im Schleier. Der Waldkauz ist viel kleiner und dunkler mit größeren Augen.

STIMME: Ein ziemlich hohes, bellendes „hau...hau...hau" in unregelmäßigen Abständen und ein rauhes „kaweck".

VORKOMMEN: Mischwälder, Dickichte und Waldungen mit Blößen. Nistet in hohlen Bäumen, gelegentlich in alten Greifvogelnestern. Verbreitungskarte S. 194.

Bartkauz *Strix nebulosa* **45**

E - Great Grey Owl   F - Chouette laponne   I - Gufo della Lapponia
  oder Lapland Owl   S - Lappuggla   Sp - Carabo Lapón
H - Laplanduil

KENNZEICHEN: Gut 68 cm. Fast von der Größe des Uhus, aber leicht von diesem zu unterscheiden durch *graue Färbung, sehr runden Kopf, Fehlen von Federohren* und längeren Schwanz. Gefieder düster grau, oben unregelmäßig dunkel und weiß gezeichnet und unten breit gestreift. Schleier sehr groß und mit konzentrischer Ringzeichnung; *dunkler Fleck am Kinn; Augen bemerkenswert klein und gelb*. Der Habichtskauz ist etwas kleiner und brauner, mit *dunklen* Augen und *ohne* Ringzeichen am Schleier.

STIMME: Tief brummend „hu-hu-hu", in regelmäßigen Abständen wiederholt; ferner ein hohes, schrilles „kiwick"; beide Rufe nicht unähnlich denen des Waldkauzes.

VORKOMMEN UND VERBREITUNG: Dichte Nadelwälder des Nordens. Legt in alte Nester großer Greifvögel. Jahresvogel im arktischen Norwegen, Schweden und Finnland. In Invasionsjahren südwärts streichend über

← *Waldkauz*
Jahresvogel

Habichtskauz →
Vorw. Jahresv. Im Winter bis Strichellinie. Umherstreifend Jugosl., Ungarn (hat im NO gebrütet), Westdeutschl., Italien

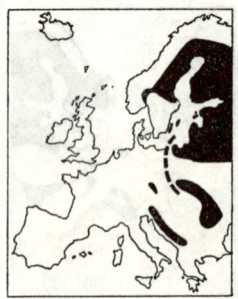

fast ganz Skandinavien, Finnland, Estland, gelegentlich bis Ostpreußen (einmal).

Waldohreule *Asio otus*   44

E - Long-eared Owl   F - Hibou moyen-duc   I - Gufo comune
H - Ransuil   S - Hornuggla   Sp - Buho chico

KENNZEICHEN: Knapp 36 cm. Eine nur mittelgroße Eule mit *langen Federohren*. Infolge rein nächtlicher Lebensweise schwer zu beobachten. Oberseite gelblichbraun und graubraun gesprenkelt und marmoriert; Unterseite rostgelblich, kräftig mit dunklen Schaftstreifen und feiner Querbänderung gezeichnet. Vom rundköpfigen Waldkauz durch eckigen
Kopf, lange Federohren (im Flug nicht zu sehen), schlankere Gestalt
und *orangegelbe* (statt braunschwarze) Augen unterschieden. Im Flug
wirken Flügel und Schwanz länger als beim Waldkauz. Flügelschläge
sehr weit nach unten ausholend. Von der Sumpfohreule durch viel längere Federohren unterschieden. Ruht bei Tage im dichten Laubwerk
oder schlank aufgerichtet auf einem Ast dicht am Baumstamm. Frißt
kleine Säugetiere, Vögel und Insekten. Rastet im Herbst oder Winter
oft in kleinen Gesellschaften.
STIMME: Tief und seufzend „u-u-u", viel stöhnender als der Ruf des
Waldkauzes. Ferner einige kläffende und klagende Rufe und Flügelklatschen. Junge fiepen wie Rehkitze. In der Regel außerhalb der Brutzeit schweigsam.
VORKOMMEN: Nadelwaldungen, auch kleine Nadelholzdickungen, lokal
Laubwälder. Nistet in alten Nestern, gelegentlich am Boden oder im
Moor. Verbreitungskarte S. 195.

Sumpfohreule *Asio flammeus* ✳   44

E - Short-eared Owl   F - Hibou des marais   I - Gufo di palude
H - Velduil   S - Jorduggla   Sp - Lechuza campestre

KENNZEICHEN: 38 cm. Jagt in der Abenddämmerung und bei Tage im
offenen Gelände, und dann ist der *helle, gelbbraune Körper mit der
kräftig längsgestreiften Unterseite* bezeichnend. Ziemlich lange, gebänderte Schwingen mit dunklem Fleck am Bug des Unterflügels fallen auf,

← *Waldohreule*
In Finnl. in Lem-
mingjahren bis 68°
nordwärts. Teilz.
Alljährlich Island,
Färöer

Sumpfohreule →
Teilzieher

wenn der Vogel überhin fliegt. Die Waldohreule hat einen ziemlich ähnlichen Fleck, aber die Sumpfohreule besitzt dazu einen dunklen Fleck am Flügelbug auf der Flügeloberseite. Von Falken durch den großen, runden Kopf und den kurzen Schwanz unterschieden, von der Waldohreule im Sitzen durch die gelblichere Färbung, die kaum sichtbaren Federohren und das Fehlen der Sprenkelung auf der Oberseite und der Querbänderung auf der Unterseite. Sitzt hauptsächlich am Boden, den Körper in bezeichnender Weise geneigt. Flug niedrig und schaukelnd mit häufig eingeschalteten Gleitstrecken, wobei die Flügel weihenartig leicht nach oben gewinkelt sind; gelegentlich fliegt sie sehr hoch. Bei Mäuseplagen manchmal in Gesellschaften versammelt.

STIMME: Ein hohes, schnaubendes Bellen „ki-äw". Balzstrophe tiefe „bu-bu-bu-"-Reihen, gewöhnlich beim kreisenden Balzflug. Balzflug auch von Flügelklatschen begleitet.

VORKOMMEN: Offenes, sumpfiges Gelände, Sanddünen, Moore. Nistet am Boden in Heide, Schilf, feuchten Wiesen usw. Verbreitungskarte S. 195.

Rauhfußkauz　*Aegolius funereus*　　　　　　　　　　　　45

E - Tengmalm's Owl	F - Chouette de Tengmalm	I - Civetta capogrosso
H - Ruigpootuil	S - Pärluggla	Sp - Lechuza de Tengmalm
	N.A. - Richardson's Owl	

KENNZEICHEN: Gut 25 cm. Ähnelt oberflächlich dem Steinkauz, ist etwas größer und durch *aufrechtere Haltung*, größeren, viel runderen Kopf und tieferen Schleier (nicht zwischen den Augen abgeflacht wie beim Steinkauz) unterschieden. Auch ist die Abgrenzung des Schleiers schwärzer, die weißen Augenbrauen sind breiter. Grundfärbung *schokoladenbraun*. Beine und Füße sind dicht weiß befiedert, und der Scheitel ist zierlich weiß gefleckt (nicht gestreift). Juv. fast einfarbig mahagonibraun mit breiten weißen Augenbrauen. Rein nächtlich, ausgenommen in der Arktis. Ruht bei Tage in Nadelbäumen. Stimme sehr bezeichnend. Flug nicht spechtartig wie beim Steinkauz, sondern an andere einheimische Eulen erinnernd.

STIMME: Eine ziemlich schnelle Folge von 3–6 gleichen, hohen und wohlklingenden Tönen „pu-pu-pu" usw., der Schlußton oft weniger betont, manchmal fast bis zu einem Triller beschleunigt.

VORKOMMEN: Nadelwälder, lokal in Mischwaldungen. Im Süden des Verbreitungsgebietes hauptsächlich im Gebirge. Nistet in Spechthöhlen oder natürlichen Baumhöhlen. Verbreitungskarte S. 197.

Ziegenmelker: *Caprimulgidae*

Nachtvögel und Insektenfresser mit großen Augen, riesigem Rachen, winzigen Füßen, langen Flügeln und langem, meist geradem Schwanz. Gefieder rindenfarbig, der Umgebung hervorragend angepaßt. Verbringen den Tag gewöhnlich bewegungslos am Boden oder in Längsrichtung auf einem Ast sitzend. Geschlechter gleich gefärbt. Bodenbrüter.

Ziegenmelker *Caprimulgus europaeus* 46

E - Nightjar   F - Engoulevent d'Europe   I - Succiacapre
H - Nachtzwaluw   S - Nattskärra   Sp - Chotacabras gris

KENNZEICHEN: Knapp 27 cm. Am bekanntesten durch seinen bemerkenswerten nächtlichen, *schnurrenden Gesang* und auffallenden Balzflug. Von länglicher, gestreckter Gestalt. Sieht im allgemeinen graubraun aus und ist dicht und eng dunkelbraun und rostgelb gesprenkelt und gebändert, was eine vollkommene Farbanpassung bewirkt. Der große Kopf abgeflacht mit sehr kleinem Schnabel und sehr großem Schna-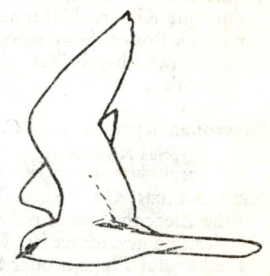belspalt. Flügel und Schwanz lang. ♂ mit drei weißen Flecken an den Handschwingen nahe der Flügelspitze und mit auffallenden weißen Spitzen der äußeren Steuerfedern. Verbringt den Tag bewegungslos in Deckung längs (manchmal auch quer) auf Zweigen und am Boden sitzend. Jagt nachts in lautlosem, unruhigem Fluge Nachtschmetterlinge. Zur Brutzeit häufig lautes Flügelklatschen. Siehe auch Rothals- und Pharaonenziegenmelker.

STIMME: Flugruf leise nasal „gu-ek"; bei ängstlicher Erregung „quick-quick-quick". Balzstrophe in der Abenddämmerung oder bei Nacht ein lautes, schnelles Schnurren, das ansteigt und abfällt und bis 5 Minuten pausenlos anhalten kann, manchmal in ein paar gluckenden Lauten ausklingend.

VORKOMMEN: Moore, Heidegebiete, Wälder, besonders an deren Rändern und auf Lichtungen, die mit Farnkraut bestanden sind, usw. Legt die Eier auf den nackten Boden. Verbreitungskarte S. 197.

← *Rauhfußkauz*
Teils Jahresv. Ab u. zu zahlreich im Winter in Dänem. (hat hier gebr.). Umherstr. westw. bis Großbrit. und Spanien

Ziegenmelker →
Sommervogel. Umherstreifend Island, Färöer

Rothalsziegenmelker *Caprimulgus ruficollis* **46**

E - Red-necked Nightjar F - Engoulevent à collier roux I - Succiacapre collorosso
H - Moorse nachtzwaluw S - Rödhalsad nattskärra   Sp - Chotacabras pardo

KENNZEICHEN: Knapp 32 cm. Sieht wie der gewöhnliche Ziegenmelker
aus, ist aber etwas größer, hat ein sandfarbig-rostbraunes Halsband
und einen größeren weißen Kehlfleck. Beide Geschlechter mit deutlicheren weißen Abzeichen an den Handschwingen und äußeren Steuerfedern.

STIMME: Die weittönende Balzstrophe besteht aus einzelnen oder gewöhnlich doppelten, unaufhörlich wiederholenden Rufen „kutuck, kutuck,
kutuck" usw., die wie hartes Pochen auf hohles Holz klingen, bis mehr
als 100 Töne in der Minute.

VORKOMMEN UND VERBREITUNG: Kiefernwälder, buschige Halbwüsten
und mit Kiefern bestandene Hügel und Hänge. Legt die Eier auf den
nackten Boden. Sommervogel in Südspanien und Portugal. Hat auch in
Südfrankreich gebrütet. Umherstreifende bis Sizilien, Malta und Großbritannien.

Pharaonenziegenmelker *Caprimulgus aegyptius*

E - Egyptian Nightjar   F - Engoulevent d'Egypte   I - Succiacapre isabellino
H - Egyptische nachtzwaluw S - Ökennattskärra   Sp - Chotacabras Egipcio

KENNZEICHEN: Gut 25 cm. Viel heller und sandfarbener als der gewöhnliche Ziegenmelker. Erscheint im Fluge fast einfarbig, obwohl das Gefieder fein gezeichnet ist. Weder ♂ noch ♀ haben klar abgegrenzte weiße
Flecken auf Flügeln oder Schwanz, obwohl die Innenfahnen der Handschwingen weißlich gefärbt sind.

STIMME: Soll wie Ziegenmelker schnurren.

VORKOMMEN UND VERBREITUNG: Wüstenvogel, der in den Wüsten von
Afghanistan bis Algerien brütet und gelegentlich in Malta und Sizilien
erscheint. Nachgewiesen auf Helgoland (einmal) und in England.

Segler: *Apodidae*

Schwalbenähnliche, aber den Schwalben nicht näher verwandte Vögel.
Verbringen den größten Teil des Lebens fliegend. Schlank mit langen,
sichelförmigen Flügeln und mit kurzem Schwanz. Strukturell ganz eigen-
artig, mit flachem Schädel, bei unseren Arten alle 4 Zehen nach vorn gerichtet. Flug rasend schnell. Geschlechter gleich gefärbt. Meiste Arten Höhlenbrüter.

Kaffernsegler *Apus caffer*

E - White-rumped Swift F - Martinet à croupion blanc   I - Rondone caffro
Sp - Vencejo culiblanco cafre

KENNZEICHEN: 14 cm. Ein kleiner schwärzlicher Segler mit weißem Querband über dem Bürzel; kleiner als Mauersegler und Fahlsegler. Schwanz
gegabelt; dadurch von dem ähnlichen, noch etwas kleineren Haussegler

(s. S. 327) unterschieden, bei dem überdies das Weiß des Bürzels ausgedehnter ist und an den Seiten weiter nach unten reicht.

STIMME: Ziemlich schweigsam, in der Nähe des Nestes ruffreudiger; der Ruf wurde mit „prsuit, prsuit" wiedergegeben.

VORKOMMEN: Brutvogel in Südspanien (Prov. Cadiz); sonst eine afrikanische Art, die von Senegal, dem Tschad-Gebiet und Äthiopien bis zur Kapprovinz Südafrikas verbreitet ist, wahrscheinlich auch in Marokko vorkommt. Gern an Gebäuden und in Ortschaften. Nistet vor allem in Nestern von Schwalben der Gattung *Cecropis,* nachdem er die Nesteigentümer verjagt hat, aber auch in Löchern und Spalten von Felsen und Gebäuden.

Kaffernsegler   *Haussegler*   *Fahlsegler*

Mauersegler   *Apus apus*   49

E - Swift   F - Martinet noir   I - Rondone
H - Gierzwaluw   S - Tornsvala   Sp - Vencejo común

KENNZEICHEN: 16,5 cm. Von allen Schwalben durch *rußschwärzliches Gefieder* und weißliches Kinn (selten zu sehen) unterschieden; lange, *sichelförmige Flügel*; kurzer, gegabelter Schwanz. Gesellig und ausschließlich im Luftraum. Fliegt sehr schnell mit äußerst geschwindem Flügelschlag, wobei die Flügel aber ausgestreckt gehalten werden und starr erscheinen. Zur Brutzeit sehr laut, wenn kreischende Trupps in wilder Jagd um Hausgiebel rasen. Siehe auch Alpen- und Fahlsegler.

STIMME: Ein schrilles, langgezogenes, durchdringendes „srih"; am Nest oder an der Rasthöhle ferner ein schnelles Zwitschern.

VORKOMMEN: In der Luft. Kann überall erscheinen, besonders in Ortschaften mit geeigneten Nistplätzen zahlreich. Nistet gewöhnlich in Mauerspalten an Gebäuden, unter Dachrinnen, gelegentlich in Felsenlöchern und Baumhöhlen. Verbreitungskarte S. 200.

Fahlsegler *Apus pallidus*   **49**

E - Pallid Swift   F - Martinet pâle   I - Rondone pallido
H - Vale gierzwaluw   S - Blek tornsvala   Sp - Vencejo pálido

KENNZEICHEN: Im Flug als Silhouette durch etwas breiteren Kopf und weniger elegante Körperform vom Mauersegler zu unterscheiden. Wirkt heller graubraun, und die Kehle ist ausgedehnter weißlich; Körperseiten undeutlich heller gefleckt; Oberseite der Armschwingen heller als der übrige Flügel. Flügelschläge weniger schnell als beim Mauersegler. Verhalten, Stimme und Aufenthaltsorte wie Mauersegler, mit dem er sich oft vergesellschaftet. Verbreitungskarte S. 200.

Alpensegler *Apus melba*   **49**

E - Alpine Swift   F - Martinet alpin   I - Rondone alpino
H - Alpengierzwaluw   S - Alpseglare   Sp - Vencejo real

KENNZEICHEN: 21 cm; Flügelspannweite 53 cm. *Viel größer,* heller und brauner als Mauersegler, mit *weißer* Unterseite und *braunem Brustband.* Sehr kennzeichnende Stimme. Verhalten und Flug wie Mauersegler, gleitet aber oft mit tief gesenkten Flügeln. Gesellig.

STIMME: Ein lauter, ansteigender und abfallender, trillernder Flugruf wie ein ferner Falkenschrei und ganz anders als der Ruf des Mauerseglers; gewöhnlich im Chor beim Umkreisen der Nistplätze.

VORKOMMEN: Hohe felsige Gebirge, lokal auch an Felsküsten und zwischen alten Gebäuden. Baut napfförmige Nester in Felsspalten und unter Dachsparren. Verbreitungskarte S. 201.

← *Mauersegler*
Sommervogel. Umherstreifend Island, Färöer

Fahlsegler →
Sommervogel. Umherstreifend Malta

Eisvögel: *Alcedinidae*

Lebhaft gefärbte Vögel mit kurzen Beinen, verhältnismäßig großem Kopf und meist langem, kräftigem Schnabel. Hauptsächlich in den Tropen und im Süden der Alten Welt verbreitet, nur wenige in der Paläarktis und in Amerika. Höhlenbrüter.

Eisvogel *Alcedo atthis*   **46**

E - Kingfisher   F - Martin-pêcheur   I - Martin pescatore
H - IJsvogel   S - Kungsfiskare   Sp - Martín pescador

KENNZEICHEN: 16,5 cm. Unverkennbar. *Glänzend metallisch* blaue und smaragdgrüne *Oberseite,* weiße Kehle und weißer Halsfleck; *Wangen und Unterseite rostbraun, Schnabel lang und dolchförmig.* Kopf groß, Körper untersetzt, Flügel und Schwanz kurz, Füße klein und leuchtend rot. Sitzt wachsam und zuckt häufig nervös mit Kopf und Schwanz, stößt ins Wasser nach kleinen Fischen und Insekten und rüttelt gelegentlich, ehe er zum Tauchstoß ansetzt. Fliegt in der Regel niedrig, gerade und sehr schnell. Ungesellig.

STIMME: Ein hoher, durchdringender Pfiff „tiht", der in Erregung schnell wiederholt wird. Balzstrophe sehr selten zu hören, ein kurzer Triller von ähnlicher Klangfarbe wie sein Ruf.

VORKOMMEN: Flüsse, Kanäle, Seen, Teiche. Im Winter auch die Meeresküste und die der Einwirkung von Ebbe und Flut ausgesetzten Niederungen. Nistet in Höhlen, die in Uferwände gegraben werden, gelegentlich auch weit vom Wasser entfernt. Verbreitungskarte S. 201.

Bienenfresser: *Meropidae*

Bienenfresser oder Spinte sind lebhaft gefärbte, langflügelige Vögel der wärmeren Gebiete der Alten Welt, die von einer Warte aus fliegende Insekten, besonders Bienen, Wespen und dgl. fangen. Brüten in Erdhöhlen.

← *Alpensegler*
Sommervogel. Brutvogel Freiburg/Br. Umherstreifend bis Brit. Inseln, Belgien, Dänemark, Norwegen, ČSR.

Eisvogel →
Teilzieher. Umherstreifend Norwegen, Malta

Bienenfresser *Merops apiaster* **46**

E - Bee-eater	F - Guêpier d'Europe	I - Gruccione
H - Bijeneter	S - Biätare	Sp - Abejaruco común

KENNZEICHEN: 28 cm. Unverkennbar. *Lebhafte Färbung,* Gleitflug, langer, gebogener Schnabel, die *verlängerten mittleren Steuerfedern* (Schwanzspieße) fallen selbst von weitem auf. Bei beiden Geschlechtern Oberseite kastanienbraun und gelb, Schwingen und Schwanz blaugrün, Unterseite blaugrün mit *leuchtend gelber Kehle.* Juv. ohne Schwanzspieße. Sehr gesellig; sitzt oft auf Telephondrähten. Flug anmutig und schwalbenartig, oft gleitend mit flach ausgestreckten Flügeln.
STIMME: Sehr bezeichnend. Gewöhnlich ein flüssiges, aber ein wenig knarrendes „prürr", das beständig wiederholt wird und weithin zu hören ist.
VORKOMMEN: Bevorzugt offenes buschiges Gelände mit ein paar Bäumen, Telegraphenmasten usw., stellt sich aber auch auf Waldblößen ein. Nistet kolonieweise in Höhlen, die in Erdhänge, Sandgruben, Uferbänke gegraben werden, gelegentlich zu ebener Erde. Verbreitungskarte S. 202.

Racken: *Coraciidae*

Lebhaft gefärbte Vögel mit kräftigem, an der Spitze etwas hakigem Schnabel. Gestalt häherartig; die Jagd auf Insekten von einer Warte aus erinnert an Würger. Höhlenbrüter.

Blauracke *Coracias garrulus* **46**

E - Roller	F - Rollier d'Europe	I - Ghiandaia marina
H - Scharrelaar	S - Blåkråka	Sp - Carraca

KENNZEICHEN: 30,5 cm. Ein kräftiger, häherartiger Vogel mit starkem Schnabel. Gefieder *hell azurblau, mit leuchtend röstlichbraunem Rükken, lebhaft blauen Flügeln,* die (im Fluge zu sehen) *schwarz gesäumt*

← *Bienenfresser*
Sommerv. Hat auf Brit.Ins.,Bornholm, in Belgien, Holl., Dtschl. gebrütet. Umherstr. Europa nordw. b. Lappland

Blauracke →
Sommervogel. Umherstr. nordw. b. Brit. Ins., Island, Norwegen, Finnland

sind, mit grünlichblauem Schwanz und düsteren mittleren Steuerfedern. Verhalten ziemlich würgerartig, stürzt sich von freien Warten oder Telephondrähten auf vorbeifliegende Insekten. Flug dohlenähnlich, kräftig und gewandt, gelegentlich gleitend; das ♂ führt gaukelnde Balzflüge aus, wobei es sich – aus beträchtlicher Höhe – überschlägt und hin und her wirft.

STIMME: Laut, tief und krähenartig „kr-r-r-ak", „krak-ak" oder „rä-rä-rä".

VORKOMMEN: Alte Wälder und ziemlich offenes Gelände mit wenigen Bäumen. Nistet in alten hohlen Bäumen, in Höhlen von Erdhängen, Ruinen usw. Verbreitungskarte S. 202.

Wiedehopfe: *Upupidae*

Nur eine Art. Nächstverwandt den langschwänzigen, metallisch schwarzen afrikanischen Baumhopfen (Phoeniculidae).

Wiedehopf *Upupa epops*   **46**

E - Hoopoe	F - Huppe fasciée	I - Upupa
H - Hop	S - Härfågel	Sp - Abubilia

KENNZEICHEN: 28 cm. Unverkennbar. In beiden Geschlechtern ist das Gefieder hell orangebräunlich. *Schwingen und Schwanz kontrastreich schwarz-weiß quergebändert.* Die lange *aufrichtbare Haube* mit schwarzen Spitzen. Schnabel lang, gebogen. Nahrungssuche hauptsächlich am Boden im freien Gelände. Flug träge und wellenförmig, mit bezeichnender, langsamer, schmetterlingsartiger Flügelbewegung.

STIMME: Dumpf und weit hörbar „pu-pu-pu"; auch verschiedene miauende Laute und ein nicht lauter schnatternder Alarmruf.

VORKOMMEN: Offene Waldungen, Obstgärten, Parklandschaft usw. Im Winter in offenerem buschigem Gelände. Nistet in Höhlen alter Bäume, gelegentlich an Gebäuden. Verbreitungskarte S. 204.

Spechte: *Picidae*

Vögel mit kräftigem Meißelschnabel, der zum Aufspalten von Rinde und morschem Holz bei der Nahrungssuche und zum Zimmern der Bruthöhle dient. Starke Füße (2 Zehen nach vorn, 2 nach hinten gerichtet), auffallend lange Zunge und meist steifer Schwanz, der als Stütze beim Baumklettern dient. Die ♂ meistens mit Rot am Kopf. Viele Spechte hämmern, vor allem in der Brutzeit, in rasender Schlagfolge auf einen leicht schwingenden Gegenstand, gewöhnlich einen dürren Ast: sie „trommeln".

Grünspecht   *Picus viridis*   47

E - Green Woodpecker   F - Pic vert   I - Picchio verde
H - Groene specht   S - Gröngöling   Sp - Pito real

KENNZEICHEN: Knapp 32 cm. Ein großer Specht mit *olivgrüner Oberseite*, hell graugrüner Unterseite, rotem Scheitel und auffallendem *gelblichem Bürzel*. Vordere Kopfseiten und Bartstreif schwarz. ♂ mit roter Mitte des sehr breiten Bartstreifs. Juv. heller, deutlich gefleckt und gebändert. Zur Nahrungssuche häufig am Boden bei Ameisennestern. Hüpft kraftvoll, in aufrechter Haltung. Flug tief wellenförmig: schlägt kräftig und kurz mit den Flügeln und schießt dann mit angelegten Schwingen in weitem Bogen durch die Luft, um sich aufs neue mit schnellem Flügelschlag voranzustoßen. Die spanische Rasse, *P. v. sharpei*, mit weniger Schwarz im Gesicht und mit ungebänderten Unterschwanzdecken. Siehe auch Grauspecht.

STIMME: Ein sehr lautes, schallendes „Lachen". Trommelt sehr selten.

VORKOMMEN: Laubwälder, Parkanlagen, offene Kulturlandschaft mit zerstreuten Baumgruppen oder Bäumen. Nistet in selbstgezimmerten Baumhöhlen. Verbreitungskarte S. 204.

Grauspecht   *Picus canus*   47

E - Grey-headed Woodpecker   F - Pic cendré   I - Picchio cenerino
H - Grijskopspecht   S - Gråspett   Sp - Pito cano

KENNZEICHEN: Reichlich 25 cm. Wird leicht für einen ziemlich kleinen Grünspecht gehalten, aber von diesem durch *grauen Kopf und Hals*, kleineren schwarzen Augenstreif und *schmalen* schwarzen Bartstreif unterschieden. Beim ♂ nur Stirn und Vorderscheitel leuchtend rot. Dem ♀ fehlt das Rot. Juv. brauner und mit braun gebänderten Flanken; ♂ juv. mit etwas Rot an der Stirn. Verhalten wie Grünspecht. Die spanische Rasse des Grünspechts hat wenig Schwarz am Kopf, grünlichgraue Kopfseiten mit rotem Bartstreif des ♂ ohne schwarze Einfassung, kann daher mit Grauspecht verwechselt werden.

STIMME: Der Balzruf ähnelt dem des Grünspechtes, aber das „Lachen" ist nicht so schallend und eine *stetig absinkende und langsamer werdende Tonfolge*. Trommelt anhaltend im Frühlig.

VORKOMMEN: Wie Grünspecht, lokal, vor allem in Laubwaldungen der Ge-

← *Wiedehopf*
Vorwiegend Sommerv., hat i. Großbrit., Schweden u. Finnl. gebr. Fast alljährlich Irland. Umherstr. Island, Färöer

Grünspecht →
Jahresvogel. Umherstreifend Nordnorwegen, Irland

birge bis hinauf zur Baumgrenze. Meidet Nadelwälder. Verbreitungskarte S. 205.

Schwarzspecht *Dryocopus martius*   **47**

E - Black Woodpecker   F - Pic noir   I - Picchio nero
H - Zwarte specht   S - Spillkråka   Sp - Pito negro

KENNZEICHEN: Knapp 46 cm. Größter europäischer Specht (so groß wie
eine Saatkrähe) mit *einförmig schwarzem Gefieder.* ♂ mit roter Kopfplatte (schwache Haubenbildung). ♀ nur mit rotem Hinterhauptfleck.
Augen hellgelb. Schnabel hell. Flug schwerfällig und geradlinig bis
ganz schwach wellenförmig.
STIMME: Laut schallend „kliöh", aus der Ferne an einen Hahnenschrei
erinnernd, und hoch und kratzend „krri-krri-krri-krri". Balzstrophe,
meist im Fluge, ein durchdringendes, vollklingendes „gück-gück-gück",
das an Grünspecht erinnert, aber gewöhnlich langsamer und kürzer ist.
Trommelt gelegentlich sehr laut.
VORKOMMEN: Alte Nadelwälder, besonders der Mittel- und Hochgebirge;
lokal auch Misch- und Buchenwälder. Zimmert sehr große Nisthöhlen
mit gewöhnlich längsovalem Eingang, manchmal in beträchtlicher Höhe.
Verbreitungskarte S. 205.

Buntspecht *Dendrocopos[1] major*   **47**

E - Great Spotted Woodpecker   F - Pic épeiche   I - Picchio rosso maggiore
H - Grote bonte specht   S - Större hackspett   Sp - Pico picapinos

KENNZEICHEN: 23 cm. Beträchtlich kleiner als Grünspecht, aber viel größer
als Kleinspecht, von dem er sich durch schwarzen Rücken mit *großen
weißen Schulterflecken* und durch *rote Unterschwanzdecken* unterscheidet. (Die Oberseite des Kleinspechtes ist dicht gebändert.) *Durch
gehender schwarzer Bartstreif über die weißen Wangen und schwarzer
Querstreif über die hintere Ohrgegend bis zum Genick.* Unterseite ungestreift weiß. ♂ (nicht aber das ♀) mit rotem Genickfleck, aber juv.
beider Geschlechter mit *gänzlich rotem Scheitel.* Zur Nahrungssuche
selten am Boden. Siehe auch Weißrücken-, Mittel- und Blutspecht.

[1] Neuerdings trennen manche Autoren *Dendrocopos* nicht mehr von *Picoides* (S. 208) und
bezeichnen die hier *Dendrocopos* genannten Spechte mit dem Gattungsnamen *Picoides.*

← *Grauspecht*
Jahresvogel. Um-
herstreifend Lapp-
land, Dänemark,
Niederlande

Schwarzspecht →
Vorwiegend Jah-
resvogel. Umher-
streifend Großbrit.

STIMME: Sehr laut und hart „kick", viel lauter und häufiger zu hören als der ähnliche Ruf des Kleinspechtes. Beide Geschlechter trommeln sehr schnell an toten Ästen usw.

VORKOMMEN: Mehr Wald- und Gartenvogel als der Grünspecht, auch in Nadelwäldern. Verbreitungskarte S. 206.

Blutspecht *Dendrocopos syriacus* 47

E - Syrian Woodpecker   F - Pic syriaque   I - Picchio siriaco
H - Syrische bonte specht   S - Syrisk hackspett   Sp - Pico sirio

KENNZEICHEN: Sehr ähnlich dem Buntspecht (große weiße Schulterflecke und schwarze Kappe), aber *ohne schwarzes Querband in der Ohrgegend* – siehe Farbtafel. Am Schwanz weniger Weiß als beim Buntspecht, an den Flügeln *mehr* Weiß. Unterschwanzdecken heller rot als beim Buntspecht. Juv. können infolge ihrer roten Kopfkappe mit dem Mittelspecht verwechselt werden, aber beim jungen Blutspecht reicht der schwarze Bartstreif bis zum Schnabel, und er hat ein rötliches Querband über dem Vorderhals.

STIMME: Wie Buntspecht, aber weniger scharf: „chig" und „kirruk" (ähnlich Teichhuhn); auch ein an den Frühlingsruf des Mittelspechts erinnernder „Gesang".

VORKOMMEN: Wie Buntspecht, aber mehr in der offenen Kulturlandschaft und in der Nähe menschlicher Siedlungen. Verbreitungskarte S. 206.

Mittelspecht *Dendrocopos medius* 47

E - Middle Spotted Woodpecker   F - Pic mar   I - Picchio rosso mezzano
H - Middelste bonte specht   S - Mellanspett   Sp - Pico mediano

KENNZEICHEN: Knapp 22 cm. Kann mit Buntspecht und Blutspecht verwechselt werden, die die einzigen anderen europäischen Spechte mit *weißen Schulterflecken sind.* Unterschieden durch etwas geringere Größe und auffallende, zu einer schwachen Haube verlängerte, hellrote Scheitelfedern *ohne jede schwarze Begrenzung;* an den weißen Kopfseiten ein sehr schmaler schwarzer Bartstreif, *der nicht bis zum Schnabel reicht; schwarzes Querband über die Ohrgegend reicht nicht bis zum Genick;* der ganze Kopf wirkt blaß; die weiße Unterseite mit der kräftigen Flankenstreifung geht *ganz allmählich* in das Rosarot des Bauches über

← *Buntspecht*
Vorwiegend Jahresvogel. Umherstreif. Island, Färöer, Irland

    Blutspecht →
Vorwiegend Jahresvogel. Breitet sich nordwestwärts aus, brütet erst neuerdings in Österreich, erschien in Böhmen

(anstatt des scharfen Kontrastes zwischen der weißen Unterseite und dem Rot der Unterschwanzdecken beim Buntspecht). Flügel kräftig schwarz-weiß gebändert, mit schmäleren weißen Schulterflecken als beim Buntspecht. ♀ matter, mit heller rotem Scheitel. Siehe auch Blutspecht.

STIMME: Ähnlich Buntspecht ein schnelles Kickern, aber in etwas tieferer Tonlage und der erste Laut gewöhnlich höher: „ptik-tjek-tjek-tjek-tjek". Im Frühling ein quäkendes, klägliches „ääk...ääk", das in langsamer Folge ansteigen oder abfallen kann. Trommelt selten.

VORKOMMEN: Sehr ähnlich Buntspecht, aber vorwiegend in Eichenwäldern. Zimmert die Nisthöhle hoch in Laubbäumen. Verbreitungskarte S. 207.

Weißrückenspecht *Dendrocopos leucotos* 47

E - White-backed Woodpecker   F - Pic à dos blanc   I - Picchio dorsobianco
H - Witrugspecht   S - Vitryggig hackspett   Sp - Pico dorsiblanco

KENNZEICHEN: Gut 25 cm. Größer und schlanker als der Buntspecht. Gekennzeichnet durch *einfarbig schwarzen Rücken und schwarze Schultern und reinweißen* (nord- und osteuropäische Rasse *D. l. leucotos*) *oder schwarz-weiß* gebänderten (Rasse der Pyrenäen, Südosteuropas und Kleinasiens: *D. leuc. lilfordi*) *Bürzel.* ♂ mit weißlicher Stirn und scharlachrotem Scheitel. Unterseite weiß, mit auffallender schwarzer Streifung an den Körperseiten, das Weiß *allmählich* in das Rot der Unterschwanzdecken übergehend. Flügel kräftig schwarz-weiß gebändert, *ohne weiße Schulterflecke.* ♀ mit schwarzem Scheitel. Juv. nur mit einer Spur von Rot am Scheitel und an den Unterschwanzdecken. Die nördliche Rasse des Dreizehenspechts ist der einzige andere europäische Specht mit weißem Bürzel, aber er ist viel kleiner, und das Weiß erstreckt sich vom Nacken bis zum Bürzel. Bunt- und Mittelspecht sind leicht durch die großen weißen Schulterflecken zu unterscheiden.

STIMME: Der selten zu hörende Ruf erinnert an Buntspecht, ist aber viel weniger grell.

VORKOMMEN: Laubwälder des Hügellandes mit reichlich alten, verrotteten Bäumen; lokal in dichten Nadelwäldern; im Winter am Stadtrand. Nistet in selbstgezimmerten Höhlen verrotteter Bäume. Verbreitungskarte S. 207.

← *Mittelspecht*
Vorwiegend Jahresvogel. Umherstreifend Finnland, Portugal. Hat in Holland u. Belgien gebr.

Weißrücken- →
specht
Jahresvogel. Umherstreifend Lappland

Kleinspecht   *Dendrocopos minor*   47

E - Lesser Spotted Woodpecker   F - Pic épeichette   I - Picchio rosso minore
H - Kleine bonte specht   S - Mindre hackspett   Sp - Pico menor

KENNZEICHEN: 14,5 cm. Kleinster europäischer Specht. Von allen anderen
Buntspechten durch *Sperlingsgröße, eng schwarz-weiß gebänderte Ober-*
seite und das Fehlen von Rot an den Unterschwanzdecken unterschie-
den. Schwarzer Bartstreif. Wangen, Unterseite weißlich, mit dunklen
Streifen an den Flanken. ♂ mit matt rotem Scheitel; ♀ mit weißlichem
Scheitel; juv. mit etwas Rot auf dem Scheitel und braunerer Unterseite.
Lebt unauffällig und versteckt zumeist im Kronenbereich der Bäume.

STIMME: Gereiht und hell „ki-ki-ki", nicht unähnlich dem Rufen des
Wendehalses, aber schwächer und weniger schallend. Gelegentlich auch
ein ziemlich gedämpftes „kick", das an den entsprechenden Ruf des
Buntspechtes erinnert. Trommelt weniger laut als Buntspecht.

VORKOMMEN: Wie Buntspecht. Verbreitungskarte S. 208.

Dreizehenspecht   *Picoides tridactylus*   47

E - Three-toed Woodpecker   F - Pic tridactyle   I - Picchio tridattilo
H - Drieteenspecht   S - Tretåig hackspett   Sp - Pico tridáctilo

KENNZEICHEN: Gut 22 cm. Ungefähr Buntspechtgröße. Füße mit nur
3 Zehen. Von allen anderen europäischen „bunten" Spechten unterschieden durch gänzlichen Mangel an Rot im Gefieder (sogar beim ♂),
nahezu ganz schwarze Schwingen und schwarze Wangen. Die nord-
und osteuropäische Rasse *P. t. tridactylus* überdies mit *breitem weiß-*
lichem Streifen auf dem Rücken vom Nacken bis zum Bürzel; bei der
südlichen Rasse *P. t. alpinus* ist der Rücken schwarz-weiß gefleckt. ♂ mit
gelber Scheitelmitte (beim ♀ schwarz mit weißlicher Stirn). Unterseite
weiß, an den Flanken *schwarz gebändert.* Juv. grauer mit weißem, erheblich schwarzgeflecktem Rücken. Der Weißrückenspecht hat ebenfalls
weißen Bürzel, aber sein Rücken ist schwarz, und er hat rote Unterschwanzdecken und weiße Flügelbinden. Weniger aktiv als die anderen
Spechte; verweilt oft lange Zeit an einer Stelle.

STIMME: Selten zu hören, einem weniger kräftigen Buntspechtruf ähnlich;
manchmal ein kekkerndes „kek-ek-ek-ek". Trommelt gelegentlich, aber
langsam.

← *Kleinspecht*
Jahresvogel. Um-
herstreifend Däne-
mark

Dreizehen- →
specht
Jahresvogel. Um-
herstreifend Italien,
Dänemark

VORKOMMEN: Gebirgswälder und die Waldungen des Nordens, Birken-
oder Nadelwälder, vorzugsweise auf alten, ausgebrannten Flächen.
Nistet in Höhlen, die in Bäume oder selbst in Telegraphenmasten ge-
zimmert werden. Verbreitungskarte S. 208.

Wendehälse: *Jyngidae*

Spechtähnliche Vögel ohne den Stützschwanz der eigentlichen Spechte und
mit rindenfarbigem Gefieder. Klettern nicht nach Art der Spechte an
Baumstämmen. Brüten in vorgefundenen, nicht selbstgezimmerten Höhlen.

Wendehals *Jynx torquilla* 47

E - Wryneck	F - Torcol fourmilier	I - Torcicollo
H - Draaihals	S - Göktyta	Sp - Torcecuello

KENNZEICHEN: 16,5 cm. Obwohl der Wendehals den Spechten verwandt
ist, sind Aussehen und Haltung ziemlich sperlingsvogelartig. Wirkt von
weitem einfarbig graubraun mit hellerer Unterseite; von nahem erinnert
die Gefiederzeichnung an Ziegenmelker. Oberseite und der längliche,
gerundete Schwanz dicht grau, braun und rostgelb gemustert. Unterseite
rahmgelblich, mit engen graubraunen Querwellen. Füße spechtartig:
2 Zehen nach vorn, 2 nach hinten gerichtet. Scheitelfedern aufrichtbar.
Öfter zu hören als zu sehen. Nahrungssuche am Boden, hüpft dabei mit
erhobenem Schwanz; sitzt längs und quer zum Ast, klammert sich
spechtartig an Baumstämme. Verdreht den Kopf („Wendehals"). Flug
wellenförmig, ähnelt dem einer langschwänzigen Lerche.
STIMME: Eine nasale, klagende Rufreihe „gäh-gäh-gäh…"; erinnert an
den fernen Ruf eines Baumfalken.
VORKOMMEN: Wie Grünspecht. Gärten, Obstwiesen, Parks, baumreiche
Parklandschaft. Nistet in natürlichen Höhlen von Bäumen, Gemäuer,
in Nisthöhlen usw. Verbreitungskarte S. 210.

Lerchen: *Alaudidae*

Meist gestreifte, vorwiegend braune Singvögel; hauptsächlich Bodenvögel
mit rennendem Gang. Geschlechter bei den meisten Arten einander ähnlich gefärbt (Ausnahme: Mohrenlerche). Stimme wechselreich und wohltönend. Bodenbrüter. Außerhalb der Brutzeit gesellig.

Dupontlerche *Chersophilus duponti* 48

E - Dupont's Lark	F - Sirli de Dupont	I - Lodola del Dupont
H - Duponts leeuwerik	S - Smalnäbbad lärka	Sp - Alondra de Dupont

KENNZEICHEN: 19 cm. Eine sehr heimlich lebende Art, die durch rotbraunes Aussehen, *langen, schlanken, abwärts gebogenen Schnabel* und

Fehlen von Weiß an den Flügeln gekennzeichnet ist; äußere Steuerfedern weiß; auffallender heller Augenstreif. Selten im Fliegen zu beobachten, ausgenommen im Frühling, wenn sie im Singflug in große
Höhe emporsteigt; nach der Landung rennt sie *bemerkenswert schnell* in
die nächste verfügbare Deckung; sitzt aufrecht und wirkt dann sehr
schlank.

VORKOMMEN UND VERBREITUNG: Halbwüsten mit wildem Thymian, Gestrüpp usw., niemals auf ganz nackten offenen Flächen. Brutvogel von
Algerien bis West-Ägypten. Umherstreifende im mediterranen Europa
von Malta an westwärts.

Stummellerche *Calandrella rufescens* 48, 67 E

E - Lesser Short-toed Lark	F - Alouette pispolette	I - Pispoletta
H - Kleine kortteenleeuwerik	S - Dvärglärka	Sp - Terrera marismeña

KENNZEICHEN: 14 cm. Sehr ähnlich der Kurzzehenlerche, mit der sie auch
gemeinsam auftritt, aber von nahem durch *fein gestreifte Vorderbrust*
unterschieden. Oberkopf wie der Rücken, keine „Kappe". Ohne dunkle
Kropfflecken und allgemein etwas brauner, weniger rostfarben als Kurzzehenlerche.

STIMME: Ein kurzer charakteristischer Ruf „prrit", der auch im Lied vorkommt. Gesang wohltönender und anhaltender als bei der Kurzzehenlerche, aber ähnlich im Charakter, enthält Nachahmungen; singt in ansteigendem Spiralflug oder im hohen Kreisflug.

VORKOMMEN UND VERBREITUNG: Wie Kurzzehenlerche, aber auch trockene
Randgebiete von Sumpfgelände. Brutvogel in Südspanien (Zugvogel).
Umherstreifende bis Malta, Italien, Helgoland (einmal), zu den Briti-
schen Inseln, Finnland.

Kurzzehenlerche *Calandrella brachydactyla* 48, 67 E

E - Short-toed Lark	F - Alouette calandrelle	I - Calandrella
H - Kortteenleeuwerik	S - Korttålärka	Sp - Terrera común

KENNZEICHEN: 14 cm. Heller und viel kleiner als Feldlerche. Oben gelblichbraun mit kräftigen dunklen Streifen; unten *ungestreift* rahmweiß;
an den Kropfseiten *kleine schwärzliche Flecken* (die oft schwer zu sehen

← Wendehals
Vorwiegend Som-
mervogel. Umher-
streifend Irland,
Schottland, Island,
Färöer

Kurzzehenlerche →
Sommervogel. Um-
herstr. nordw. bis
Fair-Insel, Island,
Mitteleuropa und
Finnland

sind). Ohne Haube, aber etwas dunklere „Kappe". *Kurzer, spitzer,* gelblicher Schnabel. Juv. mit wenigen Flecken auf der Brust. Flug niedrig und wellenförmig. Siehe auch Stummellerche.

STIMME: Ein kurzes trockenes Zirpen „tschi-tschirrp", an Haussperling erinnernd; Angstruf „ti-u". Der Gesang, hauptsächlich in hohem, steil *auf- und abführendem* Flug vorgetragen, ist eine einfache Strophe von etwa 8 hohen Pfeiftönen, die in kurzen Abständen wiederholt und lang ausgehalten werden.

VORKOMMEN: Offenes, sandiges oder steiniges Ödland, Steppen und Felder. Nistet am Boden. Wird von manchen Autoren nicht als besondere Art von der afrikanischen Rotkappenlerche *(C. cinerea)* getrennt. Verbreitungskarte S. 210.

Kalanderlerche *Melanocorypha calandra* 48, 67 E

E - Calandra Lark   F - Alouette calandre   I - Calandra
H - Kalanderleeuwerik   S - Kalanderlärka   Sp - Calandria (común)

KENNZEICHEN: 19 cm. Durch bedeutende Größe, plumpen Körperbau, *dicken, gelblich hornfarbenen Schnabel und großen, schwarzen Kropffleck* gekennzeichnet. Die rahmfarbene Brust schwach braun gestreift. Im Fluge bilden die Spitzen der Armschwingen *auffallende weiße Hinterränder* am großen, *unterseits recht dunklen, dreieckigen* Flügel. Ohne Haube. Juv. mehr gelblich rahmfarben; Kropffleck teilweise verdeckt. Flug sehr leicht. Siehe auch Weißflügel- und weibliche Mohrenlerche.

STIMME: Nasal zirpend „klitra". Das Lied ähnelt dem der Feldlerche, ist aber lauter, mit häufigen Einschaltungen von Imitationen und Trillern; singt im hohen *Kreisflug* und stürzt oft die letzten 30 m schweigend zu Boden.

VORKOMMEN: Steinige Wüsteneien, Felder und Steppen. Nistet am Boden. Verbreitungskarte S. 212.

Weißflügellerche *Melanocorypha leucoptera* 48, 67 E

E - White-winged Lark   F - Alouette leucoptère   I - Calandra siberiana
H - Witvleugelleeuwerik   S - Vitvingad Lärka   Sp - Calandria aliblanca

KENNZEICHEN: Knapp 19 cm. Von den anderen Lerchen durch *breiten weißen Flügelspiegel,* der im Fluge sehr auffällt, unterschieden, von der Kalanderlerche auch durch das Fehlen der schwarzen Kropfflecke. Die gelbbräunliche Oberseite mit dunklen Streifen; Scheitel, Flügeldecken und Schwanz kastanienbraun; Unterseite weißlich, Kehle und Brust ein wenig bräunlich gefleckt. ♀ mit gestreiftem braunem Scheitel. Siehe Schneeammer.

STIMME: Der Gesang soll an eine kurze Strophe der Feldlerche erinnern, er wird während eines kurzen aufsteigenden Fluges und vom Boden aus vorgetragen.

VORKOMMEN UND VERBREITUNG: Hauptsächlich trockene Grassteppen. Nistet am Boden. Brutvogel in Südostrußland und Westturkestan. Auf dem Zuge und in strengen Wintern in Ostrumänien und Südostpolen. Umherstreifende in Europa westwärts bis Großbritannien und südwärts bis Malta. Zweimal Helgoland.

Mohrenlerche　*Melanocorypha yeltoniensis*　　　　　**48, 67 E**

E - Black Lark　　　　　F - Alouette nègre　　　　　I - Calandra nera
H - Zwarte leeuwerik　　　S - Svart lärka　　　　　Sp - Calandria negra

KENNZEICHEN: 19 cm. ♂ unverkennbar, groß und *schwarz* mit hellen sandfarbenen Federrändern, die im Winter teilweise das Schwarz verdecken.
Schnabel kurz und dick, gelb mit schwarzer Spitze. ♀ sehr ähnlich einer
hellen Kalanderlerche, aber von dieser durch *Fehlen von schwarzen
Kropfflecken* und durch schwärzliche Unterflügel unterschieden. *Immat.*
dem ♀ ähnlich. Beide Geschlechter ohne Weiß an Flügel und Schwanz.

STIMME: Klarer, pfeifender Gesang. Das Lied ähnelt einer kurzen Feld-
lerchenstrophe.

VORKOMMEN UND VERBREITUNG: Grasige oder buschbestandene Steppen,
oft in Wassernähe, auch in Wüsten; im Winter mehr im Kulturland und
an Straßenrändern. Brutvogel in Südostrußland. Umherstreifende im
Winter bis Mitteleuropa, westwärts bis Belgien, Niederlande, Helgoland (einmal) und südwärts bis Malta.

Ohrenlerche　*Eremophila alpestris*　　　　　　**48, 67 E**

E - Shore Lark　　　　　F - Alouette hausse-col　　　I - Lodola golagialla
H - Strandleeuwerik　　　S - Berglärka　　　　　　Sp - Alondra cornuda
　　　　　　　　　　　N.A. - Horned Lark

KENNZEICHEN: 16,5 cm. Leicht von allen anderen Lerchen durch das *helle,
gelbe Gesicht und die gelbe Kehle, das auffallende schwarze Brustband
und die schwarzen Wangen* zu unterscheiden. Oben rötlichbraun, unten
weißlich. ♂ mit schwarzem Querband auf dem Scheitel und *kleinen,
schwarzen „Hörnchen"*. ♀ mit weniger Schwarz. Juv. sieht gefleckt und
matter aus. Die Kopfzeichnung der ad. wird im Winter teilweise verdeckt.

STIMME: Klar, pieper- oder stelzenartig „tsih-ih", „tsih-ih" usw. Gesang
klingelnd, unregelmäßig und hoch, oft lang anhaltend, manchmal hoch
in der Luft vorgetragen wie bei der Feldlerche.

VORKOMMEN: Im Winter an den Meeresküsten (Kieselstrand), in Salzsümpfen, gelegentlich auf Stoppelfeldern. Nistet über der Baumgrenze
in den Gebirgen der Balkanhalbinsel und in der trockenen Tundra.
Bodennister. Verbreitungskarte S. 212.

← *Kalanderlerche*
Vorwiegend Jah-
resvogel. Umher-
streifend bis Groß-
britann., Holland,
Norw., Finnland

Ohrenlerche →
Vorwiegend Zug-
vogel. Brut S-Kar-
paten. Umherstreif.
fast ganz Europa,
ausgen. Spanien u.
Portugal

Heidelerche   *Lullula arborea*   **48, 67 E**

E - Wood Lark   F - Alouette lulu   I - Tottavilla
H - Boomleeuwerik   S - Trädlärka   Sp - Totovía

KENNZEICHEN: Gut 15 cm. Von der Feldlerche durch geringere Größe, *sehr kurzen Schwanz ohne weiße Kanten, auffallende weiße, im Genick zusammenstoßende Überaugenstreifen* unter der runden Haube, durch feineren Schnabel und bezeichnende Stimme unterschieden. Mit charakteristischen dunklen Abzeichen in der Nähe des Flügelbuges (siehe Abb.). Steigt in weiten Spiralen im Singflug empor und stürzt sich schließlich mit angelegten Flügeln bis fast zu Boden. Setzt sich auf Bäume. Siehe auch Baumpieper.
STIMME: Ein melodisches „didloi" oder „didli". Gesang weniger wechselreich, nicht so anhaltend und weniger kräftig als bei der Feldlerche, aber weicher und wohltönender und aus kurzen Strophen bestehend, in die flüssige, abfallende „lülülülü"-Triller eingestreut sind; singt auf Bäumen, am Boden oder im Fluge; auch nachts.
VORKOMMEN: Waldränder, Hänge mit wenigen Bäumen, sandige Heidegebiete usw., lokal auch in sandigem Kulturland. Im Winter auf Feldern. Nistet am Boden. Verbreitungskarte S. 213.

Haubenlerche   *Galerida cristata*   **48, 67 E**

E - Crested Lark   F - Cochevis huppé   I - Capellaccia
H - Kuifleeuwerik   S - Tofslärka   Sp - Cogujada común

KENNZEICHEN: Gut 17 cm. Gedrungener und heller als Feldlerche. Gekennzeichnet durch *ziemlich langen Schopf* auf dem Kopf, verhältnismäßig langen, schwach gebogenen Schnabel und durch kurzen Schwanz mit dunkler Mitte und *gelbbraunen* Seiten. Oberseite sandbraun oder graubraun, weniger stark gestreift als bei der Feldlerche; Unterseite rahmweiß, Brust dunkel gestreift; Unterseite der Flügel, beim Fliegen sichtbar, isabellrötlich. Juv. oben mehr gefleckt, mit kürzerem Schopf. Von Feld- und Heidelerche durch lange, schmale Haube und Fehlen von Weiß an den breiten, abgerundeten Flügeln und dem kurzen Schwanz unterschieden. Weicher, „flappiger" Flug. Siehe auch die sehr ähnliche Theklalerche.
STIMME: Weich „djui" und ein fließendes „die-di-drië". Gesang weniger wohltönend und kürzer als bei der Feldlerche; gewöhnlich kurze, wie-

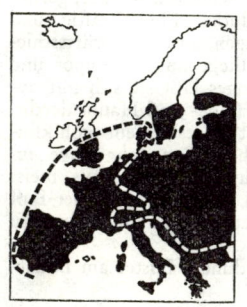

← *Heidelerche*
Teilzieher. Umherstreif. Schottland, Irland

Haubenlerche →
Vorwiegend Jahresvogel. Umherstreifend England, Finnland

derholte Motive, die vom Boden, von einer niedrigen Warte aus oder im Fluge vorgetragen werden; zuweilen mit Nachahmungen.

VORKOMMEN: Im allgemeinen flaches grasiges oder arides Gelände; oft in der Nähe menschlicher Siedlungen, an Feldwegen, Straßenrändern, Bahnhöfen usw. Nistet am Boden. Verbreitungskarte S. 213.

Theklalerche   *Galerida theklae*   48, 67 E

E - Thekla Lark   F - Cochevis de Thékla   I - Cappellaccia spagnola
H - Theklaleeuwerik   S - Lagerlärka   Sp - Cogujada montesina

KENNZEICHEN: 16 cm. Im Felde nicht von der Haubenlerche zu unterscheiden, allenfalls, wenn beide Arten dort, wo sie gemeinsam vorkommen, aus großer Nähe zu beobachten sind. Die Theklalerche ist etwas kleiner, oben dunkler, unten heller, hat *feinere, weniger fleckige, kontrastreichere Brustzeichnung;* europäische Rasse mit *grauer* (nicht isabellrötlicher) Flügelunterseite; *Schnabel kürzer,* daher dicker erscheinend. In der Hand kann man sie an der Schwingenformel von der Haubenlerche unterscheiden: die äußerste (rudimentäre) Handschwinge ist so lang wie oder länger als die Handdecken (bei der Haubenlerche nie länger als die Handdecken, was aber nicht für Vögel im Jugendkleid gilt).

STIMME: Gesang dem der Haubenlerche ähnlich, nur durch eingeflochtene arttypische Rufe zu unterscheiden, *zuweilen von Büschen aus vorgetragen;* dem fallenden Ruf „di-dri-drië" der Haubenlerche entspricht ein steigendes, mehr endbetontes „dadüii" oder ein auf und ab gehendes „dadüdie".

VORKOMMEN UND VERBREITUNG: Bevorzugt trockenere, steinige Hänge mit schütterer Vegetation, stellenweise auch Sanddünen mit etwas Bewuchs; tritt auch in größeren Höhen auf. Jahresvogel in Portugal, Süd- und Ost-Spanien, auf den Balearen und in Südfrankreich.

Feldlerche   *Alauda arvensis*   48, 67 E

E - Sky Lark   F - Alouette des champs   I - Lodola
H - Veldleeuwerik   S - Sånglärka   Sp - Alondra común

KENNZEICHEN: Knapp 18 cm. Oberseite braun, stark schwärzlich gestreift; Unterseite rahmweiß mit kräftiger Bruststreifung. *Der längliche Schwanz mit auffallenden weißen Außenkanten.* Die hintere Begrenzung der langen, spitzen Flügel zeigt im Fluge Weißlich. Kurzer, gerundeter, oft aufgerichteter Schopf. Läuft geduckt. Flug kräftig und schwach wellenförmig, wobei sich Flügelschlagen und „Vorwärtsschießen" mit angelegten Schwingen abwechseln; fliegt singend empor und singt im Rütteln. Nach Beendigung des Gesanges läßt sie sich mit angelegten Flügeln zu Boden fallen. Siehe auch Heide- und Haubenlerche.

STIMME: Ein klares, ineinanderfließendes „trr-lit". Gesang ein wohlklingender Erguß trillernder und wirbelnder hoher Töne, *sehr lange anhaltend,* gelegentlich vom Boden oder von niedriger Warte aus, meist im Singflug, sowohl beim Aufsteigen wie beim Rütteln hoch in der Luft und beim langsamen Abwärtssteigen, dem zuletzt ein stummer Sturz zu Boden folgt.

VORKOMMEN: Felder, Weideflächen, Moor, Sanddünen. Nistet am Boden. Verbreitungskarte S. 215.

Schwalben: *Hirundinidae*

Schlanke, stromlinienförmige und anmutige Flieger. Winzige Füße, lange spitze Flügel und kurzer Schnabel mit sehr weitem Rachen. Erbeuten ihre Nahrung (Insekten) im Fluge.

Uferschwalbe *Riparia riparia*   49

E - Sand Martin   F - Hirondelle de rivage   I - Topino
H - Oeverzwaluw   S - Backsvala   Sp - Avión zapador
                                N.A. - Bank Swallow

KENNZEICHEN: 12 cm. Kleinste europäische Schwalbe. *Erdbraune Oberseite*, weiße Unterseite mit *braunem Brustband*. Sehr gesellig. Nahrungssuche hauptsächlich über Wasser. Flug mehr flitzend, weniger schießend als bei der Rauchschwalbe. Siehe auch Felsenschwalbe.
STIMME: Ein reibendes „tschrrip"; bei Alarm kurz „brrit". Gesang ein schwaches Zwitschern.
VORKOMMEN: Offenes Gelände mit Teichen, Flüssen usw. Nistet gesellig in selbst gegrabenen Röhren in Sand- und Kiesgruben, Flußufern, selten auch in Felslöchern. Verbreitungskarte S. 215.

Felsenschwalbe *Ptyonoprogne rupestris*   49, 73 E

E - Crag Martin   F - Hirondelle de rochers   I - Rondine montana
H - Rotszwaluw   S - Klippsvala   Sp - Avión roquero

KENNZEICHEN: Knapp 15 cm. Kann von weitem mit der Uferschwalbe verwechselt werden, aber von dieser durch plumpere Gestalt unterschieden; Unterseite schmutzig weiß *ohne Brustband*, an Bauch und Unterschwanzdecken trüber; von nahem ferner an den *weißen Flecken in der Spitzenhälfte des gespreizten Schwanzes zu erkennen*, doch hat auch Rauchschwalbe weiße Flecken im Schwanz! Achselfedern dunkel! Verhalten wie bei den anderen Schwalben, aber weniger gesellig. Der Alpensegler ist sehr viel größer und hat weiße Unterseite und dunkles Brustband.
STIMME: Nicht sehr stimmbegabt: ein ziemlich leises „tschitsch" oder „tschrri".

← *Feldlerche*
Teilzieher

Uferschwalbe →
Sommervogel

VORKOMMEN: Gebirgsschluchten und Felsen im Binnenland und an der Küste. Baut offene, halb napfförmige Schlammnester in Felsspalten oder Höhlen von Felswänden, gelegentlich in gemeinsamen Kolonien mit Mehlschwalbe. Verbreitungskarte S. 216.

Rauchschwalbe *Hirundo rustica*   49, 73 E

E - Swallow   F - Hirondelle de cheminée   I - Rondine
H - Boerenzwaluw   S - Ladusvala   Sp - Golondrina común
                        N.A. - Barn Swallow

KENNZEICHEN: 19 cm. Durch lange Schwanzspieße gekennzeichnet. Oberseite *dunkel metallisch glänzend blau*, Stirn und Kehle braunrot, *dunkelblaues Kropfband*, die übrige Unterseite rahmweiß. Juv. viel matter, mit kürzeren Schwanzspießen. Flug anmutig dahinschießend. Gesellig, wenn auch mehr außerhalb als zur Brutzeit. Mehlschwalbe mit weißer Kehle und weißem Bürzel und ohne Schwanzspieße. Ufer- und Felsenschwalbe oben braun und ohne Schwanzspieße. Mauersegler einförmig dunkel. Siehe auch Rötelschwalbe.
STIMME: Ein hohes „tswit", das in Erregung zu einem schnellen Zwitschern gereiht wird. Alarmruf ein hohes „biwist". Gesang ein angenehmes sanftes, plauderndes Gezwitscher aus in schneller Folge gereihten Tönen mit einem harten Schnurrer.
VORKOMMEN: Offenes Kulturland mit Gehöften, Wiesen, Teichen. Baut offene Nester aus Schlamm und Stroh auf Sparren und Simse in Kuhställen, Scheunen usw., lokal in Schornsteinen. Verbreitungskarte S. 216.

Rötelschwalbe *Cecropis daurica*   49

E - Red-rumped Swallow   F - Hirondelle rousseline   I - Rondine rossiccia
H - Roodstuitzwaluw   S - Rostgumpsvala   Sp - Golondrina dáurica

KENNZEICHEN: Knapp 18 cm. Sofort zu erkennen an dem *rostgelblichen Bürzel*, am rostbraunen Nacken und Augenstreif, an der rahmfarbenen Kehle und Unterseite ohne dunklen Halsfleck. Scheitel und Rücken dunkel, metallisch glänzend blau, Flügel und Gabelschwanz schwärzlich. Ohne die weiße Schwanzzeichnung der Rauchschwalbe und mit merklich gröberen Schwanzspießen und *stumpferen* Flügelspitzen. Von der Mehlschwalbe durch rostfarbige statt weiße Tönung von Bürzel und Unterseite unterschieden.

← *Felsenschwalbe*
Teilzieher

Rauchschwalbe →
Sommervogel. Hat in Island und auf den Färöer gebrütet. Umherstreifend Spitzbergen

STIMME: Ein bezeichnender rauher, dünner Flugruf. Warnruf: „kier".
Gesang ähnlich dem der Rauchschwalbe, aber weniger wohlklingend.
VORKOMMEN: Felsen am Meere und im Binnenland; weniger an Kulturland gebunden als die Rauchschwalbe, aber im Flachland lokal häufig
an Brücken und Gebäuden. Nest ähnlich dem der Mehlschwalbe, aber
retortenförmig mit Eingangsröhre, in Höhlen, Felsspalten, unter Brük-
ken usw. Verbreitungskarte S. 217.

Mehlschwalbe *Delichon urbica* 49

E - House Martin   F - Hirondelle de fenêtre   I - Balestruccio
H - Huiszwaluw   S - Hussvala   Sp - Avión común

KENNZEICHEN: Knapp 13 cm. Die einzige europäische Schwalbe mit *rein
weißem Bürzel*. Unterseite weiß; Kopf, Rücken, Flügel und Schwanz
blauschwarz. Schwanz kurz und gegabelt, ohne Schwanzspieße. Kurze
Beine und Füße weiß befiedert. Verhalten wie Rauchschwalbe, aber
geselliger, nistet in dichten Kolonien. Flug weniger schießend, mehr
flatternd als bei der Rauchschwalbe, und oft höher.
STIMME: Schnirpend „tsrr", bei Alarm schrill „sier". Gesang ein leises,
schwatzendes Zwitschern, nicht so abwechslungsreich wie das der Rauchschwalbe.
VORKOMMEN: Wie Rauchschwalbe, lokal auch in Städten; auch im offenen
Gelände. Baut geschlossene Schlammnester mit oberem Eingangsloch
unter Dachrinnen, Dachrändern und Gesimsen (s. Abb. auf Seite 390),
lokal an Felsen. Verbreitungskarte S. 217.

Stelzen: *Motacillidae*

Die Stelzen und Pieper. Erdvögel, die flink laufen und rennen (nicht
hüpfen). *Stelzen* sind schlank, kräftig gezeichnet, haben langen Schwanz,
schlanken Schnabel, schlanke Beine; Geschlechter mehr oder weniger deutlich verschieden gefärbt. Nisten am Erdboden, in Spalten oder an Felsen.

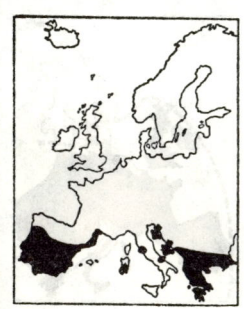

← *Rötelschwalbe*
Sommervogel. Um-
herstreifend Öster-
reich, Schweiz, Brit.
Ins., Deutschland,
Holl., Dänemark,
Norwegen, Finn-
land, Balt. Staaten

Mehlschwalbe →
Sommervogel. Um-
herstreifend Island,
Färöer

Die *Pieper* sind braunstreifige Vögel mit weißen oder weißlichen Schwanzkanten, nicht so schlank wie Stelzen, manche mit langer Kralle an der Hinterzehe; Geschlechter gleich gefärbt. Bodenbrüter.

Schafstelze   *Motacilla flava*   **58, 59, 67 E**

Schafstelze:

E - Blue-headed Wagtail   F - Bergeronnette printanière   I - Cutrettola
H - Gele kwikstaart   S - Gulärla   Sp - Lavandera boyera

Englische Schafstelze:

E - Yellow Wagtail   F - Bergeronnette flavéole
H - Engelse gele kwikstaart   S - Engelsk gulärla

KENNZEICHEN: 16,5 cm. Ein schlanker, langschwänziger und langbeiniger Vogel mit gelber Unterseite. Mehrere Rassen in Europa; sie können vom Geübten im Felde unterschieden werden. Im größten Teil Deutschlands brütet *M. flava flava;* ein Mischgebiet dieser Rasse mit der im mittleren Südeuropa brütenden Aschköpfigen Schafstelze *(M. f. cinereocapilla)* reicht bis Südwestdeutschland; auf Helgoland und einigen anderen Nordseeinseln brütet die Englische Schafstelze *(M. flava flavissima),* die auf dem Zuge gelegentlich auch im Binnenland erscheint. Außerdem können auf dem Zuge oder als Irrgäste in Deutschland noch die Grauköpfige *(M. f. beema)* und Nordische Schafstelze *(M. f. thunbergi)* sowie vielleicht die Maskenstelze *(M. f. feldegg)* beobachtet werden. Das ♂ der mitteleuropäischen Rasse *M. f. flava* hat olivgrünliche Oberseite und *grauen* Kopf mit *weißem Überaugenstreif und weißem Kinn;* übrige Unterseite im Frühling leuchtend gelb. ♀ und Ruhekleid blasser. Das ♂ der gelbesten Rasse *(M. f. flavissima,* Brutvogel auf den Britischen Inseln und den angrenzenden Küstengebieten des Festlandes) hat Überaugenstreif, Kehle und Unterseite gelb, Oberkopf und Wange gelblichgrün, ♀ und Ruhekleid matter und oben bräunlicher, juv. mit gelblichem Kinn und bräunlichem Kropfband. *M. f. beema* mit hellgrauem Oberkopf brütet in Westsibirien bis Südostrußland und erscheint als Irrgast in Mitteleuropa (einmal Helgoland); die Nordische Schafstelze, *M. f. thunbergi,* brütet in Skandinavien und erscheint in Mitteleuropa

← *Schafstelze*
Sommervogel. Hat in Irland gebrütet. Umherstr. Färöer, Island

Gebirgstelze →
Teilzieher. Umherstreifend Färöer, Island

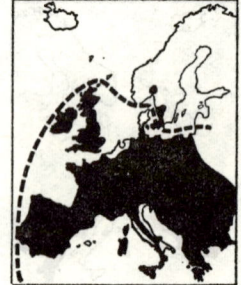

auf dem Durchzug; die Maskenstelze, *M. f. feldegg,* brütet auf der Balkanhalbinsel und erscheint als Irrgast sehr selten in Österreich, Polen usw. Zur Unterscheidung der Rassen siehe Tafel 59.

Anmerkung: Es besteht eine Neigung der einzelnen Populationen, Mutanten hervorzubringen und Einzelstücke, die eigentlich denen anderer Rassen gleichen. Siehe auch Gebirgsstelze.

STIMME: Laut und wohltönend „psüip" oder rauher „zier". Gesang ein einfaches „zip-zip-zipsi".

VORKOMMEN: Gewöhnlich in der Nähe von Wasser: Sümpfe, Wiesen, Flußauen, auch nicht zu trockene Felder. Nistet in einer Bodenvertiefung unter Gras, Getreide usw. Verbreitungskarte S. 218.

Gebirgstelze   *Motacilla cinerea*   58, 59, 67 E

E - Grey Wagtail	F - Bergeronnette des	I - Ballerina gialla
H - Grote gele	ruisseaux	Sp - Lavandera
kwikstaart	F - Forsärla	cascadeña

KENNZEICHEN: Knapp 18 cm. In jeder Jahreszeit von allen anderen gelbbrüstigen Stelzen durch sehr *langen, schwarzen* Schwanz mit auffallenden weißen äußeren Steuerfedern, durch *blaugraue Oberseite und gelbe Unterschwanzdecken* unterschieden. Brust im Sommer leuchtend gelb, im Winter gelbbräunlich. Bürzel grünlichgelb. ♂ mit weißem Überaugenstreif und auffallendem, weißem Streif vom Schnabel unter die graue Wange. Kinn und Kehle beim ♂ im Sommer *schwarz,* im Winter weißlich. ♀ oben grünlich getönt, im Sommer und Winter mit weißlicher Kehle. Juv. oben graubraun, unten gelblichbraun; von der Bachstelze durch *gelbe* Unterschwanzdecken unterschieden. Flug und Bewegungen wie Bachstelze. Ungesellig, ausgenommen am Schlafplatz. Siehe auch Schafstelze.

STIMME: Lockruf metallischer als bei der Bachstelze und Gesang wechselreicher. Bei Alarm ein schrilles „sihiht" oder „sis-iht".

VORKOMMEN: An schnell fließenden seichten Flüssen und Bächen im Berg- und Hügelland, im Tiefland vor allem an Wehren und Mühlen. Nistet in Höhlungen von Gemäuer, Brücken, Flußufern usw. Verbreitungskarte S. 218.

Bachstelze und Trauerbachstelze   *Motacilla alba*   58, 59, 67 E

Bachstelze:

E - White Wagtail	F - Bergeronnette grise	I - Ballerina bianca
H - Witte kwikstaart	S - Sädesärla	Sp - Lavandera blanca común

Trauerbachstelze:

E - Pied Wagtail	F - Bergeronnette d'Yarrell	I - Ballerina nera
H - Rouwkwikstaart	S - Engelsk sädesärla	Sp - Lavandera blanca enlutada

KENNZEICHEN: Knapp 18 cm. Ein kräftig gezeichneter, schwarz-weißer Vogel mit schlanken Beinen und langem Schwanz. ♂ ad. der Festlandsrasse (die Bachstelze, *M. a. alba*) im Brutkleid: Kopfplatte, Kehle und Vorderbrust schwarz, *Rücken hellgrau;* der schwarze Schwanz mit weißen äußeren Steuerfedern; Stirn, Kopfseiten und Bauch weiß. ♀ wie ♂, aber weniger Schwarz an Kopf und Brust. Im Ruhekleid in beiden Geschlechtern mit *weißer Kehle,* ein hufeisenförmiges Kropfband schwarz mit grauen Säumen, das Schwarz des Scheitels durch breite graue Säume verdeckt. Die britische Rasse (die Trauerbachstelze, *M. a. yarrellii*) ist ähnlich, aber zur Brutzeit mit *schwarzem* (nicht hellgrauen) *Rücken.* Im Herbst sind beide Rassen viel leichter zu verwechseln, die Trauerbachstelze aber hat dunklen Bürzel.

STIMME: Lebhaft „zilipp", in Erregung scharf „zisiss", Gesang ein Zwitschern aus vielfältig abgewandelten Lockrufen.

VORKOMMEN: Zur Zugzeit häufig auf Äckern; sonst an Gräben, Flußufern, in offenem Gelände aller Art und in Ortschaften. Oft, aber nicht immer, am Wasser. Nistet in Höhlungen von Gebäuden, Felsen, im Efeu, in hohlen Bäumen usw. Verbreitungskarte S. 220.

Spornpieper   *Anthus novaeseelandiae*   58, 67 E

| E - Richard's Pipit | F - Pipit de Richard | I - Calandro maggiore |
| H - Grote pieper | S - Stor piplärka | Sp - Bisbita de Richard |

KENNZEICHEN: Knapp 18 cm. Ein *großer,* langschwänziger und *langbeiniger* Pieper. Oberseite braun, breit schwärzlich gestreift, Brust rahmgelblich, *sparsam, aber kräftig gestreift.* Über dem Auge und unter der Wange ein fahl gelblicher Streif. Schmaler schwarzer Bartstreif und schwarze Linie unter dem Auge. Beine und Hinterkralle sehr lang. Etwas größer und dunkler als Brachpieper, mit kürzerem, kräftigerem Schnabel; ferner im Frühling durch kräftig gezeichneten Rücken, längere Beine und mehr gestreifte Vorderbrust und Kehle unterschieden; im Herbst nicht sicher von jungen (gestreiften) Brachpiepern zu unterscheiden, ausgenommen durch die Stimme und die Schnabelgestalt. Beträchtlich größer als Wiesen-, Baum- und Rotkehlpieper und unten weniger gestreift.

STIMME: Ein ziemlich rauhes „r-rihp".

VORKOMMEN UND VERBREITUNG: Feuchte Wiesen, sumpfige Steppen und Reisfelder. Brutvogel in Asien, Australien, Neuseeland, Afrika. Fast alljährlich auf dem Zuge oder im Winter auf Helgoland, seltener an der deutschen Küste, auf den Britischen Inseln, in Skandinavien, Frankreich, Portugal und im Binnenland Mitteleuropas erscheinend.

← *Bachstelze*
Teilzieher

Brachpieper →
Sommervogel. Hat in Südengland gebrütet. Umherstreifend nordwärts bis Finnland, Schottland; Irland

Brachpieper *Anthus campestris* **58, 67 E**

E - Tawny Pipit   F - Pipit rousseline   I - Calandro
H - Duinpieper   S - Fältpiplärka   Sp - Bisbita campestre

KENNZEICHEN: 16,5 cm. Schlanker und stelzenähnlicher als die anderen
Pieper, aber leicht mit dem Spornpieper zu verwechseln. Oben hell,
fast einfarbig sandbraun, abgesehen von einer Reihe dunkler Flecken
auf den Flügeldecken nahe dem Flügelbug; unten heller, gewöhnlich
ungestreift. Auffallender rahmfarbener Überaugenstreif. Undeutlicher
brauner Bartstreif. Beine lang und gelblich, doch kürzer als beim Spornpieper. Von diesem ferner durch helleres, weniger kräftig gezeichnetes
Gefieder und etwas geringere Größe unterschieden. Juv. (Frühherbst)
haben gestreifte Brust und ähneln jungen Spornpiepern bis auf die
kürzeren Beine.
STIMME: Die Lockrufe sind lauter und wechselreicher als bei anderen Piepern, meist Abwandlungen von „zihp", „dieb" usw. Gesang ein wiederholtes „zirluih", gewöhnlich im abwärts gleitenden Balzflug vorgetragen.
VORKOMMEN: Ödland und brachliegendes Gelände mit Sand und Gestrüpp, auf dem Zuge auch auf Kulturland. Nistet in einer von Pflanzen
geschützten Bodenvertiefung. Verbreitungskarte S. 220.

Baumpieper *Anthus trivialis* **58, 67 E**

E - Tree Pipit   F - Pipit des arbres   I - Pispolone
H - Boompieper   S - Trädpiplärka   Sp - Bisbita arbóreo

KENNZEICHEN: Gut 15 cm. Am besten vom sehr ähnlichen Wiesenpieper
an der *Stimme* zu unterscheiden, ferner an der etwas stämmigeren
Gestalt, etwas stärkerem Schnabel, an der gelblichen Brust, den rötlichen Beinen und der *kurzen* Hinterzehenkralle. Oberseite braun,
schwärzlich gestreift. Unten gelblich rahmfarben mit schwärzlichem
Bartstreif und kräftig gestreifter Brust und gestreiften Flanken. Gelblicher Überaugenstreif. Weiße äußere Steuerfedern. Sitzt gern auf Bäumen. Strandpieper ist größer und *dunkler*. Siehe auch Rotkehlpieper.
STIMME: „Psih"; bei Alarm ein beharrlich wiederholtes „sib". Gesang laut
und wohltönend, mit langen Trillern, am Ende mit charakteristischem
„zia-zia-zia", singt von hoher Warte und vor allem im kurzen Singflug

← *Baumpieper*
Sommerv. Jährlich
Irland. Umherstr.
Island

Wiesenpieper →
Teilzieher

während des fallschirmartigen Niedergleitens zum Sitzplatz (die Heide-lerche stürzt sich schweigend zu Boden).

VORKOMMEN: Heide, Waldblößen, lichter Wald, Hänge mit zerstreuten Bäumen und Büschen. Nistet unter Farnkraut, im hohen Gras usw. Verbreitungskarte S. 221.

Petschorapieper   *Anthus gustavi*   66

   E - Petchora Pipit   F - Pipit de la Petchora
   H - Petsjora-pieper   S - Tundrapiplärka

KENNZEICHEN: Knapp 15 cm. Ähnlich Baumpieper; am besten zu unter-scheiden durch den *Ruf* und *zwei fahle Längsstreifen über den Rücken*. Bürzel wie beim Rotkehlpieper kräftig gestreift. Unterseite mit kräfti-ger Streifenzeichnung; äußere Schwanzfedern gelbbräunlich (nicht weiß). Heimliches Verhalten.

STIMME: Ein hartes „pwit", gewöhnlich wiederholt, vom Ruf anderer Pieper deutlich verschieden, leiser und härter als Ruf des Wiesenpiepers Gesang zweiteilig, ein Triller, dem ein leises Zwitschern folgt.

VORKOMMEN UND VERBREITUNG: Außer zur Brutzeit meist in der Nähe von Deckung, selten wie ein Baumpieper auf Pfählen sitzend; im Brut-gebiet fußt er häufig auf Bäumen. Irrgast aus Nordosteuropa und Nordasien in Großbritannien (Fair Isle) und Holland.

Wiesenpieper   *Anthus pratensis*   58, 67 E

   E - Meadow Pipit   F - Pipit farlouse   I - Pispola
   H - Graspieper   S - Ängspiplärka   Sp - Bisbita común

KENNZEICHEN: Knapp 15 cm. Sehr ähnlich dem Baumpieper, aber von diesem unterschieden durch die *Stimme*, olivfarbenere Oberseite und gewöhnlich *hellere, weniger gelbliche Brust* mit kleineren, aber zahl-reicheren Streifen. Äußere Schwanzfedern weiß. Beine bräunlich, mit *langer* Kralle der Hinterzehe. Sitzt selten auf Bäumen; vgl. dagegen Baumpieper. Wasserpieper ist größer, Strandpieper überdies dunkler. Siehe auch Rotkehlpieper.

STIMME: Kurz „ist" oder zart „zip", bei Alarm schnell gereiht; ferner lauter „tissip". Gesang ein dünnes Pfeifen in allmählich ansteigendem Tempo und mit einem wohltönenden Triller endend, im kurzen Sing-flug und fallschirmartigen Niedergleiten.

← *Rotkehlpieper*
Sommerv. Durch-zügler durch Eu-ropa westwärts bis Italien. Umherstr. Niederlande, Groß-britannien, Irland, Portugal

Wasser- und →
Strandpieper
Teilzieher. Brut in Estland

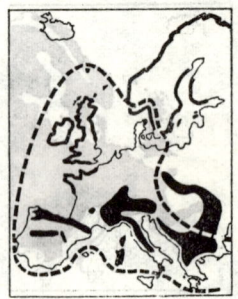

VORKOMMEN: Die sumpfige Tundra, feuchte Niederungen und Moore, gewöhnlich Gelände mit einigen Büschen, oft nahe der Küste, im Winter auf Feldern und an Gräben. Nistet am Boden. Verbreitungskarte S. 221.

Rotkehlpieper *Anthus cervina* 58, 67 E

E - Red-throated Pipit   F - Pipit à gorge rousse   I - Pispola golarossa
H - Roodkeelpieper   S - Rödstrupig piplärka   Sp - Bisbita gorgirrojo

KENNZEICHEN: Knapp 15 cm. Ähnlich Wiesenpieper, aber durch die dunklere Oberseite, den *kräftig gestreiften Bürzel* und die verschiedene Stimme unterschieden. Zur Brutzeit sind Kehle und zuweilen auch Vorderbrust *rostrot* getönt. Im Winter vom Wiesenpieper durch streifigen Bürzel und kräftig dunkel gestreifte Unterseite unterschieden; Kehle zuweilen zimtrötlich.

STIMME: Ein heiseres „szieh" und ein weiches „djie-e". Gesang nicht so wohltönend wie der des Wiesenpiepers und höher.

VORKOMMEN: Die sumpfige Tundra, feuchte Niederungen und Felder, gewöhnlich Gelände mit einigen Büschen, oft nahe der Küste. Nistet am Boden. Verbreitungskarte S. 222.

Wasserpieper *Anthus spinoletta* 58, 67 E

Strandpieper:

E - Rock Pipit   F - Pipit maritime   I - Spioncello marittimo
H - Oeverpieper   S - Skärpiplärka   Sp - Bisbita ribereño costero

Wasserpieper:

E - Water Pipit   F - Pipit spioncelle   I - Spioncello
H - Waterpieper   S - Vattenpiplärka   Sp - Bisbita ribereño alpino

KENNZEICHEN: 16,5 cm. Etwas größer und schlanker als Wiesen- und Baumpieper, mit ziemlich langem Schnabel. Beine *viel dunkler* als bei den anderen Piepern. Die typische Gebirgsrasse (der Wasserpieper, *A. s. spinoletta*) hat *weiße äußere Steuerfedern,* einen weißlichen Überaugenstreif, grau getönte Oberseite und weiße Unterseite, die im Winter kräftig, zur Brutzeit nur wenig gestreift ist und einen rötlichen Anflug hat. Die Küstenrassen (die Strandpieper, *A. s. petrosus, A. s. littoralis, A. s. kleinschmidti*) sehen dunkler, mehr olivfarben aus und haben dicht gestreifte, olivgelbliche Unterseite und *gräuliche* (nicht weiße) äußere Steuerfedern. Vom Wiesenpieper im Winter durch braunere Oberseite und *dunkle Beine* unterschieden; vom Brachpieper durch geringere Größe, dunklere Oberseite und *dunkle Beine.*

STIMME: Dünne „zip", „djihp" oder „zihp-ihp", ferner „ist" (weniger gereiht als beim Wiesenpieper). Gesang dem des Baum- und Wiesenpiepers ähnlich; gewöhnlich im flatternden Singflug.

VORKOMMEN: Brutvogel des Gebirges (Wasserpieper) oder der Meeresküste (Strandpieper). Im Winter in sumpfigen Niederungen, an Binnengewässern, auf Schlammflächen und an der Küste. Nistet in Bodenvertiefungen, Felsspalten usw. Verbreitungskarte S. 222.

Würger: *Laniidae*

Auffallend gezeichnete Sperlingsvögel mit hakenförmig gebogener Schnabelspitze und falkenähnlichem Verhalten. Sie sitzen gewöhnlich wachsam und aufrecht auf hervorragenden Aussichtsplätzen und bewegen ihren ziemlich langen Schwanz. Flug langsam, mit einer Aufwärtsschwenkung vorm Fußfassen. Die Beute wird oft in Dornbüschen aufgespießt oder in Astgabeln geklemmt ("Schlachtbänke"). Lockrufe rauh. Geschlechter meist einander ähnlich, außer beim Neuntöter. Busch- oder Baumbrüter. Alle europäischen Würger nehmen gegenwärtig vielerorts an Zahl stark ab.

Neuntöter *Lanus collurio* — 60, 72 E

E - Red-backed Shrike	F - Pie-grièche écorcheur	I - Averla piccola
H - Grauwe klauwier	S - Vanlig törnskata	Sp - Alcaudón dorsirrojo

KENNZEICHEN: Gut 17 cm. ♂ durch *kastanienbraunen Rücken* gekennzeichnet. Mit hell blaugrauem Scheitel und Bürzel und breiter schwarzer Gesichtszeichnung durch Auge und Ohrdecken. Unterseite rötlichweiß. Schwanz schwarz mit weißen Seiten, wird von einer Seite zur anderen geschlagen. ♀ in der Regel ohne schwarze Gesichtsabzeichen und oben matt rotbraun, unten bräunlichweiß mit braunen halbmondförmigen Querflecken; vom weiblichen Rotkopfwürger durch *Fehlen von Weiß an Bürzel und Flügeln* unterschieden. Juv. mit ausgeprägteren halbmondförmigen Querflecken; schwer von jungen Rotkopfwürgern zu unterscheiden, ausgenommen am rotbraunen Gefieder, am Fehlen des hellen Bürzels, des weißen "Schulterflecks" und des Flügelspiegels. Flug gewöhnlich geradlinig. Gleitet und rüttelt, wenn er an Hecken entlang jagt, stürzt sich aber gewöhnlich von erhöhten Warten auf Beute. Spießt Insekten (selten kleine Vögel) häufiger als andere Würger auf Dornen von Büschen ("Dorndreher").

STIMME: Rauh und kratzend "gäck", in Erregung auch gereiht. Gesang ein leises, angenehmes und oft anhaltendes Zwitschern mit eingestreuten Lockrufen und vielen Imitationen anderer Vogelstimmen.

VORKOMMEN: Feldgehölze, verwilderte Hecken, Dickichte, Waldblößen, alte Steinbrüche. Nistet in Büschen und kleinen Bäumen. Verbreitungskarte S. 224.

← *Neuntöter*
Sommervogel. Umherstr. bis Färöer, Irland

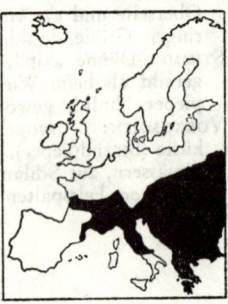

Schwarzstirn- →
würger
Sommervogel. Umherstreif. bis Finnland, Schweden, Großbrit., Irland

Schwarzstirnwürger   *Lanius minor*   60, 72 E

E - Lesser Grey Shrike   F - Pie-grièche à poitrine rose   I - Averla cenerina
H - Kleine klauwier   S - Svartpannad törnskata   Sp - Alcadón chico

KENNZEICHEN: Reichlich 20 cm. Ähnlich Raubwürger, aber *kleiner,* mit verhältnismäßig längeren Flügeln; die breite schwarze Gesichtszeichnung *setzt sich über die Stirn fort* (weniger auffällig beim ♀); kein weißer Überaugenstreif; *hellrötlicher Anflug auf der Unterseite;* Oberseite blaugrau; Flügel und Schwanz schwarz; Schnabel kürzer und *höher;* sehr auffällige weiße Flügelbinde und weiße äußere Steuerfedern. Juv. wirkt von weitem *gelblich,* mit nur ziemlich wenig gebänderter Brust und feiner dunkelbrauner Querwellung an Kopf und Flanken; Flügel und Schwanz bräunlich-schwarz. Verhalten ähnlich Raubwürger, aber hat *aufrechtere Haltung.* Flug gewöhnlich *gradlinig* (nicht niedrig und wellenförmig wie beim Raubwürger); rüttelt häufig.
STIMME: Sehr ähnlich wie beim Raubwürger; ferner ein klangreines „kwiell".
VORKOMMEN: Ziemlich offenes Gelände mit zerstreuten Bäumen und Büschen, Wegränder, Feld- und Wiesenränder usw. Nistet ziemlich hoch (gelegentlich fast 20 m hoch) in Bäumen; oft in lockeren Kolonien. Verbreitungskarte S. 224.

Maskenwürger   *Lanius nubicus*   60, 72 E

E - Masked Shrike   F - Pie-grièche masquée   I - Averla della Nubia
H - Maskerklauwier   S - Masktörnskata   Sp - Alcaudón núbico

KENNZEICHEN: Gut 17 cm. Oben einfarbig schwarz vom Scheitel bis zum Schwanz. In der Größe wie Rotkopfwürger, aber von diesem durch *schwarzen Bürzel, schwarzen Scheitel* mit auffallender weißer Stirn und weißem Überaugenstreif unterschieden; ferner durch *rötliche Flanken* (Unterseite im übrigen weiß) und auffallendere weißen Seiten des langen Schwanzes. Flügelzeichnung wie beim Rotkopfwürger. Verhalten wie Neuntöter, aber Flug anmutiger; selten auf hervorragenden Sitzwarten.
STIMME: Rauh, aber klagend, wiederholt „kihr". Gesang eine gedämpfte, monotone Folge kratzender Töne.
VORKOMMEN UND VERBREITUNG: Olivenhaine, Gärten und licht bewaldetes Gelände. Nistet auf ziemlich hohen Bäumen. Sommervogel in der Türkei, in Griechenland, Bulgarien und Südjugoslawien. Umherstreifende bis Frankreich und Südspanien.

Rotkopfwürger   *Lanius senator*   60, 72 E

E - Woodchat Shrike   F - Pie-grièche à tête rousse   I - Averla capirossa
H - Roodkopklauwier   S - Rödhuvad törnskata   Sp - Alcaudón común

KENNZEICHEN: Gut 17 cm. Vom Raub- und Schwarzstirnwürger durch *satt rostrotbraunen Oberkopf und Nacken* unterschieden. Breite schwarze, über die Stirn ausgedehnte Gesichtszeichnung, rein weiße Kehle und Unterseite; Flügel und Mantel schwärzlich mit *auffallenden weißen Schulterflecken* und kurzer Flügelbinde, Schwanz schwarz mit weißen Seiten, *Bürzel weiß, im Fluge auffällig.* ♀ etwas matter gefärbt. Juv. ähnlich einem jungen Neuntöter, aber mit dickerem, eckiger erscheinendem Kopf; blasser und weniger rotbraun, Schultern und Bürzel viel heller; zeigt nur eine Spur eines kurzen weißlichen Flügelbandes. Verhalten und Flug wie Neuntöter, aber weniger gern freisitzend. Nahrung Insekten. Die korsische Rasse, *L. s. badius,* ohne weiße Flügelbinde. Siehe auch Maskenwürger.

STIMME: Wie Schwarzstirnwürger, aber abwechslungsreicher, häufig mit haussperlingsartigem Tettern. Gesang ein anhaltendes, angenehmes Schwatzen und Zwitschern mit eingestreuten rauhen Lauten und Nachahmungen anderer Vogelstimmen.

VORKOMMEN: Trockenes, offenes Gelände. Olivenhaine, Obstgärten, Feldgehölze, gelegentlich größere Wälder. Nistet in Bäumen verschiedener Größe. Verbreitungskarte S. 226.

Raubwürger *Lanius excubitor*　　　　　　　　　　　**60, 72 E**

E - Great Grey Shrike　　F - Pie-grièche grise　　　I - Averla maggiore
H - Klapekster　　　　　　S - Varfågel　　　　　　　Sp - Alcaudón real
　　　　　　　　　　　　　N.A. - Northern Shrike

KENNZEICHEN: 24 cm. Der größte Würger. Durch kontrastreich *schwarz-weiß-graues Gefieder* gekennzeichnet. Vom Schwarzstirnwürger durch bedeutendere Größe, graue (nicht schwarze) Stirn und *schmalen, weißen Überaugenstreif* zwischen schwarzem Augenstreif und grauem Scheitel unterschieden; viel mehr Weiß auf den Schultern; *weißlich* oder gräuliche (nicht rötliche) Unterseite, verhältnismäßig kürzere *bis zur Schwanzwurzel reichende Flügel;* längerer und mehr gestufter Schwanz, schmaler weißer Bezirk im ausgebreiteten Flügel (bei geschlossenem Flügel zeigt sich oft eine doppelte Flügelbinde). ♀ gewöhnlich mit zart grauer Wellung auf der Brust. Juv. graubraun, mit braunen Wellenlinien auf der Unterseite. Sitzt auf Baumspitzen oder Telegraphenmasten, von denen aus er kleine Vögel, Mäuse, Eidechsen und Insekten jagt. Bewegt Schwanz hin und her. Flug langsam und in der Regel wellenförmig, mit steilem Aufwärtsgleiten zum Sitzplatz; rüttelt häufig. (Schwarzstirnwürger fliegt höher.) Die südeuropäische Rasse, *L. e. meridionalis,* ist oben und unten dunkler.

STIMME: Charakteristisch „schäck-schäck", manchmal zum elsternartigen Schackern verlängert. Angstruf kratzend „äk-äk". Gesang ein gedämpftes, anhaltendes Mischmasch von rauhen und wohlklingenden Tönen.

← *Rotkopfwürger*
Sommerv. Umherstr. bis Großbritannien, Irland, Dänemark, Norwegen, Schweden, Finnland

Raubwürger →
Teilzieher. Umherstreifend bis Färöer, Irland, Malta. Brut S-Finnland

VORKOMMEN: Waldränder, Obstgärten, Heide, Hecken usw. Brütet weniger gern im offenen Gelände als andere Würger. Neststand unterschiedlich, gelegentlich auf hohen Bäumen, gewöhnlich im Dorngestrüpp. Verbreitungskarte S. 226.

Seidenschwänze: *Bombycillidae*

Der Seidenschwanz ist der einzige europäische Vertreter einer kleinen, isoliert stehenden Singvogelgruppe, deren Arten ziemlich kleine bis knapp drosselgroße Vögel sind, die in der freien Natur sowohl an Würger wie an Stare erinnern und die offene Nester bauen.

Seidenschwanz *Bombycilla garrulus*   **60, 72 E**

E - Waxwing	F - Jaseur boréal	I - Beccofrosone
H - Pestvogel	S - Sidensvans	Sp - Ampelis Europeo
	N.A. - Bohemian Waxwing	

KENNZEICHEN: Knapp 18 cm. Unverkennbar durch die *rötlichgraubraune Haube* und den kurzen, *am Ende gelben Schwanz.* Augenstreif und Kehlfleck schwarz. Oberseite rötlichgraubraun mit grauem Bürzel; Unterseite rötlichgrau mit *kastanienbraunen* Unterschwanzdecken; dunkle Flügel *auffallend weiß und gelb* gezeichnet mit *scharlachroten „Siegellackplättchen"* an den Spitzen der Armschwingen (beim ♀ weniger auffällig). Juv. ohne schwarzen Kehlfleck und unten zart gestreift. Flug kräftig und starenartig. Oft sehr zutraulich. Gesellig.
STIMME: Lockruf ein leises, hohes, klingelndes „srih".
VORKOMMEN: Nistet auf Lichtungen der Nadel- und Birkenwälder des Nordens. Im Winter im offenerem Gelände auf Beerensträuchern, auch in Gärten und Anlagen. Verbreitungskarte S. 228.

Wasseramseln: *Cinclidae*

Die Wasseramseln sind an das Leben an fließenden Gewässern angepaßte Singvögel, die Drosseln und Zaunkönigen ähnlich sind, ihre Nahrung (vor allem Wasserinsekten) auch tauchend suchen und sogar am Boden nicht zu tiefer Bäche entlanglaufen können.

Wasseramsel *Cinclus cinclus*   **51**

E - Dipper	F - Cincle plongeur	I - Merlo acquaiolo
H - Waterspreeuw	S - Strömstare	Sp - Mirlo acuático

KENNZEICHEN: Knapp 18 cm. Ein dicker Vogel von zaunkönigartiger Gestalt, aber viel größer, mit ziemlich großen, derben Beinen; der kurze Schwanz wird oft gestelzt. Schwärzlich mit *weißer Brust,* die bei den in Mitteleuropa brütenden Rassen *C. c. aquaticus* und *C. c. meridionalis* unten rostbraun begrenzt ist; bei einigen nordischen und südwesteuropäischen Populationen fehlt dieses Rostbraun. Geschlechter gleich. Juv. oben schiefergrau, unten grau und weiß gefleckt. Knickst, sitzt auf Felsblöcken im Bach. Taucht oder läuft ins Wasser, bleibt zur Nahrungssuche am Grunde unter Wasser; schwimmt auf oder unter Wasser. Flug gewöhnlich niedrig, schnurrend und gradlinig, den Bächen folgend. Ungesellig, hält sich meist das ganze Jahr über am gleichen Bachabschnitt auf.

STIMME: Kurz „zit" oder im Fluge „zrrb". Gesang eine Folge von hohen kratzenden und platzenden Lauten, in die flüssige Triller oder Pfeiftöne eingestreut sind. Singt fast das ganze Jahr über.

VORKOMMEN: Schnellfließende klare Gewässer (vor allem Gebirgsbäche); besucht im Winter gelegentlich die Küste. Baut große, kugelförmige Nester in Spalten unter Wasserfällen, Brücken und Erdhängen; hält sich ständig ganz nahe am fließenden Wasser auf. Verbreitungskarte S. 228.

Zaunkönige: *Troglodytidae*

Insektenfressende Singvögel mit vorwiegend braunem, gewöhnlich teilweise dunkel quergebändertem Gefieder. In der alten Welt nur eine Art; alle übrigen sind amerikanisch. Bauen meist geschlossene Nester.

Zaunkönig *Troglodytes troglodytes*   51, 68 E

E - Wren	F - Troglodyte mignon	I - Scricciolo
H - Winterkoning	S - Gärdsmyg	Sp - Chochín
	N.A. - Winter Wren	

KENNZEICHEN: 9,5 cm. Ein kleiner, runder, dicht gebänderter brauner Vogel mit *kurzem, gestelztem Schwänzchen.* Äußerst lebendig; durchstöbert Gestrüpp und Genist am Grunde wie eine Maus und fängt Insekten zwischen der Vegetation wie eine Grasmücke. Flug schnurrend und geradlinig.

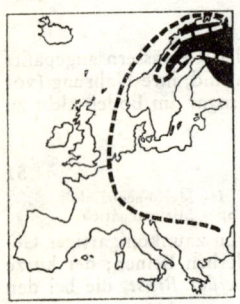

← *Seidenschwanz*
Teilzieher. Im Winter bis zur Strichellinie. Umherstr. bis Island, Irland, Spanien, Malta, Färöer

Wasseramsel →
Vorwiegend Jahresvogel. Hat i. Dänemark gebrütet

Stimme: Laut und hart „zick-zick-zick", bei Alarm zu einem rauhen Schnurren werdend. In Erregung „zerr". Gesang sehr laut, ohne Pausen, eine Reihe schmetternder Töne, zwischen die gestreckte Laute und ein tieferer Roller eingeschoben sind. Singt fast das ganze Jahr über.

Vorkommen: In niedriger Deckung in Gärten, Dickichten, Wäldern, zwischen Felsen, an Gräben, Bachufern usw. Baut ein kugelförmiges Nest in Heuschobern und Höhlen in Bäumen, Böschungen oder Gebäuden. Verbreitungskarte S. 229.

Braunellen: *Prunellidae*

Ziemlich graubraun und sperlingsartig aussehend, aber mit schlankerem und spitzerem Schnabel; von unbestimmter Verwandtschaft, vielleicht den Finken und Ammern nahestehend. Mit bezeichnendem, schleppendem Gang, unaufdringlichen Gewohnheiten. Nisten im Gebüsch oder in Felslöchern u. dgl.

Alpenbraunelle *Prunella collaris* 63, 70 E

E - Alpine Accentor   F - Accenteur alpin   I - Sordone
H - Alpenheggemus   S - Alpjärnsparv   Sp - Acentor alpino

Kennzeichen Knapp 18 cm. Größer, plumper und lebhafter gefärbt als die verwandte Heckenbraunelle, daher auch als *Laiscopus collaris* von *Prunella* getrennt. *Kinn und Kehle weißlich, schwarz gefleckt*, Brust gräulich, *Flanken rostbraun gestreift*, unregelmäßige doppelte weiße Flügelbinde und Spitzen der Steuerfedern hell bräunlichgelb. Oberseite streifig graubraun. Juv. mit ungefleckter, grauer Kehle.

Stimme: Ein trillerndes, lerchenartiges „trr-lit" und ein vibrierendes „trrüi". Gesang ein angenehmes, lerchenartiges Zwitschern. Singt vom Boden aus oder im kurzen Balzflug.

Vorkommen: Felsige Berghänge bis zur Schneegrenze aufwärts. Im Winter in tieferen Lagen. Nistet in Felslöchern, gelegentlich im Schutze der Vegetation. Verbreitungskarte S. 229.

← *Zaunkönig*
Teilzieher

Alpenbraunelle →
Teilzieher. Im Winter in tieferen Lagen. Umherstreifend Belgien, Großbritannien, Helgoland, Dänemark, Schweden, Malta

Heckenbraunelle   *Prunella modularis*   **63, 70 E**

E - Dunnock oder Hedge Sparrow   F - Accenteur mouchet   I - Passera scopaiola
H - Heggemus   S - Järnsparv   Sp - Acentor común

KENNZEICHEN: Knapp 15 cm. Unauffällig und ohne hervorstechende Merkmale; die Verbindung von *sattem Dunkelbraun und Dunkelgrau* im Gefieder ist der beste Anhalt. Oberseite dunkelbraun, schwarz gestreift; Kopf und Hals schiefergrau, Scheitel und Ohrdecken bräunlich, *Unterseite schiefergrau* mit dunkel gestreiften Flanken. Der dunkle, dünne Schnabel bezeichnend. Zur Nahrungssuche am Boden, selten weitab von Deckung, bewegt sich langsam und unauffällig; zuckt häufig mit den Flügeln. Ungesellig.

STIMME: Hoch pfeifend „ziht" und ein feines trillerndes „di-di-di". Gesang ein eiliges, nicht lautes, auf und ab gehendes Klirren, viel kürzer und leiser als das etwas ähnliche Zaunköniglied, ohne dessen Roller und ohne schmetternde Töne. Beginnt schon im Winter zu singen.

VORKOMMEN: Hecken, Gärten, Friedhöfe, Gebüsch, Dickungen. Nistet in Büschen, jungen Nadelbäumen, Brombeergestrüpp, Reisighaufen usw., in Bodennähe bis höchstens mannshoch. Verbreitungskarte S. 231.

Sänger: *Muscicapidae*

Eine umfassende, vielfach auch in mehrere Familien aufgeteilte Gruppe insektenfressender Vögel; in Europa drei Unterfamilien: Grasmücken (Sylviinae), oft als eigene Familie (Sylviidae) betrachtet, mit den fraglich hierzu gehörigen Goldhähnchen, Fliegenschnäpper (Muscicapinae) und Drosselartige (Turdinae) mit den von manchen als besondere Unterfamilie (Erithacinae) betrachteten Erdsängern und Schmätzern und den etwas abseits stehenden Heckensängern, die von manchen in die Nähe der Grasmücken gerückt werden.

Grasmücken (Cistensänger bis Goldhähnchen, S. 231) sind kleine, bewegliche, insektenfressende Vögel mit schlankem Schnabel. Viele in verwirrendem Maße ohne deutlich markierte Kennzeichen; der Umstand, daß das Gefieder sich schnell abträgt und dadurch sein Aussehen verändert, macht die Bestimmung noch schwieriger. Rufe auch oft recht ähnlich, aber Stimme und Verhalten dennoch für die Bestimmung wichtig. Nisten gewöhnlich im niedrigen Pflanzenwuchs, auf oder nahe über dem Boden, oder (manche *Acrocephalus*-Arten) im Schilf. Geschlechter einander ähnlich (außer bei einigen *Sylvia*-Arten).

Goldhähnchen, jetzt vielfach den Laubsängern angeschlossen und zu den Grasmücken gerechnet, jedoch eigentlich von noch ungewisser Verwandtschaft, sind kleine, olivgrünliche Baumvögel, die gleicherweise an kleine Meisen und an Laubsänger erinnern. Ad. mit glänzend gelber oder orangeroter Scheitelzeichnung. Geschlechter einander sehr ähnlich. Nisten in Bäumen.

Fliegenschnäpper (Grauschnäpper bis Zwergschnäpper, S. 254) stehen den kleineren Arten der Drosseln (Erdsänger) nahe; sie sitzen gewöhnlich aufrecht auf erhabenen Warten, von wo sie in kurzem Flug Jagd auf vorüberfliegende Insekten machen. Schnabel am Grunde breit. Geschlechter bald einander ähnlich (Grauschnäpper und der als Irrgast erscheinende Braunschnäpper), bald stärker verschieden (übrige europäische Arten).

Drosseln (Blauschwanz bis Zwergschnäpper, S. 256), und zwar Erdsänger (S. 256–264; von den Fliegenschnäppern unscharf getrennt), Heckensänger (S. 265), Steinmerlen (S. 265–266) und eigentliche Drosseln (S. 267 bis 273) sind oft lebhaft gefärbt und halten sich aufrecht. Schnabel schlank. Schwanz am Ende gewöhnlich gerade abgeschnitten. Geschlechter bei den eigentlichen Drosseln meist einander ähnlich (Ausnahmen u. a. Ringdrossel und Amsel), bei den übrigen oft deutlich verschieden. Viele Erdsänger (besonders Schmätzer) nisten in Höhlungen verschiedenster Art; die eigentlichen Drosseln bauen napfförmige Nester meist in Büschen oder Bäumen.

Cistensänger   *Cisticola juncidis*   **55, 70 E**

E - Fan-tailed Warbler	F - Cisticole des joncs	I - Beccamoschino
H - Waaierstaartrietzanger	S - Grässångare	Sp - Buitrón

KENNZEICHEN: 10 cm. Am leichtesten zur Brutzeit im Balzflug zu beobachten; dann durch den Gesang unverkennbar. Sonst heimlich. Täuscht einen kleinen, lebhaft gefärbten Schilfrohrsänger vor. Von diesem unterschieden durch *Fehlen des hellen Augenstreifens,* viel geringere Größe (die kleinste europäische Grasmücke) und *kurzen Schwanz.* Oberseite dunkelbraun mit breiten rostfarbenen Federrändern und rotbraunem Bürzel, wirkt dadurch stark röstlichbraun gestreift; Kehle und Unterseite ungestreift weißlich, an Brust und Flanken rostgelb getönt; Schwanz kurz und gerundet, mit schwarzweißen Federenden.

STIMME: Scharf, hoch und kratzend „dsip ... dsip ... dsip ...“, jeder Ruf fällt mit einem hohen Ansteigen des Vogels in seinem kraftlosen, wellenförmigen Flug zusammen. Lockruf „tju“.

VORKOMMEN: Feuchte und trockene Plätze, Kornfelder, verwilderte grasige Ebenen, Sümpfe. Baut ein tiefes, beutelförmiges Nest, das in Binsen, im hohen Gras, wachsendem Getreide oder dichtem Unterwuchs aufgehängt ist. Verbreitungskarte S. 231.

← *Heckenbraunelle*
Teilzieher. Brut auf
Öland. Umherstreifend Färöer

Cistensänger →
Jahresvogel

Seidensänger   *Cettia cetti*   **55, 69 E**

E - Cetti's Warbler   F - Bouscarle de Cetti   I - Rusignolo di fiume
H - Cettis zanger   S - Cettisångare   Sp - Ruiseñor bastardo

KENNZEICHEN: 14 cm. Versteckte Lebensweise macht die Bestimmung durch
Beobachtung schwierig, aber der *Gesang ist unverkennbar*. Oberseite
dunkel rotbraun, kurzer Überaugenstreif, Unterseite gräulichweiß mit
braueren Flanken und Unterschwanzdecken. Schwanz breit und stark
gerundet, besteht aus nur 10 Steuerfedern. Das ziemlich rotbraune Aus-
sehen kann Verwechslung mit Nachtigall bewirken, aber die letztere ist
größer, mit längerem Schwanz, der mehr rotbraun ist als die Oberseite.
Schwanz wird oft gestelzt.
STIMME: Laut „tschi", kurz „tuik", weich „hüt" und ein schnarrender
Alarmruf. Gesang sehr laut, plötzlich ausbrechend, hauptsächlich eine
Wiederholung von „tschjuih" oder „tschjuiuh" mit verschiedener Be-
tonung. Singt in der dichten Vegetation.
VORKOMMEN: Niedriges, feuchtes Pflanzengewirr, gewöhnlich nahe am
Wasser, an Gräben, in Sümpfen und Röhricht. Nistet wohlverborgen
im niedrigen Pflanzenwuchs. Verbreitungskarte S. 232.

Rohrschwirl   *Locustella luscinioides*   **55, 69 E**

E - Savi's Warbler   F - Locustelle luscinioïde   I - Salciaiola
H - Snor   S - Vassångare   Sp - Buscarla unicolor

KENNZEICHEN: 14 cm. Oberflächlich dem Teichrohrsänger ähnelnd, aber
durch feldschwirlähnlichen Gesang zu unterscheiden. Schwanz breit, deutlich gestuft, oft zart gebändert. Oberseite *ungestreift* dunkel rötlichbraun; Unterseite bräunlichweiß mit zart rostbraunen Flanken. Ein
kurzer, undeutlicher, rahmgelblicher Augenstreif. Vom Feldschwirl
durch *einfarbiges*, ungeflecktes Gefieder unterschieden, vom Schlagschwirl durch ungestreifte Brust, von beiden durch verschiedenen Gesang. Viel weniger heimlich als Feldschwirl.
STIMME: Ein leises, beharrliches „zick" und ein schimpfendes Schnattern.
Gesang sehr ähnlich dem Schwirren des Feldschwirls, aber tiefer und
kürzer; kann mit den Stimmen der Maulwurfsgrille und der Wechsel-
kröte verwechselt werden. Oft eingeleitet durch tiefe tickende Töne, die

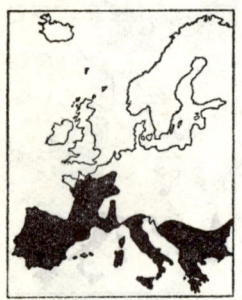

← *Seidensänger*
Vorwiegend Jah-
resvogel. Brut Bel-
gien. Umherstrei-
fend England, Nie-
derlande, Deutsch-
land. In Ausbrei-
tung

Rohrschwirl →
Sommerv. Umher-
str. Engl., Schottl.,
Dänem., Schweden

sich immer schneller folgen, bis sie in das typische Schwirren überleiten.
Singt von den Spitzen des Röhrichts aus.
VORKOMMEN: Sümpfe, Röhricht mit zerstreuten Büschen. Nest wohlverborgen im dicken Gewirr von abgestorbenem Rohr und Schilf. Verbreitungskarte S. 232.

Schlagschwirl   *Locustella fluviatilis*   ✳   55, 69 E

| E - River Warbler | F - Locustelle fluviatile | I - Salciaiola fluviatile |
| H - Krekelzanger | S - Flodsångare | Sp - Buscarla fluvial |

KENNZEICHEN: Knapp 15 cm. Vom Feldschwirl unterschieden durch *ungefleckte*, dunkel erdbraune Oberseite und weißliche, an der Vorderbrust *schwach braun gestreifte* Unterseite; Schwanz breit und gerundet
mit schwach rötlich getönten Deckfedern. Beine rosa. Juv. nur mit
zarter Streifung an der Kehle, mit mehr rotbrauner Oberseite und
gelblichweißer Unterseite. Ebenso heimlich und ungern fliegend wie
Feldschwirl, aber im Gesang und Aufenthalt unterschieden.
STIMME: Lauter, rauher Lockruf. Gesang ähnlich Feldschwirl, aber lauter
und reiner, die einzelnen Töne viel klarer getrennt und wetzend, an
das Geräusch einer fernen, schnell fahrenden Dampflokomotive erinnernd, schließt mit 4 bis 5 wie „swih" klingenden Tönen. Singt oft
von Buschspitzen im Schatten höherer Bäume.
VORKOMMEN: Feuchte Plätze, auch oft in Dickichten der Wälder oder im
Pflanzengewirr und Brombeergestrüpp in offenem Gelände oder auf
Lichtungen (auch von Kiefernwäldern). Nistet auf oder dicht über dem
Boden im undurchdringlichen Dickicht. Verbreitungskarte S. 233.

Feldschwirl   *Locustella naevia*   55, 69 E

| E - Grasshopper Warbler | F - Locustelle tachetée | I - Forapaglie macchiettato |
| H - Sprinkhaanrietzanger | S - Gräshoppsångare | Sp - Buscarla pintoja |

KENNZEICHEN: Knapp 13 cm. Sehr heimlich. Gewöhnlich nur an dem *bezeichnenden Gesang* zu bestimmen. Oberseite olivbraun, stark gestreift;
Bürzel weniger gestreift; Unterseite weißlich, zuweilen gelblich, schwach
gestreift; stark gerundeter, schwach gebänderter Schwanz. Beine rötlich,
variabel. Kriecht und rennt behende im Pflanzenunterwuchs, fliegt aber
nur ungern.

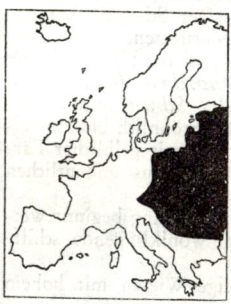

← *Schlagschwirl*
Sommervogel. Um-
herstr. bis Finnland
(hat hier gebrütet),
Schweden, Norwe-
gen,   Großbritan-
nien, Belgien, Hol-
land, Schweiz

Feldschwirl →
Sommervogel. Brut
Dänemark. Umher-
streif. Norwegen

234

234 Sänger: Muscicapidae

STIMME: Kurz „tuit" oder „pitt", bei Alarm sich zu einem Schnattern steigernd. Der weit hörbare Gesang ist ein „mechanisches" Schwirren auf gleichbleibender Tonhöhe, das wie das Aufspulen einer Angelrolle oder wie das helle Schwirren der Grünen Laubheuschrecke klingt und oft mehr als 2 Minuten anhält; der Wechsel der Lautstärke wird durch Drehen des Kopfes erzielt. Singt bei Tag und Nacht. Siehe auch Rohrschwirl und Strichelschwirl.

VORKOMMEN: Unterwuchs von Sümpfen, versumpfte Wiesen mit Büschen, Heideflächen, Heckenstreifen, trockene Waldlichtungen usw. Nest wohlverborgen auf oder nahe dem Boden im hohen Gras, in Binsen, Rankwerk usw. Verbreitungskarte S. 233.

Strichelschwirl *Locustella lanceolata* 66

E - Lanceolated Warbler   F - Locustelle lancéolée   I - Forapaglie lanciolato
H - Kleine Sprinkhaanrietzanger   S - Träsksångare   Sp - Buscarla lanceolada

KENNZEICHEN: 11,5 cm. Ähnlich kleinem Feldschwirl, aber oberseits kräftiger gestreift, besonders auf dem braunen Vorderrücken. Bestes Feldkennzeichen das *deutliche, aus parallelen dunklen Stricheln gebildete Halsband unter der weißlichen Kehle.* Undeutlicher bräunlich-weißer Überaugenstreif. Oberschnabel dunkel, Unterschnabel hell fleischfarben; Füße rötlich. Verhalten sehr heimlich.

STIMME: Ruft im Winter *„tschirr-tschirr"* ähnlich Streifenschwirl. Gesang schwirrend, hin und wieder durch kurze Pfeiftöne unterbrochen.

VORKOMMEN UND VERBREITUNG: Hoher Pflanzenwuchs und Schilf am Rande von Gewässern, nasse Wiesen, feuchte mit Riedgras bewachsene Stellen an Waldrändern, Sümpfe mit dichtem Pflanzenwuchs. Irrgast aus Nordostrußland und dem nördlichen Asien in Großbritannien, Holland, Dänemark, Schweden, Ostpreußen (einmal), auf Helgoland (zweimal) und in Jugoslawien.

Streifenschwirl *Locustella certhiola* 66

E - Pallas's Grasshopper Warbler   F - Locustelle de Pallas   I - Forapaglie striato
H - Siberische snor   S - Starrsångåre   Sp - Buscarla de Pallas

KENNZEICHEN: Reichlich 13 cm. Hat das heimliche Verhalten der Schwirle, erinnert aber in der Gefiederfärbung an Schilfrohrsänger. *Bürzel und Oberschwanzdecken rostbraun* (mit einigen dunklen Stricheln), *sich deutlich vom graubraunen Schwanz abhebend.* Der Schwanz hat undeutliche Querbänderung und schwärzliche Federmitten, die sich zu einer dunklen Endbinde verbreitern; im frischen Gefieder bilden *schmale grauweiße Spitzen aller Schwanzfedern mit Ausnahme des mittleren Paares einen undeutlichen hellen Endsaum des Schwanzes;* Unterschwanzdecken gelbbraun. Rücken gestreift und gewöhnlich brauner als beim Feldschwirl. Unterseite grauweißlich. Juv. oft mit gelblicher Färbung von Brust und Körperseiten und mit einem aus undeutlichen dunklen Flecken gebildeten Brustband.

STIMME: Im Winterquartier *„tschirr-tschirr"* rufend. Gesang beginnt wetzend, dann folgt ein kurzes rü-rü-rü, worauf eine wohlklingende, schilfrohrsängerartige Strophe folgt.

VORKOMMEN UND VERBREITUNG: Feuchte, sumpfige Wiesen mit hohem

Gras und Strauchwerk. Im Winter in Reisfeldern, Schilfbeständen, Sümpfen. Irrgast aus Sibirien und Innerasien in Großbritannien, Irland, Holland und auf Helgoland (einmal).

Mariskensänger *Acrocephalus melanopogon* **55, 69 E**

E - Moustached Warbler	F - Lusciniole à moustaches	I - Forapaglie castagnolo
H - Zwartkoprietzanger	S - Tamarisksångare	Sp - Carricerín real

KENNZEICHEN: Knapp 13 cm. Nur schwer vom Schilfrohrsänger zu unterscheiden an dem *fast schwarzen Scheitel,* der von dem *weißen (helleren) Überaugenstreif* absticht, an den *dunkelbraunen Wangen und der weißen Kehle.* An Nacken und Rücken *rostfarbiger* als Schilfrohrsänger. Vom Schilf- und Seggenrohrsänger zu unterscheiden durch die *Gewohnheit, den ziemlich kurzen, runden Schwanz keck aufzurichten.* Ziemlich heimlich.

STIMME: Weich, aber durchdringend „t-trrt" und rauher „tschack", was in ein schimpfendes Alarmrasseln überleitet. Gesang erinnert an Schilfrohrsänger, ist jedoch wohlklingender; nachtigallartige, aber schwächere Tonreihen und teichrohrsängerartige Strophen werden durch Gezwitscher verbunden.

VORKOMMEN: Röhricht und Sümpfe. Nistet im Rohr oder in niedrigen Büschen über flachem Wasser. Verbreitungskarte S. 235.

Schilfrohrsänger *Acrocephalus schoenobaenus* **55, 69 E**

E - Sedge Warbler	F - Phragmite des joncs	I - Forapaglie
H - Rietzanger	S - Sävsångare	Sp - Carricerín común

KENNZEICHEN: Knapp 13 cm. Vom Teichrohrsänger durch *auffallenden weißlichen Überaugenstreif* und – mit Ausnahme des ungestreiften rostbraunen Bürzels – durch *kräftig gestreifte Oberseite* unterschieden. Unterseite rahmfarben mit gelbbraunen Flanken. Der Scheitel der ad. kann sehr dunkel sein und zu Verwechslungen mit dem Mariskensänger Anlaß geben. Schwanz ziemlich spitz. Juv. gelber, besonders am Bürzel, mit matten Flecken an Kehle und Vorderbrust; gelegentlich auf dem Scheitel ein schwacher rahmfarbener Streif, der zu Verwechslungen mit dem Seggenrohrsänger Anlaß geben kann. Flug und Verhalten wie

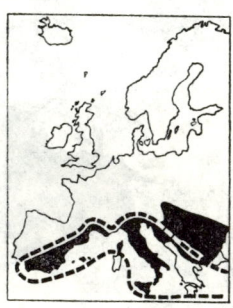

← *Mariskensänger* Teilzieher. Umherstreifend Schweiz, Deutschland, Dänemark, England, wo er gebrütet hat

Schilfrohrsänger → Sommervogel. Brut SO-Norweg. Umherstreifend Färöer

Teichrohrsänger. Siehe auch Seggenrohrsänger und Mariskensänger. Die
anderen Rohrsänger haben ungestreifte Oberseite. Die gestreiften Rohrsänger sind auch durch die Zeichnung der Eier (s. Taf. 69) gekennzeichnet und werden von manchen als besondere Gattung *(Calamodus)*, von
der früher der Mariskensänger noch einmal als Gattung *Lusciniola* getrennt wurde, den übrigen Rohrsängern gegenübergestellt.

STIMME: Platzend „täk“, in Erregung zu einem stotternden Rattern gereiht; auch ein rauhes Schnarren. Gesang *wechselreicher* als beim Teichrohrsänger, eine laute, schnelle Folge wohltönender und rauher, zwitschernder Laute, gemischt mit langen Trillern und nachgeahmten Rufen
anderer Vögel. Durch „woid-woid“-Strophe gut gekennzeichnet. Singt
von einer Warte aus und im kurzen, senkrechten Balzflug.

VORKOMMEN: Üppige Vegetation am Wasser: Weidicht, Schilf, sumpfige
Dickichte usw.; gelegentlich in Getreidefeldern. Baut ein unordentliches
Nest im niedrigen, dichten Pflanzenwuchs. Verbreitungskarte S. 235.

Seggenrohrsänger   *Acrocephalus paludicola* ✳   **55, 69 E**

| E - Aquatic Warbler | F - Phragmite aquatique | I - Pagliarolo |
| H - Waterrietzanger | S - Vattensångare | Sp - Carricerín |

KENNZEICHEN: Knapp 13 cm. Wirkt wie ein sandfarbener Schilfrohrsänger, aber von diesem unterschieden durch *auffallenden gelblichen Längsstreif über die Scheitelmitte, durch langen braungelblichen* (statt weißlichen) Überaugenstreif, deutlichere schwarze Streifen auf dem Rücken,
die sich weniger deutlich *bis auf den Bürzel erstrecken* und, besonders
im Sommer, durch schmale braune Striche an Brust und Flanken. Von
allen anderen Rohrsängern durch Scheitelstreif und *gestreiften* rostfarbenen Bürzel unterschieden. Heimlicher als Schilfrohrsänger. Zur Nahrungssuche oft auf dem Boden.

STIMME: Ähnlich Schilfrohrsänger, aber nicht so abwechslungsreich, etwa
„errr-didi, errr-didi . . .“.

VORKOMMEN: Wie Schilfrohrsänger, aber vorzugsweise in offenen Sümpfen mit niedriger Vegetation, vor allem Seggen. Verbreitungskarte S. 236.

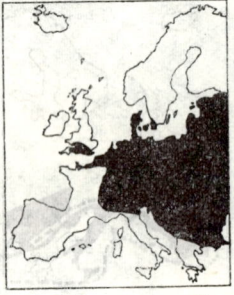

← *Seggenrohr-*
  sänger
Sommervogel. Hat
in Lettl., Schweden
und Frankreich ge-
brütet. Durchzüg-
ler in Span. und
Portug. Umherstr.
Brit. Inseln
  Sumpfrohr- →
    sänger
Sommervogel. Brut
bei Göteborg. Um-
herstreif. Schottl.,
Norw., Finnl.

Buschrohrsänger *Acrocephalus dumetorum* **69 E**

E - Blyth's Reed Warbler F - Rousserolle des buissons I - Cannaiola di Blyth
H - Struikrietzanger   S - Busksångare   Sp - Carricero de Blyth

KENNZEICHEN: Knapp 13 cm. Im Felde nicht vom Sumpfrohrsänger zu unterscheiden, aber Braun der Oberseite grauer getönt. Vom Teichrohrsänger zur Not an der schwach dunkleren und gewöhnlich weniger rostbraunen Oberseite zu unterscheiden. In etwa sicher nur zu bestimmen, wenn man den Vogel in der Hand hat, auf Grund der Schwingenformel (siehe Diagramm). Einzelne Exemplare von Teich- und Buschrohrsängern sind jedoch, da innerhalb der Überschneidungszone, nicht zu unterscheiden.

STIMME: Gesang, gewöhnlich von Bäumen aus vorgetragen, sehr melodisch, erinnert an Sumpfrohrsänger, aber mit weniger rauhen Tönen und sehr lang, laut und abwechslungsreich. Viele Imitationen anderer Vogelstimmen.

VORKOMMEN UND VERBREITUNG: In Buschwerk und anderem hohen Pflanzenwuchs, gern in Himbeersträuchern, auf Lichtungen, am Waldrand und am Rande von Ortschaften, ausnahmsweise im Schilf. Sommervogel in Südfinnland und im Osten Estlands; hat in Lettland gebrütet. Irrgast in Großbritannien.

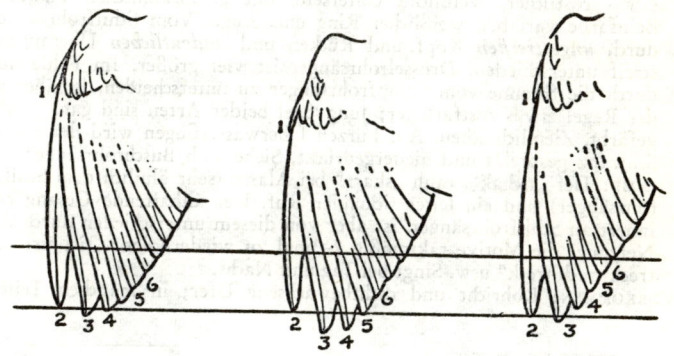

Teichrohrsänger   Buschrohrsänger   Sumpfrohrsänger

Schwingenformeln

Man beachte die relative Länge der 2. Handschwinge und die Lage der Verschmälerung an ihrer Innenfahne: beim Teichrohrsänger 12–15 mm vor der Spitze, d. h. zwischen der Spitze der 9. Handschwinge und den Spitzen der Armschwingen; beim Buschrohrsänger 11–14 mm vor der Spitze, d. h. basalwärts von den Armschwingenspitzen; beim Sumpfrohrsänger 10,5–12 mm vor der Spitze, d. h. zwischen der Spitze der 6. und der 8. Handschwinge (Williamson). Eindeutige Artbestimmung ist auch nach der relativen Länge der Schwingen nicht in allen Fällen möglich.

Sumpfrohrsänger   *Acrocephalus palustris*   **55, 69 E**

E - Marsh Warbler   F - Rousserolle verderolle   I - Cannaiola verdognola
H - Bosrietzanger   S - Kärrsångare   Sp - Carricero poliglota

KENNZEICHEN: Knapp 13 cm. Schwer vom Teichrohrsänger zu unterscheiden, ausgenommen am *bemerkenswert wohltönenden Gesang*, aber Oberseite in der Regel weniger rost- und mehr olivbraun, Kinn und Kehle heller. *Beine rötlich fleischfarben*, kurzer, schwacher Überaugenstreif. Weniger heimlich; erscheint plumper. Siehe auch Buschrohrsänger.

STIMME: Laut und wiederholt „tschak", leise „tak", stotternd „tik-tirrik", „tuik" usw. Gesang ausnehmend wohltönend und wechselreich, mit einer großen Zahl von Nachahmungen; eingestreut teichrohrsängerartige Strophen und seltsam „zwirlende" Laute. Singt auch nachts.

VORKOMMEN: Dichte, niedrige Vegetation an Wassergräben, Dickichte, Flußufer, Weidenpflanzungen, Getreidefelder. Baut unordentliche Nester, die an Halmen und Stengeln über dem trockenen Boden aufgehängt sind. Verbreitungskarte S. 236.

Teichrohrsänger   *Acrocephalus scirpaceus*   **55, 69 E**

E - Reed Warbler   F - Rousserolle effarvatte   I - Cannaiola
H - Kleine karekiet   S - Rörsångare   Sp - Carricero común

KENNZEICHEN: Knapp 13 cm. Einfarbig braune Oberseite, am Bürzel etwas röstlicher, weißliche Unterseite mit gelbbräunlichen Flanken. Beinfarbe variabel, weißlicher Ring ums Auge. Vom Schilfrohrsänger durch *ungestreiften* Kopf und Rücken und *undeutlichen* Überaugenstreif unterschieden. Drosselrohrsänger ist viel größer. Im Felde nur durch die Stimme vom Sumpfrohrsänger zu unterscheiden, ist aber in der Regel etwas rostfarbiger; Jungvögel beider Arten sind ganz gleich gefärbt. Ziemlich scheu. Auf kurzen Überwasserflügen wird der runde Schwanz gespreizt und niedergedrückt. Siehe auch Buschrohrsänger.

STIMME: Tief „tschak", rauh „skarr" bei Alarm (sehr ähnlich dem Schilfrohrsänger) und ein leiser tickender Ruf. Der anhaltende Gesang erinnert an Schilfrohrsänger, ist aber von diesem unterschieden durch die Neigung, die Motive taktmäßig 2–3mal zu wiederholen: „tiri tiri tiri treck treck treck" usw. Singt bei Tag und Nacht.

VORKOMMEN: Röhricht und dichtbewachsene Ufer; in manchen Teilen

← *Teichrohrsänger*
Sommervogel. Umherstreifend Schottland, Irland (hat hier gebrütet)

Drosselrohr- →
sänger
Sommervogel. Umherstreifend England, Irland, Norwegen

Europas auch im Kulturland weitab vom Wasser. Nistet kolonieweise, baut Hängenester im Rohr. Verbreitungskarte S. 238.

Drosselrohrsänger   *Acrocephalus arundinaceus*   **55, 69 E**

E - Great Reed Warbler   F - Rousserolle turdoïde   I - Cannareccione
H - Grote karekiet   S - Trastsångare   Sp - Carricero tordal

KENNZEICHEN: 19 cm. Leicht vom Teichrohrsänger zu unterscheiden: *Viel größer, Schnabel länger und viel stärker, auffallender Überaugenstreif und knarrende Stimme.* Färbung wie Teichrohrsänger. Weniger heimlich; setzt sich frei auf Bäume oder Telephondrähte. Flug niedrig, mit charakteristisch gespreiztem Schwanz, taucht schwerfällig ins Rohr.
STIMME: Knarrend und laut. Gesang rauh und anhaltend, weithin zu hören. Ein weiter Bereich von knarrenden Lauten, jeder 2–3mal wiederholt: „karre-karre", „krik-krik", „görk-görk-görk" usw.
VORKOMMEN: Bewohnt größere Schilfbestände; baut ein an Rohrhalmen befestigtes Hängenest wie Teichrohrsänger im Röhricht, nahe der Grenze des offenen Wassers, an Flußufern, Lehmgruben usw. Verbreitungskarte S. 238.

Gelbspötter   *Hippolais icterina*   **57, 69 E**

E - Icterine Warbler   F - Hypolaïs ictérine   I - Canapino maggiore
H - Spotvogel   S - Gulsångare   Sp - Zarcero icterino

KENNZEICHEN: Gut 13 cm. Ein kräftig gebauter, lebhafter, grünlichgrau und gelb gefärbter rohrsängerartiger Vogel. Vom Orpheusspötter meist durch grünlichere (oft gelb verwaschene) Oberseite, infolge Aufstellens der Federn weniger rund erscheinenden Scheitel und *längere, spitzere, wenn angelegt, über die Schwanzwurzel hinausreichende Flügel* unterschieden. Außer im abgetragenen Spätsommerkleide bilden die hellen Säume der inneren Armschwingen *auf dem geschlossenen Flügel einen deutlichen helleren* (bei juv. weißlichen, bei ad. gelblichen) *Fleck.* Ad. gelegentlich unterseits ohne Gelb und oberseits grauer. Juv. grauer, Farben „ausgewaschener" erscheinend als beim jungen Orpheusspötter. Beine blaugrau bis bläulichschwarz. Schnabel ziemlich breit und verhältnismäßig lang, Oberschnabel dunkel, Unterschnabel rötlich. Ferner durch Stimme und Verbreitung vom Orpheusspötter unterschieden.

← *Gelbspötter*
Sommervogel. Brut in Lappland. Umherstreifend Irland, Großbrit., Helgoland, Italien

Orpheusspötter →
Sommervogel. Umherstreifend Großbritannien, Irland, Belgien, Niederlande, Deutschland

STIMME: Mönchsgrasmückenartig „tek", ein charakteristisches wohltönendes „dideroid", zilpzalpartig „hüid" und – bei Alarm – tief schnarrend „errr". Der Gesang erinnert an den des Sumpfrohrsängers, ist aber lauter und schneidender und ist ein lautes, bemerkenswert langanhaltendes und abwechslungsreiches Gemisch von wohltönenden *und mißtönenden Lauten*, jedes Motiv mehrere Male *wiederholt*, und mit eingestreuten knarrenden Rufen.

VORKOMMEN: Gärten, Parkanlagen und Kulturland, aber auch Wälder, Dickichte und Hecken. Baut sein dichtes Nest in Gebüsch, Hecken usw. Verbreitungskarte S. 239.

Orpheusspötter *Hippolais polyglotta* 57, 69 E

E - Melodious Warbler F - Hypolaïs polyglotte I - Canapino
H - Orpheusspotvogel S - Polyglottgulsångare Sp - Zarcero común

KENNZEICHEN: Knapp 13 cm. Im Felde schwer vom Gelbspötter zu unterscheiden, außer durch die *Stimme*. Ist etwas kleiner, mit vor allem am Bürzel bräunlicher oder matter gefärbter Oberseite. Scheitel *rundlich im Umriß*, *Flügel kürzer, mehr gerundet, angelegt nicht über die Schwanzwurzel hinausreichend*. Zur Brutzeit haben viele ad. gelblichen Flügelfleck, der aber weniger auffällig ist als beim Gelbspötter; den bräunlicheren Jungvögeln fehlt er. Unterseite variabel, aber gewöhnlich etwas satter gelb als beim Gelbspötter; einzelne ad. und juv. ohne Gelb und oberseits bräunlicher. Füße bräunlich fleischfarben bis blaugrau, *gewöhnlich bräunlicher* als beim Gelbspötter. In der Hand vom Gelbspötter stets einwandfrei an der Schwingenformel zu unterscheiden: äußerste rückgebildete Handschwinge deutlich länger als Handdecken, beim Gelbspötter kürzer oder höchstens genauso lang wie Handdecken.

STIMME: Ein haussperlingsartiges Tettern, ein zilpzalpähnliches „hüid" und ein schroffes „titt, titt". Der Gesang, oft langsam beginnend, ist ein *anhaltendes*, wohltönendes und sehr wechselreiches Schwatzen, eiliger vorgetragen und weniger rauh als das Lied des Gelbspötters; oft werden sperlingsartig schilpende Laute und die Rufe anderer Vögel eingefügt, aber wenig wiederholt.

VORKOMMEN: Ähnlich wie beim Gelbspötter, aber öfter in üppiger Vegetation am Wasser. Nest auf Büschen oder sogar Bäumen. Verbreitungskarte S. 239.

Olivenspötter *Hippolais olivetorum* 57, 69 E

E - Olive-tree Warbler F - Hypolaïs des oliviers I - Canapino levantino
H - Griekse spotvogel S - Olivgulsångare Sp - Zarcero grande

KENNZEICHEN: Gut 15 cm. Ein großer *gräulich* gefärbter Spötter mit auffallend starkem, *dolchartigem Schnabel*, der am Grunde gelb ist. *Deutliche weißliche Säume der Armschwingen* lassen den geschlossenen Flügel streifig erscheinen. Handschwingen und Schwanz dunkler braungrau. Füße blaugrau. Scheitel erscheint wie beim Gelbspötter hinten eckig. Bis hinter das Auge reichender heller Überaugenstreif. Kräftiger Schnabel, Flügelzeichnung und bedeutendere Größe unterscheiden den Olivenspötter vom Blaßspötter.

STIMME: Ruft „tack". Der kennzeichnende Gesang ist lauter, langsamer,

tiefer in der Tonlage und nicht so schneidend wie der anderer *Hippo-lais-Arten,* aber nicht besonders wohlklingend.
VORKOMMEN: Häufig im dichten Laubdach der Olivenhaine und Eichen-wälder, wo er sich gut der Sicht entzieht. Nistet in Gabeln von Oliven-zweigen. Verbreitungskarte S. 241.

Blaßspötter *Hippolais pallida*   **57, 69 E**

E - Olivaceous Warbler   F - Hypolaïs pâle   I - Canapino pallido
H - Vale spotvogel   S - Blek gulsångare   Sp - Zarcero pálido

KENNZEICHEN: Knapp 13 cm. Gestalt und Verhalten ähnlich Orpheus-spötter, aber gewöhnlich ohne grünliche und gelbliche Färbung. Zu un-terscheiden an der *bedeutenderen Schnabellänge,* dem *gelblich* gefärbten Unterschnabel, dem *flacheren Scheitel,* grau- oder olivbrauner Ober-seite und, abgesehen von schmalen helleren Säumen an den inneren Armschwingen, *einfarbigen, dunkleren Flügeln;* diese reichen angelegt nur bis zur Schwanzwurzel, dadurch von grauen Jungvögeln des Gelb-spötters zu unterscheiden. Unterseite schmutzig weißlich, an Körper-seiten, Unterschwanzdecken und zuweilen an der Brust blaßbräunlich verwaschen, Kehle oft reiner weiß. Im Frühjahr Unterseite oft gelblich überflogen. Blaßgrauer Augenring. Fußfärbung variabel, bald wie beim Gelbspötter, bald wie beim Orpheusspötter. Hat längeren Schna-bel, deutlicheren Überaugenstreif und flacheren Scheitelumriß als Gar-tengrasmücke.
STIMME: Lockruf ähnlich wie beim Gelbspötter „tek, tek". Alarmruf ein leises Ticken. Der hastige Gesang erinnert an Schilfrohrsänger, doch ist er weniger abwechslungsreich und weniger rauh.
VORKOMMEN: Kulturland und Gärten mit Bäumen und Büschen. Nistet gewöhnlich in Büschen, Hecken usw., manchmal in beträchtlicher Höhe auf Palmen. Verbreitungskarte S. 241.

Gartengrasmücke *Sylvia borin*   **57, 69 E**

E - Garden Warbler   F - Fauvette des jardins   I - Beccafico
H - Tuinfluiter   S - Trädgårdssångare   Sp - Curruca mosquitera

KENNZEICHEN: 14 cm. Eine plumpe, einfarbig *haarbraune* Grasmücke mit heller Unterseite und charakteristischem, rundem Kopf mit kurzem

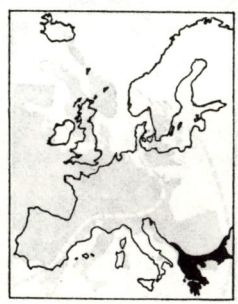

← *Olivenspötter*
Sommervogel

Blaßspötter →
Sommervogel. In Ausbreitung nach Ungarn. Umherstr. Italien, Frankreich, Helgoland, Groß-britannien u. Irland

Schnabel. Ohne bezeichnende Merkmale, aber an dem *anhaltenden wundervollen Gesang zu erkennen*. Von der weiblichen und jungen Mönchsgrasmücke durch einfarbig haarbraunen Scheitel und ebenso gefärbte Oberseite unterschieden. Füße bleigrau.

STIMME: Ruf „tschäck, tschäck", fast wie Mönchsgrasmücke, aber weniger hart, tief und rauh „tschar-r-r" und zart „uit". Gesang ebenso angenehm im Klang wie bei der Mönchsgrasmücke, aber voller tönend („orgelnd") und *viel länger*. Singt im Unterholz oder auf Bäumen.

VORKOMMEN: Wälder mit wucherndem Unterholz, Dickichte, Feldgehölze mit Brombeerflecken, verwilderte Hecken, Beerensträucher. Nistet in niedrigen Büschen. Verbreitungskarte S. 242.

Mönchsgrasmücke *Sylvia atricapilla*   56, 69 E

| E - Blackcap | F - Fauvette à tête noire | I - Capinera |
| H - Zwartkop | S - Svarthätta | Sp - Curruca capirotada |

KENNZEICHEN: 14 cm. ♂ durch *glänzend schwarze*, bis in Augenhöhe reichende *Kopfplatte* gekennzeichnet; Oberseite grünlichbraun, *Kopfseiten* und Unterseite aschgrau. ♀ mit *rotbrauner Kopfplatte* und braunerer Unterseite. Juv. oben rostfarbener, unten gelber; ♂ juv. mit dunkelrostbrauner Kopfplatte. Von Orpheus- und Samtkopfgrasmücke durch *scharf begrenzte, in Augenhöhe endende Kappe und Fehlen von Weiß im Schwanz* unterschieden. Siehe auch Gartengrasmücke.

STIMME: Betont „täck, täck", bei Alarm schnell wiederholt, und rauh schnarrend. Gesang ein bemerkenswert reichhaltiges Zwitschern, abwechslungsreicher, aber *weniger anhaltend* als bei der Gartengrasmücke, mit einer klar und laut flötenden Schlußstrophe, dem „Überschlag".

VORKOMMEN: Unterholzreiche Wälder, überwucherte Hecken, Beerensträucher, Parkanlagen, Gärten. Nistet in Büschen, in Geißblatt usw. Verbreitungskarte S. 242.

Klappergrasmücke *Sylvia curruca*   56, 70 E

| E - Lesser Whitethroat | F - Fauvette babillarde | I - Bigiarella |
| H - Braamsluiper | S - Ärtsångare | Sp - Curruca zarcerilla |

KENNZEICHEN: 13,5 cm. Von der Dorngrasmücke unterschieden durch *kürzeren Schwanz, viel grauere Oberseite, dunkle Ohrdecken* (die den Ein-

← *Gartengrasmücke*
Sommervogel. Brutvogel auf Ägäischen Inseln. Umherstreifend Färöer

Mönchs- →
grasmücke
Teilzieher. Durchzug Färöer, Island

druck einer Maske hervorrufen), durch das *Fehlen von Rostbraun auf den Flügeln* und verschiedene Stimme. Schwanz wirkt kürzer als bei der Dorngrasmücke. Heimlicher als diese. Siehe auch Masken- und Samtkopfgrasmücke.

STIMME: Ruft „täck" ähnlich Mönchsgrasmücke. Der Gesang beginnt mit leisem Gezwitscher, dem ein lautes, unmelodisches, sumpfmeisenartiges Klappern *auf einem Ton* folgt. Singt in dichter Deckung und hat im Gegensatz zur Dorngrasmücke keinen Balzflug.

VORKOMMEN: Wie Dorngrasmücke, doch gewöhnlich in höherer, dichterer Vegetation mit mehr Bäumen. Verbreitungskarte S. 243.

Dorngrasmücke *Sylvia communis* 56, 69 E

E - Whitethroat   F - Fauvette grisette   I - Sterpazzola
H - Grasmus   S - Törnsångare   Sp - Curruca zarcera

KENNZEICHEN: 14 cm. Ein lebhafter kleiner Vogel mit auffallend *rostfarbenen* Flügeln und ziemlich langem Schwanz mit weißer Außenkante. ♂ mit *hellgrauer Kopfkappe,* die sich bis zum Nacken und unter das Auge erstreckt (im Herbst bräunlichgrau), mit *reinweißer Kehle.* Unterkörper weißlich mit bräunlich-rosenrötlichem Anflug. ♀ matter, mit bräunlichem Kopf und nur zartem, rötlichem Anflug an der Brust. Rastlos im dichten Unterwuchs und im Freien in Bewegung, mit gesträubten Scheitelfedern und oft gefächertem Schwanz. Siehe auch Klappergrasmücke.

STIMME: Wiederholt „tschäck", rauh schimpfend „scharr", gedämpft „woid, woid, wit-wit". Gesang rauhes, aber melodisches, eiliges Zwitschern, gewöhnlich aus einem Busch heraus oder im kurzen, tänzelnden Balzflug, „dididoidazít" oder ähnlich.

VORKOMMEN: Ziemlich offenes Gelände mit Büschen, Brombeeren, Ginster, Nesseln, buschbestandene Feldraine, Bahndämme, Waldränder. Nistet in Bodennähe in niedriger Vegetation. Verbreitungskarte S. 243.

Brillengrasmücke *Sylvia conspicillata* 56, 70 E

E - Spectacled Warbler   F - Fauvette à lunettes   I - Sterpazzola di sardegna
H - Brilgrasmus   S - Glasögonsångare   Sp - Curruca tomillera

KENNZEICHEN: Knapp 13 cm. Ähnelt einer kleinen Dorngrasmücke und hat ebenso lebhaft rostfarbene Flügel. Die weiße Kehle hebt sich aber

← *Klappergrasmücke*
Sommervogel. Umherstreifend Irland, Färöer, Spanien

Dorngrasmücke →
Sommervogel

stärker vom dunklen Kopf und von der rötlichbraunen Brust ab. Der schmale weiße Augenring ist kein sehr gutes feldornithologisches Kennzeichen. *Füße* auffallend *hell strohgelb.* Scheitel schiefergrau, Zügel und Ohrdecken dunkler; Rücken braun. Juv. brauner, ohne Grau am Kopf und mit mehr gelblichweißer Unterseite. Bewegungen ähnlich wie bei der Dorngrasmücke.

STIMME: Der Gesang ist kurz und dorngrasmückenähnlich, aber ruhiger, ohne kratzende Laute; singt von freier Warte aus oder im tänzelnden Singflug. Alarmruf ein gedämpftes, sehr charakteristisches, zaunkönigartiges Schnurren.

VORKOMMEN: Hauptsächlich auf den mit Queller *(Salicornia)* bedeckten Flächen der Küste und (oft gemeinsam mit Provencegrasmücke) im niedrigen Gestrüpp. Nistet in niedrigen Büschen. Verbreitungskarte S. 244.

Provencegrasmücke *Sylvia undata*   56, 70 E

E - Dartford Warbler   F - Fauvette pitchou   I - Magnanina
H - Provence-grasmus   S - Provencesångare   Sp - Curruca rabilarga

KENNZEICHEN: Knapp 13 cm. Gekennzeichnet durch *sehr dunkles Gefieder und ständig gestelzten oder gefächerten Schwanz.* ♂ mit schiefergrauem Kopf (mit charakteristisch gesträubten Scheitelfedern); diese Farbe geht allmählich in das *Dunkelbraun des Rückens* über; Unterseite *dunkel purpurbraun;* Kinn und Kehle im Herbst weiß gefleckt, Schwanz gestuft, dunkelbraun mit weißem Saum. Augen orangerot. Heimlich. Kraftloser Flug mit bezeichnenden zuckenden Bewegungen des Schwanzes und der schnell schwirrenden Flügel. Siehe auch Bart- und Sardengrasmücke.

STIMME: Schwanzmeisenartig „tschirrr", kurz „tak", oft in der Verbindung „tschirrr-tak-tak"; ferner ein gepreßtes „tjäi". Gesang ein kurzes, wohltönendes Zwitschern mit eingestreuten flötenden Tönen, an Dorngrasmücke erinnernd, aber sehr viel angenehmer klingend, oft in „tanzendem" Fluge vorgetragen.

VORKOMMEN: Offenes Gelände mit Heidekraut und Ginster, Zwergeichen, mit Ziströschen bestandene Abhänge usw. Nistet im Gestrüpp in Bodennähe. Verbreitungskarte S. 244.

← *Brillen-grasmücke* Sommervogel. Umherstreif. Schweiz, Jugoslawien

*Provence- →
grasmücke* Vorwieg. Jahresvogel. Umherstr. Irland, Niederlande, Schweiz

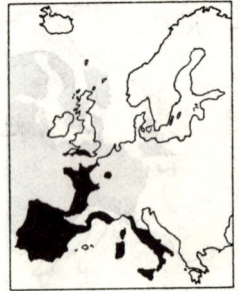

Sardengrasmücke   *Sylvia sarda*   **56, 70 E**

E - Marmora's Warbler   F - Fauvette sarde   I - Magnanina sarda
H - Sardijnse grasmus   S - Sardinisk sångare   Sp - Curruca sarda

KENNZEICHEN: Gut 12 cm. Wirkt von weitem einheitlich schiefergrau. Größe und Gestalt wie Provencegrasmücke, aber von dieser durch *schiefergraue* statt purpurbraune Kehle und Unterseite unterschieden. Oberseite schiefergrau. *Kopf* im abgetragenen Gefieder *dunkler, Flügel und Schwanz* oft *fast schwarz;* Bauch bräunlichweiß; Schwanz ein wenig kürzer als bei der Provencegrasmücke; Augenlider rot. ♀ etwas brauner. Juv. oben heller und grauer und unten viel heller als junge Provencegrasmücke. Verhalten und Vorkommen wie Provencegrasmücke, aber noch heimlicher.

STIMME: Ein einzelnes scharfes „zig"; warnt rauh und kurz „rrätt". Gesang ähnlich Provencegrasmücke, wohlklingend, hastig vorgetragen, mit eingestreuten hausrotschwanzartig gepreßten Tönen; oft im Singflug vorgetragen, dann länger und abwechslungsreicher.

VORKOMMEN UND VERBREITUNG: In baumlosem, mit Gebüsch oder lockerem Pflanzenwuchs bedecktem Gelände; gern in Zistrosenbeständen. Jahresvogel an der spanischen Ostküste, auf den Inseln des westlichen Mittelmeeres und vielleicht auf Sizilien.

Weißbartgrasmücke   *Sylvia cantillans*   **56, 70 E**

E - Subalpine Warbler   F - Fauvette passerinette   I - Sterpazzolina
H - Baardgrasmus   S - Rödstrupig sångare   Sp - Curruca carrasqueña

KENNZEICHEN: Gut 12 cm. Von der in der Gestalt ähnlichen Provencegrasmücke, mit der sie oft zusammen vorkommt, durch viel hellere bläulich aschgraue Oberseite, ungefleckte Kehle und auffälliges Weiß an den Außenfahnen der äußeren Federn des sonst dunklen, gerundeten Schwanzes unterschieden. ♂ mit *schmalem, weißem Bartstreif,* der sich von der rötlich-kastanienbraunen Färbung von Kehle und Brust deutlich abhebt. ♀ und juv. matter und heller, unten braunrötlich mit viel zarterem Bartstreif. Die Augen wirken durch rötlichen Lidrand von nahem rot. Verhalten wie bei der Provencegrasmücke, in der Erregung den Schwanz aufstellend und spreizend, doch ist der Schwanz kürzer. Siehe auch Brillengrasmücke.

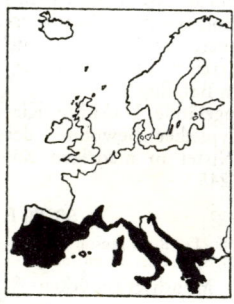

← *Weißbartgrasmücke*
Sommervogel. Umherstreifend Großbrit., Irland, Niederlande, Deutschland, Schweiz

Samtkopf-→ grasmücke
Vorwiegend Jahresvogel. Umherstreif. Schweiz, England

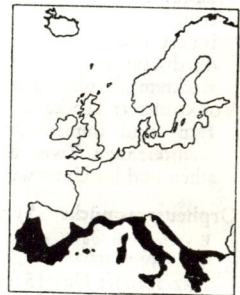

STIMME: Hart, aber leise „täk, täk" und ein schneller, fast schwanzmeisenartig schnurrender Alarmruf. Gesang erinnert an Samtkopf- und Dorngrasmücke, ist aber angenehmer, langsamer und entbehrt der schimp-
fenden Laute. Singt von Büschen aus und im kurzen, tänzelnden Balzflug.

VORKOMMEN: Niedrige Büsche und Dickichte, oft mit zerstreuten Bäumen;
auch auf freien Waldblößen und an Flußufern. Nistet in dichten
Büschen. Verbreitungskarte S. 245.

Maskengrasmücke *Sylvia rueppelli* 56, 70 E

E - Rüppell's Warbler   F - Fauvette masquée   I - Silvia del Rüppell
H - Rüppells grasmus   S - Svarthakad sångare   Sp - Curruca de Rüppell

KENNZEICHEN: 14 cm. ♂: *Scheitel, Gesicht und Kehle schwarz, mit auffallendem weißen Bartstreif,* graue Oberseite, weißliche Unterseite;
Schwanz schwarz mit *breiter weißer Außenkante.* ♀ matter, mit heller
oder düsterer Kehle, aber weißer Bartstreif noch ziemlich sichtbar.
Augen und Beine leuchtend rotbraun. ♂ von der Samtkopfgrasmücke
durch *schwarze Kehle* und *weißen Bartstreif* unterschieden.

STIMME: Leicht mit dem lauten Alarmruf der Samtkopfgrasmücke zu verwechseln. Klingt gewöhnlich wie das schnelle Drehen einer Holzklapper.
Gesang ähnlich Dorngrasmücke, aber durchsetzt mit den charakteristischen klappernden Lauten.

VORKOMMEN UND VERBREITUNG: Nistet in Büschen zwischen niedrigem
Gestrüpp mit anstehenden Felsen. Sommervogel im Bereich des Ägäischen Meeres. Verirrte bis Italien und Sizilien.

Samtkopfgrasmücke *Sylvia melanocephala* 56, 70 E

E - Sardinian Warbler   F - Fauvette mélanocéphale   I - Occhiocotto
H - Kleine zwartkop   S - Sammetshätta   Sp - Curruca cabecinegra

KENNZEICHEN: 13,5 cm. ♂ durch *schwarze, bis gut unter das Auge ausgedehnte Kopfkappe,* rein weiße Kehle, graue Oberseite und weißliche
Unterseite mit grauen Seiten gekennzeichnet. Auffallender *leuchtend
rötlicher Augenring.* Spreizt häufig den schwärzlichen, gestuften
Schwanz mit den auffallenden weißen Kanten. ♀ viel brauner, mit
graubrauner Kappe, die kaum dunkler als der Rücken ist. Flug und
rastloses Verhalten erinnern an Dorngrasmücke. Siehe auch Orpheus-,
Mönchs- und Maskengrasmücke.

STIMME: Der laute, im Staccato gebrachte Alarmruf „tscha-tscha-tscha-
tscha" klingt wie das schnelle Drehen einer Holzklapper. Gesang erinnert etwas an Dorngrasmücke, ist aber länger, wohltönender und
durchsetzt mit Staccato-Alarmruf. Singt von freier Warte oder verstecktem Sitzplatz aus und im kurzen, tänzelnden Balzflug.

VORKOMMEN: Trockenes, ziemlich offenes Gestrüppgelände, Dickichte, Kie-
fern- und immergrüne Eichenwälder usw. Typischer Bewohner der
mediterranen Zwergbuschsteppe (Phrygana). Nistet in niedrigen Büschen und im Unterwuchs. Verbreitungskarte S. 245.

Orpheusgrasmücke *Sylvia hortensis* 56, 69 E

E - Orphean Warbler   S - Mästersångare   I - Bigia grossa
H - Orpheusgrasmus   F - Fauvette orphée   Sp - Curruca mirlona

KENNZEICHEN: Gut 15 cm. Ähnlich einem großen Mönchsgrasmücken-♂, aber leicht am *Weiß der äußeren Schwanzfedern* zu unterscheiden; die matte schwärzliche Kopfplatte *erstreckt sich deutlich bis unters Auge* und geht allmählich in den grauen Mantel über, statt scharf begrenzt zu sein; ferner ist die Kehle *weiß* und nicht grau wie bei der Mönchsgrasmücke. Augen deutlich hell strohgelb. ♀ etwas brauner. Von der Samtkopfgrasmücke unterschieden durch viel bedeutendere Größe, helle Augen, unscharf begrenzte glänzend schwarze Kopfplatte und verschiedenen Aufenthalt.

STIMME: Mönchsgrasmückenartig „täck, täck", auch „tjut, tjut" und bei Alarm laut schnarrend. Gesang ein wohllautendes, fast *drosselartiges,* melodisches Lied, jedes Motiv gewöhnlich 4–5mal wiederholt, ohne mißtönende Einschaltungen.

VORKOMMEN: Hauptsächlich baumbewohnend. Wälder, Gärten, Orangen- und Olivenhaine. Nistet auf niedrigen Baumzweigen. Verbreitungskarte S. 247.

Sperbergrasmücke *Sylvia nisoria* ✳ **56, 69 E**

E - Barred Warbler   F - Fauvette épervière   I - Bigia padovana
H - Gestrepte grasmus   S - Höksångare   Sp - Curruca gavilana

KENNZEICHEN: Gut 15 cm. Gekennzeichnet durch weißliche, mit *dunkler, halbmondförmiger Zeichnung gebänderte* Unterseite (beim ♀ viel weniger deutlich). ♂ oben aschgraubraun, ♀ brauner. Die dunkelbraunen Flügel mit *zwei weißlichen Binden.* Der ziemlich lange Schwanz mit etwas Weiß an den äußeren Steuerfedern. Ad. mit *leuchtend gelben Augen.* Juv. mit zart bräunlich-rahmfarbener Unterseite, mit wenig oder ohne Zeichnung; von der Gartengrasmücke durch graueres Aussehen unterschieden. Wirkt schwerfällig, mit starken Beinen und kräftigem Schnabel. Heimlich, schlägt oft mit dem Schwanz.

STIMME: Hart „tscheck", tief schnarrend und deutlich kratzend „tschärr, tschärr", dieser Ruf auch im Gesang. Das Lied erinnert in Klangreichtum und -reinheit an Garten- und Mönchsgrasmücke, wird aber schneller und in *kürzeren Phasen* vorgetragen, dadurch an Dorngrasmücke erinnernd. Nicht selten werden Schnarrtöne eingeschoben.

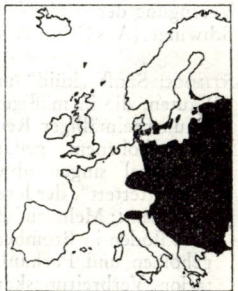

← *Orpheus-
grasmücke*
Sommervogel. Umherstreif. England, Deutschland, ČSR, Österreich, Schweiz

Sperber- →
grasmücke
Sommervogel. Hat in Westdeutschland, Schweiz gebr. Selt. Durchz. östl. Großbritan. Umherstreifend Irland, Faröer, Norwegen

Vorkommen: Dorndickichte, Feldgehölze und Hecken, Waldblößen usw.
Nistet gewöhnlich in Dornbüschen. Verbreitungskarte S. 247.

Zilpzalp *Phylloscopus collybita*   **57, 68 E**

E - Chiffchaff   F - Pouillot véloce   I - Luì piccolo
H - Tjiftjaf   S - Gransångare   Sp - Mosquitero común

Kennzeichen: Knapp 11 cm. Sehr ähnlich dem Fitis, aber Gefieder etwas
trüber. Am besten kenntlich an dem *bezeichnenden Gesang*. Beine gewöhnlich *schwärzlich*, nicht licht braun wie meist beim Fitis, aber dieses
Kennzeichen ist nicht immer zuverlässig. Oberseite olivbraun, Unterseite weißlich mit schwachem zitronengelbem Anflug. (Ein nützliches,
einwandfreies Merkmal zur Nachprüfung und zum Bestimmen beim
Beringen ist: 2. Handschwinge kürzer als 6., wogegen sie beim Fitis
länger ist. 3. bis 6. Handschwinge an der Außenfahne ausgebuchtet,
beim Fitis 3. bis 5. Siehe Diagramm.) Rastlos tätig, schlägt häufig mit
Flügeln und Schwanz.

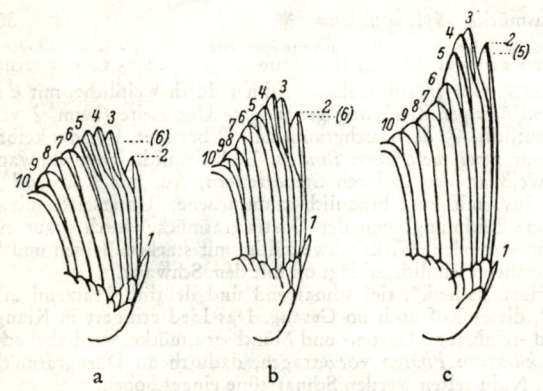

a   b   c

Flügeldiagramme einiger Laubsänger

a. Zilpzalp, b. Fitis, c. Waldlaubsänger. Vgl. das Längenverhältnis von
Handdecken und 1. Schwinge, die relative Länge der 2. Schwinge und die
Verengung der Außenfahnen im Spitzendrittel bei der 3. bis 4., 5. bzw. 6.
Schwinge. (Aus G. Niethammer, Handbuch der deutschen Vogelkunde. 1937.)

Stimme: Sanft „hüid" und lauter „wist". Der Gesang besteht aus zwei
Lauten, die in mäßigem Tempo eintönig pendelnd wiederholt werden,
in unregelmäßiger Reihenfolge: „zilp, zilp, zalp, zilp, zalp" usw., mit
eingeschobenem, gedämpftem „trrrt-trrt". Brutvögel der Iberischen
Halbinsel singen abweichend, etwa „djep djep djep swüid swüid
tetettettettett", der letzte Teil berglaubsängerartig schwirrend.

Vorkommen: Mehr auf Bäumen als der Fitis. Nistet gewöhnlich dicht über
dem Boden in Brombeergestrüpp, Immergrün u. dgl., in Wäldern, Feld-
gehölzen und Parkanlagen usw. Im Winter in ziemlich offener Vegetation. Verbreitungskarte S. 249.

Fitis *Phylloscopus trochilus* **57, 68 E**

E - Willow Warbler F - Pouillot fitis I - Luì grosso
H - Fitis S - Lövsångare Sp - Mosquitero musical

KENNZEICHEN: Knapp 11 cm. Der häufigste Sommervogel im nördlichen Europa. Leicht mit Zilpzalp zu verwechseln, jedoch *verschiedener Gesang*. Gefieder meist etwas gelblicher als beim Zilpzalp, aber dieser Unterschied ist im späten Sommer nicht mehr verläßlich, und bei der nordeuropäischen Rasse *Ph. t. acredula* kommen Vögel ohne gelbliche und olivgrünliche Färbung vor, die der sibirischen Rasse *Ph. t. yakutensis* ähnlich sind. Jungvögel im ersten Winter unterseits einfarbig gelb. Beine gewöhnlich hellbraun, nicht schwärzlich wie beim Zilpzalp, aber die Beinfärbung ist für die Bestimmung unzuverlässig. Verhalten und Flug wie beim Zilpzalp, aber nicht ganz so rastlos. Siehe diesen zum Vergleich der Schwingenformeln.

STIMME: Ruf sehr ähnlich dem des Zilpzalps, aber ausgesprochener zweisilbig „hüid" oder „suih". Gesang eine weiche, wohltönende Kadenz, die zart beginnt und reiner, volltönender und langsamer wird, *abfallend* und mit einem bezeichnenden „Schnörkel" „suit-suitu" verklingend.

VORKOMMEN: Lichte Wälder, Waldränder, gern in Birken; weniger auf hohen Bäumen als der Zilpzalp. Nistet am Boden auf offenen buschigen Plätzen. Verbreitungskarte S. 249.

Berglaubsänger *Phylloscopus bonelli* **57, 68 E**

E - Bonelli's Warbler F - Pouillot de Bonelli I - Luì bianco
H - Bergfluiter S - Berglövsångare Sp - Mosquitero papialbo

KENNZEICHEN: 11,5 cm. Ein sehr grauer Laubsänger, mit hell graubrauner Oberseite, heller grauem Kopf und weißlicher Unterseite. Flügelbug leuchtend gelb; Flügel mit gelbgrünen Federsäumen. Der gelbliche Fleck auf dem Bürzel kann sehr auffällig sein, ist aber oft schwierig zu sehen. Außenfahne der 3. bis 5., bei der westlichen Rasse, *Ph. b. bonelli*, zuweilen die der 3. bis 6. Handschwinge ausgebuchtet.

STIMME: Sanft „ho-ihd", deutlicher zweisilbig als der gewöhnliche Ruf des Fitis. Gesang ein loser Triller *auf demselben Ton*, doch langsamer, wohltönender und die einzelnen Töne klarer voneinander getrennt als bei dem etwas ähnlichen Triller des Waldlaubsängers. Kann aus der

← *Zilpzalp*
Teilzieher. Vereinzelte Bruten S-Schweden. Fehlt in Apulien. Auf dem Zuge in Island

Fitis →
Vorwiegend Sommervogel. Auf dem Zuge bis Island

Ferne mit dem Gesang von Zaunammer und Klappergrasmücke verwechselt werden.

VORKOMMEN: Im dichten Astwerk der Bäume, lokal wechselnd von trockenen Kiefernwäldern bis zu feuchten Korkeichenhainen u. a. Im Gebirge sogar in schütterer Vegetation aufwärts bis zur Baumgrenze. Nistet am Boden unter Bäumen. Verbreitungskarte S. 250.

Waldlaubsänger *Phylloscopus sibilatrix*   **57, 68 E**

E - Wood Warbler   F - Pouillot siffleur   I - Luì verde
H - Fluiter   S - Grönsångare   Sp - Mosquitero silbador

KENNZEICHEN: Knapp 13 cm. Größer als Zilpzalp, mit viel längeren Flügeln. Durch voneinander abstechende leuchtend gelblichgrüne Oberseite, *schwefelgelbe* Kehle und Brust und weißen Bauch gekennzeichnet. Breiter gelber Überaugenstreif. Flügel lang, braun und mit gelben Federsäumen. Verhalten wie Zilpzalp, zuckt aber nicht mit den Flügeln, obwohl er sie oft lose hängen läßt. – 1. Handschwinge wie bei *Ph. borealis* kürzer als Handdecken. 3. bis 4. oder 3. bis 5. Handschwinge mit Ausbuchtung an der Außenfahne.

STIMME: Klangvoll „düh" und weich „wit, wit, wit". Der Gesang beginnt oft mit etwa einem Dutzend flötender „düh", dann folgt eine Reihe von „sib" (auf einem Ton) mit immer größerer Beschleunigung bis zu einem zitternden oder schwirrenden Triller am Schluß. Singt oft im langsamen Balzflug zwischen dem niedrigen Astwerk der Bäume.

VORKOMMEN: Laubwälder mit schwachem Unterwuchs, darum gern in Buchenwäldern; gelegentlich auch Nadelwälder. Nistet am Boden zwischen lichtem Unterwuchs. Verbreitungskarte S. 250.

Wanderlaubsänger (Nordischer Laubsänger)   **57, 68 E**
Phylloscopus borealis

E - Arctic (Eversmann's) Warbler   F - Pouillot boréal   I - Luì boreale
H - Noordse boszanger   S - Nordsångare   Sp - Mosquitero boreal

KENNZEICHEN: Gut 12 cm. In der Größe fast wie Waldlaubsänger, aber mit weißlicher Kehle und auffallendem gelblichweißem Überaugenstreif, der sich deutlich von einem langen, bis fast zum Nacken reichenden dunklen Augenstreif abhebt. Gefieder variabel; Oberseite gräulich-

← *Berglaubsänger*
Sommervogel. Umherstreifend Irland, Großbrit., Niederlande, Schweden, Slowakei

Waldlaubsänger →
Sommervogel. Hat in Irland gebrütet. Umherstr. Färöer

grün bis grünlichbraun (im 1. Winter dunkler); Unterseite gräulichweiß, manchmal mit Spuren von Gelb; gewöhnlich eine *schmale weißliche Flügelbinde*, manchmal eine zarte Spur einer zweiten Binde, aber alle beide können im abgetragenen Gefieder ganz verlorengehen. Beine *hell* gelblichbraun. Äußerst lebhaft. Siehe auch Grünlaubsänger.

STIMME: Ruft gedämpft und heiser „tssp", metallisch „tzick" und läßt ein an leisen Misteldrosselruf erinnerndes Schnärren hören; Gesang ein wohlklingendes Schwirren von etwa 15 Tönen, zwischen Schlagschwirl und Waldlaubsängerschwirren stehend, auch an Zaunammer erinnernd, oft mit 1 bis 3 „tzick" eingeleitet.

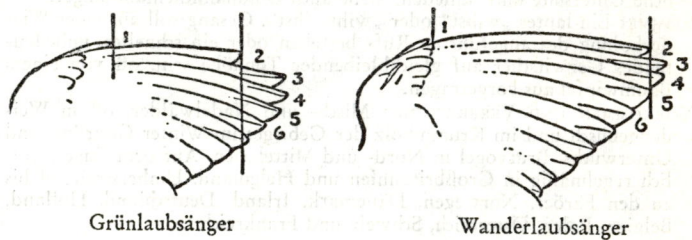

Grünlaubsänger   Wanderlaubsänger

Schwingenformeln

Grünlaubs. hat längere 1., kürzere 2. Handschwinge als Wanderlaubsänger.

VORKOMMEN: Gewöhnlich nahe am Wasser im üppigen Unterwuchs, aber auch in Birken- und Nadelwäldern. Nistet am Boden. Zieht nicht durch Europa, bisher erst zweimal auf Helgoland nachgewiesen; überwintert in Südost-Asien. Verbreitungskarte S. 252.

Grünlaubsänger   *Phylloscopus trochiloides*   57

E - Greenish Warbler   F - Pouillot verdâtre   I - Luì giallo
H - Grauwe fitis   S - Lundsångare   Sp - Mosquitero troquiloide

KENNZEICHEN: Knapp 11 cm. Sehr ähnlich dem Zilpzalp, aber durch die Stimme, eine *kurze weißliche Flügelbinde*, weniger gelbliche Unterseite und ausgeprägteren Überaugenstreif verschieden. In der Größe zwischen Wander- und Gelbbrauenlaubsänger, aber *grauer*, weniger grün als diese, Überaugenstreif weniger hervortretend. Beine *dunkel* graubraun. Im Herbst schwierig vom Wanderlaubsänger zu unterscheiden, außer durch den etwas kürzeren, dünneren Schnabel und die Beinfarbe. (Siehe Abb. der Schwingenformeln, S. 251).

STIMME: Ein abfallendes „tjíé". Gesang kurz und laut, mit schnell wiederholten Lockrufen beginnend und in einen Triller von verschiedenen schwatzenden, zwitschernden Tönen überleitend.

VORKOMMEN: Sehr mannigfaltig: Laub- oder Nadelwälder, Dickungen, Obstgärten usw. Nistet am Boden oder in Bodennähe, nicht unbedingt im Unterwuchs, gelegentlich in niedrigen Steinwällen. Verbreitungskarte S. 252.

Gelbbrauenlaubsänger   *Phylloscopus inornatus*   **57, 68 E**

E - Yellow-browed Warbler   F - Pouillot à grands sourcils   I - Luì forestiero
H - Bladkoninkje   S - Taigasångare   Sp - Mosquitero bilistado

KENNZEICHEN: Gut 10 cm. Sehr klein, *doppelte weißliche Flügelbinde*, die hintere lang, breit und dunkel umgrenzt, breite weißliche Säume der Armschwingen und *sehr langer, rahmgelber Überaugenstreif*. Oberseite grünlich, Bürzel heller, gelber. Unterseite weißlich. Schwanz ziemlich kurz. Manchmal mit undeutlichem hellem Mittelstreif auf dem Scheitel. Fängt oft Fliegen wie ein Fliegenschnäpper. Von Goldhähnchen durch bedeutendere Größe, rahmgelben Überaugenstreif und weißliche Unterseite unterschieden. Siehe auch Goldhähnchenlaubsänger.
STIMME: Ein lautes „wihst" oder „wihs-zihst". Gesang soll aus einer Wiederholung des angeführten Rufs bestehen oder ein schnelles, unbedeutendes Gezwitscher auf gleichbleibender Tonhöhe sein, oft von einem Baumwipfel aus vorgetragen.
VORKOMMEN UND VERBREITUNG: Misch- und Nadelwälder, oft in Weidengebüsch und im Krummholz der Gebirge; im Winter Gestrüpp und Unterwuchs. Brutvogel in Nord- und Mittelasien. Auf dem Zuge ziemlich regelmäßig in Großbritannien und Helgoland. Umherstreifend bis zu den Färöer, Norwegen, Dänemark, Irland, Deutschland, Holland, Belgien, Polen, Österreich, Schweiz und Frankreich.

Goldhähnchenlaubsänger   *Phylloscopus proregulus*   **66**

E - Pallas's Leaf Warbler   F - Pouillot de Pallas   I - Luì de Pallas
H - Pallas' boszanger   S - Kungsfågelsångare   Sp - Mosquitero de Pallas

KENNZEICHEN: 9 cm. Klein; Gefiederfärbung und Verhalten (u. a. Rütteln vor Zweigspitzen) erinnern an Goldhähnchen. Vom Gelbbrauenlaubsänger zu unterscheiden durch lebhafter grünliche Oberseite, *breiten gelben Mittelstreif über den seitlich dunklen Scheitel*, gelbe Stirn und gelben Überaugenstreif, zwei *schwefelgelbe* Flügelbinden und beim Rütteln auffälligen *schwefelgelben Bürzelfleck*.
STIMME: Ein leises, aber durchdringendes, ansteigendes „wihsp", länger als der ähnliche Ruf des Gelbbrauenlaubsängers, zuweilen zweisilbig klingend wie „wih-isp", die zweite Silbe höher als die erste. Gesang eine

← *Wanderlaubsänger*
Sommervogel, zieht ostw. Umherstr. b. Großbritan., Holl., Italien
   Grünlaubsänger →
Sommervogel, zieht ostw. Hat in Schweden gebr., Brutvers. in W-Deutschl. Umherstreif. Dänem., Holl., Großbritan., Frankreich

Reihe klarer, mehrfach wiederholter Töne, aus den Wipfeln der höchsten Bäume vorgetragen.

VORKOMMEN UND VERBREITUNG: Nadel-, Birken- und Mischwald; Bewohner der Baumkronen, nistet aber am Boden. Irrgast aus Asien in Großbritannien, Frankreich, den Niederlanden, in Belgien, auf Helgoland (dreimal), in Schleswig-Holstein (einmal), der Schweiz, Schweden, Finnland, Ungarn und Jugoslawien.

Wintergoldhähnchen *Regulus regulus* 51, 68 E

E - Goldcrest   F - Roitelet huppé   I - Regolo
H - Goudhaantje   S - Kungsfågel   Sp - Reyezuelo sencillo

KENNZEICHEN: 9 cm. Von Meisen und Laubsängern durch *sehr geringe Größe, rundliche Gestalt und leuchtend gelben, schwarz begrenzten Scheitel* unterschieden; dieser beim ♂ mit orangefarbener Mitte (manchmal verborgen), beim ♀ heller gelb und bei juv. fehlend. Oberseite olivgrün; Unterseite trüb weißlich mit grünlichen Flanken. Flügel mit *2 weißen Binden und einem schwarzen Band*. Verhalten laubsängerartig. Streift außerhalb der Brutzeit mit Meisen umher. Vom Sommergoldhähnchen am besten am *Fehlen der Augenstreifen* zu unterscheiden.
STIMME: Ein häufig zu hörendes, hohes, spitzes „sih-sih-sih". Gesang ein hoher, dünner, etwa 6mal gereihter Doppelton, eilig auf und ab dahinwispernd und mit einem kurzen Zwitschern schließend.
VORKOMMEN: Nadel- und Mischwälder; im Winter auch in Hecken oder im Unterwuchs. Baut ein Hängenest, gewöhnlich unter der Spitze eines Nadelzweiges (aber selten auf Kiefern). Verbreitungskarte S. 253.

Sommergoldhähnchen *Regulus ignicapillus* 51, 68 E

E - Firecrest   F - Roitelet triple bandeau   I - Fiorrancino
H - Vuurgoudhaantje   S - Brandkronad kungsfågel   Sp - Reyezuelo listado

KENNZEICHEN: 9 cm. Vom Wintergoldhähnchen durch *auffallenden, weißen Überaugenstreif und schwarzen Augenstreif* unterschieden; Oberseite grüner, Unterseite heller; die goldgelb getönten Halsseiten sind nur unter guten Bedingungen zu sehen. Juv. mit unvollkommenen schwarzweißen Kopfstreifen, aber ohne leuchtend gefärbtes Krönchen. Verhalten wie Wintergoldhähnchen.

← *Wintergoldhähnchen*
Teilzieher. Ziemlich regelm. auf Färöer durchziehend

Sommer- →
goldhähnchen
Teilzieher. Brut in Dänemark u. England. Umherstreifend Färöer, Irland, Schottl., Schweden

STIMME: Wie Wintergoldhähnchen, aber tiefer und weniger anhaltend:
Gesang eine einfache Wiederholung eines Tones in gleicher Höhe und
crescendo, mit einem betonten Schluß-Schlag, etwa „sisisisisisiä".
VORKOMMEN: Wie Wintergoldhähnchen, aber weniger ausschließlich in
Nadelwäldern und öfter im niedrigen Unterholz, Farnkraut usw. Baut
Hängenester in Nadel- oder Laubbäumen, Büschen, Schlingpflanzen
usw. Verbreitungskarte S. 253.

Grauschnäpper *Muscicapa striata*   60, 70 E

| E - Spotted Flycatcher | F - Gobe-mouche gris | I - Pigliamosche |
| H - Grauwe vliegenvanger | S - Grå flugsnappare | Sp - Papamoscas gris |

KENNZEICHEN: 14 cm. Außer den charakteristischen, aufrechten, wach-
samen Haltung durch aschbraunes Gefieder, gefleckten Scheitel und
leicht streifige, weißliche Brust gekennzeichnet. Zuckt viel mit Flügeln
und Schwanz. Macht oft vom niedrigen, freien Sitzplatz in schnellem,
gewandtem Flatterflug einen Ausfall auf vorüberfliegende Insekten.
Ziemlich ungesellig.
STIMME: Scharf „pst" oder sehr dünn, kratzend „zieh" und ein schnelles
„zi-tek-tek". Gesang ein paar dünne, hastige Töne: „sip-sip-sih-sitti-
sih-sih".
VORKOMMEN: Gärten, Parkanlagen, Waldränder. Nistet an oder in Gebäuden, in Halbhöhlen an Baumstämmen, hinter Schlingewächsen usw.
Verbreitungskarte S. 254.

Trauerschnäpper *Ficedula hypoleuca*   60, 70 E

| E - Pied Flycatcher | F - Gobe-mouche noir | I - Balia nera |
| H - Bonte vliegenvanger | S - Svartvit flugsnappare | Sp - Papamoscas cerrojillo |

KENNZEICHEN: Knapp 13 cm. ♂ im Brutkleid: Kopf und Oberseite
schwarz; Stirn, Unterseite, *Flügelfleck und Schwanzseiten weiß*. Dieses
kontrastreiche schwarz-weiße Kleid wird vor allem in Skandinavien,
in England, den Alpen und Südeuropa beobachtet; die meisten in Mitteleuropa brütenden ♂ (Rasse *F. h. muscipeta*) sind graubraun (♀-ähn-
lich) gefärbt. ♂ im Ruhekleid wie ♀, aber Stirn bleibt weißlich. ♀ oben
graubraun, unten rahmweiß, mit kleineren hellen Flügelflecken. Juv.
vom jungen Grauschnäpper durch Weiß an Flügeln und Schwanz un-

← *Grauschnäpper*
Sommervogel. Um-
herstreifend Färöer

Trauerschnäpper →
Sommerv. Durch-
zug Irland. Umher-
streifend bis Island,
Färöer

terschieden. Insektenfang wie beim Grauschnäpper, kehrt aber selten auf denselben Sitzplatz zurück und geht auch am Boden der Nahrungssuche nach; zuckt mit dem Schwanz und zeigt ein- oder beidseitiges Flügelzucken. Die weißen Flügeldecken erlauben keine Verwechslung mit anderen Fliegenschnäppern außer mit Halsbandschnäpper.

STIMME: Metallisch „bitt", ängstlich „puit", oft anhaltend „tik" oder „huitik" und platzend „ztschist". Gesang, hauptsächlich aus 2 auf- und abpendelnden Tönen, etwa „wu-ti-wu-ti ...", bestehend, denen weitere Töne folgen können, dem Gesang des Gartenrotschwanzes ähnlich.

VORKOMMEN: Laub- und Mischwaldungen, Parkanlagen, Gärten, auch Nadelwälder. Nistet in Baumhöhlen, Nistkästen. Verbreitungskarte S. 254.

Halbringschnäpper   *Ficedula semitorquata*

KENNZEICHEN: Wurde früher als Rasse des Halsbandschnäppers aufgefaßt, scheint aber nach neueren Untersuchungen eine eigene Art zu sein. Dem Halsbandschnäpper ähnlich, aber das *weiße Halsband des ♂ am Hinterhals durch die schwarze Oberseitenfärbung unterbrochen;* die Halsseiten sind im Gegensatz zum Trauerschnäpper, aber wie beim Halsbandschnäpper weiß; hat ausgedehnteres Weiß an der Stirn und an den äußeren Schwanzfedern. ♀ dem des Halsbandschnäppers ähnlich.

STIMME: Der des Halsbandschnäppers sehr ähnlich, der Gesang jedoch nur in Aufbau und Klangfarbe, während er den schnelleren Rhythmus des Trauerschnäpperliedes hat.

VORKOMMEN UND VERBREITUNG: Gewöhnlich Laubwälder, stellenweise auch im Nadelwald. Lokal verbreitet in Griechenland und Bulgarien (außerhalb Europas durch Kleinasien bis zum Kaukasus, Transkaspien und Südiran).

Halsbandschnäpper   *Ficedula albicollis*   60, 70 E

E - Collared Flycatcher   F - Gobe-mouche à collier   I - Balia dal collare
H - Withalsvliegenvanger   S - Halsbandsflugsnappare   Sp - Papamoscas collarino

KENNZEICHEN: Knapp 13 cm. Ähnlich Trauerschnäpper, aber ♂ durch *auffallendes weißes Halsband,* das am Hinterhals nicht unterbrochen ist, unterschieden. Ferner weißer Bürzel, auffallendere weiße Abzeichen

← *Halsband-schnäpper*
Sommervogel. Umherstreif. bis Großbritannien. In Griechenland u. Ostbulgar. durch *F. semitorquata* vertreten

Zwergschnäpper →
Sommerv. Hat in Dänem. gebr. Umherstr. westw. bis Irland

an Flügeln und Stirn und weniger Weiß an den Schwanzseiten. Im Ruhekleid wird die schwarze Zeichnung durch Dunkelbraun ersetzt, das Halsband verschwindet fast, und die weißen Abzeichen sind rückgebildet. ♀ nicht sicher vom Trauerschnäpper-♀ zu unterscheiden, aber beim Halsbandschnäpper ist es gewöhnlich oben grauer mit leuchtenderen Flügelabzeichen und einer Neigung zu weißlichem Halsband und Bürzel. Verhalten und Vorkommen wie beim Trauerschnäpper.

STIMME: Lockruf „sieb"; ängstlich erregt wie Trauerschnäpper „tik" (oft gereiht); Gesang kürzer und einfacher: „zit-zit-zit-sju-si", der vorletzte Ton tiefer, etwas langsamer vorgetragen als der Gesang des Trauerschnäppers, zuweilen mit Imitationen. Verbreitungskarte S. 255.

Zwergschnäpper   *Ficedula parva*   60, 70 E

E - Red-breasted Flycatcher	F - Gobe-mouche nain	I - Pigliamosche pettirosso
H - Kleine vliegenvanger	S - Liten flugsnappare	Sp - Papamoscas papirrojo

KENNZEICHEN: 11,5 cm. Der kleinste europäische Fliegenschnäpper. Nur das ♂ im Sommer und Winter mit *leuchtend orangefarbener Kehle* und mit gräulichen Kopfseiten. Oben graubraun, unten rahmgelblich, aber sogleich an den *auffallenden weißen Flecken* an jeder Seite des schwärzlichen Schwanzes, mit dem der Vogel im Sitzen oft zuckt, zu erkennen; die Flügel läßt der Vogel dabei herabhängen. Zurückhaltend; macht gelegentlich kurze Flüge in die Luft oder auf den Boden nach Insekten, wobei die schwarz-weiße Schwanzzeichnung in Erscheinung tritt, jagt aber sonst mehr laubsängerartig in den Baumwipfeln. Das ♂ sieht bis auf das Weiß am Schwanz und die verschiedene Gesichtsfärbung ganz rotkehlchenartig aus. Einjährige ♂ haben noch keine rote Kehle, sie ähneln dem ♀ und schreiten schon zur Brut.

STIMME: Lebhaft „tschick" und ein leises zaunkönigartiges Schnurren. Gesang abwechslungsreich, beginnt oft mit leisem „zr, zr ...", dann folgen Reihen ein- oder zweisilbiger metallischer Pfeiflaute, etwa „tink, tink, tink, ziwü, ziwü, ziwü".

VORKOMMEN: Gewöhnlich Laubwälder, vor allem Buchenwälder, gelegentlich Misch- und Nadelwälder; auf dem Zuge auch im offenen Kulturland. Nistgewohnheiten wie Trauerschnäpper, baut aber auch offene, an Baumstämme gelehnte Nester. Verbreitungskarte S. 255.

Blauschwanz   *Tarsiger cyanurus*   66

E - Red-flanked Bluetail	F - Rossignol à flancs roux	I - Codazzurro
H - Blauwstaart	S - Blåstjärt	Sp - Coliazul cejiblanco

KENNZEICHEN: Von der Größe und Gestalt eines Rotschwanzes. ♂ mit *blauer* Oberseite (leuchtend kobaltblau an Schultern, Bürzel und Schwanz, am dunkelsten an den Wangen und Halsseiten). Unterseite rahmfarben, mit *leuchtend orangefarbenen Flanken;* vorn weißer, hinten hellblauer Überaugenstreif. ♀ oben olivbraun, unten heller, mit bläulichem Bürzel und Schwanz und orangefarbenen Flanken. Juv. ähnlich jungen, gefleckten Rotkehlchen. Äußerst scheu. Wippt in schneller Schlagfolge mit dem Schwanz, ohne diesen jedoch nach Rotschwanzart vibrieren zu lassen. Knickst wie Rotkehlchen.

STIMME: Ruft dünn „fied, fied" und tief „tack, tack". Gesang bezeichnend, eine kurze, auf und ab gehende Strophe, an den Gesang des Trauerschnäppers erinnernd. Singt bei Tag und Nacht, gewöhnlich von hohen Baumspitzen aus.

VORKOMMEN UND VERBREITUNG: Dichte, unberührte, moos- und unterholzreiche Nadelwälder. Nistet am Boden. Hat sich neuerdings als Sommervogel in Ostfinnland angesiedelt. Brütet sonst in Rußland und Sibirien. Als Irrgast auf den Britischen Inseln, in Deutschland (dreimal) und in Italien nachgewiesen.

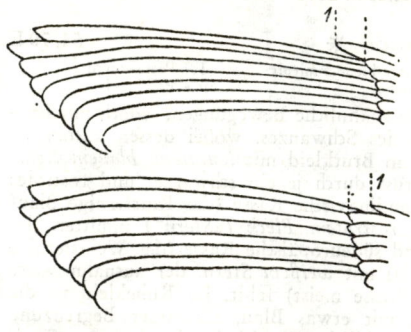

Flügel von Nachtigall, *L. megarhynchos,* (oben) und Sprosser, *L. luscinia* (unten). Vgl. die relative Länge der 1. und 2. Handschwinge und die Verschmälerung im Spitzendrittel der Außenfahnen bei der 3. bzw. 3. und 4. Schwinge!

Nachtigall   *Luscinia megarhynchos*   54, 70 E

E - Nightingale   F - Rossignol philomèle   I - Rusignolo
H - Nachtegaal   S - Sydnäktergal   Sp - Ruiseñor común

KENNZEICHEN: 16,5 cm. Fast ohne bezeichnende Merkmale mit Ausnahme des *braunroten Schwanzes und des bemerkenswerten Gesanges.* Oberseite einfarbig braun, Unterseite hell braungrau. Juv. gefleckt und gesprenkelt wie ein junges Rotkehlchen, aber leicht an der größeren Gestalt, am rotbraunen Schwanz und an der helleren Unterseite zu unterscheiden; vom jungen Gartenrotschwanz durch Größe und viel weniger leuchtend rotbraunen Schwanz unterschieden. Versteckt und ungesellig. Flug und Haltung bei der Nahrungssuche am Boden wie Rotkehlchen. Siehe auch Sprosser.

STIMME: Ein flüssiges „huit", laut „teck", leise und kurz „tack" und bei Alarm rauh „karr". Gesang reich, laut und wohltönend, aus Strophen dicht gereihter Einzel- oder Doppeltöne bestehend; charakteristisch ein tiefes, aufsprudelndes „tschuck-tschuck-tschuck", ein langsames „dü, dü, dü" in prächtigem „crescendo" und Schmetterstrophen. Singt bei Tage und bei Nacht aus dichter Deckung oder von niedriger freier Warte.

VORKOMMEN: Laubwaldungen des Tieflandes, feuchte Dickichte, verwilderte Hecken und Parkanlagen; im Süden mehr im Gebirge. Nest wohlverborgen am Boden in Brombeeren, Brennesseln usw. Verbreitungskarte S. 258.

Sprosser   *Luscinia luscinia*   54, 70 E

E - Trush Nightingale   F - Rossignol progné   I - Rusignolo maggiore
H - Noordse nachtegaal   S - Näktergal   Sp - Ruiseñor ruso

KENNZEICHEN: 16,5 cm. Sehr ähnlich Nachtigall, aber von dieser durch dunkleres, mehr olivbraunes Aussehen und, aus großer Nähe, **durch** *bräunlich gewölkte Brust* zu unterscheiden. Verhalten wie Nachtigall.

STIMME: Lockruf wie bei der Nachtigall; Gesang ähnlich wohltönend, mit typischer tiefer „tschuck-tschuck-tschuck"-Eröffnung; dem Gesang fehlt das kennzeichnende „Crescendo" der Nachtigall.

VORKOMMEN: Dichte und feuchte Dickichte, besonders von Erle und Birke, und im Unterholz über sumpfigem Boden. Nistgewohnheiten wie bei der Nachtigall. Verbreitungskarte S. 258.

Blaukehlchen *Cyanosylvia svecica* ✳   **54, 70 E**

E - Bluethroat	F - George-bleue à miroir	I - Pettazzurro
H - Blauwborst	S - Blåhake	Sp - Pechiazul

KENNZEICHEN: 14 cm. Rotkehlchenähnliche Bewegungen, jedoch mit häufigem Spreizen und Stelzen des Schwanzes, wobei dessen *kastanienbraune Wurzel* auffällt. ♂ im Brutkleid mit *leuchtend blauem Kehlfleck*, der von der Vorderbrust durch je ein schwarzes und rostrotes Band getrennt wird. Die skandinavische Rasse (das Rotsternige Blaukehlchen, *C. s. svecica*) mit *rostrotem Fleck („Stern")* inmitten der blauen Kehle; die mittel- und südeuropäische Rasse (das Weißsternige Blaukehlchen, *C. s. cyanecula*) mit *weißem Stern*, der ausnahmsweise (bei einer vorderasiatischen Rasse meist) fehlt. Im Ruhekleid ist die Kehle gewöhnlich weißlich, mit etwas Blau, schwarzer Begrenzung und dunklem Brustband. ♀: weißlicher Kehlfleck mit schwarzen Streifen an der Seite, allmählich in einen unregelmäßigen dunklen Halslatz oder ein dunkles Brustband übergehend, oft mit Spuren von Blau und Rostrot. Juv. wie ein streifiges, dunkles junges Rotkehlchen, aber von diesem durch kastanienbraune Schwanzwurzel unterschieden. ♀ und juv. der beiden Blaukehlchenrassen im Felde nicht zu unterscheiden.

STIMME: Ein scharfes „tack", sanft „huit" und guttural „törrk". Gesang sehr wohltönend und wechselvoll, mehr dem Lied des Sumpfrohrsängers (s. S. 238) als dem der Nachtigall ähnlich und mit vielen Nachahmungen; mit solchen oder mit zögerndem „dip-dip-dip" eingeleitet. Singt von einer Warte aus und in kurzem, gleitendem Singflug.

VORKOMMEN: Sumpfige Dickichte, Heidemoore, Weidicht, Ufergebüsch usw. Nistet dicht am Boden unter Birken-, Weiden- und Wacholder-

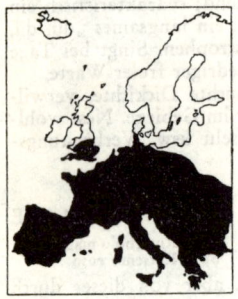

← *Nachtigall*
Sommervogel. Umherstr. Schottland. Fehlt im südlichen Bayern

Sprosser →
Sommervogel. Umherstreifend westwärts bis Großbritannien, Italien

gestrüpp, in der feuchten Heide; mancherorts hoch in den Bergen, in Mitteleuropa im Tieflande. Verbreitungskarte S. 259.

Rotkehlchen *Erithacus rubecula* 54, 68 E

E - Robin   F - Rouge-gorge familier   I - Pettirosso
H - Roodborst   S - Rödhake   Sp - Petirrojo

KENNZEICHEN: 14 cm. Ein rundliches, „halslos" erscheinendes Vögelchen. Ad. mit *satt orangefarbener* Brust und Stirn und einfarbig olivbrauner Oberseite. Juv. ohne rote Brust, stark dunkelbraun und rahmfarben gefleckt; vom jungen Rotschwanz durch *dunkelbraunen* statt rostroten Schwanz unterschieden; von der jungen Nachtigall durch geringere Größe, rahmfarbene Unterseite und *olivbraunen Schwanz.* Das zutrauliche Verhalten dieses schmucken Vögelchens gegenüber dem Menschen ist wohlbekannt.

STIMME: Scharf „zick", oft sehr schnell wiederholt (das „Schnickern"), leise „zip" oder „zisip" und dünn und klagend „zieh". Gesang fast das ganze Jahr über zu hören, eine wechselnde, schwermütige Weise, mit hohen, scharfen Tönen beginnend, denen kurze, absinkende, flötende und trillernde Motive folgen.

VORKOMMEN: Gärten, Laub-, Misch- und Nadelwälder mit Unterholz usw. Nistet in Höhlen oder Winkeln von Mauern, Erdhängen, Bäumen, am Grunde von Hecken, in Efeu, Blechbüchsen usw. Verbreitungskarte S. 259.

Gartenrotschwanz *Phoenicurus phoenicurus* 54, 70 E

E - Redstart   F - Rouge-queue à front blanc   I - Codirosso
H - Gekraagde roodstaart   S - Rädstjärt   Sp - Colirrojo real

KENNZEICHEN: 14 cm. In beiden Geschlechtern und jedem Alter von allen europäischen Arten (außer Hausrotschwanz, Steinrötel; s. auch Blauschwanz) durch *häufig vibrierende Bewegungen des rostroten Schwanzes* unterschieden; *Bürzel rostrot.* ♂: *Gesicht und Kehle schwarz,* Stirn weiß, Oberseite schiefergrau, Brust und Flanken *rostrot;* das Schwarz der Kehle im Herbst teilweise durch weiße Federsäume verdeckt. ♀: oben gräulichbraun, unten gelblichbraun; juv. wie ein junges Rotkehl-

← *Blaukehlchen* Sommervogel. Brutversuch Schottland. Durchzug selten Großbrit., umherstr. Färöer. Überwintert Camargue

Rotkehlchen → Teilzieher. Alljährlich Island

chen gefleckt, aber mit rostrotem Bürzel und Schwanz; beide viel heller und brauner als ♀ und juv. des Hausrotschwanzes. Verhalten ähnlich wie Rotkehlchen.

STIMME: Ruft „fuid-tick-tick", das flüssige „fuid" sehr ähnlich dem Ruf des Fitis. Gesang beginnt meist mit einem gezogenen Hochton, dem zwei tiefere kurze Töne folgen und oft ein anderer kurzer Ton vorangeht; im übrigen ein kurzes gefälliges Klingeln von ein paar eiligen, oft etwas gequetschten Tönen, in einem schwachen Triller ausklingend.

VORKOMMEN: Wälder, Parkanlagen, Gärten, Heide mit Büschen und alten Bäumen, gelegentlich Ruinen. Nistet in Baumhöhlen, Mauerlöchern, Schuppen usw. Verbreitungskarte S. 260.

Hausrotschwanz *Phoenicurus ochruros*   54

E - Black Redstart   F - Rouge-queue noir   I - Codirosso spazzacamino
H - Zwarte roodstaart   S - Svart rödstjärt   Sp - Colirrojo tizón

KENNZEICHEN: 14 cm. Beide Geschlechter in jedem Alter mit *ständig vibrierendem rostrotem Schwanz und rostrotem Bürzel* (wie Gartenrotschwanz), aber viel dunkler, Unterseite *schwärzlich* oder mausgrau (nicht rostrot) und mittelstes Steuerfederpaar dunkelbraun. ♂ rußschwarz mit weißlichem Flügelspiegel (♂ im 1. Lebensjahr meist ähnlich ♀, stets ohne Flügelspiegel); Gefieder im Herbst heller, mit teilweise verdecktem Flügelspiegel. ♀ und juv. ähnlich dunklen Gartenrotschwänzen, aber mit dunkelgrauer statt gelbbrauner Unterseite; juv. nicht gefleckt! Bewegungen wie Gartenrotschwanz, zieht aber als Sitzplatz Dächer oder Felsen vor.

STIMME: Kurz „tsip" und stotternd, hart schmatzend „hid-teck-teck", schärfer als der ähnliche Ruf des Gartenrotschwanzes. Der kurze und schnelle Gesang ist einfacher und nicht so wohlklingend wie der des Gartenrotschwanzes; er besteht aus zwei Strophen, jede aus 4 bis 5 gleichhohen Tönen, die zweite Strophe dazu mit merkwürdig gepreßten Zischlauten eingeleitet. Singt vom Hausdach oder von einer anderen freien Warte aus.

VORKOMMEN: Klippen, Gebäude, Felshänge, gelegentlich Weinberge. Nistet in Höhlen von Mauern, Felsen, Gebäuden. Verbreitungskarte S. 260.

← *Garten-rotschwanz*
Vorwiegend Sommervogel. Hat in Irland und auf Chalkidike gebrütet. Umherstreifend Färöer

Hausrotschwanz →
Teilzieher. Umherstreif. nordwärts bis Island, Finnland

Schwarzkehlchen *Saxicola torquata* **54, 70 E**

E - Stonechat F - Traquet pâtre I - Saltimpalo
H - Roodborsttapuit S - Svarthakad buskskvätta Sp - Tarabilla común

KENNZEICHEN: Knapp 13 cm. Rundlicher und aufrecht sitzend als Braun-kehlchen. ♂: *Kopf und Kehle schwarz, breite weiße Halsflecken* und schmaler weißer Flügelstreif; Oberseite schwärzlich mit weißem Fleck am Bürzel; Unterkörper lebhaft rostbraun, bauchwärts in Rahmweiß übergehend. Im frischen Kleid brauner und matter. ♀ und juv. oben braun mit schwarzen Streifen, ohne Weiß am Bürzel, aber mit einigen schwarzen Abzeichen an der Kehle; vom Braunkehlchen durch Fehlen eines Überaugenstreifs, rötliche statt rahmgelbe Brust und Fehlen von Weiß an den Schwanzseiten unterschieden. Sitzt auf Buschspitzen oder Telephondrähten und wippt ständig mit Flügeln und Schwanz. Flug niedrig und ruckweise.

STIMME: Anhaltend schimpfend „fid, tack, tack", wie wenn zwei Steine aneinander geschlagen werden, ferner tickender Ruf ähnlich Braunkehl-chen. Gesang besteht aus abgerissenen, zwitschernden Strophen und ist nicht unähnlich dem der Heckenbraunelle. Singt von erhöhter Warte aus oder im „tanzenden" Singflug.

VORKOMMEN: Ähnlich Braunkehlchen, aber mehr auf ginsterbestandenem Ödland, in Sandgruben, an Bahndämmen, stellenweise in Korbweiden-pflanzungen, in Küstennähe usw. Verbreitungskarte S. 261.

Braunkehlchen *Saxicola rubetra* **54, 70 E**

E - Whinchat F - Traquet des prés I - Stiaccino
H - Paapje S - Buskskvätta Sp - Tarabilla norteña

KENNZEICHEN: Knapp 13 cm. Von untersetztem, kurzschwänzigem Äuße-ren, ähnlich einem Schwarzkehlchen-♀, aber in allen Jahreszeiten durch *auffallenden Überaugenstreif, weiße Flecke an der Schwanzwurzel* und weniger aufrechte Haltung unterschieden. Beim ♂ sind Wangen, Scheitel und Oberseite stark gestreift: ein *breiter weißer Streif über dem Auge und an der Seite der Kehle;* weißer Fleck über dem schwärzlichen Flügel; warm rahmgelbe Kehle und Brust. ♀ heller, mit gelblichem statt weißem Überaugenstreif und kleineren Flügelflecken. Juv. ohne Flügelflecke. Verhalten wie Schwarzkehlchen.

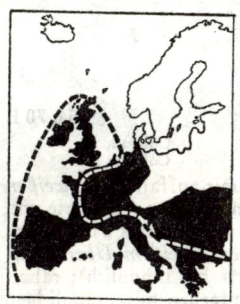

← *Schwarz-kehlchen*
Teilzieher. Fehlt S-Bayern. Umher-streifend Skandi-navien, Finnland, Baltische Staaten, Färöer

Braunkehlchen →
Sommervogel. Um-herstreifend Färöer

STIMME: Kurz „tick-tick", „fü-tick-tick". Gesang ein sehr kurzes, abgerissenes, ziemlich metallisches, aber angenehmes Lied aus rauhen und klar pfeifenden Lauten, das an Gartenrotschwanz und Schwarzkehlchen erinnert. Singt von Buschspitzen aus, gelegentlich im Fluge.

VORKOMMEN: Ausgedehnte Wiesen, Sümpfe, grasige Böschungen, offenes Gelände mit ein paar Büschen usw., lokal selten. Auf dem Zuge in Feldern und buschigem Gelände. Nistet am Boden im Gras, oft am Füße eines kleines Busches oder einer größeren Staude. Hat mancherorts in Mitteleuropa an Zahl rapide abgenommen. Verbreitungskarte S. 261.

Isabellsteinschmätzer *Oenanthe isabellina* 66

| E - Isabelline Wheatear | F - Traquet isabelle | I - Monachella isabellina |
| H - Isabeltapuit | S - Isabellstenskvätta | Sp - Collalba isabel |

KENNZEICHEN: 16 cm. Geschlechter einander ähnlich gefärbt. Kenntlich durch die *bedeutende Größe und nahezu einheitlich blaß gräulich-sand-farbenes Gefieder.* Erinnert auf den ersten Blick an ein sehr blasses Weibchen oder einen blassen Jungvogel der Grönlandrasse des gewöhnlichen Steinschmätzers, doch fehlen ihm die dunklen Ohrdecken, und Kopf und Schnabel sind *merklich größer.* Schwanzzeichnung matt-schwarz, nicht pechschwarz. Rennen auf dem Erdboden ist kennzeichnend.

STIMME: Ein lautes *„tschihp"* und ein pfeifendes *„whit-whit".*

VORKOMMEN UND VERBREITUNG: Gewöhnlich in der Steppe, auf vegetationsarmen Flächen und im unteren Teil kahler Berghänge; zeigt im Winter Vorliebe für sandiges Gelände. Brutvogel in Südostbulgarien, Nordostgriechenland und der europäischen Türkei. Irrgast in Großbritannien und Rumänien.

Steinschmätzer im Fluge

Steinschmätzer *Oenanthe oenanthe* 54, 70 E

| E - Wheatear | F - Traquet motteux | I - Culbianco |
| H - Tapuit | S - Stenskvatta | Sp - Collalba gris |

KENNZEICHEN: Knapp 15 cm. Beide Geschlechter mit auffallendem *weißen Bürzel* und weißen Schwanzseiten, die von dem Schwarz von Mitte und Ende des Schwanzes abstechen (wie ein breites umgekehrtes „T"). ♂ im Brutkleid mit blaugrauem Rücken und *breitem, weißem Überaugen-streif;* schwarze Ohrdecken und Flügel (im Herbst bräunlich); rahm-gelbe Unterseite. ♂ im Ruhekleid mehr rahmfarben mit bräunlichem

Rücken. ♀ wie ♂ im Ruhekleid. Huscht rastlos über dem offenen Boden hin und her, knickst und schlägt langsam mit dem gefächerten Schwanz. Die Grönlandrasse, *Oe. oe. leucorhoa* (die durch Westeuropa zieht), ist größer und neigt zu lebhafterer Färbung, aber viele sind nicht mit Sicherheit von unserem Steinschmätzer zu unterscheiden. Siehe auch Mittelmeersteinschmätzer.

STIMME: Hart „töck", „töck-jiw", „jiw-töck" usw. Gesang ein kurzes, lerchenartiges Zwitschern, wohltönende und gepreßte Laute verbindend.
VORKOMMEN: Moore, Sandhügel, Bergweiden, Felsen, Dünen. Nistet in Höhlen von Mauern, Kaninchenbauen, Steinhaufen usw. Zur Zugzeit auf Feldern. Verbreitungskarte S. 264.

Nonnensteinschmätzer *Oenanthe pleschanka* 54

E - Pied Wheatear	F - Traquet pie	I - Monachella dorsonero
H - Bonte tapuit	S - Nunnestenskvätta	Sp - Collalba pía

KENNZEICHEN: Knapp 15 cm. ♂ von anderen europäischen Steinschmätzern unterschieden durch die Verbindung von *schwarzem Rücken* mit weißlicher Unterseite. Scheitel und Nacken im Sommer weiß, im Winter hellbraun. Das Weiß an den äußeren Steuerfedern reicht manchmal fast bis zur Spitze, nur das mittelste Paar ist fast vom Grunde bis ganz zur Spitze schwarz. Schwingen, Flügeldecken im Sommer schwarz, im Winter mit hellen rahmgelblichen Säumen. ♀ im Brutkleid nicht vom Mittelmeersteinschmätzer-♀ zu unterscheiden, obwohl Rücken und Flügel gewöhnlich mehr erdbraun sind. Jagt oft nach Würgerart von einer Warte auf einem Busch oder Baum aus.
STIMME: Rauh „säck". Gesang ähnlich Mittelmeersteinschmätzer, aber wechselreicher.
VORKOMMEN UND VERBREITUNG: In Europa an steinigen Küsten; sonst steiniges Ödland, felsige Abhänge an Hügeln mit ein paar Büschen. Nistet in Höhlen. Sommervogel in Südostrumänien und an der bulgarischen Küste. Umherstreifende bis Schottland, Deutschland (viermal, davon zweimal auf Helgoland), Ungarn und Italien.

Mittelmeersteinschmätzer *Oenanthe hispanica* 54, 70 E

E - Black-eared Wheatear	F - Traquet oreillard	I - Monachella
H - Blonde tapuit	S - Rödstenskvätta	Sp - Collalba rubia

KENNZEICHEN: Knapp 15 cm. Die ♂ treten in 2 Farbmutanten auf und haben entweder einen *schwarzen Fleck durch Auge und Wangen und weißliche Kehle* oder aber auch *schwarze Kehle*. Körper sehr hell sandfarben. Scheitel und Bürzel heller, Brust ockerfarben und Unterseite weißlich. Im ganzen sehr variabel. Flügel und Schultern auffallend schwarz. Schwanz weiß mit schwarzen Mittelfedern und schwarzem Ende. Im Ruhekleid mehr ockergelblich. ♀ ähnlich Steinschmätzer-♀, aber von diesem durch *dunklere Ohrdecken, schwärzere* Flügel und mehr Weiß im Schwanz unterschieden; vom Nonnensteinschmätzer-♀ nicht zu unterscheiden, obwohl gewöhnlich oben heller. Von Süditalien ostwärts alte ♂ kontrastreicher schwarz-weiß, nicht sandfarben (Rasse *Oe. h. melanoleuca;* diese auch auf Elba). Sitzt gern auf Bäumen.
STIMME: Ein kratzender Ruf, dem ein gezogener Pfiff folgt. Gesang schnell und hoch, im kreisenden Balzflug und im Sitzen vorgetragen.

Vorkommen: Offenes oder locker baumbestandenes, trockenes Gelände; steinige Berghänge. Nistet gewöhnlich in Höhlen zwischen Felsen, Gemäuer usw. Verbreitungskarte S. 264.

Wüstensteinschmätzer *Oenanthe deserti*   66

E - Desert Wheatear   F - Traquet du désert   I - Culbianco del deserto
H - Woestijntapuit   S - Ökenstenskvätta   Sp - Collalba desértica

Kennzeichen: Knapp 15 cm. Beide Geschlechter von anderen europäischen Steinschmätzern unterschieden durch *bis fast zur Wurzel schwarz gefärbten Schwanz* und auffallend weiße Säume der Flügeldecken. Bürzel und Oberschwanzdecken weiß mit besonders beim ♀ entwickeltem gelbbräunlichen Anflug; ♀ hat ferner im Gegensatz zum ♂ weißliche Kehle und braunere Flügel. *Schwarze Kehle* des ♂ macht Verwechslung mit der schwarzkehligen Variante des Mittelmeersteinschmätzers möglich, aber von diesem durch fahl bräunliche statt schwarze Schulterfedern und das Fehlen von auffallendem Weiß im Schwanz zu unterscheiden. Im Herbst schwarze Kehlfedern des ♂ mit weißen Säumen.

Stimme: Ruf ein weicher, etwas klagender Pfiff.

Vorkommen und Verbreitung: Vegetationsarmes steiniges oder sandiges Ödland; im Winter auch in angrenzendem Kulturland. Irrgast aus Nordafrika, Vorder- und Innerasien in Großbritannien, auf Helgoland (dreimal), in Finnland, Schweden, Italien, Griechenland.

Trauersteinschmätzer *Oenanthe leucura*   54, 70 E

E - Black Wheatear   F - Traquet rieur   I - Monachella nera
H - Zwarte tapuit   S - Sorgstenskvätta   Sp - Collalba negra

Kennzeichen: Knapp 18 cm. Leicht zu erkennen an der *bedeutenden Größe* und am auffallenden, schwach glänzenden schwarzen *Gefieder;* nur Bürzel, Unterschwanzdecken und Schwanzseiten weiß. ♀ wie ♂, aber in der Regel matter, bräunlichschwarz. Siehe auch *Oenanthe leucopyga* (Irrgäste, S. 332).

Stimme: Gesang eine abgehackte Reihe wohlklingender Töne, an Steinrötel erinnernd. Angstruf „*pie-pie-pie*".

Vorkommen: Felswüsten und Gebirge. Nistet in Höhlen zwischen Felsen, und häufig ist der Eingang durch einen kleinen Wall von Kieselsteinen geschützt. Verbreitungskarte S. 265.

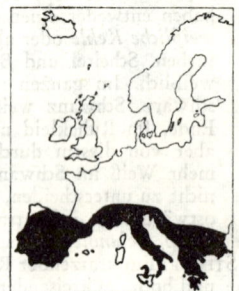

← *Steinschmätzer*
Sommervogel

Mittelmeer- →
steinschmätzer
Sommervogel. Umherstreifend Brit. Inseln, Helgoland, Holland, Schweiz, Österr., ČSR, Ungarn

Heckensänger *Cercotrichas galactotes* **56, 70 E**

E - Rufous Warbler   F - Agrobate roux   I - Rusignolo d'Africa
H - Rosse waaierstaart   S - Rödsångare   Sp - Alzacola

KENNZEICHEN: Gut 15 cm. Schlank, langbeinig und oft in der Haltung ziemlich drosselähnlich. Schnell zu erkennen an dem *langen, kastanienbraunen Fächerschwanz, der an der Spitze breit schwarz-weiß gesäumt* ist. Die westliche Rasse, *C. g. galactotes,* hat die ganze Oberseite fuchsig rotbraun; die östliche Rasse, *C. g. syriacus,* hat das Kastanienbraun auf Bürzel und Schwanz beschränkt, die übrige Oberseite ist graubraun; beide Rassen mit ausgeprägtem rahmfarbenem Überaugenstreif und sandfarbener Unterseite. Keckes Verhalten; sitzt auffällig auf Büschen und am Boden mit hängenden Flügeln und langem, gefächertem und senkrecht aufgerichtetem Schwanz.
STIMME: Lockruf ein hartes „teck". Gesang sehr wohltönend, aber abgerissen und im Umfang wechselnd, in manchen kurzen Motiven an Feldlerche erinnernd. Singt auf freier Warte, Telephondrähten usw. und im langsamen, niedergehenden Balzflug.
VORKOMMEN: Gärten, Weinberge, Palmen- und Olivenhaine. Nistet in Hecken von Feigenkakteen und Palmbüschen. Verbreitungskarte S. 265. Die Heckensänger (Gattung *Cercotrichas* und einige verwandte afrikanische Gattungen), früher oft zu den Grasmücken gerechnet, stellen eine hauptsächlich in Afrika verbreitete, den Erdsängern und eigentlichen Drosseln gleichrangige Unterabteilung der Drosselartigen (s. S. 230) dar, sind vielleicht sogar als besondere Unterfamilie zu betrachten; sie erinnern an manche (besonders außereuropäische) Grasmücken und verbinden vielleicht die Unterfamilie Grasmücken (s. S. 230) mit den Drosselartigen.

Steinrötel *Monticola saxatilis* **54, 72 E**

E - Rock Thrush   F - Merle de roche   I - Codirossone
H - Rode rotslijster   S - Stentrast   Sp - Roquero rojo

KENNZEICHEN: 19 cm. In allen Kleidern *kurzer, rostbrauner Schwanz* mit brauner Mitte. ♂ im Brutkleid mit *hell schieferblauem Kopf, Hals und Mantel, weißem Hinterrücken,* schwärzlichen Flügeln und *rostroter Un-*

← *Trauerstein-schmätzer*
Jahresvogel. Umherstreifend Großbritannien, Sizilien, Bulgarien

Heckensänger →
Sommervogel. Hat in Südfrankreich gebrütet. Umherstreifend Italien, Bayern, Helgoland, England, Irland

terseite; im Ruhekleid werden diese Farben größenteils durch rahmfarbene Federränder verdeckt, die dem Vogel ein mattes, fleckiges Aussehen verleihen. ♀ oben kräftig braun gefleckt, manchmal mit einer
Spur von Weiß am Rücken, unten gelblich, schuppig dunkel gefleckt.
Scheu und ungesellig; sitzt aufrecht wie ein Steinschmätzer mit erhobenem oder schlaff hängendem Schwanz, bevor er hinter Felsen der Sicht
entschwindet. Leicht von der Blaumerle durch den *rostbraunen Schwanz*
zu unterscheiden, mit dem im Gegensatz zur Blaumerle zitternde, rot-
schwanzartige Bewegungen ausgeführt werden.

STIMME: Mäßig laut „tack, tack". Gesang ein klangreines Flöten von
Felsen, Pfahl oder ähnlicher Warte aus oder im kurzen senkrechten
Balzflug.

VORKOMMEN: Nistet in offenen felsigen Gebieten, an sonnigen Steilhän-
gen, auf Blockfeldern mit einzelnen Büschen und Bäumen, auch in
Weinbergen, von 900 bis 2400 m aufwärts, in Südosteuropa bis herab
zum Meeresspiegel. Verbreitungskarte S. 266.

Blaumerle *Monticola solitarius* **54, 72 E**

E - Blue Rock Thrush	F - Merle bleu	I - Passera solitaria
H - Blauwe rotslijster	S - Blåtrast	Sp - Roquero solitario

KENNZEICHEN: Gut 20 cm. Etwas größer als Steinrötel. ♂ leicht am *tief
blaugrauen Gefieder* zu unterscheiden; im Winter schwärzlich. ♀ oben
bläulichbraun, unten heller, fein graubraun gebändert. Sitzt auf Felsen
mit hängenden Flügeln und angehobenem, verhältnismäßig kurzem
Schwanz, entschwindet sofort der Sicht, wenn man sich ihr nähert.
Ungesellig. Siehe auch Steinrötel.

STIMME: Hart „tschack" oder klagend „tsihk". Gesang getragen, laut und
flötend, an Amsel erinnernd, aber nicht so ausgedehnt; singt vom Felsen
aus oder im senkrechten Balzflug.

VORKOMMEN: Wüste Felsgebiete, felsige Berghänge und Steinbrüche mit
etwas Pflanzenwuchs, gern in der Nähe von Wasserfällen; mancherorts
in Südeuropa Stadtbewohner wie anderswo die Amsel. Nistet in Felsspalten und Löchern von Gebäuden. Verbreitungskarte S. 266.

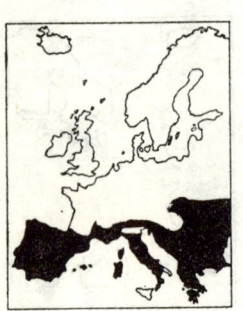

← *Steinrötel*
Sommervogel. Frü-
her in Südwest-
deutschl. brütend.
Umherstr. b. Groß-
britan., Schweden,
Ostpreußen

Blaumerle →
Vorw. Jahresvogel.
Brut Bulgarien..
Verläßt NO-Grie-
chenl. im Winter.
Umherstr. Deutschl.

Sibirische Drossel (Schieferdrossel) *Cryptocichla sibirica* **53**

E - Siberian Thrush   F - Merle sibérien   I - Tordo siberiano
H - Siberische lijster   S - Sibirisk trast   Sp - Zorzal siberiano

KENNZEICHEN: 23 cm. ♂ durch *schieferschwarzes* Gefieder, *auffallenden weißen Augenstreif* und weiße Bauchmitte gekennzeichnet, im Fluge zudem durch weiße Spitzen der seitlichen Schwanzfedern. ♀ mit olivbrauner Oberseite, rahmfarbenem Überaugenstreif und rahmweißer, braun geschuppter Unterseite. Im Fluge zeigen beide Geschlechter ein *auffallendes weißes Band über die Unterflügel*, das ein gutes Merkmal ist, um sie von der recht ähnlichen Rostflügel- und Schwarzkehldrossel zu unterscheiden.

STIMME: Drosselartig tackend; ferner ein dünnes „sih". Gesang kurz, etwas eintönig, laut flötend, von Baumwipfeln aus vorgetragen.

VORKOMMEN UND VERBREITUNG: Im dichtesten Unterholz von Laub-, Misch- und Nadelwäldern, gern in der Nähe von Gewässern, auch in Buschdickichten an Flußufern. Brutvogel von Mittelsibirien bis Japan. Umherstreifende westwärts durch Europa bis Norwegen, Schottland, Frankreich und Italien. Etwa ein Dutzend Nachweise aus Deutschland.

Erddrossel *Zoothera dauma* **53**

E - White's Thrush   F - Grive dorée   I - Tordo dorato
H - Goudlijster   S - Guldtrast   Sp - Zorzal dorado

KENNZEICHEN: Knapp 27 cm. Größer als Misteldrossel. Durch reich *goldbraunes* Gefieder mit *halbmondförmig* schwarzen Federspitzen an Kopf und Brust gekennzeichnet. Im Fluge sind die auffallenden schwarzweißen Bänder der Unterflügel bezeichnend. Flug tief wellenförmig. Von jungen, „fleckigen" Misteldrosseln durch die schwarz-weiße Unterflügelzeichnung und durch goldgelbes (statt gräuliches) Aussehen unterschieden.

STIMME: Ein langgezogenes dünnes „sih"; erregt schnarrend. Gesang (der ostrussisch-sibirischen Rasse *Z. d. aurea*) ein lauter, klagender, flötender Doppelruf „ji-jü", der zweite Teil tiefer als der erste.

VORKOMMEN UND VERBREITUNG: In der Regel geschlossene Wälder mit reichem Unterwuchs. Brutvogel in Asien westwärts bis zum Ural und südwärts bis Australien. Umherstreifende über Europa nach Westen bis Norwegen, Island, zu den Britischen Inseln, Frankreich, Sardinien und Spanien. In Deutschland 27mal nachgewiesen.

Misteldrossel *Turdus viscivorus* **53, 72 E**

E - Mistle Thrush   F - Grive draine   I - Tordela
H - Grote lijster   S - Dubbeltrast   Sp - Zorzal charlo

KENNZEICHEN: Knapp 27 cm. Von der viel kleineren Sing- und Rotdrossel durch *gräulichbraune Oberseite, dicht gefleckte Unterseite* und aufrechtere Haltung (mit erhobenem Kopf) unterschieden. Zeigt wie die Wacholderdrossel im Fluge Weiß unter den Flügeln, ist aber von dieser sogleich am *graubräunlichen* statt kastanienbraunen Rücken, am bräunlichgrauen statt grauen Bürzel, an der *rahmweißen* statt rostfarbenen Brust und am längeren *helleren Schwanz* mit weißlichen Spitzen der Außenfedern zu unterscheiden. Juv. oben stark gefleckt und daher mit der seltenen Erddrossel zu verwechseln. Scheu. Flug kräftig und flachwellig wie bei der Wacholderdrossel, aber mit längerem und regelmäßigerem Flügelschließen.

STIMME: Ein trockenes, lautes Schnarren („Schnärrer") und ein dünnes, rotdrosselartiges „sih-ip". Gesang laut, amselähnlich, aber viel abgehackter, kurze, ähnliche Motive mehrmals wiederholend. Singt bei jedem Wetter, von Baumspitzen aus.

VORKOMMEN: Laub- und Nadelwälder, in Westeuropa und Nordwestdeutschland auch Gärten, Obstwiesen, Parkanlagen, Feldgehölze usw. Nistet in kahlen Astgabeln. Im Herbst Trupps in offenem Gelände. Verbreitungskarte S. 268.

Wacholderdrossel *Turdus pilaris* 53, 72 E

E - Fieldfare	F - Grive litorne	I - Cesena
H - Kramsvogel	S - Snöskata	Sp - Zorzal real

KENNZEICHEN: 25,5 cm. Etwas kleiner als Misteldrossel, viel größer als Sing- und Rotdrossel. Durch *hellgrauen Kopf und Bürzel, kastanienbraunen Rücken* und fast schwarzen Schwanz gekennzeichnet. Kehle und Brust rostgelb, schwarz gefleckt, Flankenfedern schwarz gesäumt. Im Flug sind der blaugraue Bürzel, die weißen Unterflügel und der Flugruf bezeichnend. Flug weniger wellenförmig als bei der Misteldrossel. Auf dem Boden wachsame und aufrechte Haltung. Gesellig.

STIMME: Laut „schack-schack-schack", hart „terr-terr" und ein sanftes „zieh" („Ziemer"). Gesang (häufig im Fluge) hart schwätzend und zwitschernd.

VORKOMMEN: Im Winter im offenen Gelände, zur Futtersuche auf Feldern und an Hecken. Nistet gewöhnlich kolonieweise in offenem, mit Baumgruppen bestandenem Gelände, auf Waldlichtungen und an Waldrändern, besonders auf Pappeln, Birken und anderen licht belaubten Bäumen, gelegentlich an Gebäuden und Heuschobern, jenseits der Baumgrenze auf dem Boden. In Ausbreitung nach Westen begriffen. Verbreitungskarte S. 268.

Naumanndrossel *Turdus naumanni* 53, 72 E
Naumanndrossel:

E - Naumann's Thrush	F - Grive de Naumann	I - Cesena di Naumann
H - Naumanns lijster	S - Naumanns trast	Sp - Zorzal de Naumann

← Misteldrossel
Teilzieher

Wacholder- →
drossel
Bis O-Belgien u. O-Frankr. Hat in Dänemark, Holland und Italien (Trento) gebrütet. Teilzieher, manchmal Sardinien und Malta erreichend

Rostflügeldrossel:

E - Dusky Thrush	F - Grive à ailes rousses	I - Cesena fosca
H - Bruine lijster	S - Sibirisk rödvingetrast	Sp - Zorzal eunomo

KENNZEICHEN: 23 cm. Naumann- und Rostflügeldrossel vermischen sich an den Arealgrenzen und müssen deshalb als Rassen einer einzigen Art betrachtet werden. Die Naumanndrossel *(T. n. naumanni)* ist dadurch gekennzeichnet, daß sie an der Brust dort, wo die Rostflügeldrossel schwärzlich ist, *kastanienbraun* gefärbt ist. ♂ oberseits graubraun mit *Kastanienbraun an den Flügeln.* ♀ oben brauner, unten viel heller, mit schwärzlichen Flecken an Brust und Flanken. Brutvogel im südlichen Mittel- und Ostsibirien. Umherstreifende bis Mitteleuropa, westwärts bis Norwegen, Großbritannien, Frankreich und Italien; in Deutschland 7mal nachgewiesen.
Die Rostflügeldrossel *(T. n. eunomus)* unterscheidet sich von den häufigeren europäischen Drosseln durch zwei breite *schwärzliche Brustbinden* (die hintere unvollständig), die durch die schwarzen, weiß gesäumten Federn der Brust gebildet werden; Körperseiten im Winter mit halbmondförmigen schwarzen Flecken. Schnabel kräftig. *Auffallender weißlicher Überaugenstreif.* Große kastanienbraune Bezirke auf dem Bürzel und auf Ober- und Unterseite der Flügel. Von *T. n. naumanni* unterschieden durch schwärzliche statt kastanienbraune Zeichnung an Brust und Körperseiten und schwärzlichen statt kastanienbraunen Schwanz, von der Rotdrossel durch bedeutendere Größe, schwärzliche Brustfärbung und Flankenzeichnung und Kastanienbraun auf dem Flügel. Brutvogel in den nördlichen Teilen Mittel- und Ostsibiriens. Umherstreifende westwärts bis Norwegen, Großbritannien, Irland, Holland, Frankreich und Italien; in Deutschland 8mal nachgewiesen.
STIMME: Ein schnelles, beinahe schackerndes „quäwäg", an Wacholderdrossel erinnernd; der Gesang soll dem der Rotdrossel ähnlich sein.

Bechsteindrossel *Turdus ruficollis*   **53**

Schwarzkehldrossel:

E - Black-throated Thrush	F - Grive à gorge noire	I - Tordo golanera
H - Zwartkeellijster	S - Svarthalsad trast	Sp - Zorzal papinegro

Rotkehldrossel:

E - Red-throated Thrush	F - Grive à cou roux
H - Roodkeellijster	S - Rödhalsad trast

KENNZEICHEN: 23,5 cm. Schwarzkehldrossel *(T. r. atrogularis):* ♂ mit auffallendem *schwarzem Gesicht, schwarzer Kehle und schwarzer Brust* (im Winter durch helle Federsäume teilweise verdeckt), die sich vom weißlichen Unterkörper deutlich abheben; Oberseite graubraun. ♀ oben brauner, Kehle und Brust weißlich, dicht schwarz gefleckt oder gestreift. Im Fluge rostbräunliche Unterseite der Flügel auffallend. Verhalten und Erscheinung wie Wacholderdrossel. Bei der Rotkehldrossel *(T. r. ruficollis)* ist das Schwarz an Kehle und Brust von *T. r. atrogularis* durch *Ziegelrot* ersetzt.
STIMME: Soll dem Alarmruf der Amsel ähnlich sein. Gesang unbedeutend, ohne Flötentöne.

VORKOMMEN UND VERBREITUNG: Im Winter in offenem Gelände und an Deckung gewährenden Stellen des Kulturlandes. *T. r. atrogularis* ist Brutvogel in Laub-, Misch- und Nadelwäldern von Ostrußland bis Mittelsibirien, *T. r. ruficollis* in den Nadelwäldern und Krummholzbeständen der Gebirge im südlichen und östlichen Sibirien; an den Arealgrenzen vermischen sich beide Rassen. Umherstreifende Schwarzkehldrosseln westwärts bis Norwegen, Großbritannien, Frankreich und Italien; für Deutschland etwa 30 Nachweise. Die Rotkehldrossel ist als Irrgast lediglich dreimal in Deutschland, einmal in Holland, einmal in Finnland vorgekommen.

Ringdrossel *Turdus torquatus*   **53, 72 E**

| E - Ring Ouzel | F - Merle à plastron | I - Merlo dal collare |
| H - Beflijster | S - Ringtrast | Sp - Mirlo collarizo |

KENNZEICHEN: 24 cm. Unverkennbar. ♂ mit einfarbig mattschwarzem Gefieder und *breitem weißem, halbmondförmigem Brustschild;* im Winter mit hellen Federrändern, die ihm ein schuppiges Aussehen verleihen. ♀ brauner, mit schmalerem, matterem Brustschild. Juv. ohne weißes Brustschild, wirkt wie eine sehr gefleckte junge Amsel. Flug schnell, gewandt hinter Felsen ausweichend, wenn man sich ihr nähert. Von den gelegentlich auftretenden gescheckten Amseln durch *grauen Fleck auf dem geschlossenen Flügel* zu unterscheiden.

STIMME: Ein amselartiges, aber schnarrenderes Schimpfen „tack-tack-tack". Gesang aus ein paar doppelten oder dreifachen Rufen bestehend, etwa „tschere", „tschiwi", „ti-tscho-o" usw., die 3–4mal wiederholt werden (zwischen Pausen), und mit eingestreuten gackernden Lauten, etwas an Singdrossel erinnernd, aber weniger klangschön und abgehackter.

VORKOMMEN: Nördliche Rasse, *T. t. torquatus,* meist über 300 m hoch in Bergmooren zwischen Heide, Wacholder, Felsen, oft an Wegen oder Flüssen. Die Rasse *T. torquatus alpestris* mit deutlicheren hellen Federsäumen nistet in einigen höheren Gebirgen Süd- und Mitteleuropas, vor allem in der Knieholzzone der Alpen von 1000 m an aufwärts, gewöhnlich auf Nadelbäumen niedrig über dem Boden. Verbreitungskarte S. 270.

← *Ringdrossel*
Teilzieher. Hat in Dänem. gebrütet. Von Zeit zu Zeit in Italien überwinternd. Umherstreifend Färöer

Amsel →
Teilzieher

Amsel *Turdus merula*   **53, 72 E**
E - Blackbird   F - Merle noir   I - Merlo
H - Merel   S - Koltrast   Sp - Mirlo común

KENNZEICHEN: 25,5 cm. ♂ *ganz schwarz mit leuchtend orangegelbem Schnabel und Augenring.* ♀ oben einfarbig dunkelbraun, unten heller braun mit hellerer, gefleckter Kehle und braunem Schnabel. Juv. rötlicher braun und deutlich gefleckt. ♂ im ersten Lebensjahr haben schwarzbraune statt schwarzer Schwingen und schwärzlichen Schnabel, der erst von Januar des 2. Kalenderjahres an gelb wird. Die gelegentlich auftretenden teilalbinotischen ♂ unterscheiden sich von der Ringdrossel durch Fehlen des hellen Flügelfeldes und die Stimme. Zur Nahrungssuche auf dem Boden. Beim Landen wird der Schwanz aufgestellt und gefächert, und die Flügel werden hängen gelassen.

STIMME: Ein schrilles Zetern, wenn der Vogel aufgejagt wird; ein beharrliches lärmendes „tschink, tschink, tschink"; ängstlich „tschuk"; dünn „tsih" usw. Gesang ein getragenes, lautes und melodisches Flöten, leicht vom Singdrossellied zu unterscheiden durch langsamen, fließenden Vortrag, das *Fehlen sich wiederholender Motive* und das charakteristische Schlußstück aus schwächeren, gepreßten oder schirkenden Tönen.

VORKOMMEN: Wälder, Hecken, Gärten, Parkanlagen, häufig in Dörfern und Städten. Nistet in Hecken, Holzstößen, an Schuppen, niedrig und in mäßiger Höhe auf Bäumen usw. Verbreitungskarte S. 270.

Wanderdrossel *Turdus migratorius*   **53**
E - American Robin   F - Merle migrateur   I - Tordo migratore
H - Roodborstlijster   S - Vandringstrast   Sp - Robín americano
                              N.A. - Robin

KENNZEICHEN: 25,5 cm. Im Charakter wie Amsel, mit *einfarbig ziegelroter Brust,* dunkelgrauem Kopf und Rücken, *auffallendem weißem Abzeichen ums Auge* und weißen Spitzen der äußeren Schwanzfedern. Kinn weiß, schwarz gestreift. Schnabel gelb. Geschlechter ähnlich, aber ♂ mit schwärzerem Kopf. Siehe auch Naumann-, Rotkehl- und Weißbrauendrossel.

STIMME: Amselartig; Gesang zwei- oder dreisilbige, durch Pausen getrennte Motive.

VORKOMMEN UND VERBREITUNG: Wälder, offenes Gelände mit Büschen, Alleen, Gärten usw. Brutvogel in Nordamerika. Als Irrgast in Irland, Großbritannien, Deutschland (6mal), Frankreich, Belgien, Österreich, Tschechoslowakei und Jugoslawien.

Weißbrauendrossel *Turdus obscurus*   **53**
E - Eye-browed Thrush   F - Grive obscure   I - Tordo oscuro
H - Vale lijster   S - Vitbrynad trast   Sp - Zorzal rojigris

KENNZEICHEN: 19 cm. Zu beachten die Verbindung von *grauer* Vorderbrust und *orangegelblichen* Brustseiten und Flanken. Olivbraune Oberseite mit gräulichem Scheitel, *auffallender weißer Überaugenstreif* und breiter weißer Fleck unter dem Auge bis zum Kinn. ♀ matter.

STIMME: Gedehnt „sih" und singdrosselähnlich „tacktack". Gesang flötend, eintönig und kurz.

VORKOMMEN UND VERBREITUNG: Brutvogel in Mittel- und Ostsibirien;

zur Brutzeit Nadelwaldbewohner, gern in der Nähe von Gewässern. Umherstreifende bis Norwegen, Großbritannien, Belgien, Frankreich, Italien; in Deutschland etwa 20mal nachgewiesen.

Rotdrossel *Turdus iliacus*   **53, 72 E**

E - Redwing	F - Grive mauvis	I - Tordo sassello
H - Koperwiek	S - Rödvingetrast	Sp - Zorzal malvís

KENNZEICHEN: 21 cm. Die kleinste unserer gewöhnlichen Drosseln. Ähnelt der Singdrossel, aber von dieser durch *auffallenden rahmfarbenen Überaugenstreif, satt kastanienbraune Flecken, gestreifte* (nicht gefleckte) Brust und Flanken und im Fluge durch *kastanienbraune* (nicht rahmgelbliche) Unterflügel unterschieden. Gesellig, durchstreift im Winter gemeinsam mit Wacholderdrosseln das Land. Siehe auch die seltene Rostflügeldrossel.

STIMME: Der bezeichnende Ruf (oft vom nächtlich ziehenden Vogel zu hören) ist ein dünnes „zieh"; auch ein rauhes „tschittak". Der Gesang wechselt lokal sehr stark; ein wiederholtes Motiv von 4–6 Flötentönen, die abfallen oder aufsteigen, typisch etwa „trü-trü-trü-trü-tri", auf das ein halblautes Zwitschern folgt.

VORKOMMEN: Im Winter im offenen Gelände und in lichten Wäldern. Nistet auf Baumstümpfen, Holzstapeln, Bäumen oder Büschen, am Boden usw. in lichten Wäldern und sumpfigem Gelände, oft am Rande von Wacholderdrosselkolonien. Verbreitungskarte S. 272. (Früher *T. iliacus*, später lange Zeit *T. musicus* genannt; neuerdings legte die Internationale Nomenklatur-Kommission den Namen *iliacus* für die Art fest.)

Singdrossel *Turdus philomelos*   **53, 72 E**

E - Song Thrush	F - Grive musicienne	I - Tordo
H - Zanglijster	S - Taltrast	Sp - Zorzal común

KENNZEICHEN: 23 cm. Ein braunrückiger Vogel mit gefleckter Brust. Von Mistel- und Wacholderdrossel durch viel geringere Größe, einfarbig *braune* Oberseite und gelblich rahmfarbene, mit *kleinen* dunklen *Flecken* übersäte Brust und Flanken unterschieden, von der Rotdrossel durch *Fehlen von Kastanienbraun an Flanken und Unterflügeln* und durch Fehlen eines hervortretenden Überaugenstreifs. Unterflügel *gelblich*

← *Singdrossel* Teilzieher. Zuweilen in Südschweden überwinternd. Umherstreifend Färöer

Rotdrossel → Teilzieher. Hat auch in Belgien, Deutschland, Österreich, ČSR (wo einige überw.) gebrütet

rahmfarben. Zur Nahrungssuche oft am Boden im offenen Gelände; rennt ruckweise.

STIMME: Laut „dack" oder „gick", das bei Alarm oft schnell wiederholt wird; Flugruf scharf „zipp" („Zippe"). Gesang laut und feurig, mit kurzen, ein- bis dreisilbigen, wechselreichen Motiven, deren jedes 2- *bis 4mal* zwischen kurzen Pausen *wiederholt* wird.

VORKOMMEN: In der Nachbarschaft menschlicher Siedlungen, in Parkanlagen und Wäldern. Nistet in Büschen, Hecken, Efeu usw., gelegentlich an Gebäuden. Verbreitungskarte S. 272.

(Wurde früher *Turdus musicus,* später *T. philomelos,* dann *T. ericetorum* genannt; jetzt wurde durch eine Entscheidung der Internationalen Nomenklatur-Kommission *philomelos* als Artname festgelegt.)

Zwergdrossel *Turdus ustulatus*[1] 66

E - Olive-backed Thrush   F - Grive petite   I - Tordo di Swainson
H - Dwerglijster   S - Gråbrun dvärgtrast   Sp - Zorzal ustulado

KENNZEICHEN: 18 cm. Ähnelt einer sehr kleinen Singdrossel mit *gelbbräunlichem Augenring und gelbbräunlicher Färbung von Wangen und Kehle.* Diese Merkmale unterscheiden sie von der sehr ähnlichen Grauwangendrossel (siehe Irrgäste, S. 333). Vorderbrust gelbbräunlich, dunkel gefleckt; schwache Fleckung auch an den Körperseiten; Unterseite sonst weiß; Rücken und Bürzel olivbraun. Schnabel schwärzlich, Füße blaß bräunlich. Lebt scheu und zurückgezogen im Unterholz, zeigt sich aber auch gelegentlich in den Baumwipfeln. Zur Nahrungssuche hauptsächlich auf dem Erdboden, gelegentlich auch nach Fliegenschnäpperart fliegende Insekten fangend.

STIMME: Ein hohes, nicht sehr lautes *„whit".* Gesang wohlklingend, aus ansteigenden, flötenden Motiven bestehend.

VORKOMMEN UND VERBREITUNG: Zur Zugzeit auf Waldlichtungen, in Gärten und feuchten Waldbeständen. Brütet in feuchten Nadelwaldungen, stellenweise auch im Mischwald. Irrgast auf Nordamerika in Irland, Frankreich, Belgien, Deutschland (zweimal: Helgoland und Reinbek bei Hamburg), Österreich, Italien.

Papageischnäbel: *Paradoxornithidae*

Dichtes Gebüsch oder Röhricht bewohnende Singvögel mit mehr oder weniger gedrungenem, kräftigem Schnabel. Nester napfförmig. Im Himalajagebiet und Ostasien, nur eine abweichende Art in Europa. Von manchen Autoren mit den Timalien oder Drosselmeisen (Timaliidae), von anderen mit den Schwanzmeisen (s. unten) vereinigt.

Bartmeise *Panurus biarmicus* ✳ 52

E - Bearded Tit   F - Mésange à moustaches   I - Basettino
H - Baardmees   S - Skäggmes   Sp - Bigotudo

KENNZEICHEN: 16,5 cm. Gekennzeichnet durch *zimtbraune Oberseite, lan-*

---

[1] Oft mit Grauwangen- und Einsiedlerdrossel (s. S. 333) u. a. in besonderer Gattung *Catharus* getrennt, was aber nur bei noch weiterer Aufteilung der Gattung *Turdus* sinnvoll erscheint.

gen zimtbraunen Schwanz und rötlichgraue Unterseite. ♂ mit aschgrauem Kopf, *breiten schwarzen „Bartstreifen"* und auffallenden *schwarzen Unterschwanzdecken.* ♀ heller mit bräunlichem Kopf, ohne Bartstreifen und ohne Schwarz. Juv.: Rücken, Flügeldecken und Schwanzseiten dunkel. Flug schwirrend mit deutlich gespreiztem Schwanz. Geschickter Kletterer im Röhricht.

STIMME: Ein bezeichnendes näselndes „ping-ping", ferner ein schnurrendes „tschirr" usw.

VORKOMMEN: Ausgedehnte und einsame Rohrdickichte. Nistet tief am Grunde des Röhrichts nahe am Wasser. Verbreitungskarte S. 274.

Schwanzmeisen: *Aegithalidae*

Kleine, langschwänzige Vögel mit kurzem Schnabel; den Papageischnäbeln nahestehend und von einigen Autoren mit diesen in einer gemeinsamen Familie (Aegithalidae) vereinigt, bauen aber geschlossene Nester.

Schwanzmeise   *Aegithalos caudatus*   **52, 68 E**

E - Long-tailed Tit   F - Mésange à longue queue   I - Codibugnolo
H - Staartmees   S - Stjärtmes   Sp - Mito

KENNZEICHEN: 14 cm (einschließlich des knapp 8 cm langen Schwanzes). Unverkennbar durch *schwärzlich-weißlich-rötliches Gefieder, den langen, gestuften Schwanz* und den bezeichnenden Ruf. Die britische Rasse, *Ae. c. rosaceus,* und die west- und südeuropäischen Rassen haben weißen Kopf mit breitem schwärzlichem, bei der sizilianischen Rasse, *Ae. c. siculus,* braunem Streifen über dem Auge; Oberseite rötlich und schwarz gemischt, bei einigen südeuropäischen Rassen grau; unten weißlich, Flanken und Bauch rosenrötlich; Flügel und Schwanz schwarz, äußere Schwanzfedern rein weiß. Juv. mit dunklen Kopfseiten; ohne rötliche Färbung. Die nördliche Rasse *Ae. c. caudatus* hat Kopf, Hals und Unterseite rein weiß. Sie kommt in Nordeuropa und auch in Ostpreu-

← *Bartmeise*
Brütet auf Norderney, zerstreut im deutschen Binnenland und in Belgien. Wandert im Winter. Umherstr. Dänemark, Belgien, Schweiz, Finnland

Schwanzmeise →
Teilzieher

ßen vor, in Westdeutschland dagegen die meist streifenköpfige Rasse *Ae. c. europaeus*, die nach Osten hin in den stets weißköpfigen *Ae. c. caudatus* übergeht. Ein rastloser Zweigturner.

STIMME: Ein wiederholtes schnurrendes „tserrrp" und ein feines „si-si-si". Gesang (selten zu hören) ein Gemisch aus Lockrufen und schnellen „si-si-siu".

VORKOMMEN: Wälder mit Unterholz, Weidenpflanzungen, Parkanlagen, Obstgärten usw. Baut eiförmiges, geschlossenes Moosnest, gewöhnlich niedrig in Dornen, Gebüsch oder Brombeergestrüpp, gelegentlich hoch in Bäumen. Verbreitungskarte S. 274.

Beutelmeisen: *Remizidae*

Kleine Singvögel mit spitzem Schnabel. Von fraglicher Verwandtschaft, weder den Meisen noch den Schwanzmeisen besonders nahe stehend. Die meisten Arten bauen höchst kunstvolle Nester; eine Art ist Höhlenbrüter.

Beutelmeise *Remiz pendulinus*   52

E - Penduline Tit   F - Rémiz penduline   I - Pendolino
H - Buidelmees   S - Pungmes   Sp - Pájaro moscón

KENNZEICHEN: Knapp 11 cm. Leicht zu erkennen: Kopf und Kehle auffallend grauweiß mit *breitem schwarzen Fleck übers Gesicht*. Rücken *kastanienbraun;* Bauch rahmfarben. Juv. hauptsächlich hell aschbraun, ohne schwarze oder kastanienbraune Abzeichen.

STIMME: Vernehmlich und gedehnt „sih", an Rohrammer erinnernd; als Stimmfühlungslaut ein dünnes „tsi-tsi-tsi".

VORKOMMEN: Sumpfgebiete, Dickichte an Deichen usw., aber lokal auch in trockenem Gelände. Baut eiförmige, geschlossene Nester mit Einflugröhre, die an den Außenzweigen von Büschen und Bäumen oder im Ried aufgehängt sind. Verbreitungskarte S. 275.

← *Beutelmeise*
Hat i. Westdeutschland u. der Schweiz gebrütet. Wandert im Winter; offenbar dann in Teilen Mittel- u. Südosteuropas abwesend. Umherstr. Finnland

Haubenmeise →
Vorw. Jahresvogel

Meisen: *Paridae*

Kleine, rundliche, kurzschnäbelige Vögel, die bei der Nahrungssuche an den Zweigen umherturnen. Geschlechter im allgemeinen gleich, juv. matter gefärbt. Höhlenbrüter. Die meisten Meisen streifen im Winter in gemischten Schwärmen umher.

Haubenmeise *Parus cristatus*   52, 68 E

E - Crested Tit   F - Mésange huppée   I - Cinia col ciuffo
H - Kuifmees   S - Tofsmes   Sp - Herrerillo capuchino

KENNZEICHEN: 11,5 cm. Leicht an der *sehr auffallenden, schwarzweiß gesprenkelten Haube und der bezeichnenden Stimme* zu erkennen. Gesicht weißlich mit schwarzem Streif, der sich vom Auge nach hinten um die Wange biegt, mit schmalem, schwarzem Halsband und Kehllatz. Oberseite warm gräulichbraun, Unterseite weißlich mit rahmfarbenen Flanken. Bei der Nahrungssuche manchmal wie Baumläufer an Baumstämmen kletternd. Weniger gesellig als die meisten anderen Meisen.

STIMME: Ein kurzes, lockeres Schnurren „gür-r-r". Auch ein wiederholtes, hohes, dünnes „zi-zi", das oft dem „gür-r-r" vorausgeht.

VORKOMMEN: Nadelwälder, hier und da Mischwälder, Buchenbestände und nadelholzreiche Parkanlagen, in Spanien Korkeichenwälder. Nistet in Höhlen morscher Bäume, Zaunpfähle usw. Verbreitungskarte S. 275.

Sumpfmeise *Parus palustris*   52, 68 E

E - Marsh Tit   F - Mésange nonnette   I - Cincia bigia
H - Glanskopmees   S - Entita   Sp - Carbonero palustre

KENNZEICHEN: 11,5 cm. Kopfkappe und Kehle schwarz. Im Gegensatz zur Tannenmeise *ohne weißen Nackenfleck,* ohne Flügelbinden und mit braunerer Oberseite; von der sehr ähnlichen Weidenmeise durch *glänzend* schwarzen (anstatt rußschwarzen) Scheitel, durch *Fehlen eines lichten Fleckes auf dem geschlossenen Flügel* und den bezeichnenden Lockruf unterschieden. Wangen und Unterseite matt gräulich-weiß. Juv. oben grauer mit matt rußschwarzem Scheitel, nicht von der jungen

← *Sumpfmeise*
Vorw. Jahresvogel.
Umherstr. Finnland

Weidenmeise →
Vorw. Jahresvogel

Weidenmeise zu unterscheiden. Im Winter in gemischten Meisenschwärmen selten mehr als zwei beieinander.

STIMME: Äußerst bezeichnend. Laut „pistjä" u. ä., ferner zeternd „zjä-dädä", die einzelnen Töne kurz, lange nicht so breit und gedehnt wie bei der Weidenmeise. Imponiergesang ähnlich dem der Weidenmeise; Reviergesang einförmig klappernd, etwa „zje-zje-zje . . .", oft variiert, vielfach an Klappergrasmücke erinnernd.

VORKOMMEN: Laubwälder, Hecken, Dickichte usw., seltener in Gärten. Ohne besondere Vorliebe für Sümpfe. Nistet in vorhandenen Baumhöhlen. Verbreitungskarte S. 276.

Weidenmeise *Parus montanus* 52, 68 E

E - Willow Tit	F - Mésange boréale	I - Cincia boreale
H - Matkopmees	S - Talltita	Sp - Carbonero sibilino
	N.A. - Black-capped Chickadee (für *P. atricapillus*)	

KENNZEICHEN: 11,5 cm. Sehr ähnlich der Sumpfmeise, aber von dieser durch matte, rußschwarze Kopfplatte, *hellen*, durch die lichten Säume der Armschwingen erzeugten *Flügelfleck* (im Sommer weniger gut sichtbar) und durch *bezeichnenden Lockruf* unterschieden. Flanken dunkler rahmfarben als bei der Sumpfmeise und der schwarze Kehllatz gewöhnlich etwas ausgedehnter; juv. ununterscheidbar. Die nördlichen Rassen *P. m. borealis* und *P. m. loennbergi* sind heller, mit rein weißen Kopfseiten, vor allem die letztere mit grauerem, weniger braunem Rücken. Die Weidenmeise ist vielleicht nicht artlich verschieden von dem nordamerikanischen *Parus atricapillus*.

STIMME: Lock- und Warnruf ein *breites, gedämpftes „däh"*. Imponiergesang ein buntes Gemisch von kurzen, summenden und pfeifenden Tönen; Reviergesang (Balzpfiff) des ♂ (vor allem im Frühjahr) Reihen etwas absinkender heller Pfeiflaute, etwa „zjü-zjü-zjü-zjü", bei der Alpenrasse abweichende Reihe auf gleicher Höhe bleibender Töne.

VORKOMMEN: Liebt mehr als die Sumpfmeise die sumpfigen Dickungen, wo sie faule Baumstümpfe finden kann, aber auch Eichen-Birkenwald, Mischwald usw. Zimmert sich ihre Nisthöhle in morschen Erlen, Birken, Weiden usw. In den Alpen bis zur Knieholzzone aufwärts werden die mitteleuropäischen Rassen *P. m. salicarius* und *P. m. rhenanus*, die einander äußerst ähnlich sind, durch eine größere Rasse (die Alpenmeise, *P. m. montanus*) vertreten. Verbreitungskarte S. 276.

Trauermeise *Parus lugubris* 52, 68 E

E - Sombre Tit	F - Mésange lugubre	I - Cincia dalmatina
H - Rouwmees	S - Sorgmes	Sp - Carbonero lúgubre

KENNZEICHEN: 14 cm. Wie Weidenmeise gezeichnet, aber viel größer, Seiten dunkler und Schnabel für eine Meise sehr kräftig, wodurch die Gestalt kohlmeisenartig wirkt. *Scheitel und Nacken rußig bräunlichschwarz* (beim ♀ mehr schokoladenbraun). Oberseite graubraun, *Gesicht und Halsseiten weißlich,* Unterseite matt weißlich mit gräulichbraunen Flanken und großem, schwarzem Kehlfleck. Verhalten wie Kohlmeise, vereinigt sich aber im Winter selten zu gemischten Trupps.

STIMME: Ein kennzeichnendes „sirrah", ein ziemlich tiefes Zetern und kohlmeisenartige Rufe.

VORKOMMEN: Tiefebenen und Berghänge mit Mischwäldern und anstehendem Felsen. Nistet in Baumhöhlen, gelegentlich zwischen Felsen. Verbreitungskarte S. 278.

Lapplandmeise *Parus cinctus*   52, 68 E

E - Siberian Tit   F - Mésange laponne   I - Cincia siberiana
H - Bruinkopmees   S - Lappmes   Sp - Carbonero lapón

KENNZEICHEN: 13,5 cm. Von bezeichnendem *„staubigem" und flaumigem Aussehen,* ganz unähnlich der „sauberen" Färbung der meisten Meisen. Scheitel und Nacken *düster braun,* Oberseite heller, matt rostbräunlich; Gesicht und Unterseite schmutzig weiß, mit rotbräunlichen Flanken und rußschwarzem Kehlfleck, der undeutlich gegen die helle Brust begrenzt ist. Juv. sieht „sauberer" aus. Leicht von der kleineren Sumpf- und Weidenmeise an der deutlich braunen Kopfplatte zu unterscheiden. Weniger lebhaft als andere Meisen.
STIMME: Ähnlich Weidenmeise; u. a. ein langgezogenes „dih", das 4- bis 5mal wiederholt wird.
VORKOMMEN: Fast ausschließlich Birkenwälder oder mit Birken gemischte Nadelwälder. Nistet in alten Spechthöhlen oder in das weiche Holz abgestorbener Baumstämme gemeißelten Höhlen. Verbreitungskarte S. 278.

Blaumeise *Parus caeruleus*   52, 68 E

E - Blue Tit   F - Mésange bleue   I - Cinciatella
H - Pimpelmees   S - Blåmes   Sp - Herrerillo común

KENNZEICHEN: 11,5 cm. Die einzige Meise, bei der *Scheitel, Flügel und Schwanz lebhaft blau* gefärbt sind. Unterseite gelb mit kleinem, schwärzlichem Mittelfleck; Kopfseiten weiß mit schwarzem Augenstrich und schwarzer Begrenzung gegen das blauschwarze Kinn; Scheitel weiß eingefaßt, weißer Nackenfleck; grünlicher Rücken. Juv. mit grünlichbrauner Oberseite und gelben Wangen. Verhalten wie Kohlmeise.
STIMME: Verschiedene Lockrufe „tsi-tsi-tsi-tsit" usw. und rauh schimpfend und ansteigend „zerretetet". Gesang beginnt mit „zi-zi", dem ein langer, perlender Triller folgt.
VORKOMMEN: Wie Kohlmeise. Verbreitungskarte S. 279.

← *Trauermeise*
Jahresvogel. Umherstreifend Italien

Lapplandmeise →
Vorw. Jahresvogel

Lasurmeise   *Parus cyanus*   **52, 68 E**

E - Azure Tit   F - Mésange azurée   I - Cincia azzurra
H - Azuurmees   S - Azurmes   Sp - Herrerillo ciáneo

KENNZEICHEN: 13,5 cm. Ähnlich einer weißlichen Blaumeise mit ziemlich langem Schwanz. Gekennzeichnet durch *schneeweißen Kopf* mit dunkelblauem Augenstreif bis zum Hinterkopf, graublaue Oberseite, weiße Unterseite mit kleinem blauem Streif oder Fleck an der Brust, durch ein *breites weißes umgekehrtes „V"* im dunklen Flügel und durch auffallendes Weiß an den äußeren Schwanzfedern. Juv. mit grauem Scheitel und oben grauer.

STIMME: Lockruf schwanzmeisenartig tief „tsirr"; bei Alarm laut „tscherpink".

VORKOMMEN UND VERBREITUNG: Bäume (vorzugsweise Weiden) und Büsche an Strom- und Flußufern und Teichen. Brutvogel in Rußland. Umherstreifende bis Mitteleuropa, westwärts bis Schweden, Holland und Frankreich. Etwa 10mal in Deutschland nachgewiesen.

Kohlmeise   *Parus major*   **52, 68 E**

E - Great Tit   F - Mésange charbonnière   I - Cinciallegra
H - Koolmees   S - Talgoxe   Sp - Carbonero común

KENNZEICHEN: 14 cm. Die größte der allgemein verbreiteten Meisen. Hals und Kopf glänzend blauschwarz mit weißen „Wangen"; Unterseite *gelb mit schwarzem Längsband in der Mitte* (das beste Kennzeichen). Rücken grünlich, Flügel, Schwanz blaugrau. Juv. mit bräunlichem Scheitel und gelblichen Wangen. Baumvogel, Zweigturner.

STIMME: Die wechselreichste der Meisen: buchfinkähnlich „pink, pink" („Finkmeise"), nasal und sumpfmeisenähnlich „dzä, dzä", scheltend und blaumeisenähnlich, aber härter „trärretetet" usw. Der Gesang ist das in zwei- oder dreisilbigen Varianten zu hörende „Läuten" im Frühling: „zizibäh-zizibäh-zizibäh", bald auf der letzten, bald auf der vorletzten Silbe betont. Ahmt gelegentlich andere Vögel nach.

VORKOMMEN: Laub- und Mischwälder, Hecken, Gärten. Nistet in Höhlen von Bäumen, Mauern, in Abzugsrohren, Nisthöhlen usw. Verbreitungskarte S. 279.

← *Blaumeise*
Teilzieher im nördlichen Teil des Verbreitungsgebietes

Kohlmeise →
Teilzieher im nördlichen Teil des Verbreitungsgebietes

Tannenmeise *Parus ater*   52, 68 E

E - Coal Tit	F - Mésange noire	I - Cincia mora
H - Zwarte mees	S - Svartmes	Sp - Carbonero garrapinos

KENNZEICHEN: Knapp 11 cm. Etwas kleiner als Blaumeise. Die einzige
schwarzköpfige Meise mit *auffallendem weißem Nackenfleck.* Kopfseiten bei den europäischen Rassen weiß oder weißlich; Kinn bis Vorderbrust schwarz; Oberseite je nach den Rassen bläulichgrau bis olivgrau
mit schmaler doppelter weißer Flügelbinde; Unterseite gelblich (bei der
irischen Rasse *P. a. hibernicus)* bis weißlich mit rahmfarbenen Flanken.
Juv. mit gelblichen Wangen, gelblicher Unterseite und gelblichem Nak-
kenfleck. Weniger aufdringlich als Kohlmeise.

STIMME: Klar und dünn „tsi", auch dünn „sissi-sissi-sissi". Einige Rufe
sehr goldhähnchenähnlich. Gesang ein wiederholtes und rhythmisches
„wize-wize-wize", schneller und weniger derb als ähnliche Rufe der
Kohlmeise.

VORKOMMEN: Vorzüglich Nadelwälder. Nistet in Höhlen von Böschungen
und Baumstümpfen, gewöhnlich nahe am Boden. Verbreitungskarte
S. 280.

Spechtmeisen: *Sittidae*

Die *Spechtmeisen* erinnern an kleine Spechte, haben kräftige Schnäbel und
große Füße, klettern an Bäumen (oder Felsen) aufwärts und abwärts,
ohne den Schwanz als Stütze zu benutzen. Geschlechter einander ähnlich
gefärbt. Höhlenbrüter.

Felsenkleiber *Sitta neumayer*   51, 68 E

E - Rock Nuthatch	F - Sittelle des rochers	I - Picchiotto rupestre
H - Rotsklever	S - Klippnötväcka	Sp - Trepador rupestre

KENNZEICHEN: 14 cm. Von anderen Kleibern durch seinen Aufenthalt
sehr unterschieden, da er an nackten Felsen lebt, gelegentlich aber auch
auf Bäumen sitzt. Einem *sehr blassen* Kleiber ähnlich, mit *weißlicher*
Unterseite, *bräunlich-gelblichen* (nicht kastanienbraunen) Flanken und

← *Tannenmeise*
Teilzieher im nörd-
lichen Teil des Ver-
breitungsgeb. Fehlt
in Apulien

Felsenkleiber →
Jahresvogel

Unterschwanzdecken und grauem Schwanz *ohne weiße Abzeichen.* Bewegungen wie Kleiber.

STIMME: Schrill und hoch, sehr abwechslungsreich, aber nicht so vollklingend wie die des gewöhnlichen Kleibers. Gesang ein schnelles, abfallendes Trillern wie *„sia, sia, sia".*

VORKOMMEN: Felsschluchten, Berghänge, Klippen. Nistet in Höhlen und Spalten von Felsen, verklebt den Eingang so mit Schlamm, daß sich eine kurze Einschlupfröhre bildet. Verbreitungskarte S. 280.

Kleiber *Sitta europaea*   51, 68 E

E - Nuthatch   F - Sittelle torchepot   I - Picchio muratore
H - Boomklever   S - Nötväcka   Sp - Trepador azul

KENNZEICHEN: 14 cm. Ein untersetzter, lebhafter Baumkletterer mit starkem, spitzem Schnabel. Gekennzeichnet durch *blaugrauen Scheitel und blaugraue Oberseite, rahmgelbe Unterseite mit kastanienbraunen Flanken,* durch weiße Wangen und Kehle und kräftigen schwarzen Augenstreif. Juv.: Kopf weiß gestrichelt. Klettert an Baumstämmen ruckweise in jeder Richtung und sogar *abwärts.* Hämmert auf in die Rinde geklemmte Nüsse. Der Schwanz wird beim Klettern *nicht* als Stütze benutzt. Die skandinavische Rasse, *S. eu. europaea,* ist unterseits weiß. Siehe auch Felsenkleiber.

STIMME: Ein lautes, metallisches „twiht, twiht, twiht", ein wiederholtes „tsit", ein trillerndes „tsirrr" usw. Gesang ein wiederholtes lautes „tüh", ein langes trillerndes „qui-qui – qui-qui . . ." usw.

VORKOMMEN: Alte Laubbäume in Wäldern, Parkanlagen und Gärten. Nistet in Baumhöhlen, gelegentlich in Mauerlöchern, Nistkästen usw., verklebt zu große Höhleneingänge mit Lehm und verengt so den Einschlupf. Verbreitungskarte S. 282.

Korsenkleiber *Sitta whiteheadi*   51

E - Corsican Nuthatch   F - Sittelle corse   I - Picchio muratore corso
H - Zwartkopboomklever   S - Korsikansk nötväcka   Sp - Trepador corso

KENNZEICHEN: 12 cm. Viel kleiner als unser Kleiber. Gekennzeichnet durch *schwarzen* Scheitel und breiten Augenstreif sowie durch einen *breiten, scharf begrenzten Überaugenstreif.* Unterseite schmutzig *weißlich.* ♀ matter mit schiefergrauem Scheitel.

STIMME: Nasaler und gedämpfter als Kleiber; ein feines „pupupupu", ein lauteres ansteigendes „pui"; weniger häufig ist ein lautes „qui, qui, qui", dünner als der ähnliche Ruf des Kleibers.

VORKOMMEN UND VERBREITUNG: Auf die Gebirgswaldungen und Haine Korsikas beschränkt. Zimmert Nisthöhlen in verrotteten Bäumen.

Mauerläufer: *Tichodromadidae*

Diese Familie besteht aus nur einer, auf die Hochgebirge Europas und Asiens beschränkten Art, deren verwandtschaftliche Beziehungen noch ungeklärt sind.

Mauerläufer   *Tichodroma muraria*   **51, 68 E**

E - Wall Creeper   F - Tichodrome échelette   I - Picchio muraiolo
H - Rotskruiper   S - Murkrypare   Sp - Treparriscos

KENNZEICHEN: 16,5 cm. Zu erkennen an dem *leuchtenden Rot* auf den schwärzlichen, runden Flügeln. Oberseite grau, Schwanz kurz und Schnabel lang, dünn und gebogen. Mit *großen weißen Flecken* an den Rändern von Schwingen und Schwanz. Kehle und Brust beim ♂ im Sommer schwarz, im Winter weißlich; beim ♀ ebenfalls im Winter weiß, im Sommer mit schwarzem Brustfleck oder ohne solchen. Bewegt sich stoßweise, schmetterlingsartig flatternd und rüttelnd; schlägt bei der Nahrungssuche an Felswänden ständig mit den sehr breiten Schwingen. Juv. wie ad. im Winter, aber bräunlich, mit geradem Schnabel.

STIMME: Dünn pfeifend „tih, tiü, itië" u. ä. in aufsteigender Tonfolge. Gesang laut und wohltönend „zizizitüi"; singt gewöhnlich beim Klettern.

VORKOMMEN: Felsschluchten, Klippen, Ruinen. Nistet in tiefen Felsspalten, gelegentlich an Gebäuden, gewöhnlich von etwa 1800 m an bis zur Schneegrenze; überwintert in Felstälern und an Bergsockeln. Verbreitungskarte S. 282.

Baumläufer: *Certhiidae*

Lebhafte kleine Vögel mit langem, schlankem, gebogenem Schnabel. Man sieht sie gewöhnlich an Baumstämmen aufwärts rutschen. Geschlechter gleich aussehend. Nest in Baumspalten.

Waldbaumläufer   *Certhia familiaris*   **51, 68 E**

E - Tree Creeper   F - Grimpereau des bois   I - Rampicchino alpestre
H - Kortsnavelboomkruiper   S - Trädkrypare   Sp - Agateador norteño
                            N.A. - Brown Creeper

KENNZEICHEN: Unter 13 cm. Ein zierlicher, *brauner* Baumkletterer. Von Spechten und Kleibern leicht an der geringen Größe, am *dünnen, ge-*

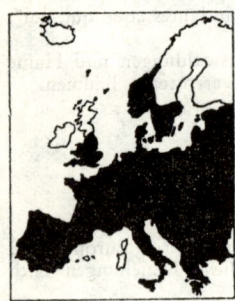

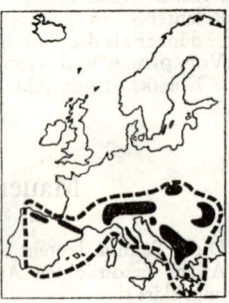

← *Kleiber*
Jahresvogel. Umherstreif. Finnland

Mauerläufer →
Teilzieher. Umherstreif. bis Finnland, England, Malta

bogenen Schnabel und bezeichnenden Verhalten zu unterscheiden. Oberseite braun mit rahmfarbenen Streifen; Unterseite silbrig weiß. Klettert in Spiralen ruckweise an Stämmen hoch und preßt dabei den steifen Schwanz als Stütze gegen die Rinde. Streift im Winter mit Meisen umher.

STIMME: Dünn und hoch „srih" oder „tsit". Gesang etwas an Zaunkönig und Blaumeise erinnernd, eine längere, abfallende und zum Schluß meist wieder ansteigende Strophe aus zartem Gezwitscher, kurzen Pfeiftönchen und blaumeisenartigen Trillerchen.

VORKOMMEN: Wälder, Parkanlagen und Gärten mit großen Bäumen. Nistet hinter abstehender Rinde, in Baumspalten, hinter Efeu usw. Zieht in Südeuropa und in Teilen Mitteleuropas Gebirgswälder vor und meidet das Tiefland. Verbreitungskarte S. 283.

Gartenbaumläufer *Certhia brachydactyla* **51, 68 E**

E - Short-toed Tree Creeper   F - Grimpereau des jardins   I - Rampicchino
H - Boomkruiper   S - Kortkload trädkrypare   Sp - Agateador común

KENNZEICHEN: Im Felde nicht immer sicher vom Waldbaumläufer zu unterscheiden, es sei denn an *Stimme* und *Verbreitung,* aber am Bürzel weniger rostfarben und mit *bräunlicheren Flanken* (ein ziemlich gutes feldornithologisches Kennzeichen). Überaugenstreif weniger deutlich; Stirn weniger deutlich gefleckt. Schnabel gewöhnlich etwas länger und mehr gebogen und die Krallen kürzer als beim Waldbaumläufer.

STIMME: Ein kräftiges, hohes „ti", einzeln oder gereiht. Mitunter „srrieh", ähnlich Waldbaumläufer, aber schärfer. Gesang recht verschieden von dem des Waldbaumläufers, kürzer, ohne die dünnen, hohen Töne, ein rhythmisches „tüt, tüt, tütteroittitt".

VORKOMMEN: Gärten, Parkanlagen, Obstwiesen, Auwälder, meidet dichte Waldungen. In Südeuropa ist der Waldbaumläufer gewöhnlich auf Gebirge beschränkt, wogegen der Gartenbaumläufer von 1500 m bis hinab zur Meereshöhe vorkommt. Verbreitungskarte S. 283.

←*Waldbaumläufer*
Vorw. Jahresvogel

Gartenbaum- →
läufer
Vorw. Jahresvogel.
Hat in England u.
Dänemark gebrütet

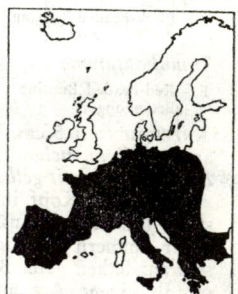

Ammern: *Emberizidae*

Die Ammern sind eine hauptsächlich amerikanische Familie, die in mehrere, z. T. auffallend verschiedene, aber durch vermittelnde Gattungen verbundene Unterfamilien zerfällt. Sie stehen einerseits den Stärlingen (s. S. 337), andererseits den Finken und Sperlingen nahe. Wie fast alle nichtamerikanischen Ammern gehören die in Europa lebenden Arten zur Unterfamilie der Altweltammern; es sind körnerfressende Singvögel mit kurzem, am Grunde dickem Schnabel mit Gaumenhöcker und mehr oder weniger stark geschweiften Schneiden. ♂ der meisten Arten lebhaft gefärbt oder auffällig gezeichnet. Nisten in Bäumen, Büschen, am Erdboden oder in Spalten.

Grauammer *Emberiza calandra*   64, 74 E

| E - Corn Bunting | F - Bruant proyer | I - Strillozo |
| H - Grauwe gors | S - Kornsparv | Sp - Triguero |

KENNZEICHEN: Knapp 18 cm. Unsere größte Ammer. Plump. Bräunlich, oben und unten gestreift. Kein Weiß an Flügeln und Schwanz. Von Lerchen und Piepern durch bedeutendere Größe, großen runden Kopf und viel derberen, kürzeren Schnabel unterschieden. Geschlechter gleichgefärbt. Schnabel und Beine gelblich. Flug schwerfällig, oft mit hängenden Beinen. Sitzt auf Pfählen und Telephondrähten. Gesellig. Gewöhnlich polygam.
STIMME: Ein kurzes, raspelndes „ticks", rauh und länger „sihp"; im Herbst „tip-ä-tip". Flugruf ein klirrendes Zickern. Gesang eine schnelle Folge kurzer, metallischer Töne, die in einem eigentümlichen Klirren endet, das wie das Rasseln eines Schlüsselbundes klingt (etwa „zickzickzickzick ... schnirrrps").
VORKOMMEN: Offenes Feldgelände (Kornfelder, Wiesen) mit einzelnen Bäumen, Büschen, Hecken; an Landstraßen. Charaktervogel der Bördenlandschaften. Nistet im hohen Gras, unter Disteln, am Grunde von Hecken usw. Verbreitungskarte S. 285.

Kappenammer *Emberiza melanocephala*   64, 74 E

Kappenammer:

| E - Black-headed Bunting | F - Bruant mélanocéphale | I - Zigolo capinero |
| H - Zwartkopgors | S - Svarthuvad sparv | Sp - Escribano cabecinegro |

Braunkopfammer:

| E - Red-headed Bunting | F - Bruant à tête rousse | I - Zigolo testa aranciata |
| H - Bruinkopgors | S - Stäppsparv | Sp - Escribano carirrojo |

KENNZEICHEN: 16,5 cm. Brutvogel in Europa nur die eigentliche Kappenammer *(E. m. melanocephala)*: ♂ mit *ungestreifter* gelber Unterseite; *Kopf schwarz mit gelbem Halsband;* Rücken kastanienbraun; *ohne Weiß am Schwanz.* Kopf im Herbst bräunlich. ♀ oben matt olivbraun gestreift (an helles Haussperlings-♀ erinnernd); von ♀ anderer gelbbrüstiger Ammern durch *ungestreifte* fahle Unterseite unterschieden; Unterschwanzdecken gelb. Beim ♂ der als Irrgast in Europa erscheinenden, oft als eigene Art angesehenen Braunkopfammer *(E. m. bruniceps)* sind *Kopf und Kehle* kastanien-*braun;* ♀ im Felde ununterscheidbar. Siehe auch Weidenammer.

STIMME: Ein weiches „tschup", ein kurzes, lautes „zitt" und ein tieferes, leiseres „zih". Gesang beginnt mit ein paar langsamen Tönen und endet mit einem kurzen, schnellen Triller.

VORKOMMEN UND VERBREITUNG: Offenes Gelände mit zerstreuten Wäldchen und Gebüschen, Olivenhaine, Gärten. Nistet in niedriger Vegetation. Verbreitungskarte S. 285. Braunkopfammer *(E. m. bruniceps)* brütet von Südostrußland bis Innerasien und in Ostpersien, erscheint als Irrgast in Europa bis Norwegen, Großbritannien, Holland, Belgien, Frankreich, Spanien und Italien; in Deutschland mehrfach nachgewiesen; dabei dürfte es sich in vielen Fällen um entkommene Käfigvögel gehandelt haben.

Goldammer *Emberiza citrinella*   64, 74 E

E - Yellowhammer	F - Bruant jaune	I - Zigolo giallo
H - Geelgors	S - Gulsparv	Sp - Escribano cerillo

KENNZEICHEN: 16,5 cm. ♂: *Kopf und Unterseite zitronengelb* mit grünlicher Streifenzeichnung am Kopf und undeutlichem Brustband; *Bürzel kastanienbraun;* Rücken und Flanken mit kastanienbrauner Streifung. Weiß an äußeren Steuerfedern im Fluge auffallend. ♀ und juv. viel weniger gelb, mit mehr dunklen Abzeichen, besonders am Kopf; von der Zaunammer durch *kastanienbraunen Bürzel* unterschieden.

STIMME: Metallisch „ziß" und „zick-zack". Gesang ein schnelles, stereotypes „zi-zi-zi-zi-zi-...zihe" mit lokalen Schwankungen (der letzte Ton kann z. B. auch einsilbig sein). Im Volksmund wiedergegeben durch: „Wie, wie, wie hab' ich dich lieb."

VORKOMMEN: Offenes Gelände, Felder, Waldränder, Gebüsch usw., im Winter oft bei Höfen und Feldscheunen. Nistet auf oder niedrig über dem Boden an Hecken, Grabenrändern usw. Verbreitungskarte S. 286.

Zaunammer *Emberiza cirlus*   64, 74 E

E - Cirl Bunting	F - Bruant zizi	I - Zigolo nero
H - Cirlgors	S - Häcksparv	Sp - Escribano soteño

KENNZEICHEN: 16,5 cm. ♂: *gelbe Unterseite mit grünlichem Brustband, schwarzer Kehle* (im Winter durch graue Federsäume verdeckt) und

← *Grauammer*
Teilzieher. Umherstreifend bis Finnland

Kappenammer →
Sommervogel. Umherstreifend westwärts bis Spanien, Irland, nordw. bis Helgoland, Öland, Finnland u. Baltische Staaten

gestreiften Flanken; olivgrüner Kopf mit dunklem Scheitel, *gelben Streifen über und unter dem Auge* und schwarzem Augenstreif; Rücken und Brustseiten kastanienbraun; von der Goldammer durch charakteristische Kopf- und Brustzeichnung unterschieden. ♀ und juv. matter, von Goldammer durch *olivbraunen Bürzel* unterschieden. Siehe auch Weidenammer und Ortolan.

STIMME: Fein „zip", Flugruf „sissi-sissi-sip". Gesang ein monotones, eiliges Klirren auf einem Ton, ähnlich wie das Klappern der Klappergrasmücke oder ein schneller Goldammergesang ohne Schlußton.

VORKOMMEN: Hohe Hecken und Bäume in Kulturland; auch an mit Gebüsch bewachsenen felsigen Hängen. Im Winter in gemischten Schwärmen auf Feldern und an Dörfern. Nistet niedrig in Hecken, Bäumen, manchmal an Erdhängen. Verbreitungskarte S. 286.

Türkenammer *Emberiza cineracea*   64

E - Cinereous Bunting	F - Bruant cendré	I - Zigolo cinereo
H - Smyrnagors	S - Gulgrå sparv	Sp - Escribano cinéreo

KENNZEICHEN: 16,5 cm. Eine in der Hauptsache *gräulich gefärbte* Ammer *mit düster gelblichem Kopf.* Kehle reiner gelb. Nacken und Vorderbrust aschgrau mit gelbem Anflug; Unterkörper bei uns weißlich. Rücken und Flügel braungrau, dunkel gestreift, Flügeldecken und Armschwingen mit gelbbräunlichen Säumen. Schnabel bläulich hornfarben. Füße bräunlich fleischfarben. ♀ matter gefärbt, mit bräunlicherem, streifigem Kopf und gestreifter gelber Kehle. Juv. dunkler, mit bräunlich aschgrauer, gestreifter Unterseite, jedoch Kehle schwefelgelb verwaschen; innere Armschwingen mit breiten rostbräunlichen Säumen.

STIMME: Ruf ein kurzes „kip". Der kurze Gesang hat typischen Charakter eines Ammernliedes, soll wie „dir, dir, dir, dli-di" klingen.

VORKOMMEN UND VERBREITUNG: Trockene felsige oder steinige Hänge mit geringem Pflanzenwuchs, aufwärts bis zur Baumgrenze. Brütet in der Ägäis (auf Mytilene) und in Kleinasien und ostwärts bis Iran.

Ortolan *Emberiza hortulana*   64, 74 E

E - Ortolan Bunting	F - Bruant ortolan	I - Ortolano
H - Ortolaan	S - Ortolansparv	Sp - Escribano hortelano

KENNZEICHEN: 16,5 cm. Von den anderen Ammern durch die Verbindung

← *Goldammer*
Teilzieher. Umherstr. Färöer, Sizilien

Zaunammer →
Vorwiegend Jahresvogel. Früher Brutvogel bis Bonn. Umherstr. Irland, Dänemark

„*zimtfarbige Unterseite und gelbe Kehle*" unterschieden. *Kopf und Vorderbrust hell olivgrün, Kehle hell gelb* mit olivfarbenem Bartstreif. Von nahem sind der gelbe Augenring und der rötliche Schnabel zu sehen. Oberseite braun, schwarz gestreift. ♀ heller, weniger grün, mit kleinen dunklen Stricheln an der Vorderbrust. Immat. brauner, unterseits gestreift, aber mit charakteristischem *Augenring und rötlichem Schnabel.* Siehe auch Grauortolan und Zippammer.

STIMME: Laut „zih-ip" und „zip" und pfeifend „ziüh". Gesang erinnert an Goldammer, ist aber *langsamer* (schwermütig) und sehr variabel; gewöhnlich werden 3 bis 4 klangreine Pfeiftöne gebracht, denen 1 bis 3 tiefer liegende oder ein Schnörkel folgen.

VORKOMMEN: Lichte, nicht zu hoch gewachsene Getreidefelder auf trockenem Boden, soweit sie an Wälder grenzen oder Feldgehölze, einzelne Bäume usw. aufweisen, seltener in Hackfruchtfeldern, mancherorts in lichten Kiefernbeständen, Heiden, Weinbergen usw., auch an Landstraßen. Nistet auf oder nahe dem Boden in der Saat oder zwischen Gras und Unkraut. Verbreitungskarte S. 287.

Grauortolan *Emberiza caesia* 64, 74 E

E - Cretzschmar's Bunting F - Bruant cendrillard I - Ortolano grigio
H - Bruinkeelortolaan S - Rostsparv Sp - Escribano ceniciento

KENNZEICHEN: 16 cm. ♂ wie ein Ortolan-♂, aber Kopf und Brustband unverkennbar *leuchtend blaugrau* (nicht olivfarben), Kehle *zimtbraun* (nicht gelb). ♀ vom Ortolan-♀ durch *Fehlen von Gelb an der Kehle* unterschieden. Juv. nicht sicher von jungen Ortolanen am gelbbräunlicheren Aussehen zu unterscheiden, von Zippammer-juv. am rötlichen Schnabel. Im Herbst sind bei beiden Geschlechtern die leuchtenden Farbtöne teilweise verdeckt.

STIMME: Ein beständiges „stjip", nicht so weich wie Ruf des Ortolans. Der Gesang ist ähnlich dem des Ortolans, aber kürzer.

VORKOMMEN UND VERBREITUNG: Nackte felsige Abhänge und Halbwüsten mit schütterer und verkümmerter Vegetation. Nistet am Boden. Häufiger Sommervogel in Griechenland, nordwärts bis Dalmatien. Umherstreifende auch anderswo im mediterranen Europa, westlich bis Spanien, sogar auf Helgoland (etwa ein Dutzend Male) nachgewiesen.

← *Ortolan*
Vorwiegend Sommerv. Durchzügler östl. Großbrit. Umherstr. bis Irland u. Island

Zippammer →
Vorw. Jahresvogel. Im Winter auch innerhalb d. Strichellinie. Umherstr. bis Großbritan., Dänemark

Zippammer *Emberiza cia*   64, 74 E

E - Rock Bunting   F - Bruant fou   I - Zigolo muciatto
H - Grijze gors   S - Sippsparv   Sp - Escribano montesino

KENNZEICHEN: 16 cm. *Kehle und Kopf aschgrau mit dünnen schwarzen
Streifen* auf dem Scheitel und an den Kopfseiten. Spreizt bei der Nahrungssuche am Boden häufig den Schwanz, in dem dann das Weiß auffällt. Oberseite kastanienbraun, schwarz gestreift; Bürzel *ungestreift*
kastanienbraun, Unterseite *zimtbraun*. ♀ dem ♂ ähnlich, etwas matter
gefärbt, das Grau meist weniger rein. Ad. von allen anderen europäischen Ammern durch *hell aschgraue Kehle* unterschieden. Immat.
streifig, von jungen Ortolanen und jungen Grauortolanen durch rostbräunliche Unterseite sowie kastanienbraunem Bürzel unterschieden.
STIMME: Lockruf dünn „zihp" oder „zip". Gesang erinnert an Heckenbraunelle und Rohrammer, ein kurzes „zi-zi-zi-zirr", die letzte Silbe
ansteigend.
VORKOMMEN: Gewöhnlich felsige Berghänge mit Büschen oder Bäumen,
Weinberge; gelegentlich auf Meereshöhe. Nistet auf oder niedrig über
dem Boden. Verbreitungskarte S. 287.

Rohrammer *Emberiza schoeniclus*   63, 74 E

E - Reed Bunting   F - Bruant des roseaux   I - Migliarino
H - Rietgors   S - Sävsparv   Sp - Escribano palustre

KENNZEICHEN: Gut 15 cm. Beim ♂ *Kopf und Kehle schwarz, mit weißem
Halsband* (diese Zeichnung ist im Winter durch braune Fleckung nahezu
verdeckt), Oberseite dunkelbraun mit schwarzen Streifen und gräulichem Bürzel; äußere Steuerfedern auffallend weiß; Unterseite gräulich weiß, Flanken schwarz gestreift. ♀ mit braunem Kopf, hellem
Überaugenstreif und *auffallendem schwarz-weißlichem Bartstreif;*
Bürzel bräunlich; Kehle und Unterseite gelblichbraun mit schwarzen
Streifen an Brust und Flanken. Siehe auch Wald-, Zwerg- und Spornammer.
STIMME: Laut, gedehnt „zieh", metallisch „tschink" und (Alarmruf)
„tschit". Gesang beginnt langsam und endet eilig, „zja-tit-tai-zississ"
oder ähnlich, gewöhnlich von einem Rohrhalm oder einem Busch aus
vorgetragen.

← *Rohrammer*
Teilzieher. Umher-
streifend Färöer

Waldammer →
Sommervogel. Um-
herstr. Westeuropa
b. Großbrit. u. Ir-
land, südw. b. Ital.

VORKOMMEN: Röhricht, nasse Wiesen, Weidicht, Sümpfe; durchstreift im Winter Felder und Wiesen. Nistet auf oder niedrig über dem Boden im üppigen Pflanzenwuchs. Verbreitungskarte S. 288.

Zwergammer *Emberiza pusilla* 64

E - Little Bunting   F - Bruant nain   I - Zigolo minore
H - Dwerggors   S - Dvärgsparv   Sp - Escribano pigmeo

KENNZEICHEN: 13,5 cm. Hänflinggroß; ohne auffallende Kennzeichen, außer zur Brutzeit, wenn Scheitel und Wangen kastanienbraun mit kräftiger schwarzer Begrenzung sind. Oberseite braun, schwarz gestreift; Unterseite weißlich mit *feinen schwarzen Streifen,* besonders auf der Vorderbrust und an den Körperseiten. ♀ matter. Vom ♀ der Wald- und Rohrammer durch geringere Größe und matt kastanienbraune Wangen unterschieden. Im Flug klein und gedrungen wirkend; Schwanz weniger lang erscheinend als bei der Rohrammer.
STIMME: Kurz „phuick" oder „tschick". Gesang leise, ammerartig, an Gold-ammer und Ortolan erinnernd.
VORKOMMEN UND VERBREITUNG: In der Tundra am Wasser, im Weiden-gebüsch in Flußtälern und Sümpfen. Nistet am Boden im Weiden- oder Zwergweidengestrüpp. Brutvogel in Sibirien und Nordrußland, west-wärts bis Nordfinnland; hat auch in Nordnorwegen und Schweden ge-brütet. Gelegentlich auf dem Zuge in den meisten westeuropäischen Ländern südwärts bis zum Mittelmeer. Etwa 25mal in Deutschland, meistens auf Helgoland. Überwintert in Südschweden.

Waldammer *Emberiza rustica* 63, 74 E

E - Rustic Bunting   F - Bruant rustique   I - Zigolo boschereccio
H - Bosgors   S - Videsparv   Sp - Escribano rústico

KENNZEICHEN: Knapp 15 cm. Von den anderen Ammern durch rein weiße Kehle und Unterseite mit großem, unregelmäßigem, *zimtbrau-nem Brustband* und ein paar gleichgefärbten Streifen an den Flanken unterschieden. Oberseite kastanienbraun, schwarz gestreift. Beim ♂ sind *Scheitel und Wangen schwarz* (im Winter bräunlich) mit *auffallendem breitem weißen* Streifen hinter dem Auge. ♀ mit Dunkelbraun anstelle von Schwarz am Kopf; ähnelt entfernt einem großen Braunkehlchen. Sträubt aufgeregt die Scheitelfedern.
STIMME: Wiederholt hoch „twüit". Gesang von dem anderer Ammern ab-weichend, wohlklingend, an Grasmücken erinnernd, aber kürzer.
VORKOMMEN: Dickichte am Wasser und Mischwälder mit rankendem Un-terwuchs. Nistet im Gras oder in niedrigen Büschen. Verbreitungskarte S. 288.

Weidenammer *Emberiza aureola* 64, 74 E

E - Yellow-breasted Bunting   F - Bruant auréole   I - Zigolo dal collare
H - Wilgengors   S - Brunhuvad sparv   Sp - Escribano aureolado

KENNZEICHEN: 14 cm. ♂ mit leuchtend gelber Unterseite und *kennzeich-nendem schmalem kastanienbraunem Querband über die Brust;* buch-finkenähnliche Flügelzeichnung mit breitem weißen „Schulterfleck" und schmaler weißer Querbinde im Flügel; *Gesicht schwarz,* Hinterkopf und

Rücken dunkel kastanienbraun; im Winter sind die schwarzen und kastanienbraunen Abzeichen teilweise verdeckt; leicht von allen anderen Ammern durch die weißen Flügelbinden und das schmale kastanienbraune Brustband zu unterscheiden. ♀ unterseits ebenfalls gelb oder gelblich, aber ohne Brustband; die auffällige Kopfzeichnung (heller Scheitelstreif und heller Überaugenstreif, durch dunklere Färbung getrennt) erinnert an Seggenrohrsänger; von Gold- und Zaunammer ferner durch blassere Allgemeinfärbung, ungestreifte Brustmitte und zwei undeutliche helle Flügelbinden zu unterscheiden. Beide Geschlechter mit weißer Zeichnung an den äußeren Schwanzfedern.

STIMME: Ein rotkehlchenartiges „zick" und ein weiches „trssit". Der laute, melodische Gesang ist schneller und flüssiger als der etwas ähnliche des Ortolans, klingt etwa wie „djüldjül-tië-tië-zitü".

VORKOMMEN UND VERBREITUNG: Offenes Gelände. Im Sommer hauptsächlich üppige, buschbestandene Wiesen, Birken und Weidengestrüpp am Wasser, auch in der Steppe. Nistet in kleinen Büschen. Brutvogel in Sibirien, Nordrußland und Mittelfinnland, neuerdings auch in Nordnorwegen. Wandert ostwärts, umherstreifend westwärts bis Großbritannien und Irland und südwärts bis Malta. 4mal auf Helgoland, einmal auf Scharhörn und einmal in Ostpreußen.

Schneeammer *Plectrophenax nivalis* 63, 74 E

E - Snow Bunting   F - Bruant des neiges   I - Zigolo della neve
H - Sneeuwgors   S - Snösparv   Sp - Escribano nival

KENNZEICHEN: 16,5 cm. Leicht zu bestimmen an den *breiten weißen Flecken in Flügel und Schwanz.* ♂ im Frühling: Handschwingen und mittlere Steuerfedern schwarz, das übrige Gefieder *schneeweiß.* Beim ♀ Oberkopf schwärzlich mit weißlichen Federsäumen und weißem Überaugenstreif; Rücken schwärzlich mit hellen Federsäumen. Im Winter Kopf beim ♂ sandfarben, Rücken brauner, Unterseite rahmfarben mit gelbbraunen Flecken auf den Brustseiten; ♀ brauner, aber im Fluge sind die weißen Flügelfelder noch immer auffallend. Immat. mit braunen Flügeln, rötlich-gelbbraunem Kopf und Brustband, rahmfarbener Unterseite. Flug „tänzelnd" und gewöhnlich hoch. Gesellig; große Schwärme erinnern an treibende Schneeflocken. Siehe auch Schneefink.

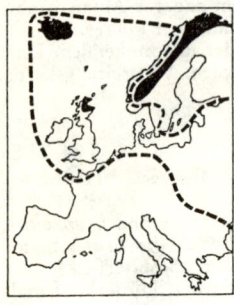

← *Schneeammer*
Teilzieher. Manchmal auf Färöer brütend. Umherstr. fast in allen europ. Ländern

Spornammer →
Zugv. Durchz. Ostsee, Großbritannien, Irland, südw. in fast allen europ. Ländern bis Italien

STIMME: Klirrend „brrr", klagend „diüh" (wie Spornammer). Gesang ein hohes, sehr schnelles, aber wohltönendes „tjuri-tjuri-tjuri-tetiü", fast lerchenartig im Charakter; singt im Abwärtsgleiten von kreisendem Balzflug.

VORKOMMEN: Im Winter an den Meeresküsten und in offenem Küstengelände, gelegentlich im Binnenland in Niederungen und auf Feldern. Nistet in Spalten in der Fels- und Bergregion. Verbreitungskarte S. 290.

Spornammer *Calcarius lapponicus* 63, 74 E

E - Lapland Bunting F - Bruant lapon I - Zigolo di Lapponia
H - Ijsgors S - Lappsparv Sp - Escribano lapón
N.A. - Lapland Longspur

KENNZEICHEN: Gut 15 cm. ♂ im Frühling: *Kopf und Kehle schwarz*, mit auffallendem, braungelblichem *Band*, das vom Hinterrand des Auges bis zum Weiß unterhalb der Wangen führt, und *leuchtend kastanienbraunem Nacken*. Oberseite dunkelbraun gestreift; Bauch weißlich, mit gestreiften Flanken; auffallende weiße Schwanzseiten. ♀ ohne schwarze Zeichnung, mit gestreiftem Scheitel und weißlicher Kehle. Im Herbst und Winter unauffälliger: streifig gelblichbraun, mit zwei schmalen weißlichen Flügelbinden, Kastanienbraun auf den Flügeldecken, einigen dunklen Flankenstreifen und mit Rotbraun in wechselnder Ausdehnung am Nacken (beim ♂); oft mit schmutzig streifigem Fleck an der Vorderbrust; vom ziemlich ähnlichen Rohrammer-♀ durch kürzeren Schwanz mit weniger Weiß, *hellen Scheitelstreif*, weniger hervortretenden hellen Bartstreif und die laufende Fortbewegung unterschieden.

STIMME: Wohltönend „tihe", hänflingartig „gegegeg" oder zart schnarrend „trrrr". Gesang (im Flug) kräftig, aber angenehm, nicht unähnlich einem kurzen Auszug des Feldlerchenliedes.

VORKOMMEN: Im Winter auf Stoppelfeldern nahe der Küste, in Salzsümpfen und längs des Strandes. Nistet in baumlosem Ödland, auf der offenen Tundra und Moosheide. Verbreitungskarte S. 290.

Finken: *Fringillidae*

Körnerfressende Vögel, viele lebhaft gefärbt, mit kräftigem, oft dickem Schnabel von verschiedener Gestalt. Im Gegensatz zu den Ammern hauptsächlich altweltlich verbreitet, jedoch im Südseegebiet (außer auf den Hawaiischen Inseln), in Australien und Neuseeland fehlend; in den beiden letztgenannten Gebieten sind aber mehrere europäische Arten durch den Menschen eingebürgert worden. Zwei Unterfamilien, die von einigen Autoren wohl mit Recht als besondere Familien (Fringillidae und Carduelidae) betrachtet werden: *Edelfinken*, nur die Gattung *Fringilla* (s. Buch- und Bergfink) enthaltend und die Finken einerseits an die Ammern und Kardinäle (s. S. 338), andererseits an die Sperlinge, vor allem an die Schneefinken und Steinsperlinge, anschließend; *Stieglitzartige* oder *Gimpel*, die Mehrzahl der Finken mit vielen Gattungen und Arten. Wie die

Ammern bauen die Finken oben offene, meist frei in Büschen oder Bäumen stehende, beim Wüstengimpel und einigen verwandten Arten auch am Erdboden unter Steinen oder in Felsspalten angelegte Nester.

Buchfink *Fringilla coelebs* 62, 73 F.

E - Chaffinch   F - Pinson des arbres   I - Fringuello
H - Vink   S - Bofink   Sp - Pinzón vulgar

KENNZEICHEN: Gut 15 cm. Der gewöhnlichste Fink. Durch *auffallende doppelte weiße Flügelbinde* und im Fluge durch *weiße äußere Steuerfedern* gekennzeichnet. ♂ unten bräunlichrosa, mit kastanienbraunem Mantel, grünlichem Bürzel und schieferblauem Scheitel und Nacken. ♀ oben hell olivbraun, unten lichter. Flug wellenförmig. Gesellig, auch mit anderen Finken, ausgenommen zur Brutzeit; Geschlechter oft in getrennten Schwärmen. Sofort vom Bergfinken durch *grünlichen* (nicht weißen) Bürzel zu unterscheiden.

STIMME: Laut und wiederholt „pink". Wie der Gesang ist auch der sog. „Regenruf" lokal verschieden, meist rotschwanzartig „huit" oder „rülschend" „wried" oder „rüt". Flugruf gedämpft „jüp". Gesang („Schlag") eine kurze Kaskade von etwa einem Dutzend schmetternden Tönen, in einem Schnörkel („disterwí", „wítju", „witjutíë", „tíë" und ähnl.) ausklingend.

VORKOMMEN: Laub- und Nadelwälder, Feldgehölze, Gärten, überall, wo nur einige Bäume vorkommen. Nest meist nicht sehr hoch auf Bäumen oder in hohen Büschen. Verbreitungskarte S. 292.

Bergfink *Fringilla montifringilla* 62, 73 E

E - Brambling   F - Pinson du nord   I - Peppola
H - Keep   S - Bergfink   Sp - Pinzón real

KENNZEICHEN: Knapp 15 cm. Leicht vom Buchfinken durch *auffallenden schmal weißen Bürzel* und weniger Weiß an Flügeln und Schwanz zu unterscheiden. ♂ mit *kräftig orangefarbenem Schulterfleck* und orangefarbener Brust; Kopf und Mantel im Frühling prächtig *schwarz*, im Winter bräunlich. ♀ leicht mit Buchfink-♀ zu verwechseln, aber blasser

← *Buchfink*
Teilzieher. Alljährlich Island

Bergfink →
Zugvogel, alljährl. Island. Umherstr. bis Malta. Hat in Schottland, Dänemark und hier und da in Mitteleuropa gebrütet

und bräunlicher und durch weißen Bürzel und dunkle Streifen auf dem Scheitel zu unterscheiden. Im Winter gesellig mit Buchfinken. Auch der Gimpel hat einen weißen Bürzel, ist aber viel kräftiger und hat einen stärkeren Schnabel.

STIMME: Metallisch „djüp"; ferner „quäih" und „quäk". Gesang ein kratzendes, monoton wiederholtes grünlingartiges „Schwunschen" mit ein paar eingestreuten schabenden Lauten.

VORKOMMEN: Im Winter in Buchenwäldern und in der Feldlandschaft. Nistet hauptsächlich auf Birken, aber auch auf Nadelbäumen, gewöhnlich an Waldrändern. Verbreitungskarte S. 292.

Girlitz *Serinus serinus* 62, 73 E

E - Serin	F - Serin cini	I - Verzellino
H - Europese kanarie	S - Gulhämpling	Sp - Serín

KENNZEICHEN: 11,5 cm. Ein zierlicher, gestreifter, gelblicher Finkenvogel. Durch *kurzen, dicken Schnabel und leuchtend gelben Bürzel* gekennzeichnet. *Stirn,* Augenstreif, Kehle und Brust beim ♂ *leuchtend gelb.* ♀ mehr gestreift, unten grauer, oben brauner; vom weiblichen Zeisig durch *kürzeren und dickeren Schnabel* unterschieden, ferner durch Fehlen von Gelb am Schwanz, kräftigeren Überaugenstreif und deutlicher ausgeprägte Streifung der Unterseite. Juv. kräftig braun gestreift, ohne Gelb am Bürzel. Flug hurtig und wellenförmig; Balzflug fledermausartig flatternd, dem des Grünlings (S. 294) ähnlich.

STIMME: Klirrender Flugruf „girlitt"; ein nach unten perlendes Trillerchen; Angstruf fließend „zuit". Gesang von Baumspitze oder Telegraphendraht aus, ein ganz schnelles sirrendes, schwirrendes, fast zischendes Klirren.

VORKOMMEN: Parkanlagen, Friedhöfe, Gärten, Weinberge usw. Nistet auf Bäumen, Rebstöcken, kleinen Büschen. Verbreitungskarte S. 293.

Zitronengirlitz (Zitronenzeisig) *Serinus citrinella* 62, 73 E

E - Citril Finch	F - Venturon montagnard	I - Venturone
H - Citroensijs	S - Citronsiska	Sp - Verderón serrano

KENNZEICHEN: 12 cm. *Gelblichgrün, mit gräulichem Nacken und gräu-*

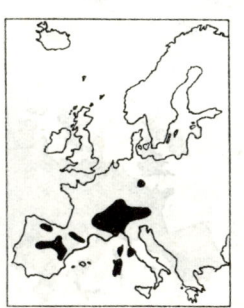

← *Zitronengirlitz*
Vorw. Jahresvogel. Im Winter über Südfrankreich verbreitet. Umherstr. Großbrit., Helgoland, Sizilien

Girlitz →
Teilz. Breitet sich nach N u. NW aus. Brut in Dänemark. Umherstreif. Großbrit., Irland, Finnl.

lichen Halsseiten; leuchtend gelbe Unterseite, Bürzel grünlichgelb, schwärzliche Flügel mit grünlichgelber Binde. ♀ matter und schwach gestreift. Juv. gräulichbraun mit hellerer Unterseite, oben und unten gestreift. Flug „tänzelnd". Gesellig. Der gräuliche Hals und die ungestreifte Unterseite unterscheiden ihn vom Zeisig und Girlitz. Die korsische Rasse *S. c. corsicanus* hat gestreiften, rostfarbenen Rücken, helle gelbe Unterseite und brütet bis hinab zum Meeresspiegel; sie lebt auch auf Sardinien und Elba.

STIMME: Klagend „zi-i", ferner metallisch „dit-dit". Gesang ein zwischen Girlitz- und Stieglitzgesang stehendes Mischmasch von klirrenden Lauten und wohltönendem Zwitschern, oft im Kreisflug vorgetragen.

VORKOMMEN: Gebirge mit zerstreuten Nadelbäumen und offenem, felsigem Boden; im Sommer oberhalb 700 m (Schwarzwald) und 1500 m (Alpen), im Winter tiefer. Nistet hauptsächlich auf Nadelbäumen. Verbreitungskarte S. 293.

Grünling   *Carduelis chloris*[1]   **62, 73 E**

E - Greenfinch   F - Verdier d'Europe   I - Verdone
H - Groenling   S - Grönfink   Sp - Verderón común

KENNZEICHEN: Knapp 15 cm. ♂ olivgrün mit *gelbgrünem Bürzel und auffallendem Gelb an Flügeln und Schwanz.* Kräftiger, weißlicher Schnabel. Rötlich fleischfarbene Füße. ♀ matter, weniger gelb. Juv. brauner und gestreift. Flug wellenförmig.

STIMME: Ein lautes schnelles Klingeln wie „gigigigig"; zur Brutzeit laut, gezogen und rauh „ihtsch" („Schwunsch"). Gesang von Baumspitzen aus oder im fledermausartigen Balzflug schnurrende und klingende Triller, mit weichen Pfeiftönen und Lockrufen untermischt.

VORKOMMEN: Gärten, Gebüsch, Feldgehölze, Friedhöfe usw. Nistet in Hecken, Büschen, und kleinen Bäumen, besonders immergrünen. Verbreitungskarte S. 294.

[1] Die europäischen Arten der Gattung *Carduelis* verteilen sich auf die von manchen Autoren als besondere Gattungen angesehenen Untergattungen *Chloris* (Grünling), *Carduelis* im engeren Sinne (Stieglitz) und *Spinus* (Zeisig), letztere im Gegensatz zur Mehrzahl der Finkengattungen hauptsächlich amerikanisch und bei uns wie überhaupt in der Alten Welt nur durch den bis Ostasien verbreiteten Zeisig vertreten.

← *Grünling*
Teilzieher. Umherstreifend Färöer

Stieglitz →
Teilzieher.   Lokal (Holland,   NW-Deutschland) selten

Stieglitz *Carduelis carduelis* 62, 73 E

E - Goldfinch   F - Chardonneret élégant   I - Cardellino
H - Putter   S - Steglits   Sp - Jilguero

KENNZEICHEN: 12 cm. Geschlechter gleich. *Auffällig gezeichnete schwarz-gelbe Flügel;* schwarz-weißer Schwanz; *schwarz-weiß-roter Kopf;* brauner Rücken, der in den weißen Bürzel übergeht. Juv.: Kopf und Oberseite gräulich gelbbraun, braun gestreift und gefleckt. Flug wellenförmig und tänzelnd. Gesellig.

STIMME Unverkennbar, fließend und häufig wiederholt „tiglitt"; Angstruf gedehnt „a-i"; Gesang ein flüssiges, helles Zwitschern, das Variationen der Lockrufe und eine schmetternde Tonreihe einschließt.

VORKOMMEN: Gärten, Obstgärten, Parkanlagen. Zur Nahrungssuche im Herbst und Winter an Disteln auf Ödland und an Straßenrändern. Nistet auf Bäumen, gewöhnlich nahe der Spitze eines Zweiges, gelegentlich in Hecken. Verbreitungskarte S. 294.

Zeisig *Carduelis spinus* 62, 73 E

E - Siskin   F - Tarin des aulnes   I - Lacarino
H - Sijs   S - Grönsiska   Sp - Lúgano

KENNZEICHEN: 12 cm. ♂ *gelblichgrün,* unten heller, mit *schwarzem* Scheitel und Kinn; Bürzel, Flügelbinde, Schwanzseiten und Streif hinter dem Auge *gelb;* Rücken und Flanken dunkel gestreift. ♀ grauer, mit weniger Gelb, ohne Schwarz am Kopf und unten weißlich, kräftiger gestreift. Flug finkenartig, aber sehr leicht. Im Winter gesellig, nicht selten zusammen mit Birkenzeisigen. Siehe auch Girlitz, Zitronen- und Birkenzeisig.

STIMME: Zwitschert fast ständig. Lockrufe ein rasches, gereihtes „djet-djet ..." und ein gedehntes „diëh". Gesang ein langes, schnelles Zwitschern, oft mit langem grünlingartigem „Knätschen" endend.

VORKOMMEN: Zur Brutzeit Nadelwälder, sonst Birken- und Erlenbestände, Parkanlagen, Friedhöfe, Feldgehölze, Baumreihen. Nistet hoch auf Nadelbäumen, gewöhnlich in den äußeren Zweigspitzen. Verbreitungskarte S. 296.

Birkenzeisig *Acanthis flammea* 61, 73 E

E - Redpoll   F - Sizerin flammé   I - Organetto
H - Barmsijs   S - Gråsiska   Sp - Pardillo sizerín

KENNZEICHEN: Knapp 13 cm. Ein kleiner, graubraun gestreifter Finkenvogel mit *leuchtend roter Stirn und schwarzem Kinn.* Nur (!) ♂ mit rötlichem Anflug an der Brust. Flanken gestreift. Flug wellenförmig und leicht. Gesellig. Die Rasse der Alpen, der Britischen Inseln usw. (Alpenbirkenzeisig, *C. f. cabaret*) ist kleiner und brauner, die nordeuropäische Rasse *C. f. flammea* ist etwas größer, mit hellerer Flügelbinde und lichterem Bürzel und im Winter mit hellerem und grauerem Gefieder. Die Grönlandrasse, *C. f. rostrata,* ist noch größer (14–15 cm) und dunkler, mit längerem Schnabel, mit Sicherheit nur zu unterscheiden, wenn sie sich in Gesellschaft kleinerer Birkenzeisig-Rassen befindet. Siehe auch Polarbirkenzeisig.

STIMME: Hohe, metallische Flugrufe: ein sehr schnelles, anhaltendes Zwitschern „dschädsch-ädsch-ädsch" usw. Angstruf ein klagendes „zuit". Gesang, oft im Balzflug, kurze Triller mit eingestreuten Flugrufen.

VORKOMMEN: Gestrüpp und Gebüsch, vorzüglich von Erle und Weide; in den Wäldern des Nordens hauptsächlich Laubbäume; ferner felsiges Gelände mit lockerem Nadelholzbestand oder Erlen- und Weidengebüsch an und über der Baumgrenze in den Alpen und auf der Tundra. Nistet, oft gesellig, auf Birken, Erlen, Weiden oder Wacholder. Verbreitungskarte S. 296.

Polarbirkenzeisig *Acanthis hornemanni* **61, 73 E**

E - Arctic Redpoll F - Sizerin blanchâtre I - Organetto artico
H - Witstuit-barmsijs S - Snösiska Sp - Pardillo de Hornemann
N.A. - Hoary Redpoll

KENNZEICHEN: Knapp 13 cm. Brutkleid sieht wie „bereift" aus, besonders auf Kopf und Nacken. Bürzel *weiß und* (wie bei einigen Birkenzeisigen) *nicht gestreift;* Bürzel und der helle Kopf heben sich vom grauen Rücken ab, so daß der Eindruck eines *„Sattels"* entsteht. Flügelbinden auffällig. *Unterseits weißer und weniger gestreift* als die anderen Rassen; Brust des ♂ außerdem viel heller rosa. ♀ ohne Rosa; beide Geschlechter mit karminrotem Schnabel. Gewohnheiten ähnlich Birkenzeisig.
STIMME: Wie bei anderen Birkenzeisigen, aber Gezwitscher im Fluge langsamer, die einzelnen Töne klarer voneinander getrennt.
VORKOMMEN: Kommt an einigen Stellen mit anderen Birkenzeisigen gemeinsam vor, bewohnt aber gewöhnlich die offenere und sumpfige Tundra; brütet in Zwergbirken und niederem Gestrüpp des hohen Nordens. Wird von einigen Autoren als eine Rassengruppe des Birkenzeisigs angesehen. Verbreitungskarte S. 297.

Berghänfling *Acanthis flavirostris*[1] **61, 73 E**

E - Twite F - Linotte à bec jaune I - Fanello nordico
H - Frater S - Vinterhämpling Sp - Pardillo piquigualdo

KENNZEICHEN: Reichlich 13 cm. Im Aussehen zwischen Birkenzeisig und Hänfling. Oben matt gelbbräunlich, schwarz und braun gestreift, unten heller. *Kehle warm gelblichbraun.* Beim ♂ Bürzel mit *bezeichnendem*

[1] Berghänfling und Hänfling werden, wie es manche Autoren tun, richtiger als *Linaria flavirostris* bzw. *Linaria cannabina* von *Acanthis* getrennt; andere vereinigen *Acanthis* mit *Carduelis*, doch kann dann *Serinus* kaum davon ausgeschlossen werden.

← *Zeisig*
Teilzieher. Hat in Belgien, Holland und im Rheinland gebrütet, umherstreifend Färöer

Birkenzeisig →
Teilzieher. Brütet auf Nordseeinseln. Südw. zu Zeiten bis Mittelmeer

rötlichem Anflug, beim ♀ gelblichbraun mit schwarzen Streifen. Schnabel im Sommer gräulichgelb, im Winter lichtgelb. Vom Hänfling-♀ und juv. durch weniger Weiß auf Flügeln und Schwanz, dunklere Oberseite, fast zimtbraune Kehle und etwas längeren Schwanz und im Winter auch durch *gelben* Schnabel unterschieden, vom Birkenzeisig durch gelbbrauneres Gefieder, das Fehlen des schwarzen Kinnflecks und der roten Kappe und längeren Schwanz.

STIMME: Nasal „tschuit". Lockruf „gjä-gjä-gjä", weicher als beim Hänfling. Zwitschert im Flug fast ständig. Gesang hänflingsartig, aber langsamer.

VORKOMMEN: Nistet gesellig auf Mooren und in hochgelegenen Ödländereien. Streift im Winter in Schwärmen über Felder, Sümpfe usw., vor allem in den Küstengebieten. Verbreitungskarte S. 297.

Hänfling *Acanthis cannabina*[1] 61, 73 E

| E - Linnet | F - Linotte mélodieuse | I - Fanello |
| H - Kneu | S - Hämpling | Sp - Pardillo común |

KENNZEICHEN: Reichlich 13 cm. ♂ mit kastanienbraunem Mantel; Schwingen und der gegabelte Schwanz schwarzbraun mit *weißen Säumen;* Kopf *gräulich;* Unterseite gelbbräunlich, bräunlichschwarz gestreift, Brust *rötlich,* Kehle weißlich mit braunen Streifen. In der Brutzeit beim ♂ *Scheitel und Brust karminrot.* ♀ ohne Karminrot und mehr gestreift. Flug wellenförmig. Gesellig. Im Winter vom Berghänfling und Birkenzeisig durch gestreiftes Kinn und gestreifte Kehle, hervorstechendes Weiß an den Schwanzseiten (beim Berghänfling nur angedeutet) und dunklen Schnabel unterschieden.

STIMME: Flugruf ein schnelles Geckern; Gesang eine abwechslungsreiche Folge harter und weich pfeifender Töne mit eingestreuten Lockrufen, von der Spitze eines Busches vorgetragen.

VORKOMMEN: Offenes Gelände mit Gebüsch oder Hecken, Friedhöfe, Heiden, auch Gärten; streift im Winter in großen Schwärmen über Ödländereien, Felder und Sümpfe. Nistet in Ginster, Dickungen und Hecken, gelegentlich im Gras und Heidekraut. Verbreitungskarte S. 298.

[1] S. Fußnote auf S. 296.

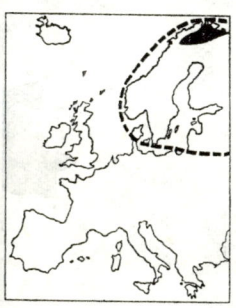

← *Polar-
birkenzeisig*
Vorw. Zugv. Finnland im Winter unsicher. Umherstreif. Island, Großbrit. u. Mitteleuropa

Berghänfling →
Teilzieher. Umherstreifend bis Spanien, Italien, Jugoslawien, Ungarn

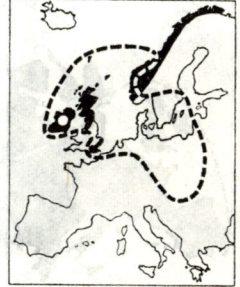

Karmingimpel *Carpodacus erythrinus*   61, 73 E

E - Scarlet Grosbeak	F - Roselin cramoisi	I - Ciuffolotto scarlatto
H - Roodmus	S - Rosenfink	Sp - Camachuelo carminoso

KENNZEICHEN: Knapp 15 cm. ♂: Kopf, Brust und Bürzel *lebhaft karminrot,* der kräftige Schnabel braun, Flügel dunkelbraun mit zwei undeutlichen Binden, Bauch weiß. ♀ und juv. ohne auffallende Kennzeichen: oberseits gelblichbraun, am Bürzel lebhafter, am Kopf grauer; unterseits gelbbräunlich, fein braun gestreift; am besten zu erkennen an der gedrungenen Gestalt, dem auffallenden schwarzen Auge am großen, rundlichen Kopf, den zwei hellen Flügelbinden und dem deutlich ausgeschnittenen Schwanz. Flug wellenförmig. Vom Hakengimpel durch viel geringere Größe und undeutliche Flügelbinden unterschieden; von den Kreuzschnäbeln durch längeren Schwanz und ungekreuzten Schnabel.

STIMME: Lockruf „tschäeüb", auch „twie, twie...."; Gesang ein kurzes, klangreines Pfeifen „tie-tië-ti-tië", das weithin hörbar ist und an Pirolpfiff erinnert.

VORKOMMEN: Im Sommer Dickichte, Gebüsch, Brüche, strauchiger Unterwuchs in Wassernähe. Nistet niedrig über dem Boden, gewöhnlich in sumpfiger Vegetation, lokal in trockenen Eichenwäldern. Wandert nach Südosten. Verbreitungskarte S. 298.

Hakengimpel *Pinicola enucleator*   61, 73 E

E - Pine Grosbeak	F - Dur-bec des sapins	I - Ciuffolotto delle pinette
H - Haakbek	S - Tallbit	Sp - Camachuelo picogrueso

KENNZEICHEN: Reichlich 20 cm. Ein großer, kräftiger Finkenvogel mit *ziemlich langem Schwanz.* Beim ♂ Kopf, Hals und Brust und Bürzel tief *rosarot;* die dunklen Flügel mit *zwei weißen Binden;* Bauch grau. Beim ♀ sind die beim ♂ rötlichen Gefiederteile prächtig *grünlich goldbraun.* Scheitel ziemlich flach, Schnabel kräftig und gimpelartig. Flug sehr wellenförmig. Gewöhnlich sehr vertraut. Im Winter gesellig. Bindenkreuzschnabel und Karmingimpel sind auch rosenrot mit Flügelbinden, aber viel kleiner (sperlingsproß).

STIMME: Hoch pfeifend „tih-tih-tiu". Bei Alarm ein angenehmes „tschihwli-tschihwli". Gesang besteht aus laut pfeifenden Tönen mit eingestreuten näselnden Lauten.

← *Hänfling*
Teilzieher

Karmingimpel →
Sommervogel. Brut in d. Slowakei. Umherstr. bis Norwegen, Großbritann., Spanien, Norditalien

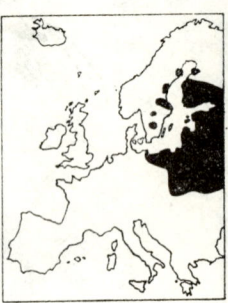

VORKOMMEN: Misch- und Nadelwälder des Nordens. Nistet gewöhnlich auf Nadelbäumen. Verbreitungskarte S. 299.

Kiefernkreuzschnabel *Loxia pytyopsittacus*   **61, 73 E**

E - Parrot Crossbill	F - Bec-croisé perroquet	I - Crociere delle pinette
H - Grote kruisbek	S - Större korsnäbb	Sp - Piquituerto lorito

KENNZEICHEN: Etwas größer als Fichtenkreuzschnabel, aber der *kräftigere, runde Schnabel* verleiht dem Kiefernkreuzschnabel ein mehr „kopflastiges" Aussehen. Färbung und papageienartige Bewegungen wie beim Fichtenkreuzschnabel, aber selten in solch großen Schwärmen zu sehen wie dieser und sich gewöhnlich abseits von anderen Kreuzschnäbeln haltend. Stimme und Vorkommen wie Fichtenkreuzschnabel, aber Vorliebe für Kiefern charakteristisch. Kiefern- und Fichtenkreuzschnabel mögen sich als Rassen einer und derselben Art erweisen.

STIMME Tiefer und lauter als beim Fichtenkreuzschnabel: „göpp-göpp".

VERBREITUNG: Brutvogel in Südfinnland und Skandinavien von 67° an südwärts sporadisch bis Ostdeutschland; erscheint im Winter in Dänemark, Deutschland, Österreich, gelegentlich in Großbritannien, Frankreich, Belgien, Italien und Jugoslawien.

Fichtenkreuzschnabel *Loxia curvirostra*   **61, 73 E**

E - Crossbill	F - Bec-croisé des sapins	I - Crociere
H - Kruisbek	S - Mindre korsnäbb	Sp - Piquituerto (común)
	N.A. - Red Crossbill	

KENNZEICHEN: 16,5 cm. Ein Vogel der Nadelbäume. Gekennzeichnet durch übereinander *gekreuzten Ober- und Unterschnabel, papageienartige Bewegungen bei der Futtersuche und kurzen, tief eingekerbten Schwanz.* ♂ *ziegelrot,* leuchtender am Bürzel, mit dunklen Flügeln und dunklem Schwanz. Junge ♂ bald orange bis gelb, bald rot. ♀ olivfarben, Bürzel gelb, Unterseite gelblich. Juv. grünlichbraun, unten stark gestreift. Gesellig und zutraulich. Der große Kopf und kurze Schwanz sind im schnellen, wellenförmigen Flug bezeichnend. Unternimmt alle paar Jahre starke Invasionszüge und tritt dann vielerorts auf (auch als Brutvogel), wo er sonst fehlt; manche brüten dann auch auf den Britischen Inseln, wo im Norden eine besondere Rasse vorkommt; diese schottische Rasse *L. c. scotica* hat viel kräftigeren Schnabel und wird von manchen

← *Hakengimpel*
Umherstr. b. Engl.,
Frankr., Deutschl.,
Jugoslawien

Fichten- →
kreuzschnabel
Jahresv. Kann nach
unregelmäß. Invasionen außerhalb d.
normal. Brutareales
brüten. Umherstr.
bis Island, Malta

Autoren als Rasse des Kiefernkreuzschnabels angesehen. Siehe Kiefernkreuzschnabel, Haken- und Karmingimpel. Vom Bindenkreuzschnabel
durch Fehlen von Weiß an den Flügeln unterschieden.

STIMME: Laut und betont „gipp-gipp-gipp". Gesang erinnert entfernt an
Grünling, ist aber ein regelmäßiger aufgeteiltes Mischmasch von kurzen
Trillern, knarrenden, zwitschernden und schabenden Lauten.

VORKOMMEN: Nadelwälder, hauptsächlich Fichten, aber auch Kiefern und
Lärchen. Die herabgefallenen offenen Zapfen verraten die Anwesenheit der Kreuzschnäbel. Nistet auf Nadelbäumen, zu allen Jahreszeiten,
auch im Winter. Verbreitungskarte S. 299.

Bindenkreuzschnabel *Loxia leucoptera*   61

E - Two-barred Crossbill	F - Bec-croisé bifascié	I - Crociere fasciato
H - Witbandkruisbek	S - Bändelkorsnäbb	Sp - Piquituerto franjeado
	N.A. - White-winged Crossbill	

KENNZEICHEN: Knapp 15 cm. Kleiner als Fichtenkreuzschnabel. Selbst im
Fluge an der *auffallenden doppelten weißen Flügelbinde* zu erkennen,
die ihm bei schlechtem Licht ein buchfinkenartiges Aussehen verleiht.
♂ lebhafter karminrot gefärbt als Fichtenkreuzschnabel; ♀ lichter gelb
und mehr gestreift. Juv. mit weniger ausgeprägten Flügelbinden als ad.,
im übrigen wie junge Fichtenkreuzschnäbel. Siehe auch Hakengimpel.

STIMME: Fließend „piht" und trocken „giff-giff" (entspricht dem harten
„gipp-gipp" des Fichtenkreuzschnabels). Gesang eine Folge lauter Triller in verschiedenen Tonhöhen.

VORKOMMEN UND VERBREITUNG: Wie Fichtenkreuzschnabel, aber vorzugsweise Lärchenwälder. Brütet selten in Nordfinnland und Nordschweden.
Überwintert in den Baltischen Staaten, erreicht manchmal Mittel-,
Nordwest- und Westeuropa und die Britischen Inseln. Hin und wieder
in Deutschland, auch zusammen mit Fichtenkreuzschnabel.

Kernbeißer *Coccothraustes coccothraustes*   62, 73 E

E - Hawfinch	F - Gros-bec cassenoyaux	I - Frosone
H - Appelvink	S - Stenknäck	Sp - Picogordo

KENNZEICHEN: Knapp 18 cm. *Mächtiger Schnabel*, Stiernacken, *kurzer*,
am Ende weißer Schwanz, blauschwarze Flügel mit *auffallenden weißen
Schulterflecken*. Kopf gelbbraun, Rücken satt braun, Unterseite hell rötlichbraun, Kehlfleck und Zügel schwarz. Schnabel im Frühling stahlblau,
im Winter hell hornfarben. ♀ heller, am Scheitel weniger rotbraun. Juv.
mit dunklen Federsäumen und gelbem Kehlfleck. Flug schnell und gewöhnlich hoch, aber über kurze Strecken „hüpfend". Flugbild (großer
Kopf, kurzer Schwanz) unverkennbar; bei überhinfliegenden Stücken ist
eine durch weiße Zeichnung der Innenfahnen hervorgerufene helle Binde
über die Handschwingen auffällig. Läuft aufrecht in watschelndem
Gang und hüpft in weiten Sprüngen. Meist in den Baumwipfeln, im
Winter aber auch mit anderen Finken auf dem Waldboden bei der Nahrungssuche. Äußerst vorsichtig.

STIMME: Laut und platzend „zicks" oder „zicks ... zicks-it", gedehnt
„zieh" usw. Gesang selten zu hören, ein zögerndes „tik, tik, tör-hui-hui"
mit Variationen. Singt gewöhnlich auf Baumspitzen.

VORKOMMEN: Hauptsächlich in Mischwäldern (besonders solchen mit Rot-

und Hainbuchen), Parkanlagen, Obstgärten. Nistet in Baumwipfeln oder auf niedrigen, waagerechten Ästen oder am Stamm, oft in lockeren Kolonien. Verbreitungskarte S. 301.

Gimpel *Pyrrhula pyrrhula*   **61, 73 E**

E - Bullfinch	F - Bouvreuil pivoine	I - Ciuffolotto
H - Goudvink	S - Domherre	Sp - Camachuelo común

KENNZEICHEN: Knapp 15 cm. Das ♂ ist ein auffallender Vogel mit *leuchtend röstlich rosenroter Unterseite,* weißem Bürzel, blaugrauer Oberseite, *schwarzer Kopfkappe, schwarzem Kinn und sehr kräftigem, schwarzem Schnabel;* Flügel und Schwanz schwarz, weißer Fleck auf den Flügeln. ♀ mit ähnlicher schwarzer Kappe und ähnlicher Zeichnung, aber unten rötlichgrau, oben braungrau. Flug wellenförmig. Heimlich, verläßt selten die Deckung. Die nordeuropäische Rasse, *P. p. pyrrhula,* ist deutlich größer und leuchtender gefärbt als die britische Rasse *(P. p. pileata)* und die auch durch West- und Norddeutschland bis zur unteren Oder verbreitete westeuropäische Rasse *(P. p. europaea;* auf der Iberischen Halbinsel vertreten durch *P. p. iberiae).* Zwischen nord- und westeuropäischer Rasse vermittelt sowohl in der Größe wie in der Färbung die in Süd- und Mitteldeutschland und auf der Balkanhalbinsel brütende Rasse *P. p. coccinea.* Siehe auch Bergfink, der ebenfalls weißen Bürzel hat.

STIMME: Sanft pfeifend „dü". Gesang leise, ein gedämpftes Gemisch von zwitschernden und knarrenden Tönen.

VORKOMMEN: Wälder, Anpflanzungen, Dickungen, buschreiche Gärten, Parkanlagen, Obstgärten. Nistet in immergrünen Gartenbäumen, Hekken, auf kleinen Nadelbäumen in Schonungen usw. Verbreitungskarte S. 301.

Wüstengimpel *Bucanetes githagineus*   **66**

E - Trumpeter Bullfinch	F - Bouvreuil githagine	I - Trombettiere
H - Woestijnvink	S - Ökentrumpetare	Sp - Camachuelo trompetero

KENNZEICHEN: 14 cm. Ein knapp sperlingsgroßer, langflügeliger, am Erdboden Nahrung suchender Vogel mit kurzem, dickem Schnabel. ♂ im Frühjahr und Sommer (im abgeriebenen Gefieder) graubräunlich, Bür-

← *Kernbeißer*
Teilzieher. Balearen nur im Winter. Hat in Finnland u. Norwegen gebrütet. Umherstreif. Lappland, Färöer, Irland, Malta

Gimpel →
Vorw. Jahresvogel

zel, Flügel (vor allem Schwingensäume), Unterseite und Gesicht *rosenrot verwaschen*, Gesicht oft karminrot; Schnabel leuchtend korallenrot. ♂ im Herbst und Winter und ♀ matter gefärbt, mit viel weniger Rosenrot und mit gelblichem Schnabel. *Stimme sehr kennzeichnend.* Im eigentlichen Lebensraum der Art schwierig zu beobachten, hält sich hier dicht über dem Erdboden und auf diesem auf. Hat schnellen, finkenartigen Flug.

STIMME: Ein kennzeichnender *nasaler, trompetender Ton* und ein rauhes „tschick".

VORKOMMEN UND VERBREITUNG: Steiniges, bergiges Ödland und Wüsten, aber oft in der Nähe von Wasserstellen, die er abends zum Trinken aufsucht. Nistet in Felsspalten, in Mauerlöchern oder unter Pflanzenbüschen. Brutvogel in Südspanien (Prov. Almeria), sonst Irrgast aus Nordafrika (darüber hinaus ostwärts bis Pakistan verbreitet) auf Malta, in Griechenland und anderwärts an der Nordküste des Mittelmeeres.

Sperlinge: *Passeridae*

Die Sperlinge vermitteln zwischen den Finken und den afrikanisch-südasiatischen Webervögeln (Ploceidae). Es sind dickschnäbelige, kräftige kleine Vögel, meist ohne lebhafte Farben im Gefieder. Geschlechter gleich oder verschieden gefärbt. Nester in Höhlungen, auf Felsen oder auch frei auf Bäumen, dann gewöhnlich überdacht nach Art der Nester von Webervögeln und Prachtfinken, aber nicht kunstvoll gewoben wie die der ersteren, sondern unordentliche Anhäufungen von Genist; auch Höhlennester häufig überwölbt.

Schneefink *Montifringilla nivalis* **63, 74 E**

E - Snow Finch F - Niverolle des Alpes I - Fringuello alpino
H - Sneeuwvink S - Snöfink Sp - Gorrión alpino

KENNZEICHEN: Knapp 18 cm. Bergvogel. Von der Schneeammer durch *grauen Kopf und schwarze Kehle* unterschieden. Oben braun, unten

← *Steinsperling* Jahresv. Früher in Mitteldeutschland, dort jetzt ausgestorben

Schneefink → Jahresv., im Winter in tieferen Lagen. Umherstr. nordw. bis Mitteleuropa u. Helgoland

rahmweiß. Schwanz überwiegend weiß mit schwarzer Mitte, auffallender im Flug als im Sitzen. ♀ und juv. matter, mit weniger Weiß an Flügeln und Schwanz. Schnabel im Frühling schwärzlich, im Winter und bei juv. gelb. Sitzt aufrecht, mit aufgeregt zuckendem Schwanz.
STIMME: Rauh „zuihk", an Bergfink erinnernd. Gesang, im Balzflug und im Sitzen, ein wiederholtes „sittitsche-sittitsche".
VORKOMMEN UND VERBREITUNG: Nackte Berggipfel über 1800 m; auch an hochgelegenen Gebäuden. Auch im Winter nur wenig tiefer. Besucht Schutz- und Almhütten. Nistet in Felsspalten, Mauerlöchern usw. Verbreitungskarte S. 302.

Steinsperling *Petronia petronia*   63, 74 E

E - Rock Sparrow	F - Moineau soulcie	I - Passera lagia
H - Rotsmus	S - Stensparv	Sp - Gorrión chillón

KENNZEICHEN: 14 cm. Hell und gedrungen, mit kurzem Schwanz. Scheitelmitte graubraun, Scheitelseiten und Wangen dunkelbraun, mit breitem, langem, bis zum Genick reichendem hellem Überaugenstreif. Auffallende weiße Flecken an den Spitzen der Schwanzfedern, besonders im Flug gut zu sehen. Unterseite zart hellbraun gestreift. Ein hellgelber Kehlfleck ist nur aus nächster Nähe zu sehen, wenn der Vogel den Kopf hebt. Juv. heller, ohne gelben Kehlfleck.
STIMME: Bezeichnend ein quäkendes „bä-i" (an Stieglitz und Bergfink erinnernd), wobei der zweite Ton eine Quarte höher ist. Auch im Gesang kehrt dieser Ruf immer wieder. Verschiedene weitere sperlingsartige Rufe sind rauher als beim Haussperling.
VORKOMMEN: Hohe felsige Berghänge, steiniger Boden, Ruinen usw., auch in ausgetrockneten Flußbetten und auf Ackerland; selten an Gebäuden, jedoch gelegentlich in Baumbeständen. Nistet in Felsspalten, Mauerlöchern, Baumhöhlen usw. Verbreitungskarte S. 302.

Haussperling *Passer domesticus*   63, 74 E

E - House Sparrow	F - Moineau domestique	I - Passera europea
H - Huismus	S - Gråsparv	Sp - Gorrión común

KENNZEICHEN: Knapp 15 cm. Vielleicht der bekannteste Vogel. ♂ durch *dunkelgrauen Scheitel, kastanienbraunen Nacken, schwarzen*, im Winter durch graue Federränder z. T. verdeckten *Kehlfleck* und weißliche Wangen gekennzeichnet. ♀ und juv. ohne schwarze Kehle und oben streifig mattbraun, unten schmutzig weiß, ohne bezeichnende Merkmale. ♂ der italienischen Rasse, des Italiensperlings *(P. d. italiae)*, der den Haussperling mit dem Weidensperling verbindet und ursprünglich vielleicht aus einer Vermischung beider hervorgegangen ist, ist im Frühjahr und Sommer lebhafter gefärbt, mit *kräftig kastanienbraunem Oberkopf*, reiner *weißen* Kopfseiten und hellerer Unterseite; in Süditalien und auf Sizilien Übergänge zum Weidensperling, in den Schweizer und italienischen Alpen Mischling mit dem gewöhnlichen Haussperling *(P. d. domesticus)*. Vgl. Karte. Siehe auch Feld- und Weidensperling.
STIMME: Geschwätzig und abwechslungsreich. Laut „schilp" und verschiedene scheltende, zwitschernde und zirpende Rufe.
VORKOMMEN: Bebautes und kultiviertes Gelände, selten weitab von menschlichen Wohnungen. Nistet in Höhlen oder Spalten von Gebäu-

den, Efeu, Scheunen usw.; gelegentlich freistehende Nester in Bäumen. Verbreitungskarte S. 304.

Weidensperling   *Passer (domesticus) hispaniolensis*   63, 74 E

E - Spanish Sparrow   F - Moineau espagnol   I - Passera sarda
H - Spaanse mus   S - Spansk sparv   Sp - Gorrión moruno

KENNZEICHEN: ♂ mit satt *kastanienrotem* Scheitel wie beim Italiensperling, aber von diesem und vom Haussperling durch *viel ausgedehntere schwarze Kehle und Vorderbrust, schwarzgestreifte Flanken und viel schwärzeren Rücken* unterschieden. ♀ und juv. ähneln dem Haussperling-♀, doch sind die Kopfseiten heller und die Oberseite dunkler, ferner haben sie auf den Flanken eine ähnliche, wenn auch viel blassere Streifung wie die ♂. Verhalten und Flug sehr ähnlich wie beim Haussperling, ist aber oft in großen Schwärmen weitab von Häusern zu sehen. Wohl nur als Rassengruppe des Haussperlings zu betrachten.

STIMME: Der des Haussperlings ähnlich, aber voller klingend.

VORKOMMEN: Meist nicht in Ortschaften, sondern vorzugsweise in Gebüschen, Uferdickichten und Wäldern. Nistet kolonieweise und einzeln im Unterbau besetzter und unbesetzter Nester von Störchen, Adlern usw., ferner in alten Schwalbennestern und im Gezweige von Wald- und Landstraßenbäumen. Vermischt sich in Teilen Nordafrikas, wo er in Ortschaften eingedrungen ist, in großer Zahl mit dem Haussperling. Verbreitungskarte S. 304.

Feldsperling   *Passer montanus*   63, 74 E

E - Tree Sparrow   F - Moineau friquet   I - Passera mattugia
H - Ringmus   S - Pilfink   Sp - Gorrión molinero

KENNZEICHEN: 14 cm. Geschlechter gleich. Vom Haussperling-♂ durch *tief kupferbraunen Scheitel, schwarzen Fleck auf den reiner weißen Ohrdecken* sowie ein fast geschlossenes weißes Halsband zu unterscheiden. Kleiner, zierlicher und heimlicher als Haussperling. Siehe auch Italien- und Weidensperling.

STIMME: Härter als die des Haussperlings. Kurz, metallisch „tschick" oder „tschop", wiederholt „tschit-tschap" und ein schnelles Zwitschern. Der unverkennbare Flugruf „tek, tek".

← *Haussperling*
Vorwiegend Jahresvogel. In Italien (durch Linie umgrenzt) als Italiensperling (*P. d. italiae*) vorkommend

Weidensperling →
Vorwiegend Jahresvogel. Umherstreifend Südfrankreich

VORKOMMEN: In Westeuropa mehr auf dem Lande (weniger an menschliche Siedlungen gebunden) als Haussperling, in manchen ost- und südostasiatischen Ländern aber vor allem an Gebäuden und in Städten, hier die Rolle, die in Europa dem Haussperling zukommt, spielend; im Norden lokal auch in der Tundra. Nistet in Baumhöhlen, besonders in gekappten Weiden, Nistkästen, Heuschobern usw., in Süd- und Osteuropa jedoch an Häusern. Verbreitungskarte S. 306.

Prachtfinken: *Estrildidae*

Kleine, in erster Linie von Körnern (Grassamen) sich ernährende finkenähnliche, jedoch am nächsten mit den Webervögeln (Ploceidae) verwandte Vögel mit meist kräftigem, oft rot gefärbtem Schnabel; hauptsächlich in Afrika, zahlreiche Arten aber auch in Südasien und Australien. Bauen rundliche oder birnenförmige Nester mit seitlichem Eingang und legen weiße Eier. Viele Arten sehr gesellig.

Wellenastrild   *Estrilda astrild*

E - Common Waxbill   F - Astrild ondulé   Port - Bico de lacre
H - Sint Helena-fazantje   I - Astrilda ondulata

KENNZEICHEN: 11 cm. Ein sehr kleiner, aber ziemlich langschwänziger, graubrauner, fein dunkel quergebänderter Vogel *mit rotem Schnabel, lebhaft rotem Augenstreif*, weißlicher Kehle und roter Mitte des Unterkörpers; Unterschwanzdecken *schwarz*. Juv. mit schwarzem Schnabel.

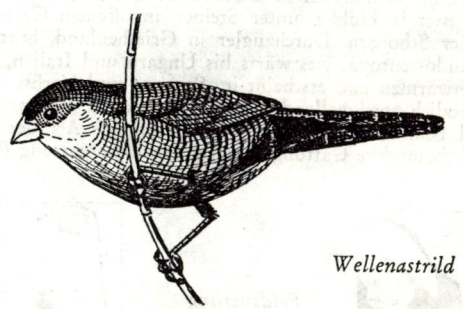

Wellenastrild

STIMME: Ruft leise „tjük" und „tjüküp"; Gesang kurz und rauh, ein mehrfach wiederholtes „tzitzischüri".
VORKOMMEN: In Portugal (Obidos) eingebürgert; dort gesellig an schilfbestandenen Wassergräben in Gemüsefeldern. Heimat: Afrika von Sierra Leone und Äthiopien bis zur Kapprovinz Südafrikas; in Brasilien, auf St. Helena, den Maskarenen, Seychellen, auf Neukaledonien und Tahiti eingebürgert.

Stare: *Sturnidae*

Kräftige, untersetzte Vögel mit kurzem Hals und langem, spitzem Schnabel. Munter, geschwätzig und sehr lebendig. Geschlechter gleich gefärbt. Zur Nahrungssuche auf freiem Boden. Die europäischen Arten Höhlenbrüter.

Rosenstar   *Sturnus roseus*   50, 72 E

E - Rose-coloured Starling	F - Martin roselin	I - Storno roseo
H - Rose spreeuw	S - Rosenstare	Sp - Estornino rosado

KENNZEICHEN: Knapp 22 cm. Ähnlich dem Star in Gestalt und Bewegung. Flug nur wenig abweichend. Gefieder unverkennbar *rosenrötlich, Kopf, Hals, Flügel, Schwanz glänzend schwarz, ebenso eine deutliche Kopfhaube.* Schnabel orangegelb und Füße rötlich, im Winter Schnabel braun. Juv. sandbraun, mit dunkleren Flügeln, dunklerem Schwanz und ohne Haube; *heller* als junger Star, sogar im Flug zu unterscheiden, auch durch *gelblichen Schnabel.* (Verwechslung junger Rosenstare mit gelegentlich auftretenden hellen, biskuitfarbenen jungen Staren ist möglich!) Gesellig, selbst beim Nisten. Mit Staren vergesellschaftet, besonders bei der Nahrungssuche zwischen weidendem Vieh.

STIMME: Flugruf wie Star; im Sitzen höher, schneller und kratzender; von Nahrung suchenden Flügen hört man ein schnelles, hohes Geschwätz, das lauter und wohlklingender als das Geschwätz von Flügen des gewöhnlichen Stars ist.

VORKOMMEN UND VERBREITUNG: Offenes Gelände, Felder, alte Ruinen, Steppen. Nistet in Höhlen unter Steinen in offenem Gelände und in Mauern oder Schobern. Durchzügler in Griechenland, brütet unregelmäßig in Südosteuropa, westwärts bis Ungarn und Italien, folgt Heuschreckenschwärmen und erscheint im Sommer und Herbst von Zeit zu Zeit in plötzlich anschwellender Zahl hier und da in ganz Europa bis Irland und Island. Der Rosenstar ist die einzige Art der von vielen Autoren als besondere Gattung betrachteten Untergattung *Pastor.*

← *Feldsperling*
Teilzieh., Brutvogel auch auf Chalkidike

Star →
Teilzieher. Umherstreifend bis Spitzbergen

Star *Sturnus vulgaris*   **50, 72 E**

E - Starling   F - Étourneau sansonnet   I - Storno
H - Spreeuw   S - Stare   Sp - Estornino pinto

KENNZEICHEN: Knapp 22 cm. Schwärzlich, bronzegrün und purpurfarben glänzend. *Kurzer Schwanz; spitze Flügel; langer, spitzer Schnabel.* Gefieder im Winter dicht weiß getüpfelt, besonders bei ♀. Juv. maus-braun mit weißlicher Kehle. Schnabel bei ad. im Winter dunkel, im Frühling zitronengelb. Munter, zänkisch und geschwätzig. Flug gerad-linig und schnell, gelegentlich gleitend. Frißt und rastet in Scharen. Er-scheint im Herbst und Winter in oft riesigen Schwärmen, die in Dickich-ten und dgl., aber auch mitten in Städten übernachten.
STIMME: Rauh abfallend „spreen". Ferner ein Gemisch von klangreinen Pfiffen, Knacken, Schmatzen usw., alles zu einem langen, nicht sehr lau-ten Gesang verwoben, der von einem Schornstein, Dachfirst oder Baum aus unter Flügelschlagen vorgetragen wird. Ahmt oft und gut andere Vogelstimmen nach. Junge rufen „tschirr".
VORKOMMEN: Überall zu Hause in Stadt und Land. Nistet in Höhlen von Bäumen, Gebäuden, Strohdächern, in Nistkästen usw. oder auch in Erd-höhlen im Ödland. Verbreitungskarte S. 306.

Einfarbstar *Sturnus unicolor*   **50**

E - Spotless Starling   F - Étourneau unicolore   I - Storno nero
H - Zwarte spreeuw   S - Svart stare   Sp - Estornino negro

KENNZEICHEN: Knapp 22 cm. Von weitem von unserem Star nicht zu unterscheiden, aber von nahem wirkt das ♂ im Brutkleid merklich *schwärzer,* mit Purpurglanz und *ohne Flecke;* Schnabel gelb. ♀ matter. Im Winter beide ad. schwarz mit kleinen, bogenförmigen weißen Fleck-chen. Juv. wie dunkle Junge des Stars. Verhalten und Flug wie Star.
STIMME: Lauter und schriller als Star; auffallend ein pfeifendes „siuh".
VORKOMMEN UND VERBREITUNG: Gewöhnlich in kleinen Kolonien an Fel-sen und in Städten und Dörfern, lokal in bewaldeten Gebieten und rings um Einzelgehöfte. Nistet in Höhlen von Bäumen, Felsen, Ruinen, unter Dachrinnen usw. Jahresvogel in Spanien, Portugal, Korsika, Sar-dinien, Sizilien und Nordafrika.

Pirole: *Oriolidae*

Im männlichen Geschlecht meist sehr lebhaft, oft vorherrschend gelb ge-färbte Vögel, deren Hauptverbreitungsgebiet in den warmen Ländern der Alten Welt liegt. In Europa nur eine Art. Bauen kunstvolle napfförmige Nester in Bäumen.

Pirol *Oriolus oriolus*   **50, 71 E**

E - Golden Oriole   F - Loriot d'Europe   I - Rigogolo
H - Wielewaal   S - Sommargylling   Sp - Oropéndola

KENNZEICHEN: 24 cm. ♂ unverkennbar: *leuchtend gelb, mit schwarzen*

Flügeln und schwarzem Schwanz, der kräftig gelb gezeichnet ist. ♀ und juv. gelblichgrün mit dunkleren Flügeln und dunklerem Schwanz und hell gestreifter, gräulicher Unterseite; im Laubwerk schwer zu erkennen; leicht vom Grünspecht am Fehlen von Rot am Kopf zu unterscheiden. Flug schnell, in langen Wellen mit charakteristischem Emporschießen in die nächste Baumdeckung. Bleibt in der Regel in den Wipfeln verborgen.

STIMME: Laut *flötend* „düdlio" oder „ogloühö", von verstecktem Platz aus. Bei Alarm gepreßte und krächzende, eichelhäherartige Rufe. Flügge Junge rufen oft unermüdlich ein melancholisches, abfallendes „gügü-gügü".

VORKOMMEN: Ausschließlich Baumbewohner; Parkanlagen mit reichem Baumwuchs, alte Obstgärten, Auwälder und andere Laubwälder, auch Kiefernwälder, selten im offenen Gelände zu sehen. Nistet gewöhnlich in *waagerechter Astgabel* in beträchtlicher Höhe (oft nahe am Wasser); Nest freihängend. Verbreitungskarte S. 308.

Rabenvögel: *Corvidae*

Die größten Sperlingsvögel, mit oft schwarzem oder doch kräftig gezeichnetem Gefieder. Schnabel ziemlich lang, kräftig. Geschlechter einander ähnlich gefärbt. Baum-, Felsen- oder Höhlenbrüter. Unter den europäischen Vögeln sind wahrscheinlich die Würger ihre nächsten Verwandten. Obwohl in mancher Hinsicht verhältnismäßig ursprünglich geblieben, werden die Rabenvögel wegen ihres hoch entwickelten Gehirns in vielen Systemen an das Ende und damit an die Spitze der Vogelfamilien gestellt.

Unglückshäher *Perisoreus infaustus*   **50, 71 E**

E - Siberian Jay   F - Mésangeai imitateur   I - Ghiandaia di Siberia
H - Taigagaai   S - Lavskrika   Sp - Arrendajo funesto

KENNZEICHEN: 30,5 cm. Flügelfedern, Bürzel und besonders äußere Steuerfedern des ziemlich gestuften Schwanzes *fuchsrot* und im Flug auffal-

← *Pirol*
Sommervogel. Alljährlich Südostengland (manchmal nistend). Umherstr. Irland, Schottland, Färöer, Norweg.

Unglückshäher →
Vorwiegend Jahresvogel. Umherstreif. südwärts bis ČSR

lend. Scheitel und Nacken matt rußbraun; Flügel, Rücken, mittlere
Steuerfedern und Unterseite mausgrau, mit rotbraunen Flanken und
Unterschwanzdecken. Heimlich und gewöhnlich schweigsam in der Brutzeit, sonst neugierig und zutraulich. Hängt sich gewandt an die Spitzen
der Kiefernzweige, um die Zapfen zu erreichen.

STIMME: Ein munteres „kuk, kuk" und ein heiseres „tschär"; auch „huisk-i".

VORKOMMEN: Dichte Nadel- und Birkenwälder des Nordens, im Winter
die nächste Umgebung von Lagern und Dörfern besuchend. Nistet gewöhnlich in Kiefern auf einem Ast dicht am Stamm. Verbreitungskarte S. 308.

Eichelhäher   *Garrulus glandarius*   50, 71 E

E - Jay	F - Geai des chênes	I - Ghiandaia
H - Vlaamse gaai	S - Nötskrika	Sp - Arrendajo (común)

KENNZEICHEN: Gut 34 cm. Rötlichbrauner Körper, *weißer, vom schwarzen
Schwanz abstechender Bürzel,* auffallender weißer Flügelfleck, *blauschwarz gebänderte Flügeldecken,* schwarz-weiß gestreifte, aufrichtbare
Scheitelfedern. Augen hellblau. Flug schwerfällig. Oft in kleinen, lärmenden Gesellschaften.

STIMME: Durchdringend und heiser „rätsch", manchmal im Chor. Verschiedene rauhe Rufe und gedämpft gluckende, knackende und miauende
Laute.

VORKOMMEN: Selten weit von Bäumen entfernt. Nistet gewöhnlich in recht
geschlossenen Nadel- und Laubwaldungen. Verbreitungskarte S. 309.

Blauelster   *Cyanopica cyanus*   50, 71 E

E - Azure-winged Magpie	F - Pie bleue	I - Gazza dalle ali azzurre
H - Blauwe ekster	S - Blåskata	Sp - Rabilargo

KENNZEICHEN: Gut 34 cm. Leicht zu erkennen an der *satt schwarzen
Kopfkappe,* die bis zum Nacken und unter die Augen reicht, an den
blauen Flügeln mit schwarzem Innensaum der Handschwingen und am
langen, gestuften *blauen Schwanz.* Oberseite bräunlichgrau, Unterseite
hell mit graubraunen Flanken. Vertraut und neugierig, in lärmenden
Trupps durchs Land streifend. Bewegt sich elsternartig.

STIMME: Klagend und ansteigend „srih".

← *Eichelhäher*
Teilzieher im Nor-
den des Verbrei-
tungsgebietes

Elster →
Jahresvogel.   In
NW-Sardinien ein-
gebürgert

VORKOMMEN UND VERBREITUNG: Gärten, Obstgärten, Olivenhaine, Euka-
lyptusforsten und Wälder, besonders solche mit reichem Stecheichen-
und Kiefernbestand. Baut offene Nester, gewöhnlich in der Gabel von
Kiefern, Stecheichen, Pappeln oder Fichten. Nistet in zerstreuten Gruppen. Jahresvogel in Mittel- und Südspanien und in Portugal, dann wieder in weiter Disjunktion in Ostasien. Umherstreifend einmal Italien.

Elster *Pica pica*   50, 71 E

E - Magpie	F - Pie bavarde	I - Gazza
H - Ekster	S - Skata	Sp - Urraca

KENNZEICHEN: Knapp 46 cm. Unverkennbar durch *kontrastreich schwarz-
weißes Gefieder und langen Schwanz*. Schultern, Flanken und Bauch
weiß; das übrige Gefieder schwarz mit blauem, grünem und purpur-
farbenem Glanz. Oft in kleinen Gesellschaften; im Winter zuweilen in
großen Versammlungen auftretend.
STIMME: Laut und schnell „schack-schack-schack-schack". Ferner zur Brutzeit ein nicht unmelodisches, mannigfaltiges Geschwätz.
VORKOMMEN: Kulturland und offenes Gelände mit Hecken und einigen
Bäumen. Baut haubenförmig überdachte Nester in hohen Bäumen, aber
auch in Dorngebüsch und Hecken, an Waldrändern, sogar in Brombeer-
büschen. Verbreitungskarte S. 309.

Tannenhäher *Nucifraga caryocatactes*   50, 71 E

E - Nutcracker	F - Casse-noix moucheté	I - Nocciolaia
H - Notenkraker	S - Nötkråka	Sp - Cascanueces

KENNZEICHEN: Knapp 32 cm. Dunkel schokoladenbraun, *kräftig weiß ge-
tropft*. Langer, starker, schwärzlicher Schnabel. Sehr auffallende *weiße
Unterschwanzdecken*, breiter, weißer Endsaum an der Unterseite des
Schwanzes (von oben nur als schmale weiße Federspitzen zu sehen).
Flügel schwärzlich und im Fluge sehr breit. Flug eichelhäherartig.
Außerhalb der Brutzeit oft in kleinen Gesellschaften. Sitzt gern auf
Baumspitzen.
STIMME: Rauh „kror" und eichelhäherartig „rätsch"; oft Reihen kurzer
Rufe zu hören. Zur Brutzeit verschiedene krächzende, knackende und
miauende Rufe.

← *Tannenhäher*
Vorwiegend Jahres-
vogel, aber von Zeit
zu Zeit fliegt die
sibirische Rasse in-
vasionsartig in Eu-
ropa ein u. gelangt
westwärts b. Groß-
britannien u. Süd-
frankreich

Alpenkrähe →
Jahresvogel

Grauer Rücken
und Bauch

Nebelkrähe

Ganz schwarz
starker Schnabel

Grauer
Nacken

Nackter
Gesichts-
fleck

Rabenkrähe

Dohle

Struppige
„Hosen"

Saatkrähe

Zottige
Kehlfedern;
mächtiger
Schnabel

Kolkrabe

Keilförmiger
Schwanz

Rabenvögel

VORKOMMEN: Hauptsächlich die Nadelwaldungen der Gebirge, im Winter auch Laubwälder. In manchen Jahren im Herbst und Winter Invasionen der westwärts bis Nordost-Rußland brütenden sibirischen Rasse *N. c. macrorhynchos*, die etwas längeren und dünneren Schnabel hat. Nistet auf Nadelbäumen. Verbreitungskarte S. 310.

Alpenkrähe *Pyrrhocorax pyrrhocorax*   50, 71 E

E - Chough   F - Crave à bec rouge   I - Gracchio corallino
H - Alpenkraai   S - Alpkråka   Sp - Chova piquirroja

KENNZEICHEN: Knapp 40 cm. Glänzend blauschwarzes Gefieder, *langer, gebogener, roter Schnabel und rote Füße*. Juv. mit gelbem Schnabel. Brillanter Kunstflieger, dessen Handschwingen beim Segeln weit gespreizt und aufgebogen sind. Gesellig. Von der Dohle leicht durch völligen Mangel an Grau im Gefieder und von der gelbschnäbeligen Alpendohle durch *längeren, roten*, nur bei juv. gelben Schnabel zu unterscheiden.

STIMME: Ein langgezogenes hohes „kjå" ähnlich wie bei der Dohle, aber wohltönender, oder ein charakteristisches „tschaff". Ferner mehrere möwenartige Rufe „kuak-ak-ak" usw.

VORKOMMEN: Felsige Gebirge und lokal Klippen und Felsen an der Küste. Nistet in Felsspalten, an Felssimsen, in Höhlen, gelegentlich in Ruinen. Verbreitungskarte S. 310.

Alpendohle *Pyrrhocorax graculus*   50, 71 E

E - Alpine Chough   F - Chocard à bec jaune   I - Gracchio alpino
H - Alpenkauw   S - Alpkaja   Sp - Chova piquigualda

KENNZEICHEN: 38 cm. Von der Alpenkrähe durch viel kürzeren und geraderen, *gelben* Schnabel unterschieden. Beine rot. Von nahem wirkt das Gefieder schwärzer und weniger blauglänzend. Verhalten ähnlich Alpenkrähe. Juv. matter, mit schwärzlichen Beinen.

STIMME: Weniger ruffreudig als die Alpenkrähe; Rufe ein klirrendes „bürrb" und ein kurzes „tschjup".

VORKOMMEN: Hohe Gebirge. Steigt normalerweise nicht ins Tiefland hinab. Nicht an den Küsten. Nistet in Felsspalten und Ruinen. Verbreitungskarte S. 312.

← *Alpendohle*
Jahresvogel. Umherstr. Slowakei, Belgien

Dohle →
Teilzieher. Umherstreif. bis Island, Korsika

Dohle   *Corvus monedula*   **311, 71 E**

E - Jackdaw   F - Choucas des tours   I - Taccola
H - Kauw   S - Kaja   Sp - Grajilla

KENNZEICHEN: 33 cm. Schwarz, mit *grauem* Nacken und *grauen* Ohrdecken. Unterseite dunkelgrau. Augen deutlich hellgrau. Von den Krähen leicht an der *geringeren Größe,* am schnelleren Flug, lebhafteren
Verhalten, *kürzeren Schnabel* und an der charakteristischen Stimme zu
unterscheiden. Gesellig, oft mit Saatkrähen vergesellschaftet. Die skandinavische Rasse, *C. m. monedula,* hat allgemein eine hellere Halstönung
und einen kaum sichtbaren weißen Fleck an jeder Halsseite; im Winter
erscheint auch die östliche Rasse, *C. m. soemmeringii,* mit deutlichem
rahmweißem Halsseitenfleck, die schon in Südosteuropa bis Jugoslawien
und im östlichen Polen brütet, in Mittel- und (in geringerer Zahl) in
Westeuropa.

Kolkrabe

Krähe

Flugbild von Rabe und Krähe
(Raben- und Nebelkrähe haben gleiches Flugbild)

STIMME: Unverkennbar „kjack" und in Erregung ein lärmendes „kjacka-
kjacka-kjack", auch „kja" und recht verschiedenartige Rufe zur Brutzeit.
VORKOMMEN: Gehölze und Parkanlagen mit alten Bäumen, Felsen, Ruinen, Ortschaften, Kulturlandschaft. Nistet gesellig in Höhlen von Bäumen, Felsen, Gebäuden, in Schornsteinen, gelegentlich in Erdhöhlen und
alten Saatkrähennestern. Verbreitungskarte S. 312.

Saatkrähe   *Corvus frugilegus*   **311, 71 E**

E - Rook   F - Corbeau freux   I - Corvo nero
H - Roek   S - Råka   Sp - Graja

KENNZEICHEN: Knapp 46 cm. Schwarz mit Schiller. Von den anderen
Krähen durch *nacktes, weißliches Gesicht und durch schlankeren, spit-*

zeren, *gräulichschwarzen Schnabel* unterschieden; die Schenkelbefiede-
rung wirkt im Laufen merkbar struppig. Juv. matter schwarz, mit voll
befiedertem, schwarzem Gesicht; juv. häufig mit der Rabenkrähe verwechselt, aber Schnabel stets schlanker. Flug geradlinig und regelmäßig
mit schnelleren Flügelschlägen als bei der Rabenkrähe. Gesellig.
STIMME: Sehr wechselreich. Gewöhnlich tief und heiser „gag" oder „krä",
gewöhnlich nicht mehrmals wiederholt. Stimme heiserer, aber viel weniger quarrend als bei der Rabenkrähe.
VORKOMMEN: Bevorzugt Felder mit einigen Bäumen. Nistet in *Kolonien*
in Gehölzen und rastet *gesellig* in Baumwipfeln. Im Winter in West-
und Mitteleuropa in oft sehr großen Flügen, häufig mit Dohlen vergesellschaftet, auf den Feldern. Verbreitungskarte S. 314.

Aaskrähe   *Corvus corone*   311, 313, **71 E**

Rabenkrähe:

E - Carrion Crow	F - Corneille noire	I - Cornacchia nera
H - Zwarte kraai	S - Svart kråka	Sp - Corneja negra

Nebelkrähe:

E - Hooded Crow	F - Corneille mantelée	I - Cornacchia bigia
H - Bonte kraai	S - Grå kråka	Sp - Corneja cenicienta

Rabenkrähe *(C. corone corone)* und Nebelkrähe *(C. corone cornix,* im
südeuropäischen Teil des Verbreitungsgebietes *C. corone sardonius)* sind
Rassen der gleichen Art.
KENNZEICHEN: 47 cm. *Rabenkrähe:* Ganz schwarz, bei gutem Licht glänzend. Kräftiger, schwarzer Schnabel. Flug geradlinig, mit langsamem,
regelmäßigem Flügelschlag; segelt selten. Gewöhnlich *einzeln* oder paarweise, außer am Schlafplatz. Von der jungen Saatkrähe durch kräftigeren, höheren Schnabel unterschieden, von der erwachsenen Saatkrähe
überdies durch befiedertes Gesicht, von der Nebelkrähe durch einfarbig
schwarzes Gefieder, vom Kolkraben durch geringere Größe, weniger
klotzigen Schnabel und gerade abgeschnittenen (nicht keilförmigen)
Schwanz; am besten an der Stimme zu erkennen. *Nebelkrähe:* Von
Raben- und Saatkrähe leicht durch *grauen Rücken und grauen Unterkörper* zu unterscheiden; übriges Gefieder schwarz. Stimme, Verhalten

← *Saatkrähe*
Teilzieher. Umher-
streifend nordwärts
bis Island, Nord-
skandinavien

Rabenkrähe →
Vorwiegend Jahres-
vogel. Umherstreif.
Irland, Skandina-
vien, Polen, Ungarn

und Aufenthaltsorte wie Rabenkrähe, mit der sie sich vermischt, wo die Verbreitungsgebiete aneinandergrenzen.

STIMME: Rauh krächzend „krah", 3- bis 4mal wiederholt; auch ein wiederholtes „kirrk" und ein metallisches „konk".

VORKOMMEN: Kulturland mit Bäumen, Parkanlagen, Wälder, Moorland, Küsten. Nistet gewöhnlich auf Bäumen, gelegentlich an Felsen. Verbreitungskarten für Rabenkrähe und Nebelkrähe getrennt, S. 314 u. 315.

Kolkrabe *Corvus corax* 311, 313, **71 E**

E - Raven	F - Grand corbeau	I - Corvo imperiale
H - Raaf	S - Korp	Sp - Cuervo

KENNZEICHEN: 63,5 cm. Durch seine gewaltige Größe (größer als Mäusebussard), den *klotzigen, schwarzen Schnabel*, die gesträubten, zottigen Kehlfedern, das *keilförmige* Schwanzende und die *tiefe*, bezeichnende Stimme leicht von den übrigen, kleineren Rabenvögeln zu unterscheiden. Gefieder schwarz, bei gutem Licht schillernd. Wuchtiger, geradliniger Flug; segelt und gleitet oft; während der Balz akrobatische Flugspiele.

STIMME: Ein wiederholtes sonores „prräk"; auch hoch metallisch „tok"; viele andere krächzende und gluckende Rufe.

VORKOMMEN: Zum Brüten und auch sonst im Gebirge häufig an Felsen; in der Ebene auf Bäumen nistend. Verbreitungskarte S. 315.

← *Nebelkrähe*
Teilzieher. Brut auf
Texel. Umherstreif.
Island

Kolkrabe →
Vorw. Jahresvogel

Irrgäste

Als „Irrgäste" werden alle diejenigen Arten aufgeführt, die weniger als 20mal innerhalb des in diesem Taschenbuch behandelten geographischen Areals nachgewiesen worden sind. Zweifellos werden der europäischen Vogelliste, wenn sich die Zahl der Vogelbeobachtungsstätten und erfahrenen Beobachter vermehrt, noch mehr neue Arten hinzugefügt werden. Kaum ein Jahr vergeht ohne solche Neunachweise. Viele alte Berichte, die heute infolge der Unmöglichkeit einer genauen Nachprüfung der näheren Umstände nicht mehr anerkannt werden, können dennoch wahr gewesen sein. Trotzdem muß stets große Vorsicht geübt werden. Arten, bei denen die Möglichkeit besteht, daß sie aus Gefangenschaft entflohen sind, oder solche Vögel, die bekanntermaßen als Käfigvögel in anderen Teilen der Welt gehalten werden, sind von vornherein verdächtig. Wo jedoch von Zugvögeln bekannt ist, daß sie gelegentlich weitab von der Heimat und noch dazu in allgemeiner Richtung auf Europa erscheinen, ist die Möglichkeit nicht von der Hand zu weisen, daß sie durch heftige Stürme weiter verschlagen oder von der Zugbewegung anderer Arten erfaßt und mitgeführt worden sind. Beispiele hierfür sind die amerikanischen Drosseln, Waldsänger und Wasservögel und manche asiatische und afrikanische Arten. Die Hurrikane der südlichen Ozeane tragen auch zu dieser Liste bei, indem sie seltene Sturmschwalben, Sturmtaucher und Albatrosse in europäische Gewässer verschlagen.

Viele dieser Seltenheiten unterscheiden sich von ihren europäischen Verwandten nur geringfügig, und es ist recht unwahrscheinlich, daß sie der Gelegenheitsbeobachter erkennt. Derjenige (oder diejenige) wird sie entdecken, der auf jeden Vogel einen kritischen *zweiten* Blick wirft. Bei weitem die lohnendsten Plätze zur Beobachtung solcher seltener Wanderer sind Halbinseln oder Inseln wie etwa Helgoland, die Fair-Insel oder die Scilly-Inseln.

Die folgenden kurzen Angaben führen die wichtigsten feldornithologischen Kennzeichen von 139 Vogelarten und einer im Hauptteil nicht behandelten, sehr abweichenden Rasse des Neuntöters auf, die als Irrgäste in Europa nachgewiesen wurden. Von jeder Art wird die Brutheimat in Klammern angegeben, dann folgt eine Aufzählung derjenigen europäischen Länder, in denen sie mindestens einmal nachgewiesen wurde. Die im Hauptteil nicht behandelten Familien und Unterfamilien werden kurz charakterisiert.

Lappentaucher: *Podicipedidae*

Bindentaucher. *Podilymbus podiceps*. Etwa so groß wie Schwarzhalstaucher, Gestalt ähnlich Zwergtaucher. Graubraun mit *weißen* Unterschwanzdecken. Im Sommer mit schwarzer Kehle und schwarzem Schnabelring. (Amerika). Ausnahmsweise Großbritannien.

Sturmschwalben: *Hydrobatidae*

Fregattensturmschwalbe. *Pelagodroma marina.* Von allen anderen kleinen Sturmschwalben durch *gänzlich weiße Unterseite von Flügeln und
Körper* zu unterscheiden. Oberseite dunkel, Bürzel hellgrau. Weiße
Stirn und *weißer Überaugenstreif*; dunkler Scheitel und *Streif unter
dem Auge*. (Atlantische Inseln.) Als Irrgast Großbritannien.

Madeira-Wellenläufer. *Oceanodroma castro.* Gewöhnlich nicht vom Wellenläufer zu unterscheiden, aber *mit rein weißem* (in der Mitte nicht
grauem) Bürzelband und weniger tief gegabeltem Schwanz. (Atlantische Inseln.) Als Irrgast Großbritannien, Spanien.

Sturmvögel: *Procellariidae*

Kleiner Sturmtaucher. *Puffinus assimilis.* Ähnlich einem kleinen Schwarzschnabelsturmtaucher, aber Füße sehr *dunkel* (nicht rötlich). 2 Rassen
erscheinen als Irrgäste in Europa – die Madeira-Rasse *P. a. baroli* als
die häufigste und die Kap-Verden-Rasse *P. a. boydi;* die letztere hat
schwarze Unterschwanzdecken, wird von manchen Autoren als Rasse
des Audubon-Sturmtauchers angesehen und ist wahrscheinlich im Felde
nicht von diesem zu unterscheiden. (Atlantische Inseln.) Als Irrgast
Großbritannien, Frankreich, Spanien, Italien, Dänemark, Deutschland (einmal, Rasse *P. a. baroli*).

Audubon-Sturmtaucher. *Puffinus lherminieri.* Von manchen Autoren nur
als Rassegruppe des kleinen Sturmtauchers angesehen. Kleiner als
Schwarzschnabelsturmtaucher, doch diesem sehr ähnlich, aber mit *dunklen* (nicht rötlichen) Füßen, noch ähnlicher dem Kleinen Sturmtaucher.
Kann von der Madeira-Rasse des Kleinen Sturmtauchers, *P. assimilis
baroli,* durch *dunkle* (nicht weiße) Unterschwanzdecken unterschieden
werden. Die Kap-Verden-Rasse des Kleinen Sturmtauchers, *P. a. boydi,*
hat auch dunkle Unterschwanzdecken und ist im Freien nicht zu
unterscheiden. Weitere Unterscheidungsmerkmale siehe bei Witherby,
Handbook of British Birds, und Alexander, Die Vögel der Meere (Verlag Paul Parey, Hamburg und Berlin). (West-Atlantik.) Als Irrgast
Großbritannien (?).

Brustbandsturmvogel (Gouldsturmvogel). *Pterodroma leucoptera.* Kleiner als Schwarzschnabelsturmtaucher. Oben schwärzlich, Mitte des Rük-
kens, Schwanz- und Flügeldecken grau. Schwanz schwärzlich mit *hellgrauen äußeren Steuerfedern*. Gesicht und Unterseite weiß, mit voll-
ständigem oder unvollständigem *grauem Brustband* (manchmal ganze
Unterseite mit Ausnahme der Kehle grau). Unterflügel weiß mit
schwarzen Rändern. Füße gelblich. (Süd- und West-Pazifik.) Als Irrgast Wales.

Teufelssturmvogel. *Pterodroma hasitata.* So groß wie ein großer Schwarz-
schnabeltaucher. Ähnlich dem Großen Sturmtaucher, aber von diesem

durch *weißlichen Nacken und weißliche Stirn* (in scharfem Gegensatz zur schwarzen Kappe) und ausgedehnteres Weiß oder Grau am Bürzel unterschieden. Schnabel kürzer und dicker als beim Großen Sturmtaucher. Sehr selten. (Karibische See.) Als Irrgast England.

Kermadek-Sturmvogel. *Pterodroma neglecta.* Größe etwa wie Schwarzschnabelsturmtaucher. Oberseite einfarbig dunkelbraun. Kopf und Unterseite können entweder braun oder weiß sein oder auch Übergänge zeigen; immer aber mit etwas Weiß an der Kehle. Am besten gekennzeichnet durch die *weißen Wurzeln der Handschwingen* und die weißen Flecken im Spitzenteil des *Unterflügels.* (Südlicher Pazifik.) Als Irrgast Großbritannien.

Bulwersturmvogel. *Bulweria bulwerii.* Erheblich größer als die gemeine Sturmschwalbe, ein wenig größer als Wellenläufer. *Insgesamt* bis auf das graue Kinn *rußschwarz.* Schwanz *keilförmig* und länger als bei den meisten Sturmschwalben. Füße *rötlich.* (Atlantische Inseln.) Als Irrgast Großbritannien, Italien.

Kapsturmvogel. *Daption capensis.* Fast so groß wie Schwarzschnabelsturmtaucher. Oberseite *auffallend schachbrettartig gemustert, zwei große, runde weiße Flecken* auf der Oberseite jedes Flügels, Kopf dunkel, Unterseite weiß. (Ozeane des Südens.) Als Irrgast Holland.

Albatrosse: *Diomedeidae*

Albatrosse sind große, den Sturmvögeln ähnliche Hochseebewohner hauptsächlich der südlichen Hemisphäre.

Wanderalbatros (Kapschaf). *Diomedea exulans.* Der größte Meeresvogel (3,35 m Flügelspanne). Hauptsächlich weiß, mit schwarzen Flügelspitzen und etwas dunkler Zeichnung auf den Flügeldecken und an der Schwanzspitze. Schnabel hell fleischfarben. ♀ mit dunklem Scheitel. Unausgefärbte vorwiegend braun, mit weißem Gesicht und weißer Kehle; Flügel oben schwärzlich, unten weiß, ausgenommen die schwarzen Spitzen. (Die Ozeane des Südens.) Als Irrgast Frankreich, Belgien, Deutschland (einmal).

Mollymauk (Schwarzbrauenalbatros). *Diomedea melanophris.* 1,80 bis 2,10 m Flügelspanne. Ad. mit rein weißem Kopf, Hals, Bürzel und rein weißer Unterseite, mit *dunklem Streifen durch das Auge.* Rücken, Schwanz und Flügel schwärzlich; Unterflügel weiß mit schwarzem Vorderrand. Schnabel *gelb.* Unausgefärbte mit dunkelgrauem Scheitel und schwärzlichem Schnabel, Unterflügel dunkel mit heller Linie längs der Mitte. (Ozeane des Südens.) Als Irrgast nordwärts bis Großbritannien, Norwegen und Färöer.

Gelbnasenalbatros. *Diomedea chlororhynchos.* 1,80–2,10 m Flügelspanne, Ähnlich Graukopfalbatros, aber Schnabel schwarz *mit gelber Spitze* *und gelbem oberem Rand.* Kopf, Hals und Bürzel weiß; Rücken, Schwanz und Flügel rußschwarz; unten ganz weiß mit schwarzem Saum an *beiden Flügelrändern.* (Ozeane des Südens.) Als Irrgast Island.

Graukopfalbatros. *Diomedea chrysostoma.* Ähnlich Gelbnasenalbatros (siehe oben), aber Schnabel dunkelgrau mit *roter Spitze* und gelben Abzeichen. (Ozeane des Südens.) Als Irrgast Norwegen.

Rußalbatros. *Phoebetria palpebrata.* 1,80 m Flügelspanne. Durch hell aschgrauen Rücken und aschgraue Unterseite sowie „rußiges" Gesicht (am dunkelsten rund ums Auge) und auffallenden unterbrochenen weißen Augenring gekennzeichnet. (Ozeane des Südens.) Als Irrgast Frankreich (?).

Fregattvögel: *Fregatidae*

Fregattvögel sind große, gabelschwänzige Seevögel, den Kormoranen und Tölpeln verwandt, denen sie erbeutete Nahrung abjagen; sie fischen aber auch selbst. Meist entfernen sie sich nicht sehr weit von ihren Brutplätzen auf Meeresinseln.

Pracht-Fregattvogel. *Fregata magnificens.* Groß (2,10 m Flügelspanne), schwarz; räuberischer Seevogel mit sehr langem, *tief gegabeltem* Schwanz (der gewöhnlich nicht gespreizt und daher lang und spitz ist), mit rotem Kehlfleck und langem, schlankem, an der Spitze hakenförmig gebogenem Schnabel. ♀ mit weißer Brust. (Süd-Atlantik.) Als Irrgast Frankreich, Schottland.

Reiher: *Ardeidae*

Mandschurendommel. *Ixobrychus eurhythmus.* ♂ : Oberkopf matt schwarzbraun, sonst oben dunkel kastanienbraun mit Ausnahme der gräulich lehmfarbenen mittleren und großen Oberflügeldecken; Unterseite hell ockergelb, Unterschwanzdecken weiß. ♀ mit kleinen, rundlichen weißlichen Flecken auf dem Rücken und braun gestreifter Unterseite. (Ostasien). Als Irrgast Deutschland (einmal), Italien.

Ibisse: *Threskiornithidae*

Waldrapp. *Geronticus eremita.* Schwarz mit grünem, bronzefarbenem und purpurnem Schiller. Größter Teil des Kopfes nackt, rot; gebogener, roter Schnabel; Füße dunkelrot. (Nordafrika, Vorderasien.) Irrgast in Südspanien. Bis zum Beginn des 17. Jahrhunderts Brutvogel auch in Süddeutschland.

Flamingos: *Phoenicopteridae*

Zwergflamingo. *Phoenicopterus minor.* Um ein Viertel kleiner als Flamingo (S. 60), *Schnabel dunkelrot mit schwarzer Spitze;* Beine rosa wie bei der größeren Art. (Afrika, Nordwestindien). Ausnahmsweise Südspanien.

Entenvögel: *Anatidae*

Streifengans. *Anser indicus.* Ad. Körper hellgrau, Kopf weiß mit zwei schwarzen Querbinden im Nacken. Hals dunkel mit langem weißen Streifen an den Seiten. Immat. ohne Nackenbinden; Kopf- und Halsseiten weiß, Nacken und Oberhals dunkel. (Zentralasien.) Als Irrgast (oder aus Gefangenschaft?) Finnland, Schweden, Dänemark, Ungarn, Deutschland (wiederholt festgestellt, aber wohl alle aus der Gefangenschaft entwichene Stücke).

Sichelente. *Anas falcata.* ♂ mit rotbraun und schillernd grün gefärbtem Kopf; schwach ausgebildete, struppige Haube im Nacken; weiße Kehle mit schmalem, dunklem Querband; herabhängende, sichelartig gebogene Schulterfedern („Sichelente"). Wirkt wie eine „krickenten-köpfige Schnatterente". ♀ unauffällig braun mit gesprenkelten Flanken. (Nordostasien.) Als Irrgast Schweden, Frankreich (?), Tschechoslowakei, Österreich.

Dunkelente. *Anas rubripes.* Größe und Flugbild wie Stockente. Dunkelbraun (aus der Ferne schwarz) mit hellen Wangen und Halsseiten, gelblichem Schnabel, purpurnem Spiegel ohne weißen Rand. Im Flug *dunkler Körper* gegen *weiße Unterflügel* abstechend (Nordamerika). Als Irrgast Irland und England.

Halsringente. *Aythya collaris.* Oberflächlich einer Reiherente oder einer schwarzrückigen Bergente ähnlich, aber im Sitzen vor dem Flügel ein senkrechtes, schmales weißes Feld. Ohne Kopfhaube. Rotbrauner Halsring nur aus der Nähe sichtbar. 2 weiße Schnabelbinden. Weibchen erinnert an Tafelenten-Weibchen, aber mit Weiß ums Auge und an der Schnabelwurzel. Breiter grauer Flügel-Hinterrand im Fluge. (Nordamerika.) Als Irrgast Großbritannien, Niederlande, Belgien, Deutschland (Zooflüchtlinge?).

Plüschkopfente. *Somateria fischeri.* Leicht von den anderen Eiderenten an dem *großen, ringförmigen hellen Augenfleck* zu unterscheiden. Beim ♂ Genick und *Stirn* hellgrün; Oberseite gelblichweiß; Unterseite schwärzlich. ♀ dicht braun und schwarz quergebändert, mit gräulich-gelbbräunlichem Kopf und Hals. (Sibirien). Gelegentlich in den arktischen Meeren westwärts bis Norwegen.

Büffelkopfente. *Bucephala albeola.* Eine kleine Ente. ♂ mit hochscheiteligem, dickem Kopf und *großem weißem Fleck hinter dem Auge,* der

rund um die Rückseite des Kopfes reicht. Wirkt in der Ruhe hauptsächlich weiß mit schwarzem Rücken. ♀ oben braun, mit düsteren Flanken, weißem Wangenfleck und weißem Flügelfeld. (Nordamerika.) Als
Irrgast Island, Großbritannien, Tschechoslowakei.

Kappensäger. *Mergus cucullatus.* Etwas größer als Zwergsäger, mit typischem Sägerschnabel und schlankem Flugbild. ♂ schwarzweiß, mit
fächerförmiger, weißer, schwarz gesäumter, aufrichtbarer Haube; Brust
weiß mit zwei schwarzen Binden vor dem Flügel; Flanken bräunlich.
♀ viel kleiner und dunkler als Gänse- und Mittelsäger, mit dunklem
Kopf und Hals und *auffallender buschiger gelbbrauner Haube.* Auch als
Lophodytes cucullatus von *Mergus* getrennt. (Nordamerika.) Als Irrgast
Großbritannien, Irland.

Greife: *Accipitridae*

Kleiner Singhabicht. *Melierax metabates.* In der Größe zwischen Sperber
und Habicht. Oberseits dunkelgrau, jedoch mittlere und große Flügeldecken hellgrau, weiß marmoriert, Flügelspitzen schwärzlich, Oberschwanzdecken weiß gebändert, Schwanz schwärzlich mit weißer Endbinde; Kehle und Vorderbrust grau, Unterkörper weiß mit grauer
Querbänderung. Beine verhältnismäßig lang, orangefarben. (Afrika.)
Irrgast in Südspanien und Griechenland.

Bindenseeadler. *Haliaeetus leucoryphus.* Dunkelbraun, mit weißlicher
Kehle und weißlichen Kopfseiten, gelblichbraunem Scheitel und Nacken
und einem *breiten weißen Band* im dunklen Schwanz. Unausgefärbte
ganz dunkel mit hellen Kopfstreifen. Auch als *Cuncuma leucoryphus*
getrennt. (Rußland, Asien.) Als Irrgast Norwegen, Finnland, Schlesien
(einmal), Ungarn.

Schwalbenweih. *Elanoides forficatus.* Ein schlanker, bussardgroßer Greif
mit langem Gabelschwanz. Im Flug einer riesigen Schwalbe gleichend.
Kopf und Unterseite weiß, Rücken, Flügel und Schwanz schwarz.
(Vom südlichen Nordamerika bis Nord-Argentinien). Irrgast (oder
Zooflüchtling?) in Großbritannien, Frankreich und Deutschland.

Falken: *Falconidae*

Buntfalke. *Falco sparverius.* Ähnlich Turmfalke, aber Schwanz beim ♂
rotbraun (nicht grau), Flügel blaugrau, Kopf viel auffallender gezeichnet. ♀ ähnlich Turmfalken-♀, jedoch wie ♂ mit kräftiger schwarz-
weißer Zeichnung an den Kopfseiten. (Amerika.) Als Irrgast Dänemark.

Kraniche: *Gruidae*

Nonnenkranich (Schneekranich). *Grus leucogeranus.* Schneeweiß mit verlängerten Schulterfedern und schwarzen Handschwingen. Nacktes Gesicht
und Schnabelwurzel rot. Beine rötlich (Asien.) Als Irrgast Schweden.

Rallen: *Rallidae*

Carolina-Sumpfhuhn. *Porzana carolina.* Sehr ähnlich Tüpfelsumpfhuhn, aber ad. mit *schwarzem Fleck* an Gesicht und Kehle. Ohne Rot an der Wurzel des gelben Schnabels und ohne weiße Flecke an Hals und Vorderbrust. (Nordamerika.) Als Irrgast in Großbritannien, Frankreich.

Afrikanisches Sultanshuhn. *Porphyrula alleni.* Kleiner als Teichhuhn. Kopf schwarz, Rücken und Flügel bronzegrün, Hals und Brust rötlichblau, Bauch schwarz, Unterschwanzdecken weiß. Schnabel und Beine *dunkelrot;* Stirnschild *grün.* (Afrika.) Als Irrgast Spanien, Italien, Sizilien, Dänemark, Deutschland (einmal), Frankreich.

Amerikanisches Sultanshuhn. *Porphyrula martinica.* Kopf und Unterseite tief purpurfarben, Rücken bronzefarben; hellblaues Stirnschild, Schnabel rot mit gelber Spitze; Beine gelb. (Südamerika bis zum südlichen Nordamerika.) Als Irrgast Großbritannien.

Regenpfeifer: *Charadriidae*

Kiebitze

Weißschwanzsteppenkiebitz. *Vanellochettusia leucura.* Kiebitzgroß. Mit kurzem, weißem Schwanz, leuchtend gelben Beinen, auffallend schwarzweiß gezeichneten Flügeln, weißer Kehle und brauner bis *lachsrötlicher* Brust. (Asien.) Als Irrgast Frankreich, Malta.

Eigentliche Regenpfeifer

Wermutregenpfeifer. *Charadrius asiaticus.* So groß wie Sandregenpfeifer. Oben haarbraun, unten weiß. Mit *breitem, rostfarbenem Brustband,* das nach hinten schmal schwarz gesäumt ist. Gesicht und Überaugenstreif weiß. ♀ mit nur schwach entwickeltem Brustband. ♂ im Winter ähnlich ♀. (Asien.) Als Irrgast Großbritannien, Helgoland (2mal), Italien, Bulgarien.

Schnepfenvögel: *Scolopacidae*

Schlammläufer. *Limnodromus griseus.* Bekassinengroß, mit langem, geradem, bekassinenartigem Schnabel und weißem Hinterrücken, Bürzel und Schwanz; sehr ähnlich dem Großen Schlammläufer *(L. scolopaceus)* (s. S. 140), aber kleiner, mit kürzerem Schnabel, verhältnismäßig längeren Flügeln und gefleckten, nicht gebänderten Unterschwanzdecken. (Nordamerika.) Irrgast in Großbritannien, Dänemark, Frankreich (?), Deutschland (ein unbelegter Nachweis). Siehe Tafel 27, 33.

Eskimo-Brachvogel. *Numenius borealis.* Ähnlich einem kleinen Regenbrachvogel, mit kürzerem, geraderem Schnabel und *ohne Weiß am Bürzel.* Vom ziemlich ähnlichen, aber größeren Amerikanischen Regenbrachvogel (dem der weiße Bürzel gleichfalls fehlt) durch *hellere,* mehr gelblichbraune Unterseite und *zimtbraune* Unterflügel unterschieden. Beine dunkel grünlich. (Nördliches Nordamerika.) Als Irrgast früher in Großbritannien nachgewiesen. Heute so gut wie ausgestorben.

Schlammtreter. *Catoptrophorus semipalmatus.* Ein großer Wasserläufer, in der Größe zwischen Grünschenkel und Großem Brachvogel, mit blaugrauen Beinen; leicht kenntlich durch die im Fluge schwarzweiß erscheinenden Flügel (Armschwingen und Wurzelhälfte der Handschwingen weiß); übriges Gefieder im Brutkleid oberseits röstlich braungrau, dunkel gefleckt, unterseits weiß, an Brust und Seiten dunkel gebändert, Oberschwanzdecken und seitliche Schwanzfedern größtenteils weiß. Ruhekleid oben braungrau, unten weiß. (Nordamerika.) Als Irrgast Frankreich, Schweden, Jugoslawien.

Einsiedelwasserläufer. *Tringa solitaria.* Ein dunkelflügeliger Wasserläufer mit *auffallenden weißen Seiten des dunklen Schwanzes.* Die schwärzlichen Unterflügel und olivgrünen Beine erinnern an Waldwasserläufer, aber am *dunklen Bürzel* ist er von diesem schnell zu unterscheiden. (Nordamerika.) Als Irrgast Großbritannien, Frankreich, Island, Deutschland.

Amerikanischer Uferläufer. *Tringa macularia.* Im Winter vom Flußuferläufer nicht zu unterscheiden, aber ad. im Sommer mit *runden, schwarzen Flecken* (nicht Streifen) an der Brust und mit schwarzspitzigem *gelbem Schnabel.* Auch *Actitis macularia* genannt (s. S. 149). (Nordamerika.) Als Irrgast Großbritannien, Irland, Belgien, Deutschland.

Wiesenstrandläufer. *Calidris minutilla.* Kleiner als Zwergstrandläufer, dem er ähnelt mit Ausnahme des im Sommer dunkleren, *weniger rotbraunen* Aussehens und der *helleren, gelblichen oder grünlichen Beine.* Im Winter ist die Brust im allgemeinen mehr gestreift als beim Zwergstrandläufer (dann an Alpenstrandläufer erinnernd). Zieht Schlamm und Sumpf der Meeresküste vor. Siehe auch die leicht zu verwechselnden Sand- und Temminckstrandläufer. (Nordamerika.) Als Irrgast Großbritannien, Frankreich, Finnland.

Rotkehlstrandläufer. *Calidris ruficollis.* Dem Zwergstrandläufer (S. 150) sehr ähnlich, ein wenig größer und kurzbeiniger, im Brutkleid durch *rostrote Kehle und Vorderbrust,* die scharf vom weißlichen Unterkörper abgesetzt sind, zu unterscheiden; Beine schwarz. (Nordsibirien, Nordwestalaska.) Ausnahmsweise Deutschland.

Sandstrandläufer. *Calidris pusilla.* Im Sommer ein *grauer* „Temminckstrandläufer". Von diesem durch *schwärzliche* Beine (beim Temminckstrandläufer heller) unterschieden. Im Winter gewöhnlich nicht vom Zwergstrandläufer zu unterscheiden, aber Schnabel ganz wenig stärker *und an der Spitze verbreitert.* Siehe auch den leicht zu verwechselnden Wiesenstrandläufer. (Nordamerika.) Ausnahmsweise Großbritannien, Frankreich.

Bergstrandläufer. *Calidris mauri.* Sperlingsgroß. Dem Wiesenstrandläufer (s. oben) ähnlich, aber etwas größer, mit längerem, am Grunde
dickerem, im Spitzenteil schwach abwärts gebogenem Schnabel; im Brutkleid oberseits rostbraun; im Ruhekleid oberseits grauer, weniger bräunlich als der Wiesenstrandläufer, Brust reiner Weiß, nicht so stark gestreift, Schultern oft rostfarben. Beine schwärzlich. Etwas kleiner als der
ebenfalls ähnliche Sandstrandläufer und mit längerem Schnabel; Sandstrandläufer im Ruhekleid stets ohne Rostfarbe an den Schultern.
(Alaska.) Als Irrgast auf den Britischen Inseln.

Baird-Strandläufer. *Calidris bairdii.* Größer als Zwergstrandläufer, kleiner als Graubruststrandläufer. Oberseite weniger gestreift, mehr *geschuppt* wirkend. Kopf und Brust *tief gelblichbraun,* licht gestreift.
Vom Grasläufer durch *schwarze Beine* und weißen Bauch unterschieden.
Kann im Frühling mit Sanderling verwechselt werden. (Nordamerika.)
Als Irrgast Irland, Großbritannien, Frankreich, Schweden, Finnland
(s. Taf. 34).

Spitzschwanzstrandläufer. *Calidris acuminata.* Sehr ähnlich dem Graubruststrandläufer, aber Brustzeichnung viel weniger hervortretend und
gegen den weißen Bauch nicht scharf abgegrenzt; Vorderbrust mit
warm zimtbräunlichem Anflug. Brust mehr gefleckt als gestreift, am
stärksten an den Seiten, im Winter schwächer. Beine grünlichgrau, nicht
gelblich. (Nordostasien.) Als Irrgast Großbritannien.

Bindenstrandläufer. *Micropalama himantopus.* Mit Schlammläufer ver-
gleichbar (S. 322). Stark gebänderte Unterseite, rostfarbener Wangenfleck unter weißem Augenstreif und lange, dünne, grünliche Beine, die
im Fluge den Schwanz deutlich überragen. Der schlanke, etwas abwärts
gebogene Schnabel ist länger als bei anderen Strandläufern gleicher
Größe. Hinterbürzel weiß. Im Winter heller und grauer, ohne rostfarbene Abzeichen und auffallende Bänderung. Bewegt sich bei der
Nahrungssuche wie Schlammläufer. (Nordamerika.) Als Irrgast England, Schweden.

Möwen: *Laridae*

Delawarenmöwe. *Larus delawarensis.* Reichlich so groß wie Sturmmöwe
und ihr in der Färbung ähnlich. Äußere Handschwingen schwarz mit
weißem Fleck vor der Spitze der äußersten und oft auch der nächsten
Schwinge. Schnabel grünlichgelb mit schwarzem Querband nahe der
Spitze. (Nordamerika.) Als Irrgast in Deutschland (1968).

Fischmöwe. *Larus ichthyaetus.* So groß wie Mantelmöwe. Die einzige
Großmöwe mit zur Brutzeit *schwarzem Kopf* (mit weißen Abzeichen
über und unter dem Auge). Zu allen Jahreszeiten durch den *derben
gelben Schnabel mit schwarzer Binde* gekennzeichnet. Beine gelblichgrün.
Kopf im Winter weiß mit dunklen Abzeichen auf dem Scheitel und in
Augennähe. Unausgefärbte mit auffallendem schwarzem Band im wei-

ßen Schwanz. (Südostrußland, Innerasien.) Ausnahmsweise Rumänien, Großbritannien, Belgien, Niederlande, Dänemark, Schweden, Sardinien, Malta, Griechenland.

Aztekenmöwe. *Larus atricilla.* So groß wie Lachmöwe und ihr in der Färbung ähnlich, aber dunklerer Mantel und äußere Handschwingen schwarz. Kopfmaske im Sommer grauschwarz, im Winter weiß, dunkel gefleckt (Nordamerika). Als Irrgast in Frankreich (zweimal) und Schweden (einmal).

Franklinmöwe. *Larus pipixcan.* 35 cm. Etwas kleiner als Lachmöwe, wie diese im Brutkleid mit dunklem Kopf, am besten dadurch kenntlich, daß die *schwarze Flügelspitze durch ein weißes Band vom Grau des restlichen Flügels getrennt* ist; mittlere Federn des weißen Schwanzes hellgrau; Schnabel und Füße dunkelrot. (Nordamerika.) Ausnahmsweise Großbritannien.

Seeschwalben: *Sternidae*

Sumpfseeschwalbe. *Sterna forsteri.* Ad. im Sommer im Fluge von der Flußseeschwalbe durch silberfarbene Handschwingen (heller als der übrige Flügel), weniger weißen Schwanz und mehr orangefarbenen Schnabel unterschieden. Hat im Herbst einen *großen schwarzen Fleck in der Ohrgegend;* Schnabel dann schwärzlich, Füße zuweilen gelblich. Immat. ohne den für die Flußseeschwalbe bezeichnenden dunklen Fleck am Vorderrand des Flügels. (Nordamerika.) Irrgast in Irland.

Zügelseeschwalbe. *Sterna anaethetus.* Ähnlich Rußseeschwalbe, aber kleiner, mit grauerem Rücken, weitem *weißlichem Halsband* und weißem, sich in einer Spitze *hinter das Auge* erstreckendem Stirnfleck. (Karibische See, Afrika.) Ausnahmsweise Großbritannien.

Rüppellseeschwalbe. *Sterna bengalensis.* Etwa so groß wie Lachseeschwalbe, aber mit schlankerem, *orangegelbem* Schnabel und tiefer gegabeltem Schwanz. Füße schwarz. Scheitel bei ad. mit schwach ausgebildeter Haube, im Sommer ganz schwarz, im Winter weiß gestreift. (Küsten Nord- und Ostafrikas, Madagaskars, Südasiens bis Australien.) Ausnahmsweise Sizilien, Schweiz, Frankreich, Spanien.

Königsseeschwalbe. *Sterna maxima.* Erinnert an kleine Raubseeschwalbe mit weniger kräftigem, orangefarbenem Schnabel; Schwanz länger und tiefer gegabelt; Spitzen der Handschwingen mit etwas weniger Schwarz; Stirn weiß, ausgenommen zu Beginn der Brutzeit; ruft höher und weniger rauh. (Nordamerika und Westafrika.) Als Irrgast Großbritannien, Irland, Spanien (?).

Noddi. *Anous stolidus.* Unsere einzige dunkelbraune Seeschwalbe (ausgenommen junge Rußseeschwalbe) und bei uns die einzige mit unge-

gabeltem, *rundem Schwanz* (Rußseeschwalbe mit Gabelschwanz). Im
Vergleich mit anderen Seeschwalben, die dunkle Kopfkappe und hellen
Körper haben, wirkt die dunkle Noddiseeschwalbe mit ihrem *weißlichen
Scheitel* wie das „Negativ" einer Seeschwalbe. (Tropische und subtro-
pische Meere.) Ausnahmsweise Deutschland (einmal).

Alken: *Alcidae*

Schopfalk. *Aethia cristatella.* Größer als Krabbentaucher. Ganz schwarz,
oben *und unten.* Leicht an der *kurzen, schwarzen* Haube zu erkennen,
die auf der Stirn entspringt und nach vorn gebogen ist, und an den
Büscheln weißer, vom Hinterrand des Auges herabhängender Federn
(wie beim Rotschnabelalk). Schnabel orangerot mit weißlicher Spitze.
(Nordpazifik.) Ausnahmsweise Island.

Rotschnabelalk (Papageialk). *Cyclorrhynchus psittacula.* Viel größer als
Krabbentaucher. Von diesem unterschieden durch verhältnismäßig größeren, höheren, *orangeroten Schnabel* und durch *Büschel verlängerter
weißer Federn,* die vom Hinterrand des Auges herabhängen. (Nordpazifik.) Ausnahmsweise Schweden. Siehe auch Schopfalk.

Steppenhühner: *Pteroclidae*

Braunbauchflughuhn. *Pterocles exustus.* Mit sehr langen Schwanzspießen
und schwärzlichen Achseln (bei *P. senegallus* weiß). ♂ oben sandfarben
mit feiner dunkler Zeichnung, gelblichem Gesicht, fahl rötlich gelbbrauner Brust, die unten von einem *schmalen schwarzen Band* begrenzt
wird, *und mit dunkel kastanienbraunem Bauch.* ♀ auf Oberseite, Brust
und Bauch dunkel gefleckt und quergewellt. (Senegal und Ägypten bis
Indien.) Ausnahmsweise Ungarn.

Tropfenflughuhn. *Pterocles senegallus.* ♂ oben und unten fast ganz sandfarben, nur *Scheitel, Kehle und Wangen orangegelb* und ein den Scheitel begrenzendes Band hell blaugrau. ♀ kräftig schwarz gefleckt, Kehle
und Wangen heller gelb. Beide Geschlechter mit langen Schwanzspießen,
die aber kürzer als beim Spießflughuhn sind, und *schwarzem Bauchstreif.* (Nordafrika bis Nordwestindien.) Ausnahmsweise Sizilien.

Tauben: *Columbidae*

Meenataube. *Streptopelia orientalis.* Im Feld von Turteltaube nicht zu
unterscheiden, es sei denn, man kann die bedeutendere Größe und das
dunklere Aussehen erkennen. Von nahe sind die *bläulichgrauen* (nicht
weißen) Spitzen der schwarzen Halsfleckfedern und Schwanzfedern zu
sehen. Unterschwanzdecken auch grau. (Asien.) Ausnahmsweise Skandinavien, Dänemark, England, Italien.

Kuckucke: *Cuculidae*

Schwarzschnabelkuckuck. *Coccyzus erythrophthalmus.* Sehr ähnlich dem Gelbschnabelkuckuck, aber *ohne Rotbraun* am Flügel, mit *kleinen* weißen Schwanzflecken, ganz *schwarzem* Schnabel und schmalem, rotem Augenring. (Nordamerika.) Ausnahmsweise Großbritannien, Frankreich, Italien, Deutschland (einmal).

Eulen: *Strigidae*

Kap-Ohreule. *Asio capensis.* Ähnlich einer dunklen Sumpfohreule, aber Unterseite gefleckt und gekritzelt, nicht gestreift, und Augen *dunkel.* Zehen fast nackt, Füße schwärzlich. Kurze Federohren. (Afrika und Madagaskar.) Als Irrgast Spanien, Portugal.

Ziegenmelker: *Caprimulgidae*

Nachtfalke. *Chordeiles minor.* Kleiner, dunkler und grauer als die europäischen Ziegenmelker und weniger ausgesprochen Nachtvogel (Dämmerungsvogel). Mit schwach gegabeltem Schwanz und *auffallenden weißen Binden* der sehr langen spitzen Flügel. (Nordamerika.) Ausnahmsweise England, Island.

Segler: *Apodidae*

Stachelschwanzsegler. *Hirundapus caudacutus.* Ein großer Segler mit sehr kurzem gestutztem Schwanz. Dunkelbraun, mit metallischem, grünem Glanz auf Flügeln, Scheitel und Schwanz. Stirn, Kehle und *auffallende hufeisenförmige Abzeichen* der Unterschwanzdecken *weiß.* Schwanzfederschäfte hart, stachelartig vorstehend. (Ostasien.) Ausnahmsweise Irland, Großbritannien, Italien, Finnland.

Haussegler (Weißbürzelsegler). *Apus affinis.* Etwas kleiner als Kaffernsegler, dem er bis auf den kaum gegabelten (fast gestutzten) Schwanz und ausgedehnter *weißen Bürzel* ähnelt. (Afrika, südliches Asien.) Ausnahmsweise Italien, Malta, Irland, s. Abb. S. 199.

Eisvögel: *Alcedinidae*

Gürtelfischer. *Ceryle alcyon.* Größer als Graufischer (etwa so groß wie Dohle). Oben *blaugrau,* unten weiß, mit ausgeprägtem, zottigem Schopf und einem Brustband (♂) oder zwei breiten Brustbändern (♀); das hintere Brustband des ♀ ist rostrot und zieht sich an den Flanken nach hinten. (Nordamerika.) Ausnahmsweise Holland, Island.

Graufischer. *Ceryle rudis.* Ein großer, *schwarz-weißer* Eisvogel mit struppigem Schopf (zweimal so groß wie unser Eisvogel), ♂ mit einem breiten und einem schmalen schwarzen Band über die weiße Brust. ♀ nur mit einem Brustband. An Süß- und Salzwasser. (Afrika, südliches Asien.) Ausnahmsweise Griechenland, Polen.

Braunliest. *Halcyon smyrnensis.* Kopf, Hals, Unterkörper kastanienbraun, Rücken blaugrün, kleine Flügeldecken hell kastanienbraun, mittlere schwarz, große blau, Kehle bis zur Brust weiß; Schnabel und Füße rot. (Kleinasien ostwärts bis Formosa und Philippinen.) Ausnahmsweise Griechenland (Mazedonien).

Bienenfresser: *Meropidae*

Blauwangenspint. *Merops superciliosus.* Sofort von *M. apiaster* zu unterscheiden durch das fast einfarbig grüne Gefieder ohne irgendwelches Braun an der Oberseite, durch *rostroten Kehlfleck* und *prächtig kupferfarbene* Unterflügel; Schnabel länger. (Nord- und Ostafrika, Madagaskar, südliches Asien bis Neuguinea.) Ausnahmsweise Griechenland, Italien, Malta, Südfrankreich, Scilly-Inseln, Schweden, Niederlande.

Spechte: *Picidae*

Saftlecker. *Sphyrapicus varius.* Buntspechtgroß. ♂ mit leuchtend schwarz-weiß-rotem Kopf; Kehle *leuchtend rot,* hinten schwarz begrenzt. ♀ mit weißer Kehle. Beide Geschlechter: Langer weißer Flügelfleck, viel schmaler als beim Buntspecht; Rücken fein schwarz-weiß gebändert; Bürzel weiß; Unterkörper blaß gelblich. Immat. oben und unten bräunlich gebändert. (Nordamerika.) Ausnahmsweise Island.

Lerchen: *Alaudidae*

Steinlerche. *Ammomanes deserti.* Ein heller wüstenfarbiger Vogel. *Oben einfarbig graulich sandfarben,* mit zart gestreiftem Kopf und schwach rostfarbenem Bürzel; Schwingen mit hell rostfarbenen Rändern; Unterseite weißlich sandfarben, an der Kehle ganz zart gesprenkelt. (Nordafrika, Westasien.) Ausnahmsweise Spanien.

Sandlerche (Bindenlerche). *Ammomanes cinctura.* Ähnlich einer kleinen Steinlerche, aber mehr rost-isabellfarben; Handschwingen und Steuerfedern mit *schwarzen Spitzen.* (Nordafrika bis Beludschistan.) Ausnahmsweise Malta.

Wüstenläuferlerche. *Alaemon alaudipes.* Ein schnell rennender Wüstenvogel mit wundervollem Gesang. Wirkt im Fluge wie ein kleiner Wiedehopf. Oben graulich sandfarben, mit weißlichem Überaugenstreif und dunklem Augenstreif. Schnabel lang und schwach abwärts gebogen. Beine weiß. *2 prächtige breite weiße Binden reichen fast über den ganzen schwärzlichen Flügel.* Unterseite schmutzig weiß, Vorderbrust kräftig dunkel getropft. (Nordafrika bis Pakistan.) Ausnahmsweise Malta.

Uferlerche. *Calandrella raytal.* Ein wenig kleiner als Kurzzehenlerche, mit *sehr hell silbergrauer Oberseite,* mit weißer Kehle und Vorderbrust (Südasien.) Ausnahmsweise Spanien.

Bergkalanderlerche. *Melanocorypha bimaculata.* Von der Kalanderlerche durch geringere Größe, rötlicheres Gefieder, *rahmfarbene* (nicht weiße) äußere Steuerfedern und Spitzen der Armschwingen sowie kleinere schwarze Kropfseitenflecke unterschieden. (Kleinasien bis Westsibirien und Afghanistan.) Ausnahmsweise Finnland, Großbritannien, Italien.

Stelzen: *Motacillidae*

Zitronenstelze. *Motacilla citreola.* ♂ mit *gelbem Kopf und Hals,* gelber Unterseite, grauem oder schwarzem Rücken, *doppelter weißer Flügelbinde.* ♂ im Ruhekleid und ♀ oben bräunlichgrau, *Bürzel ohne grünlichen Schein,* Stirn und Augenstreif gelb, Unterseite matter gelb, oft dunkles Kropfband. Sonst ähnlich Schafstelze. (Ostrußland, Asien.) Ausnahmsweise Großbritannien, Helgoland (5mal), Österreich, Finnland.

Waldpieper. *Anthus hodgsoni.* Kleiner als Baumpieper; oben mehr olivfarben mit schwächerer Streifung; an der Brust kräftiger gestreift. (Nordostrußland bis Ostasien und zum Himalaja.) Ausnahmsweise Norwegen, einmal Helgoland (1961).

Bülbüls: *Pycnonotidae*

Eine in Afrika und Süd-Asien artenreiche, an Würger und Drosseln erinnernde Familie meist grau, braun oder gelbgrünlich gefiederter Singvögel.

Graubülbül. *Pycnonotus barbatus.* 19 cm. Wahrscheinlich nicht artlich verschieden vom südafrikanischen *Pycnonotus capensis.* Kopf und Kehle schwärzlich, übrige Oberseite dunkel graubraun, Unterseite heller graubraun, Schnabel schwarz. Manche Rassen (nicht die als Irrgast in Europa erscheinende nordafrikanische) mit gelben Unterschwanzdecken. Gestalt einer kleinen Drossel. (Afrika, Vorderer Orient.) Ausnahmsweise Südspanien.

Würger: *Laniidae*

Isabellwürger. *Lanius collurio isabellinus.* Eine östliche Rasse des Neuntöters (S. 224). Auffallend hell, oben isabellgelblich, unten heller, mit licht fuchsrotem Scheitel und Bürzel. Zügel und Ohrdecken pechschwarz. Schwanz fast *kastanienbraun* ohne Weiß. Flügel braun mit auffallendem weißen Fleck an der Wurzel der Handschwingen (im Fluge als Binde zu sehen). (Turkestan.) Ausnahmsweise Schottland, Helgoland (einmal).

Spottdrosseln: *Mimidae*

Eine ausschließlich amerikanische Familie unbestimmter Verwandtschaft, von manchen Autoren als Unterfamilie zur Familie Sänger in die Nähe der Drosseln gestellt.

Katzenvogel. *Dumetella carolinensis.* Ein schlanker, langschwänziger, dunkel schiefergrauer Vogel mit schwarzer Kappe und *kastanienroten* Unterschwanzdecken. Etwa starengroß, aber mit viel längerem Schwanz. Mit bezeichnendem, miauendem Lockruf. (Nordamerika.) Ausnahmsweise Helgoland (einmal).

Rote Spottdrossel. *Toxostoma rufum.* Ein drosselgroßer, oberseits rotbrauner, unterseits weißlicher, dunkel gestreifter Vogel mit zwei weißen Flügelbinden, langem Schwanz und leicht gebogenem Schnabel. Ruft „tschack". Gesang aus langsam vorgetragenen wohlklingenden, abgehackten Rufen bestehend. (Nordamerika). Irrgast Großbritannien, Helgoland (?).

Braunellen: *Prunellidae*

Bergbraunelle. *Prunella montanella.* ♂ mit *schwarzem Scheitel und Gesicht* und mit *breitem ockerfarbenem Streif* über dem Auge und schwach dunkel gestreiftem rötlichbraunem Rücken. Bürzel und Schwanz graubraun. Unterseite warm gelbbräunlich, mit gestreiften Flanken. ♀ matter, mit hellerer Unterseite. (Nordasien.) Ausnahmsweise Tschechoslowakei, Italien, Griechenland.

Sänger: *Muscicapidae*

Grasmücken

Dickschnabelsänger. *Phragamaticola aedon.* Sehr ähnlich in Größe, Gestalt und Färbung dem Drosselrohrsänger, aber Schnabel dicker und kürzer, Schwanz verhältnismäßig länger, Bürzel rötlicher; kein heller Überaugenstreif; Beine graublau. In der Hand ist die Länge der gerundeten äußersten Schwinge (merklich länger als Handdecken) kennzeichnend. (Südsibirien bis zur Mandschurei.) Als Irrgast Schottland.

Riesenschwirl. *Locustella fasciolata.* Sehr ähnlich einem großen Rohrschwirl, aber in der Größe mehr einem Drosselrohrsänger. *Ungestreiftes*

Gefieder, an der Vorderbrust grau verwaschen. Hat lauten, klang-
vollen Gesang. (Mittelsibirien bis Nordjapan und Korea.) Ausnahmsweise Frankreich, Dänemark.

Feldrohrsänger. *Acrocephalus agricola.* Im Feld nicht mit Sicherheit von
Teich-, Busch- und Sumpfrohrsänger zu unterscheiden. Im frischen Gefieder etwas heller und röstlicher als diese und weniger olivfarben als
Sumpfrohrsänger; heller Überaugenstreif deutlicher; Längenverhält-
nisse der Schwingen meist wie beim Buschrohrsänger (s. Abb. S. 237);
von diesem durch etwas geringere Größe (Flügellänge meist unter 62
mm) und rotbräunliche statt braungraue Füße unterschieden. Stimme
soll der des Sumpfrohrsängers ähneln. (Süd-Rußland bis Mongolei).
Ausnahmsweise Fair-Inseln, Helgoland (einmal), Rumänien, Schweden.

Buschspötter. *Hippolais caligata.* Sehr ähnlich einem kleinen Olivenspötter, aber oben mehr gelblichbraun, mit etwas hellerem Bürzel; unten
mehr rahmfarben, mit *auffallendem Weiß an den äußeren Steuerfedern.* Beine dunkelbraun (nicht gräulich). (Rußland bis Mittelsibirien,
Afghanistan und Iran.) Ausnahmsweise Fair-Insel, Helgoland (einmal).

Wüstengrasmücke. *Sylvia nana.* Sehr klein (11,5 cm). Oben sehr hell,
sandgräulich wüstenfarbig, am Bürzel schwach rostfarben; unten weißlich mit zart gelblichbraunen Flanken; Schwanz wohlgerundet, hell
rötlichbraun, mit weißlichen äußeren Steuerfedern. Augen und Beine
hell gelblich. Brillengrasmücke viel dunkler, größer, mit dunklen Wangen und dunklen Augen. (Nordafrika, Südostrußland bis Innerasien.)
Ausnahmsweise Griechenland, Italien, Schweden, Finnland.

Bartlaubsänger. *Phylloscopus schwarzi.* Ähnlich dem Dunkellaubsän-
ger, aber mit auffallenderem *rahmfarbenem Augenstreif,* derberem
Schnabel, gelberen Beinen, hellerer (bräunlich-olivfarbener) Oberseite,
rahmweißlicher Unterseite und mehr baumbewohnender Lebensweise.
Lockruf aufgeregt „twit-twit". (Asien.) Ausnahmsweise Schweden,
Britische Inseln, Helgoland (2mal), Frankreich, Spanien.

Dunkellaubsänger. *Phylloscopus fuscatus.* Dunkler und brauner als die
anderen in Europa erscheinenden Laubsänger. Ohne grüne und gelbe
Tönung. Oben ungestreift dunkel olivbraun (keine Flügelbinde), Flanken gelbbräunlich, Unterseite weißlich, der *röstlichweiße* Augenstreif
hebt sich von den dunkel gesprenkelten rostbraunen Ohrdecken ab. Von
dem sehr ähnlichen Bartlaubsänger durch wärmer braunes Gefieder,
rostfarbenen (nicht rahmfarbenen) Überaugenstreif, braunere Beine,
feineren Schnabel und rauhen Lockruf „tschäk-tschäk" unterschieden.
Zur Nahrungssuche gewöhnlich *am Boden.* (Nordasien bis zum östlichen Himalaja.) Ausnahmsweise Schweden, Schottland, Helgoland (?).

Wacholderlaubsänger. *Phylloscopus nitidus.* Ähnlich dem Grünlaubsänger,
aber Oberseite grüner, mattgrün ohne gelblichen Anflug; zwei gelbliche Flügelbinden, die vordere undeutlich; Unterseite gelber als beim

Grünlaubsänger. (Kaukasusgebiet bis Afghanistan und Usbekistan.) Ausnahmsweise Helgoland (einmal).

Fliegenschnäpper

Braunschnäpper. *Muscicapa latirostris.* Ähnlich einem kleinen ♀ des Trauerschnäppers; von diesem durch *Fehlen des weißen Flügelflecks* und – von nahem – durch *schmalen weißen Augenring* unterschieden. Vom Grauschnäpper durch geringere Größe und *Fehlen der Streifung* an Scheitel und Brust unterschieden. (Ostasien bis Indien.) Ausnahmsweise Britische Inseln, Norwegen, Dänemark, Färöer.

Goldschnäpper. *Ficedula narcissina.* ♂ ähnlich einem Trauerschnäpper-♂, bei dem das Weiß z. T. durch Gelb ersetzt ist; mit schwarzem (bei einigen Rassen olivgrünem) Kopf, Rücken, Flügel und Schwanz, mit *auffallendem weißem Flügelfleck* und *leuchtend orangegelber Brust;* Überaugenstreif, Flanken und Bürzel zitronengelb. ♀ olivbraun, Überaugenstreif und Unterseite gelblichweiß, Bürzel grünlich, Schwanz rotbraun. (Japan, Südostsibirien, Nordostchina.) Ausnahmsweise Frankreich (?).

Mugimakischnäpper. *Ficedula mugimaki.* ♂ ähnlich Trauerschnäpper-♂ mit ockerfarbener Kehle und Brust; kein weißer Stirnfleck, dafür breiter weißer Streif hinter dem Auge; große Flügeldecken weiß; Schwanz im Wurzelteil seitlich mit Weiß; ♀ oberseits olivbraun, innere Armschwingen und Flügeldecken mit rahmfarbenen Säumen, Schwanz ohne Weiß, Kehle und Brust matt ockerfarben. (Südliches Ost- und Mittelsibirien bis Nordchina.) Ausnahmsweise Italien.

Erdsänger

Rubinkehlchen. *Calliope calliope.* 15,5 cm. Von weitem ähnlich wie ein großes Blaukehlchen. ♂: Kehle *leuchtend scharlachrot,* Augen- und Bartstreif weiß, Brust grau, das übrige Gefieder olivbraun. ♀ mit weißlicher Kehle und braungelblichem Augenstreif. (Ostrußland, Sibirien bis Nordwestchina und Nordjapan.) Ausnahmsweise Island, Frankreich, Italien.

Diademrotschwanz. *Diplootocus moussieri.* 12 cm. Der kurze Schwanz und das Sitzen auf Büschen lassen ihn wie ein Mittelding zwischen Rotschwanz und Schwarzkehlchen erscheinen. ♂ von anderen Rotschwänzen durch weißen Überaugenstreif und *breiten, weißen Fleck an den Nackenseiten* unterschieden; weißes Feld im Flügel. Oberseite und Kopf schwarz; Stirn und Überaugenstreif weiß; Bürzel, Schwanz und Unterseite rostrot; ♀ oben graubraun, unten bräunlich rostfarben, gewöhnlich ohne weißes Flügelfeld. (Nordafrika.) Ausnahmsweise Italien, Malta.

Saharasteinschmätzer (Weißbürzelsteinschmätzer). *Oenanthe leucopyga.* 17 cm. Sehr ähnlich Trauersteinschmätzer, doch beide Geschlechter gewöhnlich *blauschwarz,* im ersten Jahr mit schwarzem Scheitel, später Scheitel fast ganz weiß gefärbt. Bürzel und Unterschwanzdecken immer weiß wie auch der Schwanz, mit Ausnahme der Endhälfte der mittleren Steuerfedern, die schwarz ist. (Nordafrika, Arabien.) Ausnahmsweise Malta.

Drosseln

Einfarbdrossel. *Turdus unicolor.* Singdrosselgroß. ♂ einfarbig grau oder graubraun, unten heller; gewöhnlich (nicht immer) mit sparsamen Streifen an der Vorderbrust. ♀ einer Singdrossel ähnlich, aber mit kastanienbraunen Unterflügeldecken und nur sparsamer Fleckung der Brust. (Himalaja.) Ausnahmsweise Helgoland (einmal).

Einsiedlerdrossel. *Turdus guttatus.* 18 cm. Beträchtlich kleiner als Singdrossel, der sie oberflächlich ähnelt. Rasch an dem *leuchtend rostroten Bürzel und Schwanz* zu erkennen. Beine fleischfarben. Hat die bezeichnende Gewohnheit, den Schwanz aufzurichten und dann langsam abwärts zu bewegen. (Nordamerika.) Ausnahmsweise Island, Deutschland (3mal). Für diese und die beiden folgenden Arten vgl. Fußnote auf S. 273.

Wilsondrossel. *Turdus fuscescens.* 18 cm. Eine weitere kleine Drossel, *oberseits rötlichbraun,* unterseits weißlich mit *undeutlich* dunkel *gefleckter Brust,* die von weitem einfarbig erscheint. (Nordamerika.) Ausnahmsweise Großbritannien.

Grauwangendrossel. *Turdus minimus.* 18,5 cm. Sehr ähnlich Zwergdrossel, aber mit *graulichen Wangen* und *ganz undeutlichem* Augenring. (Nordamerika.) Ausnahmsweise Großbritannien, Helgoland (einmal), Frankreich.

Vireos: *Vireonidae*

Vireos sind eine ausschließlich amerikanische Familie unbestimmter Verwandtschaft, von manchen Autoren als Verwandte der Waldsänger und Ammern angesehen, von anderen in die Nähe der Würger oder Bülbüls gerückt.

Rotaugenvireo. *Vireo olivaceus.* Größe und Gestalt wie Mönchsgrasmücke. Oben olivgrün, unten weiß, mit *grauem Scheitel* und auffallendem *schwarzgesäumtem* weißem Überaugenstreif. Rotes Auge! Keine Flügelbinde. Lockruf ein nasales „tschwee". (Nordamerika.) Ausnahmsweise Island, Britische Inseln, Helgoland (einmal).

Waldsänger: *Parulidae*

Kleine, an Goldhähnchen und Laubsänger, einige auch an Pieper erinnernde amerikanische Singvögel, einerseits vielleicht mit den Vireos, anderseits sicher mit den Ammern verwandt. Von einigen Autoren als Unterfamilie der letzteren betrachtet.

Drosselwaldsänger. *Seiurus noveboracensis.* Ähnlich einem sperlingsgroßen Pieper mit kurzem Schwanz, auffallendem, gelblichem Augenstreif und deutlich gestreifter Unterseite. Verhalten und Aufenthalt wie bei einem Wasserläufer: rennt hurtig am Rand eines Gewässers entlang und wippt im Stehen ständig mit Körper und Kopf wie ein Flußuferläufer. (Nordamerika.) Ausnahmsweise Frankreich, Scilly-Inseln.

Gelbkehlchen. *Geothlypis trichas.* 12,5 cm. ♂ oben olivbraun, mit breiter schwarzer Maske über Stirn und Wangen (im Winter teilweise verdeckt), die von Hell-Aschgrau eingerahmt ist; gelbe Kehle, weißer Bauch. ♀ matter, vor allem ohne schwarze Gesichtsmaske. (Nordamerika bis Mexiko.) Ausnahmsweise Großbritannien.

Mönchswaldsänger. *Wilsonia pusilla.* 11,5 cm. Ein kleiner oben grünlicher, unten gelber Waldsänger, ♂ mit *vorn und an den Seiten gelb begrenzter schwarzer Scheitelkappe;* ♀ ohne schwarze Kappe oder nur mit Andeutung einer solchen, oben grünlich mit *gelbem Überaugenstreif,* unten gelb. (Nordamerika.) Als Irrgast Großbritannien.

Kapuzenwaldsänger. *Wilsonia citrina.* 12,5 cm. ♂ oberseits olivgrün mit schwarzem Hinterscheitel, der mit der ebenfalls schwarzen Kehle durch ein schwarzes Band hinter den Ohrdecken verbunden ist, und mit gelbem „Gesicht" (Stirn, Vorderscheitel, Kopfseiten gelb); die drei äußeren Schwanzfedern mit weißer Zeichnung der Innenfahne; Unterkörper gelb. ♀ sehr ähnlich dem ♀ des Mönchswaldsängers, aber durch die weiße Zeichnung der äußeren Schwanzfedern, die oft gefächert werden, zu unterscheiden. (Nordamerika). Als Irrgast Großbritannien (Scilly-Inseln).

Schnäpperwaldsänger. *Setophaga ruticilla.* Etwa 12,5 cm. ♂ hauptsächlich schwarz mit leuchtend orangefarbenen Feldern auf Flügeln und Schwanz; Bauch weiß. ♀ oben olivbraun, unterseits weiß, mit gelben Feldern auf Flügeln und Schwanz. Immat. ähnlich ♀, aber das Gelb bei jungen ♂ orangefarben getönt. Schwanz wird fortgesetzt gefächert. (Nordamerika.) Ausnahmsweise Frankreich (einmal).

Goldwaldsänger (Gelber Waldsänger). *Dendroica petechia.* 12,5 cm. Leuchtend gelb, Oberseite etwas grünlicher, Brust beim ♂ mit rotbrauner Streifung. (Amerika.) Ausnahmsweise England (einmal).

Streifenwaldsänger. *Dendroica striata.* 13 cm. ♂ im Brutkleid leicht kenntlich, streifig schwarzweiß, vom ähnlichen Kletterwaldsänger (s. unten) durch *einfarbig schwarzen Oberkopf* und *weiße Kopfseiten* unterschieden; *schwarzer Bartstreif.* Ruhekleid und ♀ oberseits grünlich, schwarz gestreift, unterseits gelblich mit dunkler Längsstreifung, Unterschwanzdecken weiß; *zwei weiße Flügelbinden.* (Nordamerika.) Irrgast in Großbritannien.

Kronwaldsänger. *Dendroica coronata.* 14 cm. Zu jeder Zeit kenntlich durch leuchtend gelben Bürzel, Gelb auf dem Scheitel und vor den Flügeln. ♂ oben blaugrau (im Winter bräunlich wie ♀), mit umgekehrtem schwarzen „U" auf weißer Brust und weißen Flanken (diese im Winter teilweise durch Streifen verdunkelt). Weiße Flecke jederseits im gespreizten Schwanz. (Nordamerika bis Nordmexiko.) Ausnahmsweise Großbritannien.

Grünwaldsänger. *Dendroica virens.* 12,5 cm. ♂ mit *leuchtend gelben Kopfseiten*, die von der schwarzen Kehle und dem olivgrünen Scheitel eingefaßt werden; Oberseite olivgrün; zwei auffallende weiße Flügelbinden und weiße Unterseite mit schwarz gestreiften Flanken. ♀ und Herbstvögel viel weniger schwarz an Kehle und Flanken. (Nordamerika.) Ausnahmsweise Helgoland (einmal).

Meisensänger. *Parula americana.* 11,5 cm. Unverkennbar; oberseits bläulich mit grünem Fleck auf dem Vorderrücken, mit *gelber* Kehle und Brust und zwei auffallenden weißen Flügelbinden. ♂ mit bei den südlichen Rassen nur durch rostfarbene Schattierung angedeutetem *dunkel rostfarbenem* Band über die Vorderbrust. (Nord- und Südamerika bis Uruguay.) Ausnahmsweise Island.

Brauenwaldsänger. *Vermivora peregrina.* 12 cm. Nicht unähnlich einem Wanderlaubsänger (S. 250). ♂ im Sommer mit deutlich *blaugrauem Kopf*, der sich gut vom grünlichen Rücken abhebt; auffallender weißer Überaugenstreif. ♀ mit weniger grauem Kopf und gelber Unterseite. Im Herbst ähneln beide Geschlechter noch mehr dem Wanderlaubsänger, sind aber oben *grüner*, an Unterseite und Überaugenstreif gelber; Beine dunkel. (Nordamerika.) Ausnahmsweise Island.

Kletterwaldsänger. *Mniotilta varia.* 13 cm. An Kopf, Körper und Flügeln stark *schwarz-weiß* gestreift. ♀ unten heller. *Klettert* an Baumstämmen aufwärts. (Nordamerika.) Ausnahmsweise Shetlandinseln.

Ammern: *Emberizidae*

Tangaren

Meist sehr farbenprächtige, vorwiegend fruchtfressende amerikanische Ammern. Eine schwer zu umgrenzende Gruppe, von manchen Autoren als eigene Familie (Thraupidae) betrachtet, aber durch Übergangsgattungen mit anderen Ammern verbunden; auch den Kardinälen (S. 338) ähnlich.

Scharlachtangare. *Piranga olivacea.* Ein weniger kleiner als Sommertangare. ♂ im Brutkleid scharlachrot mit schwarzen Flügeln und schwarzem Schwanz. ♂ im Ruhekleid und ♀ oben grünlich, unten gelblich, mit schwärzlichen Flügeln. (Nordamerika.) Ausnahmsweise Großbritannien, Irland (einmal).

Sommertangare. *Piranga rubra.* So groß wie Grauammer. ♂ ad. unverkennbar, fast einfarbig rot mit hellem, ziemlich kräftigem, aber schlankem Schnabel. ♀ oben gelblich olivfarben, unten tief gelb. ♂ immat. rot- und grünfleckig. (Nordamerika.) Ausnahmsweise Großbritannien.

Scharrammern

Eine durch die Fußbildung und die Gewohnheit vieler Arten, mit beiden
Füßen gleichzeitig zu scharren, gekennzeichnete Gruppe amerikanischer,
nur in Ostasien auf die alte Welt übergreifender Ammern.

Grundammer. *Pipilo erythrophthalmus.* 20 cm. Eine viel am Boden sich
aufhaltende, langschwänzige Ammer mit schwarzem (♂) oder braunem
(♀) Kopf und Hals und weißem, an den Seiten breit rotbraunem Unterkörper; bei den Rassen des östlichen Nordamerika Rücken einfarbig
schwarz (♂) bzw. braun (♀), Auge rot (N) oder weiß (S). Im Fluge
weiße Zeichnung am Ende des schwarzen Schwanzes auffallend. (Nordamerika, Mexiko.) Irrgast Großbritannien.

Junko. *Junco hyemalis.* Kleiner als Haussperling. Nominatrasse an Kopf,
Rücken und Flügeln, dunkel *schiefergrau*, Bauch und äußere Steuerfedern *auffallend weiß*, Schnabel weißlich; andere Rassen mit schwarzem oder grauem Kopf und Hals und braunem oder kastanienfarbenem
Rücken. (Nordamerika.) Ausnahmsweise Island, Britische Inseln, Holland, Polen (Hela), Italien.

Fuchsammer. *Passerella iliaca.* Größer als Haussperling. Ein stark strei-
figer, fuchsrot wirkender Finkenvogel, bei dem vor allem der *leuchtend
fuchsrote Schwanz* (besonders im Fluge) und die breit rostrot gestreifte
Brust auffallen. (Nordamerika.) Ausnahmsweise Island, Britische Inseln, Deutschland (einmal), Italien.

Singammer. *Melospiza melodia.* 15 cm. Oberseite braun, dunkler gestreift,
hellgräulicher Überaugenstreif, dunkler Bartstreif, Unterseite weißlich,
kräftig dunkel gestreift; auf der Brustmitte bildet die Streifung einen
schwarzen Fleck, der aber bei Jungvögeln fehlen kann. Schwanz nicht
merklich ausgebuchtet. (Nordamerika bis Mexiko.) Ausnahmsweise
Großbritannien.

Weißkehlammer. *Zonotrichia albicollis.* 16,5 cm. Mit grauer Brust und
scharf begrenztem *weißem Kehlfleck*, kräftig *schwarz-weiß* gestreiftem
Scheitel und breitem weißen, zwischen Auge und Schnabel *gelbem*
Überaugenstreif. Flügel und Oberseite ähnlich Haussperling. Juv. mit
braunen und gelbbraunen Kopfstreifen. (Nordamerika.) Ausnahmsweise Großbritannien.

Dachsammer. *Zonotrichia leucophrys.* 18 cm. Der Weißkehlammer sehr
ähnlich, etwas größer, kein Gelb vor dem Auge, *Kehle grau, nicht
weiß;* Schnabel hellbräunlich. (Nordamerika.) Ausnahmsweise Deutschland.

Altweltammern

Fichtenammer. *Emberiza leucocephalos.* So groß wie Goldammer, mit der
sie sich in Westsibirien vermischt; daher von manchen als Rasse der
Goldammer betrachtet. ♂: Scheitel und Wangen *weiß*, schwarz gesäumt;

Kehle, Augenstreif und Bürzel kastanienbraun; Unterseite weißlich, Brustband und Flanken undeutlich gesprenkelt. ♀ wie Goldammer, doch alle gelben Farbtöne durch Weiß ersetzt. (Ostrußland und Sibirien bis Turkestan und Nordwestchina.) Ausnahmsweise bis Island, Großbritannien, Schweden, Holland, Belgien, Deutschland (8mal), Frankreich, Italien, Jugoslawien (s. Tafel 64).

Silberkopfammer. *Emberiza stewarti.* ♂: Scheitel grauweiß, Überaugenstreif und Kehle bis unter die Ohrgegend schwarz, Kopfseiten, Kropfgegend und Unterkörper weißlich mit breitem, rotbraunem Brustband, Rücken rotbraun. ♀ oben graubraun, schwärzlich gestreift, mit rotbraunem Bürzel, unten weißlich, schmal bräunlich gestreift, Brustseiten mit rotbraunem Fleck. (Turkestan, Afghanistan, westlicher Himalaja.) Irrgast Belgien.

Wiesenammer. *Emberiza cioides.* Ähnlich Zippammer, aber *Wangen und Scheitel dunkel kastanienbraun* und oft ein helles kastanienbraunes Brustband. (Südsibirien und Turkestan bis Japan.) Ausnahmsweise Italien. (s. Tafel 64).

Grauschulterrohrammer. *Emberiza pallasi.* Sehr ähnlich Rohrammer, aber etwas kleiner, kleine Flügeldecken bräunlichgrau statt rotbraun. (Mittel- und Ostsibirien bis Turkestan und zur Mongolei.) Ausnahmsweise Dänemark.

Prachtammer. *Emberiza chrysophrys.* Kopf schwarz mit schmalem, weißem Scheitelstreif und gelbem Überaugenstreif. Oben braun, schwärzlich gestreift; Unterseite weiß, mit schwärzlichen Streifen an Brust und Flanken. ♀ matter, unten mehr gefleckt. (Mittel- und Ostsibirien.) Als Irrgast Belgien, Frankreich.

Rötelammer. *Emberiza rutila.* Beim ♂ Kopf, Oberseite und Brust kastanienbraun; Unterkörper leuchtend gelb mit kastanienbraunen Streifen. ♀ oben olivbraun, schwärzlich gestreift; Scheitel schwach rostfarben, Bürzel einfarbig kastanienbraun; Unterkörper matt gelb; Kehle weiß, mit Kastanienbraun gesäumt. (Ostsibirien bis zur Mongolei.) Als Irrgast Holland, Frankreich.

Maskenammer. *Emberiza spodocephala.* ♂ mit *dunkel olivgrauem,* um den Schnabel herum schwärzerem *Kopf und gelbem Bauch*; Flügel und Schwanz schwärzlichbraun. ♀ brauner und matter, ohne Schwarz im Gesicht und mit gelber, braun gestreifter Kehle und Brust. (Sibirien bis Westchina, Nordkorea und Japan.) Ausnahmsweise Helgoland (einmal) (s. Tafel 64).

Stärlinge: *Icteridae*

Finken- bis dohlengroße, durch kunstvolle Nester, Gefiederfärbung und Brustparasitismus einiger Arten an die nicht näher verwandten afrikanischen Webervögel erinnernde Verwandte der Ammern. Rein amerikanisch. Von einigen Autoren als Unterfamilie der Ammern angesehen.

Baltimoretrupial. *Icterus galbula.* 19 cm. Merklich kleiner als Rotdrossel, mit schlankem, spitzem, aber kräftigem Schnabel. ♂ schwarz und lebhaft orange oder gelb, Flügel mit weißer Zeichnung, Schwanz schwarz, seitlich orange oder gelb. Rücken schwarz, Bürzel orange oder gelb, Kopf und Hals bei der in Großbritannien einmal nachgewiesenen Rasse *I g. galbula* ganz schwarz, bei anderen teilweise (Überaugenstreif, Kopfseiten) orange oder gelb. ♀ oberseits olivbraun oder olivgrünlich, Bürzel gelblich, zwei weißliche Flügelbinden; Unterseite mehr oder weniger gelb mit Weiß gemischt, bei *I. g. galbula* oft orangegelb. (Nordamerika bis Mexiko.) Ausnahmsweise England, Island.

Brillenstärling. *Xanthocephalus xanthocephalus.* Amselgroß. ♂ schwarz, *Kopf und Brust leuchtend goldgelb;* im Flug weißer Flügelfleck auffallend. Schnabel ziemlich kräftig. ♀ kleiner und brauner, Gesicht, Kehle, und Brust heller gelb; Hinterbrust weiß gestreift. Ruft tief „krack" oder „kek". (Nordamerika.) Ausnahmsweise Dänemark, Schweden.

Bobolink. *Dolichonyx oryzivorus.* Größer als Feldlerche. Ein Wiesenvogel von gedrungener Gestalt; *Gesicht und Unterseite schwarz;* auffallendes weißes Schulterband und weißer Bürzel; *Hinterhals matt gelb;* Rücken kräftig gestreift. ♀ und immat. gelblich braun, oberseits kräftig gestreift. (Nordamerika.) Ausnahmsweise Großbritannien, Irland.

Kardinäle: *Cardinalidae*

Die Kardinäle, eine rein amerikanische Gruppe, werden oft als Unterfamilie der Ammern angesehen oder auch mit den Tangaren (s. oben) in einer Familie vereinigt, stehen aber in vieler Hinsicht zwischen den Ammern und Stärlingen einerseits und den Finken, vor allem den Edelfinken (s. S. 291), andererseits und wurden deswegen von einigen Autoren zu den Finken gestellt. Viele haben kernbeißerartig kräftige Schnäbel.

Schwarzkopfkernknacker. *Pheucticus ludovicianus.* 20 cm. Fast so groß wie eine kleine Drossel, ein kräftiger, dickschnäbeliger Vogel; ♂ im Brutkleid am Kopf schwarz, bei der in Europa vorgekommenen Nominatrasse (Rosenbrustkernknacker) Gefieder sonst schwarzweiß mit rosenroter Brustmitte, im Ruhekleid an Kopf und Rücken bräunlicher, mit hellem Überaugenstreif; ♂ von zwei westlichen Rassen *(Ph. l. melanocephalus, Ph. l. maculatus)* ohne Rosenrot an der Brust, mit rostgelbem statt weißem Unterkörper. ♀ oben bräunlich, mit hellem Scheitelstreif und hellem Überaugenstreif, unterseits weißlich, dunkel gestrichelt; Flügelunterseite lebhaft gelblich. (Nordamerika bis Mexiko.) Ausnahmsweise Britische Inseln.

Indigofink. *Passerina cyanea.* Kleiner als Haussperling. ♂ im Brutkleid bei der auf Island vorgekommenen Nominatrasse *einfarbig tief blau;*

ähnelt im Winter einem braunen ♀, obwohl etwas Blau an Flügeln und Schwanz zurückbleibt; ♀ eintönig braun, unten heller mit undeutlicher Streifung. (Nordamerika.) Ausnahmsweise Island *(P. c. cyanea)*, Großbritannien *(P. c. amoena*, der Lazulifink; ♂ mit brauner Brust, weißem Bauch und weißer Flügelbinde; ♀ braun mit heller Flügelbinde).

Finken: *Fringillidae*

Stieglitzartige oder *Gimpel*

Goldzeisig. *Carduelis tristis.* 11,5 cm. ♂ im Brutkleid gelb mit schwarzem Scheitel und schwarzen Flügeln und Schwanz mit weißen Abzeichen. ♂ im Ruhekleid und ♀ oberseits olivgrau, unterseits gelblich, Flügel und Schwanz wie im Brutkleid des ♂, jedoch beim ♀ weniger tief schwarz. Stimme stieglitzartig. Gehört zu der zwischen Stieglitz und Zeisigen vermittelnden Untergattung (oder Gattung; s. Fußnote S. 294) *Astragalinus.* (Nordamerika). Irrgast (entwichener Käfigvogel?) Irland.

Rosengimpel. *Carpodacus roseus.* Größer als Karmingimpel (von ähnlicher Gestalt). ♂ in der Hauptsache rosenrot, Stirn und Vorderscheitel atlasweiß mit rosenrotem Anflug, Kehle ebenso, Bauch weißlich, Rücken schwarzbraun gestreift, aber Bürzel ungestreift rosenrot; Flügel dunkelbraun mit rosaweißlichen Federsäumen und zwei weißlichen Querbinden; Schwanz dunkelgraubraun mit rötlichen Federsäumen. ♀ am Oberkopf rosa mit schwarzbraunen Flecken, Hinterhals und Rücken braun mit helleren Federsäumen, Bürzel rosenrot; unterseits blaß rosa, Bauch weißlich, Brust und Körperseiten dunkelbraun gestreift. (Mittel- und Ostsibirien.) Ausnahmsweise Ungarn.

Abendkernbeißer. *Hesperiphona vespertina.* Kurzschwänzig wie ein Kernbeißer und etwa gleich groß. ♂: Scheitel schwarz, hellgelber Überaugenstreif, sonst oben und unten olivbraun, nach hinten zu gelb, mit schwarzem Schwanz und schwarzweißen Flügeln (innere große Oberflügeldecken und innere Armschwingen weiß). ♀: Oberseite grünlichgrau, Flügel schwarz mit weißen Federsäumen und großem weißlichem Fleck, Schwanz schwarz mit weißer Zeichnung am Ende; Unterseite weißlich, an den Seiten gelblichgrau. (Nordamerika.) Ausnahmsweise Großbritannien.

Rabenvögel: *Corvidae*

Buschhäher. *Aphelocoma coerulescens.* Knapp 30 cm. Kopf, Flügel und Schwanz blau. Rücken blaßbraun. Dunkle Kopfseiten. Unterseite blaßgrau mit dunklem Brustband. (Nordamerika bis Mexiko.) Ausnahmsweise England (einmal).

Elsterdohle. *Corvus dauuricus.* Von der Dohle leicht durch weißliche Brust *und breites weißliches Halsband* zu unterscheiden. Immat. ähnlich jungen Dohlen. (Ostsibirien bis Südwestchina.) Ausnahmsweise Finnland.

Volierenflüchtlinge

Häufiger als den im Vorstehenden aufgeführten Irrgästen und anderen Seltenheiten wird der Beobachter aus Käfigen oder Volieren entkommenen Fremdlingen der verschiedensten Arten begegnen können, außer den vielen Zuchtformen der domestizierten Arten – Kanarienvogel *(Serinus canaria)*, Zebrafink *(Taeniopygia guttata)*, Wellensittich *(Melopsittacus undulatus)* u. a. – vor allem Angehörigen der Gruppe der Papageien, der Timalien oder Drosselmeisen (Timaliidae), Ammern, Kardinäle, Finken, Webervögel (Ploceidae), Prachtfinken und Stare. Entwichene Tigerfinken *(Amandava amandava;* eine südasiatische Art der Prachtfinken, s. S. 305) haben sogar in Deutschland und der Schweiz gebrütet. Mönchsittiche *(Myiopsitta monachus;* Südamerika), Schamadrossel *(Copsychus malabaricus;* Süd-Asien), Dorfweber *(Textor cucullatus;* Afrika) u. a. wurden mehrfach freifliegend gehalten, und mit dem asiatischen Sonnenvogel *(Leiothrix lutea;* Fam. Timalien), dem nordamerikanischen Rotkardinal *(Cardinalis cardinalis;* Familie Kardinäle) u. a. wurden nach anfänglichen kleinen Erfolgen fehlgeschlagene Einbürgerungsversuche gemacht. Auch die in Frankreich, Dänemark und Deutschland vorgekommenen Chinesengrünlinge *(Carduelis sinica;* Ostasien), sehr nahe Verwandte unseres Grünlings (s. S. 294), müssen wahrscheinlich als entwichene Käfigvögel angesehen werden. Von Ziergeflügelteichen entkommen häufig fremdländische Enten, so die auch in Deutschland schon angetroffene Chilenische Pfeifente *(Anas sibilatrix)* und vor allem die viel gehaltene nordamerikanische Brautente *(Aix sponsa)*, eine im männlichen Prachtkleid oberseits schillernd dunkelgrüne Ente mit weiß gesäumtem Schopf, weißer Kehle und purpurbrauner Brust, deren ♀ dem der Mandarinente (S. 70) sehr ähnlich, aber durch in der Mitte dunkle, nicht völlig weiße Stirn unterschieden ist.

TAFELN

Lappen- und Seetaucher

○ **Ohrentaucher**   *Podiceps auritus*   41
  Sommer: Goldgelbe Kopfbüschel; rostroter Hals.
  Winter: Schwarz-weiß; dünner, dunkler, gerader Schnabel,
            schwarze Kappe über dem Auge.

● **Schwarzhalstaucher**   *Podiceps nigricollis*   41
  Sommer: Goldgelbe Ohrbüschel, schwarzer Hals.
  Winter: Wie Ohrentaucher, aber grauerer Hals, aufgeworfener
            Schnabel, schwarze Kappe bis unter das Auge.

● **Rothalstaucher**   *Podiceps grisegena*   40
  Sommer: Rostroter Hals, weißes Kinn und hellgraue Wangen.
  Winter: Gräulicher Hals, gelblicher Schnabel.

● **Zwergtaucher**   *Tachybaptus ruficollis*   42
  Sommer: Rundlich, dunkler; heller Schnabelfleck.
  Winter: Unten hell. An Gestalt und Schnabel zu erkennen.

● **Haubentaucher**   *Podiceps cristatus*   40
  Sommer: Weißer Hals, schwarze „Hörnchen", rostfarbene
            Krause.
  Winter: Atlasweiß; rötlicher Schnabel, über dem Auge weiß.

○ **Sterntaucher**   *Gavia stellata*   39
  Sommer: Grauer Kopf, dunkelrote Kehle.
  Winter: Hell; schlanker, aufgeworfener Schnabel.

◐ **Prachttaucher**   *Gavia arctica*   37
  Sommer: Grauer Scheitel; Rückenflecke in Feldern an-
            geordnet.
  Winter: So dunkel wie Eistaucher; Schnabel so schlank
            wie beim Sterntaucher, aber nicht aufgeworfen.

○ **Eistaucher**   *Gavia immer*   38
  Sommer: Schwarzer Kopf, Rücken gleichmäßig gemustert,
            derber Schnabel.
  Winter: Dunkler Rücken; derber, gerader Schnabel.

△ **Gelbschnabel-Eistaucher**   *Gavia adamsii*   38
  Wie Eistaucher. Am starken, weißlichen, aufgeworfenen
  Schnabel zu erkennen.

Seetaucher wirken im Fluge bucklig, mit leicht
abwärts gekehrtem Hals; Füße den Schwanz
überragend.

Sommer

Sommer Winter

OHRENTAUCHER

Sommer Winter

SCHWARZHALSTAUCHER

Sommer

Winter

ROTHALSTAUCHER

Sommer Winter

ZWERGTAUCHER

Sommer Winter

HAUBENTAUCHER

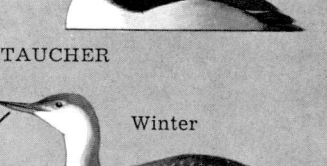

Sommer Winter

STERNTAUCHER

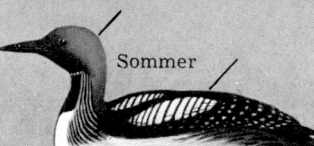

Sommer Winter

PRACHTTAUCHER

Winter Sommer

GELBSCHN. EISTAUCHER

Winter

EISTAUCHER

Tafel 2

WELLEN-
LÄUFER

STURM-
SCHWALBE

BUNTFÜSS.
STURMSCHW

EISSTURMV.
Dunkle Phase

Helle
Phase

Westmedi
Rasse

Atlantische
Rasse

EISSTURMVOGEL

SCHWARZ-
SCHNABEI
STURMT.

DUNKLER
STURM-
TAUCHER

GROSSER
STURMT.

GELBSCH
STURMT.

immat.

ad.

Übergangs-
kleid

BASSTÖLPEL

Meeresvögel
(Sturmschwalben, Sturmtaucher und Tölpel)

Sturmschwalben (kleine dunkle Meeresvögel mit Weiß am Bürzel) sieht man gewöhnlich niedrig über den Wellen flattern.

Eissturmvögel und *Sturmtaucher* gleiten und segeln nach einigen Flügelschlägen und kurven auf steifen, säbelförmigen Flügeln in die Wellentäler.

△ **Wellenläufer** *Oceanodroma leucorhoa*   43
Weißer Bürzel, Gabelform des Schwanzes selten zu erkennen; wellenförmiger Flug.

△ **Sturmschwalbe** *Hydrobates pelagicus*   43
Weißer Bürzel, abgestutzter Schwanz, schwarze Füße; flatternder Flug.

△ **Buntfuß-Sturmschwalbe** *Oceanites oceanicus*   42
Von der Sturmschwalbe durch längere Beine und gelbliche Füße unterschieden; fledermausartiger Flug.

● **Eissturmvogel** *Fulmarus glacialis*   46
Stiernackig; dicker Schnabel; gleitender Flug auf steifen Flügeln.
Helle Phase: Weißer Kopf, heller Fleck am Grunde der Handschwingen.
Dunkle Phase: Rauchgrau.

△ **Schwarzschnabelsturmtaucher** *Puffinus puffinus*   44
Oben schwarz, unten weiß, kein weißer Fleck an der Schwanzwurzel. Flug auf steifen Flügeln.

△ **Großer Sturmtaucher** *Puffinus gravis*   44
Schwarze Kappe, weißer Fleck an der Schwanzwurzel; Flug wie Schwarzschnabelsturmtaucher.

△ **Gelbschnabelsturmtaucher** *Calonectris diomedea*   45
Ohne kontrastreiche Kopfzeichnung; gelber Schnabel; Flug wie Eissturmvogel.

△ **Dunkler Sturmtaucher** *Puffinus griseus*   45
Dunkler Körper; der Sturmtaucher-Flug unterscheidet ihn von jungen Raubmöwen; Flügel schmäler als beim Schwarzschnabelsturmtaucher.

○ **Baßtölpel** *Sula bassana*   47
Ad.: Weißer, spitzer Schwanz, ausgedehnte schwarze Flügelspitzen.
Immat.: Braun; spitzer Schwanz.
Übergangskleid: Weiß, dunkelfleckig.

Andere Meeresvögel, die die meiste Zeit fliegend verbringen: Raubmöwen (Tafel 35), Möwen (Tafeln 37, 38), Seeschwalben (Tafeln 39, 40, 41).

Langbeinige Sumpfvögel
(Reiher, Kraniche)

● **Rohrdommel** *Botaurus stellaris* ✳   56
Bräunlich gelb; gebändert und gefleckt. Schnabel oft
aufwärts gerichtet.

Nordamerikanische Rohrdommel *Botaurus lentiginosus*   57
Kleiner als Rohrdommel; mehr gestreift, weniger
gebändert. Auffallender schwarzer Halsfleck.

● **Zwergdommel** *Ixobrychus minutus*   56
Sehr klein; großes rahmfarbenes Flügelfeld.
♂: Schwarzer Rücken. ♀: Brauner Rücken. Juv. bräun-
lich; gestreifte, gelbbräunliche Flügel.

🦅 **Nachtreiher** *Nycticorax nycticorax* ✳   55
Ad.: Weiße Brust, schwarzer Rücken, schwarzer
       Scheitel.
Immat.: Braun; weißliche Flecken auf Rücken und
        Flügeln.

● **Fischreiher** *Ardea cinerea*   52
Groß, hellgrau; dunkle Schwingen.

● **Purpurreiher** *Ardea purpurea* ✳   53
Dunkler, schlanker als Fischreiher; rostroter Hals.
Scheitel ganz schwarz. Immat. sandfarbener.

● **Kranich** *Grus grus* ✳   122
Schwarz-weiße Halsstreifen; über den Schwanz herabhängende Federn.

△ **Jungfernkranich** *Anthropoides virgo*   123
Kleiner als Kranich; schwarze Brust, weiße Kopfbüschel.

Reiher (einschließlich Dommeln) fliegen
mit eingezogenem Hals; Kraniche und
alle anderen langbeinigen Sumpfvögel
fliegen mit ausgestrecktem Hals.

Tafel 3

NACHTREIHER

juv.

ROHRDOMMEL

AMERIKANISCHE ROHRDOMMEL

ZWERGDOMMEL

juv.

ad.

NACHT-
REIHER

ad.

juv.

PURPUR-
REIHER

FISCHREIHER

ad

KRANICH

JUNGFERNKRANICH

Brutkleid

SEIDENREIHER

Brutkleid

SILBERREIHER

Ruhekleid

Brutkleid

KUHREIHER

Brutkleid

Ruhekleid

juv.

ad.
RALLEN-
REIHER

RALLEN-
REIHER

LÖFFLER

Juv.

ad.

SICHLER

FLAMINGO

WEISSTORCH

SCHWARZSTORCH

Langbeinige Sumpfvögel
(Reiher, Ibisse, Flamingo, Störche)

△ **Seidenreiher** *Egretta garzetta*   54
Klein, weiß; schwarze Läufe, gelbe Zehen; schlanker,
schwarzer Schnabel.

♀ **Silberreiher** *Casmerodius albus*   53
Groß, weiß; schwärzliche Füße, Gelb am Schnabel.

Kuhreiher *Bubulcus ibis*   54
Sieht weiß aus; kräftige „Kinnbacken"; Schnabel und
Beine rötlich. Die braungelblichen Federn werden nach
der Brutzeit abgelegt. Schnabel und Beine können dann
gelblich oder dunkel sein.

△ **Rallenreiher** *Ardeola ralloides*   54
Ad.: Sieht sandbräunlich aus, im Fluge aber fast weiß;
        Beine grünlich.
Juv.: Gestreifte Brust; weiße Flügel.

△ **Löffler** *Platalea leucorodia*   59
Ad.: Weiß; langer schwarzer, löffelförmiger Schnabel.
Juv.: Rötlicher Löffelschnabel, schwarze Flügelspitzen.

△ **Sichler** *Plegadis falcinellus*   59
Dunkler, glänzender Körper, abwärts gebogener Schnabel.

△ **Flamingo** *Phoenicopterus ruber*   60
Leuchtend rot an Flügeln; Hals und Beine sehr lang.

● **Weißstorch** *Ciconia ciconia* ✳   57
Weiß, mit Schwarz an den Flügeln, roter Schnabel.

● **Schwarzstorch** *Ciconia nigra* ✳   58
Schwarz mit weißem Bauch, roter Schnabel.

Schwäne und Gänse

○ **Zwergschwan** *Cygnus bewickii* 62
Ad.: Rundlicher Kopf; Schnabelwurzel gelb.
Immat.: Schmutzigweiß; Schnabelwurzel matt fleisch-
farben.

○ **Singschwan** *Cygnus cygnus* 61, 7
Ad.: Kopf erscheint flacher als beim Zwergschwan;
Gelb an der Schnabelwurzel ausgedehnter als
beim Zwergschwan, nach vorn spitz auslaufend.
Immat.: Größer als Zwergschwan, längerer Hals.

● **Höckerschwan** *Cygnus olor* 61, 7
Ad.: Schnabel orangefarben, mit Höcker.
Immat.: Schnabel fleischfarben, an der Wurzel schwarz.

△ **Schneegans** *Anser caerulescens* 65, 7
Ad.: Weiße Phase (Abb.): Weiß mit schwarzen Flügelspitzen.
Graue Phase: Grau mit weißem Kopf und Hals.
Immat.: Trüber; Schnabel dunkel.

○ **Nonnengans** *Branta leucopsis* 67, 7
(Weißwangengans)
Brust und Hals schwarz, Gesicht weiß.

○ **Kanadagans** *Branta canadensis* 66, 7
Schwarzer Hals, helle Brust, weißer Wangenfleck.

○ **Ringelgans** *Branta bernicla* 67, 7
Brust und Hals schwarz, kleiner weißer Halsfleck.
Immat.: Ohne Halsfleck.
Dunkelbäuchige Rasse: Dunkle Unterseite.
Häufig an den deutschen Küsten.
Hellbäuchige Rasse: Lichte Unterseite.
Nur selten an den deutschen Küsten.

△ **Rothalsgans** *Branta ruficollis* 68, 8
Kastanienbraune Brust, breiter weißer Flankenstreifen,
Kopfzeichnung!

Tafel 5

ZWERGSCHWAN   SINGSCHWAN   HÖCKERSCHWAN

juv.   juv.   juv.   ad.
ad.   ad.

HÖCKERSCHWAN

SINGSCHWAN
ZWERGSCHWAN

SCHNEE-
GANS

ad.

NONNENGANS

KANADAGANS

ellbäuchige
Rasse
RINGELGANS

Dunkelbäuchige
Rasse

ROTHALSGANS

Tafel 6

juv.
ad.
BLÄSSGANS

Grönland-Rasse

ZWERG-
GANS

SAATGANS

ad.

juv.

BLÄSSGANS

GRÖNLÄNDISCH
BLÄSSGANS

SAATGANS

ZWERGGANS

östliche Rasse

westliche R

KURZSCHNABEL-
GANS

GRAUGANS

westliche

östliche Ra

KURZSCHNABELGANS

GRAUGANS

Die grauen Gänse

Der geeignetste Platz zum Studium der europäischen Gänse ist das Gelände des Severn Wildfowl Trust, Slimbridge (Gloucestershire, England). Gefangene Stücke aller auf dieser Tafel abgebildeten Arten können dort beobachtet werden, im Winter auch wilde Gänse verschiedener Art. Der Direktor der „Trust", Peter Scott, hat die Anfertigung der Gänsetafeln überwacht.

Die grauen Gänse mit *orangefarbenen* Beinen

○ **Bläßgans** *Anser albifrons albifrons*   **64, 8**
Rötlicher Schnabel mit weißem Fleck am Schnabelgrunde; dieser Fleck und schwarze Bauchfleckung fehlen *juv.*

△ **Grönländische Bläßgans** *Anser albifrons flavirostris*   **64**
Eine Rasse der Bläßgans; überwintert hauptsächlich in Irland und Westschottland. – Dunkler; Schnabel gelb (Nagel hornfarben, nicht weiß).

○ **Zwerggans** *Anser erythropus*   **64**
Kleiner; kleiner Schnabel, *gelber Augenring.* Mehr Weiß an der Stirn.

○ **Saatgans** *Anser fabalis*   **62, 8**
Kopf und Hals dunkel; Schnabel gelb mit schwarzen Abzeichen verschieden großer Ausdehnung.

Die grauen Gänse mit *rötlichen* Beinen

○ **Kurzschnabelgans** *Anser brachyrhynchus*   **63, 8**
Klein; dunkler Hals, Schnabel schwarz und rötlich.

● **Graugans** *Anser anser* ✳   **65, 8**
Groß und hell; Schnabel ohne Schwarz.

Westliche Rasse *Anser anser anser*   **65**
(die in Deutschland brütende Rasse)
Dunkler; orangegelber Schnabel.

Östliche Rasse *Anser anser rubrirostris*   **65**
Heller, mit breiten lichten Federrändern; Schnabel rötlich fleischfarben.

Tafel 7

Schwäne und Gänse im Fluge

Die meisten Gänse und Schwäne fliegen in Linien- oder Keilformation.

○ **Ringelgans** *Branta bernicla*   67, 5
Klein; Kopf, Hals und Brust schwarz.
Hellbäuchige Rasse: Lichte Unterseite.
Dunkelbäuchige Rasse: Dunkle Unterseite.

○ **Nonnengans** *Branta leucopsis*   67, 5
(Weißwangengans)
Brust und Hals schwarz, weißes Gesicht.

○ **Kanadagans** *Branta canadensis*   66, 5
Schwarzer „Halsstrumpf", lichte Brust, weißer Kehlfleck.

○ **Singschwan** *Cygnus cygnus*   61, 5
Ganz weiß; sehr langer Hals.
Zwergschwan ist kleiner und kurzhalsiger.

● **Höckerschwan** *Cygnus olor*   61, 5
Höcker an der Stirn. Fluggeräusch.

△ **Schneegans** *Anser caerulescens*   65, 5
Weiß; schwarze Handschwingen. *Graue Phase* grau mit
weißem Kopf und Hals.

RINGELGANS

Hellbäuchige Rasse

Dunkelbäuchige Rasse

von unten

NONNEN-GANS

von oben

von oben

KANADAGANS

Tafel 7

SINGSCHWAN

HÖCKER-SCHWAN

SCHNEEGANS

Tafel 8

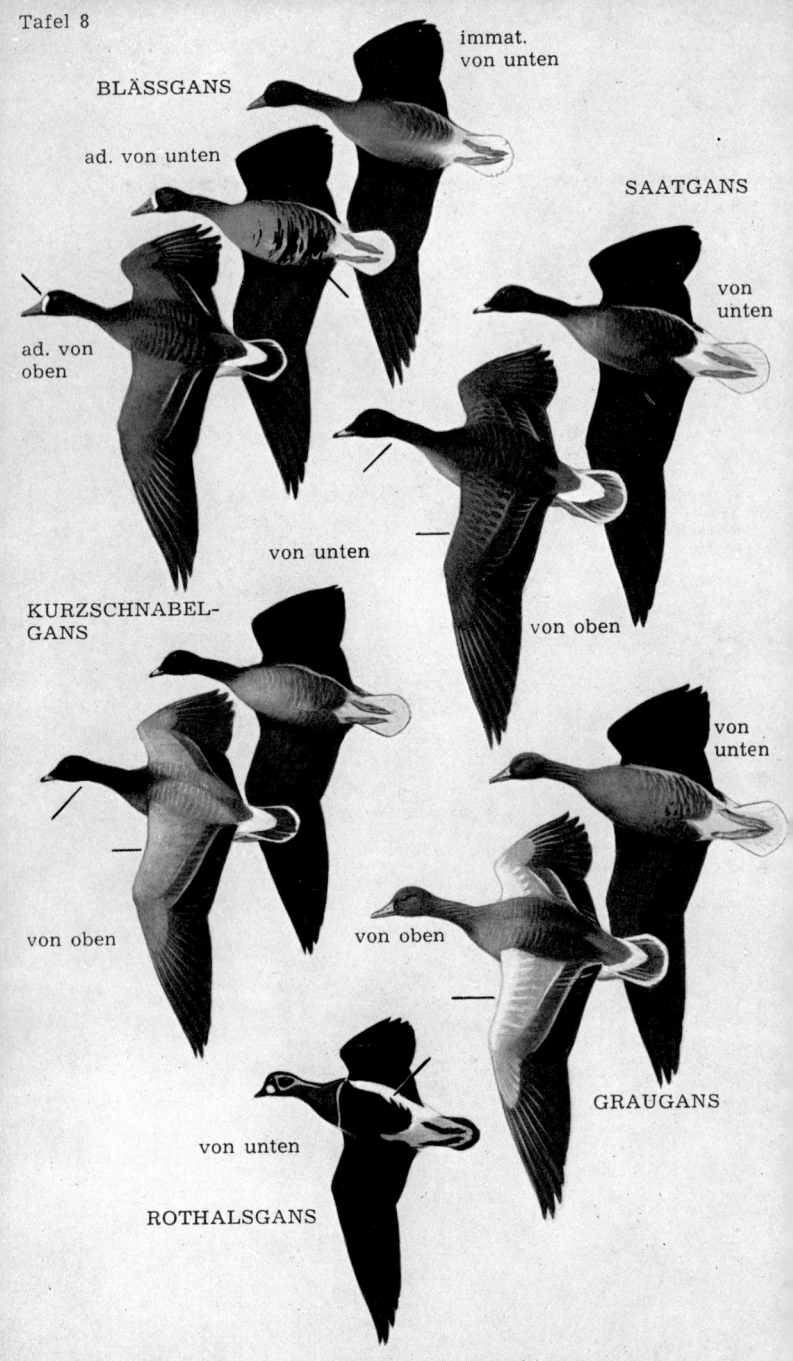

BLÄSSGANS

immat.
von unten

ad. von unten

SAATGANS

ad. von
oben

von
unten

von unten

KURZSCHNABEL-
GANS

von oben

von unten

von
unten

von oben

von oben

GRAUGANS

von unten

ROTHALSGANS

Die grauen Gänse im Fluge

Den meisten erscheinen alle graugefärbten Gänse im Fluge sehr ähnlich, und es erfordert viel Übung und Erfahrung, um sie von weitem richtig ansprechen zu können. Ihre Rufe (unten) liefern den besten Bestimmungsschlüssel. Von nahem ist die auf Tafel 6 wiedergegebene Färbung von Schnabel und Beinen kennzeichnend.

○ **Bläßgans** *Anser albifrons* 64, 6
Flügel vorn bräunlich; ad. mit schwarzer Fleckung an der Brust. Von nahem: orangefarbene Beine, rötlicher Schnabel, weiße Stirn. Die grönländische Bläßgans mit gelbem Schnabel.
Stimme: Wohltönend, hoch, gewöhnlich zweisilbig, manchmal dreisilbig: „Kou-ljau" oder „Ijo-ljok" usw.

○ **Saatgans** *Anser fabalis* 62, 6
Dunkel, orangefarbene Füße, schwarz-gelber Schnabel.
Stimme: Trompetend und fagottartig „ang-ank", nicht unähnlich den höheren Rufen der Kurzschnabelgans. Häufig „kajak" und „kaiaiak".

○ **Kurzschnabelgans** *Anser brachyrhynchus* 63, 6
Heller Körper, sehr dunkler Hals, rötliche Füße.
Stimme: Wohltönend „ang-ank", höher als Saatgans. Manchmal „king-uink" oder ein oft wiederholtes „uink-uink-uink".

● **Graugans** *Anser anser* ✳ 65, 6
Ziemlich groß; heller Kopf, hellgrauer Flügelvorderrand.
Stimme: „gágagag", sehr ähnlich wie Hausgänse.

△ **Rothalsgans** *Branta ruficollis* 68, 5
Schwarzer Bauch, weiße Streifen, rotbraune Brust.

Schwimmenten
An Sümpfen und Teichen

● **Stockente** *Anas platyrhynchos*   73, 13, 15
  ♂ : Grüner Kopf, weißer Hals-
  ring; purpurbraune Brust.
  ♀ : Manchmal orangefarben am
  Schnabel, weißlicher
  Schwanz.

● **Spießente** *Anas acuta*   73, 13, 15
  ♂ : Schwanzspieß, Halsstreif.
  ♀ : Grauer Schnabel, schlanker,
  spitzer Schwanz.

● **Schnatterente** *Anas strepera*   71, 13, 15
  ♂ : Grauer Körper, schwarzes Hinterende. Weißer Spiegel.
  ♀ : Gelblicher Schnabel, weißer Spiegel (im Fluge).

● **Pfeifente** *Anas penelope*   70, 13, 15
  ♂ : Rotbrauner Kopf, rahmfarbener Scheitel.
  ♀ : Kurzer blaugrauer Schnabel, lichte Schultern (beim
  Schwimmen nicht oft sichtbar).

● **Löffelente** *Anas clypeata*   75, 13, 15
  ♂ : Löffelschnabel, dunkelkastanienbraune Seiten.
  ♀ : Löffelschnabel, blaue Schultern (im Flug).

Mandarinente *Aix galericulata*   70
  ♂ : Orangerote „Koteletten" und „Segel".
  ♀ : Weißer Augenring, weißes Kinn.

● **Krickente** *Anas crecca*   72, 13, 15
  ♂ : Klein; grau mit dunklem Kopf und waagerech-
  tem weißem Streif über dem Flügel.
  ♀ : Klein, grüner Flügelspiegel.

● **Knäkente** *Anas querquedula*   74, 13, 15
  ♂ : Weißer Kopfstreif, bläulicher Schulterfleck.
  ♀ : Von der Krickente durch grauere Flügel und dunk-
  len Spiegel unterschieden.

△ **Marmelente** *Marmaronetta angustirostris*   75
  Mittelmeergebiet. Getüpfelt. Kopf erscheint struppig.
  Dunkler Streif durchs Auge, weißer Schwanz.

♂ STOCKENTE ♀

♂ SPIESSENTE ♀

♂ SCHNATTERENTE ♀

♂ PFEIFENTE ♀

♂ LÖFFELENTE ♀

♂ MANDARINENTE ♀

♂ KRICKENTE ♀

♂ KNÄKENTE ♀

MARMELENTE ♂

♂ SCHELLENTE ♀

♂ SPATELENTE   MOORENTE

♂ BERGENTE ♀

♂ REIHERENTE ♀

♂ TAFELENTE ♀

♂ KOLBENENTE ♀

Tauchenten

Tauchenten (Enten offener Gewässer und des Meeres) laufen beim Auffliegen platschend auf der Wasseroberfläche dahin. Schwimmenten (Tafel 9) erheben sich unmittelbar in die Luft.

● **Schellente** *Bucephala clangula*   83, 14, 16
  ♂ : Vor dem Auge ein runder weißer Fleck.
  ♀ : Grauer Körper, brauner Kopf, weißes Halsband; im Schwimmen Weiß am Flügel sichtbar.

△ **Spatelente** *Bucephala islandica*   82
  ♂ : Weißer Halbmondfleck im Gesicht; oben schwärzer als Schellente.
  ♀ : Sehr ähnlich Schellente (s. Text).

● **Moorente** *Aythya nyroca* ✳   77, 14, 16
  ♂ : Tief mahagonibraun; weiße Unterschwanzdecken.
  ♀ : Ähnlich, aber matter.

○ **Bergente** *Aythya marila*   78, 14, 16
  ♂: Schwarzer Vorderteil, heller Rücken, blauer Schnabel. „Schwarz an beiden Enden, weiß in der Mitte."
  ♀: Scharf begrenzter weißer Fleck am Schnabelgrunde.

● **Reiherente** *Aythya fuligula*   77, 14, 16
  ♂ : Schwarzer Vorderteil, schwarzer Rücken, im Genick herabhängende Haube.
  ♀ : Von Bergenten-♀ durch „Andeutung" einer Haube unterschieden. Nur wenig oder kein Weiß am Schnabelgrunde.

◐ **Tafelente** *Aythya ferina*   76, 14, 16
  ♂ : Grau; schwarze Brust, rotbrauner Kopf.
  ♀ : Braungelbe Zeichnung an Auge und Schnabelgrund, blaues Schnabelband.

● **Kolbenente** *Netta rufina*   76, 14, 16
  ♂ : Von Tafelente durch roten Schnabel und weiße Seiten unterschieden.
  ♀ : Weiße Wange, dunkler Scheitel; von Trauerenten-♀ durch weißen Flügelfleck und Rot am Schnabel unterschieden.

Meerenten

○ **Eisente** *Clangula hyemalis* 80, 14, 16
   ♂ : im Sommer: Schwanzspieß, weißer Gesichtsfleck.
   ♂ : im Winter: Schwanzspieß, scheckiges Muster.
   ♀ : Dunkle Flügel, weißes Gesicht, dunkles Wangen-
      zeichen.

△ **Kragenente** *Histrionicus histrionicus* 80, 14, 16
   ♂ : Dunkel; rostfarbene Flanken, „Harlekin"-Zeich-
      nung.
   ♀ : Dunkel; Gesichtsflecke, kleiner Schnabel.

△ **Brillenente** *Melanitta perspicillata* 82, 14, 16
   ♂ : Schwarzer Körper, weiße Kopfflecke.
   ♀ : Helle Gesichtsflecke, kein Weiß am Flügel.

○ **Samtente** *Melanitta fusca* 81, 14, 16
   ♂ : Schwarzer Körper, weißer Flügelfleck.
   ♀ : Helle Gesichtsflecke, weißer Flügelfleck.

○ **Trauerente** *Melanitta nigra* 81, 14, 16
   ♂ : Gefieder ganz schwarz, gelber Fleck am Schnabel.
   ♀ : Dunkler Körper, lichte Wange, dunkler Scheitel.

● **Eiderente** *Somateria mollissima* 78, 14, 16
   ♂ : Oben weiß, unten schwarz.
   ♀ : Braun, kräftig gebändert.

△ **Prachteiderente** *Somateria spectabilis* 79, 14, 16
   ♂ : Weißlicher Vorderteil, schwarzer Rücken, orange-
      farbenes Stirnschild.
   ♀ : Siehe Diagramm unten.

△ **Scheckente** *Polysticta stelleri* 79
   ♂ : Weißer Kopf, rostgelbe Unterseite, schwarzer Fleck.
   ♀ : Siehe Diagramm unten.

Eiderente-♀   *Prachteiderente-♀*   *Scheckente-♀*

Weibliche Eiderenten können am Schnabel unterschieden werden: Er ist
bei der Eiderente lang und geneigt und erstreckt sich weit auf die Stirn,
bei der Prachteiderente kürzer und nicht so weit auf die Stirn reichend
und bei der Scheckente überhaupt nicht auf die Stirn ausgedehnt.

♂ Winter

♂ Sommer   EISENTE   ♀ Winter

♂   KRAGENENTE   ♀

♂   BRILLENENTE   ♀

♂   SAMTENTE   ♀

♂   TRAUERENTE   ♀

♂   EIDERENTE   ♀

♂ PRACHTEIDERENTE   ♂ SCHECKENTE

MITTELSÄGER ♂ ♀

GÄNSESÄGER ♂ ♀

ZWERGSÄGER ♂ ♀

BRANDGANS ♂ ♀

ROSTGANS ♂ ♀

RUDERENTE ♂ Sommer ♀

Säger, Halbgänse und Steifschwanzenten

Die *Säger* („Sägeschnabel", Fischnahrung) haben schlanken, langen Schnabel mit gezähnten Rändern. Sie liegen beim Schwimmen tief im Wasser. *Brandente* und *Rostgans* sind groß und etwas gänseartig. *Steifschwanzenten* sind kurz und dick mit langem, oft zaunkönigartig aufgestelltem Schwanz.

● **Mittelsäger** *Mergus serrator*   84, **13, 15**
  ♂ : Weißes Halsband, strähnige Haube, braune Brust.
  ♀ : Mit Haube; Kehl- und Halsfärbung *ineinander*
      übergehend.

● **Gänsesäger** *Mergus merganser* ✳   84, **13, 15**
  ♂ : Langer, weißer Körper, dunkler Kopf.
  ♀ : Mit Haube; *scharf voneinander geschiedene* Kehl-
      und Halsfärbung.

○ **Zwergsäger** *Mergus albellus*   83, **13, 15**
  ♂ : Weiß mit schwarzer Zeichnung; weiße Haube.
  ♀ : Schokoladenbraune Kappe, weiße Wangen, dünner
      dunkler Schnabel.

● **Brandgans** *Tadorna tadorna*   69, **13, 15**
  Fuchsroter Gürtel um den Vorderkörper, roter Schnabel.
  ♂ mit Schnabelhöcker; ♀ ohne Schnabelhöcker.

△ **Rostgans** *Tadorna ferruginea*   68, **13, 15**
  Rostbrauner Körper mit hellem Kopf.
  ♂ mit schmalem schwarzem Halsring, ♀ ohne Halsring.

△ **Weißkopf-Ruderente** *Oxyura leucocephala*   85
  ♂ : Dunkler Körper, weißer Kopf, blauer Schnabel
      (im Sommer).
  ♀ : Helle Wangen, von dunkler Linie gekreuzt.
  Beide Geschlechter mit am Grunde aufgetriebenem
  Schnabel.

Haltung von Enten an Land

Schwimmente	Tauchente	Säger	Steif-	Brandgans
(Sumpf und	(Seen und	(Tauchvogel)	schwanzente	
Teich)	Meer)		(Tauchvogel)	

Enten im Fluge

Anmerkung: Hier werden nur ♂ abgehandelt. ♀ siehe Text.

● **Brandgans** *Tadorna tadorna*   69, 12, 15
Schwarz, weiß und fuchsrot gemustert, große weiße
Vorderflügelflecke.

△ **Rostgans** *Tadorna ferruginea*   68, 12, 15
Hell rostbraun; Flügel vorn mit großen weißen Flecken.

● **Stockente** *Anas platyrhynchos*   73, 9, 15
Dunkler Kopf, zwei weiße Saumbinden am Spiegel,
weißer Halsring.

● **Spießente** *Anas acuta*   73, 9, 15
Schwanzspieß, eine weiße Saumbinde am Spiegel,
Halsstreifen.

● **Pfeifente** *Anas penelope*   70, 9, 15
Große weiße Schulterflecke, grauer Rücken.

● **Löffelente** *Anas clypeata*   75, 9, 15
Kräftiger Löffelschnabel, große bläuliche Schulterflecke.

● **Schnatterente** *Anas strepera*   71, 9, 15
Graubraun; Spiegel großenteils weiß.

● **Knäkente** *Anas querquedula*   74, 9, 15
Klein; weißer Kopfseitenstreif; große bläuliche
Schulterflecke.

● **Krickente** *Anas crecca*   72, 9, 15
Klein; dunkelflügelig; grüner Spiegel.

○ **Zwergsäger** *Mergus albellus*   83, 12, 15
Weißer Kopf und Bauch, weißer Vorderflügel.

● **Gänsesäger** *Mergus merganser* ✳   84, 12, 15
Sägergestalt; weiße Brust, große Flügelflecken.

● **Mittelsäger** *Mergus serrator*   84, 12, 15
Sägergestalt; dunkle Brust, große Flügelflecken.

Säger (Zwerg-, Gänse- und Mittelsäger)
fliegen mit ganz waagerecht gehaltenem
Schnabel, Kopf, Hals, Körper. (Vgl. Seetaucher, Tafel 1).

BRANDGANS

ROSTGANS

♂

♂

STOCKENTE

SPIESSENTE

PFEIFENTE

LÖFFELENTE

KNÄKENTE

♂ SCHNATTER-
ENTE

KRICKENTE

ZWERGSÄGER

GÄNSESÄGER

MITTELSÄGER

Tafel 14

REIHERENTE

BERGENTE

♂

MOORENTE

KOLBENENTE

TAFELENTE

SCHELLENTE

EISENTE

KRAGENENTE

PRACHTEIDERENTE

♂

EIDEREN

SAMTENTE

BRILLENENTE

TRAUERENTE

Enten im Fluge

Anmerkung: Hier werden nur ♂ abgehandelt. Manche ♀ haben gleiches
Flügelmuster (siehe Text).

● **Reiherente** *Aythya fuligula* 77, **10, 16**
Schwarzer Rücken; weißer Streif am Hinterrande des
Flügels.

○ **Bergente** *Aythya marila* 78, **10, 16**
Grauer Rücken; breiter weißer Streif am Hinterrande
des Flügels.

● **Moorente** *Aythya nyroca* ✳ 77, **10, 16**
Mahagonibraun; Flügelstreif.

● **Tafelente** *Aythya ferina* 76, **10, 16**
Grauer Rücken, breiter, grauer Flügelstreif.

● **Kolbenente** *Netta rufina* 76, **10, 16**
Breites weißes Feld nahezu über ganze Flügellänge.

● **Schellente** *Bucephala clangula* 83, **10, 16**
Großes weißes Flügelquadrat, kurzer Hals, schwarzer
Kopf mit weißem Fleck. Pfeifendes Fluggeräusch.

○ **Eisente** *Clangula hyemalis* 80, **11, 16**
Dunkle, ungezeichnete Flügel; Weiß an Kopf und Körper.

△ **Kragenente** *Histrionicus histrionicus* 80, **11, 16**
Dick, dunkel; kleiner Schnabel, weiße Abzeichen.

△ **Prachteiderente** *Somateria spectabilis* 79, **11, 16**
Weißlicher Vorderteil, Rücken und Hinterteil schwarz.

● **Eiderente** *Somateria mollissima* 78, **11, 16**
Weißer Rücken, weiße Vorderflügel, schwarzer Bauch.

○ **Samtente** *Melanitta fusca* 81, **11, 16**
Schwarzer Körper, weißes Flügelfeld.

△ **Brillenente** *Melanitta perspicillata* 82, **11, 16**
Schwarzer Körper, weiße Kopfflecken.

○ **Trauerente** *Melanitta nigra* 81, **11, 16**
Ganz schwarz.

Enten im Fluge
(von unten gesehen)

Hier werden nur ♂ abgehandelt. ♀ siehe Text.

● **Brandgans** *Tadorna tadorna* 69, 12, 13
Fuchsrotes Brustband auf der weißen Unterseite.

△ **Rostgans** *Tadorna ferruginea* 68, 12, 13
Hell rostbrauner Körper.

● **Stockente** *Anas platyrhynchos* 73, 9, 13
Dunkler Kopf und dunkle Brust, lichter Bauch,
weißer Halsring.

● **Spießente** *Anas acuta* 73, 9, 13
Weiße Brust, langer dünner Hals, Schwanzspieß.

● **Pfeifente** *Anas penelope* 70, 9, 13
Scharf begrenzter weißer Bauch, dunkler, spitzer
Schwanz.

● **Löffelente** *Anas clypeata* 75, 9, 13
Dunkler Bauch, weiße Brust, breiter Schnabel.

● **Schnatterente** *Anas strepera* 71, 9, 13
Weißer Bauch, weißes Feld am Flügelhinterrand.

● **Knäkente** *Anas querquedula* 74, 9, 13
Klein; weißer Bauch, dunkler Vorderteil.

● **Krickente** *Anas crecca* 72, 9, 13
Klein; helle Unterseite, dunkler Kopf.

○ **Zwergsäger** *Mergus albellus* 83, 12, 13
Ganz weiß, ausgenommen an Flügeln und Schwanz.

● **Gänsesäger** *Mergus merganser* ✳ 84, 12, 13
Schwarzer Kopf, weißer Körper, weiß befiederte
Flügelspannhaut.

● **Mittelsäger** *Mergus serrator* 84, 12, 13
Sägergestalt; dunkles Brustband.

BRANDGANS

ROSTGANS

♂

♂

STOCKENTE

SPIESSENTE

PFEIFENTE

LÖFFELENTE

KNÄKENTE

SCHNATTER-
ENTE

♂

KRICKENTE

GÄNSESÄGER

ZWERGSÄGER

MITTELSÄGER

REIHERENTE

BERGENTE

MOORENTE ♂

KOLBENENTE

TAFELENTE

SCHELLENTE

EISENTE

KRAGENENTE

EIDERENTE

PRACHTEIDERENTE ♂

SAMTENTE

BRILLENENTE

TRAUERENTE

Enten im Fluge
(von unten gesehen)

Hier werden nur ♂ abgehandelt. ♀ siehe Text.

○ **Bergente** *Aythya marila*   78, 10, 14
Schwarze Brust, weißer Streif im Flügel.

● **Reiherente** *Aythya fuligula*   77, 10, 14
Im Fluge von unten nicht sicher von Bergente zu
unterscheiden.

● **Moorente** *Aythya nyroca* ✳   77, 10, 14
Durch dunkle Körperseiten und weiße Unterschwanzdecken gekennzeichnet.

● **Tafelente** *Aythya ferina*   76, 10, 14
Schwarze Brust, rotbrauner Kopf.

● **Kolbenente** *Netta rufina*   76, 10, 14
Breiter, schwarzer Bauchstreif.

● **Schellente** *Bucephala clangula*   83, 10, 14
Schwärzliche Unterflügeldecken, weiße Flecken.

● **Eisente** *Clangula hyemalis*   80, 11, 14
Einfarbig dunkle Flügel, weißer Bauch.

△ **Kragenente** *Histrionicus histrionicus*   80, 11, 14
Einfarbig dunkel, weiße Flecken, kleiner Schnabel.

△ **Prachteiderente** *Somateria spectabilis*   79, 11, 14
Weiße Brust, schwarzer Bauch, stumpfer Kopf.

● **Eiderente** *Somateria mollissima*   78, 11, 14
Weiße Brust, schwarzer Bauch, spitzer Kopf.

○ **Samtente** *Melanitta fusca*   81, 11, 14
Schwarzer Körper, weißes Flügelfeld.

△ **Brillenente** *Melanitta perspicillata*   82, 11, 14
Schwarzer Körper, Weiß am Kopf.

○ **Trauerente** *Melanitta nigra*   81, 11, 14
Schwarzer Körper, silbrige Schwingen.

Rallen

● **Wasserralle** *Rallus aquaticus* 123
Ad.: Langer, schlanker Schnabel, gebänderte Flanken.
Juv.: Hell bräunliche, verwaschen gebänderte Unterseite.

● **Wachtelkönig** *Crex crex* 126
Rostbraune Flügel, gelblicher Schnabel. Oft dunkler als
Abb., Kopfseiten und Brust gräulich.

● **Tüpfelsumpfhuhn** *Porzana porzana* 124
Oft dunkler als Abb. Ähnlich kurzschnäbliger Wasser-
ralle. Gefleckt; grünliche Beine, stark gebänderte Flanken.
Braungelbliche Unterschwanzdecken; Schnabel am Grunde rot.

● **Zwergsumpfhuhn** *Porzana pusilla* ✳ 124
Kein Rot am Schnabel, Beine bräunlich fleischfarben
(nicht grün), auffallende Flankenbänderung.

● **Kleines Sumpfhuhn** *Porzana parva* ✳ 125
♂ : Beine und Schnabel wie beim Tüpfelsumpfhuhn,
aber ohne Flecken an der Brust und ohne dunkle
Flankenbänderung; roter Fleck am Schnabel.
♀ : Braungelbliche Brust, grüne Beine, roter Fleck am Schnabel.

● **Teichhuhn** *Gallinula chloropus* 127
Ad.: Roter Schnabel mit gelber Spitze, weißer Flan-
kenstreif; weiße Unterschwanzdecken.
Juv.: Bräunlich, weiße Unterschwanzdecken und wei-
ßer Flankenstreif; Schnabel gelblichgrün.
Dunenkleid: Schwarz; rot am Schnabel. Bläulicher Kopf.

● **Bläßhuhn** *Fulica atra* 127
Ad.: Weißer Schnabel und Stirnschild.
Juv.: Vom Teichhuhn durch Fehlen von Weiß an den
Unterschwanzdecken unterschieden.
Dunenkleid: Schwarz. Orangeroter Kopf.

Kammbläßhuhn *Fulica cristata* 128
Bläulichweißer Schnabel und Stirnschild; rote Höcker
auf der Stirn zur Brutzeit, sonst kaum oder überhaupt
nicht zu sehen; schwarze Kopfbefiederung, anders als
beim Bläßhuhn und auf Abb., nicht in einer Spitze zum
Oberschnabel hin vorspringend.

Purpurhuhn *Porphyrio porphyrio* 126
Tiefblau; rote Beine, sehr großer, roter Schnabel.

Bläß- und Teichhühner laufen beim Auffliegen spritzend und platschend übers
Wasser.

juv.

ad.

WACHTELKÖNIG

WASSERRALLE

♀

♂

ZWERGSUMPFHUHN

TÜPFELSUMPFHUHN

KLEINES SUMPFHUHN

ad.

juv.

TEICHHUHN

TEICHHUHN

Dunen-
junge

juv.

ad.

KAMMBLÄSSHUHN

ad.

BLÄSSHUHN

PURPURHUHN

hell

normal

RAUHFUSS-
BUSSARD

MÄUSE-
BUSSARD

dunkel

hell

ad.

normal

WESPEN-
BUSSARD

ADLER-
BUSSAR

immat

ad

♂   ♀

SPERBER

HABICHT

Bussarde, Wespenbussard, Habichte

Bussarde haben kräftigen Körper und kurzen,
breiten Schwanz. Wespenbussarde sind etwas
schlanker und haben kleineren Kopf.

○ **Rauhfußbussard** *Buteo lagopus*   96, 22
  Dunkler Bauch, weißlicher Schwanz mit dunkler Endbinde. Rüttelt oft wie ein schwerfälliger Turmfalke.

● **Mäusebussard** *Buteo buteo*   95, 22
  Dunkel, mit gefleckter oder gebänderter Unterseite.
  Gefiederfärbung variabel. Schwanz mit schmalen
  dunklen Binden, zuweilen fast ungebändert braun.

● **Wespenbussard** *Pernis apivorus*   101, 22
  Kopf kleiner, Schwanz länger als beim Mäusebussard.
  Schwanz mit breiten schwarzen Binden am Grunde
  und an der Spitze.

△ **Adlerbussard** *Buteo rufinus*   96, 22
  Schwanz (gewöhnlich) hell zimtfarben, meist ungebändert, am Grunde zuweilen weißlich.

Sperber und Habichte haben kleinen Kopf, kurze
Flügel und langen Schwanz.

● **Sperber** *Accipiter nisus*   97, 24
  ♂ : Klein; Unterseite eng rotbraun gebändert („ge-
       sperbert").
  ♀ : Ziemlich groß; Unterseite eng grau gebändert.

● **Habicht** *Accipiter gentilis*   98, 24
  Ad.: Groß, gebändert („gesperbert"); dunkle Wange,
        weißer Überaugenstreif. Weiße Unterschwanzdecken.
  Juv.: Braun, gestreift; ausgeprägter Überaugenstreif.

Weihen, Milane, Gleitaar

Weihen haben kleinen Kopf, langen Körper, lange Flügel und langen Schwanz.

● **Rohrweihe** *Circus aeruginosus* ✳ 101, 23
  ♂ : Große blaugraue Flecken auf den Flügeln; unter-
  seits rostbräunlich. Oberschwanzdecken nicht so
  weiß wie auf Abb.
  ♀ : Dunkelbraun; heller Scheitel und helle Kehle.
  Juv.: Wie ♀ oder mit fast ganz dunklem Kopf.

● **Wiesenweihe** *Circus pygargus* ✳ 103, 23
  ♂ : Schwarze Binde auf dem Flügel, gräulicher Bürzel,
  rostfarbene Abzeichen auf der Unterseite.
  ♀ : Schlanker als Kornweihe, Bürzelfleck etwas schmaler.

● **Kornweihe** *Circus cyaneus* ✳ 102, 23
  ♂ : Grau mit rein weißem Bürzelfleck; keine schwarze
  Flügelbinde, jedoch Armschwingen mit dunklen
  Spitzen.
  ♀ : Braun, gestreift; weißer Bürzelfleck.

8 **Steppenweihe** *Circus macrourus* 103
  ♂ : Heller als Kornweihe, mit weißer Brust; kein
  weißer Bürzelfleck, keine schwarze Flügelbinde.
  ♀ : Im Felde nicht von Wiesenweihen-♀ zu unterscheiden.

Milane sind in der Gestalt ziemlich weihen-
ähnlich, haben aber gekerbten oder gegabelten Schwanz. Gleitaare sind kleiner, hell gefärbt, mit bei unserer Art nur schwach aus-
geschnittenem Schwanz.

● **Schwarzmilan** *Milvus migrans* 99, 23
  Düster; schwach gegabelter Schwanz.

● **Rotmilan** *Milvus milvus* 99, 23
  Rostfarben mit hellem Kopf; tief gegabelter Schwanz.

△ **Gleitaar** *Elanus caeruleus* 100
  Schwarze Schultern, weißer Schwanz.

♀

juv.

♂

ROHRWEIHE

♀

juv.

♂

WIESENWEIHE

♀

♂

KORN-
WEIHE

♂

♀

STEPPENWEIHE

ROTMILAN

GLEITAAR

SCHWARZMILAN

TURMFALKE RÖTELFALKE MERLIN

♀ ♂ ♂ ♂ ♀

ad. juv.

WANDERFALKE LANNER WÜRGFALKE

dunkle Phase ad. helle Phase ad.

BAUMFALKE ELEONORENFALKE ROTFUSSFALKE

♀ ♂

Falken

Falken haben ziemlich großen Kopf, breite Schultern, lange, spitze Flügel und ziemlich langen Schwanz.

● **Turmfalke**   *Falco tinnunculus*   110, 24
   ♂ : Rotbrauner Rücken, grauer Schwanz mit schwarzer Binde.
   ♀ : Rotbrauner Rücken, gebändert.

△ **Rötelfalke**   *Falco naumanni*   109
   ♂ : Vom Turmfalken durch Fehlen von Flecken auf dem Rücken unterschieden. – Mittelmeergebiet. Gesellig.

○ **Merlin**   *Falco columbarius*   108, 24
   ♂ : Klein, blaugrauer Rücken.
   ♀ : Ober- und unterseits düster; gebänderter Schwanz.

● **Wanderfalke**   *Falco peregrinus* ✳   106, 24
   Ad.: Schiefergrauer Rücken, weißliche Bust, kräftige schwarze Bartstreifen.
   Immat.: Braun, gestreift, kräftige Bartstreifen.

   Lanner   *Falco biarmicus*   106
   (Feldeggsfalke)
   Sandgelbliche Kappe, brauner Rücken.

△ **Würgfalke**   *Falco cherrug*   107
   Weißlicher Kopf, rostbrauner Rücken und rostbraune Flügel.

● **Baumfalke**   *Falco subbuteo*   105, 24
   Wie kleiner Wanderfalke; gestreifte Unterseite, rostrote „Hosen".

   Eleonorenfalke   *Falco eleonorae*   105
   Dunkle Phase: Braunschwarz mit gelben Füßen. (Nicht zu verwechseln mit der seltenen schwarzen Phase der Wiesenweihe.)
   Helle Phase: Wirkt wie ein kleiner junger Wanderfalke, aber Bartstreifen schmaler und Wachshaut gelb (nicht bläulich).

𝟠 **Rotfußfalke**   *Falco vespertinus*   108, 24
   ♂ : Schieferschwarz; rote Füße, rostrote Unterschwanzdecken.
   ♀ : Rostgelber Scheitel und Bauch; grauer, gebänderter Rücken.

Steinadler, Seeadler, Fischadler im Fluge

(von unten gesehen)

● **Steinadler** *Aquila chrysaetos* ✳   88, 93

Viel größer als Bussard; abweichendes Flugbild.

Immat.: Schwanz im Wurzelteil weiß; große weiße Flecken
an der Wurzel der Handschwingen und äußeren
Armschwingen.

Ad.: Größer als Mäusebussard; fast einfarbig dunkel;
Schwanzwurzel oft mit undeutlicher heller Bänderung.
Von oben gesehen sind die goldgelben Federn auf
Scheitel und Nacken kennzeichnend.

● **Seeadler** *Haliaeetus albicilla* ✳   100

Immat.: Vom alten Steinadler durch mehr keilförmigen Schwanz unterschieden. Mächtiger Schnabel; Flü-
gelgestalt geierartig. Heller als Steinadler, oft unterseits
weiß und braun gestreift.

Ad.: Weißer Schwanz.

● **Fischadler** *Pandion haliaetus*   104

Weißer Kopf, rein weißer Bauch, schwarze „Handgelenk"-Flecken.

Außer an der leuchtend weißen Unterseite kann der Fischadler (links)
von weitem im Fluge an den deutlich gewinkelten Flügeln erkannt werden. Adler (rechts) segeln mit ungewinkelten, gerade ausgespannten
Flügeln.

Tafel 21

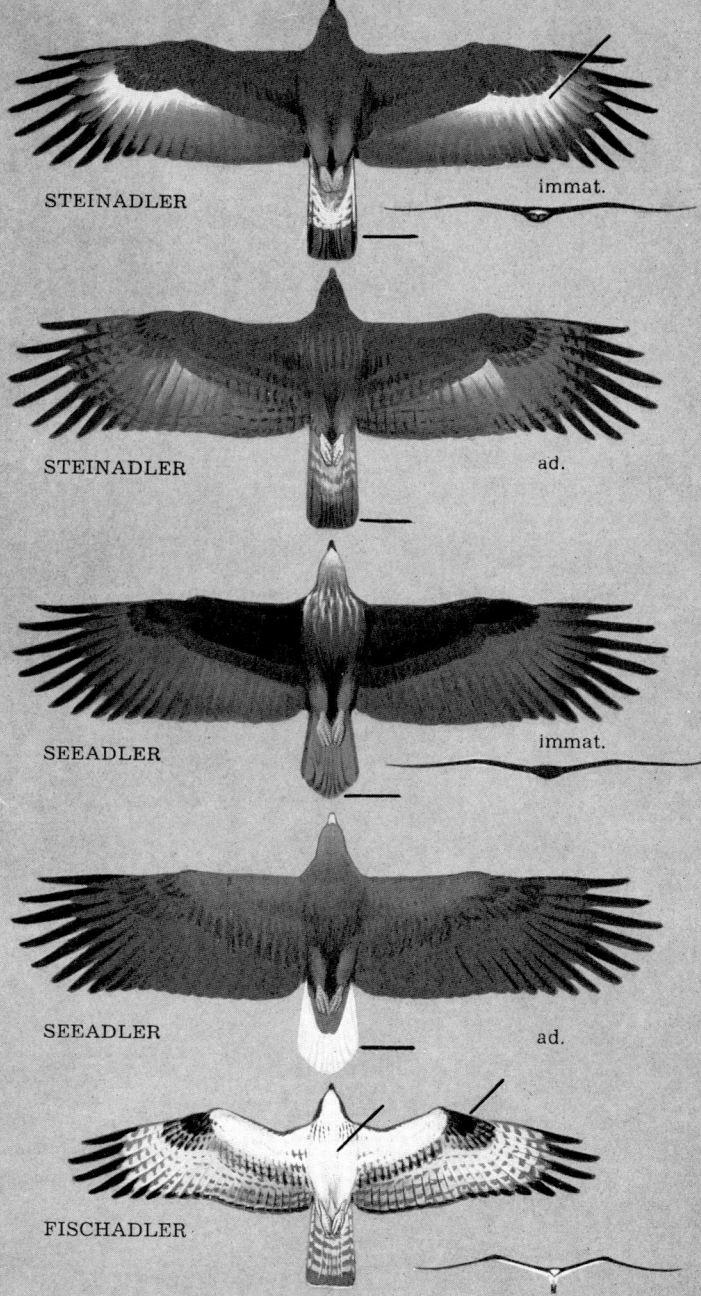

STEINADLER — immat.

STEINADLER — ad.

SEEADLER — immat.

SEEADLER — ad.

FISCHADLER

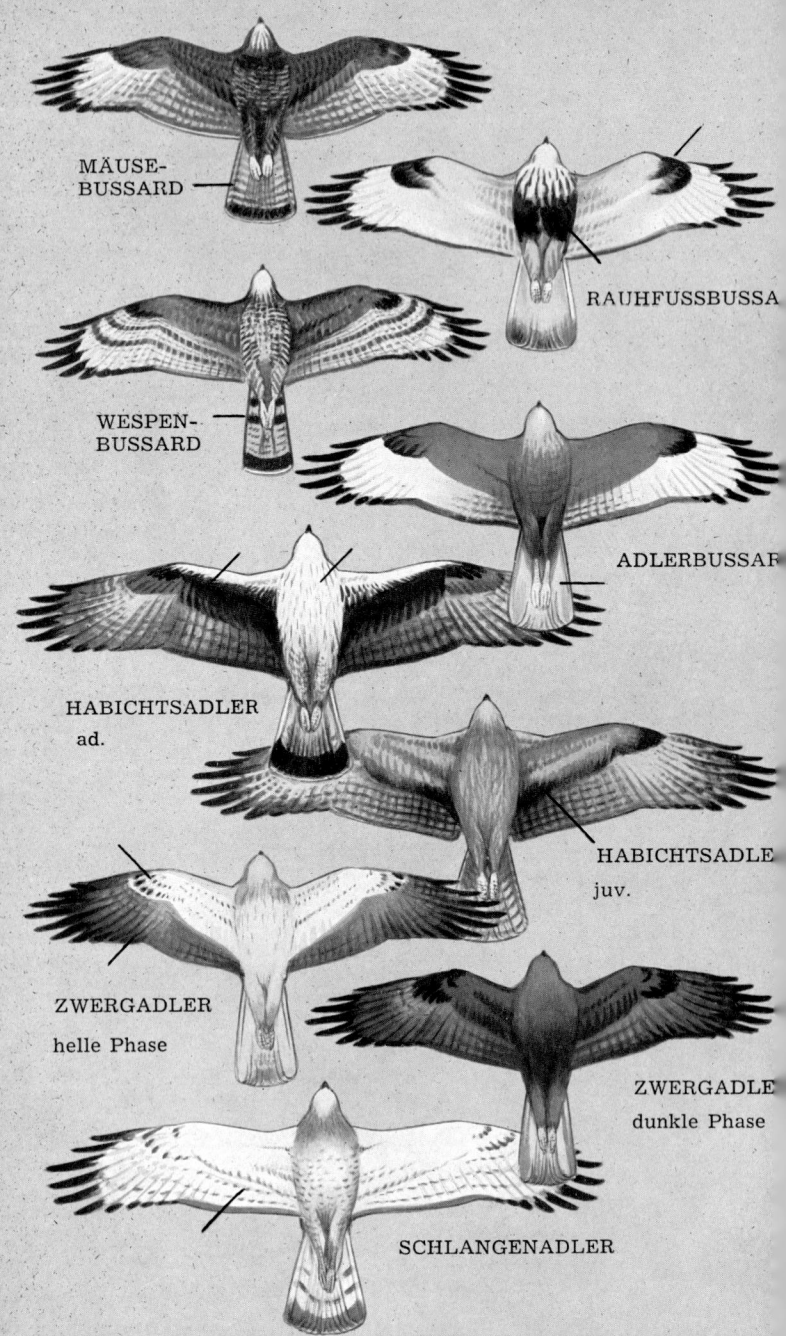

MÄUSE-
BUSSARD

RAUHFUSSBUSSA

WESPEN-
BUSSARD

ADLERBUSSAR

HABICHTSADLER
ad.

HABICHTSADLE
juv.

ZWERGADLER
helle Phase

ZWERGADLE
dunkle Phase

SCHLANGENADLER

Bussardähnliche Greife im Fluge
(von unten gesehen)

Bussarde wirken im Fluge großflächig
und plump, mit breiten Flügeln und
breitem Schwanz. Sie segeln und kreisen hoch am freien Himmel. Gewisse
Adler u. a. sind im Umriß ähnlich,
haben aber gewöhnlich verhältnismäßig
längere Flügel.

● **Mäusebussard** *Buteo buteo*   **95, 18**
Verschieden gefärbt, gewöhnlich dunkel wirkt kurz-
halsig; Schwanz mit zahlreichen schmalen Binden;
„Handgelenk"-Flecken nicht auffallend.

○ **Rauhfußbussard** *Buteo lagopus*   **96, 18**
Dunkler Bauch; weißer Schwanz mit breiter schwarzer
Endbinde; schwarze „Handgelenk"-Flecken.

● **Wespenbussard** *Pernis apivorus*   **101, 18**
Kopf weiter vorragend als beim Mäusebussard,
Schwanz länger, mit breiten schwarzen Binden an der
Wurzel. Beachte die Flügelzeichnung! Variabel.

△ **Adlerbussard** *Buteo rufinus*   **96, 18**
Schwanz hell zimtfarben, meist ohne Bänderung; Unterflügeldecken rostfarben.

△ **Habichtsadler** *Hieraaetus fasciatus*   **94**
Ad.: Unten seidenweiß, nur schwach gefleckt; dunkle Flügel.
Juv.: Siehe Text.

△ **Zwergadler** *Hieraaetus pennatus*   **94**
So groß wie Mäusebussard; längerer Schwanz. Siehe
Vorkommen.
Helle Phase: Weiße Unterflügeldecken, dunkle Schwin-
gen.
Dunkle Phase: Dunkel; hell am Grunde von Hand-
schwingen und Schwanz.

⚐ **Schlangenadler** *Circaetus gallicus*   **104**
Weiße Unterseite und Unterflügel stechen gewöhnlich
von der dunklen Vorderbrust ab. Manche Vögel unten
sehr weiß, ohne dunkles Kropfband. Kopf eulenartig.

Tafel 23

Weihen und Milane im Flug

Weihen haben lange Flügel, langen Schwanz und langen Körper. Flügel nicht so spitz wie bei den Falken und Flug matter, kraftloser und mehr gleitend, gewöhnlich niedrig über dem Boden. Beim Gleiten werden die Flügel (besonders bei Wiesen- und Kornweihe) gewöhnlich in Form eines flachen „V" über dem Rücken gehalten.

● **Rohrweihe** *Circus aeruginosus* ✳   101, 19
    ♂ : Kontrastreiches blaugraues Flügelfeld. Heller Schwanz.
    ♀ : Dunkel; heller Scheitel und helle Schultern.

● **Wiesenweihe** *Circus pygargus* ✳   103, 19
    ♂ : Schwarze Flügelbinde; gräulicher Bürzel.
    ♀ : Schlanker als Kornweihe. Weißer Bürzelfleck etwas kleiner.

● **Kornweihe** *Circus cyaneus* ✳   102, 19
    ♂ : Hellgrau; dunkle Spitzen der Armschwingen (auf Abb. nicht zu sehen) bilden schmale dunkle Binde; weißer Bürzel.
    ♀ : Streifig braun; weißer Bürzel.

Milane sind den Weihen in der Gestalt ziemlich ähnlich, haben aber gekerbten oder gegabelten Schwanz. Sie gleiten und segeln leicht mit auffallender Steuerung durch den beweglichen Schwanz.

● **Schwarzmilan** *Milvus migrans*   99, 19
Düster; schwach gegabelter Schwanz; kein merkliches Flügelmuster.
Anmerkung: Kann mit manchen dunklen Rohrweihen verwechselt werden.

● **Rotmilan** *Milvus milvus*   99, 19
Rostbraun; tief gegabelter Schwanz; deutliches Flügelmuster.

ROHRWEIHE

♂

♀

WIESENWEIHE

♂

♀

KORNWEIHE

♂

♀

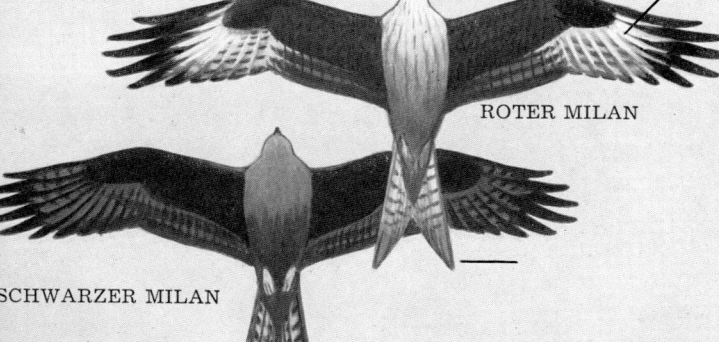

ROTER MILAN

SCHWARZER MILAN

Tafel 24

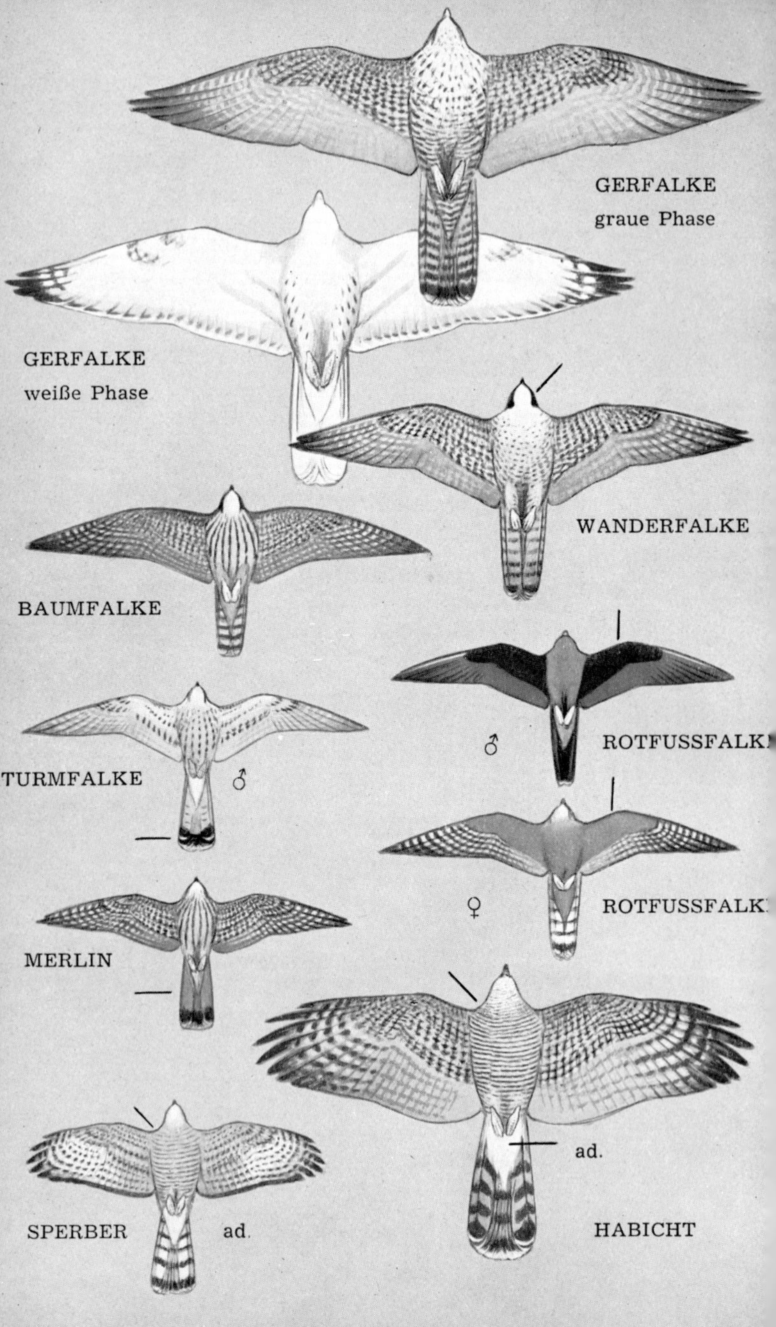

GERFALKE
graue Phase

GERFALKE
weiße Phase

WANDERFALKE

BAUMFALKE

TURMFALKE ♂

♂ ROTFUSSFALK!

♀ ROTFUSSFALK!

MERLIN

SPERBER   ad.

HABICHT

ad.

Falken, Sperber und Habicht im Fluge
(von unten gesehen)

Falken haben lange, spitze Flügel und langen Schwanz. Ihre Flügelschläge sind kräftig
und schnell, aber flach.

△ **Gerfalke** *Falco rusticolus*   107
  Graue Phase: Größer als Wanderfalke, Flügel am
   Grunde breiter, ohne kontrastreiche Gesichtszeichnung.

  Weiße Phase: Weiß wie eine Schnee-Eule.

● **Wanderfalke** *Falco peregrinus* ✳   106, 20
  Falkengestalt; Gesichtszeichnung; fast so groß wie
  eine Krähe.

● **Baumfalke** *Falco subbuteo*   105, 20
  Wie ein kleiner Wanderfalke; Schwanz kürzer.

● **Turmfalke** *Falco tinnunculus*   110, 20
  Klein, schlank; breite schwarze Binde am Schwanzende. Rüttelt häufig.

○ **Merlin** *Falco columbarius*   108, 20
  Kleiner als Turmfalke; dunkler und gedrungener.

❽ **Rotfußfalke** *Falco vespertinus*   108, 20
  ♂ : Schieferschwarz; rote Füße; rostrote Unter-
      schwanzdecken.
  ♀ : Rostfarbene Unterflügeldecken; ungezeichneter,
      sandfarbener Bauch.

Sperber und Habichte haben kurze, runde
Flügel und langen Schwanz. Im Fluge wech-
seln mehrere rasche Flügelschläge mit kurzem
Gleitfliegen ab.

● **Sperber** *Accipiter nisus*   97, 18
  Ziemlich klein; Unterseite rostbraun (♂) oder
  grau (♀) gebändert.

● **Habicht** *Accipiter gentilis*   98, 18
  Sehr groß; Unterseite grau gebändert; auffallende
  weiße Unterschwanzdecken.

Tauben

● **Ringeltaube** *Columba palumbus* 185
Groß; weiße Flügeldecken, weißer Halsfleck.

● **Hohltaube** *Columba oenas* 184
Kurze schwarze Binden auf den Armschwingen; grauer
Bürzel.

Felsentaube *Columba livia* 185
Weißer Bürzel, zwei lange schwarze Flügelbinden. Alle
Haustaubenrassen stammen von der Felsentaube ab,
und viele ähneln ihr noch.

● **Turteltaube** *Streptopelia turtur* 186
Schlank; rostbrauner Rücken; stark gerundeter weiß-
spitziger Schwanz.

● **Türkentaube** *Streptopelia decaocto* 187
Schwarzer Nackenring; Endhälfte des Schwanzes von
unten weiß. Die domestizierte Lachtaube (Zuchtform von
S. roseogrisea) ist sehr ähnlich, aber rahmbräunlich statt
weingrau und hat helle, nicht dunkle Handschwingen.

Haustauben (die von der Felsentaube abstammen) zeigen große Verschie-
denheit in Färbung und Zeichnung.

RINGEL-
TAUBE

FELSENTAUBE

HOHLTAUBE

TURTELTAUBE

TÜRKENTAUBE

GROSSTRAPPE

♂

ZWERGTRAPPE

♀

♂

Geschlechter gleich

KRAGENTRAPPE

SANDFLUGHUHN

SPIESSFLUG-
HUHN

TRIEL

STEPPENHUHN

Trappen, Flughühner und Triel

Trappen sind sehr große und schwere, langbeinige Vögel der freien weiten Ebene.

Flughühner sind an Tauben erinnernde Wüstenvögel mit spitzem Schwanz.

● **Großtrappe**   *Otis tarda*   128
   Sehr groß (♂ bis 15kg); Kopf und Hals hellgrau
   (ohne Schwarz). ♀: Kleiner.

♟ **Zwergtrappe**   *Tetrax tetrax*   129
   ♂ : Schwarz-weiße Halszeichnung.
   ♀ : Braunstreifiger Kopf und Hals.

△ **Kragentrappe**   *Chlamydotis undulata*   129
   Lange, schwarz-weiße, vom Hals herabhängende Fe-
   dern. Ähnelt im Umriß einer Truthenne mit längerem Schwanz.

△ **Sandflughuhn**   *Pterocles orientalis*   183
   Schwarzer Bauch; mittlere Schwanzfedern weniger
   verlängert als bei den anderen Flughühnern; Unterflügeldecken schwärzlich.

   Spießflughuhn   *Pterocles alchata*   183
   Weißer Bauch, weiße Flügelbinde; mittlere Schwanzfedern lang, nadelspitz.

△ **Steppenhuhn**   *Syrrhaptes paradoxus*   184
   Schwarzer Bauch; mittlere Schwanzfedern lang, nadelspitz; Unterflügeldecken hell.

● **Triel**   *Burhinus oedicnemus*   159, **28**
   Geduckte Haltung, große, helle Augen, breite lichte
   Binde im geschlossenen Flügel.

Watvögel im Fluge[1]

● **Bekassine** *Gallinago gallinago*   138, 33
Langer, meist abwärts gerichteter Schnabel, spitze Flügel, weißlicher Schwanzsaum. Zickzackflug.

⑧ **Doppelschnepfe** *Gallinago media*   139, 33
Etwas größer als Bekassine, mehr Weiß an den Schwanzseiten; Flug mehr geradeaus.

⑧ **Zwergschnepfe** *Lymnocryptes minimus*   140, 33
Kleiner als Bekassine, kürzerer Schnabel; fliegt stumm und mit weniger Zickzack-Schwenkungen auf.

● **Waldschnepfe** *Scolopax rusticola*   141, 33
Langer Schnabel, runde Flügel, Fallaubfärbung.

Schlammläufer *Limnodromus griseus*   322, 33
Bekassinenschnabel; langer weißer Fleck am Hinterrücken, weiß am Flügelhinterrand.

○ **Grünschenkel** *Tringa nebularia*   145, 33
Langer, bis zu den Schultern heraufreichender weißer Bürzelfleck, kein weißer Flügelstreif.

● **Rotschenkel** *Tringa totanus*   144, 33
Weißer Bürzel, breiter weißer Streif am Flügelhinterrand.

○ **Dunkler Wasserläufer** *Tringa erythropus*   144, 33
Winter: Zeichnung ähnlich Grünschenkel, aber schmälerer weißer Bürzelfleck; Beine rot, merklich über den Schwanz hinausragend.
Sommer: Schwärzlich, oben heller gefleckt.

● **Waldwasserläufer** *Tringa ochropus* ✳   146, 33
Sehr dunkel; weißer Bürzel, schwärzliche Unterflügel.

● **Bruchwasserläufer** *Tringa glareola* ✳   147, 33
Vom Waldwasserläufer durch weniger Weiß an Schwanz und Bürzel unterschieden; helle Unterflügel.

△ **Rennvogel** *Cursorius cursor*   160, 31
Sandgelblich; Handschwingen ober- und unterseits schwarz.

△ **Brachschwalbe** *Glareola pratincola*   159, 32
Seeschwalbenartig; Schwanz gegabelt, am Grunde weiß.

[1] Watvögel oder Limicolen ist eine Sammelbezeichnung für Schnepfenvögel, Wassertreter, Regenpfeifer, Kiebitze, Stelzenläufer, Austernfischer, Triele, Rennvögel und Brachschwalben, die charakteristischen Familien der Ordnung Charadriiformes des Vogelsystems.

DOPPELSCHNEPFE

BEKASSINE

ZWERGSCHNEPFE

WALDSCHNEPFE

SCHLAMM-
LÄUFER

GRÜN-
SCHENKEL

ROT-
SCHENKEL

WALD-
WASSER-
LÄUFER

DUNKLER
WASSER-
LÄUFER

BRACH-
SCHWALBE

RENNVOGEL

BRUCHWASSER-
LÄUFER

Tafel 28

ALPEN-STRANDL.

Herbst

MEER-STRANDL.

KNUTT
Winter

SICHEL-STRANDL.

Herbst

SANDERLING

Winter

FLUSSUFE
LÄUFER

ZWERG-STRANDL.

ODINS-HÜHNCHEN

Herbst

TEMMINCK-STRANDL.

GRAUBRUST-STRANDL.

THORS-HÜHNCH

Herbst

TRIEL

KAMPFLÄUFE

♀

♂
Sommer

Watvögel im Fluge

● **Alpenstrandläufer** *Calidris alpina* ✳   152, 31, 34
Herbst: Schlicht grau; etwa so groß wie Sanderling, aber
    dunkler, mit weniger auffallendem Flügelstreif.

○ **Meerstrandläufer** *Calidris maritima*   151, 34
Schiefergrau; seitliche Schwanzdeckfedern weiß; häufig
an ausgewaschenen Meeresfelsen.

○ **Knutt** *Calidris canutus*   149, 34
Winter: Plump; gräulich mit hellem Bürzel.

○ **Sichelstrandläufer** *Calidris ferruginea*   152, 31, 34
Herbst: Wirkt wie ein schnittiger Alpenstrand-
    läufer, aber Bürzel weiß.

○ **Sanderling** *Calidris alba*   153, 34
Perlgrau. Hat den am meisten auffallenden Flügelstreif aller kleinen Strandläufer.

● **Flußuferläufer** *Tringa hypoleucos*   148, 34
Sehr kurzer Flügelschlag (wirkt deshalb steiffflügelig).

○ **Zwergstrandläufer** *Calidris minuta*   150, 34
Sehr klein; schwach entwickelter Flügelstreif,
graue Schwanzseiten.

○ **Temminckstrandläufer** *Calidris temminckii*   150, 34
Vom Zwergstrandläufer durch grauere Färbung
und weiße Schwanzseiten unterschieden.

○ **Odinshühnchen** *Phalaropus lobatus*   156, 31, 34
Immat.: Streifig; deutliche Flügelbinden; nadelfeiner
Schnabel.

△ **Thorshühnchen** *Phalaropus fulicarius*   156, 31, 34
Herbst: Ähnlich Sanderling, aber Flügelstreif
    weniger abstechend; Schnabel dicker als
    beim Odinshühnchen, Füße gelblich.

△ **Graubruststrandläufer** *Calidris melanotos*   151, 34
Dunkelbraun, mit schmaler Flügelbinde; Schwanz-
zeichnung wie beim Alpenstrandläufer.

● **Triel** *Burhinus oedicnemus*   159, 26
Doppelte Flügelbinde.

● **Kampfläufer** *Philomachus pugnax*   155, 33
♂ : Im Sommer mit Halskrause von sehr verschiedener
    Färbung; eiförmige weiße Flecken an der Schwanzwurzel.

Große Watvögel im Fluge

● **Säbelschnäbler** *Recurvirostra avosetta*   158, **32**
Oben schwarz-weiß, dünner, aufgebogener Schnabel.

● **Stelzenläufer** *Himantopus himantopus*   158, **32**
Unten weiß, einförmig schwarze Flügel. Äußerst weit
über den Schwanz hinausragende rote Beine.

● **Austernfischer** *Haematopus ostralegus*   130, **32**
Weißes Flügelband, schwarzer Kopf, orangeroter Schnabel.

○ **Regenbrachvogel** *Numenius phaeopus*   143, **32**
Abwärts gebogener Schnabel, auffallende Scheitelstreifen. (Sowohl Regenbrachvogel wie Großer Brachvogel sind braun mit weißlichem Bürzel, aber ersterer
ist kleiner und schnittiger.)

● **Großer Brachvogel** *Numenius arquata*   142, **32**
Sehr langer Bogenschnabel, keine auffallenden
Scheitelstreifen.

○ **Pfuhlschnepfe** *Limosa lapponica*   144, **32**
Langer, schwach aufgeworfener Schnabel, gebänderter
Schwanz, kein Flügelstreif.

● **Uferschnepfe** *Limosa limosa*   143, **32**
Sehr langer Schnabel; weißer Flügelstreif und weißer
Bürzel auffallend; breite schwarze Schwanzbinde.

Tafel 29

SÄBELSCHNÄBLER

STELZEN-
LÄUFER

REGENBRACH-
VOGEL

AUSTERNFISCHER

GROSSER
BRACHVOGEL

PFUHLSCHNEPFE

UFERSCHNEPFE

Tafel 30

SAND-REGEN-PFEIFER

FLUSS-REGEN-PFEIFER

SEE-REGEN-PFEIFER

Sommer

KIEBITZREGENPF.

GOLDREGEN-PFEIFER
Nördliche Rass
Sommer

Winter
von oben

von obe

Winter
von unten

GOLDREGEN-PFEIFER
Winter

von unten

MORNELL
Sommer

Sommer

STEINWÄLZER
Sommer

KIEBITZ

Regenpfeifer, Kiebitz und Steinwälzer im Fluge

● **Sandregenpfeifer** *Charadrius hiaticula*   133, 31
Oben schlammbraun; auffallende Flügelbinde; dunk-
ler Schwanz mit weißen Säumen.

● **Flußregenpfeifer** *Charadrius dubius*   134, 31
Vom Sandregenpfeifer durch Fehlen einer Flügel-
binde unterschieden.

● **Seeregenpfeifer** *Charadrius alexandrinus*   134, 31
Oben sandbraun; weiße Schwanzseiten.

○ **Kiebitzregenpfeifer** *Pluvialis squatarola*   136, 31
Sommer: Schwarze Unterseite, Weiß an Flügeln und Bürzel.
Winter: Helle Unterseite, schwarze Achselfedern,
        Weiß an Flügeln und Bürzel.

● **Goldregenpfeifer** *Pluvialis apricaria* ✳   136, 31
Sommer: Schwarze Unterseite; oberseits ohne Weiß.
Winter: Oben und unten ohne Muster, weiße Achseln.

❽ **Mornellregenpfeifer** *Eudromias morinellus*   135, 31
Vorderkopf weißlich; helle Querbinde auf der Brust,
dunkler Bauch. Bauch im Winter heller.

● **Kiebitz** *Vanellus vanellus*   132, 31
Schwarz-weiß; sehr breite runde Flügel.

❽ **Steinwälzer** *Arenaria interpres*   138, 31
Wie ein Harlekin gemustert.

Typische Flugmuster
A *Kein Flügelstreif, keine Schwanzzeichnung.*
B *Kein Flügelstreif, weißer Bürzel und Schwanz.*
C *Flügelstreif, dunkler Bürzel und Schwanz.*
D *Flügelstreif, weißer Bürzel und Schwanz.*

Tafel 31

Watvögel[1]

● **Sandregenpfeifer** *Charadrius hiaticula* 133, 30
Brustband, gelbe oder orangefarbene Beine,
Schnabel am Grunde gelb.

● **Flußregenpfeifer** *Charadrius dubius* 134, 30
Kleiner als Sandregenpfeifer; fleischfarbene Beine,
weiße Linie über dem Schwarz der Stirn. S. auch Tafel 30.

● **Seeregenpfeifer** *Charadrius alexandrinus* 134, 30
Schwarz nur an den Brustseiten; schwarze Beine;
weißer Streif über dem Auge nicht unterbrochen.

○ **Kiebitzregenpfeifer** *Pluvialis squatarola* 136, 30
Sommer: Unten schwarz, oben hell.
Winter: Regenpfeifergestalt, oben grau.

● **Goldregenpfeifer** *Pluvialis apricaria* ✳ 136, 30
Sommer: Unten schwarz, oben dunkel; breiter weißer
Seitenstreif. Die südliche Rasse weniger schwarz.
Winter: Regenpfeifergestalt; oben goldbraun.

● **Kiebitz** *Vanellus vanellus* 132, 30
Lange, strähnige Haube, schwarze Brust, schillernder Rücken.

❽ **Steinwälzer** *Arenaria interpres* 138, 30
Sommer: Rostbrauner Rücken, bezeichnendes Gesichtsmuster.
Winter: Dunkle Brust, orangefarbene Beine.

△ **Rennvogel** *Cursorius cursor* 160, 27
Sandbraun; Augenstreifen; lange, rahmgelbe Beine.

❽ **Mornellregenpfeifer** *Eudromias morinellus* 135, 30
Überaugenstreif, rostbraune Körperseiten, schwarzer Bauch.

● **Alpenstrandläufer** *Calidris alpina* ✳ 152, 28, 34
Sommer: Rostbrauner Rücken; schwarzer Bauchfleck.

○ **Sichelstrandläufer** *Calidris ferruginea* 152, 28, 34
Sommer: Abwärts gebogener Schnabel, rotbraune
Unterseite.

△ **Thorshühnchen** *Phalaropus fulicarius* 156, 28, 34
♀ *im Sommer:* Unten rostbraun, weiße Wangen.
♂ *im Sommer:* Matter.

○ **Odinshühnchen** *Phalaropus lobatus* 156, 28, 34
♀ *im Sommer:* Rostroter Hals, weiße Kehle.
♂ *im Sommer:* Matter.

[1] S. Fußnote auf S. 368.

Tafel 31

SAND-REGEN-PFEIFER

FLUSS-REGENPFEIFER

SEEREGEN-PFEIFER

Winter

Winter

Südliche Rasse
Sommer

Sommer

KIEBITZ-REGEN-PFEIFER

GOLD-REGEN-PFEIFER

Nördliche Rasse
Sommer

Winter

juv.

KIEBITZ

STEIN-WÄLZER

Sommer

Sommer

ALPEN-STRAND-LÄUFER

RENN-VOGEL

MORNELL-REGEN-PFEIFER

Sommer

Sommer

♂

♀
Sommer

♂
Sommer

SICHEL-STRAND-LÄUFER

THORSHÜHNCHEN

♀
Sommer

ODINSHÜHNCHEN

SÄBELSCHNÄBLER

AUSTERNFISCHER

♀

♂ Sommer

STELZEN-
LÄUFER

Winter

Winter

UFERSCHNEPFE

Sommer

Sommer

PFUHL-
SCHNEPFE

BRACH-
SCHWALBE

GROSSER
BRACH-
VOGEL

DÜNNSCHNABE
BRACHVOGEL

SCHWARZFLÜGELIGE
BRACHSCHWALBE

REGENBRACHVOGEL

Große Watvögel

● **Säbelschnäbler** *Recurvirostra avosetta*   158, 29
Aufgebogener Schnabel, schwarz-weißer Rücken.

● **Austernfischer** *Haematopus ostralegus*   130, 29
Groß, schwarzer Kopf, roter Schnabel.

♟ **Stelzenläufer** *Himantopus himantopus*   158, 29
Oben schwarz, unten weiß, sehr lange, rötliche Beine.

● **Uferschnepfe** *Limosa limosa*   143, 29
Sommer: Rostbraune Brust, langer, gerader Schnabel,
           Schwanz und Querbinden an den Körperseiten
           schwarz.
Winter: Grau; langer, gerader Schnabel; schwarzer
           Schwanz.

○ **Pfuhlschnepfe** *Limosa lapponica*   144, 29
Sommer: Kürzere Beine als Uferschnepfe, mehr
           aufgeworfener Schnabel, gebänderter Schwanz.
Winter: Graubraun mit oben angegebenen Kennzeichen.

△ **Brachschwalbe** *Glareola pratincola*   159, 27
Ziemlich seeschwalbenartig; Gabelschwanz; weißer
Bürzel; heller Kehlfleck; rostrote Unterflügeldecken.

△ **Schwarzflügel-Brachschwalbe** *Glareola nordmanni*   160
Wie Brachschwalbe, aber Unterflügeldecken schwarz,
nicht rostrot.

● **Großer Brachvogel** *Numenis arquata*   142, 29
Sehr langer Bogenschnabel, keine Kopfstreifen.

○ **Regenbrachvogel** *Numenius phaeopus*   143, 29
Kleiner; Bogenschnabel, gestreifter Scheitel.

△ **Dünnschnabel-Brachvogel** *Numenius tenuirostris*   142
Etwa so groß wie Regenbrachvogel, aber Scheitel wie
Großer Brachvogel. Beachte die herzförmigen Flecken
an den Körperseiten.

Watvögel

● **Bekassine** *Gallinago gallinago*   138, 27
Langer, gerader Schnabel, gestreifter Scheitel und
Vorderrücken.

⑧ **Doppelschnepfe** *Gallinago media*   139, 27
Größer als Bekassine, mehr Weiß an den Schwanzseiten.

⑧ **Zwergschnepfe** *Lymnocryptes minimus*   140, 27
Kleiner als Bekassine, Scheitelmittelstreif dunkel (bei den
anderen Bekassinen hell); zugespitzter Schwanz ohne Weiß.

● **Waldschnepfe** *Scolopax rusticola*   141, 27
Dick und untersetzt; langer Schnabel, gebänderter
Scheitel, gebänderte Unterseite.

Schlammläufer *Limnodromus griseus*   322, 27
Bekassinenartiger Schnabel, langer weißer Bürzelfleck;
kurze Beine.
Winter: Grau. *Sommer:* Rostbraun.

● **Waldwasserläufer** *Tringa ochropus* ✱   146, 27
Oben sehr dunkel, mit weißem Bürzel; dunkle Beine;
Unterflügel schwärzlich.

● **Bruchwasserläufer** *Tringa glareola* ✱   147, 27
Schlank; etwas heller und brauner als Waldwasserläufer; Beine heller, zuweilen gelblich; Unterflügel
hell (nicht schwärzlich).

△ **Teichwasserläufer** *Tringa stagnatilis*   148
Wirkt wie ein kleiner, schlanker Grünschenkel, aber
mit dünnerem, nadelartigem Schnabel. Siehe Text.

Gelbschenkel *Tringa flavipes*   147
Lange, leuchtend gelbe Beine, weißer Bürzel, kein
Flügelstreif; dünner Schnabel.

● **Kampfläufer** *Philomachus pugnax*   155, 28
♂ *im Frühling:* Außergewöhnliche, äußerst variable
Halskrause.
♂ *im Herbst:* „Schuppige" Oberseite. Siehe Text.
♀ : Viel kleiner, sonst ähnlich ♂ im Herbst.

○ **Grünschenkel** *Tringa nebularia*   145, 27
Lange, grünliche Beine, weißer Bürzel und Hinterrücken,
heller Kopf, kein Flügelstreif.

● **Rotschenkel** *Tringa totanus*   144, 27
Lange, orangerote Beine, rötliche Schnabelwurzel.

○ **Dunkler Wasserläufer** *Tringa erythropus*   144, 27
Ad. im Sommer: Schwärzlich; dunkelrote Beine.
Ad. im Winter: Vom Rotschenkel durch hellere Un-
terseite, graueren Rücken, längeren Schnabel und
Flügelzeichnung unterschieden.

EKASSINE

DOPPEL-
SCHNEPFE

ZWERG-
SCHNEPFE

Sommer

Winter

SCHLAMM-
LÄUFER

WALD-
SCHNEPFE

Sommer

WALD-
WASSER-
LÄUFER

BRUCH-
WASSER-
LÄU-
FER

♂
Herbst

KAMPF-
LÄUFER

♂

TEICH-
WASSER-
LÄUFER

GELB-
SCHENKEL

♀

GRÜNSCHENKEL

Sommer

Winter

DUNKLER
WASSER-
LÄUFER

ROTSCHENKEL

Tafel 34

Winter

FLUSSUFERLÄUFER

MEER-
STRAND-LÄUFE

THORS-
HÜHNCHEN

Winter

Winter

ALPEN-
STRAND-
LÄUFER

Herbst

Winter

ODINS-
HÜHNCHEN

Winter

SICHEL-
STRAND-
LÄUFER

Winter

TEREK-
WASSERLÄUF

Winter

KNUTT

SANDERLING

Sommer

Sommer

KNUTT

Winter

GRAUBRUST-
STRAND-
LÄUFER

BAIRD-
STRAND-
LÄUFER

Winter

WEISS-
BÜRZEI
STRANI
LÄUFEI

GRASLÄUFER

juv.

Sommer

Sommer

SUMPF-
LÄUFER

Somr

ZWERG-
STRANDLÄUFER

TEMMINCK-
STRANDLÄUFER

Watvögel

● **Flußuferläufer** *Tringa hypoleucos*   148, **28**
„Schmutzflecken" an den Brustseiten; wippt mit dem Schwanz.

△ **Thorshühnchen** *Phalaropus fulicarius*   156, **28, 31**
Winter: Augenfleck, ziemlich dicker Schnabel,
ungestreifter Rücken.

○ **Odinshühnchen** *Phalaropus lobatus*   156, **28, 31**
Winter: Augenfleck, nadelartiger Schnabel, gestreifter Rücken.

● **Alpenstrandläufer** *Calidris alpina* ✳   152, **28, 31**
Winter: Sanft gebogener Schnabel, Brust und Seiten streifig.

○ **Meerstrandläufer** *Calidris maritima*   151, **28**
Dick; schiefergrau; gelbe Beine; vorzüglich auf Felsen.

○ **Sanderling** *Calidris alba*   153, **28**
Winter: Weißlich; schwarze „Schultern"; kurzer Schnabel.
Sommer: Rostbraun mit weißem Bauch.

○ **Knutt** *Calidris canutus*   149, **28**
Winter: Dick, grau; lichte Federränder; kurzbeinig.
Sommer: Rostbraune Unterseite, verhältnismäßig kurzer Schnabel.

○ **Sichelstrandläufer** *Calidris ferruginea*   152, **28, 31**
Herbst: Grau; gebogener Schnabel, weißer Bürzel.

△ **Terekwasserläufer** *Tringa terek*   149
Aufgeworfener Schnabel, kurze, gelbe Beine; wippt
mit dem Schwanz.

△ **Graubruststrandläufer** *Calidris melanotos*   151, **28**
Scharfe Grenze zwischen Brust- und Bauchfärbung;
gestreifter Rücken; dunkler Oberkopf.

Baird-Strandläufer *Calidris bairdii*   324
Gelbbräunliche Brust, schuppiger Rücken, zwergstrand-
läuferartiger Schnabel, schwarze Beine.

△ **Grasläufer** *Tryngites subruficollis*   153
Ganze Unterseite rostfarbig; kleiner Kopf, gelbe Beine.

△ **Weißbürzelstrandläufer** *Calidris fuscicollis*   151
Winter: Weißer Bürzel; vom Sichelstrandläufer durch
kürzere Beine und kürzeren, geraden Schnabel unterschieden.

○ **Zwergstrandläufer** *Calidris minuta*   150, **28**
Sommer: Sehr klein, rostbraun, Beine schwarz;
              schmächtiger Schnabel.
Winter: Grauer Rücken, weißliche Brust
Juv.:   Helles „V" auf dem Rücken.

○ **Temminckstrandläufer** *Calidris temminckii*   150, **28**
Grauer als Zwergstrandläufer, Beine grünlich oder
gelblich; keine V-Zeichnung auf dem Rücken.

○ **Sumpfläufer** *Limicola falcinellus*   154
Vorn abgeknickter, am Grunde breiter Schnabel;
doppelter Augenstreif; kurze Beine.

Raubmöwen

Raubmöwen sind dunkle, habicht- oder falkenartige Meeresvögel, die andere Vögel nach Piratenart verfolgen. Alle zeigen im Fluge ein weißes Aufleuchten der Schwingen. Altvögel der drei kleineren Arten haben verlängerte mittlere Steuerfedern (s. Zeichnung unten), deren Spitzen aber nicht selten abgebrochen sind, und treten in hellen und dunklen sowie in Übergangs-Kleidern auf. Unausgefärbte haben kürzere mittlere Steuerfedern und sind sehr schwer voneinander zu unterscheiden.

△ **Skua** *Stercorarius skua*   161
(Große Raubmöwe)
Dunkel, sehr groß und kräftig; große Flügelflecken;
stumpfer Schwanz.

○ **Schmarotzerraubmöwe** *Stercorarius parasiticus*   162
Spitze mittlere Steuerfedern (mittlerer Länge).

○ **Spatelraubmöwe** *Stercorarius pomarinus*   162
(Mittlere Raubmöwe)
Stumpfe (und teilweise gedrehte) mittlere Steuerfedern;
Flügel am Grunde breit; Flanken und Unterflügeldecken
schuppig.

○ **Falkenraubmöwe** *Stercorarius longicaudus*   163
(Kleine Raubmöwe)
Sehr lange, biegsame, spitze mittlere Steuerfedern;
schmale Flügel; vollständiges weißes Halsband.

Schmarotzerraubmöwe

Falkenraubmöwe

Spatelraubmöwe

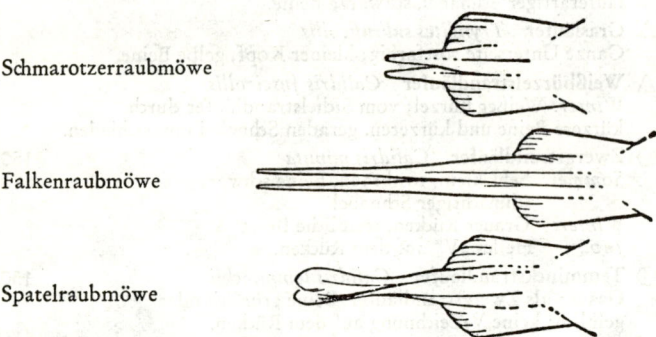

Schwänze von Raubmöwen (ad.)

SKUA

SCHMAROTZER-
RAUBMÖWE
Helle Phase

SCHMAROTZERRAUBM.
Dunkle Phase

Zwischenphase

SCHMA-
ROTZER-
juv. R.

SPATELRAUBMÖWE
Dunkle Phase

SPATELRAUBMÖWE
Helle Phase

FALKENRAUBMÖWE

Winter   GRYLLTEISTE   Sommer

immat.

Winter   PAPAGEITAUCHER   Sommer

Winter   KRABBENTAUCHER   Sommer

immat.

Winter   TORDALK   Sommer

Winter   DICKSCHNABELLUMME   Sommer

„Ringellumme"

Winter   TROTTELLUMME   Sommer

Alken

Alken sind etwas entenähnliche Meeresvögel mit kurzem, stämmigem Hals. Sie fliegen schwirrend und grätschen beim Landen die Beine.

○ **Gryllteiste** *Cepphus grylle*　　181
Winter: Weißlicher Körper, große weiße Flecken.
Sommer: Schwarzer Körper, spitzer Schnabel, große
　　　weiße Flecken.

🐧 **Papageitaucher** *Fratercula arctica*　　182
Winter: Dreieckschnabel, trübe Wangen.
Immat.: Kleinerer Schnabel, trübe Wangen.
Sommer: Dreieckiger, prächtig gefärbter Schnabel,
　　　weißliche Wangen.

○ **Krabbentaucher** *Plautus alle*　　180
Stargröße, kurzer Schnabel; gedrungene, „halslose" Gestalt.

🐧 **Tordalk** *Alca torda*　　180
Ad.: Kräftiger Kopf, schmaler, hoher Schnabel mit
　　　weißen Abzeichen.
Immat.: Kleinerer Schnabel mit gebogener Firste.

△ **Dickschnabellumme** *Uria lomvia*　　181
Schnabel dicker als bei der Trottellumme.
Winter: Dunkle Kappe bis unters Auge.
Sommer: Helles Abzeichen am Schnabelspalt.

● **Trottellumme** *Uria aalge*　　181
Winter: Schwarze Linie auf weißer Kopfseite.
Sommer: Schlanker Schnabel, dunkler Kopf.
„*Ringellumme*": Weißer Augenring, anschließend weißer Strich.

Papageitaucher　Tordalk　Trottellumme　Gryllteiste

Möwen (ad.)

Bei der Bestimmung der Möwen sind die wichtigsten Kennzeichen Flügelzeichnung (besonders Flügelspitzen) und Beinfarbe.

○ **Mantelmöwe** *Larus marinus* 164, 38
Sehr groß, Rücken und Flügel schwarz, Beine fleischfarben.

❽ **Heringsmöwe** *Larus fuscus* 165, 38
So groß wie Silbermöwe, Beine gewöhnlich gelb oder
orangefarben.
Nördliche Rasse: Dunkel (schwärzlicher Rücken).
Südliche Rasse: Heller (gräulicher Rücken).

○ **Eismöwe** *Larus hyperboreus* 166, 38
So groß wie Mantelmöwe; weiße Handschwingen;
Kopf groß, Schnabel kräftig.

△ **Polarmöwe** *Larus glaucoides* 166
So groß wie Silbermöwe; weiße Handschwingen.

Elfenbeinmöwe *Pagophila eburnea* 164
So groß wie Dreizehenmöwe; ganz weiß; schwarze Beine.

● **Silbermöwe** *Larus argentatus* 165, 38
Rücken und Flügel grau, an Flügelspitzen schwarz,
Beine fleischfarben. Vögel von Mittelmeer und Ost-
skandinavien haben gelbe Beine.

● **Sturmmöwe** *Larus canus* 167, 38
Kleiner als Silbermöwe; Schnabel und Beine grünlichgelb.

● **Dreizehenmöwe** *Larus tridactylus* 171, 38
Dreieckige schwarze, „in Tinte getauchte" Flügelspitze;
schwarze Beine.

Korallenmöwe *Larus audouinii* 167
Leuchtend roter Schnabel mit schwarzer Binde; olivgrünliche Beine; Schwingen zur Spitze hin allmählich schwarz.

● **Zwergmöwe**[1] *Larus minutus* 170, 38
Schwärzlicher Unterflügel; kein Schwarz auf Flügeloberseite.

△ **Schwalbenmöwe**[1] *Larus sabini* 171, 38
Schwarze äußere Handschwingen, dreieckiges weißes
Flügelfeld; Gabelschwanz.

● **Lachmöwe**[1] *Larus ridibundus* 169, 38
Langer weißer Keilfleck auf den Handschwingen;
Schnabel und Beine rot.

♀ **Schwarzkopfmöwe**[1] *Larus melanocephalus* ✳ 168, 38
Keine dunklen Spitzen der weißen Handschwingen.

Dünnschnabelmöwe *Larus genei* 170
Flügelzeichnung wie bei Lachmöwe, aber Schnabel
schlanker und (auch im Sommer) Kopf weiß.

[1] Altvögel verlieren im Winter den schwarzen Kopf und ähneln dann unausgefärbten
Vögeln.

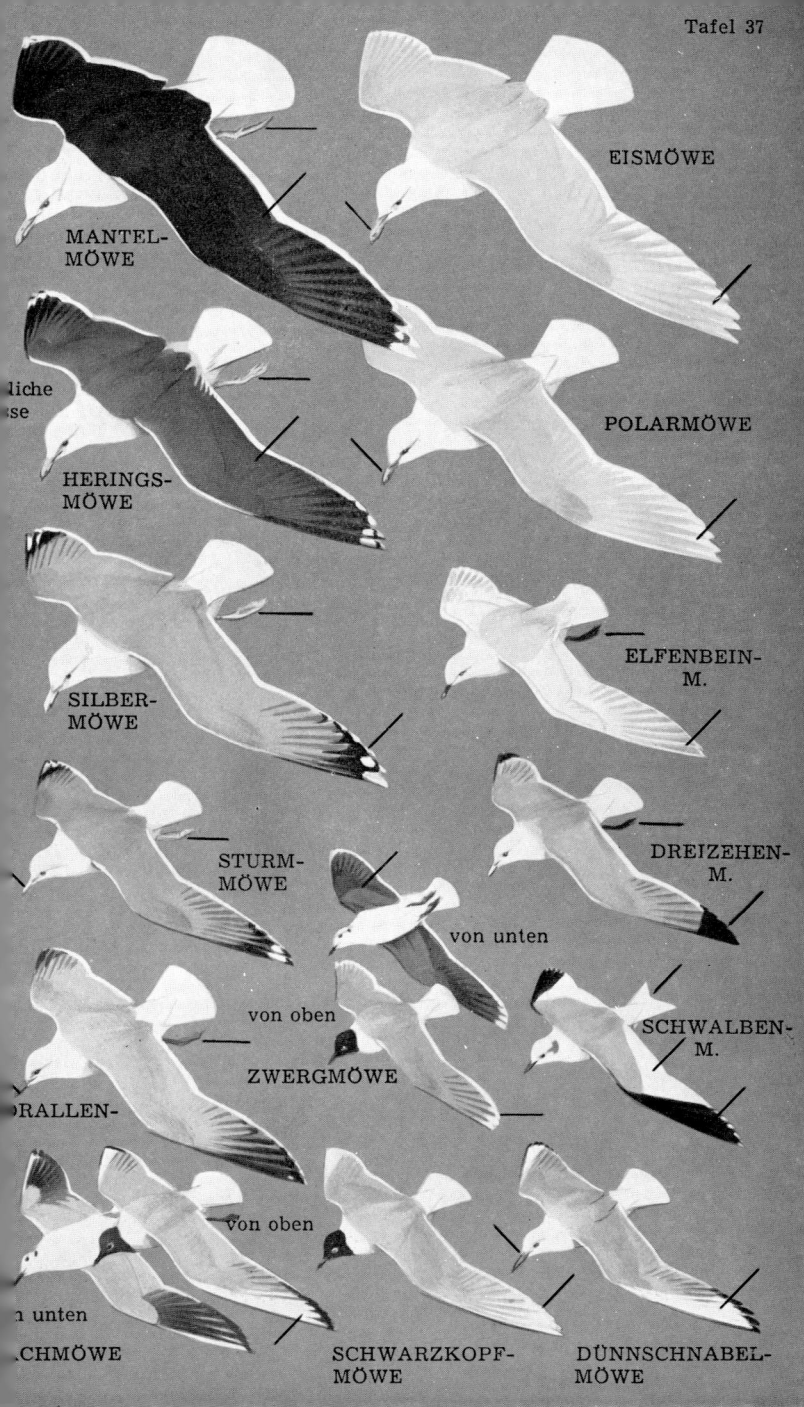

EISMÖWE

MANTEL-
MÖWE

liche
se

POLARMÖWE

HERINGS-
MÖWE

SILBER-
MÖWE

ELFENBEIN-
M.

STURM-
MÖWE

DREIZEHEN-
M.

von unten

von oben

SCHWALBEN-
M.

ZWERGMÖWE

RALLEN-

von oben

n unten

CHMÖWE

SCHWARZKOPF-
MÖWE

DÜNNSCHNABEL-
MÖWE

Tafel 38

MANTEL-
MÖWE

EISMÖWE
1. Winter

HERINGS-
MÖWE

EISMÖWE
2. Winter

SILBER-
M.

1. Winter

SILBER-
M.

2. Winter

STURMMÖWE

DREIZEHEN-
MÖWE

LACHMÖWE

SCHWALBE
MÖWE

SCHWARZKOPF-
MÖWE

ZWERGMÖWE

Möwen (immat.)

○ **Mantelmöwe** *Larus marinus*   164, 37
Sehr groß; der gemusterte Rücken hebt sich deutlicher
von der Unterseite ab als bei jungen Heringsmöwen.

◉ **Heringsmöwe** *Larus fuscus*   165, 37
Ganz junge nicht von jungen Silbermöwen zu unterscheiden; Vögel im zweiten Lebenswinter jedoch mit
dunklem „Sattel" (nicht abgebildet).

○ **Eismöwe** *Larus hyperboreus*   166, 37
1. *Winter:* Gelbbräunlich mit weißlichen Handschwingen.
2. *Winter:* Insgesamt sehr hell.
(Die Polarmöwe hat die gleiche Gefiederfolge.)

● **Silbermöwe** *Larus argentatus*   165, 37
Im ersten Lebenswinter streifig erdbraun, mit zunehmendem Alter oberseits grauer, unterseits weißer.
Abb. zu dunkel (zeigt Verhältnisse bei der nordamerikanischen Rasse *L. a. smithsonianus*).

● **Sturmmöwe** *Larus canus*   167, 37
Von der Silbermöwe im 2. Winter durch deutliches
schwarzes Band im weißen Schwanz unterschieden;
kleiner, Schnabel kürzer.

♀ **Dreizehenmöwe** *Larus tridactylus*   171, 37
Dunkles Diagonalband über den Flügel; dunkle
Nackenbinde.

● **Lachmöwe** *Larus ridibundus*   169, 37
Dunkle Flecken an den Kopfseiten, Weiß an den
Handschwingen, schmale Schwanzbinde.

△ **Schwalbenmöwe** *Larus sabini*   171, 37
Gabelschwanz und Flügelzeichnung der ad. Kein
dunkles Diagonalband wie bei Dreizehenmöwe;
Oberkopf grau.

♀ **Schwarzkopfmöwe** *Larus melanocephalus* ✳   168, 37
Von der Lachmöwe durch schwärzliche (nicht weißliche) äußere Handschwingen zu unterscheiden.

● **Zwergmöwe** *Larus minutus*   170, 37
Flügelmuster wie bei Dreizehenmöwe immat.; Flügel
mehr gerundet; kleine dunkle Nackenbinde.

Seeschwalben

Seeschwalben sind schlanker, mit schmaleren Flügeln und anmutigerem Flug als Möwen. Schnabel dünner und spitzer, im Fluge gewöhnlich abwärts (gegen das Wasser) gerichtet. Schwanz in der Regel gegabelt. Die meisten Seeschwalben sind weißlich mit schwarzer Kappe.

● **Brandseeschwalbe** *Sterna sandivicensis* ✳ 　179, 41
Langer, schlanker, schwarzer Schnabel mit gelber
Spitze; struppiger Kopf; weißer Schwanz.

⚆ **Lachseeschwalbe** *Gelochelidon nilotica* ✳ 　175, 41
Gedrungener, möwenartiger, schwarzer Schnabel;
Kopf nicht struppig; Schwanz grau.

⚆ **Raubseeschwalbe** *Hydroprogne caspia* 　175, 41
Sehr groß; großer, roter Schnabel. Viel Schwarz auf
der Unterseite der Handschwingen.

● **Flußseeschwalbe** *Sterna hirundo* 　176, 41
Beachte den durchsichtig erscheinenden Flügelfleck (s. Text).
Ad. im Sommer: Schnabel orangefarben mit schwarzer Spitze.
Juv.: Weiße Stirn, dunkle „Schultern".

△ **Rosenseeschwalbe** *Sterna dougallii* 　177, 41
Ad. im Sommer: Schnabel großenteils schwarz; heller
als Flußseeschwalbe, mit längeren Schwanzspießen.
Juv.: Hellere „Schultern"; Flügel fleckiger als bei
Küstenseeschwalbe.

● **Küstenseeschwalbe** *Sterna paradisaea* 　176, 41
Ad. im Sommer: Schnabel blutrot bis zur Spitze;
grauer als Flußseeschwalbe.
Juv.: Sehr ähnlich Flußseeschwalbe, aber Flügel
stärker schwarz gefleckt.

A 　　　　　　　 B 　　　　　　　 C

A *Rosenseeschwalbe. Die hellste der drei Seeschwalben. Schwanzspieße
die Flügelspitzen weit überragend.*
B *Flußseeschwalbe. Schwanz überragt die Flügelspitzen nicht.*
C *Küstenseeschwalbe. Grauer; kurzbeiniger; Schwanz etwas länger als
bei der Flußseeschwalbe.*

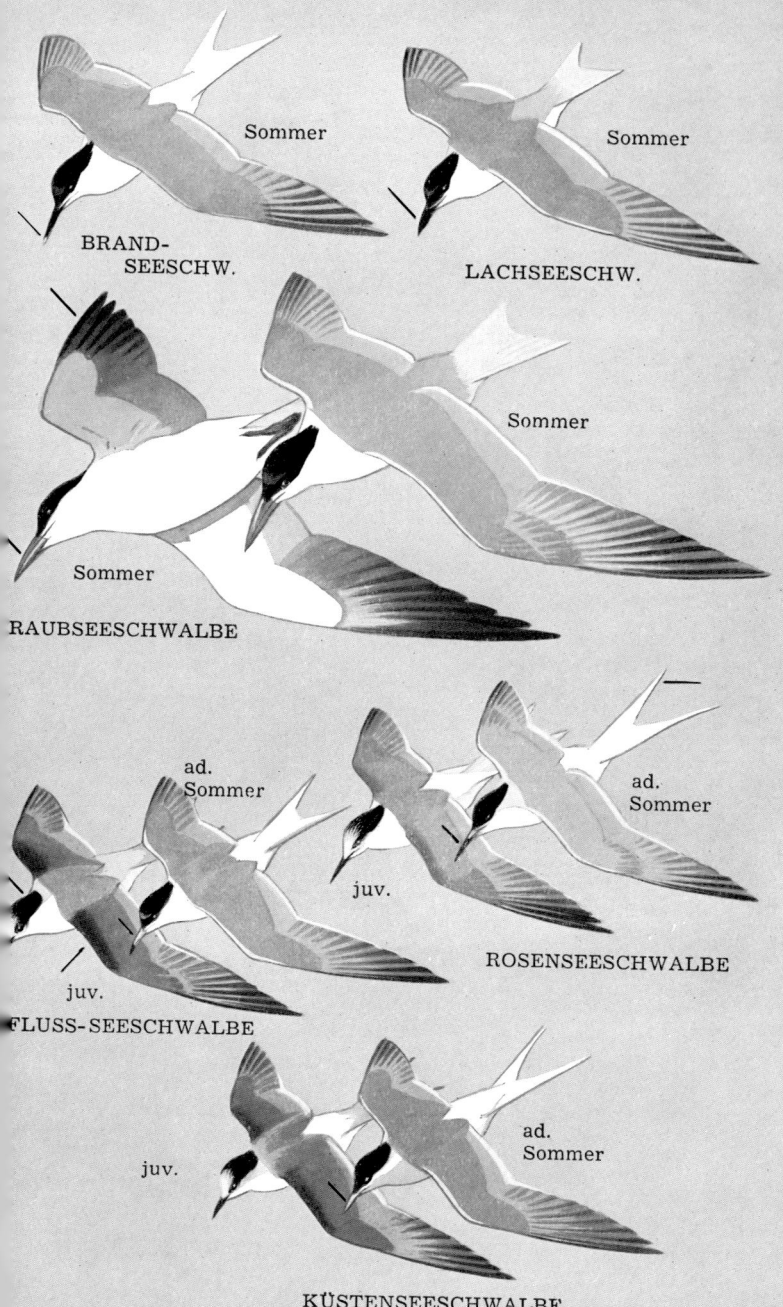

BRAND-SEESCHW.

Sommer

LACHSEESCHW.

Sommer

RAUBSEESCHWALBE

Sommer

Sommer

FLUSS-SEESCHWALBE

ad. Sommer

juv.

ROSENSEESCHWALBE

ad. Sommer

juv.

KÜSTENSEESCHWALBE

juv.

ad. Sommer

Tafel 40

Sommer

juv.

Herbst

ZWERG-
SEESCHWALBE

WEISSBART-
SEESCHW.

Sommer

Übergangskleid

Herbst

Sommer

TRAUERSEE-
SCHWALBE

Sommer

Herbst

Übergangskleid

Herbst

Sommer

WEISSFLÜGEL-
SEESCHWALBE

Sommer

Herbst

Seeschwalben

Mit Ausnahme der Zwergseeschwalbe sind alle auf dieser Seite genannten Seeschwalben „Sumpf-Seeschwalben" (Wasserschwalben), die ausschließlich an Binnengewässern brüten.

● **Zwergseeschwalbe** *Sterna albifrons* ✳   178, 41
   Ad. im Sommer: Klein, gelber Schnabel, weiße Stirn.
   Juv.: Klein, schwarzer Flügelvorderrand.

♀ **Weißbartseeschwalbe** *Chlidonias hybrida*   174, 41
   Ad. im Sommer: Düsterer Bauch, weiße Wangen.
   Herbst: Heller und größer als Trauerseeschwalbe, mit
      weniger Schwarz im Genick; Rücken und Bürzel einfarbig grau.

● **Trauerseeschwalbe** *Chlidonias niger*   173, 41
   Ad. im Sommer: Körper und Kopf schwarz, Flügel grau.
   Herbst: Dunkler Kopffleck, dunkler Rücken, grauer
      Schwanz. Von der Weißflügelseeschwalbe durch dunkles „Schulter"-Zeichen und dunkles Band vor dem
      Flügelrand an der vorderen Brustseite unterschieden; Bürzel wie Vorderrücken.

♀ **Weißflügelseeschwalbe** *Chlidonias leucopterus*   173, 41
   Ad. im Sommer: Körper und Kopf schwarz, Schwarz
   am Unterflügel. Oberflügeldecken weiß, weißer Schwanz.
   Herbst: Wie Trauerseeschwalbe, aber ohne dunkles
      „Schulter"-Zeichen und ohne dunkles Band beim vorderen Flügelrand; Bürzel im Gegensatz zu Weißbart-
      und Trauerseeschwalbe heller als Vorderrücken.

*Zwergseeschwalbe
nach Nahrung tauchend*

*Trauerseeschwalbe
nach Nahrung über
Wasser streifend*

Köpfe von Seeschwalben

Gestalt und Färbung des Schnabels sind am wichtigsten bei der Bestimmung der Seeschwalben. Diese besitzen alle (mit Ausnahme der Zwergseeschwalbe) zur Brutzeit eine *schwarze* Kopfkappe. Im Spätsommer beginnt sich die weiße Stirn zu entwickeln, die für das Ruhekleid bezeichnend ist.

● **Trauerseeschwalbe** *Chlidonias niger*   173, 40
Sommer: Kopf schwarz.
Winter: „Scheckiger" Kopf (siehe Text).

♀ **Weißflügelseeschwalbe** *Chlidonias leucopterus*   173, 40
Ähnlich Trauerseeschwalbe (hier nicht abgebildet,
s. Tafel 40).

♀ **Weißbartseeschwalbe** *Chlidonias hybrida*   174, 40
Sommer: Düstere Kehle, weiße Wangen.
Winter: Siehe Text.

● **Zwergseeschwalbe** *Sterna albifrons* ✳   178, 40
Sommer: Klein; gelber Schnabel, weiße Stirn.
Immat.: Klein (s. Text).

● **Flußseeschwalbe** *Sterna hirundo*   176, 39
Sommer: Schnabel orangerot, schwarze Spitze.
Winter: Schwarz vom Auge bis zum Nacken.

● **Küstenseeschwalbe** *Sterna paradisaea*   176, 39
Sommer: Schnabel blutrot, ohne schwarze Spitze.
Winter: Ähnlich Flußseeschwalbe (s. Text).

△ **Rosenseeschwalbe** *Sterna dougallii*   177, 39
Sommer: Schnabel überwiegend schwarz (bei manchen
         an der Wurzel mit viel Rot).
Winter: Ähnlich Flußseeschwalbe (s. Text).

♀ **Lachseeschwalbe** *Gelochelidon nilotica* ✳   175, 39
Sommer: Schnabel möwenartig, derb und schwarz.
Winter: Schwarzer Ohrfleck; Schnabel derb und schwarz.
Juv.: Sehr möwenähnlich (s. Text).

● **Brandseeschwalbe** *Sterna sandvicensis* ✳   179, 39
Sommer: Mit Haube; Schnabel schwarz mit gelber Spitze.
Winter: Ähnlich, mit weißer Stirn.

♀ **Raubseeschwalbe** *Hydroprogne caspia*   175, 39
Sommer: Sehr groß; großer, roter Schnabel.
Winter: Großer, roter Schnabel; gestreifte Stirn.

Winter   Sommer

TRAUERSEESCHWALBE

Winter   Tafel 41

Sommer

WEISSBARTSEESCHWALBE

immat.   Sommer

ZWERGSEESCHWALBE

Winter

Sommer

FLUSS-SEESCHWALBE

Winter

Sommer

KÜSTENSEESCHWALBE

Winter

Sommer

ROSENSEESCHWALBE

LACHSEESCHWALBE

Winter

Sommer

Winter   BRANDSEESCHWALBE   Sommer

Winter   Sommer

RAUBSEESCHWALBE

Tafel 42

SCHOTTISCHES MOOR-SCHNEE-HUHN ♂

SCHOTTISCHE MOOR-SCHNEEHUHN ♀

♂

♂ Sommer

Winter

♀ Sommer

ALPEN-SCHNEEHUHN

ROTHUHN
von unten

♂ Somme

MOORSCHNEEHUHN

♂

REBHUHN

WACHTEL

LAUFHÜHNCHE

Hühner mit roten Füßen

STEINHUHN →
← ROTHUHN

FELSENHUHN

Hühnervögel und Laufhühnchen

Schottisches Moorschneehuhn *Lagopus lagopus scoticus*   111
Dunkel rotbraunes Gefieder, dunkle Flügel, dunkler
Schwanz. ♀ weniger rotbraun, mehr gebändert.

Alpenschneehuhn *Lagopus mutus*   111
Winter: Weiß mit schwarzem Schwanz.
Sommer: Weiße Flügel, grauer oder brauner Körper,
schwarzer Schwanz.

Moorschneehuhn *Lagopus lagopus*   111
Winter: Unterscheidung vom Alpenschneehuhn siehe
Textbild unten.
Sommer: Rotbraun; weiße Flügel, schwarzer Schwanz.
In tieferen Lagen als Alpenschneehuhn.

Rebhuhn *Perdix perdix*   117
Rotbrauner Schwanz, rostroter Kopf. ♂ mit dunklem, hufeisenförmigem Brustschild.

Rote Füße und rotbrauner Schwanz (nur im Fluge auffallend) kennzeichnen die folgenden drei Hühnerarten. Sie sind am besten an ihrer Hals-
zeichnung zu unterscheiden.

Rothuhn *Alectoris rufa*   116
Halslatz schwarz, in kurze Streifen übergehend.

Steinhuhn *Alectoris graeca*   115
Halslatz schwarz, scharf begrenzt.

Felsenhuhn *Alectoris barbara*   116
Halslatz rotbraun, mit weißen Flecken; „Gesicht" grau.

Wachtel *Coturnix coturnix*   117
Klein; sandbraun, gestreifter Kopf.

Laufhühnchen *Turnix sylvatica*   121
Wachtelartig; leuchtend rostbrauner Brustfleck, auffallende Fleckung an den Brustseiten.

Moorschneehuhn ♂ und ♀   Alpenschneehuhn ♂

Man beachte die schwarze Gesichtszeichnung des Alpenschneehuhn-♂ im
Winter. Sie fehlt dem ♀ des Alpenschneehuhns und beiden Geschlechtern
des Moorschneehuhns, das einen dickeren Schnabel hat.

Hühnervögel

● **Fasan** *Phasianus colchicus*   118
    ♂ : Sehr bunt; sehr langer Schwanz, gewöhnlich mit
       weißem Halsring.
    ♀ : Groß, braun; spitzer Schwanz.

● **Birkhuhn** *Lyrurus tetrix* ✳   112
    ♂ : Glänzend schwarz; leierförmiger Schwanz, weiße
       Flügelbinde, weiße Unterschwanzdecken.
    ♀ : Groß, braun; gekerbter Schwanz (Kerbung nicht
       immer deutlich zu erkennen).

● **Auerhahn** *Tetrao urogallus* ✳   113
    ♂ : Sehr groß, düstere Färbung, breiter Fächerschwanz.
    ♀ : Groß, braun; Fächerschwanz.

● **Haselhuhn** *Tetrastes bonasia*   114
Rebhuhngroß; Fächerschwanz mit breiter schwarzer
Binde. Gefieder sehr variabel von Rotbraun bis Grau,
und zwar im Süden des Verbreitungsgebietes mehr zu
rotbrauner, im Norden mehr zu grauer Färbung
neigend.

      Fasanenhahn   *Birkhahn*   *Auerhahn*

Siehe auch Hühnervogel auf Tafel 42.

♀
FASAN

♂
FASAN

♀
BIRKHUHN

♂
BIRKHUHN

♀
AUERHUHN

HASELHUHN

♂
AUERHUHN

Tafel 44

dunkle Rasse

helle Rasse

SCHNEEEULE

SCHLEIEREULE

SUMPFOHREULE

ZWERGOHREULE

WALDOHREULE

UHU

Eulen

Großköpfige Nachtraubvögel mit großen, nach vorn gerichteten Augen, mit „*Schleier*" und nachtfalterartigem, geräuschlosem Flug.

○ **Schneeeule** *Nyctea scandiaca*   191
   Groß, weiß; große, gelbe Augen.

● **Schleiereule** *Tyto alba*   189
   Herzförmiges Gesicht. Keine Bruststreifung. Dunkle Augen.
   Helle Rasse: Weiße Brust.
   Dunkle Rasse: Meist bräunlichgelbe Brust.

● **Sumpfohreule** *Asio flammeus* ✳   195
   Gelblichbraun; gestreifte Brust. Sümpfe.

♀ **Zwergohreule** *Otus scops*   190
   Die einzige sehr kleine Eule mit Federohren. Graubraun marmoriert; kleiner Kopf; richtet, wenn erschreckt, Federohren auf.

● **Waldohreule** *Asio otus*   195
   Die einzige mittelgroße Eule mit langen Federohren,
   die vom erschreckten Vogel aufgerichtet werden.
   Schlank; rostbräunlich, gefleckt.

● **Uhu** *Bubo bubo* ✳   190
   Sehr groß, mit Federohren; rostbraun, mit Streifen
   und Bändern.

Siehe auch Tafel **45**.

Eulen

Die meisten Eulen haben eine nächtliche Lebensweise und sind daher selten zu sehen, wenn man sie nicht an ihren Tagesrastplätzen entdeckt. Besonders wichtig ist die Kenntnis ihrer Stimme, die im Text beschrieben ist. Keine der folgenden Arten hat „Federohren".

● **Waldkauz** *Strix aluco*   193
  Von kräftigem Körperbau, mit gestreifter Brust, dunklen Augen und rotbraunem oder grauem Gefieder.

● **Steinkauz** *Athene noctua*   192
  Klein, rund, oben gefleckt; die tiefliegenden „Augenbrauen" bewirken ein finsteres Aussehen.

● **Sperlingskauz** *Glaucidium passerinum*   192
  Nur kernbeißergroß; kleinköpfig; wippt mit dem Schwanz.

○ **Sperbereule** *Surnia ulula*   191
  Kräftig schwarze Einfassung des Schleiers, gebänderte Unterseite, langer Schwanz.

● **Rauhfußkauz** *Aegolius funereus*   196
  Vom Steinkauz durch größeren Kopf, breitere „Augenbrauen", längeres und helleres Gesicht und kräftiger begrenzten Schleier unterschieden.

● **Habichtskauz** *Strix uralensis* ✳   194
  Sehr groß, gestreift; Gesicht ohne Linienzeichnung; kleine, dunkle Augen.

△ **Bartkauz** *Strix nebulosa*   194
  Sehr groß, grau; großer, rundlicher Kopf mit Linienzeichnung im Gesicht; kleine, gelbe Augen.

Siehe auch Tafel **44**.

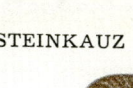

STEINKAUZ

Graue
Phase

SPERLINGSKAUZ

Braune
Phase

juv.

ad.

WALDKAUZ

SPERBEREULE

RAUHFUSSKAUZ

HABICHTSKAUZ

BARTKAUZ

Tafel 46

BLAURACKE

WIEDEHOPF

BIENENFRESSER

EISVOGEL

KUCKUCK

KUCKUCK
Rotbraune Pha

(nur ♀)

HÄHERKUCKUCK

ZIEGENMELKER

ROTHALSZIEGENMELKER

Blauracke, Bienenfresser, Wiedehopf, Eisvogel, Kuckucke und Ziegenmelker

● **Blauracke**   *Coracias garrulus*   202
Kopf und Brust blau, Rücken rostbraun.

♀ **Bienenfresser**   *Merops apiaster*   202
Gelbe Kehle, blaugrüne Brust; Oberseite kastanienbraun und gelb.

● **Wiedehopf**   *Upupa epops*   203
Schwarz-weiße Flügelzeichnung, aufrichtbare Fächer-
haube.

● **Eisvogel**   *Alcedo atthis*   201
Untersetzt; oben prächtig blaugrün.

● **Kuckuck**   *Cuculus canorus*   188
Kopf und Vorderbrust grau, gebänderte Unterseite.
Rotbraune Phase des ♀ (selten): Oben und unten ge-
bändert.

△ **Häherkuckuck**   *Clamator glandarius*   188
Mit Haube; langer Schwanz; unten rahmfarben, oben
gefleckt.

● **Ziegenmelker**   *Caprimulgus europaeus*   197
Oben „Rindenmuster", unten eng gebändert.

Rothalsziegenmelker   *Caprimulgus ruficollis*   198
Vom Ziegenmelker durch mehr rostfarbene Oberseite,
mehr Weiß an der Kehle, dickeren Kopf und andere
Stimme unterschieden.

Spechte und Wendehals

● **Kleinspecht** *Dendrocopos minor*
Klein; gebänderter Rücken.

● **Mittelspecht** *Dendrocopos medius*
Große, weiße Schulterflecke und rote Kappe wie beim
jungen Buntspecht, aber schwarze Kopfseitenzeichnung
nicht bis zum Schnabel und zum Genick reichend. Rote
Kappe nicht schwarz gesäumt.

● **Buntspecht** *Dendrocopos major*
Große, weiße Schulterflecke, schwarzer Scheitel. ♀ ohne
Rot am Genick. Juv. mit rotem Scheitel.

Blutspecht *Dendrocopos syriacus*
Wie Buntspecht, aber ohne Querband in der Ohrgegend.

● **Weißrückenspecht** *Dendrocopos leucotos*
Weißer, bei der nicht abgebildeten südlichen Rasse
schwarz-weiß gebänderter Hinterrücken; Flügel gebändert. ♀ mit schwarzem Scheitel.

● **Dreizehenspecht** *Picoides tridactylus*
Weißer, bei der südlichen Rasse schwarz-weiß gefleckter
Rücken, gebänderte Flanken, schwarze Wangen.
♂ mit gelber Kappe.

● **Schwarzspecht** *Dryocopus martius*
Groß, schwarz, ♂ mit feuerrotem Scheitel; ♀ nur am Hinterkopf rot.

● **Grünspecht** *Picus viridis*
Grünlicher Rücken, gelber Bürzel; dunkles Gesicht mit
breitem Bartstreif, der beim ♀ einfarbig schwarz ist. Juv. gefleckt.

● **Grauspecht** *Picus canus*
Grauer Kopf mit schmalem schwarzem Bartstreif.
Nur ♂ mit rotem Vorderscheitel.

● **Wendehals** *Jynx torquilla*
Langer Schwanz; spechtartige Füße; ziegenmelkerartig
gemustertes Gefieder.

Kleinspecht   Mittelspecht   Buntspecht   Weißrückenspecht

juv.

♀

♂

KLEINSPECHT

MITTELSPECHT

BLUT-
SPECHT

♂

BUNTSPECHT

♂

♂

SCHWARZSPECHT

WEISSRÜCKEN-
SPECHT

♀

♂

DREIZEHENSPECHT

juv.

♀

WENDEHALS

♂

GRÜNSPECHT

♂

GRAUSPECHT

Tafel 48

HAUBENLERCHE

FELD-
LERCHE

HEIDELERCHE

♂
Sommer

immat.

OHRENLERCHE

THEKLALERCHE

KURZZEHEN-
LERCHE

KALANDER-
LERCHE

STUMMELLERCHE

immat.

WEISSFLÜGELLERCHE   MOHRENLERCHE   DUPONT-LERCHE

♂
Winter

Lerchen

Braungestreifte Bodenvögel, die im Fliegen singen. Sie ähneln etwas den Piepern (Tafel 58), sind aber nicht so schlank.

● **Feldlerche** *Alauda arvensis* 214, **67 E**
Mit angedeuteter Haube; gestreift, weiße äußere Steuerfedern.

● **Heidelerche** *Lullula arborea* 213, **67 E**
Von der Feldlerche durch andersartigen Aufenthalt unterschieden, ferner durch kurzen Schwanz, helle, am Nacken zusammenstoßende Augenstreifen und schwarz-weißes Abzeichen am Flügelrand.

● **Haubenlerche** *Galerida cristata* 213, **67 E**
Lange, spitze Haube, kurzer Schwanz mit gelbbraunen Kanten; Unterflügeldecken isabellrötlich.

○ **Ohrenlerche** *Eremophila alpestris* 212, **67 E**
„Federhörnchen", Gesichts- und Brustfleck.
Immat.: Zeichnung von ad. nur angedeutet.

Theklalerche *Galerida theklae* 214, **67 E**
Sehr ähnlich Haubenlerche, aber mit kürzerem Schnabel und stärker gezeichneter Brust; Unterflügeldecken (der europäischen Rasse) grau.

△ **Kalanderlerche** *Melanocorypha calandra* 211, **67 E**
Groß, dunkel; großer Kropfseitenfleck; kräftiger Schnabel; Hintersaum der dunklen Flügel weißlich.

△ **Kurzzehenlerche** *Calandrella brachydactyla* 210, **67 E**
Klein, hell; Brust ungestreift. Kleiner Kropfseitenfleck nicht immer deutlich.

△ **Stummellerche** *Calandrella rufescens* 210, **67 E**
Klein; graubraun; fein gestreifte Brust.

△ **Weißflügellerche** *Melanocorypha leucoptera* 211
Rostbrauner Scheitel, weißer Flügelfleck (s. Schneeammer).

△ **Mohrenlerche** *Melanocorypha yeltoniensis* 212
Schwarz; im Winter weiß geschuppt.
♀ und *immat.:* Siehe Text.

Dupont-Lerche *Chersophilus duponti* 209
Dünner, gebogener Schnabel.

Segler und Schwalben

Rauchschwalbe   Mehlschwalbe   Uferschwalbe

● **Mauersegler** *Apus apus*   199
Schwarze Unterseite, kurzer Gabelschwanz.

Fahlsegler *Apus pallidus*   200
Heller als Mauersegler, besonders Unterflügel; mehr
Weiß an der Kehle.

● **Alpensegler** *Apus melba*   200
Sehr groß; weißer Bauch, dunkles Brustband.

● **Mehlschwalbe** *Delichon urbica*   217
Weißer Bürzel, ganze Unterseite weiß.

● **Rauchschwalbe** *Hirundo rustica*   216, **73 E**
Tief gegabelter Schwanz, dunkle Kehle.

△ **Rötelschwalbe** *Cecropis daurica*   216
Rostgelblicher Bürzel; Kehle hell.

● **Uferschwalbe** *Riparia riparia*   215
Brauner Rücken, Brustband.

● **Felsenschwalbe** *Ptyonoprogne rupestris*   215, **73 E**
Brauner Rücken, kein Brustband; abgestutzter Schwanz
mit weißen Flecken (nur im gespreizten Schwanz zu
sehen); Gebirge.

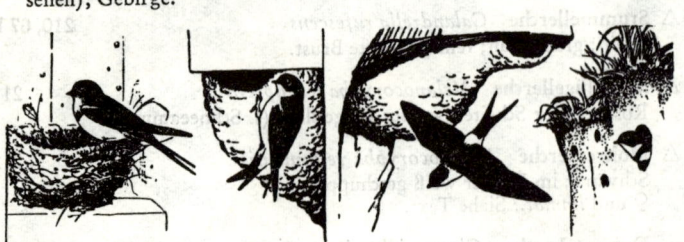

Rauchschwalbe   Mehlschwalbe   Rötelschwalbe   Uferschwalbe

MAUERSEGLER

FAHLSEGLER

ALPENSEGLER

MEHLSCHWALBE

RAUCHSCHWALBE

RÖTELSCHWALBE

UFERSCHWALBE

FELSENSCHWALBE

Tafel 50

ELSTER

TANNENHÄHER

BLAUELSTER

ALPENDOHLE

EICHEL-
HÄHER

ALPEN-
KRÄHE

UNGLÜCKS-
HÄHER

PIROL

♀   ♂

Frühling

juv.

EINFARB-
STAR

Winter   STAR

ad.

ju

ROSEN-
STAR

Rabenvögel, Pirol und Stare

● **Elster** *Pica pica* 310, **71 E**
Scheckig; langer Schwanz.

● **Tannenhäher** *Nucifraga caryocatactes* 310, **71 E**
Braun mit weißen Tüpfeln und weißen Unterschwanzdecken.

Blauelster *Cyanopica cyanus* 309, **71 E**
Flügel und Schwanz blau, schwarze Kappe. Spanien,
Portugal.

△ **Alpenkrähe** *Pyrrhocorax pyrrhocorax* 312, **71 E**
Gebogener, roter Schnabel, rote Beine. *Juv.* mit gelbem
Schnabel.

● **Alpendohle** *Pyrrhocorax graculus* 312, **71 E**
Kürzerer, gelber Schnabel, rote Beine (Siehe Amsel,
Tafel 53.)

● **Eichelhäher** *Garrulus glandarius* 309, **71 E**
Blaue und weiße Zeichnungen im Flügel, weißer Bürzel.

Unglückshäher *Perisoreus infaustus* 308, **71 E**
Graubraun; mit Rotbraun an Flügeln und Schwanz.

● **Pirol** *Oriolus oriolus* 307, **71 E**
♂: Körper leuchtend gelb, Flügel und Schwanz schwarz.
♀: Oben grün; unten weißlich, fein gestreift.

Einfarbstar *Sturnus unicolor* 307
Keine Flecken. Spanien, Portugal, Sardinien, Sizilien.

● **Star** *Sturnus vulgaris* 307, **72 E**
Glänzendes, im Herbst und Winter kräftig, im Sommer
nur wenig geflecktes Gefieder; spitzer Schnabel.
Juv.: Grau oder graubraun; kurzer Schwanz, spitzer
Schnabel.

△ **Rosenstar** *Sturnus roseus* 306, **72 E**
Mattrosenrötlicher Körper, schwarze Haube und schwarze
Flügel.
Juv.: Sandbraun mit gelbem Schnabel.

Goldhähnchen, Wasseramsel, Zaunkönig, Baumläufer, Mauerläufer und Spechtmeisen

● **Wintergoldhähnchen** *Regulus regulus*   253, **68 E**
Winzig; orangefarbener oder gelber Scheitel.
Kein Augenstreif.

● **Sommergoldhähnchen** *Regulus ignicapillus*   253, **68 E**
Vom Wintergoldhähnchen durch scharf ausgeprägte
schwarze und weiße Augenstreifen unterschieden;
bronzefarbene „Schultern".

● **Wasseramsel** *Cinclus cinclus*   227
Kurz und dick; dunkel, mit weißem Latz und kurzem
Schwanz.

● **Zaunkönig** *Troglodytes troglodytes*   228, **68 E**
Winzig, rundlich, braun; Schwanz gewöhnlich gestelzt.

● **Waldbaumläufer** *Certhia familiaris*   282, **68 E**
Schlank, mit dünnem Bogenschnabel; oben braun, hell
gestreift, mit rostbraunem Bürzel; Unterseite silberweiß.

● **Gartenbaumläufer** *Certhia brachydactyla*   283, **68 E**
Fast ganz wie Waldbaumläufer, aber Flanken bräunlich; Schnabel länger. Nur nach Stimme und Verbreitung
(siehe Text und Karten) sicher zu unterscheiden.

● **Mauerläufer** *Tichodroma muraria*   282, **68 E**
Große karminrote Flügelflecke; sehr runde Flügel.

● **Kleiber** *Sitta europaea*   281, **68 E**
Untersetzt; kurzer Schwanz mit hellen Flecken, starker,
spitzer Schnabel; blaugrauer Rücken. Die skandinavische
Rasse ist unten weiß mit rotbraunen Flanken.

Korsenkleiber *Sitta whiteheadi*   281
Klein. Weißer Überaugenstreif; schwarze Kappe (♂).
Korsika.

Felsenkleiber *Sitta neumayer*   280, **68 E**
Heller als Kleiber, größerer Schnabel, keine Schwanzflecken. Balkanländer, Griechenland.

WINTERGOLDHÄHNCHEN

♀ ♂

SOMMERGOLDHÄHNCHEN

♀ ♂

ZAUNKÖNIG

WASSERAMSEL

Winter

WALDBAUM-
LÄUFER

GARTENBAUM-
LÄUFER

Sommer

von unten

MAUERLÄUFER

Skandinavische
Rasse

KORSISCHER
KLEIBER

KLEIBER

FELSENKLEIBER

Tafel 52

KOHLMEISE TANNENMEISE BLAUMEISE

SUMPFMEISE WEIDENMEISE

nördliche Rasse

LASURMEISE

TRAUERMEISE LAPPLANDMEISE HAUBENMEISE

♂ ♀

BARTMEISE SCHWANZMEISE

nördliche Rasse

BEUTELMEISE

Meisen, Bart- und Schwanzmeise, Beutelmeise

Kleine Vögel mit kurzem Schnäbelchen, äußerst lebhaft und beweglich, oft bei der Nahrungssuche mit der Oberseite nach unten im Gezweig hängend. Die echten Meisen der Gattung *Parus* mit schwarzem Kehllatz, weißen Kopfseiten und schwarzer oder dunkler Kappe. Bei ihnen sind die Geschlechter gleich.

● **Kohlmeise** *Parus major*   279, 68 E
Schwarzer Bauchstreif.

● **Tannenmeise** *Parus ater*   280, 68 E
Weißer Nackenfleck.

● **Blaumeise** *Parus caeruleus*   278, 68 E
Blaue Kappe, gelbliche Unterseite.

● **Sumpfmeise** *Parus palustris*   276, 68 E
Glänzend schwarze Kappe, kleines Lätzchen, keine hellen Säume der Armschwingen.

● **Weidenmeise** *Parus montanus*   277, 68 E
Mattschwarze Kappe, durch helle Armschwingensäume hervorgerufener Flügelfleck; bestes Kennzeichen die Stimme (s. Text). Die skandinavischen Rassen sind viel heller.

△ **Lasurmeise** *Parus cyanus*   279, 68 E
Weiße Kappe, weiße Unterseite, viel Weiß am Flügel.

Trauermeise *Parus lugubris*   277, 68 E
Groß, mit kräftigem Schnabel; schwarzbraune Kappe. Balkan.

Lapplandmeise *Parus cinctus*   278, 68 E
Braune Kappe; wirkt „staubig". Im hohen Norden.

● **Haubenmeise** *Parus cristatus*   276, 68 E
Haube; „gezäumtes" Gesichtsmuster.

● **Bartmeise** *Panurus biarmicus* ✳   273
♂: Schwarzer Bartstreif; sehr langer Schwanz.
♀ : Kein Bartstreif, braun; sehr langer Schwanz.

● **Schwanzmeise** *Aegithalos caudatus*   274, 68 E
Kopf rein weiß oder mit dunklem Seitenstreif; sehr langer Schwanz.

● **Beutelmeise** *Remiz pendulinus*   275
Schwarze Augenmaske, rotbrauner Rücken.

Drosseln

● Amsel *Turdus merula* 271, 72 E
  ♂ : Ganz schwarz; gelber Schnabel.
  ♀ : Dunkelbraun, an der Kehle etwas fleckig.

● Ringdrossel *Turdus torquatus* 270, 72 E
  Schwarz mit weißem Halbmond über der Brust;
  helle Schwingensäume.

● Wacholderdrossel *Turdus pilaris* 268, 72 E
  Grauer Kopf und Bürzel, rotbrauner Rücken.

● Singdrossel *Turdus philomelos* 272, 72 E
  Braun, mit gefleckter Brust und Rahmgelb am Unterflügel.

● Misteldrossel *Turdus viscivorus* 267, 72 E
  Größer als Singdrossel, grauer; rundere Flecke; weiße
  Unterflügel.

❽ Rotdrossel *Turdus iliacus* 272, 72 E
  Rostrote Flanken und Rostrot am Unterflügel; heller
  Überaugenstreif.

△ Erddrossel *Zoothera dauma* 267
  Oben und unten mit Schuppenmuster.

△ Rostflügeldrossel *Turdus naumanni eunomus* 269
  Fleckiges Brustband; heller Überaugenstreif; Rostbraun
  im Flügel.

△ Schwarzkehldrossel *Turdus ruficollis atrogularis* 269
  Schwarze Kehle und Vorderbrust scharf gegen den
  weißen Unterkörper abgesetzt.

△ Sibirische Drossel *Cryptocichla sibirica* 267
  (Schieferdrossel)
  ♂ : Schwärzlich, mit weißer „Augenbraue".
  ♀ : Siehe Text.

△ Wanderdrossel *Turdus migratorius* 271
  Ziegelrote Brust, schwärzlicher Kopf, unterbrochener
  Augenring.

△ Naumanndrossel *Turdus naumanni naumanni* 268, 72 E
  Rostbraune Brust, rostbraune Flügel.

△ Rotkehldrossel *Turdus ruficollis ruficollis* 269
  Rotbraune Brust, rotbraune Kehle; rotbrauner Augenbrauenstreif.

△ Weißbrauendrossel *Turdus obscurus* 271
  Graue Vorderbrust, rostfarbene Seiten; heller Überaugenstreif.

Tafel 53

AMSEL

RINGDROSSEL

♀

♂

SINGDROSSEL

WACHOLDER-
DROSSEL

MISTELDROSSEL

ROTDROSSEL

Einige seltene Drosseln

...DDROSSEL

ROSTFLÜGEL-
DROSSEL

SCHWARZ-
KEHLDROSS.

♂ SIBIRISCHE
DROSS. ♀

WANDER-
DROSSEL

NAUMANNS-
DROSSEL

ROTKEHL-
DROSSEL

WEISSBRAUEN-
DROSSEL

Tafel 54

Winter

Schwarzkehlige Phase

Weißkehlige Phase

♂

Sommer ♂
STEINSCHMÄTZER

MITTELMEERSTEINSCHMÄTZER

♂

♂

NONNENSTEINSCHM.

♀

GARTENROTSCHWANZ

♂

HAUSROTSCHWANZ

♂

♀

Gesc
gleic

TRAUER
STEIN-
SCHM.

♀

BRAUN-
KEHLCHEN ♂

juv.

ad

ROT-
KEHLCHE

SCHWARZ-
KEHLCHEN ♂

NACHTIGALL

SPROSSER

♂

Rot-
sterniges

BLAUKEHLCHEN
Weißsterniges Bl.

♀

♂

♀

♂

♂

STEINRÖTEL

♀

BLAU-
MERLE

Erdsänger, Steinmerlen

● Steinschmätzer   *Oenanthe oenanthe*   262, **70** E
Sommer, ♂: Grauer Rücken, auffallender weißer Bürzel,
schwarze Ohrdecken.
Winter: Oben braun, unten rahmbräunlich, auffallender
weißer Bürzel.

△ Mittelmeersteinschmätzer   *Oenanthe hispanica*   263, **70** E
Schwarzkehlige Phase: Rücken sandfarben, schwarze Kehle.
Weißkehlige Phase: Rücken sandfarben, schwarze Ohrdecken.

△ Nonnensteinschmätzer   *Oenanthe pleschanka*   263
Schwarzer Rücken, schwarze Kehle.

Trauersteinschmätzer   *Oenanthe leucura*   264, **70** E
Schwarz mit weißem Bürzel.

● Gartenrotschwanz   *Phoenicurus phoenicurus*   259, **70** E
♂: Rostroter Schwanz, orangerote Brust, schwarzer Latz.
♀ : Rostroter Schwanz, bräunliche Brust.

● Hausrotschwanz   *Phoenicurus ochruros*   260
♂ : Schwarz, rostroter Schwanz.
♀, *junges* ♂: Schiefergrau, rostroter Schwanz.

● Schwarzkehlchen   *Saxicola torquata*   261, **70** E
♂ : Schwarzer Kopf, rostrote Brust, weißer Halsfleck.
♀ : Bräunlich, Zeichnung des ♂ nur angedeutet.

● Braunkehlchen   *Saxicola rubetra*   261, **70** E
Dunkle Kopfseiten, weißer Überaugenstreif; Weiß am
Schwanz.

● Rotkehlchen   *Erithacus rubecula*   259, **70** E
Gesicht und Brust orangerot. Juv. gefleckt und gebändert.

● Blaukehlchen   *Cyanosylvia svecica*   ✳   258, **70** E
♂ : Blaue Kehle, kastanienbraune Schwanzwurzel.
♀ : U-förmiger Halslatz, kastanienbraune Schwanz-
wurzel.

● Nachtigall   *Luscinia megarhynchos*   257, **70** E
Brauner Rücken, ungezeichnete Brust, kastanienbrauner
Schwanz.

● Sprosser   *Luscinia luscinia*   257, **70** E
Schwanz weniger kastanienbraun, dunkel gewölbte Brust.

🏵 Steinrötel   *Monticola saxatilis*   265, **72** E
♂ : Blauer Kopf, weißer Bürzel; Brust und Schwanz
orangerot.
♀ : Gebänderte Brust, orangeroter Schwanz.

△ Blaumerle   *Monticola solitarius*   266, **72** E
♂ : Schieferblau.
♀ : Gebändert und gefleckt.

Rohrsänger, Seidensänger, Schwirle, Cistensänger

Feldornith. Kennzeichen und Aufenthalt   Gesang

Rücken ungestreift

● **Teichrohrsänger** *Acrocephalus scirpaceus*   238, 69 E
Oben braun, unten rein   Neigt dazu, die Motive 2–3mal
bräunlichweiß, heller Augen-   zu wiederholen; „tiri tiri tiri,
ring. *Weitverbr.; Röhricht.*   treck treck treck" usw.

● **Drosselrohrsänger** *Acrocephalus arundinaceus*   239, 69 E
Groß, Überaugenstreif, laute   Durchdringend „karre-kar-
Stimme. *Röhricht.*   re", „krik-krik" usw.

● **Sumpfrohrsänger** *Acrocephalus palustris*   238, 69 E
Mehr olivfarben als Teichr.   Wohltönender und wechsel-
Beine fleischfarben, nicht   reicher als beim Teichrohr-
dunkel. *Feuchte Dickichte,*   sänger, mit „zwirlenden"
Gräben, Getreidefelder.   Tönen und Nachahmungen.

△ **Seidensänger** *Cettia cetti*   232, 69 E
Dunkel rotbr. Obers. *Pflanz-*   Laut, plötzl. ausbrechend, haupts.
zendickicht an Wassergräben.   Wiederhol. von „tschjuiuh".

● **Rohrschwirl** *Locustella luscinoides*   232, 69 E
Wie groß. Teichrohrs. Stimme   Wie Feldschwirl, aber tiefer
wie Feldschwirl. *Sümpfe.*   und kürzer schwirrend.

● **Schlagschwirl** *Locustella fluviatilis* ✳   233, 69 E
Verwaschene Bruststreifung.   Wie Feldschw., aber wetzend,
Dickichte, Pflanzengewirr.   Einzeltöne klar getrennt.

Rücken gestreift

● **Schilfrohrsänger** *Acrocephalus schoenobaenus*   235, 69 E
Streifig; rahmfarbener Über-   Abwechslungsreicher als
augenstr. *Weitverbreitet;*   Teichrohrs., Triller, Imitatio-
Röhricht, feuchtes Gestrüpp.   nen, „woid-woid"-Strophe.

△ **Mariskensänger** *Acrocephalus melanopogon*   235, 69 E
Vom Schilfrohrs. durch dunk-   Erinnert an Teichrohrsänger;
lere Kappe, hell. Überaugenstr.   mit nachtigallartigen,
u. rostbrauneren Rücken un-   aber schwächeren Tonreihen.
terschied. *Röhricht, Sümpfe.*

● **Feldschwirl** *Locustella naevia*   233, 69 E
Überaugenstr. *Sumpfiger Un-*   Anhaltendes, heuschrecken-
terwuchs, Gestrüpp.   ähnliches Schwirren.

● **Seggenrohrsänger** *Acrocephalus paludicola* ✳   236, 69 E
Gelblicher Scheitelstreif.   Einfacher als beim Schilf-
Offene Sümpfe, Seggenbestände.   rohrsänger, etwa „errr-didi".

  Cistensänger *Cisticola juncidis*   231, 70 E
Scheitelstreif., kurz. Schwanz.   Singt in der Luft; lispelnd
Sümpfe, Getreidefelder.   „dsip . . . disp . . . dsip usw.

Rücken ungestreift

DROSSELROHRSÄNGER

TEICHROHRSÄNGER

SUMPFROHRSÄNGER

SEIDENSÄNGER

ROHRSCHWIRL

SCHLAGSCHWIRL

Rücken gestreift

SCHILFROHRSÄNGER

MARISKENSÄNGER

FELDSCHWIRL

ZIP ··· ZIP ··· ZIP ··· ZIP ··· ZIP ··· ZIP

SEGGEN-
ROHRSÄNGER

CISTENSÄNGER

Tafel 56

MÖNCHS-
GRASMÜCKE

ORPHEUS-
GRASMÜCKE

SAMTKOPF-
GRASMÜCKE

♀

♂

KLAPPER-
GRASMÜCKE

♀

♂

DORNGRASMÜCKE

♀

♂

MASKENGRASMÜCKE

BRILLEN-
GRASMÜCKE

WEISS-
BARTGRASMÜCKE

SARDEN-
GRASMÜCKE

PROVENCE-
GRASMÜCKE

Braunrückige Rasse

ad.

Rostbraune
Rasse

immat.

SPERBER-
GRASMÜCKE

HECKEN-
SÄNGER

Grasmücken und Heckensänger

Feldornith. Kennzeichen und Aufenthalt   Gesang

● **Mönchsgrasmücke** *Sylvia atricapilla*   242, 69 E
♂ : Schwarze Kappe bis zum   Zweiteilig: erst leiser, dann
Auge. ♀ : Braune Kappe.   laut und voll flötend.
Wälder, Parkanlagen.

△ **Orpheusgrasmücke** *Sylvia hortensis*   246, 69 E
Schwarze Kappe bis unter   Weich und drosselartig, jedes
weißes Auge. *Wälder, Obst-*   Motiv 4–5mal wiederholt.
gärten, Haine.

Samtkopfgrasmücke *Sylvia melanocephala*   246, 70 E
Schwarze Kappe bis unters   Erinnern an Dorngrasmücke,
Auge, Seiten grau. *Trockenes*   aber länger mit Staccato
Gestrüpp.   „tscha-tscha-tscha-tscha".

● **Dorngrasmücke** *Sylvia communis*   243, 69 E
Weiße Kehle, Rostbraun an   Ein kurzes eiliges Zwitschern,
Schwingen. *Gebüsch, Brom-*   oft im Balzflug.
beergestrüpp.

● **Klappergrasmücke** *Sylvia curruca*   242, 70 E
Dkle. Wangen, kein Rostbr.   Unmelodisches Klappern auf
an Flüg. *Hecken, Gebüsche.*   einem Tone.

Maskengrasmücke *Sylvia rueppelli*   246, 70 E
Schwarze Kehle, weißer Bart-   Wie laute Samtkopfgras-
streif. *Am Ägäischen Meer.*   mücke. Durchsetzt mit lau-
Gestrüpp an Felsen.   tem Klappern.

Brillengrasmücke *Sylvia conspicillata*   243, 70 E
Wie kleine Dorngrasmücke   Kurz und dorngrasmücken-
aber rötlichere Brust, dunklere   ähnlich, aber leiser, ohne
Wangen. *Mittelmeergebiet;*   kratzende Laute.
Salicornia, Gestrüpp.

△ **Weißbartgrasmücke** *Sylvia cantillans*   245, 70 E
Rötliche Brust; Bartstreif.   Erinnert an Samtkopfgras-
Büsche, Waldlichtungen.   mücke; aber langsamer, ohne
                                     harte, scheltende Laute.

Provencegrasmücke *Sylvia undata*   244, 70 E
Dunkel purpurbraune Brust,   Wohltönendes Zwitschern mit
gestelzter Schwanz. *Ginster,*   flötenden Tönen; erinnert an
niedriges Gestrüpp usw.   Dorngrasmücke.

Sardengrasmücke *Sylvia sarda*   245, 70 E
Dkl. schiefergr. Brust. *West.*   Ähnlich Provencegrasmücke,
Mittelmeergeb., Aufenthalt   aber weniger rauh.
wie Provencegrasmücke.

● **Sperbergrasmücke** *Sylvia nisoria* ✳   247, 69 E
Gebänderte Brust. Juv. siehe   Ähnlich Gartengrasmücke;
Text. *Dorndickichte, Büsche.*   schneller, kürzere Motive.

△ **Heckensänger** *Cercotrichas galactotes*   265, 70 E
Rostbr.; Fächerschwanz. *Mittel-*   Wohltön., abgerissen, manche
meergebiet. Gärten, Haine.   Motive ähnlich Feldlerche.

Laubsänger, Spötter und Gartengrasmücke

Meist ungezeichnete, grünliche oder bräunliche Arten

Feldornith. Kennzeichen und Aufenthalt	Gesang	
● **Fitis** *Phylloscopus trochilus* Vom Zilpzalp d. Gesang u. (gew.) helle Beine untersch. *Lichte Wälder, Anlagen.*	Weiche, wohltönende Kadenz, mit einem „Schnörkel" schließend.	249, 68 E
● **Zilpzalp** *Phylloscopus collybita* Vom Fitis durch Gesang und dunkle Beine unterschieden. *Wälder, Anlagen, Gärten.*	Mechanisch wiederholtes „zilp-zalp-zilp-zilp-zalp" usw.; s. auch Text.	248, 68 E
△ **Wanderlaubsänger** (Nordischer Laubs.) *Phylloscopus borealis* Flügelbinde, helle Beine. *Wälder und Gestrüpp der Arktis.*	Kurzes, wohlklingendes Schwirren. Ruf heiser „tssp".	250, 68 E
● **Grünlaubsänger** (Grüner Laubs.) *Phylloscopus trochiloides* Eine Flügelb., dunkle Beine. *Wälder, Unterh. NO-Europa.*	Lautes Klingeln, in Triller oder Schwatzen überleitend.	251
△ **Gelbbrauenlaubsänger** *Phylloscopus inornatus* Zwei Flügelbinden. *Misch- und Nadelwälder.*	Gesang s. Text.	252, 68 E
● **Berglaubsänger** *Phylloscopus bonelli* Gelber Bürzel, hell. *Kiefern- wälder, Korkeichenhaine, lichte Mischwälder.*	Loser Triller auf demselben Ton. Erinnert an Waldlaubsänger.	249, 68 E
● **Waldlaubsänger** *Phylloscopus sibilatrix* Gelbe Kehle, weißer Bauch. *Wälder, bes. Buchenwälder.*	In gleich. Höhe immer schneller wiederholter Ton klingt in Schwirren aus.	250, 68 E
● **Gelbspötter** *Hippolais icterina* Unten gelb; bläuliche Beine. *Gebüsch. Nicht SW-Europa.*	Mischmasch v. Tönen, jeder wiederholt, z. T. mißtönend.	239, 69 E
△ **Orpheusspötter** *Hippolais polyglotta* Kürzere Flügel als Gelbspötter; bräunliche Beine. *Gebüsch. SW-Europa.*	Anhaltendes zwitscherndes Plaudern, wohltönender als beim Gelbspötter.	240, 69 E
Olivenspötter *Hippolais olivetorum* Helle Schwingensäume; großer Schnabel. *Olivenhaine, Eichen.*	Lauter, langsamer, tiefer als bei anderen *Hippolais*-Arten.	240, 69 E
△ **Blaßspötter** *Hippolais pallida* Mausfarben; kurze Flügel, großer Schnabel. *Kulturland. Mittelmeergebiet.*	Kräftig, an Schilfrohrsänger erinnernd.	241, 69 E
● **Gartengrasmücke** *Sylvia borin* Ungezeichnet graubraun, siehe Text. *Wälder, ver- wilderte Hecken, Dickichte.*	Weich, gleichm. voll flötend, ähnl. Mönchsgrasmücke, aber länger und nicht zweiteilig.	241, 69 E

FITIS

ZILPZALP

NORDISCHER LAUBSÄNGER

GRÜNER LAUBSÄNGER

GELBBRAUEN-LAUBSÄNGER

BERG-LAUBSÄNGER

WALDLAUBSÄNGER

GELB-SPÖTTER

ORPHEUS-SPÖTTER

OLIVEN-SPÖTTER

BLASSPÖTTER

GARTEN-GRASMÜCKE

Tafel 58

BAUM-
PIEPER

WIESENPIEPER

Winter

Sommer

STRAND-
PIEPER

WASSERPIEPER

SPORN-
PIEPER

BRACHPIEPER

Winter

Sommer

SCHAF-
STELZE

♂
Sommer

Sommer

ENGLISCHE SCHAFSTELZE

ROTKEHLPIEPER

♀

BACHSTELZE

♂
Sommer

♂
Sommer

♂
Sommer
GEBIRGSSTELZE

TRAUERBACHSTELZE

Pieper und Stelzen

Pieper sind braune, gestreifte Bodenvögel mit weißen oder weißlichen Schwanzkanten und meist langen Krallen der Hinterzehe. Sie ähneln den Lerchen (Tafel 48), sind aber schlanker.
Stelzen sind auffallend gezeichnete Bodenvögel, schlanker und viel lang-schwänziger als die Pieper. Weitere Kennzeichnung der Stelzen siehe auf Tafel 59.

● **Wiesenpieper** *Anthus pratensis*   222, 67 E
Klein; oben und unten gestreift, weiße Schwanzkanten; offenes Gelände; Stimme (s. Text).

● **Baumpieper** *Anthus trivialis*   221, 67 E
Vom Wiesenpieper durch Stimme und Aufenthalt zu unterscheiden, ferner durch gelbbraune, weniger oliv-braune Färbung und rötlichere Beine.

● **Strand- und Wasserpieper** *Anthus spinoletta*   223, 67 E
Die einzigen Pieper mit dunklen Beinen.
Strandpieper (Küsten): Dunkel; gräuliche Schwanzkanten.
Wasserpieper: Sommer (Gebirge): Rötliche, ungestreifte Brust, gräuliche Oberseite, weiße Schwanzkanten.
Winter (weitverbreitet): Weißliche Brust, weiße Augen-brauen, weiße Außenfedern des Schwanzes.

● **Brachpieper** *Anthus campestris*   221, 67 E
Sandbraun, ungestreifte Brust; Beine und Schwanz lang.

△ **Spornpieper** *Anthus novaeseelandiae*   220, 67 E
Groß, dunkel; sehr lange Beine; gestreifte Brust.

○ **Rotkehlpieper** *Anthus cervina*   223, 67 E
Sommer: Ziegelrote Kehle. – *Winter:* Vom Wiesen-pieper durch kräftigere Streifen und auffallend ge-streiften Bürzel unterschieden.

● **Schafstelze** *Motacilla flava*   218, 59, 67 E
Gelbe Unterseite, olivgrüner Rücken.
Schafstelze: Blaugraue Kappe und Wangen (Deutsch-land und übriges Mitteleuropa).
Englische Schafstelze (vorn): Gelbköpfig (England).

● **Bachstelze** *Motacilla alba*   219, 59, 67 E
In jedem Kleid ohne Gelb.
Bachstelze (hinten): Grauer Rücken; schwarze Kappe und Latz getrennt.
Trauerbachstelze (vorn): Schwarzer Rücken; schwarze Kappe und Latz vereinigt.

● **Gebirgstelze** *Motacilla cinerea*   219, 59, 67 E
Gelbe Unterseite, grauer Rücken. Unter allen Stelzen mit längstem Schwanz. ♂ im Sommer mit schwarzer Kehle.

Köpfe der europäischen Stelzen
Rassen der Bachstelze

Kein Gelb und keine Olivfärbung im Gefieder.

Trauerbachstelze *M. alba yarrellii* 219
Schwarzer (♂) oder sehr dunkler Rücken (♀). Schwarze
Kappe und schwarzer Latz vereinigt. Brütet auf den
Britischen Inseln u. an benachbarten Festlandsküsten.

Bachstelze *M. a. alba* 219, 58, 67 E
Grauer Rücken. Schwarze Kappe und schwarzer Latz
getrennt. Brütet auf dem Festland.

Gebirgstelze

Durch grauen Rücken und gelbe Unterseite gekennzeichnet.

Gebirgstelze *M. cinerea* 219, 58, 67 E
♂ *im Sommer:* Schwarze Kehle, gelbe Unterseite.
♀ *im Sommer,* ♂ *und* ♀ *im Winter:* Weißliche Kehle,
grauer Rücken, gelbe Unterseite.

Rassen der Schafstelze

Durch olivgrünen Rücken und gelbe Unterseite gekennzeichnet.

Englische Schafstelze *M. flava flavissima* 218
Kopf gelb u. olivfarben. Brütet in England,
einige nisten a. d. benachb. Festlandsküsten.

Schafstelze *M. f. flava* 218, 67 E
♂ *im Sommer:* Überaugenstreif am Nasenloch beginnend.
Mitteleuropa, S-Skandinavien.

Spanische Schafstelze *M. f. iberiae*
♂ *im Sommer:* Weißer Streif vom Auge an. Brütet in
Span. u. Portugal, in Südfrankr. Übergänge.

Aschköpfige Schafstelze *M. f. cinereocapilla* 218
♂ *im Sommer:* Grauer Scheitel, graue Wangen, kein
Überaugenstreif. Brütet in Italien, Korsika, Sardinien,
Sizilien, Albanien; Übergänge in der Schweiz bis SW-
Deutschland (s. Text).

Nordische Schafstelze *M. f. thunbergi* 218
♂ *im Sommer:* Scheitel grau, schwärzl. Wang., kein
Überaugenstr. Mittel- und Nordschwed., Norw., Finnl.

Maskenstelze *M. flava feldegg* 219
♂ *im Sommer:* Schwarze Kappe und Wangen, kein
Überaugenstreif. Balkanländer.

Anmerkung: Es gibt dort, wo die Areale der Rassen aneinandergrenzen,
Mischzonen. In manchen Populationen treten Mutanten auf, die anderen
Rassen gleichen. So finden sich unter den englischen Brutvögeln solche, die
der russischen grauköpfigen Schafstelze *M. f. beema* gleichen.

♂
Sommer

Sommer ♀
TRAUER-
BACHSTELZE

Winter

juv.

♂
Sommer
BACHSTELZE

Winter

♂
Sommer

♀
Sommer
GEBIRGSSTELZE

Winter

juv.

Sommer ♂
ENGLISCHE SCH.

Winter

♂
Sommer
SPANISCHE SCH.

♂
Sommer

Winter
SCHAFSTELZE

♂
Sommer
ASCHKÖPFIGE SCH.

♂
Sommer
NORDISCHE SCHAFSTELZE

♂
Sommer
MASKENSTELZE

Geschl.
gleich

GRAU-
SCHNÄPPER

♀
Sommer

TRAUERSCHNÄPPER

♂
Sommer
HALSBAND
SCHNÄPPER

♀   ♂

ZWERGSCHNÄPPER

♂
SEIDEN-
SCHWANZ

Geschlechter
gleich

RAUBWÜRGER

Geschl.
gleich

SCHWARZ
STIRN-
WÜRGER

juv.

Geschlechter
gleich

Gesc
gleic

ROTKOPFWÜRGER

NEUNTÖTER

♂

MASKENWÜRGER

Geschlechter
gleich

Fliegenschnäpper, Seidenschwanz und Würger

Fliegenschnäpper sind kleine Vögel, die aufrecht sitzen und auf vorbeifliegende Insekten warten. Sie zucken häufig mit dem Schwanz.

● **Grauschnäpper** *Muscicapa striata*   254, **70** E
Aufrechte Haltung, graubrauner Rücken, streifige Brust.

● **Trauerschnäpper** *Ficedula hypoleuca*   254, **70** E
♂ : Oben schwarz, unten weiß, großer weißer Bezirk
im Flügel; im Herbst ähnlich ♀. Mitteleurop. Brutvogel auch im Sommer meist ♀-ähnlich.
♀ : Brauner Rücken, weißer Bezirk im Flügel.

● **Halsbandschnäpper** *Ficedula albicollis*   255, **70** E
♂ : Vom Trauerschnäpper durch weißes Halsband und
weißen Bürzel unterschieden. ♀ : siehe Text.

● **Zwergschnäpper** *Ficedula parva*   256, **70** E
♂ : Orangerote Kehle, graue Wangen, weiße Schwanz-
flecken (s. Rotkehlchen). Jüngeres ♂ dem ♀ ähnlich (s. Text).
♀ : Gelbbräunliche Brust, weiße Schwanzflecken (s. Braunkehlchen).

Seidenschwänze sind starähnliche braune Vögel mit einer Haube und mit
(bei unserer Art) gelber Schwanzspitze.

○ **Seidenschwanz** *Bombycilla garrulus*   227, **72** E
Lange Haube, gelbe Schwanzspitze.

Würger sind Singvögel mit Hakenschnabel und den Gewohnheiten kleiner
Falken, die Insekten und kleine Wirbeltiere fressen.

● **Raubwürger** *Lanius excubitor*   226, **72** E
Grauer Rücken, licht-graue Stirn, weißer Überaugenstreif,
Schultern weiß; langer Schwanz; kurze Flügel.

● **Schwarzstirnwürger** *Lanius minor*   225, **72** E
Grauer Rücken, schwarze Stirn, rötlicher Anflug auf
der Brust; Flügel länger als beim Raubwürger; Haltung aufrechter.

● **Neuntöter** *Lanius collurio*   224, **72** E
♂ : Rotbrauner Rücken, grauer Scheitel.
♀ : Rotbrauner Rücken, gebänderte Brust, kein Weiß
an den Flügeln.

● **Rotkopfwürger** *Lanius senator*   225, **72** E
Ad.: Große weiße Schulterflecken, rotbrauner Scheitel.
Juv.: Gebändert; nur Andeutung des Schulterfleckes.

Maskenwürger *Lanius nubicus*   225, **72** E
Vom Rotkopfwürger durch schwarzen Scheitel, weiße
Stirn und rötliche Flanken unterschieden.

Finken

Finken (und Ammern) besitzen einen *starken*, zum Enthülsen und Spalten von Körnern geeigneten *Schnabel*. Drei Schnabeltypen können innerhalb der Finkengruppe unterschieden werden: 1. der außerordentlich dicke und im Umriß abgerundete Schnabel der Kernbeißer, Gimpel und Hakengimpel, 2. der gewöhnlichere, kanarienartige Schnabel der meisten Finken und 3. der an der Spitze gekreuzte Schnabel der Kreuzschnäbel.

● **Gimpel** *Pyrrhula pyrrhula*　　　　　　　　　　301, **73** E
Kurzer, dicker Schnabel, schwarze Kappe, weißer Bürzel.
♂ : Rosig karminrote Brust.
♀ : Warm rötlichgraue Brust.

● **Hänfling** *Acanthis cannabina*　　　　　　　　297, **73** E
♂ *im Sommer:* Rote Stirn und Brust, kein Schwarz
　　am Kinn; ♂ *im Winter:* Ohne Rot.
♀ : Gestreift, grauer Kopf, brauner Rücken.

● **Birkenzeisig** *Acanthis flammea*　　　　　　　295, **73** E
Rote Stirn, schwarzes Kinn, helle Flügelbinden.
♂: Mit meist rötlicher Brust und rosaweißlichem Bürzel.

△ **Polarbirkenzeisig** *Acanthis hornemanni*　　　296, **73** E
Vom Birkenzeisig durch „eisiges" Aussehen und
ungestreiften, weißen Bürzel unterschieden; Flügelbinden weiß.

○ **Berghänfling** *Acanthis flavirostris*　　　　　296, **73** E
Satt gelbbraun mit schwarzen Streifen; im Winter
gelber Schnabel.
♂ : Mit rötlichem Bürzel.

● **Karmingimpel** *Carpodacus erythrinus*　　　　298, **73** E
♂ : ad.: Brust, Scheitel und Bürzel leuchtend rot.
　　Keine weiße Flügelbinde. Junge ♂ wie ♀.
♀ : Braun, gestreift; dicker Schnabel, helle Flügelbinden.

△ **Hakengimpel** *Pinicola enucleator*　　　　　　298, **73** E
♂ : Groß, langschwänzig; rosarot; weiße Flügelbinden,
　　kurzer, dicker Schnabel.
♀ : Goldolivfarben, Scheitel und Bürzel gelber; Flügelbinden.

● **Fichtenkreuzschnabel** *Loxia curvirostra*　　　299, **73** E
♂: Matt rot, zuweilen gelb; Flügel und Schwanz dunkel;
　　gekreuzter Schnabel.
♀ : Matt olivfarben; dunkle Flügel, dunkler Schwanz.

♀ **Kiefernkreuzschnabel** *Loxia pytyopsittacus*　299, **73** E
Sehr kräftiger Schnabel. Siehe Text.

△ **Bindenkreuzschnabel** *Loxia leucoptera*　　　　300
♂ : Rosarot; weiße Flügelbinden; gekreuzter Schnabel.
♀ : Olivfarben; weiße Flügelbinden; Streifen.

♂
♀
GIMPEL

♂
♀
HÄNFLING

♂
♀
BIRKENZEISIG

♂
POLARBIRKENZEISIG

♂
BERGHÄNFLING

♀
♂
KARMINGIMPEL

♀
♂
KIEFERN-
KREUZSCHNABEL

♀
HAKENGIMPEL

♂
♀
♂
FICHTEN-
KREUZSCHNABEL

♀
♂
BINDENKREUZSCHNABEL

Tafel 62

KERNBEISSER

BUCHFINK

♂ ♀ ♂

♂ Sommer ♀ ♂ Winter

BERGFINK

♂ Geschl. gleich

STIEGLITZ

Geschlechter gleich

ZITRONEN-GIRLITZ

♂ ♀

GRÜNLING

♀ ♂

ZEISIG

♀ ♂

GIRLITZ

Finken

● **Kernbeißer**   *Coccothraustes coccothraustes*   300, **73** E
Großer Dreieckschnabel, weiße Flügelfelder, kurzer
Schwanz.

● **Buchfink**   *Fringilla coelebs*   292, **73** E
Doppelte weiße Flügelbinde, weiße Schwanzkanten.
♂ : mit blaugrauem Scheitel und rötlichen Wangen.

○ **Bergfink**   *Fringilla montifringilla*   292, **73** E
Weißer Bürzel, orangefarbene Brust und Schultern.
♂ *im Sommer:* mit schwarzem Kopf und Rücken.

● **Stieglitz**   *Carduelis carduelis*   295, **73** E
Rotes Gesicht, Kopf sonst schwarz-weiß, breites, gelbes
Flügelband; *juv.* mit ganz bräunlichem Kopf.

● **Grünling**   *Carduelis chloris*   294, **73** E
♂: Olivgrün; große gelbe Flügel- und Schwanzflecken.
♀ : Matter, mit gelben Flügelflecken.

● **Zitronengirlitz**   *Serinus citrinella*   293, **73** E
(Zitronenzeisig)
Ungestreifter, gräulicher Nacken, mattgrüne Flügelbinden. Rasse von Korsika, Sardinien und Elba mit
braunem Rücken.

● **Zeisig**   *Carduelis spinus*   295, **73** E
♂: Scheitel und Kinn schwarz; am Schwanz Gelb.
♀ : Gestreifte Brust, Gelb am Schwanz.

● **Girlitz**   *Serinus serinus*   293, **73** E
Klein, untersetzt; kurzes Schnäbelchen; Streifen, gelbe
Brust, gelber Bürzel.

Die meisten Finken haben einen stark wellenförmigen Flug

Sperlinge, Braunellen und Ammern

● **Haussperling** *Passer domesticus*   303, **74 E**
  ♂ : Schwarze Kehle, grauer Scheitel.
  ♀ : Einfarbig graue Brust, fahler Überaugenstreif.

● **Feldsperling** *Passer montanus*   304, **73 E**
Schwarzer Wangenfleck, kupferbrauner Scheitel.
Geschlechter gleich.

Italiensperling *Passer domesticus italiae*   303, **74 E**
  ♂ : Kastanienbrauner Scheitel, keine Streifen an den
      Körperseiten.
  ♀ : Ähnlich Haussperling-♀.

Weidensperling *Passer (domesticus) hispaniolensis*   304, **74 E**
  ♂ : Kastanienbrauner Scheitel, schwarze Streifen an
      den Körperseiten.
  ♀ : Ähnlich Haussperling-♀, Seiten schwach streifig.

♀ **Steinsperling** *Petronia petronia*   303, **74 E**
Undeutlicher gelber Kehlfleck, gestreifter Scheitel, weiße
Schwanzflecke.

● **Heckenbraunelle** *Prunella modularis*   230, **70 E**
Verbindung von grauer Brust, braunem, gestreiftem
Rücken und dünnem Schnabel kennzeichnend.

● **Alpenbraunelle** *Prunella collaris*   229, **70 E**
Gefleckte weiße Kehle, rostbraune Flankenstreifen,
Flügelbinden.

△ **Waldammer** *Emberiza rustica*   289, **74 E**
Sommer: Schwarz-weißer Kopf, rostbraunes Quer-
        band auf weißer Unterseite.
Winter: Braun, mit Spuren von Kopfzeichnung und
        Brustband.

○ **Schneeammer** *Plectrophenax nivalis*   290, **74 E**
Flügel großenteils weiß, Kopf braun verwaschen. Im
Sommer ♂ mit weißem Kopf und schwarzem Rücken.

● **Schneefink** *Montifringilla nivalis*   302, **74 E**
Von Schneeammer durch grauen Kopf und schwarzen
Kehlfleck unterschieden.

○ **Spornammer** *Calcarius lapponicus*   291, **74 E**
  ♂ *im Frühling:* Schwarze Kehle, rostbrauner Nacken.
  ♀ *und* ♂ *im Winter:* „Schmutzfleck" auf der Brust,
      rostbrauner Nacken; kurzer Schwanz.
  Immat.: Heller Scheitelstreif; siehe Text.

● **Rohrammer** *Emberiza schoeniclus*   288, **74 E**
  ♂ *im Frühling:* Gesicht und Kehle schwarz; Halsband und
      Bartstreif weiß. *Im Herbst und Winter* ähnlich ♀.
  ♀ : Gestreift; schwarz-weißer Bartstreif.

Tafel 63

FELDSPERLING

Geschlechter gleich

HAUS-SPERLING

♀

STEIN-SPERLING

Geschlechter gleich

♂

♂

ITALIENSPERLING   WEIDENSPERLING

HECKEN-BRAUNELLE
Geschlechter gleich

Geschlechter gleich

Winter

ALPEN-BRAUNELLE

♀

Geschlechter gleich

Sommer

WALDAMMER   SCHNEEAMMER   SCHNEEFINK

Winter ♂

♀

immat.

SPORNAMMER   Sommer

ROHRAMMER

♂

Sommer

Tafel 64

ZWERGAMMER

ZIPPAMMER ♂

GRAU-
AMMER

Geschlechter
gleich

Geschlechter
gleich

immat.

immat.

ORTOLAN ♂

GRAUER ORTOLA

♀

♂

♀

♂

GOLDAMMER

ZAUNAMMER

KAPPEN-
AMMER

WEIDEN-
AMMER

♀

♂

♀

♂

Als Irrgäste in Europa

BRAUNKOPF-
AMMER ♂

FICHTEN-
AMMER ♂

WIESEN-
AMMER ♂

MASKEN-
AMMER ♂

KLEINASIA-
TISCHE AMMER ♂

Ammern

● **Grauammer** *Emberiza calandra*   284, **74 E**
Groß, gestreift, kurzer derber Schnabel, kein Weiß am Schwanz.

△ **Zwergammer** *Emberiza pusilla*   289
Scheitel und Wangen rotbraun, auffallend schwarz gesäumt.

● **Zippammer** *Emberiza cia*   288, **74 E**
Schwarze Streifen am grauen Kopf, Bürzel und Bauch
zimtbraun.

● **Ortolan** *Emberiza hortulana*   286, **74 E**
Gelbe Kehle, gelber Augenring, Kopf und Brust olivgrau.
Immat.: Gestreift; rötlicher Schnabel, heller Augenring.

△ **Grauortolan** (Grauer Ortolan) *Emberiza caesia*   287, **74 E**
Vom Ortolan durch zimtbraune Kehle und grauen
Kopf zu unterscheiden.
Immat.: Von jungen Ortolanen nicht zu unterscheiden.

● **Goldammer** *Emberiza citrinella*   285, **74 E**
Viel Gelb an Kopf und Unterseite; rotbrauner Bürzel.

● **Zaunammer** *Emberiza cirlus*   285, **74 E**
♂ : Schwarze Kehle, schwarz-gelbe Gesichtszeichnung.
♀ : Gestreift; von Goldammer durch olivbraunem Bür-
zel unterschieden. Siehe Text.

△ **Kappenammer** *Emberiza m. melanocephala*   284, **74 E**
♂: Schwarze Kappe, gelbe Unterseite, rotbrauner Rücken.
♀ : Unten ungestreift, leuchtend gelbe Unterschwanz-
decken; kräftiger Schnabel.

△ **Weidenammer** *Emberiza aureola*   289, **74 E**
♂ : Schwarzes Gesicht, schmales dunkles Querband auf
gelber Brust, weiße Flügelbinden.
♀ : Kräftig gestreifter Kopf, gestreifte Körperseiten.

△ **Braunkopfammer** *Emberiza melanocephala bruniceps*   284
♂ : Rotbrauner Kopf, gelbe Unterseite.

△ **Fichtenammer** *Emberiza leucocephalos*   336
♂ : Weißer Scheitel, kastanienbrauner Kehlfleck.

Wiesenammer *Emberiza cioides*   337
♂ : Scheitel und Wangen kastanienbraun, weiße
„Augenbrauen", schwarzer Bartstreif.

△ **Maskenammer** *Emberiza spodocephala*   337
♂ : Dunkelgrauer Kopf, matt gelbe Unterseite.

Türkenammer (Kleinasiatische Ammer) *Emberiza cineracea*   286
♂ : Matt gelber Kopf, gräulicher Körper und Nacken.

Seltene Arten I

△ **Wüstenregenpfeifer** *Charadrius leschenaultii*   135
    ♂ : Kräftiger Schnabel; rostrotes Brustband;
      schwarze Zeichnung am Kopf.

△ **Steppenkiebitz** *Chettusia gregaria*   132
    Schwarzer Scheitel; weiße Augenbrauenstreifen, die sich
    am Hinterkopf V-förmig vereinigen.

Spornkiebitz *Hoplopterus spinosus*   131
Auffallend schwarz-weiß mit sandbraunem Rücken.

Keilschwanzregenpfeifer *Charadrius vociferus*   133
Zwei Brustbinden; Bürzel und langer Schwanz
rostfarben.

△ **Amerikanisches Odinshühnchen** *Phalaropus tricolor*   157
Von anderen Wassertretern unterschieden durch weißen
Bürzel, fehlende helle Flügelbinde und längeren Schnabel.

Großer Gelbschenkel *Tringa melanoleuca*   145
Größer als der ähnliche Gelbschenkel (Taf. 33); Schnabel
kräftiger, leicht aufwärts gebogen.

△ **Rosenmöwe** *Larus roseus*   172
Gestufter Schwanz; schmächtiger, schwarzer Schnabel;
Flügelzeichnung (nur Außenfahne der äußersten Hand-
schwinge schwarz).

Bonaparte-Möwe *Larus philadelphia*   169
Brutkleid: Wie eine kleine Lachmöwe, aber Schnabel
dünner und schwarz. *Immat.:* Flügel hinten schwarz gesäumt. In allen Kleidern: Unterseite der Handschwingen weiß.

Gluckente *Anas formosa*   72
    ♂ : Cremeweiße Kopfseite mit senkrechtem, schwarzem
      Streif vom Auge zum Kinn.
    ♀ : Weißer Fleck an der Schnabelwurzel; unterbrochener
      heller Überaugenstreif.

Nordamerikanische Pfeifente *Anas americana*   71
Wirkt rosenrötlich-braun; Scheitel leuchtend cremeweiß.

Blauflügelente *Anas discors*   74
    ♂ : Halbmondförmiger weißer Fleck am Vorderkopf;
      Unterschwanzdecken schwarz, nach vorn weiß begrenzt.
    ♀ : Wie ein dunkles Knäkentenweibchen, jedoch mit län-
      gerem Schnabel.

WÜSTENREGEN-
PFEIFER

STEPPEN-
KIEBITZ

SPORN-
KIEBITZ

Brutkleid

KEILSCHWANZ-
REGENPFEIFER

AMERIKAN.

Ruhekleid

ODINS-
HÜHNCHEN

GROSSER
GELB-
SCHENKEL

immat.

BONAPARTE-MÖWE

ROSEN-
MÖWE

ad. (Ruhekleid)

ad. (Brutkleid)

♀

♂

GLUCKENTE

♂

NORDAMERIKANISCHE
PFEIFENTE

♂

♀

BLAUFLÜGELENTE

PALMTAUBE

ISABELLSTEIN-
SCHMÄTZER

WÜSTENSTEIN-
SCHMÄTZER

♀

♂

PETSCHORAPIEPER

♂

BLAUSCHWANZ

♀

♂

WÜSTENGIMPEL

ZWERGDROSSEL

STRICHELSCHWIRL

immat.
STREIFENSCHWIRL

GOLDHÄHNCHEN-
LAUBSÄNGER

Seltene Arten II

Palmtaube   *Streptopelia senegalensis*   186
Dunkel; fleckiges Kropfband; Flügeldecken graublau.

Isabellsteinschmätzer   *Oenanthe isabellina*   262
Oberseits gräulich-sandfarben; Schwanz größtenteils
schwarz; Schnabel verhältnismäßig groß.

△ **Wüstensteinschmätzer**   *Oenanthe deserti*   264
Ober- und unterseits sandfarben; Schwanz schwarz;
♂ mit schwarzer Kehle und schwarzen Kopfseiten.

Petschorapieper   *Anthus gustavi*   222
Vom ähnlichen Baumpieper durch hellen Rückenstreif
und Stimme unterschieden.

△ **Blauschwanz**   *Tarsiger cyanurus*   256
Oberseits blau; unterseits rahmweiß mit orangefarbenen
Flanken.

Wüstengimpel   *Bucanetes githagineus*   301
Kurzer, dicker Schnabel rot (♂ zur Brutzeit) oder gelblich;
Stimme nicht zu verwechseln.

△ **Zwergdrossel**   *Turdus ustulatus*   273
Geringe Größe; Augenring, Wangen und Kehle
gelbbräunlich.

△ **Strichelschwirl**   *Locustella lanceolata*   234
Deutliches Halsband aus dunklen Stricheln unter weiß-
licher Kehle; oberseits kräftig dunkel gestreift.

△ **Streifenschwirl**   *Locustella certhiola*   234
Rostbrauner Bürzel hebt sich deutlich vom graubraunen
Schwanz mit dunkler Endbinde ab.

△ **Goldhähnchenlaubsänger**   *Phylloscopus proregulus*   252
Beim Rütteln vor Zweigen fällt der gelbe Bürzel auf.
Weitere Unterschiede gegenüber dem ähnlichen Gelb-
brauenlaubsänger s. im Text.

Zu den Eiertafeln

Von Werner Haller, Rothrist (AG), Schweiz

Gute Abbildungen von Vogeleiern sind beim Oologen und Feldornithologen sehr gefragt, denn es gibt hiervon nur wenige sorgfältige Farbreproduktionen. Gemalte Eiertafeln kommen schon im Original sehr teuer zu stehen, während andererseits Wiedergaben auf farbphotographischem Wege – so merkwürdig dies klingen mag – bisher große Schwierigkeiten bereiteten. Die vorliegenden Tafeln sind mit einer neuen, elektronisch gesteuerten, mit indirektem Licht arbeitenden Blitzlichtanlage schweizerischer Erfindung geschaffen worden, die hauptsächlich farbphototechnischen Arbeiten im Druckereigewerbe dienen soll und die erstmals im Januar 1961 voll eingesetzt werden konnte.

Die Wiedergabe von meist nur einem Ei jeder Vogelart verlangt vom Benützer der Tafeln ein gewisses Einfühlungsvermögen bei der Bestimmung im Felde oder in Sammlungen. Bei den meisten Vogelarten zeigen die Eier große Variabilität in der Farbnuancierung und Fleckung, so daß eigentlich Serien von Gelegen gezeigt werden müßten, um alle Zweifel und jede Möglichkeit einer Fehlbestimmung auszuschließen. Bei anderen Arten wieder sehen sich die Eier oft so ähnlich, daß eine Bestimmung, ohne Vogel, Nest und Biotop gesehen zu haben, schwer möglich ist, so etwa bei Tannenmeise, Sumpfmeise, Gartenbaumläufer, bei Nachtigall-Sprosser, bei Lerchen und Piepern und anderen Formen. Trotzdem vermögen gute Farbwiedergaben von Eiern die Typen zu charakterisieren und für feldornithologische Bestimmungen nützlich zu sein. Diese acht Tafeln ziegen die Eier sämtlicher in Europa nistenden Singvögel, soweit sie nicht weiß sind.

Die Eier sind in Originalgröße wiedergegeben.

Die folgenden Tafeln sollen die Bestimmung der Vögel erleichtern, aber nicht dazu anregen, Eier zu sammeln, denn das Wegnehmen von Eiern ist in Deutschland nach § 12 der Naturschutzverordnung und nach dem Bundesjagdgesetz bis auf unwesentliche Ausnahmen verboten. Davon abgesehen ist das Eiersammeln, bis auf Sonderfälle, ohne wissenschaftlichen Belang.   G. N.

[1] Dieser Pieper wird, da er nur auf den Kanaren, Madeira und Porto Santo und nicht auf dem europäischen Festland vorkommt, in diesem Taschenbuch sonst nicht erwähnt.

Literatur

Liste der führenden ornithologischen Handbücher und wichtigsten Quellen über die Vögel Europas

Die hier zusammengestellte Liste enthält eine Auswahl von Nachschlagewerken, die denen empfohlen seien, die über die in diesem Taschenbuch gemachten kurzen Angaben hinaus ihre Kenntnis der europäischen Vögel und ihrer Verbreitung erweitern und vertiefen möchten. Zwar konnte auf die Aufführung einiger älterer, jetzt vergriffener Standardwerke nicht verzichtet werden, doch sind in der Hauptsache neuere Bücher genannt, neben einigen wenigen, die einen Gesamtüberblick über die Vogelwelt vermitteln, nur solche, die die Kennzeichen, Vorkommen und Verbreitung der Vögel Europas und der angrenzenden Gebiete (einschließlich Nordamerikas) behandeln. Bücher über die Vögel anderer Erdteile und solche über die verschiedenen Teilgebiete der Vogelkunde (Systematik und Stammesgeschichte, Anatomie, Physiologie, Verhaltenskunde, Ökologie, allgemeine Biologie, Vogelzugkunde, Vogelschutz, Vogelhaltung usw.) sind nicht aufgenommen.

Es sei noch auf eine Zusammenstellung aller bis 1964 erschienenen Schallplatten mit den Stimmen paläarktischer (d. h. europäischer, nordafrikanischer und nordasiatischer) Vögel verwiesen: J. BOSWELL (1964) A discography of Palearctic bird sound recordings; in: British Birds 57, Special Supplement.

Allgemeine Werke

PETERS, J. L., u. a. (1931 ff.): Check-list of Birds of the World. 15 Bände (Bd. 8 und Bd. 11 noch nicht erschienen). Cambridge, Mass.

BERNDT, R.; MEISE, W. (1959–1966): Naturgeschichte der Vögel. 3 Bände. Stuttgart. Mit Abbildungen von über 1000 Vogelarten. Eine umfassende Darstellung unseres Wissens vom Vogel.

ALEXANDER, W. B. (1955): Birds of the Ocean. London. Deutsche Übersetzung und Bearbeitung von G. NIETHAMMER (1959): Die Vögel der Meere. Hamburg und Berlin. Beschreibt alle Seevögel der Erde.

HARTERT, E. (1903–1922, Ergänzungsband mit F. STEINBACHER 1932 bis 1938): Die Vögel der paläarktischen Fauna. 3 Bände und Ergänzungsband. Berlin. Das Standardwerk zur Taxonomie und Verbreitung der Vögel der gesamten paläarktischen Region.

VAURIE, Ch. (1959–1965): The Birds of the Palearctic Fauna. 2 Bände. London. Eine neue Darstellung der Verbreitung und Rassengliederung der Vögel der Paläarktis im Anschluß an das oben genannte Werk von HARTERT.

HEINZEL, H.; FITTER, R.; PARSLOW, J. (1972): The Birds of Britain and Europe with North Africa and the Middle East. London. Deutsche Übersetzung und Bearbeitung von G. NIETHAMMER und H. E. WOLTERS (1972): Pareys Vogelbuch. Alle Vögel Europas, Nordafrikas und des Mittleren Ostens. Hamburg und Berlin. Ein Feldführer mit farbigen Abbildungen aller Vögel des genannten Gebietes.

Jørgensen, H. (1958): Nomina Avium Europaearum. Kopenhagen. Ein Verzeichnis der Trivialnamen der europäischen Vögel in 21 Sprachen.

Coomans de Ruiter, L.; van Heurn, W. C.; Kraak, W. K. (1947): Beteekenis en etymologie en de wetenschappelijke namen der Nederlandsche vogels. Kampen. Erläutert die wissenschaftlichen Namen der europäischen Vögel, soweit sie in den Niederlanden vorkommen.

Voous, K. H. (1960): Atlas van de Europese Vogels. Amsterdam und Brüssel. Deutsche Übersetzung und Bearbeitung von M. Abs (1960): Die Vogelwelt Europas und ihre Verbreitung. Hamburg und Berlin. Mit zweifarbigen Karten der Gesamtverbreitung aller europäischen Vogelarten und ausführlichen Begleittext.

Glutz von Blotzheim, U. (Herausgeber); Bauer, K.; Bezzel, E. (1966 ff.): Handbuch der Vögel Mitteleuropas. Bis 1972 4 Bände (Seetaucher – Greifvögel) erschienen. Frankfurt a. M. Die ausführlichste je geschriebene Darstellung der Vögel Mitteleuropas; auf etwa 12 Bände veranschlagt. Behandelt die Vögel Deutschlands, Österreichs, der Schweiz, Luxemburgs, Belgiens, Hollands, der Tschechoslowakei und Ungarns.

Fitter, R. (Herausg.) u. v. a. (1969): Book of British Birds. London. Für verschiedene europäische Länder übersetzt und bearbeitet: Frankreich, mit F. Roux u. a. (1971): Guide des Oiseaux; Paris und Zürich. Holland, mit K. H. Voous u. a. (1970): Het Beste Vogelboek; Amsterdam. Skandinavien, mit C. F. Lundevall (1970): Nya Fåglar Boken; Stockholm. Spanien, mit M. Fernandez Cruz (1972): El Libro de las Aves de España. Madrid.

Niethammer, G. (1963): Die Einbürgerung von Säugetieren und Vögeln in Europa. Unter Mitarbeit von J. Niethammer und J. Szijj. Hamburg und Berlin. Eine ausführliche Dokumentation bisher in Europa erfolgten Einbürgerungsversuche.

Belgien

Verheyen, R. (1943–1951). Das „Institut Royal des Sciences Naturelles de Belgique" hat ein umfassendes, illustriertes Werk über die Vögel Belgiens veröffentlicht. Jeder der 8 Bände erschien unter verschiedenem Titel.

Verheyen, R. F., u. a. (1967): Lijst van de in België waargenomen vogelsoorten en hun geographische vormen. Auch französ. Ausgabe: Avifaune de Belgique. Brüssel.

Lippens, L.; Wille, H. (1972): Atlas des Oiseaux de Belgique. Auch flämische Ausgabe: Atlas van de vogels in België en West-Europa. Tielt. Die neueste, umfassende Darstellung der Vögel Belgiens mit 764 Verbreitungskarten.

Siehe auch Glutz von Blotzheim (Allgemeine Werke).

Bulgarien

Reiser, O. (1894): Materialien zu einer Ornis Balcanica; II: Bulgarien. Wien.

von Jordans, A. (1940): Beitrag zur Kenntnis der Vögel Bulgariens. In: Mitt. aus d. königl. naturwiss. Instituten Sofia.

PATEFF, P. (1950): Ptitzite w Blgarija (Die Vögel Bulgariens). Sofia. Bulgarisch mit englischer Zusammenfassung.
PESCHEV, Z.; BOEV, N. (1962): Fauna na Blgarija, Sofia. Feldführer, bulgarisch. Behandelt alle Wirbeltiere Bulgariens.

Dänemark

JESPERSEN, P. (1946): The Breeding Birds of Denmark. Kopenhagen. Englisch.
SALOMONSEN, F. (1963): Oversigt over Danmarks Fugle. Kopenhagen. Die neueste dänische Artenliste.
LØPPENTHIN, B. (1967): Danske ynglefugle i fortid og nutid. Odense. Siehe auch Grönland.

Deutschland

NIETHAMMER, G. (1937–1942): Handbuch der deutschen Vogelkunde. 3 Bände. Leipzig.
VOIGT, A.; BEZZEL, E. (1961): Exkursionsbuch zum Studium der Vogelstimmen. Heidelberg. Neubearbeitung (durch E. BEZZEL) des bewährten Buches von A. VOIGT.
NIETHAMMER, G.; KRAMER, H.; WOLTERS, H. E. (1964): Die Vögel Deutschlands. Artenliste. Frankfurt a. M.
WÜST, W. (1970): Die Brutvögel Mitteleuropas. München. Mit farbigen Abbildungen aller Brutvögel Deutschlands. Einziges neueres Buch, in dem auch die deutschen Synonyme der Vogelnamen aufgeführt sind.
Siehe auch GLUTZ VON BLOTZHEIM (Allgemeine Werke).

Baden-Württemberg
HÖLZINGER, J.; KNÖTZSCH, G.; KROYMANN, B.; WESTERMANN, K. (1970): Die Vögel Baden-Württembergs – eine Übersicht. Sonderheft des „Anzeiger der Ornithologischen Gesellschaft in Bayern".

Bayern
WÜST, W. (1962): Prodromus einer „Avifauna Bayerns". Mit Nachtrag 1963. In: Anzeiger der Ornithologischen Gesellschaft in Bayern.
CORTI, U. A. (1959): Die Brutvögel der deutschen und österreichischen Alpenzone. Chur.

Hamburg
TIMMERMANN, G. (1953): Die Vogelwelt des Hamburger Wandergebietes. Hamburg.

Hessen
GEBHARDT, L.; SUNKEL, W. (1954): Die Vögel Hessens. Frankfurt a. M. Ergänzungsband von G. BERG-SCHLOSSER (1968).

Mecklenburg
KUHK, R. (1939): Die Vögel Mecklenburgs. Güstrow.

Niedersachsen
BRINKMANN, M. (1933): Die Vogelwelt Nordwestdeutschlands. Hildesheim.

Rheinland (Nordrhein und Rheinland-Pfalz)
NEUBAUR, F. (1957): Beiträge zur Vogelfauna der ehemaligen Rheinprovinz. In: Decheniana (Bonn), 110, Heft 1.
Siehe auch HENS (Holland)

Sachsen
HEYDER, R. (1952): Die Vögel des Landes Sachsen. Leipzig.

Schleswig-Holstein
BECKMANN, K. O. (1964): Die Vogelwelt Schleswig-Holsteins, Neumünster.

Westfalen
SÖDING, K. (1953): Vogelwelt der Heimat. Recklinghausen. Behandelt die Vogelwelt des Ruhrgebietes und des Münsterlandes.
PEITZMEIER, J. (Herausgeber) (1969): Avifauna von Westfalen. Münster.

Ostpreußen
TISCHLER, F. (1941): Die Vögel Ostpreußens und seiner Nachbargebiete. 2 Bände. Königsberg und Berlin.

Finnland

MERIKALLIO, E. (1958): Finnish Birds. Their Distribution and Numbers. Fauna Fennica, V. Helsinki. Mit Verbreitungskarten.

Frankreich

MAYAUD, N.; HEIM DE BALSAC, H.; JOUARD, H. (1936): Inventaire des Oiseaux de France. Paris. Eine Liste mit Angaben zur Verbreitung, ergänzt durch: Commentaires sur l'Ornithologie Française, in: Alauda (1938–1939), L'Oiseau (1941), Alauda (1946–1951).
MAYAUD, N. (1953): Liste des Oiseaux de France. In: Alauda 21, S. 1–63.
BARRUEL, P. (1949): Les Oiseaux dans la Nature. Paris. Taschenbuch.
CORTI, A. (1961): Die Brutvögel der französischen und italienischen Alpenzone. Chur.
Siehe auch FITTER u. a. (Allgemeine Werke) u. GÉROUDET (Schweiz).

Griechenland

REISER, O. (1905): Materialien zu einer Ornis Balcanica; III: Griechenland und die griechischen Inseln. Wien.
MAKATSCH, W. (1950): Die Vogelwelt Macedoniens. Leipzig.
BAUER, W.; VON HELVERSEN, O.; HODGE, M.; MARTENS, J. (1969): Aves. In: A. KANELLIS: Catalogus Faunae Graeciae. Thessaloniki.

Grönland

SALOMONSEN, F.; JOHANSEN, G. (1950–1951): Grønlands Fugle. 3 Bände. Kopenhagen.

Großbritannien

WITHERBY, H. F.; JOURDAIN, F. C. R.; TICEHURST, N. F.; TUCKER, B. W. (1938–1941): The Handbook of British Birds. 5 Bände mit Abb. London. Das Standardwerk über die Vögel der Britischen Inseln, auch für den festländischen Ornithologen wichtig.

HOLLOM, P. A. D. (1962; 1. Aufl. 1952): The Popular Handbook of British Birds. London. Kurz gefaßtes Handbuch der britischen Vögel mit Farbtafeln aus dem Werk von Witherby u. a. (s. o.).

HOLLOM, P. A. D. (1960): The Popular Handbook of Rarer British Birds. London. Behandelt die auf den Britischen Inseln vorkommenden Seltenheiten und Irrgäste.

BANNERMAN, D. A. (1953–1963): The Birds of the British Isles. 12 Bände. Edinburgh und London.

BAXTER, E. V.; RINTOUL, L. J. (1953): The Birds of Scotland. 2 Bände. Edinburgh und London.

SNOW, D. W., (Ed.) u. a. (1971): The Status of Birds in Britain and Ireland. Oxford, London, Edinburgh. Die neueste Liste der Vögel der Britischen Inseln und eine Darstellung ihrer Verbreitung.

Holland

EYKMAN, C., u. a. (1937–1949): De Nederlandsche Vogels. 3 Bände. Wageningen. Das Standardwerk über die Vögel Hollands.

van IJZENDOORN, A. L. J. (1950): The Breeding Birds of the Netherlands. Leiden. Englisch; Liste der Brutvögel Hollands.

HENS, P. A. (1965): Avifauna van de Nederlandse Provincie Limburg benevens een vergelijking met die der aangrenzende gebieden. Maastricht. Wichtig auch für die angrenzenden deutschen Gebiete.

VOOUS, K. H., u. a. (1970): Avifauna van Nederland. Lijst van de in Nederland waargenomen vogelsoorten en hun geografische vormen. Leiden. Die neueste holländische Artenliste.

Siehe auch GLUTZ VON BLOTZHEIM (Allgemeine Werke).

Irland

KENNEDY, P. G., u. a. (1954): The Birds of Ireland. Edinburgh und London.

Island

TIMMERMANN, G. (1938–1949): Die Vögel Islands. Reykjavik. Ein Handbuch über die Vögel Islands.

Italien

ARRIGONI DEGLI ODDI, E. (1929): Ornitologia Italiana. Mailand. Das beste ältere Werk.

TOSCHI, A. (1969): Avifauna Italiana. Das neueste Handbuch über die Vögel Italiens.

Siehe auch CORTI (Frankreich).

Jugoslawien

REISER, O. (1896, 1939): Materialien zu einer Ornis Balcanica; IV (1896): Montenegro; I (1939): Bosnien und Herzegowina. Wien.

MATVEJEV, S. D. (1950): La Distribution et la Vie des Oiseaux en Serbie (Ornithogeographia Serbica). Belgrad. Serbisch, mit französischer Zusammenfassung.

Kanada

GODFREY, W. E. (1966): The Birds of Canada. Ottawa 1966. Mit farbigen Abbildungen und Verbreitungskarten.
Siehe auch USA.

Luxemburg

MORBACH, J. (1939–1963): Die Vögel der Heimat. 5 Bände. Esch-Alzette.
HULTEN, M.; WASSENICH, V. (1963): Die Vogelfauna Luxemburgs. Luxemburg.
Siehe auch GLUTZ VON BLOTZHEIM (Allgemeine Werke).

Nordafrika

HEIM DE BALSAC, H.; MAYAUD, N. (1962): Les Oiseaux du Nord-Ouest de l'Afrique. Paris.
ETCHÉCOPAR, R. D.; HÜE, F. (1964): Les Oiseaux du Nord de l'Afrique de la Mer Rouge aux Canaries. Paris. Mit (meist farbigen) Abbildungen aller Arten des Gebietes und Verbreitungskarten. Englische Übersetzung von P. A. D. HOLLOM (1967): The Birds of North Africa from the Canary Islands to the Red Sea; Edinburgh und London.
Siehe auch HEINZEL, FITTER, PARSLOW (Allgemeine Werke).

Norwegen

LØVENSKIØLD, H. L. (1947): Handbok over Norges Fugler. Oslo.
LØVENSKIØLD, H. L. (1963): Avifauna Svalbardensis. Oslo. Behandelt die Vögel der norwegischen Arktis.
Siehe auch FITTER u. a. (Allgemeine Werke).

Österreich

BAUER, K.; ROKITANSKY, G. (1951): Verzeichnis der Vögel Österreichs Neusiedl.
ROKITANSKY, G. (1964): Catalogus Faunae Austriae; Teil XXIb: Aves, Wien. Die neueste Liste der Vögel Österreichs.
Siehe auch CORTI (Deutschland : Bayern) und GLUTZ VON BLOTZHEIM (Allgemeine Werke).

Polen

SOKOLOWSKI, J. (1958): Ptaki ziem Polskich (Die Vögel Polens). 2 Bände. Warschau. Polnisch.

Portugal

TAIT, W. (1924): Birds of Portugal. London.
THEMIDO, A. A. (1952): Aves de Portugal. Coimbra.
BANNERMAN, D. A. & M. (1963–1968): Birds of the Atlantic Islands. 4 Bände. Edinburgh und London. Behandelt die Vögel der Azoren, Madeiras, der Kanaren und der Kap-Verde-Inseln.
Siehe auch LLETGET (Spanien) und BERNIS (Spanien).

Rumänien

von Dombrowski, R. (1912): Ornis Romaniae. Bukarest.
Lintia, D. (1946–1955): Păsările din R.P.R. (Die Vögel Rumäniens). 3 Bände. Bukarest. Rumänisch.
Vasiliu, G. D. (1968): Systema Avium Romaniae (Inventaire des Oiseaux de Roumanie). In: Alauda 36; Sonderheft.

Schweden

Curry-Lindahl, K. (1959–1963): Våra Fåglar i Norden. 4 Bände. Stockholm. Behandelt auch die norwegischen, finnischen und dänischen Vögel.
Rosenberg, E. (1961): Fåglar in Sverige. 4. Aufl. Stockholm, Taschenbuch mit Abbildungen und Verbreitungskarten.
Bergström, U., u. a. (1962): Förteckning över Sveriges Fåglar. 5. Aufl. Stockholm. Die neueste schwedische Artenliste.
Siehe auch Fitter u. a. (Allgemeine Werke).

Schweiz

Géroudet, P. (1940–1954): La Vie des Oiseaux. 6 Bände (in Taschenbuchformat). Neuchâtel und Paris. Behandelt die Vögel der Schweiz, Frankreichs und Belgiens. Französisch.
Haller, W. (1951): Unsere Vögel. Artenliste der schweizerischen Avifauna. Aarau.
Sutter, E., u. a. (1959): Verzeichnis der schweizerischen Vogelarten. In: Ornithologischer Beobachter 56.
Glutz von Blotzheim, U. (Herausgbr.) (1962): Die Brutvögel der Schweiz. Aarau.
Ferner U. A. Corti über die Vogelwelt einzelner Kantone. Chur.

Spanien

Lletget, G. (1945): Sinopsis de las Aves de España y Portugal. Madrid. Eine Liste mit Bestimmungsschlüsseln.
Bernis, F. (1954): Prontuario de la Avifauna Española (Incluyendo Aves de Portugal, Baleares y Canarias). In: Ardeola, 1.
Siehe auch Fitter u. a. (Allgemeine Werke) und Bannerman (Portugal).

Tschechoslowakei

Jirsík, J. (1955): Nasi Pěvci. Prag.
Siehe auch Glutz von Blotzheim (Allgemeine Werke).

Ungarn

Schenk, J. (1918): Aves. In: Fauna Regni Hungariae. Budapest.
Keve, A. (1960): Nomenclator Avium Hungariae. Budapest. Neueste ungarische Artenliste; ungarisch und deutsch.
Farkas, T. (1967): Ornithogeographie Ungarns. Berlin.
Siehe auch Glutz von Blotzheim (Allgemeine Werke).

UdSSR

Buturlin, S. A.; Dementiev, G. P. (1935): Systema Avium Rossicarum. Band 1. In: Oiseau, Sonderheft. Band 2, von G. P. Dementiev & N. A. Gladkov (1960) in Oiseau 30, Sonderheft. Französisch. Artenliste der Vögel der UdSSR.

Dementiev, G. P., u. a. (1951–1954): Ptizy Sowjetskogo Sojusa. 6 Bände. Moskau. Engl. Übers. (1966–1969): Bird of the Soviet Union. Jerusalem.

Portenko, L. A., u. a. (1951–1960): Ptizy S.S.S.R. 4 Bände. Moskau und Leningrad.

Flint, W. E., u. a. (1968): Ptizy SSSR. Moskau. Ein Taschenbuch mit farbigen Abbildungen und Verbreitungskarten.

USA

Ridgway, R., u. a. (1901 ff.): The Birds of North and Middle America. 11 Bände erschienen. Washington.

Peterson, R. T. (1947): A Field Guide to the Birds. Cambridge, Mass. 1. Aufl. 1934. Ein illustrierter Feldführer über die Vögel des östlichen und mittleren Nordamerika, Vorbild für das vorliegende Buch.

Peterson, R. T. (1961): A Field Guide to Western Birds. Cambridge, Mass. 1. Aufl. 1941. Behandelt die Vögel des westlichen Nordamerika.

Pough, R. H. (1946): Audubon Bird Guide. Eastern Land Birds. Garden City. Taschenbuch über die Landvögel des östlichen Nordamerika mit Abbildungen aller Arten.

Pough, R. H. (1957): Audubon Western Bird Guide. Garden City. Behandelt die Vögel des westlichen Nordamerika.

American Ornithologists' Union (1957): Check-list of North American Birds. 5. Aufl. Baltimore. Artenliste der Vögel Nordamerikas. Neuauflage in Vorbereitung.

Mayr, E.; Short, L. L. (1970): Species Taxa of North American Birds. Cambridge, Mass. Zeigt die Beziehungen der nordamerikanischen Vogelarten u. a. zu den europäischen auf.

Vorderasien

Kumerloeve, H. (1961): Zur Kenntnis der Avifauna Kleinasiens. In: Bonner zoologische Beiträge 12, Sonderheft.

Hüe, F.; Etchécopar, R. D. (1970): Les Oiseaux du Proche et du Moyen Orient de la Méditerranée aux contreforts de l'Himalaya. Paris. Illustriertes Handbuch über die Vögel Vorderasiens.

Hollom, P. A. D.; Vittery, A., u. a. (1971): Check List of the Birds of Turkey. Sandy (England).

Siehe auch Heinzel, Fitter, Parslow (Allgemeine Werke).

An Hand der angeführten Literatur wird es jedem möglich sein, sich über die Vogelwelt einzelner Gebiete Europas und der angrenzenden Länder genauer zu unterrichten. Um tiefer in die Probleme der Vogelkunde einzudringen, ist es erfahrungsgemäß empfehlenswert, sich einer Vereinigung von Ornithologen anzuschließen, in Deutschland der *Deutschen Ornithologen-Gesellschaft*. Aufnahmeanträge sind an den Schatzmeister zu richten; derzeitige Anschrift: 1 Berlin 30, Hardenbergplatz 8, Zoologischer Garten.

Index

Deutsche Namen sind in gewöhnlicher Schrift, wissenschaftliche Namen kursiv gedruckt. Fett gedruckte Zahlen verweisen auf die Tafeln, auf denen die betr. Arten bzw. ihre Eier (E) abgebildet sind; die übrigen Zahlen verweisen auf den Text oder auf Textabbildungen. Synonyme deutscher Namen sind nur angeführt, wenn sie noch vielfach gebräuchlich sind; Synonyme der wissenschaftlichen Namen sind im allgemeinen nur dann angegeben, wenn sie bei engerer oder weiterer Fassung der Gattungen als der hier vorgenommenen Gültigkeit erlangen. Früher gebräuchliche Synonyme deutscher und wissenschaftlicher Vogelnamen sind im Index von „Pareys Vogelbuch" zu finden.

Pareys Vogelbuch

Alle Vögel Europas, Nordafrikas und des Mittleren Ostens. Von H. HEINZEL, R. FITTER, J. PARSLOW. Aus dem Engl. übersetzt und bearb. von Prof. Dr. G. NIETHAMMER und Dr. H. E. WOLTERS. 1972. 324 S., 2840 farbige Abb., davon 2255 Einzeldarstellungen und 585 Verbreitungskarten. Kart. 16,– DM

Die Vögel der Meere

Ein Taschenbuch für Ornithologen und Naturfreunde über alle Seevögel der Welt. Von W. B. ALEXANDER. Aus dem Engl. übersetzt und bearb. von Prof. Dr. G. NIETHAMMER. 1959. 221 S., 100 Tafeln; 174 Abb., 2 Karten. Ln. 26,80 DM

Die Vögel Helgolands

Eine Orientierungshilfe für Ornithologen und alle naturkundlich interessierten Besucher Helgolands mit Ergebnissen 150jähriger ornithologischer Beobachtung auf der Insel. Von Dr. G. VAUK. 1972. 101 S., 2 Kartenskizzen, 4 Tafeln, 7 Abb. Kart. 12,– DM

Das Wassergeflügel der Welt

Ein farbiger Bestimmungsschlüssel für Enten, Gänse und Schwäne. Von P. SCOTT. Aus dem Engl. übers. und bearb. von Dr. H.-G. KLÖS. 1961. 88 S., 487 Abb., davon 427 farbig; 2 Karten. Ln. flexibel 20,– DM

Die Vogelwelt Europas und ihre Verbreitung

Ein tiergeographischer Atlas über die Lebensweise aller in Europa brütenden Vögel. Von Prof. Dr. K. H. VOOUS. Aus dem Holländ. übers. und bearb. von Dr. M. ABS. 1962. 284 S., 356 Abb., 420 zweifarbige Verbreitungskarten. Leinen 58,– DM

Die Tagfalter Europas und Nordwestafrikas

Ein Taschenbuch für Biologen und Naturfreunde. Von L. G. HIGGINS und N. D. RILEY. Aus dem Engl. übertragen und bearb. von Dr. W. FORSTER. 1971. 377 S., 60 farbige Tafeln; 1145 Abb., davon 760 farbig. Ln. 34,– DM

Grundriß der Vogelzugskunde

Von Prof. Dr. E. SCHÜZ. Unter Mitarb. von Dr. P. BERTHOLD, Dr. E. GWINNER und Dr. H. OELKE. 2., völlig neubearb. Aufl. von „Schüz, Vom Vogelzug". 1971. 402 S., 142 Abb. Ln. 88,– DM

Die Vögel Ost- und Zentralafrikas

Ein Taschenbuch für Ornithologen und Naturfreunde. Von J. G. WILLIAMS. Aus dem Engl. übersetzt und bearb. von Dr. H. HAGEN, unter Mitarb. von Dr. H. E. WOLTERS. 1973. 282 S., 40 Tafeln; 461 Abb., davon 179 farbig. Ln. 36,– DM

Säugetiere und seltene Vögel in den Nationalparks Ostafrikas

Ein Taschenbuch für Zoologen und Naturfreunde. Von J. G. WILLIAMS. Aus dem Engl. übersetzt und bearb. von Dr. W. MOELLER, unter Mitarb. von H. E. WOLTERS. 1971. 351 S., 22 Karten, 32 Tafeln; 387 Abb., davon 203 farb. Ln. 38,– DM

Die Säugetiere Europas

westlich des 30. Längengrades. Ein Taschenbuch für Zoologen und Naturfreunde. Von F. H. VAN DEN BRINK. Übersetzt von Dr. TH. HALTENORTH. 2., neubearb. Aufl. 1972. 217 S., 32 Tafeln; 470 Abb., davon 163 farbig. Ln. 34,– DM

VERLAG PAUL PAREY · HAMBURG UND BERLIN